Schwerpunktbereich Buck-Heeb · Kapitalmarktrecht

Schwerpunkte

Eine systematische Darstellung der wichtigsten Rechtsgebiete anhand von Fällen
Begründet von Professor Dr. Harry Westermann †

Kapitalmarktrecht

von

Dr. Petra Buck-Heeb

Professorin an der Universität Hannover

8., völlig neu bearbeitete Auflage

C.F. Müller

Bibliografische Information der Deutschen Nationalbibliothek
Die Deutsche Nationalbibliothek verzeichnet diese Publikation in der Deutschen Nationalbibliografie; detaillierte bibliografische Daten sind im Internet über http://dnb.d-nb.de abrufbar.

ISBN 978-3-8114-4247-4

E-Mail: kundenservice@cfmueller.de
Telefon: +49 89 2183 7923
Telefax: +49 89 2183 7620

www.cfmueller.de
www.cfmueller-campus.de

Satz: preXtension GbR, Grafrath
Druck: CPI Clausen & Bosse, Leck

Vorwort

Wieder einmal hat sich der Hinweis im Vorwort zur 1. Auflage bewahrheitet: Das Kapitalmarktrecht befindet sich in fortwährendem Wandel. Umso wichtiger ist es für die mit diesem Themenbereich befassten Personen, auf stetig aktualisierte Werke zurückgreifen zu können. Das gilt nicht nur für die Studierenden, sondern auch den Rechtsanwender in der Praxis.

Dies wie auch die erfreuliche Resonanz, auf die dieses Buch stößt, haben Anlass zur zügigen Aktualisierung gegeben. Die folgende Aufzählung der nun neu berücksichtigten Regelungen und Regelungsvorhaben soll nicht nur dem Leser zur Orientierung dienen, sondern belegt zugleich anschaulich die Geschwindigkeit der Fortentwicklung des Kapitalmarktrechts.

So sind in dieser Auflage auch das Kleinanlegerschutzgesetz vom 3. Juli 2015, das Gesetz zur Umsetzung der Transparenzrichtlinie-Änderungsrichtlinie vom 20. November 2015 und die Verordnung über Basisinformationen für verpackte Anlageprodukte für Kleinanleger und Versicherungsanlageprodukte (EU-PRIIP-Verordnung) vom Dezember 2014 eingearbeitet.

Berücksichtigt sind zudem die EU-Marktmissbrauchsverordnung vom 16. April 2014 (MAR), die ab dem 3. Juli 2016 Wirksamkeit entfaltet und das entsprechende nationale Recht ersetzt, sowie die diese Verordnung flankierende Richtlinie 2014/57/EU über strafrechtliche Sanktionen bei Marktmanipulation vom 16. April 2014 (sog. CRIM-MAD). Ebenso vertieft behandelt werden die Finanzmarktrichtlinie MiFID II und die ergänzende EU-Finanzmarktverordnung „MiFIR" vom 15. Mai 2014. Eingearbeitet sind auch der Referentenentwurf eines Finanzmarktnovellierungsgesetzes (FimanoG) vom 16. Oktober 2015 sowie der Gesetzentwurf der Bundesregierung vom 15. Januar 2016 (1. FimanoG-E). Der Referentenentwurf sollte die MiFID II und das neue Marktmissbrauchsrecht in deutsches Recht umsetzen und sah eine Neunummerierung der Paragrafen des WpHG vor. Das wurde mit dem Entwurf des 1. FimanoG aufgegeben. Aufgrund der Verschiebung von MiFID II zum 3. Januar 2018 ist die Umsetzung ebenfalls verschoben worden.

Einbezogen sind auch der Vorschlag der EU-Kommission vom 30. November 2015 zur Änderung der Prospektrichtlinie sowie die Bestrebungen der Europäischen Kommission zur Schaffung einer europäischen Kapitalmarktunion (COM(2015) 468). Zudem sind an den relevanten Stellen etliche neue Urteile eingearbeitet. Literatur und Rechtsprechung sind auf dem Stand vom 1. Januar 2016.

Großer Dank gebührt wieder vor allem den Studierenden aus dem Schwerpunktstudium, deren Fragen und Anregungen zu mancher Präzisierung geführt haben. Dank sagen möchte ich zudem für die Anmerkungen und Hinweise der Leser, insbesondere denen aus der Praxis. Ich danke auch meinen Mitarbeitern, allen voran Herrn *Dr. Andreas Dieckmann*, sowie Herrn *Husein Ismail*, Frau *Julia Funke* und Frau *Ina Krückeberg* für ihre große Einsatzbereitschaft und Hilfe.

Hannover/Stuttgart im Januar 2016 *Petra Buck-Heeb*

Inhaltsverzeichnis

Teil II
Marktorganisation und Marktzugang

Teil III
Marktzugangsfolgen

Teil IV
Verhaltenspflichten für Wertpapierdienstleistungsunternehmen

Teil V

Das Wertpapiererwerbs- und Übernahmegesetz (WpÜG)

Teil VI
Investmentrecht

Teil VII
Kapitalmarktaufsicht

Abkürzungsverzeichnis

aA	andere(r) Ansicht
ABl.	Amtsblatt
Abs.	Absatz
AcP	Archiv für die civilistische Praxis
aE	am Ende
AEUV	Vertrag über die Arbeitsweise der Europäischen Union
aF	alte Fassung
AfP	Zeitschrift für Medien- und Kommunikationsrecht (früher: Archiv für Presserecht)
AG	Aktiengesellschaft, Die Aktiengesellschaft
AIF	Alternative Investmentfonds
AIFM	Alternative Investment Fund Manager (Verwalter alternativer Investmentfonds)
AIFMD	Alternative Investment Fund Manager Directive
AktG	Aktiengesetz
Alt.	Alternative
Anh.	Anhang
Anm.	Anmerkung
AnsFuG	Anlegerschutz- und Funktionsverbesserungsgesetz
AnSVG	Anlegerschutzverbesserungsgesetz
Arg.	Argument
Art.	Artikel
ATS	Alternative Handelssysteme (Alternative Trading Systems)
BaFin	Bundesanstalt für Finanzdienstleistungsaufsicht
BAnz.	Bundesanzeiger
BAWe	Bundesaufsichtsamt für den Wertpapierhandel (inzwischen aufgegangen in der BaFin)
BB	Betriebs-Berater
BBankG	Gesetz über die deutsche Bundesbank
Begr. RegE	Begründung Regierungsentwurf
BGBl.	Bundesgesetzblatt
BGHSt	Entscheidungen des BGH in Strafsachen
BGHZ	Entscheidungen des BGH in Zivilsachen
BKR	Zeitschrift für Bank- und Kapitalmarktrecht
BMF	Bundesministerium der Finanzen
BMJ	Bundesministerium der Justiz
BörsG	Börsengesetz
BörsO Ffm	Börsenordnung für die Frankfurter Wertpapierbörse
BörsZulV	Verordnung über die Zulassung von Wertpapieren zum regulierten Markt an einer Wertpapierbörse (Börsenzulassungs-Verordnung)
BRAO	Bundesrechtsanwaltsordnung
BR-Drucks.	Bundesrats-Drucksache
BT-Drucks.	Bundestags-Drucksache

BVerfG	Bundesverfassungsgericht
BVerfGE	Entscheidungen des Bundesverfassungsgerichts
CCZ	Corporate Compliance Zeitschrift
CESR	Committee of European Securities Regulators
CFL	Corporate Finance Law
cic	culpa in contrahendo
CRIM-MAD	Richtlinie über strafrechtliche Sanktionen bei Marktmanipulation (Marktmissbrauchsrichtlinie) vom 16. April 2014
DB	Der Betrieb
DCGK	Deutscher Corporate Governance Kodex
DepotG	Depotgesetz
ders.	derselbe
DÖV	Die Öffentliche Verwaltung (Zeitschrift)
DRiZ	Deutsche Richterzeitung
DStR	Deutsches Steuerrecht (Zeitschrift)
DTB	Deutsche Terminbörse
EG	Europäische Gemeinschaft
EGAktG	Einführungsgesetz zum Aktiengesetz
EGBGB	Einführungsgesetz zum Bürgerlichen Gesetzbuch
EGStGB	Einführungsgesetz zum Strafgesetzbuch
EGZPO	Gesetz betreffend die Einführung der Zivilprozessordnung
Einl.	Einleitung
EMIR	European Market Infrastructure Regulation (Verordnung über OTC-Derivate, zentrale Gegenparteien und Transaktionsregister)
ESA	European Supervisory Authorities
ESMA	European Securities and Markets Authority
EU	Europäische Union
EuGH	Gerichtshof der Europäischen Gemeinschaften/Union
EuR	Europarecht
EWG	Europäische Wirtschaftsgemeinschaft
EWiR	Entscheidungen zum Wirtschaftsrecht
EWR	Europäischer Wirtschaftsraum
EWS	Europäisches Wirtschafts- und Steuerrecht
FAZ	Frankfurter Allgemeine Zeitung
FESCO	Forum of European Securities Commissions
FimanoG	Finanzmarktnovellierungsgesetz
FinAnV	Finanzanalyseverordnung
FinDAG	Gesetz über die Bundesanstalt für Finanzdienstleistungsaufsicht
FinVermAnlG	Gesetz zur Novellierung des Finanzanlagenvermittler- und Vermögensanlagenrechts
FinVermV	Finanzanlagenvermittlungsverordnung
FMFG	Finanzmarktförderungsgesetz
Fn	Fußnote
FRUG	Finanzmarktrichtlinie-Umsetzungsgesetz
FS	Festschrift
GG	Grundgesetz

GroßkommAktG	Großkommentar Aktiengesetz
GRUR	Zeitschrift für gewerblichen Rechtsschutz und Urheberrecht
GS	Gedächtnisschrift
GVG	Gerichtsverfassungsgesetz
GWR	Zeitschrift für Gesellschafts- und Wirtschaftsrecht
HGB	Handelsgesetzbuch
hM	herrschende Meinung
Hrsg.	Herausgeber
HS	Halbsatz
IAS	International Accounting Standards
IDW	Institut der Wirtschaftsprüfer
ieS	im engeren Sinne
IFG	Informationsfreiheitsgesetz
IFRS	International Financial Reporting Standards
InvAG	Investmentaktiengesellschaft
InvG	Investmentgesetz
InvVerOV	Investment-Verhaltens- und Organisationsverordnung
IPR	Internationales Privatrecht
iS	im Sinne
iVm	in Verbindung mit
iwS	im weiteren Sinne
JuS	Juristische Schulung
JZ	Juristenzeitung
KAG	Kapitalanlagegesellschaft
KAGB	Kapitalanlagegesetzbuch
KAGG	Gesetz über Kapitalanlagegesellschaften
KapInHaG	Kapitalmarktinformationshaftungsgesetz
KapMuG	Gesetz über Musterverfahren in kapitalmarktrechtlichen Streitigkeiten (Kapitalanleger-Musterverfahrensgesetz)
KASG	Kleinanlegerschutzgesetz
KGaA	Kommanditgesellschaft auf Aktien
KonTraG	Gesetz zur Kontrolle und Transparenz im Unternehmensbereich
KVG	Kapitalverwaltungsgesellschaft
KWG	Kreditwesengesetz
LG	Landgericht
M&A	Mergers and Acquisition
MaComp	Mindestanforderungen an die Compliance-Funktion und die weiteren Verhaltens-, Organisations- und Transparenzpflichten nach §§ 31 ff WpHG für Wertpapierdienstleistungsunternehmen, Rundschreiben 4/2010 (WA), Stand: 7. Januar 2014
MAD	Market Abuse Directive (Marktmissbrauchsrichtlinie) vom 28. Januar 2003
MaKonV	Marktmanipulations-Konkretisierungsverordnung vom 1. März 2005, BGBl. I, S. 515

MAR	Market Abuse Regulation (Marktmissbrauchsverordnung vom 16. April 2014)
MiFID I	Markets in Financial Instruments Directive (Richtlinie 2004/39/EG vom 21. April 2004, sog. Finanzmarktrichtlinie)
MiFID II	Markets in Financial Instruments Directive (Richtlinie 2014/65/EU vom 15. Mai 2014)
MiFIR	Verordnung über Märkte für Finanzinstrumente
mwN	mit weiteren Nachweisen
NJOZ	Neue Juristische Online-Zeitschrift
NJW	Neue Juristische Wochenschrift
NJW-RR	NJW-Rechtsprechungs-Report Zivilrecht
NVwZ	Neue Zeitschrift für Verwaltungsrecht
NZG	Neue Zeitschrift für Gesellschaftsrecht
ÖBA	Österreichisches Bankarchiv (Zeitschrift für das gesamte Bank- und Börsenwesen)
OGAW	Organismen für gemeinsame Anlagen in Wertpapieren
ÖJZ	Österreichische Juristenzeitung
OLG	Oberlandesgericht
OWiG	Gesetz über Ordnungswidrigkeiten
RBG	Risikobegrenzungsgesetz
Rn	Randnummer
S.	Seite
Slg.	Sammlung
StGB	Strafgesetzbuch
StraFo	Strafverteidiger-Forum
TransRLDV	Transparenzrichtlinie-Durchführungsverordnung vom 13. März 2008
UBGG	Gesetz über Unternehmensbeteiligungsgesellschaften
UmwG	Umwandlungsgesetz
US-GAAP	Generally Accepted Accounting Principles
UWG	Gesetz gegen den unlauteren Wettbewerb
VerkProspG	Verkaufsprospektgesetz
VerkProspGebV	Verkaufsprospekt-Gebührenverordnung
VermAnlG	Vermögensanlagengesetz
VermVerkProspV	Vermögensanlagen-Verkaufsprospektverordnung
VermVerMiV	Vermögensanlagen-Veröffentlichungspflichtenverordnung
VersR	Versicherungsrecht
VGH	Verwaltungsgerichtshof
Vgl	vergleiche
VO	Verordnung
VwGO	Verwaltungsgerichtsordnung
VwVfG	Verwaltungsverfahrensgesetz
VwVG	Verwaltungsvollstreckungsgesetz

wistra	Zeitschrift für Wirtschafts- und Steuerstrafrecht
WKBG	Wagniskapitalbeteiligungsgesetz
WM	Wertpapiermitteilungen
WpAIV	Wertpapierhandelsanzeige- und Insiderverzeichnisverordnung vom 13. Dezember 2004
WpDU	Wertpapierdienstleistungsunternehmen
WpDVerOV	Wertpapierdienstleistungs-Verhaltens- und Organisationsverordnung
WPg	Die Wirtschaftsprüfung
WpHG	Wertpapierhandelsgesetz
WpPG	Wertpapierprospektgesetz
WpPGebV	Wertpapierprospekt-Gebührenverordnung
WpÜG	Wertpapiererwerbs- und Übernahmegesetz
Xetra	Exchange Electronic Trading
ZBB	Zeitschrift für Bankrecht und Bankwirtschaft
ZEuP	Zeitschrift für Europäisches Privatrecht
ZGR	Zeitschrift für Unternehmens- und Gesellschaftsrecht
ZHR	Zeitschrift für das gesamte Handelsrecht und Wirtschaftsrecht
Ziff.	Ziffer
ZIP	Zeitschrift für Wirtschaftsrecht
ZPO	Zivilprozessordnung

Verzeichnis der abgekürzt zitierten Literatur

Albrecht, Achim/Karahan, Davud/Lenenbach, Markus, Fachanwaltshandbuch Bank- und Kapitalmarktrecht, Münster 2010 (zit.: *Bearbeiter*, in: Albrecht/Karahan/Lenenbach)

Assmann, Heinz-Dieter/Pötzsch, Thorsten/Schneider, Uwe H. (Hrsg.), Wertpapiererwerbs- und Übernahmegesetz, 2. Aufl., Köln 2013 (zit.: *Bearbeiter*, in: Assmann/Pötzsch/U.H. Schneider)

Assmann, Heinz-Dieter/Schlitt, Michael/von Kopp-Colomb, Wolf (Hrsg.), Wertpapierprospektgesetz, Verkaufsprospektgesetz, Kommentar, 2. Aufl., Köln 2010 (zit.: *Bearbeiter*, in: Assmann/Schlitt/von Kopp-Colomb)

Assmann, Heinz-Dieter/Schneider, Uwe H. (Hrsg.), Wertpapierhandelsgesetz, 6. Aufl., Köln 2012 (zit.: *Bearbeiter*, in: Assmann/U.H. Schneider)

Assmann, Heinz-Dieter/Schütze, Rolf A. (Hrsg.), Handbuch des Kapitalanlagerechts, 4. Aufl., München 2015 (zit.: *Bearbeiter*, in: Assmann/Schütze)

Berrar, Carsten/Meyer, Andreas/Müller, Cordula/Schnorbus, York/Singhof, Bernd/Wolf, Christoph, Frankfurter Kommentar zum WpPG und zur EU-ProspektVO, Frankfurt a.M. 2011 (zit.: *Bearbeiter*, in: Berrar/Meyer/Müller/Schnorbus/Singhof)

Claussen, Carsten Peter, Bank- und Börsenrecht, Hrsg. Roland Erne, 5. Aufl., München 2014 (zit.: *Bearbeiter*, in: Claussen, Bank- und Börsenrecht)

Fuchs, Andreas, Wertpapierhandelsgesetz (WpHG), München 2009 (zit.: *Bearbeiter*, in: Fuchs)

Groß, Wolfgang, Kapitalmarktrecht, Kommentar zum Börsengesetz, zur Börsenzulassungs-Verordnung und zum Wertpapierprospektgesetz, 5. Aufl., München 2012 (zit.: *Groß*, KMR)

Grunewald, Barbara/Schlitt, Michael, Einführung in das Kapitalmarktrecht, 3. Aufl., München 2014 (zit.: *Bearbeiter*, in: Grunewald/Schlitt)

Haarmann, Wilhelm/Schüppen, Matthias (Hrsg.), Frankfurter Kommentar zum WpÜG, 3. Aufl., Frankfurt a.M. 2008 (zit.: *Bearbeiter*, in: Frankfurter Kommentar)

Habersack, Mathias/Mülbert, Peter O./Schlitt, Michael (Hrsg.), Unternehmensfinanzierung am Kapitalmarkt, 2. Aufl., Köln 2008 (zit.: *Bearbeiter*, in: Habersack/Mülbert/Schlitt, Unternehmensfinanzierung)

Habersack, Mathias/Mülbert, Peter O./Schlitt, Michael (Hrsg.), Handbuch der Kapitalmarktinformation, 2. Aufl., München 2013 (zit.: *Bearbeiter*, in: Habersack/Mülbert/Schlitt, Kapitalmarktinformation)

Heidel, Thomas, Aktienrecht und Kapitalmarktrecht, 4. Aufl., Baden-Baden 2014 (zit.: *Bearbeiter*, in: Heidel)

Hess, Burkhard/Reuschle, Fabian/Rimmelspacher, Bruno (Hrsg.), Kölner Kommentar zum KapMuG, 2. Aufl., Köln u. a. 2014 (zit.: KölnerKommKapMuG/*Bearbeiter*)

Hirte, Heribert/von Bülow, Christoph (Hrsg.), Kölner Kommentar zum WpÜG, Köln u. a., 2. Aufl., 2010 (zit.: KölnerKommWpÜG/*Bearbeiter*)

Hirte, Heribert/Möllers, Thomas M.J. (Hrsg.), Kölner Kommentar zum WpHG, Köln u. a., 2. Aufl., 2014 (zit.: KölnerKommWpHG/*Bearbeiter*)

Hüffer, Uwe/Koch, Jens, Aktiengesetz, 11. Aufl., München 2014 (zit.: *Hüffer/Koch*)

Just, Clemens/Voß, Thorsten/Ritz, Corinna/Becker, Ralf (Hrsg.), Wertpapierhandelsgesetz (WpHG), 1. Aufl., München 2015 (zit.: *Bearbeiter*, in: Just/Voß/Ritz/Becker)

Kümpel, Siegfried, Bank- und Kapitalmarktrecht, 3. Aufl., Köln 2004 (zit.: *Kümpel*, Bank- und KMR)

Kümpel, Siegfried/Hammen, Horst, Börsenrecht. Eine systematische Darstellung, 2. Aufl., Berlin 2003 (zit.: *Kümpel/Hammen*, Börsenrecht)

Kümpel, Siegfried/Veil, Rüdiger, Wertpapierhandelsgesetz. Eine systematische Darstellung, 2. Aufl., Berlin 2006 (zit.: *Kümpel/Veil*, WpHG)

Kümpel, Siegfried/Wittig, Arne, Bank- und Kapitalmarktrecht, 4. Aufl., Köln 2011 (zit.: *Bearbeiter*, in: Kümpel/Wittig)

Langenbucher, Katja, Aktien- und Kapitalmarktrecht, 3. Aufl., München 2015 (zit.: *Langenbucher*)

Langenbucher, Katja/Bliesener, Dirk/Spindler, Gerald, Bankrechts-Kommentar, 1. Aufl., München, 2013 (zit.: *Bearbeiter*, in: Langenbucher/Bliesener/Spindler)

Lenenbach, Markus, Kapitalmarktrecht und kapitalmarktrelevantes Gesellschaftsrecht, 2. Aufl., Köln 2010 (zit.: *Lenenbach*, KMR)

Schäfer, Frank A.L./Hamann, Uwe (Hrsg.), Wertpapierhandelsgesetz, Börsengesetz mit BörsZulV, Verkaufsprospektgesetz mit VerkProspVO – Kommentar, 2. Aufl., Stuttgart, 2012 (zit.: *Bearbeiter*, in: Schäfer/Hamann)

Schröder, Christian, Handbuch Kapitalmarktstrafrecht, 3. Aufl., Köln 2015 (zit.: *Schröder*, Kapitalmarktstrafrecht)

Schwark, Eberhard/Zimmer, Daniel (Hrsg.), Kapitalmarktrechts-Kommentar, 4. Aufl., München 2010 (zit.: *Bearbeiter*, in: Schwark/Zimmer, KMRK)

Steinmeyer, Roland (Hrsg.), WpÜG, Wertpapiererwerbs- und Übernahmegesetz, 3. Aufl., Berlin 2013 (zit.: *Bearbeiter*, in: Steinmeyer)

Veil, Rüdiger (Hrsg.), Europäisches Kapitalmarktrecht, 2. Aufl., Tübingen 2014 (zit.: *Bearbeiter*, in: Veil)

Weitnauer, Wolfgang/Boxberger, Lutz/Anders, Dietmar (Hrsg.), KAGB, 1. Aufl., München 2014 (zit.: *Bearbeiter*, in: Weitnauer/Boxberger/Anders)

Teil I

Einführung

§ 1 Das Kapitalmarktrecht

Ausgewählte Literatur: *Assmann*, Bank- und Kapitalmarktrecht, in: Gebauer/Wiedmann, Zivilrecht unter europäischem Einfluss, 2. Aufl., 2010, Kap. 22; *ders.*, Kapitalmarktrecht – Zur Formation eines Rechtsgebiets in der vierzigjährigen Rechtsentwicklung der Bundesrepublik Deutschland, in: Nörr, 40 Jahre Bundesrepublik Deutschland – 40 Jahre Rechtsentwicklung, 1990, S. 251; *Buck-Heeb*, Schadensersatz nach § 823 Abs. 2 BGB – Insbesondere zur Schutzgesetzeigenschaft kapitalmarktrechtlicher Normen, Ad Legendum 2011, 185; *Hopt*, Kapitalmarktrecht (mit Prospekthaftung) in der Rechtsprechung des Bundesgerichtshofes, in: FS 50 Jahre Bundesgerichtshof, Bd. II, 2000, S. 497; *ders.*, Vom Aktien- und Börsenrecht zum Kapitalmarktrecht?, ZHR 141 (1977), 389; *Kümpel*, Kapitalmarktrecht, Eine Einführung, 2. Aufl., 2000; *U.H. Schneider*, Internationales Kapitalmarktrecht, AG 2001, 269; *Merkt/Rossbach*, Zur Einführung: Kapitalmarktrecht, JuS 2003, 217; *Park*, Schwerpunktbereich – Einführung in das Kapitalmarktstrafrecht, JuS 2007, 621, 712; *Schmolke*, Der Lamfalussy-Prozess im Europäischen Kapitalmarktrecht – eine Zwischenbilanz, NZG 2005, 912; *Schwarz*, Kapitalmarktrecht – Ein Überblick, DStR 2003, 1930; *Veil*, Europäische Kapitalmarktunion, ZGR 2014, 544; *Walla*, Die Reformen der Europäischen Kommission zum Marktmissbrauchs- und Transparenzregime – Regelungskonzeption, Aufsicht und Sanktionen, BB 2012, 1358.

I. Begriff

Das Kapitalmarktrecht ist in den angelsächsischen Ländern schon lange ein eigenständiges Rechtsgebiet. Inzwischen hat es sich auch in Deutschland als ein solches etabliert. Das Kapitalmarktrecht hat sich in den letzten Jahren so dynamisch entwickelt wie kaum ein Rechtsgebiet[1]. 1

Seine ständig wachsende **Bedeutung für die Volkswirtschaft** resultiert zum einen aus der zunehmend am Kapitalmarkt ausgerichteten Altersvorsorge der Bevölkerung und zum anderen aus der veränderten Finanzierungspraxis der Unternehmen und der öffentlichen Hand. Diese erfolgt zumeist nicht mehr über die Aufnahme eines Bankkredits, sondern über die Börse, indem Wertpapiere am Kapitalmarkt emittiert werden[2]. Diese „Wertpapierfinanzierung" nennt man auch „Securitization". Selbst die Kreditinstitute beschaffen sich die für ihre Kreditgeschäfte erforderlichen Refinanzierungsmittel zunehmend auf dem Wege der Emission von Kapitalmarkttiteln[3]. Möglich ist eine Finanzierung auch über sog. Private Equity-Kapital[4] einer Kapitalbeteili- 2

1 *Spindler*, NJW 2004, 3449 („Kapitalmarktreform in Permanenz"); KölnerKommWpHG/*Möllers/Leisch*, §§ 37b, c WpHG Rn 22 („law in process"); siehe auch *Kalss*, EuZW 2015, 569 f (zur Frage einer „Implosion" des Systems).

2 Emission bedeutet die Ausgabe von Wertpapieren an eine Vielzahl von Anlegern, vgl *Langenbucher*, § 13 Rn 2.

3 *Kümpel*, Kapitalmarktrecht, S. 16.

4 Umfassend hierzu *Feldhaus/Veith*, Frankfurter Kommentar zu Private Equity, 2010.

gungsgesellschaft. Dies ist außerbörsliches Eigenkapital für etablierte Unternehmen, die zunächst Kapital von Investoren benötigen, um später den wirtschaftlichen Erfolg mit den Kapitalgebern zu teilen. Für Unternehmen in der Gründungsphase kann eine Finanzierung über Venture Capital-Investoren[5] bzw Crowdinvesting[6] erfolgen. Der auf dem Kapitalmarktrecht lastende Reformdruck resultiert jedoch nicht allein aus seiner ständig wachsenden Bedeutung, sondern auch aus dem internationalen Wettbewerb der Kapitalmärkte sowie aus den zahlreichen Harmonisierungsmaßnahmen der EU.

3 Der Umfang dessen, was als Kapitalmarktrecht bezeichnet werden kann, weist schon deshalb **Überschneidungen** mit zahlreichen anderen Rechtsgebieten auf, weil es aus klassischen Rechtsgebieten, hauptsächlich dem Bankrecht[7], dem Gesellschaftsrecht[8] und dem Börsenrecht, entstanden ist. Eine rechtssystematische Verselbstständigung eines Rechtsgebiets geschieht immer dann, wenn ein Regelungsbereich von der Praxis als ein in sich geschlossener Lebensbereich angesehen wird. Das ist in Bezug auf das Kapitalmarktrecht mittlerweile der Fall. Dessen eigenständige Regelungsperspektive zeigt sich schon daran, dass die entsprechenden Gesetze regelmäßig marktbezogen sind, dh insbesondere die Funktionsfähigkeit des Kapitalmarkts schützen sollen.

4 Eine **Systematisierung** des Kapitalmarktrechts ist schwierig und noch nicht hinreichend gelungen. Auch eine allseits anerkannte **Definition** des Begriffs Kapitalmarktrecht wird überwiegend als unmöglich angesehen[9]. Allerdings gibt es im Schrifttum verschiedene Definitionsversuche.

5 *Hopt* etwa bezeichnet das Kapitalmarktrecht als „die Gesamtheit der Grundsätze und Normen …, die sich mit dem öffentlichen Vertrieb und Umlauf von Unternehmensbeteiligungen und verbrieften bzw öffentlich registrierten Geldforderungstiteln – kurz fungiblen Kapitalmarktpapieren – befassen, um den Individualschutz der Kapitalanleger und den Funktionsschutz von Kapitalmarkt und Wirtschaft zu gewährleisten“[10]. An anderer Stelle sieht er das Kapitalmarktrecht als die Regelung der rechtlichen Beziehungen der jeweiligen Marktgegenseiten (Emittent, Anleger, Finanzintermediäre wie Banken, Anlageberater etc)[11]. Offener formuliert *Kümpel*, wenn er das Kapitalmarktrecht definiert „als die Gesamtheit der Normen, Geschäftsbedingungen und Standards, mit denen die Organisation der Kapitalmärkte und die auf sie bezogenen Tätigkeiten sowie das marktbezogene Verhalten der Marktteilnehmer geregelt werden“[12]. Wie auch immer man das Kapitalmarktrecht umschreibt, wird dessen Fortentwicklung in großen Schritten weitergehen.

---

5 Vgl *Zirngibl/Kupsch*, BB 2011, 579.

6 Siehe unten Rn 197.

7 Zur engen Verknüpfung mit dem Bankrecht *Karahan*, in: Albrecht/Karahan/Lenenbach, § 1 Rn 1; *Wittig*, in: Kümpel/Wittig, Rn 1.7.

8 Hierzu Rn 45 ff.

9 Vgl *Assmann*, in: Nörr, 40 Jahre Bundesrepublik Deutschland – 40 Jahre Rechtsentwicklung, 1990, S. 251 ff; *U.H. Schneider*, AG 2001, 269, 271.

10 *Hopt*, ZHR 141 (1977), 389, 431; *ders.*, in: FS 50 Jahre Bundesgerichtshof, 2000, S. 497, 498 ff.

11 *Hopt*, in: Grundmann, Systembildung und Systemlücken in Kerngebieten des Europäischen Privatrechts, 2000, S. 307, 314 f; *ders.*, in: FS 50 Jahre Bundesgerichtshof, 2000, S. 497, 499.

12 *Wittig*, in: Kümpel/Wittig, Rn 1.10; vgl auch *Assmann/Buck*, EWS 1990, 110, 190; *Lenenbach*, KMR, Rn 1.86 ff.

II. Regelungsziele des Kapitalmarktrechts

Das Kapitalmarktrecht hat zwei Regelungsziele: den Funktionsschutz des Kapitalmarkts und den Anlegerschutz. Beide sind miteinander verflochten. 6

1. Funktionsschutz

Die Funktionsfähigkeit des Kapitalmarkts ist ein dem öffentlichen Interesse an effizienten Märkten dienendes Schutzgut[13]. Dem Funktionsschutz des Kapitalmarkts kommt eine tragende Bedeutung zu, da die Volkswirtschaft auf gut funktionierende Kapitalmärkte angewiesen ist. Um ihren Finanzbedarf zu decken, brauchen nicht nur kapitalmarktfähige Unternehmen Gelder von in- und ausländischen Investoren, sondern auch die öffentlichen Haushalte. Abgesehen davon kommt dem Kapitalmarkt die Aufgabe einer Altersvorsorge als Ergänzung zur gesetzlichen Rentenversicherung zu. Die Funktionsfähigkeit des Kapitalmarkts lässt sich anhand von drei Teilaspekten beurteilen: die institutionelle, die operationale und die allokative Funktionsfähigkeit. 7

a) Institutionelle Funktionsfähigkeit

Die institutionelle Funktionsfähigkeit des Kapitalmarkts verlangt das Vorliegen der **Grundvoraussetzungen** für einen funktionierenden Markt. Es muss also ein ungehinderter Marktzugang der Emittenten und des Anlegerpublikums möglich sein, es müssen standardisierte (verkehrsfähige) Anlageprodukte gegeben und die Aufnahmefähigkeit (Liquidität) des Markts erfüllt sein. Die Liquidität des Markts ist abhängig von der Vielfalt des Angebots (Marktbreite) sowie der Zahl der Investoren und Volumen des angelegten und anlagesuchenden Kapitals (Markttiefe)[14]. 8

b) Operationale Funktionsfähigkeit

Zudem soll durch das Kapitalmarktrecht die Funktionsfähigkeit optimiert werden. Dies bedeutet, dass die **Transaktionskosten**, die den Marktteilnehmern entstehen, so gering wie möglich gehalten werden müssen. Je niedriger die Kosten, desto höher die Rendite, was wiederum zu einer zunehmenden Akzeptanz des Marktes führt. Wesentliches Mittel zur Minimierung der Transaktionskosten für die Anleger ist die Schaffung weitreichender Publizitätspflichten, da so erhebliche Kosten hinsichtlich einer privaten Informationsbeschaffung vermieden werden. 9

c) Allokative Funktionsfähigkeit

Allokative Funktionsfähigkeit des Kapitalmarkts meint die **Steuerungsfähigkeit** des Kapitalmarkts. Anlagefähiges Kapital soll dorthin fließen, wo der jeweils dringendste Bedarf an Investitionsmitteln die höchste Rendite bei hinreichender Sicherheit der Anlage verspricht. Voraussetzung dafür ist die Transparenz der Märkte sowie eine 10

13 Siehe *Seiler/Kniehase*, in: Schimansky/Bunte/Lwowski, Bankrechts-Handbuch, 4. Aufl., 2011, Vor § 104 Rn 86 ff; *Veil*, in: Veil, § 2 Rn 3 ff.

14 Vgl noch *Assmann*, in: Assmann/Schütze, 3. Aufl., 2007, § 1 Rn 26 (in der 4. Aufl. nicht mehr enthalten).

bestmögliche Information der Anleger (Publizität). Hintergrund ist, dass institutionelle und private Investoren ihre Geldmittel nur dann dem Markt zur Verfügung stellen, wenn sie Vertrauen in die Fairness, Stabilität und Integrität des Markts haben.

2. Anlegerschutz

11 Auch wenn die konzeptionellen Grundlagen des Anlegerschutzes bis heute noch ungeklärt sind, ist der Anlegerschutz als Ausgangspunkt für eine Regulierung bzw als „Postulat, Normzweck und dogmatische Kategorie"[15] inzwischen grundsätzlich akzeptiert.

a) Institutioneller Schutz

12 Die meisten kapitalmarktrechtlichen Bestimmungen sehen einen institutionellen Anlegerschutz vor, dh einen Schutz der **Gesamtheit** der Anleger (Anlegerpublikum). Hintergrund ist, dass die Märkte nur funktionieren, wenn das Anlegerpublikum Vertrauen in die Integrität und Stabilität der Märkte hat. Dem institutionellen Anlegerschutz dienende Regelungen sehen daher häufig Bußgelder oder gar strafrechtliche Sanktionierungen für Verstöße gegen bestimmte Regeln vor, gewähren aber nur dann einen Schadensersatzanspruch für den einzelnen Anleger, wenn die Vorschrift (auch) einen individuellen Schutz vorsieht und somit die Schutzgesetzeigenschaft iS des § 823 Abs. 2 BGB erfüllt ist. Der institutionelle Anlegerschutz ist untrennbar mit dem Funktionsschutz des Kapitalmarkts verbunden. Sämtliche Publizitätsvorschriften sowie die Marktaufsichtsregelungen dienen sowohl dem einen als auch dem anderen Zweck.

b) Individueller Schutz

13 Individueller Anlegerschutz erfolgte ab den 70er-Jahren des vorigen Jahrhunderts überwiegend durch die Rechtsprechung. Inzwischen finden sich überwiegend gesetzliche Regelungen, die Anlegern einen Schadensersatzanspruch bei Verletzung bestimmter Pflichten zugestehen. Den einzelnen Regelungen werden sich die folgenden Kapitel noch widmen. Im Überblick ergibt sich heute das folgende System aus **Anspruchsgrundlagen**:

14 **aa) Haftung aus Amtspflichtverletzung.** Ein Anspruch aus § 839 BGB, Art. 34 GG wegen Verletzung von Amtspflichten durch die für den Kapitalmarkt zuständigen Behörden (insbesondere der BaFin) ist heute weitgehend ausgeschlossen. Inzwischen wird bei den Vorschriften, die die Zuständigkeiten und Aufgaben der BaFin regeln, ausdrücklich klargestellt, dass diese Behörde „nur im öffentlichen Interesse" tätig ist (vgl § 4 Abs. 4 FinDAG, § 4 Abs. 2 WpÜG). Amtshaftungsansprüche können daher allenfalls die unmittelbar betroffenen Adressaten geltend machen, nicht aber lediglich mittelbar betroffene Aktionäre[16].

---

15 *Hopt*, in: Grundmann, Systembildung und Systemlücken in Kerngebieten des Europäischen Privatrechts, 2000, S. 307, 313.

16 Vgl *Cahn*, ZHR 167 (2003), 262, 289 f.

bb) Spezielle Vertrauenshaftung. Einige Spezialvorschriften des Kapitalmarktrechts sind ausdrücklich auf den Individualschutz gerichtet und stellen selbstständige Anspruchsgrundlagen dar. Dazu zählen erstens die Ausformungen der gesetzlichen Vertrauenshaftung des Kapitalmarktrechts[17]. Dies sind die Prospekthaftungstatbestände (§§ 21 ff WpPG[18], §§ 20 ff VermAnlG[19] und § 306 KAGB[20]), die Emittentenhaftung nach dem WpHG (§§ 37b, 37c WpHG)[21] sowie die Angebotsunterlagenhaftung nach dem WpÜG (§ 12 WpÜG)[22]. Mit diesen Regelungen soll die Offenlegung von relevanten Informationen sichergestellt werden. 15

Zweitens zählt dazu die zivilrechtliche bzw **bürgerlichrechtliche Prospekthaftung** als gewohnheitsrechtliche Vertrauenshaftung[23]. Deren Grundlage wird in einem typischerweise (Prospekthaftung ieS) oder persönlich in Anspruch genommenen Vertrauen (§§ 311 Abs. 2, 241 Abs. 2, 280 Abs. 1 BGB, cic; Prospekthaftung iwS) gesehen[24]. Da der Prospekt den Interessenten ein zutreffendes Bild von der angebotenen Beteiligung vermitteln soll, muss er über alle Umstände, die von wesentlicher Bedeutung sind oder sein können, sachlich richtig und vollständig unterrichten[25]. Die Grundsätze der zivilrechtlichen Prospekthaftung sind jedoch nur anwendbar, wenn keine speziellen Prospekthaftungsregeln in Betracht kommen bzw diese Raum für die bürgerlichrechtliche Prospekthaftung lassen[26]. Weiter als die gesetzliche ist die bürgerlichrechtliche Prospekthaftung v.a. deshalb, weil sie auch die Prospektgutachter und beruflichen Experten in die Haftung einbezieht („Garantenstellung")[27] und weil eine Haftung schon bei leicht fahrlässigem Verhalten und nicht erst bei grober Fahrlässigkeit in Betracht kommt. 16

Umstritten ist der Prospektbegriff iS der zivilrechtlichen Prospekthaftung[28]. Teilweise wird jede marktbezogene schriftliche Erklärung[29] als Prospekt angesehen, teilweise wird ein schriftlicher Bericht mit Angaben verlangt, die einem unbestimmten Personenkreis die Beurteilung der Anlage ermöglicht[30]. Die Rechtsprechung geht davon aus, dass es nicht nur auf die wiedergegebenen Einzeltatsachen, sondern auch darauf ankommt, welches Gesamtbild von den Verhältnissen des Unternehmens vermittelt wird[31]. Streitig 17

17 Zur Auseinandersetzung, ob es sich um Vertrauens- oder Deliktshaftung handelt, siehe unten Rn 430.
18 Näher dazu Rn 220 ff.
19 Näher dazu Rn 232 ff.
20 Näher dazu Rn 248 ff.
21 Näher dazu Rn 425 ff.
22 Näher dazu Rn 841 ff.
23 Dazu *Assmann*, in: Assmann/Schütze, § 5 (richterliche Rechtsfortbildung) Rn 8; siehe auch *Grumann*, BKR 2002, 310 ff; *Kouba*, VersR 2004, 570 ff; *Siol*, DRiZ 2003, 204 ff; *Hellgardt*, ZBB 2012, 73, 78 f; *Leuering/Rubner*, NJW-Spezial 2013, 143 f.
24 Ausführlich dazu *Keul/Erttmann*, DB 2006, 1664 ff.
25 Vgl BGH NJW 2006, 2042; BGH VuR 2008, 178 ff Rn 7; BGH WM 2010, 2069 Rn 27; BGH WM 2012, 115 Rn 15; siehe auch *Assmann*, in: Assmann/Schütze, § 5 Rn 39.
26 Vgl *Suchomel*, NJW 2013, 1126, 1131.
27 Siehe BGH WM 2014, 2040 Rn 79 ff.
28 Zur Entwicklung des Prospektbegriffs *Klöhn*, WM 2012, 97, 100 ff; *Hellgardt*, ZBB 2012, 73, 78 f.
29 Zum Erfordernis der Schriftlichkeit BGH WM 2012, 19 („Scholz").
30 *Hamann*, in: Schäfer/Hamann, §§ 44, 45 BörsG Rn 45.
31 BGH WM 2007, 1503 Rn 8; BGH WM 2012, 115 Rn 35; siehe auch BGH WM 2012, 19 Rn 29 („Scholz").

ist auch, auf welche Darstellungen die zivilrechtliche Prospekthaftung konkret anwendbar ist[32].

18 Drittens wird zu den speziellen Regelungen das gewohnheitsrechtlich entstandene Recht der **Publikumspersonengesellschaften** gerechnet. Bei einer Beteiligung an einer Publikumspersonengesellschaft handelt es sich um eine solche auf dem sog. grauen Kapitalmarkt[33]. Insbesondere für die Publikumskommanditgesellschaft hat die Rechtsprechung im Laufe der Jahre Sonderregeln zum Schutz der Kommanditisten entwickelt, da diese Massengesellschaft vom gesetzlichen Leitbild der Kommanditgesellschaft erheblich abweicht[34]. Vor allem durch das VermAnlG von 2012 und das KAGB von 2013 erfolgte eine gesetzliche Regelung des (einstmals) „grauen Kapitalmarkts". Da geschlossene Investmentvermögen nach dem KAGB nunmehr nur noch als InvAG mit fixem Kapital oder als geschlossene InvKG aufgelegt werden dürfen, wird diese Rechtsprechung in absehbarer Zeit keine Rolle mehr spielen.

19 **cc) Allgemeine Haftungsregelungen.** Bei Verletzung einer vertraglichen Pflicht (Auskunfts-, Beratungspflicht) kann ein Anspruch auf Schadensersatz gegeben sein (**§ 280 Abs. 1 BGB**). In Betracht kommt auch ein Anspruch aus einem Vertrag mit Schutzwirkung für Dritte. In Bezug auf Vertragsverhandlungen kann bei Inanspruchnahme von persönlichem Vertrauen ein Anspruch aus §§ 280 Abs. 1, 311 Abs. 2, 241 Abs. 2 BGB (cic) vorliegen.

20 Im Rahmen von deliktischen Ansprüchen scheidet ein Anspruch aus **§ 823 Abs. 1 BGB** regelmäßig aus, weil kein absolutes Recht (zB Eigentum, Mitgliedschaft) verletzt wird. Möglich ist aber eine Haftung aus **§ 823 Abs. 2 BGB** iVm einem Schutzgesetz. **Schutzgesetz** ist eine Rechtsnorm dann, wenn sie zumindest auch den Schutz des Einzelnen oder einzelner Personenkreise (individueller Anleger) bezweckt und zu einem diesbezüglichen Schadensersatz führen soll[35]. Dabei kommt es laut Rechtsprechung nicht auf die Wirkung des Gesetzes an, sondern auf dessen Inhalt und Zweck sowie darauf, ob der Gesetzgeber gerade einen Rechtsschutz, wie er wegen der behaupteten Verletzung in Anspruch genommen wird, zu Gunsten von Einzelnen gewollt oder mitgewollt hat[36]. Als Schutzgesetze kommen hier häufig strafrechtliche Normen oder kapitalmarktrechtliche Spezialregelungen in Betracht.

21 Schließlich kann bei Vorliegen einer sittenwidrigen Schädigung auch ein Anspruch aus **§ 826 BGB** gegeben sein. Für das Tatbestandsmerkmal des Vorsatzes genügt nach der Rechtsprechung ein leichtfertiges Handeln des Schädigers, wenn dieser eine Schädigung des Anlegers in Kauf genommen hat[37]. Allerdings können der Nachweis der haftungsbegründenden Kausalität sowie das Bestehen eines konkreten Schadens im Einzelfall schwierig sein[38].

32 Zum Meinungsstand auch *Groß*, WM 2002, 477, 479 ff.
33 Vgl Rn 142 f.
34 Näher *Kübler/Assmann*, Gesellschaftsrecht, 6. Aufl., 2006, § 21 III.
35 *Buck-Heeb*, Ad Legendum 2011, 185 ff; *K. Schmidt*, FS Schwark, 2009, S. 753 ff.
36 Siehe etwa BGH NJW 2004, 2664, 2665 („Infomatec I"); BGH NJW 2010, 3651, 3652 f („Phoenix").
37 *Buck-Heeb*, Examens-Repetitorium, Besonderes Schuldrecht 2, Gesetzliche Schuldverhältnisse, 5. Aufl., 2015, Rn 251.
38 Siehe Rn 452 ff.

III. Rechtsquellen des Kapitalmarktrechts

Eine Kodifizierung des Kapitalmarktrechts in einem „Kapitalmarktgesetz" existiert nicht. Es gibt vielmehr verschiedene Kodifikationen, die in großen Teilen Aufsichtsrecht (und damit öffentliches Recht), teilweise aber auch Zivil- oder Strafrecht sind und jeweils einzelne Bereiche des Kapitalmarktrechts regeln[39]. 22

1. Wertpapierhandelsgesetz (WpHG) und Börsengesetz (BörsG)

Die zentralen kapitalmarktrechtlichen Gesetze sind das WpHG und das BörsG. Das 1998 geschaffene **WpHG** wird von vielen als „Grundgesetz des Kapitalmarktrechts" bezeichnet[40], da es im Wesentlichen die **Transaktionen** auf dem Kapitalmarkt regelt. Es dient vorwiegend dem Schutz der Funktionsfähigkeit der Kapitalmärkte und der Stärkung des Vertrauens der Anleger in diese. Das WpHG orientiert sich an den gehandelten Produkten, so dass es sich vom regulierten Markt bis hin zum grauen Kapitalmarkt, soweit dort Wertpapiere iS des § 2 Abs. 1, 2 WpHG gehandelt werden, erstreckt. Der Geltungsumfang des WpHG ist jedoch insofern beschränkt, als bei den jeweiligen Publizitäts-, Verhaltens- und Schadensersatzpflichten nach Handelssegmenten unterschieden wird. Es ist somit stets zu prüfen, für welches der Segmente (regulierter Markt, Freiverkehr/Open Market[41]) die jeweilige Vorschrift gilt. 23

Das **BörsG** enthält im Wesentlichen **Organisationsnormen** für die öffentlich-rechtlich organisierte Börse als Veranstalter des Börsenhandels. Daneben finden sich auch im BörsG Publizitäts- und Verhaltenspflichten, die sich auf den regulierten Markt und zum Teil auch auf den Freiverkehr beziehen. Auch bei der Anwendung des BörsG ist zu prüfen, welches Marktsegment (regulierter Markt, Freiverkehr/Open Market) von der betreffenden Norm erfasst sein soll. 24

Dem aus dem Jahre 1896 stammenden BörsG[42] fehlt im Gegensatz zum WpHG eine ausschließlich kapitalmarktrechtliche Ausrichtung. Die Börsengesetzgebung hat nicht primär den Kapitalmarkt und den Anlegerschutz im Blickfeld, sondern stellt ursprünglich eine Reaktion auf Missstände an den Börsen dar[43]. Das BörsG erstreckt sich allein auf die börsenmäßig organisierten Sekundärmärkte des inländischen Kapitalmarkts, wohingegen der Anwendungsbereich des WpHG weiter ist und sich auch auf die Erstplatzierung von Aktien und Schuldverschreibungen in der Emissionsphase (Primärmarkt) bezieht. 25

Das BörsG und das WpHG werden durch zahlreiche **Nebengesetze** und **Verordnungen** ergänzt. Zum Regelwerk des Börsengesetzes gehören auch die Börsenordnungen 26

39 Siehe *U.H. Schneider*, AG 2001, 269, 271; vgl auch *Schwarz*, DStR 2003, 1930 ff, der zwischen Kapitalmarktorganisationsrecht und Kapitalmarktverhaltens- bzw Kapitalmarkttransaktionsrecht unterscheidet.

40 *Zimmer*, in: Schwark/Zimmer, KMRK, § 1 WpHG Rn 4 mwN; *Assmann*, in: Gebauer/Wiedmann, Zivilrecht unter europäischem Einfluss, 2. Aufl., 2010, Kap. 22 Rn 49; *Kübler/Assmann*, Gesellschaftsrecht, 6. Aufl., 2006, § 32 I 5; KölnerKommWpHG/*Hirte/Heinrich*, Einl., Rn 3.

41 Zu diesen Begriffen näher Rn 108 ff, Rn 120 ff.

42 Aufgrund zahlreicher Änderungen wurden zum 1. Juli 2002 die Paragrafen des BörsG neu durchgezählt.

43 *Schwark*, in: Schwark/Zimmer, KMRK, Einl BörsG Rn 1.

der jeweiligen Börsen sowie zahlreiche **Satzungen**. Darüber hinaus gibt es **Rundschreiben** der BaFin[44], die aber keine Rechtsnormen darstellen, sondern lediglich die Auffassung der Behörde bzw deren Verwaltungspraxis wiedergeben. Auch der **Emittentenleitfaden** der BaFin ist weder ein Gesetz noch eine Rechtsverordnung, sondern nur eine norminterpretierende Verwaltungsvorschrift[45], die durch jahrelange Übung Gewohnheitsrecht werden kann[46]. Der Leitfaden enthält praxisrelevante Erläuterungen zu den Verboten des Insiderhandels und der Marktmanipulation sowie zur Führung von Insiderverzeichnissen, die zwar die BaFin, nicht aber die Gerichte binden[47]. Jedenfalls soll das Vertrauen eines Anfragenden auf eine Auskunft der BaFin nach hM ein Verschulden des Betreffenden ausschließen können[48].

2. Weitere Gesetze

27 Weitere Gesetze sind etwa das Kapitalanlagegesetzbuch (KAGB), das **Depotgesetz** (DepotG), das Vermögensanlagengesetz (VermAnlG) und das **Wertpapierprospektgesetz** (WpPG). Auch das **Wertpapiererwerbs- und Übernahmegesetz** (WpÜG) fällt darunter, das 2002 nach der feindlichen Übernahme der Mannesmann AG durch die Vodafone AirTouch Plc. in Kraft trat. Auch zur Konkretisierung dieses Gesetzes sind inzwischen zahlreiche Verordnungen erlassen worden[49].

28 Zu den kapitalmarktrechtlichen Gesetzen zählt auch das Pfandbriefgesetz[50]. Hier wird die Verzahnung von Kapitalmarkt- und Bankrecht deutlich. Auch die **Rechnungslegungsvorschriften** (zB §§ 238 ff HGB) sind kapitalmarktrechtliche Regelungen, da sie einem der wichtigsten Ziele des Kapitalmarktrechts dienen, nämlich der Herstellung von Publizität zur Stärkung des Vertrauens der Anleger in den Kapitalmarkt[51]. Auch die gesellschaftsrechtlichen Regelungen, insbesondere die des **Aktienrechts**,

---

44 ZB Rundschreiben 4/2010 (WA) der BaFin vom 7. Juni 2010 – Mindestanforderungen an die Compliance – Funktion und die weiteren Verhaltens-, Organisations- und Transparenzpflichten nach §§ 31 ff WpHG für Wertpapierdienstleistungsunternehmen (MaComp), Stand: 7. Januar 2014; zur Einordnung in die verwaltungsrechtliche Handlungsformenlehre *Gurlit*, ZHR 177 (2013), 862, 894 ff.

45 So BGH WM 2008, 641, 644 Rn 24; zu einer faktischen Bindungswirkung *Bedkowski*, BB 2009, 394, 400; siehe auch *Krämer/Heinrich*, ZIP 2009, 1737, 1738 f („mittelbare Außenwirkung"); *Heinrich/Krämer*, CFL 2013, 225, 227.

46 *Claussen/Florian*, AG 2005, 745, 747; *Merkner/Sustmann*, NZG 2005, 729 f unter Hinweis auf Ziff. I. des Emittentenleitfadens.

47 *Merkner/Sustmann*, NZG 2005, 729 f.

48 *Bedkowski*, BB 2009, 1482, 1483; *Bedkowski/Widder*, BB 2008, 245; *Fleischer*, DB 2009, 1335, 1336 f; *Krämer/Heinrich*, ZIP 2009, 1737, 1739; *Scholz*, AG 2009, 313, 320 f; *von Bülow/Petersen*, NZG 2009, 481, 483; aA LG Köln, Beck RS 2007, 17373 (insoweit in AG 2008, 336 nicht abgedruckt); siehe auch Rn 635.

49 WpÜG-AngebotsVO vom 27. Dezember 2001, BGBl. I, S. 4263, zuletzt geändert durch Art. 13 des Gesetzes vom 20. November 2015, BGBl. I, S. 2029; WpÜG-BeiratsVO vom 27. Dezember 2001, BGBl. I, S. 4259, zuletzt geändert durch Art. 195 der Verordnung vom 31. August 2015, BGBl. I, S. 1474; WpÜG-Widerspruchsausschuss-VO vom 27. Dezember 2001, BGBl. I, S. 4261, zuletzt geändert durch die Verordnung vom 26. Juni 2003, BGBl. I, S. 1006; WpÜG-GebührenVO vom 27. Dezember 2001, BGBl. I, S. 4267, zuletzt geändert durch Art. 2 Abs. 65 des Gesetzes vom 7. August 2013, BGBl. I, S. 3154; WpÜG-AnwendbarkeitsVO vom 17. Juli 2006, BGBl. I, S. 1698.

50 BGBl. I, S. 1373; zuletzt geändert durch Art. 5 des Gesetzes vom 2. November 2015, BGBl. I, S. 1864.

51 Sowohl auf das Pfandbriefgesetz als auch auf die Rechnungslegungsvorschriften soll hier – aufgrund ihrer Spezialität – nicht näher eingegangen werden.

sind für das Kapitalmarktrecht von Bedeutung[52], da mit der Aktie das wichtigste Kapitalmarktprodukt geregelt wird.

Kapitalmarktrechtlich relevant ist darüber hinaus die **strafrechtliche** Vorschrift des § 264a StGB (Kapitalanlagebetrug), die auch unstreitig als Schutzgesetz iS des § 823 Abs. 2 BGB angesehen wird[53], und zahlreiche weitere strafrechtliche Regelungen[54]. Diese ergänzen teilweise die speziellen strafrechtlichen Regelungen der Kapitalmarktgesetze. Seit November 2005 ist das Kapitalanleger-Musterverfahrensgesetz **(KapMuG)**[55] in Kraft, das Musterverfahren für Massenklagen wegen fehlerhafter Kapitalmarktinformation ermöglicht. Für das Kapitalmarktrecht spielen auch einige Regelungen des **BGB** eine Rolle, so etwa die kaufrechtlichen Vorschriften oder die Bestimmungen hinsichtlich der Übertragung und der Funktion von Wertpapieren (zB §§ 929 ff BGB). 29

3. Europarecht

a) Richtlinien und Verordnungen zum Kapitalmarktrecht

Das europäische Recht war und ist der Motor des deutschen Kapitalmarktrechts. Mehr als 80 % der kapitalmarktrechtlichen nationalen Vorschriften basieren inzwischen auf europäischer Gesetzgebung[56]. So beruhen zB das WpHG, ein wesentlicher Teil des BörsG, die Börsenzulassungsverordnung, das Wertpapierprospektgesetz (WpPG) sowie das Kapitalanlagegesetzbuch (KAGB) auf **Richtlinien**. Teilweise sind den Richtlinien Durchführungsrichtlinien beigefügt, die ebenfalls in nationales Recht umzusetzen sind. Die Europäisierung des Kapitalmarktrechts wird aufgrund der Dynamik und Internationalität des Kapitalmarktgeschehens regelmäßig als sachgerecht angesehen[57]. 30

Hintergrund der europäischen Richtlinien zum Kapitalmarktrecht sind insbesondere die Herstellung der Kapitalverkehrs- und Dienstleistungsfreiheit im (Kapital-)Binnenmarkt sowie der Schutz der Anleger durch hinreichende Information. Ein mit der Regulierung der europäischen Wertpapiermärkte befasster Ausschuss hat in seinem Abschlussbericht von 2001 (Lamfalussy-Bericht) ein schnelleres Rechtsetzungsverfahren vorgeschlagen. Danach werden regelmäßig nur abstrakte Rahmenrichtlinien erlassen, welche die Kommission mit sog. operativen Bestimmungen ausfüllt[58]. 31

Sahen die Richtlinien lange Zeit ausschließlich eine bloße Mindestharmonisierung vor, so sind sie nun zunehmend auf **Vollharmonisierung** angelegt[59] (zB die Transpa- 32

52 Siehe näher Rn 45 ff.
53 BGHZ 116, 7, 13 f; BGH NJW 1992, 241, 242 f; Erman/*Schiemann*, 14. Aufl., 2014, § 823 BGB Rn 160 mwN.
54 Zum Kapitalmarktstrafrecht etwa *Park*, JuS 2007, 621 ff, 712 ff.
55 Näher unten Rn 1036 ff.
56 Vgl schon *Hopt*, in: FS 50 Jahre Bundesgerichtshof, 2000, S. 497, 501; bestätigt durch *Hoppe*, EuZW 2009, 168 f. Zur weitergehenden Europäisierung des Kapitalmarktrechts *Walla*, BB 2012, 1358 ff; zur Entwicklung *Veil*, in: Veil, § 1.
57 Vgl *Walla*, BB 2012,1358, 1359.
58 Vgl hierzu ausführlich *Schmolke*, NZG 2005, 912 ff.
59 Zur allgemeinen Tendenz der Vollharmonisierung *Walla*, BB 2012, 1358.

renzrichtlinie 2013[60]). Hier bleibt dem nationalen Gesetzgeber kaum Gestaltungsspielraum, so dass im Wesentlichen eine „Eins-zu-Eins"-Umsetzung zu erfolgen hat[61].

33 Bislang gibt es keinen einheitlichen europäischen Kapitalmarkt[62]. Allerdings ist in den Richtlinien regelmäßig vorgesehen, dass die Zulassung eines Kapitalmarktprodukts oder die Erlaubnis einer kapitalmarktbezogenen Tätigkeit durch die Behörde des Herkunftsstaats in allen anderen EU-Mitgliedstaaten anerkannt wird (Europäischer Pass, single licence-Prinzip). Darüber hinaus hat sich die Europäische Wertpapieraufsichtsbehörde ESMA das Ziel eines single rulebook des Europäischen Kapitalmarktrechts gesetzt[63]. In diesem Zusammenhang stehen auch die Überlegungen zur Schaffung einer **europäischen Kapitalmarktunion**[64]. Dabei geht es v.a. um verbesserte Finanzierungsmöglichkeiten für sog. Start-up-Unternehmen, einen erleichterten Börsengang[65], die Förderung langfristiger Investitionen sowie der Anlagetätigkeit von Anlegern[66].

34 Eine Europäisierung des Kapitalmarktrechts erfolgt aber auch durch unmittelbar im nationalen Recht geltende **EU-Verordnungen**[67]. So enthält etwa nicht nur das (auf einer Richtlinie basierende) Wertpapierprospektgesetz Angaben zum Inhalt eines Wertpapierprospekts, sondern auch die EU-ProspektVO von 2004[68]. Ergänzend zur sog. MiFID II gibt es eine Finanzmarktverordnung (MiFIR)[69]. Auch die Überarbeitung des EU-Marktmissbrauchsrechts erfolgt im Rahmen einer Verordnung („Market Abuse Regulation", MAR), die zur Aufhebung von § 20a WpHG führt[70]. Es besteht in der EU die Tendenz, anstelle von Richtlinien direkt im nationalen Recht geltende Verordnungen vorzusehen.

60 Siehe Art. 3 Abs. 1a Satz 4 Transparenzrichtlinie 2013, wonach ein Mitgliedstaat grundsätzlich „für Aktionäre oder natürliche oder juristische Personen … keine strengeren Anforderungen vorsehen (darf) als die in dieser Richtlinie festgelegten"; *Schilha*, DB 2015, 1821, 1822; *Seibt/Wollenschläger*, ZIP 2014, 545, 547 ff.

61 *Weichert/Wenninger*, WM 2007, 627, 628.

62 *Merkt/Rossbach*, JuS 2003, 217, 220 f.

63 Siehe ESMA, 2012 Work Programme, S. 4; *Veil*, ZGR 2014, 544 ff; *Sasserath-Alberti*, EuZW 2012, 641 ff.

64 Siehe „Aktionsplan zur Schaffung einer Kapitalmarktunion", COM(2015) 468 vom 30. September 2015; dazu *Veil*, ZGR 2014, 544 ff; *Hopt*, EuZW 2015, 289 f.

65 Siehe hierzu den Vorschlag einer Richtlinie „on the prospectus to be published when securities are offered to the public or admitted to trading" vom 30. November 2015 zur Änderung der Prospekt-Richtlinie, COM(2015) 583 final.

66 Vgl *Stiegler*, AG Report 2015, R311 ff.

67 *Veil*, in: FS Hommelhoff, 2012, S. 1263, 1266 ff. Zur Frage, inwiefern EU-Verordnungen **Schutzgesetze** iS des § 823 Abs. 2 BGB sein können, *Hellgardt*, AG 2012, 154, 164.

68 VO (EG) Nr 809/2004 vom 29. April 2004, ABl. EU Nr L 149 vom 30. April 2004, S. 1, berichtigte Fassung ABl. EU Nr L 215, S. 3; geändert durch VO (EG) Nr 1787/2006, ABl. EU Nr L 337 vom 5. Dezember 2006, S. 17, Nr 1569/2007, ABl. EU Nr L 340 vom 22. Dezember 2007, Nr 211/2007, ABl. EU Nr L 61 vom 28. Februar 2007, S. 24; siehe auch die Delegierten VO (EU) Nr 486/2012 vom 30. März 2012, ABl. EU Nr L 150 vom 9. Juni 2012, (EU) Nr 862/2012 vom 4. Juni 2012, ABl. EU Nr L 256 vom 22. September 2012 sowie (EU) Nr 759/2013 vom 30. April 2013, ABl. EU Nr L 213, S. 1 vom 28. August 2013.

69 VO (EU) Nr 600/2014 vom 15. Mai 2014 über Märkte für Finanzinstrumente und zur Änderung der VO (EU) Nr 648/2012, ABl. EU Nr L 173 vom 12. Juni 2014, S. 84.

70 VO (EU) Nr 596/2014 vom 16. April 2014 über Marktmissbrauch, ABl. EU Nr L 173 vom 12. Juni 2014, S. 1.

b) Auslegung

Bei der Auslegung nationaler Regelungen ist zwischen angeglichenen Normen und originär deutschen Regelungen zu unterscheiden. Handelt es sich bei einer kapitalmarktrechtlichen Vorschrift um originär deutsches Recht (zB in den §§ 34b, 37e und g–l WpHG), so finden die herkömmlichen Auslegungsregeln Anwendung, dh es ist auf den Wortlaut, die Gesetzessystematik sowie den Sinn und Zweck der Regelung abzustellen. Daneben besitzt die am Willen des Gesetzgebers orientierte historische Auslegung Bedeutung[71]. 35

Bei angeglichenem deutschen Recht sind die dort enthaltenen unbestimmten Rechtsbegriffe **richtlinienkonform** auszulegen[72]. Das bedeutet, dass die Gerichte das nationale Recht soweit wie möglich im Lichte des Wortlauts der Richtlinie und des Richtlinienzwecks auszulegen haben[73]. Ausgelegt wird auf der Grundlage der Überlegung, dass der Gesetzgeber dem Richtlinienzweck voll gerecht werden und nicht hinter den Anforderungen zurückbleiben wollte[74]. Allerdings zwingt das EU-Recht nicht zu einer Auslegung der nationalen Regelungen contra legem[75]. Nach der Rechtsprechung des BVerfG müssen die Gerichte der Auslegung einer Richtlinie durch den EuGH im Vorlageverfahren (Art. 267 AEUV) folgen[76]. 36

Umstritten ist, ob der richtlinienkonformen Auslegung **Vorrang** vor den Auslegungsmethoden des nationalen Rechts zukommt[77] oder ob sie als eine weitere Auslegungsmethode neben den herkömmlichen Methoden steht[78], welche die herkömmlichen Auslegungsformen partiell überlagert[79]. Teilweise wird im Schrifttum davon ausgegangen, dass trotz des Vorrangs des Gemeinschaftsrechts und trotz der Verpflichtung zur Gemeinschaftstreue ein Residuum für die nationalen Auslegungsmethoden verbleibt. Diese sollen hauptsächlich der Rechtsfortbildung transformierten Rechts Grenzen setzen[80]. Die hM sieht im möglichen Wortsinn eine Grenze richtlinienkonformer Auslegung, die nicht überschritten werden kann[81]. 37

71 Speziell für das WpHG *Schwark*, in: Schwark/Zimmer, KMRK, Einl. WpHG Rn 34.

72 *Schnorbus*, AcP 201 (2001), 860, 867 ff; *Lutter*, JZ 1992, 593 ff; *Grundmann*, ZEuP 1996, 355 ff; allgemein zur richtlinienkonformen Auslegung *Roth/Jopen*, in: Riesenhuber, Europäische Methodenlehre, 3. Aufl., 2015, § 13; *Möllers*, GS M. Wolf, 2011, S. 669, 673 ff; *Assmann*, in: Assmann/Schütze, § 5 Rn 333 f.

73 EuGH NZA 2010, 85, 88 („Kücükdeveci/Swedex"); EuGH, Slg. 1984, 1891, 1909, Rn 24 („von Colson und Kamann"); EuGH, Slg. 1988, 686, 690, Rn 10 („Murphy"); EuGH, Slg. 1990, 4135, 4159, Rn 7 („Marleasing"); EuGH NJW 1992, 165, 167 („Francovich"); EuGH EuZW 1999, 244, 246 („BMW").

74 BGHZ 63, 261, 264 f; BGHZ 87, 59, 61; vgl *Geismann*, in: von der Groeben/Schwarze/Hatje, Europäisches Unionsrecht, 7. Aufl., 2015, Art. 288 AEUV Rn 55; *Roth/Jopen*, in: Riesenhuber, Europäische Methodenlehre, 3. Aufl., 2015, § 13 Rn 28.

75 Siehe EuGH NJW 2014, 2335 Rn 65 („Kásler").

76 BVerfGE 75, 223, 237 („Kloppenburg").

77 *Grundmann*, ZEuP 1996, 399, 420 ff; KölnerKommWpHG/*Hirte/Heinrich*, Einl. Rn 109.

78 So *Schnorbus*, AcP 201 (2001), 860, 874, 900.

79 *Hommelhoff*, AcP 192 (1992), 71, 96 ff; siehe auch *Piekenbrock/Schulze*, WM 2002, 521, 523 („Vorzugsregel bei mehreren möglichen Interpretationen").

80 *Schnorbus*, AcP 201 (2001), 860 ff, 867 ff; *Schwark*, in: Schwark/Zimmer, Einl. WpHG Rn 32 f; vgl auch *Lutter*, JZ 1992, 593, 607; aA *Möllers*, EuR 1998, 20, 44 ff.

81 *Rüffler*, ÖJZ 1997, 121, 126 mwN; *Geismann*, in: von der Groeben/Schwarze/Hatje, Europäisches Unionsrecht, 7. Aufl., 2015, Art. 288 AEUV Rn 55; vgl auch *Roth/Jopen*, in: Riesenhuber, Europäische Methodenlehre, 3. Aufl., 2015, § 13 Rn 46 ff.

38 Zunehmend deutlich wird, dass eine Auslegung der **Verordnungen** Schwierigkeiten aufwerfen kann. So fragt sich etwa, welche Entwurfsfassung bei der Ermittlung des gesetzgeberischen Willens heranzuziehen ist[82]. Bei der Auslegung sind die Empfehlungen bzw Hinweise der ESMA[83] zu berücksichtigen. Auch wenn die Empfehlungen rechtlich unverbindlich sind, kommt ihnen faktisch großer Einfluss zu, da sich etwa die BaFin im Sinne einer Selbstbindung der Verwaltung grundsätzlich nach diesen richtet[84]. Immer mehr macht der EU-Gesetzgeber zudem von der Möglichkeit sog. **Delegierter Rechtsakte** Gebrauch, bei denen der Kommission die Befugnis übertragen wird, bestimmte Punkte, insbesondere technische Einzelheiten, zu regeln[85].

4. Internationales Recht

39 Auch internationales Recht kann Rechtsquelle für das deutsche Kapitalmarktrecht sein[86]. So sind inzwischen die (privaten) Regeln des internationalen Rechnungslegungsrechts, die **IAS** (International Accounting Standards) bzw die **IFRS** (International Financial Reporting Standards) von der EU mit der EU-Verordnung betreffend die Anwendung internationaler Rechnungslegungsstandards[87] übernommen worden. Sie sind damit unmittelbar verbindliches Recht[88]. Seit dem 1. Januar 2005 müssen kapitalmarktorientierte Unternehmen in der EU den Konzernabschluss nach IAS/IFRS erstellen. Die US-amerikanischen Rechnungslegungsregeln, die **US-GAAP** (Generally Accepted Accounting Principles), sind dagegen für das deutsche Kapitalmarktrecht grundsätzlich nicht relevant.

5. Private Regelungen und Richterrecht

40 Auch Regelungen im Rahmen der privaten Selbstregulierung können eine Rechtsquelle des Kapitalmarktrechts darstellen. Beispiel hierfür sind etwa die Geschäftsbedingungen der Börsen, die AGB-Banken, AGB-Sparkassen, die Sonderbedingungen für Wertpapiergeschäfte bzw für Termingeschäfte sowie auf internationaler Ebene letztendlich auch die IFRS. Ob das Richterrecht ebenfalls als Rechtsquelle angesehen werden kann, ist umstritten[89]. Fasst man den Begriff der Rechtsquelle weit und bezieht das Richterrecht ein, kam diesem im Kapitalmarktrecht in der Vergangenheit v.a. in Bezug auf den grauen Kapitalmarkt und den dazu entwickelten individuellen Anlegerschutz durch eine zivilrechtliche Prospekthaftung[90] Bedeutung zu.

82 Siehe *Veil*, ZBB 2014, 85, 88.
83 Dazu näher unten Rn 1030 ff.
84 Vgl *Hupka*, WM 2009, 1351 ff; siehe auch *Veil*, in: Veil, § 5 Rn 38 f.
85 *Leuering/Stein*, Der Konzern 2012, 382, 383.
86 *Schlitt*, in: Grunewald/Schlitt, § 1 I 3a.
87 VO (EG) Nr 1606/2002 vom 19. Juli 2002, ABl. EG Nr L 243 vom 11. September 2002, S. 1 ff („IAS-Verordnung").
88 *Buck*, JZ 2004, 883, 884 f.
89 Siehe nur etwa *Larenz/Canaris*, Methodenlehre der Rechtswissenschaft, 3. Aufl., 1999, S. 255 f.
90 Siehe Rn 16.

IV. Kapitalmarktrecht zwischen Privatrecht und öffentlichem Recht/Strafrecht

Die kapitalmarktrechtlichen Gesetze lassen sich nicht per se entweder dem Zivilrecht oder dem öffentlichen Recht bzw dem Strafrecht zuordnen. Vielmehr finden sich etwa im WpHG zahlreiche Normen, die öffentlich-rechtlichen (aufsichtsrechtlichen) Charakter haben, andere sind strafrechtlicher und wieder andere zivilrechtlicher Natur. Teilweise ist die Zuordnung einer Regelung zu einer dieser „Gruppen" unproblematisch möglich (zB das Insiderhandelsverbot des § 14 WpHG als strafrechtliche Norm), teilweise ist deren Charakter jedoch streitig[91]. Die Abgrenzung zwischen Privatrecht und öffentlichem Recht sowie deren Kriterien sind schon im Allgemeinen umstritten[92]. Im Kapitalmarktrecht erlangt diese Problematik aufgrund des „Normenmixes" besondere Bedeutung. Die Rechtsprechung hat sich bislang keiner der zahlreichen Abgrenzungstheorien angeschlossen, sondern hebt auf die jeweilige Sachverhaltsgestaltung ab. 41

Eine öffentlich-rechtliche und privatrechtliche **Doppelnatur** der Normen ist jedenfalls abzulehnen[93]. Eine Abgrenzung der privatrechtlichen von den öffentlich-rechtlichen bzw strafrechtlichen Normen des Kapitalmarktrechts ist aus zahlreichen Gründen erforderlich. Hier sollen nur die wichtigsten genannt werden. Ist eine kapitalmarktrechtliche Regelung als öffentlich-rechtlich einzustufen, kann sie als zwingendes Recht nicht rechtsgeschäftlich **abbedungen** werden[94]. Dagegen unterliegen privatrechtliche Regelungen weitgehend der rechtsgeschäftlichen Disposition der Parteien. Nur ausnahmsweise stellen sie zwingendes Recht dar, wie etwa die kapitalmarktrechtlichen Meldepflichten gegenüber der Gesellschaft (vgl § 21 Abs. 1, 1a WpHG). Allerdings soll deren Aufnahme in den Bußgeldkatalog (§ 39 WpHG) mittelbar wiederum zur Auslegungsgrenze des Wortsinns führen[95]. Die Abgrenzung von Privatrecht und öffentlichem Recht spielt aber auch für die Frage nach dem **Rechtsweg** (ordentliches Gericht oder Verwaltungsgericht) eine Rolle. 42

Regelungen des **öffentlichen (Wirtschafts-)Rechts** sind etwa solche, bei denen Pflichten gegenüber der Aufsichtsbehörde zu erfüllen sind (etwa § 26 WpHG, Veröffentlichungspflichten der börsennotierten Gesellschaft). Diese Eingriffsnormen lassen keine Erweiterung, die über die gesetzliche Grundlage hinausgehen würde, zu[96]. Eine Abgrenzung ist auch zu **strafrechtlichen** Regelungen respektive Bußgeldvorschriften erforderlich[97]. Das gilt v.a. im Hinblick auf die Möglichkeit der analogen Anwendung einer kapitalmarktrechtlichen Norm. Denn bei Straf- und Bußgeldvor- 43

91 *Vogel*, in: Assmann/U.H. Schneider, § 20a WpHG Rn 6; *Mülbert*, in: Assmann/U.H. Schneider, § 30a WpHG Rn 13.

92 Vgl nur etwa *Peine*, Allgemeines Verwaltungsrecht, 11. Aufl., 2014, Rn 116 ff.

93 Bejahend dagegen *Weichert/Wenninger*, WM 2007, 627, 635; *Veil*, WM 2007, 1821, 1825.

94 *Koller*, in: Assmann/U.H. Schneider, Vor § 31 WpHG Rn 3.

95 *Schwark*, in: Schwark/Zimmer, KMRK, Vor § 21 WpHG Rn 13; *Sudmeyer*, BB 2002, 685, 686; anders *U.H. Schneider*, in: Assmann/U.H. Schneider, Vor § 21 WpHG Rn 42 (erweiternde teleologische Auslegung zulässig).

96 *Schwark*, in: Schwark/Zimmer, KMRK, Vor § 21 WpHG Rn 13.

97 Zum Kapitalmarktstrafrecht *Park*, JuS 2007, 621 ff, 712 ff.

schriften gilt das Analogieverbot (Art. 103 Abs. 2 GG, § 3 OWiG)[98], so dass hier Auslegungsgrenze der mögliche Wortsinn ist. Innerhalb dieses Rahmens können historische, systematische und teleologische Gesichtspunkte berücksichtigt werden[99]. Fraglich ist, ob sich diese für die Strafrechtsnormen geltende Grenze auch auf die Auslegung des der Sanktion zugrunde liegenden Verhaltensgebots oder -verbots auswirkt.

44 **Umstritten** ist, ob eine sog. **gespaltene Auslegung** in Betracht kommt. Teilweise wird dies bejaht[100]. Die maßgebliche Auslegungs- und Normanwendungsmethode soll von der jeweils in Frage stehenden Rechtsfolge abhängen. Die Konsequenz ist, dass ein bestimmtes Verhalten einerseits zivilrechtlich verboten sein kann, so dass eine Schadensersatzpflicht besteht, andererseits aber straf- oder ordnungswidrigkeitenrechtlich mit dem Gesetz im Einklang steht[101]. Außerdem könnte eine aufsichtsrechtliche Regelung im Zivilrecht zu einer erweiterten analogen Anwendung führen[102]. Überwiegend wird eine gespaltene Auslegung abgelehnt[103]. Begründet wird dies v.a. damit, dass eine sich über den Wortlaut einer strafrechtlichen Norm hinwegsetzende zivilrechtliche Auslegung (etwa im Rahmen des § 823 Abs. 2 BGB) de facto eine richterrechtliche Ausweitung des Schutzbereichs der Norm darstelle[104]. Ob diese ablehnende Haltung auch in Bezug auf die europäischen **Verordnungen** zum Kapitalmarktrecht aufrecht erhalten bleiben kann, erscheint fraglich[105].

V. Das Zusammenspiel von Kapitalmarkt- und Gesellschaftsrecht

Ausgewählte Literatur: *Assmann*, Überlagerung und Komplementierung des Aktienrechts nach dem Aktiengesetz 1965 durch Kapitalmarktrecht, AG 2015, 597; *Bachmann*, Kapitalmarktrecht im Kodex, WM 2013, 2009; *Fleischer*, Börseneinführung von Tochtergesellschaften, ZHR 165 (2001), 513; *ders.*, Schnittmengen des WpÜG mit benachbarten Rechtsmaterien – eine Problemskizze, NZG 2002, 545; *Lutter*, Gesellschaftsrecht und Kapitalmarkt, in: FS Zöllner, 1. Bd., 1998, S. 363; *Richter*, Der Kapitalmarkt und sein Gesellschaftsrecht. Überlegungen zu einem kapitalmarktgemäßen Gesellschaftsrecht börsennotierter Gesellschaften, ZHR 172 (2008), 419.

98 BVerfGE 25, 269; BVerfGE 71, 108, 114 ff; BVerfGE 91, 1, 12; *Schröder*, Kapitalmarktstrafrecht, Rn 108; *Oechsler*, ZIP 2011, 449, 452 (zum Analogieverbot bzgl § 30 Abs. 2 WpÜG).

99 *Wessels/Beulke*, Strafrecht Allgemeiner Teil, 45. Aufl., 2015, Rn 57 ff.

100 *Schürnbrand*, NZG 2011, 1213 ff; *Kalss*, in: Riesenhuber, Europäische Methodenlehre, 3. Aufl., 2015, § 20 Rn 34 f; *Cahn*, AG 1997, 502, 503; *ders.*, ZHR 162 (1998), 1, 9 ff („gespaltene Gesetzesanwendung"); bejahend für § 30 Abs. 2 WpÜG (acting in concert) *Oechsler*, ZIP 2011, 449, 452 f.

101 Siehe *Cahn*, ZHR 162 (1998), 1, 10, der immerhin erkennt, dass es eine „unorthodoxe Lösung" darstellt.

102 Für § 28 WpHG als Beispiel *Brellochs*, ZIP 2011, 2225, 2227.

103 *Assmann*, in: Assmann/U.H. Schneider, Einl., Rn 73; *Eggers*, in: Park, Kapitalmarktstrafrecht, 3. Aufl., 2013, Teil 4, Kap. 1: Vorbemerkungen, Rn 3; speziell für die §§ 21 ff WpHG ablehnend *U.H. Schneider*, in: Assmann/U.H. Schneider, Vor § 21 WpHG Rn 42; *Vogel*, in: Assmann/U.H. Schneider, § 20a WpHG Rn 6; *Schwark*, in: Schwark/Zimmer, KMRK, § 21 WpHG Rn 13; so auch BGHZ 190, 291 Rn 33 (für die §§ 21 ff WpHG); ebenso *Segna*, ZGR 2015, 84 ff; siehe auch *Brellochs*, ZIP 2011, 2225, 2227.

104 *Assmann*, in: Assmann/U.H. Schneider, Einl. Rn 73.

105 Ausführlich *Weick-Ludewig/Sajnovits*, WM 2014, 1521, 1527 (am Beispiel der LeerverkaufsVO).

1. Einleitung

Das Kapitalmarktrecht ist eng mit dem Aktienrecht verknüpft[106]. Zwar steht der Schutz des Anlegers durch das Kapitalmarktrecht mit dem Schutz des Aktionärs durch das Gesellschaftsrecht in einer Wechselwirkung, aber es gibt nicht nur **Unterschiede** im Regelungsgegenstand, sondern auch in den Zielsetzungen. Das Gesellschaftsrecht schützt den Aktionär als Anleger, dh seine Vermögensanlage, und als Mitglied in einem Verband, dh die Mitgliedschaft[107]. Es geht um die verbandsorientierte Abstimmung der beteiligten Interessen, wohingegen es im Kapitalmarktrecht darum geht, den notwendigen rechtlichen Rahmen für das Funktionieren des Markts bereitzustellen. Insgesamt sind große Teile des Kapitalgesellschaftsrechts nicht lediglich mitgliedschaftliches Korporationsrecht, sondern auch (Kapital-)Marktrecht. Daher wird teilweise gefordert, die Aufteilung der Zuständigkeiten für das Gesellschafts- und Kapitalmarktrecht auf zwei Ministerien aufzuheben[108]. 45

Die nachfolgenden **Beispiele** für das Zusammenspiel von Kapitalmarkt- und Gesellschaftsrecht machen die Relevanz des Kapitalmarktrechts sowohl für die **Praxis** des Gesellschaftsrechts als auch für gesellschaftsrechtliche **Klausuren** deutlich. Dabei wird inhaltlich teilweise den noch folgenden Kapiteln vorgegriffen. Allerdings soll es hier nicht um die Klärung der aufgeworfenen Fragen gehen, sondern lediglich um die Darstellung des **Zusammenwirkens** von Kapitalmarkt- und Gesellschaftsrechts. 46

2. Mitteilungs- und Publizitätspflichten

Melde- und Veröffentlichungspflichten gibt es sowohl im Aktiengesetz als auch im Kapitalmarktrecht. Die **Meldepflichten des Aktiengesetzes** (§§ 20 Abs. 7, 21 Abs. 4 AktG) gelten nicht für Aktien eines Emittenten iS des § 21 Abs. 2 WpHG (so §§ 20 Abs. 8 und 21 Abs. 5 AktG). Für diese finden ausschließlich die Bestimmungen des WpHG Anwendung. Insofern gilt ein Vorrang der kapitalmarktrechtlichen Mitteilungspflicht[109]. In den Rechtsfolgen sind die aktienrechtlichen und die kapitalmarktrechtlichen Regelungen angeglichen, so dass nach beiden die Rechte aus Aktien für die Zeit des Unterlassens der Mitteilung ausgeschlossen sind (§§ 20 Abs. 7, 21 Abs. 4 AktG sowie § 28 WpHG)[110]. 47

Kapitalmarktrechtliche Meldepflichten finden sich bei Beteiligungsveränderungen in § 21 Abs. 1 WpHG). Sie gelten, wenn 3, 5, 10, 15, 25, 50 oder 75 % der Stimmrechte an einem Emittenten, für den die Bundesrepublik Deutschland der Herkunftsstaat ist (§ 2 Abs. 6 WpHG), erreicht, überschritten oder unterschritten werden. Diese Pflicht besteht gegenüber der Gesellschaft und gegenüber der BaFin. Auch aus dem Börsenzulassungsprospekt ergeben sich Meldepflichten (§ 32 Abs. 3 Nr 2 BörsG, § 5 48

---

106 *Richter*, ZHR 172 (2008), 419, 429 ff, 434 ff; *Merkt*, ZGR 2007, 532, 539 f; *Lenenbach*, KMR, Rn 1.116 ff; *Assmann*, AG 2015, 597 ff.
107 *U.H. Schneider*, AG 2001, 269, 271.
108 *M. Weber*, NJW 2005, 3682, 3683.
109 *Hüffer/Koch*, § 20 AktG Rn 18 f; KölnerKommWpHG/*Hirte*, § 21 WpHG Rn 61; *Michel*, in: Just/Voß/Ritz/Becker, § 21 WpHG Rn 3.
110 Seit dem 3. Finanzmarktförderungsgesetz, BGBl. I 1998, S. 529, 567. Näher *U.H. Schneider*, in: Assmann/U.H. Schneider, Vor § 21 WpHG Rn 66, § 28 WpHG Rn 2.

WpPG). Die Informationen über die Beteiligungsverhältnisse dienen dem Anlegerschutz und sind auf einen bestimmten Zeitpunkt (Zulassung von Wertpapieren zum Börsenhandel) bezogen. Daneben gibt es noch eine Mitteilungspflicht bei beabsichtigter Beteiligung am Kapital von Kreditinstituten (§ 26 KWG) gegenüber der BaFin und der Bundesbank.

49 Die Mitteilungspflichten nach dem WpHG sind auch aktienrechtlich von Bedeutung. Dies zeigt sich an den Sanktionen des § 28 Satz 1 WpHG (Rechtsverlust)[111] und dem Stimmrechtsausübungsverbot des § 23 Abs. 5 WpHG. Mit diesen wird in den Kernbereich der Mitgliedschaft des Aktionärs und in die Willensbildung der Hauptversammlung eingegriffen. Abgesehen davon überschneiden sich die §§ 30a–30e WpHG (Notwendige Informationen für die Wahrnehmung von Rechten aus Wertpapieren) mit den aktienrechtlichen Veröffentlichungspflichten[112].

3. Delisting

50 Ein weiteres Beispiel für die Verknüpfung zwischen Kapitalmarkt- und Gesellschaftsrecht stellt das sog. **Delisting**[113] dar, dh der Rückzug eines börsennotierten Unternehmens von der Börse[114]. Der wichtigste Vorteil einer Notierung an der Börse ist die Möglichkeit der günstigen Eigenkapitalaufnahme. Sofern dies im Einzelfall nicht mehr gewährleistet ist (zB dauerhaft niedrige Kurse), kann das Unternehmen (Emittent) aufgrund der laufenden Kosten und Folgepflichten der Börsenzulassung[115] einen vollständigen Rückzug von der Börse erwägen. Ein solcher Börsenrückzug kann **gesellschaftsrechtlich** etwa über den Formwechsel in eine nicht börsennotierte Gesellschaft erfolgen (§§ 190 ff UmwG) oder über ein sog. Squeeze-out-Verfahren (§§ 327a ff AktG)[116]. Möglich ist es auch, einen solchen Rückzug **börsenrechtlich** zu bewirken, indem der Emittent bei der Börse beantragt, die bisherige Zulassung der Wertpapiere zum regulierten Markt zu widerrufen (§ 39 Abs. 2 BörsG).

51 Bei einem freiwilligen Delisting beschränkte sich die gesetzliche Regelung lange Zeit auf die bloße Vorgabe, dass der Widerruf der Börsenzulassung nicht dem Schutz der Anleger widersprechen darf (§ 39 Abs. 2 Satz 2 BörsG). Vor allem gesellschaftsrechtliche Fragen waren offen geblieben. Die nähere Ausgestaltung war den Börsenordnungen überlassen, die unterschiedliche Regelungen getroffen haben[117]. Aufgrund der EU-Transparenzrichtlinie-Änderungsrichtlinie finden sich nunmehr in § 39 Abs. 2 Satz 3 BörsG[118] sowie § 39 Abs. 3–6 BörsG detaillierte Vorgaben für einen

---

111 Näher Rn 629 ff; zum Verlust von Aktionärsrechten nach § 20 Abs. 7 AktG *Fatemi*, DB 2013, 2195 ff.

112 Siehe unten Rn 658 ff.

113 Zur uneinheitlichen Verwendung dieses Begriffs *Even/Vera*, DStR 2002, 1315, 1316 ff.

114 Siehe Rn 158 ff.

115 Zu den Folgepflichten Rn 379 ff, 658 ff.

116 Dies wird auch „kaltes Delisting“ (im Gegensatz zu regulärem Delisting) genannt, siehe *Grunewald*, ZIP 2004, 542 f; *Pluskat*, BKR 2007, 54 ff; *Hüffer/Koch*, § 327a AktG Rn 1 ff.

117 Vgl § 51 Berliner BörsO; § 56 Düsseldorfer BörsO; §§ 46 f, 55 BörsO Ffm; § 42 Hamburger BörsO; § 43 Hannoveraner BörsO; § 51 Münchener BörsO; § 22 Stuttgarter BörsO.

118 Siehe Gesetz zur Umsetzung der Transparenzrichtlinie-Änderungsrichtlinie vom 20. November 2015, BGBl. I, S. 2029 ff, das nach dessen Art. 26 Abs. 1 am Tag nach der Verkündung in Kraft tritt.

Widerruf der Zulassung. Für die nähere Bestimmung in den Börsenordnungen (§ 39 Abs. 5 Satz 2 BörsG) bleibt daher kaum Raum[119]. Damit hat sich der Gesetzgeber nicht für eine gesellschaftsrechtliche Lösung des Delisting, etwa durch eine Gesamtanalogie zu den §§ 305, 320b, 327b AktG und den §§ 29, 207 UmwG[120], entschieden, so dass sich die Abfindung der Aktionäre am Unternehmenswert orientiert und für eine Klage der Zivilrechtsweg gegeben ist[121]. Vielmehr wird eine **„kapitalmarktrechtliche" Lösung** gewählt, bei der sich die Abfindung nach dem Börsenkurs bemisst und dagegen der Verwaltungsrechtsweg offensteht.

Gesellschaftsrechtlich hatte der BGH zunächst eine Zustimmung der **Hauptversammlung** verlangt[122], das aber mit seiner sog. Frosta-Entscheidung von 2014 aufgegeben[123]. Mit der neuen gesetzlichen Regelung bestätigt der Gesetzgeber, dass es sich beim Delisting nicht um eine Strukturmaßnahme handelt, die einen Hauptversammlungsbeschluss erforderlich machen würde[124]. **52**

4. Vorrang kapitalmarktrechtlicher Haftungsregeln vor Gläubigerschutz

Der Emittent haftet für die rechtzeitige und vollständige Ad-hoc-Veröffentlichung von Insiderinformationen[125]. Die §§ 37b und 37c WpHG werden nach ganz hM als dem aktienrechtlichen Gläubigerschutz, insbesondere dem **Verbot der Einlagenrückgewähr** (§ 57 AktG) und dem **Verbot des Erwerbs eigener Aktien** (§ 71 AktG), vorrangig angesehen[126]. Die kapitalmarktrechtliche Haftung soll nicht an diesen aktienrechtlichen Regelungen scheitern. Gerechtfertigt wird das in erster Linie mit dem Grundsatz lex posterior derogat legi priori und dem Grundsatz lex specialis derogat legi generali[127]. **53**

5. Unternehmensübernahmen

„Übernahme" eines börsennotierten Unternehmens bedeutet, dass Aktien erworben werden, deren Anzahl die Kontrolle der Hauptversammlung und damit mittelbar der Gesellschaft möglich macht (Kontrollerwerb/-wechsel). „Übernahme" im engeren Sinne ist die Unterbreitung eines öffentlichen Kaufangebots durch den Erwerbswilligen (Bieter) an die Aktionäre der (Ziel-)Gesellschaft. Geregelt ist die Übernahme **54**

---

119 So auch *Groß*, AG 2015, 812, 813.
120 *Goetz*, BB 2015, 2691.
121 *Koch/Harnos*, NZG 2015, 729, 730.
122 BGHZ 153, 47 ff; letztendlich bestätigt durch BVerfG WM 2012, 1378 ff; dazu *Kiefner/Gillessen*, AG 2012, 645 ff (gesellschaftsrechtliche Perspektive); *Heldt/Royé*, AG 2012, 660 ff (kapitalmarktrechtliche Perspektive); siehe auch *Wackerbarth*, WM 2012, 2077 ff.
123 BGH NJW 2014, 146 („Frosta"); zur abweichenden Regelung in der BörsO der Börse Düsseldorf, AG 2014 R 130; siehe auch unten Rn 158 ff.
124 *Buckel/Glindemann/Vogel*, AG 2015, 373 ff; *Groß*, AG 2015, 812, 813.
125 Näher dazu Rn 424 ff.
126 *Maier-Reimer/Webering*, WM 2002, 1857, 1863 (allerdings zweifelnd); *Rieckers*, BB 2002, 1213, 1220; *Zimmer/Grotheer*, in: Schwark/Zimmer, KMRK, §§ 37b, 37c WpHG Rn 11 ff.
127 *Maier-Reimer/Webering*, WM 2002, 1857, 1863; *Fuchs/Dühn*, BKR 2002, 1063, 1070; anders *Wilhelm*, Kapitalgesellschaftsrecht, 3. Aufl., 2009, Rn 691, der auf das normative Verhältnis von Außen- und Innenrecht abstellt; anders auch *Wackerbarth/Eisenhardt*, Gesellschaftsrecht II, 2013, Rn 829.

einer börsennotierten Gesellschaft im Wertpapiererwerbs- und Übernahmegesetz (WpÜG)[128].

55 Das WpÜG nimmt eine **Zwitterstellung** zwischen Kapitalmarktrecht und Gesellschaftsrecht ein. Es ist Kapitalmarktrecht (zB Publizität und Verfahrensablauf von Übernahmeangeboten) und (Börsen-)Gesellschaftsrecht[129] (zB Verhaltenspflichten der Organe)[130]. Die allgemeinen Grundsätze des § 3 Abs. 1 WpÜG (Gleichbehandlungsgebot) und § 3 Abs. 3 WpÜG (Handeln im Interesse der Zielgesellschaft) decken sich mit dem aktienrechtlichen Gebot der Gleichbehandlung (§ 53a AktG) und dem Gebot der Wahrung der Gesellschaftsinteressen durch eigenverantwortliche Leitung (§§ 76 Abs. 1, 93, 116 AktG). Die allgemeinen gesellschaftsrechtlichen Pflichten von Vorstand und Aufsichtsrat werden durch das WpÜG nicht suspendiert, vielmehr sind die Interessen der Aktionäre, der Arbeitnehmer und der Gesellschaft insgesamt zu berücksichtigen[131].

56 Mit den WpÜG-Regelungen zum Pflichtangebot existiert in gewisser Weise ein **Konzerneingangsschutz**, der früher als das herkömmliche Konzernrecht eingreift[132]. Nach § 17 Abs. 2 AktG besteht die widerlegbare Vermutung, dass eine Abhängigkeit gegeben ist, wenn die Gesellschaft in Mehrheitsbesitz einer anderen Gesellschaft steht. Dagegen sieht § 29 Abs. 2 WpÜG eine Kontrolle bereits bei Halten von 30 % der Stimmrechte vor (Kontrollerwerb). Hintergrund ist, dass eine 30 %ige Beteiligung regelmäßig bereits die Mehrheit sichert, da viele Aktien in der Hauptversammlung nicht vertreten werden. In § 29 Abs. 2 WpÜG werden, anders als in § 17 AktG, die konkreten Verhältnisse bei der Zielgesellschaft nicht berücksichtigt[133]. Es kommt also nicht darauf an, ob wirklich Kontrolle (iS von Herrschaftsmacht) über die Gesellschaft ausgeübt wird oder werden kann. § 29 Abs. 2 WpÜG enthält – anders als die konzernrechtliche Abhängigkeitsvermutung in § 17 Abs. 2 AktG) – eine nicht widerlegbare Kontrollvermutung[134]. Andererseits liegt, wenn der Schwellenwert von 30 % nicht erreicht wird, keine Kontrolle iS des WpÜG vor, auch wenn eine solche faktisch gegeben sein mag[135]. § 17 Abs. 2 AktG ist hier aufgrund der eindeutigen gesetzgeberischen Entscheidung auch nicht analog anwendbar.

57 Eine **Überlagerung des Aktienrechts** durch kapitalmarktrechtliche Regelungen des WpÜG wird auf dreifache Weise angenommen[136]. Erstens erfolgt eine Stärkung des **Minderheitenschutzes**, indem der Kontrollerwerber im Fall eines Kontrollwechsels

---

128 Näher dazu Rn 802 ff.

129 Zum Begriff siehe *Fleischer*, ZHR 165 (2001), 513, 515.

130 *Hopt*, WM 2009, 1873, 1875 f.

131 Begr. RegE WpÜG, BR-Drucks. 574/01, S. 83.

132 *Langenbucher*, § 18 Rn 7 ff; *Hopt*, ZHR 171 (2007), 199, 231 f; aA *Habersack*, in: Emmerich/Habersack, Konzernrecht, 10. Aufl., 2013, § 9a III 2, Rn 30 f; *Paul*, Der Konzern 2009, 80 f mwN (kapitalmarktrechtlicher Anlegerschutz); so auch BGH WM 2013, 1511 („BKN") Rn 19, wonach es nicht vornehmlich um einen konzernrechtlichen Eingangsschutz und damit eine gesellschaftliche Ausrichtung gehe.

133 KölnerKommWpÜG/*von Bülow*, § 29 WpÜG Rn 73 ff.

134 *Noack*, in: Schwark/Zimmer, KMRK, § 29 WpÜG Rn 30; aA KölnerKommWpÜG/*von Bülow*, § 29 WpÜG Rn 73.

135 *Noack*, in: Schwark/Zimmer, KMRK, § 29 WpÜG Rn 3, 30; KölnerKommWpÜG/*von Bülow*, § 29 WpÜG Rn 77; *Harbarth*, ZIP 2002, 321, 323; *Thoma*, NZG 2002, 105, 111.

136 *Fleischer*, NZG 2002, 545, 546 f.

den Minderheitsaktionären nach § 35 Abs. 2 WpÜG ein Pflichtangebot zu machen hat und diese daher ihre Aktien an den Kontrollerwerber abgeben können. Im Gegensatz dazu bietet das Aktien(konzern)recht eine solche Möglichkeit für sog. außenstehende Aktionäre lediglich bei Abschluss eines Beherrschungs- oder Gewinnabführungsvertrags (vgl § 305 Abs. 1 AktG)[137]. Zweitens erfolgt im Übernahmerecht bei Übernahmeangeboten – im Vergleich zu den gesellschaftsrechtlichen Regelungen – eine **Kompetenzbeschränkung** für den Vorstand bzgl Handlungen nach § 33 Abs. 1 WpÜG, durch die der Erfolg des Angebots verhindert werden könnte. Drittens gibt es im WpÜG bestimmte Verfahrensregelungen bei öffentlichen Erwerbsangeboten, dh die Verhaltenspflichten der Beteiligten werden prozeduralisiert. Vergleichbares fehlt im Aktienrecht, wo für bestimmte Verhaltenspflichten lediglich auf das Bestehen einer Treuepflicht zurückgegriffen werden kann.

6. Squeeze-out

In den §§ 327a ff AktG ist unter Abwägung mit Art. 14 GG die Möglichkeit des Zwangsausschlusses von Kleinaktionären vorgesehen (**aktienrechtlicher** Squeeze-out)[138]. Danach kann ein Aktionär, dem mindestens 95 % der Anteile am Grundkapital einer AG oder einer KGaA gehören, von der Hauptversammlung den Beschluss verlangen, dass die Aktien der restlichen Aktionäre gegen eine angemessene Barabfindung auf den Hauptaktionär übertragen werden[139]. Diese „Radikallösung des Kapitalmarktrechts" wird als aktienrechtlich nicht unbedenklich eingestuft[140]. Der BGH[141] sieht die §§ 327a ff AktG aber als verfassungsgemäß an, da die gesetzliche Regelung einen wirtschaftlichen Ausgleich der Minderheitsaktionäre hinreichend gewährleistet[142]. 58

Beim **übernahmerechtlichen** Squeeze-out[143] kann der Bieter nach §§ 39a und 39b WpÜG ein übernahmerechtliches Ausschlussverfahren in Bezug auf die Minderheitsaktionäre einleiten. Anwendbar ist dieses jedoch nur auf börsennotierte Gesellschaften. Voraussetzung ist, dass dem Zwangsausschlussverfahren ein Übernahme- oder Pflichtangebot vorausgegangen ist[144]. Dieses Ausschlussverfahren führt im **Vergleich** zum aktienrechtlichen Ausschlussverfahren zu erheblichen Erleichterungen. Der Ausschluss und die Übertragung der Aktien erfolgt durch Gerichtsbeschluss des ausschließlich zuständigen Landgerichts Frankfurt (§ 39a Abs. 5 WpÜG)[145], so dass 59

137 *Hüffer/Koch*, § 305 AktG Rn 2 ff.
138 BGH WM 2006, 286 f; zu dem einer angemessenen Abfindung zugrunde zu legenden Börsenwert der Aktie BGH NJW 2010, 2657 ff. Vgl auch die Möglichkeit eines **verschmelzungs- bzw umwandlungsrechtlichen** Squeeze-out nach § 62 Abs. 5 UmwG als dritte Form des Squeeze-out, wobei hier ein Ausschluss bereits bei einer 90 %-Beteiligung möglich ist; dazu *Bungert/Wettich*, DB 2011, 1500 ff; insgesamt zum Squeeze-out *Kraft/Redenius-Hövermann*, Jura 2013, 1 ff.
139 *Veit*, DB 2005, 1697; *Hüffer/Koch*, § 327a AktG Rn 1.
140 Zu den Nachweisen *Hüffer/Koch*, § 327a AktG Rn 6.
141 BGH NJW-RR 2007, 99 ff; so auch die hM, siehe *Ehricke/Roth*, DStR 2001, 1120, 1121; *Hüffer/Koch*, § 327a AktG Rn 6 mwN.
142 Die §§ 327a ff AktG sollen insbesondere der „Moto-Meter"-Entscheidung des BVerfG (NJW 2001, 279 ff) entsprechen, in der die Vereinbarkeit mit Art. 14 Abs. 1 GG bejaht wurde; siehe auch BVerfG BB 2007, 1515 ff.
143 Siehe unten Rn 877 ff; siehe auch *Kraft/Redenius-Hövermann*, Jura 2013, 1 ff.
144 *Theiselmann*, Der Konzern 2009, 221, 222.
145 Vgl OLG Frankfurt AG 2012, 635 ff.

ein aufwändiger Hauptversammlungsbeschluss entbehrlich ist. Während für den aktienrechtlichen Squeeze-out sowohl Anfechtungsklagen beim örtlich zuständigen Landgericht als auch langwierige Spruchverfahren drohen, ist beim übernahmerechtlichen Squeeze-out nur sofortige Beschwerde beim OLG Frankfurt zulässig. Zwar ist auch beim übernahmerechtlichen Squeeze-out die Gewährung einer angemessenen Abfindung erforderlich. Es gilt aber insofern eine (nach hM) unwiderlegliche Angemessenheitsvermutung (§ 39a Abs. 3 Satz 2 WpÜG). Hat der Bieter mindestens 90 % des Grundkapitals wegen des Angebots erworben, gilt die im Rahmen des Übernahme- oder Pflichtangebots gewährte Gegenleistung auch beim Zwangsausschlussverfahren der Höhe nach als angemessene Abfindung[146].

60 Wurde ein übernahmerechtliches Squeeze-out-Verfahren eingeleitet, kann ein aktienrechtliches Squeeze-out-Verfahren erst dann stattfinden, wenn Ersteres rechtskräftig abgeschlossen ist (§ 39a Abs. 6 WpÜG). Nach einem aktienrechtlichen Squeeze-out-Verfahren ist dagegen die Durchführung eines übernahmerechtlichen Verfahrens regelmäßig nicht mehr möglich, da nach § 39a Abs. 4 WpÜG der entsprechende Antrag innerhalb von drei Monaten nach Ablauf der Annahmefrist für das Angebot gestellt werden muss[147]. Dieser Zeitraum wird dann regelmäßig überschritten sein.

7. Corporate Governance-Grundsätze

61 Der Begriff „Corporate Governance“ stammt aus dem anglo-amerikanischen Recht. Verstanden wird darunter ein Ordnungsrahmen für eine erfolgsorientierte Unternehmensleitung und verantwortliche Unternehmensüberwachung[148]. Umfasst sind hiervon gesellschafts- und kapitalmarktrechtliche Standards[149].

62 **Ausgangspunkt** der nationalen wie internationalen Ausgestaltung von Corporate Governance-Regeln waren „Richtlinien“, insbesondere von anglo-amerikanischen institutionellen Anlegern, nach denen diese ihre Portfolioemittenten beurteilten. Die Regeln mündeten in institutsübergreifende Regelwerke und wurden zu einem „Code of Best Practice“ weiterentwickelt[150]. Die Arbeit der EU an einem Europäischen Corporate Governance-Rahmen ist allerdings schon seit geraumer Zeit eingestellt. Inzwischen steht die Harmonisierung der nationalen Governance-Kodizes im Vordergrund[151].

---

146 OLG Stuttgart WM 2009, 1416 ff; OLG Frankfurt NJW 2009, 375 ff; *Schlitt/Ries/Becker*, NZG 2008, 700, 701; *Wilsing/Ogorek*, BB 2008, 2038, 2039; *Hörmann/Feldhaus*, BB 2008, 2134, 2139; *Falkner*, ZIP 2008, 1775, 1776; *Theiselmann*, Der Konzern 2009, 221, 224 ff; aA (Widerleglichkeit) *Heidel/Lochner*, Der Konzern 2006, 653, 656; *Paefgen*, WM 2007, 765, 766 f.

147 *Deilmann*, NZG 2007, 721 724; *Ott*, WM 2008, 384, 385; *Theiselmann*, Der Konzern 2009, 221, 222.

148 *U.H. Schneider*, DB 2000, 2313, 2314.

149 *Assmann*, in: FS Kümpel, 2003, S. 1 ff; *Bachmann*, WM 2013, 2009 ff; *Seiler/Kniehase*, in: Schimansky/Bunte/Lwowski, Bankrechts-Handbuch, Bd. II, 4. Aufl., 2011, Vor § 104 Rn 73 (zu den Corporate Governance-Grundsätzen als Teil kapitalmarktrechtlicher Standards).

150 *Nowak/Rott/Mahr*, ZGR 2005, 252, 255.

151 Siehe *Bayer/Scholz*, in: Spindler/Stilz, Aktiengesetz, 3. Aufl., 2015, § 161 AktG Rn 12 ff. Siehe auch die EU-Empfehlungen vom 9. April 2014; dazu *von Werder*, DB 2015, 847 ff; zur Weiterentwicklung der Corporate Governance in der EU auch *Seibt*, DB 2014, 1910 ff und *Lanfermann/Maul*, BB 2014, 1283 ff.

In Deutschland wurde der „Deutsche Corporate Governance Kodex" (DCGK) 2002 von der „Regierungskommission Deutscher Corporate Governance Kodex" eingeführt[152]. Davon erfasst werden Gesellschaften, deren Aktien an einem Markt zugelassen sind, der von staatlich anerkannten Stellen geregelt und überwacht wird, regelmäßig stattfindet und für das Publikum mittelbar oder unmittelbar zugänglich ist. Diese in § 3 Abs. 2 AktG enthaltene Legaldefinition ist identisch mit der Definition des organisierten Marktes in § 2 Abs. 5 WpHG[153]. 63

Inhaltlich zeichnet sich der DCGK dadurch aus, dass er zum einen relevante Teile des deutschen Kapitalmarkt- und Gesellschaftsrechts darstellt und zum anderen freiwillige „Soll-Empfehlungen" sowie Anregungen für eine „gute" Corporate Governance enthält. Die Corporate Governance-Grundsätze sind **weder Rechtsnormen**[154] noch im Handelsverkehr geltende „Gewohnheiten und Gebräuche" iS des § 346 HGB[155], die im Hinblick auf die Rechte und Pflichten der Vertragsparteien zu berücksichtigen sind. Für Letzteres wäre ein gewisser Zeitraum ihrer Geltung, die Zustimmung der Beteiligten sowie eine tatsächliche Übung erforderlich, was bei den Corporate Governance-Grundsätzen nach hM nicht vorliegt[156]. Damit soll es sich weitgehend um einen unverbindlichen Verhaltenskodex handeln. Die Überwachung und Sanktionierung der Einhaltung des Kodex hat der Gesetzgeber der freiwilligen Selbstregulierungskraft des Kapitalmarkts überlassen[157]. Nach angelsächsischem Vorbild wurde das sog. Comply-or-Explain-Prinzip übernommen, wonach die Gesellschaften jährlich über die Befolgung bzw Nichtbefolgung der Soll-Empfehlungen des Kodex berichten müssen (§ 161 AktG). 64

§ 2 Der Kapitalmarkt

Ausgewählte Literatur: *Kümpel*, Kapitalmarktrecht, Eine Einführung, 2. Aufl., 2000; *Merkt/Rossbach*, Zur Einführung: Kapitalmarktrecht, JuS 2003, 217.

I. Begriff des Kapitalmarkts

Eine Definition des Begriffs „Kapitalmarkt" ist entweder produktbezogen oder handelsbezogen möglich. Eine **produktbezogene** Abgrenzung unterscheidet danach, welche Produkte gehandelt werden. **Handelsbezogen** kann differenziert werden zwi- 65

---

152 Veröffentlicht im elektronischen Bundesanzeiger (www.ebundesanzeiger.de); kritisch *Hoffmann-Becking*, ZIP 2011, 1173 ff; *Kremer*, ZIP 2011, 1177 ff; *Gehling*, ZIP 2011, 1181 ff; siehe auch *Roth*, WM 2012, 1985 ff.

153 Siehe Rn 74.

154 Zur Rechtsnatur *Buck-Heeb/Dieckmann*, Selbstregulierung im Privatrecht, 2010, S. 101 ff; *Lutter*, ZGR 2000, 1, 18 („soft law").

155 *Claussen/Bröcker*, AG 2000, 481, 483.

156 So auch zum Deutschen Corporate Governance Kodex *Ulmer*, ZHR 166 (2002), 150, 159 f.

157 *Ulmer*, ZHR 166 (2002), 150, 168 f (Ansätze einer Vertrauenshaftung); *Lutter*, ZHR 166 (2002), 525, 535; *Seibert*, BB 2002, 581, 584; *Schüppen*, ZIP 2002, 1269, 1271 ff; kritisch *Buck-Heeb/Dieckmann*, Selbstregulierung im Privatrecht, 2010, S. 101 ff.

schen organisierten Märkten und ehemals dem grauen Kapitalmarkt. Dabei geht es um die Frage, wie und wo gehandelt wird.

1. Kapitalmarkt ieS

a) Begriff

66 Der Kapitalmarkt ieS ist ein Wertpapiermarkt und umfasst den Handel mit den in **§ 2 Abs. 1 WpHG** aufgeführten Wertpapieren. In § 2 Abs. 1 WpHG[1] werden die Wertpapiere in **vier Gruppen** unterteilt. Die erste Gruppe bezieht sich auf die sog. „Klassiker" der Börse, dh auf Aktien, die zweite Gruppe umfasst alle damit vergleichbaren Wertpapiere (§ 2 Abs. 1 Satz 1 Nr 2 WpHG), sofern sie andere Anteile an in- und ausländischen juristischen Personen, Personengesellschaften und sonstigen Unternehmen sind. Die dritte Gruppe umfasst Schuldtitel[2] (Genussscheine, Inhaber-, Orderschuldverschreibungen, § 2 Abs. 1 Satz 1 Nr 3 WpHG). In der vierten Gruppe (§ 2 Abs. 1 Satz 2 WpHG) werden Anteilsscheine von Kapitalanlagegesellschaften iS des KAGB erfasst.

67 Die in § 2 Abs. 1 Satz 1 WpHG genannten Papiere werden nur dann vom Anwendungsbereich des WpHG erfasst, wenn sie „auf den Finanzmärkten handelbar sind" (§ 2 Abs. 1 Satz 1 WpHG). „Handelbar" bedeutet, dass ein tatsächlicher Handel am Markt nicht erforderlich ist, sondern die Wertpapiere lediglich dazu geeignet sein müssen. Sie müssen fungibel, dh umlauffähig und austauschbar sein (vertretbare Sachen iS des § 91 BGB). Mangels Umlauffähigkeit können damit Namenspapiere (Rektapapiere[3]) nicht Wertpapiere iS des WpHG sein, weil eine Übertragung der in ihnen verbrieften Rechte allein nach Zessionsrecht (§§ 398 ff BGB) möglich ist.

68 Der in § 2 Abs. 1 WpHG verwendete Wertpapierbegriff[4] bezieht sich auf die speziellen Ziele des WpHG und deckt sich nicht mit dem **allgemeinen Wertpapierbegriff**[5]. Nach diesem ist ein Wertpapier eine Urkunde, die ein subjektives Recht derart verbrieft, dass es nur vom Inhaber der Urkunde ausgeübt werden kann[6]. Der Wertpapierbegriff des WpHG ist insoweit enger gefasst und beinhaltet lediglich Order- und Inhaberpapiere und damit solche Wertpapiere, die nach den §§ 929 ff BGB übertragen und gutgläubig erworben werden können. Eine Urkunde muss nicht ausgestellt sein („Entmaterialisierung des Wertpapierbegriffs")[7]. Damit ist keine Einzelurkunde erforderlich, sondern es genügt die Verbriefung in Sammelurkunden iS des § 9a DepotG. Bei Anleihen der öffentlichen Hand (zB Bundesschatzbriefen) werden keine

1 Vgl den gleich lautenden § 1 Abs. 11 Satz 2 KWG.

2 Diese sind nicht immer identisch mit den Schuldverschreibungen iS der §§ 793 ff BGB. Letztere können Schuldverschreibungen iS des § 2 Abs. 1 Nr 3 WpHG sein, soweit sie zirkulationsfähig und fungibel sind. Schuldverschreibungen werden auch als Anleihen, Obligationen, Renten oder Bonds bezeichnet.

3 Namenspapiere sind zB Schuldscheindarlehen, Namensschuldverschreibungen, Hypotheken-, Grund- und Rentenschuldbriefe sowie Sparbücher.

4 *Kumpan*, in: Schwark/Zimmer, KMRK, § 2 WpHG Rn 4 f, auch zum Wertpapierbegriff anderer Gesetze; KölnerKommWpHG/*Roth*, § 2 WpHG Rn 17.

5 Zum börsenrechtlichen Wertpapierbegriff siehe Rn 147.

6 *Buck-Heeb*, in: Prütting/Wegen/Weinreich, BGB-Kommentar, 10. Aufl., 2015, § 793 BGB Rn 1.

7 KölnerKommWpHG/*Roth*, § 2 WpHG Rn 17.

Urkunden ausgestellt, sondern es wird eine Eintragung in ein Schuldbuch vorgenommen. Die dadurch entstehenden Schuldrechte sind den verbrieften Wertpapieren rechtlich gleichgestellt und damit Wertpapiere iS des § 2 Abs. 1 WpHG.

b) Primär- und Sekundärmarkt

In Bezug auf den Kapitalmarkt ieS kann zwischen dem Primärmarkt und dem Sekundärmarkt unterschieden werden. Als **Primärmarkt** wird der Markt bezeichnet, auf dem Kapitalmarktpapiere (wie etwa Aktien) zum ersten Mal untergebracht werden. Diese Platzierung geschieht durch Begebung (Emission) der Wertpapiere. Davon zu unterscheiden ist die eigentliche Ausgabe der neu zu schaffenden Kapitalmarktpapiere. Die Erstplatzierung vollzieht sich ohne den Handel an der Börse, sie ist ein außerbörslicher Markt. Der wichtigste Platz für die **Sekundärmärkte** ist nach wie vor die Börse. An den Sekundärmärkten findet der Handel mit Kapitalmarkttiteln nach deren Platzierung bei den Ersterwerbern statt. 69

Unterschieden werden kann innerhalb des Primärmarkts zwischen Selbst- und Fremdemission. Bei der **Selbstemission** wendet sich der Emittent der Kapitalmarktpapiere direkt an die anlagesuchenden Kapitalgeber (Direktplatzierung). Das wird in der Praxis nur ausnahmsweise geschehen, da der Emittent die Fremdmittel regelmäßig zu einem festen Zeitpunkt benötigt[8]. Eine Selbstemission findet sich etwa bei Hypothekenbanken, die ihre Schuldverschreibungen (Pfandbriefe, Kommunalobligationen) zumeist selbst emittieren. 70

In der Regel erfolgt eine **Fremdemission**. Dabei bedient sich der Emittent einer Bank oder eines in der Rechtsform der BGB-Gesellschaft organisierten Bankenkonsortiums. Bei der Fremdemission übernimmt die Bank respektive das Konsortium die komplette Emission zu einem Festpreis (Übernahmekurs). Diese wird dann dem Anlegerpublikum zu einem darüber liegenden Preis (Emissionskurs) angeboten. Damit erhält der Emittent das Kapital für seine Emission in einer Summe. Vorteilhaft ist zudem, dass er vom Vertriebsnetz der Banken und deren Emissionserfahrung insbesondere bei der Frage nach dem richtigen Zeitpunkt der Begebung und der Ermittlung des günstigsten Emissionspreises (Pricing) profitieren kann. 71

2. Kapitalmarkt iwS

Unter dem „Kapitalmarkt" iwS ist der (ehemals) sog. **graue Kapitalmarkt** zu verstehen. An diesem Markt wurden lange ohne gesetzliche Regelung v.a. Anteile an Publikumspersonengesellschaften, Anteile an geschlossenen Immobilienfonds, ausländische Warentermingeschäfte oder die Beteiligung an Bauherrenmodellen gehandelt. Zumeist waren es Abschreibungsgesellschaften in der Form der KG oder der GmbH & Co. KG, seltener in der Form einer BGB-Gesellschaft[9] oder einer stillen Gesellschaft[10]. Die Anteile konnten daher nicht, wie zB Aktien, nach den §§ 929 ff BGB übertragen werden, sondern nur durch Abtretung vom Alt- auf den Neugesellschafter (§§ 398, 413 BGB). 72

8 *Merkt/Rossbach*, JuS 2003, 217, 218; *Schlitt*, in: Grunewald/Schlitt, § 1 VI 1 b.
9 BGH NJW 1982, 2495 f.
10 BGH NJW 1998, 1946 ff.

73 Auch am **grauen Kapitalmarkt** konnte zwischen Primär- und Sekundärmarkt unterschieden werden. Am grauen Primärmarkt findet die Platzierung von Anteilen an neu gegründeten oder erweiterten Publikumspersonengesellschaften statt. Für die Anteile gibt es nur einen kleinen Sekundärmarkt[11]. Inzwischen ist der „graue" Kapitalmarkt nicht mehr „grau", da er weitgehend im VermAnlG und im KAGB geregelt ist.

3. Organisierte und nicht organisierte Märkte

74 Der deutsche Kapitalmarkt ist in einen organisierten Kapitalmarkt und einen (ehemals) grauen Kapitalmarkt aufgespalten. Unter **organisiertem Markt** iS des § 2 Abs. 5 WpHG wird ein multilaterales System verstanden, das im Inland oder in einem EU- oder EWR-Staat betrieben oder verwaltet wird, das durch staatliche Stellen genehmigt, geregelt und überwacht wird und das die Interessen einer Vielzahl von Personen an Kauf und Verkauf von dort zum Handel zugelassenen Finanzinstrumenten innerhalb des Systems und nach festgelegten, nicht abdingbaren Regeln in einer Weise zusammenbringt oder das Zusammenbringen fördert, die zu einem Vertrag über den Kauf dieser Finanzinstrumente führt. Damit ist u. a. der börsliche, dh der regulierte Markt gemeint[12]. Nicht erfasst ist der Freiverkehr/Open Market, da dieser nicht von staatlich anerkannten Stellen geregelt ist, sondern durch privatrechtliche Freiverkehrsrichtlinien[13].

75 Der Begriff „organisierter Markt" wird im WpHG anders verstanden als im KAGB. Diese beiden unterschiedlichen Bedeutungen sind jeweils auf eine andere EU-Richtlinie zurückzuführen (Wertpapierdienstleistungs- bzw Finanzmarktrichtlinie und OGAW-Richtlinie). In § 1 Abs. 19 Nr 29 KAGB wird unter organisiertem Markt ein Markt verstanden, der anerkannt, für das Publikum offen und dessen Funktionsweise ordnungsgemäß ist, sofern nicht ausdrücklich etwas anderes bestimmt ist. Als Merkmal eines organisierten Markts gilt die Reglementierung durch eine staatlich anerkannte Stelle, eine zeitliche und örtliche Konzentration des Handels, standardisierte Handelsobjekte, vereinfachte Rechtsübertragungsformen, strenge Preisermittlungsmethode, Sicherung der Vertragserfüllung, Haftungsbeschränkung des Titelinhabers sowie Publizität.

76 Fand der Börsenhandel ursprünglich ausschließlich als Parkett- oder Präsenzhandel statt, änderte sich dies mit der 1991 erfolgten Einführung des elektronischen Handels im IBIS-System an der Frankfurter Börse, das inzwischen durch das Computerhandelssystem **Xetra** (Exchange Electronic Trading) ersetzt wurde[14]. Der Handel findet hier an einem Zentralcomputer durch automatische Geschäftsabschlüsse statt. Ein Börsengeschäft kommt zustande, wenn nach Abschluss der Systemprüfung übereinstimmende Willenserklärungen zusammengeführt wurden, dh es werden verbindliche Angebote eingegeben, und der Computer führt deckungsgleiche Angebote zum Ver-

---

11 Siehe aber *Zimmer/Cloppenburg*, ZHR 171 (2007), 519 ff; *Friedrichsen/Weisner*, ZIP 2012, 756, 761 (internetbasierte Zweitmarkthandelsplattformen); siehe auch die von den Börsen Hamburg, Hannover und München betriebene Handelsplattform „Fondsbörse Deutschland" unter www.zweitmarkt.de.

12 Zu diesem Begriff näher Rn 108 ff.

13 Begr. RegE 2. FMFG, BT-Drucks. 12/6679, S. 45; *Sudmeyer*, BB 2002, 685; *Witt*, AG 2001, 233, 234.

14 *Ekkenga*, in: Claussen, Bank- und Börsenrecht, § 7 Rn 137 ff.

tragsschluss zusammen (Matching)[15]. Der Börsenhandel geschieht über sog. Skontroführer, seit Mai 2011 an der Börse in Frankfurt über sog. Xetra-Spezialisten, welche die Rolle der Skontroführer übernehmen[16].

Zwischen den Marktsegmenten regulierter Markt und Freiverkehr bzw Open Market besteht keine räumliche Abgrenzung. Der Handel erfolgt häufig in demselben Börsensaal oder elektronischen Handelssystem. **Organisationsrechtlich** lassen sie sich durch die **Zulassung** bzw Einbeziehung in das jeweilige Marktsegment abgrenzen[17]. Eine Zulassung und Notierung von Wertpapieren bzw deren Einbeziehung in verschiedene Marktsegmente ist im Interesse einer marktgerechten Preisfeststellung nicht möglich (Verbot der Doppelnotierung)[18]. 77

Von den hoch organisierten börslichen Märkten bis hin zum grauen Kapitalmarkt fand sich lange eine Abstufung hinsichtlich des **Organisationsgrads**. Diese wurde insbesondere durch das Vermögensanlagengesetz von 2012 und das Kapitalanlagegesetzbuch von 2013 extrem verringert. Den höchsten Organisationsgrad weisen die Wertpapierbörsen auf, die staatlich genehmigte Handelsplätze für den Handel in Wertpapieren darstellen. Der Börsenhandel von Wertpapieren kann nur erfolgen, wenn sie zum Börsenhandel zugelassen sind. Für die Zulassung zum regulierten Markt bestehen strenge Regelungen (§§ 32 ff BörsG). Nach § 42 BörsG kann die jeweilige Börsenordnung für Teilbereiche ergänzende Voraussetzungen vorsehen[19]. Die Einbeziehung eines Wertpapiers in den Freiverkehr/Open Market erfordert dagegen die Erfüllung geringerer Vorgaben (§ 48 BörsG). 78

Der regulierte Markt ist **öffentlich-rechtlich** ausgestaltet. Die Voraussetzungen für die Zulassung sowie die Zulassungsfolgepflichten ergeben sich aus der öffentlichrechtlichen Regelung (BörsG, BörsZulV, Börsenordnungen der jeweiligen Börsen und WpHG). Die Zulassung erfolgt im Wege eines Verwaltungsakts. Für den Open Market (Freiverkehr) sind dagegen **privatrechtliche** Freiverkehrsrichtlinien maßgeblich. Eine Einbeziehung der Wertpapiere in den Freiverkehr erfolgt auf der Grundlage eines privatrechtlichen Vertrags.

II. Abgrenzung zu anderen Teilen des Finanzmarkts

Der Kapitalmarkt stellt neben den Geld-, Devisen- und Derivatenmärkten einen wichtigen Teil des Finanzmarkts dar. Unter dem Begriff „Finanzmarkt“ versteht man allgemein jeden Markt, an dem Angebot und Nachfrage nach Geld oder geldwerten Titeln zusammenkommen. Eine Abgrenzung des Kapitalmarkts von diesen anderen Märkten ist insofern schwierig, als sich die Märkte teilweise überlappen. 79

15 *Beck*, WM 1998, 417, 419 f; siehe auch das am 15. Mai 2013 in Kraft getretene Hochfrequenzhandelsgesetz, BGBl. I, S. 1162; zur Regulierung in der EU *Forst*, BKR 2009, 454 ff sowie die Regelungen in der MiFID II vom 15. Mai 2014.
16 Vgl Rn 99 f, Rn 106.
17 Siehe Rn 123 f, 147 ff.
18 *Willamowski*, in: Heidel, § 48 BörsG Rn 2.
19 Vgl Rn 110 ff.

1. Geldmarkt

80 Der Geldmarkt ist auf wenige finanzstarke Teilnehmer und solche mit sehr guter Bonität, dh im Wesentlichen auf Kreditinstitute und die Bundesbank begrenzt, teilweise erstreckt er sich auch auf große Wirtschaftsunternehmen. Er dient dem Liquiditätsausgleich zwischen den Marktteilnehmern. Die genannten Marktteilnehmer handeln untereinander in Euro-Guthaben, die sie auf ihren Girokonten bei der Bundesbank haben (§ 19 Nr 2 BBankG). Nicht nur der Handel in Zentralbank-Guthaben, sondern auch der Handel mit Geldmarkttiteln gehört zum Geldmarkt. Diese sind aufgrund ihrer kurzen Laufzeit für den Kapitalmarkt ungeeignet[20].

81 Häufig wird der Kapitalmarkt vom Geldmarkt dadurch abgegrenzt, dass er als der Markt für mittel- und langfristige Kredite und für die Beteiligung an Gesellschaften verstanden wird, der Geldmarkt dagegen als Markt für kurzfristige Kredite[21]. Allerdings ist diese Abgrenzung insofern nicht hilfreich, als auch langfristige Anlagen mit kurzfristigen Zinsanpassungen zum Geldmarkt gerechnet werden (Floating Rate Notes[22]).

2. Devisenmarkt

82 Devisenmärkte sind eine Vielzahl meist telefonischer und fernschriftlicher Kontakte zwischen Devisendisponenten bei Nichtbanken und Devisenhändlern bei Kreditinstituten sowie zwischen den Devisenhändlern der Kreditinstitute untereinander. Der Devisenmarkt ist damit grundsätzlich ein Interbankenmarkt. Mit einem Tagesumsatz von mehr als 5 Billionen Dollar ist der Devisenhandel das größte Segment des internationalen Finanzmarkts[23]. In manchen Ländern existieren Devisenbörsen als institutioneller Rahmen für diese Geschäfte. Deutschland hat insgesamt fünf Devisenbörsen (Frankfurt, Düsseldorf, Hamburg, Berlin und München). Auf dem Devisenmarkt werden Schecks und Wechsel, die auf fremde Währungen lauten, bzw Fremdwährungsguthaben bei einer ausländischen Bank gehandelt[24]. Erforderlich sind Devisen stets dann, wenn grenzüberschreitender Handel getrieben wird, dh Rechnungen in ausländischer Währung bezahlt werden müssen. Der Wechsel der Währung erfolgt über Kreditinstitute, die sich die benötigten Devisen am Devisenmarkt beschaffen.

3. Termin- und Derivatemärkte

83 Auch der Terminmarkt ist ein Bestandteil des Kapitalmarkts. Der Terminhandel ist vom börsenmäßig organisierten Kassahandel (Anschaffung und Veräußerung von Aktien und Schuldverschreibungen) zu unterscheiden. In der Praxis besteht aber eine

20 *Lenenbach*, KMR, Rn 1.45 ff; kritisch *Hopt*, ZHR 141 (1977), 389, 420.
21 *Merkt/Rossbach*, JuS 2003, 217, 218 mwN.
22 „Floating Rate Notes" sind variabel verzinsliche Schuldverschreibungen, deren Verzinsung regelmäßig an das aktuelle Marktzinsniveau angepasst wird.
23 FAZ vom 1. Oktober 2014, S. 25.
24 Banknoten und Münzen in fremder Währung sind dagegen keine Devisen, sondern werden als „Sorten" bezeichnet.

enge Wechselbeziehung[25]. Am Terminmarkt geht es um Geschäfte, deren Erfüllung erst zu einem zukünftigen Zeitpunkt erfolgt[26]. Dagegen müssen die Kassageschäfte des Kapitalmarkts nach den vereinheitlichten Bedingungen für Geschäfte an den deutschen Wertpapierbörsen (Börsenusancen) innerhalb von zwei Börsenarbeitstagen erfüllt werden. **Zweck** der Termingeschäfte kann entweder sein, Kursgewinne zu erzielen (Terminspekulation) oder sich gegen unerwünschte Kursentwicklungen bzw Kursrisiken am Kassamarkt abzusichern **(Hedging)**.

Termingeschäfte lassen sich in sog. Futures und sog. Optionen unterteilen. Gemein- **84**
sam ist beiden Produkten, dass sie sich auf ein anderes Finanzprodukt beziehen, den sog. Basiswert (underlying). Aufgrund dieser Ableitung von einem anderen Produkt werden die Termingeschäfte auch **Derivate** genannt[27]. Bei diesem Basisprodukt kann es sich um Kapitalmarktprodukte (Aktien, Anleihen), Geldmarktprodukte oder Devisen (Devisentermingeschäft) handeln. **Futures** (Festpreisgeschäfte) zeichnen sich dadurch aus, dass beide Vertragsteile eine Verpflichtung (Kaufvertrag) eingehen, wobei lediglich der Erfüllungszeitpunkt in die Zukunft verschoben wird. Dagegen ist bei **Optionen** lediglich ein Vertragsteil gebunden (sog. Stillhalter), während der andere Vertragsteil zu einem späteren Zeitpunkt oder innerhalb eines bestimmten Zeitraums ein Finanzprodukt zu einem verabredeten Preis erwerben[28] oder veräußern[29] kann.

Der Handel in Termingeschäften geschieht an börsenmäßig organisierten Termin- **85**
märkten. In der Praxis werden solche Termingeschäfte jedoch weitgehend außerhalb der Börse, dh **Over The Counter (OTC)**, abgeschlossen[30]. Diese OTC-Derivate werden insbesondere für Devisen-(Währungs-)Termingeschäfte bevorzugt. An den Terminbörsen gehandelte Terminkontrakte sind im Hinblick auf Basiswert, Kontraktgröße, Laufzeit, Basispreis, Ort des Abschlusses und der Geschäftsabwicklung standardisiert. Dagegen können bei den OTC-Derivaten mangels Standardisierung die individuellen Bedürfnisse der Vertragspartner berücksichtigt werden[31].

Für den börsenmäßigen Terminhandel ist zu Beginn der 90er-Jahre des letzten Jahr- **86**
hunderts die Deutsche Terminbörse mit Sitz in Frankfurt a.M. errichtet worden. 1998 wurde die Deutsche Terminbörse mit der Swiss Option and Futures Exchange AG (Soffex) zur **Eurex** als europäischer Terminbörse für Finanzderivate zusammengeführt.

25 Siehe auch die §§ 31 ff WpHG, die für Kassa- und Termingeschäfte grundsätzlich einheitliche Aufklärungs- und Beratungspflichten vorsehen; vgl *Mülbert/Assmann*, in: Assmann/U.H. Schneider, Vor § 37e WpHG Rn 31.

26 Ausführlich *Bröcker*, in: Claussen, Bank- und Börsenrecht, § 6 Rn 58 ff; *Binder*, in: Langenbucher/Bliesener/Spindler, 37. Kap., Rn 11 ff.

27 Lat. derivare = ableiten.

28 Dabei handelt es sich um eine Kaufoption (sog. Call).

29 Dabei handelt es sich um eine Verkaufsoption (sog. Put).

30 Vgl *Bialluch*, WM 2015, 2030, 2031 („außerbörsliche, großvolumige bilaterale Geschäfte mit Finanzinstrumenten …, die vorwiegend zwischen Banken oder Großkunden stattfinden"); siehe auch *Rudolf*, in: Kümpel/Wittig, Rn 19.101 ff; *Jahn*, in: Schimansky/Bunte/Lwowski, Bankrechts-Handbuch, 4. Aufl., 2011, § 114 Rn 1 ff; *Binder*, in: Langenbucher/Bliesener/Spindler, 37. Kap. Rn 48 ff.

31 Siehe die VO (EU) Nr 648/2012 vom 4. Juli 2012 über OTC-Derivate, zentrale Gegenparteien und Transaktionsregister (European Market Infrastructure Regulation – EMIR), geändert durch die VO (EU) Nr 600/2014 vom 15. Mai 2014, ABl. EU Nr L 173 vom 12. Juni 2014, S. 84; dazu *Diekmann/Fleischmann*, WM 2011, 1105 ff; *Funke*, WM 2012, 202 ff (zum Entwurf); siehe auch das Ausführungsgesetz zur VO Nr 648/2012 vom 13. Februar 2013, BGBl. I, S. 174.

87 Der Terminhandel war ursprünglich im BörsG geregelt, sodann in das WpHG integriert und umfassend neu geregelt worden (§§ 37d aF, 37e, 37g WpHG)[32]. Rechtssystematisch ist das konsequent, da sich das sowohl auf den börslichen als auch auf den außerbörslichen Handel bezieht. Die **Zulassung** zum börsenmäßigen Terminhandel ist in § 23 BörsG geregelt. Danach bedürfen alle Wirtschaftsgüter und Rechte, die an der Börse gehandelt werden sollen, der Zulassung oder Einbeziehung durch die Börsengeschäftsführung (Verwaltungsakt). Die Vorschrift hat ihre Parallele in den §§ 32 und 48 BörsG für die Zulassung von Wertpapieren zum regulierten Markt bzw die Einbeziehung in den Freiverkehr. Nähere Regelungen finden sich in der EU-DurchführungsVO von 2006[33] sowie in den Börsenordnungen.

32 Näher dazu Rn 740 ff.
33 VO (EG) Nr 1287/2006 vom 10. August 2006 zur Durchführung der Richtlinie 2004/39/EG.

Teil II
Marktorganisation und Marktzugang

Marktorganisation und Marktzugang sind überwiegend im Börsengesetz (BörsG)[1] geregelt. Das BörsG stellt den sachlich ältesten Teil des Kapitalmarktrechts dar. Die dort enthaltenen Organisationsnormen weisen den Börsenorganen bestimmte Zuständigkeiten und Befugnisse zu. Außerdem sind Vorschriften für das ordnungsmäßige Zustandekommen von Börsenpreisen sowie Regelungen zum Verhältnis von Börse und Nutzern (Handelsteilnehmern und Emittenten der börsennotierten Wertpapiere) enthalten. Regelmäßig liegt dem ein **öffentlich-rechtliches** Benutzungsverhältnis zugrunde. Daneben finden sich im BörsG auch **anlegerschützende Normen**. **88**

Einzelne Teile des (alten) BörsG wurden in das WpHG verlagert und weiterentwickelt. Dies gilt etwa für das Verbot der Marktmanipulation (§ 20a WpHG) und die Finanztermingeschäfte (§§ 37e ff WpHG). Durch das FRUG von 2007[2] fand eine (weitere) Ausdünnung des BörsG statt, indem die Zulassungsfolgepflichten des Emittenten überwiegend in das WpHG transferiert (und erweitert) wurden. Außerdem finden sich nun Bestimmungen zur Markttransparenz nicht nur im BörsG (für den regulierten Markt), sondern auch im WpHG (für multilaterale Handelssysteme und systematische Internalisierer). Zudem ist inzwischen die ursprünglich im BörsG angesiedelte Prospekthaftung (§§ 44 ff BörsG aF) in das WpPG (§§ 21 ff WpPG) integriert. **89**

§ 3 Die Börse und andere Handelssegmente

Ausgewählte Literatur: *Bialluch*, Systematische Internalisierung de lege lata, WM 2015, 2030; *Bredt*, Das Börsenrecht als Ausgleichsinstrument zwischen öffentlichem Auftrag, Trägerinteresse und Anforderungen der internationalen Finanzmärkte, WM 2013, 1839; *Duve/Keller*, MiFID: Die neue Welt des Wertpapiergeschäfts, Transparenz und Marktintegrität für einen europäischen Kapitalmarkt, BB 2006, 2537; *Freytag/Koenen*, Neue Regeln für den Open Market, WM 2011, 1594; *Funke*, Reaktion auf die Finanzmarktkrise Teil 2: MiFID und MiFIR machen das Frühwarnsystem perfekt!, CCZ 2012, 54; *Goetz*, Fragwürdige Neuregelung des Börsenrückzugs, BB 2015, 2691; *Koch/Harnos*, Die Neuregelung des Delisting zwischen Anleger- und Aktionärsschutz, NZG 2015, 729; *Kümpel*, Zur öffentlichrechtlichen Organisation der deutschen Wertpapierbörsen, BKR 2003, 3; *Lepczyk*, Schwerpunktbereich – Einführung in das Börsenrecht, JuS 2007, 985; *Leuering/Simon*, Der Freiverkehr als Börsensegment für kleine und mittlere Unternehmen, NJW-Spezial 2006, H. 1, S. 27; *Oelke*, Der neue Entry Standard Index der Deutschen Börse – ein Instrument zur Mittelstandsfinanzierung, BKR 2006, 7; *Schel-*

1 Die börsenmäßig organisierten Märkte dienen in Deutschland dem Handel mit bereits emittierten Kapitalmarkttiteln. Die Börsenmärkte werden deshalb auch als **Sekundärmärkte** bezeichnet. Dagegen wird bei der (Erst-)Platzierung der emittierten Kapitalmarkttitel, die den Emittenten die benötigten Finanzierungsmittel verschaffen sollen, von **Primärmarkt** gesprochen. Vgl Rn 69 ff.

2 Gesetz zur Umsetzung der Richtlinie über Märkte für Finanzinstrumente und der Durchführungsrichtlinie der Kommission, BR-Drucks. 247/07 vom 20. April 2007.

ling, Die systematische Internalisierung in Nichteigenkapitalinstrumenten nach MiFID II und MiFIR, BKR 2015, 221; *Schlitt/Schäfer*, Der neue Entry Standard der Frankfurter Wertpapierbörse, AG 2006, 147; *Spindler/Kasten*, Der neue Rechtsrahmen für den Finanzdienstleistungssektor – die MiFID und ihre Umsetzung, WM 2006, 1749 (I.), 1797 (II.); *Sudmeyer/Rückert/Kuthe*, Entry Standard – Das neue Börsensegment für den Mittelstand, BB 2005, 2703; *Weidlich/Dietz/Cammerer*, Nach der Neuregulierung des Open Market der Deutschen Börse: Notierungsmöglichkeiten für Unternehmen, GWR 2013, 39.

90 **Fall 1:** Die X-AG notiert im Prime Standard der Frankfurter Wertpapierbörse. Seit einigen Jahren sind die Gewinne des Unternehmens rückläufig und geraten in die Verlustzone. Dementsprechend ist der Börsenpreis erheblich gefallen. Der Vorstand V der X-AG möchte daher den Widerruf der Börsenzulassung beantragen. Kann V eine solche Beantragung ohne Weiteres vornehmen oder ist zunächst die Zustimmung der Hauptversammlung einzuholen? **Rn 165**

91 Die Errichtung einer Börse bedarf der **staatlichen Erlaubnis** (§ 4 Abs. 1 BörsG), die dem Träger der Börse von der zuständigen obersten Landesbehörde als Börsenaufsichtsbehörde erteilt wird (§ 4 Abs. 1, 6 BörsG)[1]. Wird eine Börse ohne die erforderliche Genehmigung errichtet, kann sie nach den Ordnungsgesetzen der Länder aufgehoben werden (Verstoß gegen die öffentliche Ordnung). Allerdings sind die Geschäfte, die an einer nicht genehmigten Börse abgeschlossen werden, nicht nach § 134 BGB nichtig, sondern wirksam[2]. Zu den wichtigsten Börsen in Deutschland zählen die Börsen in Frankfurt a.M., Düsseldorf, Hamburg-Hannover, München, Stuttgart und Berlin[3,4].

I. Begriff der Börse

92 Bis zur Änderung durch das Finanzmarktrichtlinie-Umsetzungsgesetz (FRUG) von 2007 war im BörsG aus Gründen der Flexibilität[5] auf eine Definition der Börse verzichtet worden. Dies hatte im Schrifttum eine Diskussion über den Börsenbegriff ausgelöst[6]. Eine gesetzliche Definition des Börsenbegriffs wurde schon deshalb als wichtig angesehen[7], weil die Börsenaufsicht, sobald die Inbetriebnahme eines elektronischen Handelssystems bzw Alternative Trading Systems (ATS) angezeigt wurde, prüfen musste, inwiefern dieses als Börse eingeordnet werden konnte. Das bereitete in der Praxis mangels gesetzlicher Definition Schwierigkeiten[8].

93 Nunmehr findet sich in § 2 Abs. 1 BörsG eine **Definition** des Börsenbegriffs. Danach sind Börsen teilrechtsfähige Anstalten des öffentlichen Rechts, die multilaterale Systeme regeln und überwachen, welche die Interessen einer Vielzahl von Personen am

1 Regelmäßig der Wirtschaftsminister bzw -senator, *Beck*, in: Schwark/Zimmer, KMRK, § 4 BörsG Rn 2.
2 *Beck*, in: Schwark/Zimmer, KMRK, § 1 BörsG Rn 37.
3 Die Bremer Börse wurde im Juli 2007 aufgelöst, siehe FAZ vom 17. Juli 2007, S. 11.
4 Siehe daneben etwa auch die Börse Tradegate (www.tradegate.de).
5 Stellungnahme des Bundesrats zum Gesetzentwurf zur Änderung des Börsengesetzes 1989, BT-Drucks. 11/4177, Anlage 2, S. 22; siehe auch Begr. RegE 4. FMFG, BT-Drucks. 14/8017, S. 146.
6 *Buck-Heeb*, Kapitalmarktrecht, 1. Aufl., 2006, Rn 415 ff mwN.
7 Vgl etwa den Vorschlag einer Legaldefinition von *Hopt/Rudolph/Baum*, Börsenreform, 1996, S. 382.
8 *Escher/Walz*, BKR 2002, 337, 338.

Kauf und Verkauf von dort zum Handel zugelassenen Wirtschaftsgütern und Rechten nach festgelegten Bestimmungen in einer Weise zusammenbringen, die zu einem Vertrag über den Kauf dieser Handelsobjekte führt. Jedenfalls muss das Zusammenbringen gefördert werden. Voraussetzung ist, dass das der Zusammenführung von Kauf- und Verkaufsinteressen zugrunde liegende Regelwerk verbindlich ist und nicht individuell abbedungen werden kann („festgelegte Bestimmungen")[9]. Das ist an den Börsen mit den in Selbstverwaltung erlassenen Satzungen der Fall. Speziell geregelt ist, was unter einer Wertpapierbörse (§ 2 Abs. 2 BörsG) bzw unter einer Warenbörse (§ 2 Abs. 3 BörsG) zu verstehen ist. Werden sowohl Wertpapiere als auch Waren gehandelt, sind sowohl die sich auf Wertpapier- als auch die sich auf Warenbörsen beziehenden Regelungen anzuwenden (§ 2 Abs. 4 BörsG).

II. Organisation und Rechtsnatur der Börse

Im deutschen Börsenwesen herrscht eine duale Organisationsstruktur[10]. Auf der einen Seite gibt es die Börse als (teilrechtsfähige) Anstalt des öffentlichen Rechts (1.), deren Organe durch einen entsprechenden organisatorischen Rahmen einen funktionierenden Handel ermöglichen[11] und auf der anderen Seite den (privaten) Börsenträger (2.). Weiterer Akteur sind die Handelsteilnehmer, durch die der Handel betrieben wird (3.). **94**

1. Die Börse

Unter „Börse" kann man zum einen die Marktveranstaltung verstehen, zum anderen das verantwortliche Rechtssubjekt für die Durchführung des Börsenhandels. Die **Marktveranstaltung** als solche, in deren Rahmen sich der Wertpapierhandel zwischen den Handelsteilnehmern vollzieht, dh die Zusammenführung von Angebot und Nachfrage, wird von den Börsen betrieben (zB Frankfurter Wertpapierbörse). Als **teilrechtsfähige Anstalt des öffentlichen Rechts** (§ 2 Abs. 1 BörsG) ist sie befugt, öffentlich-rechtliche Regelungen als autonome Satzungen zu erlassen (zB Börsenordnung[12], Gebührenordnung). **95**

Die Börse ist keine juristische Person des öffentlichen Rechts iS des § 89 BGB, obwohl dies für Anstalten des öffentlichen Rechts grundsätzlich der Fall ist. Ihr fehlt es an der dafür erforderlichen vollen Rechtsfähigkeit iS des § 1 BGB, dh der Fähigkeit, Träger von Rechten und Pflichten zu sein. Sie ist laut Gesetz nur **teilrechtsfähig**. Sie kann nur im verwaltungsgerichtlichen Verfahren unter ihrem Namen klagen und verklagt werden. Im Zivilprozess ist sie nicht parteifähig[13]. **96**

9 Begr. RegE FRUG, BT-Drucks. 16/4028, S. 79.

10 *Kümpel*, BKR 2003, 3, 4; zur Diskussion, ob das System der öffentlich-rechtlichen Börse in privater Trägerschaft bleiben oder ein System ausschließlich privatrechtlicher Börsen eingeführt werden sollte, so dass die Aufteilung in Börse und Träger entfällt, siehe *Hopt/Rudolph/Baum*, Börsenreform, 1996, S. 407 ff; *Merkt*, Gutachten G zum 64. DJT, WM 2002, Sonderbeilage zu Heft 23, S. 37 ff; dagegen *Mülbert*, JZ 2002, 826, 828 f.

11 „Public-Private-Partnership", *Afschar-Hamdi/Lenz*, in: Grunewald/Schlitt, § 10 IV 1.

12 *Bredt*, WM 2013, 1839, 1840.

13 OLG Frankfurt, 14. Mai 2013 – 1 U 176/10, juris, Rn 82.

97 Die **Organe der Börse**[14] sind (vgl § 3 Abs. 1 Satz 2 BörsG)

- die Börsengeschäftsführung (§ 15 BörsG) als Leitungsorgan, welche die den Börsen übertragene öffentliche Verwaltung wahrnimmt,
- der Börsenrat (§ 12 BörsG)[15], welcher zum einen, vergleichbar dem Aufsichtsrat in der Aktiengesellschaft, Überwachungsorgan und zum anderen insofern Rechtsetzungsorgan ist, als er die Börsenordnung, die Bedingungen für Geschäfte an der Börse, die Gebührenordnung und die Zulassungsordnung als Satzung erlässt (§ 12 Abs. 2 Nr 1 BörsG); außerdem ist er für die Bestellung und Abberufung der Geschäftsführer zuständig,
- die Handelsüberwachungsstelle (§ 7 BörsG), welche den Handel an der Börse und die Börsengeschäftsführung überwacht[16],
- und der Sanktionsausschuss nach (§ 22 BörsG)[17].

98 Die wichtigsten **Aufgaben** der Börse sind die Zulassung und Einbeziehung von Wertpapieren[18] und die Feststellung des Börsenpreises. Börsenpreise sind Preise für Wertpapiere, die während der Börsenzeit an einer Wertpapierbörse im regulierten Markt oder an einer Warenbörse ermittelt werden (§ 24 Abs. 1 Satz 1 BörsG). Auch die Preise für Wertpapiere, die während der Börsenzeit an einer Wertpapierbörse im Freiverkehr/Open Market ermittelt werden, stellen Börsenpreise dar (§ 24 Abs. 1 Satz 2 BörsG).

99 Die **Preisermittlung** erfolgt an den Wertpapierbörsen durch **Skontroführer**[19]. Das sind von der Börsengeschäftsführung hierfür zugelassene Unternehmen (§ 27 Abs. 1 BörsG). Sie handeln bei der Preisermittlung weisungsfrei (§ 28 Abs. 1 Satz 3 BörsG)[20]. Die Preisfeststellung wird von den Handelsüberwachungsstellen der jeweiligen Börse überwacht[21]. Im Mai 2011 wurde an der Frankfurter Wertpapierbörse das

14 Siehe auch *Kümpel/Hammen*, S. 140 ff, 171 ff. Nach dem Referentenentwurf des FimanoG müssen nach § 4b BörsG-E die Mitglieder des Verwaltungs- oder Aufsichtsorgans des Börsenträgers insbesondere „zuverlässig sein, die erforderliche Sachkunde zur Wahrung der Kontrollfunktion sowie zur Beurteilung und Überwachung der Geschäfte, die das jeweilige Unternehmen betreibt, besitzen, und der Wahrnehmung ihrer Aufgaben ausreichend Zeit widmen"; ähnlich § 4a BörsG-E für die Geschäftsleitung des Börsenträgers (vgl § 15 Abs. 1 BörsG). Eine solche Änderung ist nach dem RegE 1. FimanoG nicht mehr vorgesehen.

15 Zu dessen Zusammensetzung siehe das Gesetz zur Umsetzung der Richtlinie 2010/73/EU und zur Änderung des Börsengesetzes vom 26. Juni 2012, BGBl. I, S. 1375; siehe auch *Bredt*, WM 2013, 1839, 1845.

16 Siehe Rn 1025 ff.

17 Zur Befugnis, Ordnungsgelder gegen Handelsteilnehmer zu verhängen, VG Frankfurt, 22. Mai 2014 – 2 K 2672/12.F., juris, Rn 11.

18 Dazu Rn 108 f, Rn 148 f.

19 Zur Preisfeststellung im elektronischen Handel (Auktionsverfahren, Matching), der seit Mai 2011 an der Börse Frankfurt ausschließlich und nicht mehr neben dem Parketthandel stattfindet, *Lenenbach*, KMR, Rn 3.142 ff.

20 Werden einem Skontroführer keine Skontren zugewiesen, stellt dies eine Verletzung der Berufsfreiheit (Art. 12 Abs. 1 GG) dar, VGH Kassel ZIP 2008, 1520 ff; siehe auch schon VG Frankfurt ZBB 2007, 285 ff auf der Grundlage des Normenkontrollurteils des VGH Kassel ZBB 2007, 288 ff; anders noch VG Frankfurt ZBB 2007, 291 ff (Skontroführer sei kein Beruf); zu allem *Pietzcker*, ZBB 2007, 295 ff. Zur Gesamtgröße der zuzuteilenden Skontrengruppe VG Frankfurt, 24. April 2008 – 1 E 2464/07 (juris); zur Unzulässigkeit einer Klage auf existenzsichernde Skontrenzuteilung OVG Düsseldorf WM 2012, 1996 ff.

21 Vgl Begr. RegE 2. FMFG, BT-Drucks. 12/6679, S. 33, 70.

bisherige System mit einem auf Skontroführer basierten Handel von Xetra zugunsten einer Betreuung durch sog. Xetra-Spezialisten aufgegeben[22]. Diese Spezialisten sind nicht mehr, wie noch die Skontroführer, öffentlich-rechtlich verpflichtet, sondern werden vom Börsenträger beauftragt, Liquidität herzustellen.

Die Börsengeschäftsführung kann festlegen, dass bei im elektronischen Handelssystem gehandelten Wertpapieren sog. **Market Maker**[23], regelmäßig eine Bank oder ein Wertpapierhandelshaus, eingesetzt werden[24]. An der Frankfurter Wertpapierbörse werden diese **Designated Sponsors** genannt (§ 76f BörsO Ffm). Sie garantieren die fortwährende Handelbarkeit von Wertpapieren. Diese sind „Bereitsteller von Marktliquidität"[25]. Sie bieten an, als Handelspartner aufzutreten, dh zum Geldpreis zu kaufen und zum Briefpreis zu verkaufen[26]. Daher müssen sie auf Anforderung bzw in der Auktion einen verbindlichen Quote für die von ihnen betreuten Aktien stellen. Damit sind sie verpflichtet, während der Handelszeiten nach Maßgabe der Börsenordnung und den Anordnungen der Börsengeschäftsführung gleichzeitig limitierte Aufträge für die Nachfrage- und Angebotsseite (Quotes) in das Handelssystem einzustellen und zu diesen Geschäftsabschlüsse zu tätigen (§ 77 Abs. 1 BörsO Ffm). Die Geschäftsführung setzt hierbei u. a. eine maximale Preisspanne (Maximum Spread) zwischen Nachfrage- und Angebotspreisen fest (§ 77 Abs. 2 BörsO Ffm). 100

2. Börsenträger

Da die Börse teilrechtsfähig ist (§ 2 Abs. 1 BörsG), kann sie weder Eigentum an den Sacheinrichtungen haben noch privatrechtliche Verträge (zB Mitarbeiteranstellungsverträge) schließen oder über finanzielle Mittel verfügen[27]. Sie bedarf eines Trägers als Zurechnungssubjekt. Nach § 5 Abs. 1 Satz 1 BörsG ist der Börsenträger Normadressat mit eigenen Rechten und Pflichten. Er ist regelmäßig als Kapitalgesellschaft[28] organisiert[29]. Mit der **Genehmigung** wird dem Börsenträger zugleich die Aufgabe zum Betrieb einer Börse übertragen. Diese erfolgt in der Form der öffentlichen **Belei-** 101

22 *Uhl*, in: Heidel, § 27 BörsG Rn 1.

23 Nach § 23 Abs. 4 WpHG ist das eine Person, die Aktien erwirbt oder veräußert und an einem Markt dauerhaft anbietet, Finanzinstrumente im Wege des Eigenhandels zu selbst gestellten Preisen zu kaufen oder zu verkaufen. Vgl auch Art. 3 Abs. 1 Nr 30 MAR iVm Art. 4 Abs. 1 Nr 7 MiFID II: „Eine Person, die an Finanzmärkten auf kontinuierlicher Basis ihre Bereitschaft anzeigt, durch den An- und Verkauf von Finanzinstrumenten unter Einsatz des eigenen Kapitals Handel für eigene Rechnung zu von ihr gestellten Kursen zu betreiben".

24 *Lepczyk*, JuS 2007, 985, 988 f.

25 Vgl Erwägungsgrund (29) MAR.

26 VG Frankfurt, 19. November 2014 – 2 K 1675/13.F, juris, Rn 24, sowie 2 K 338/14.F, juris, Rn 27 und 2 K 2570/13.F, juris, Rn 28.

27 *Beck*, in: Schwark/Zimmer, KMRK, § 1 BörsG Rn 36 f; ausführlich zu den Trägerpflichten und -aufgaben *Bredt*, WM 2013, 1839, 1841 ff.

28 ZB ist die Deutsche Börse AG Trägerin der Frankfurter Wertpapierbörse; die Deutsche Börse AG muss daher die Frankfurter Wertpapierbörse (Marktveranstalter) sachlich und personell ausstatten. Trägerin der Börsen Hamburg-Hannover ist die BÖAG Börsen AG, Trägerin der Stuttgarter Börse ist die Baden-Württembergische Wertpapierbörse GmbH, Trägerin der Eurex Deutschland (Vorgängerin war die DTB) ist die Eurex Frankfurt AG.

29 Früher waren die Börsenträger eingetragene Vereine oder die Industrie- und Handelskammern fungierten als Träger; vgl *Posegga*, WM 2002, 2402; *Beck*, WM 1996, 2313, 2315.

hung durch das Sitzland der Börse[30]. Als Beliehene werden Personen bezeichnet, die mit der selbstständigen Wahrnehmung bestimmter Verwaltungsaufgaben im eigenen Namen betraut sind. Der Beliehene unterliegt, soweit es sich um ihm übertragene öffentliche Aufgaben handelt, der staatlichen Aufsicht.

102 Der Genehmigung kommt eine **rechtliche Doppelnatur** zu: Sie befreit zum einen vom Verbot des Betreibens einer Börse und delegiert zum anderen staatliche Organisationsgewalt. Außerdem hat die Genehmigung eine doppelte Rechtsfolge: Der Börsenträger wird damit berechtigt und verpflichtet, die Börse zu betreiben und zu erhalten. Des Weiteren stellt die Genehmigung den konstitutiven Rechtsakt für die Entstehung der öffentlich-rechtlichen Anstalt Börse dar[31]. Allerdings besteht kein Rechtsanspruch auf Erteilung einer Börsenerlaubnis, sondern lediglich ein Anspruch auf ermessensfehlerfreie Entscheidung[32].

103 Mit der Beleihung geht die **Betriebspflicht** des jeweiligen Börsenträgers einher, dh er hat die genehmigte Börse als Veranstaltung zu betreiben und zu erhalten (§ 5 Abs. 1 Satz 1 BörsG). Insbesondere sind die finanziellen, sachlichen, personellen und technischen Mittel für einen ordnungsgemäßen Börsenbetrieb zur Verfügung zu stellen (§ 5 Abs. 1 Satz 2 BörsG)[33]. Andernfalls kann die Börsenaufsichtsbehörde Beauftragte bestellen, welche die Aufgaben der Börse auf Kosten des Börsenträgers wahrnehmen (§ 3 Abs. 10 BörsG).

104 § 5 Abs. 4 BörsG enthält **Organisationspflichten** für eine Börse. Nach § 5 Abs. 4 Nr 1 BörsG hat der Börsenträger Vorkehrungen zu treffen, um **Interessenkonflikte** zwischen dem Börsenbetreiber oder dessen Eigentümern und dem öffentlichen Interesse an der Funktionsfähigkeit der Börse sowie dem ordnungsgemäßen Börsenhandel zu verhindern. Dies gilt jedoch nur, soweit die Erfüllung der öffentlichen Aufgaben durch die Interessenkonflikte beeinträchtigt oder Handelsteilnehmer benachteiligt werden könnten[34]. § 5 Abs. 4 Nr 2 BörsG verpflichtet den Börsenträger zur Schaffung eines **Risikocontrollings**. Schließlich hat der Börsenträger nach § 5 Abs. 4 Nr 3 BörsG zur Sicherstellung der Integrität der Börsensysteme[35] für einen reibungslosen und zeitnahen Abschluss der ausgeführten Geschäfte zu sorgen und v.a. wirksame Notfallmaßnahmen bei einem teilweisen oder vollständigen Ausfall der Börsensysteme vorzuhalten.

105 Der Börsenträger hat zudem wesentliche Veränderungen der Eigentümerstruktur auf seiner Internetseite zu veröffentlichen (§ 5 Abs. 2 BörsG). Des Weiteren muss er über ausreichende finanzielle Mittel für eine ordnungsgemäße Durchführung des Börsenbetriebs verfügen (§ 5 Abs. 5 BörsG). Sollen zentrale Funktionen auf andere Unternehmen ausgelagert werden (Outsourcing), so ist für die Übertragung von für die Durchführung des Börsenbetriebs wesentlichen Funktionen und Tätigkeiten § 5 Abs. 3 BörsG zu beachten[36].

30 *Seiffert*, in: Kümpel/Wittig, Rn 4.96, 4.151 ff; *Lepczyk*, JuS 2007, 985, 986 f.
31 *Kümpel*, BKR 2003, 3, 4 f.
32 *Beck*, in: Schwark/Zimmer, KMRK, § 4 BörsG Rn 4.
33 Vgl § 3 Abs. 2 BörsO Ffm; siehe auch *Kümpel/Hammen*, WM 2000, Sonderbeilage Nr 3, S. 3, 11.
34 Begr. RegE FRUG, BT-Drucks. 16/4028, S. 82.
35 Begr. RegE FRUG, BT-Drucks. 16/4028, S. 28.
36 Siehe die parallelen Regelungen in § 25a Abs. 3 KWG und § 33 Abs. 2 WpHG aF.

3. Handelsteilnehmer

Handelsteilnehmer sind nach § 3 Abs. 4 BörsG die durch begünstigenden Verwaltungsakt zum Börsenhandel zugelassenen Unternehmen (§ 19 Abs. 1 BörsG), Börsenhändler, Skontroführer (zur Feststellung der Börsenpreise zugelassene Unternehmen) und die skontroführenden Personen. Die Skontroführer wurden an der Frankfurter Wertpapierbörse durch sog. Xetra-Spezialisten abgelöst. Sofern die Voraussetzungen des § 19 BörsG erfüllt sind, besteht ein subjektiv-öffentliches Recht auf Zulassung[37]. Auch wenn ein Teilnehmer Börsengeschäfte tätigt, ohne nach § 19 BörsG zugelassen zu sein, sind die Geschäfte zivilrechtlich wirksam, da diese Regelung kein Verbotsgesetz iS des § 134 BGB darstellt[38]. **106**

III. Handelssegmente

Der Begriff **Handelsplatz** bezeichnet nach Art. 2 Nr 8 der EU-DurchführungsVO[39] nicht nur einen geregelten (organisierten) Markt, sondern auch multilaterale Handelssysteme (MTF) und systematische Internalisierer, die in dieser Eigenschaft handeln und ggf ein System mit ähnlichen Funktionen wie ein geregelter Markt oder ein multilaterales Handelssystem betreiben[40]. Durch die **MiFID II** kommt mit der Kategorie der sog. „organisierten Handelssysteme" (Organised Trading Facilities – **OTF**) eine weitere Handelsplattform hinzu. Damit soll sichergestellt werden, dass der gesamte organisierte Handel an regulierten Handelsplätzen stattfindet. Zur Schaffung gleicher Wettbewerbsbedingungen werden für alle Handelssysteme (geregelter Markt, MTF und OTF) sowohl die wesentlichen organisatorischen Anforderungen als auch die Vor- und Nachhandelstransparenz und die Marktaufsicht gleich sein[41]. Die Handelstransparenzpflichten werden deshalb als wesentlich angesehen, weil nur durch ein Mindestmaß an Markttransparenz ein wirksamer Wettbewerb zwischen verschiedenen Wertpapierhandelssystemen bzw Ausführungsplätzen[42] stattfinden kann[43]. **107**

1. Regulierter Markt

a) Grundlagen

War früher der Börsenhandel am amtlichen (§§ 30 ff BörsG aF) und am geregelten Markt (§§ 49 ff BörsG aF) möglich, so sind diese beiden Segmente mit dem FRUG von 2007 im Marktsegment des regulierten Markts zusammengefasst worden[44]. Die **108**

37 *Beck*, in: Schwark/Zimmer, KMRK, § 19 BörsG Rn 5, 55.
38 *Schwark*, in: Schwark/Zimmer, KMRK, § 16 BörsG Rn 7.
39 VO (EG) Nr 1287/2006 vom 10. August 2006, ABl. EU Nr L 241, S. 1 ff.
40 Zu den Risiken und Regelungsproblemen *Lenenbach*, KMR, Rn 3.35.
41 *Veil/Lerch*, WM 2012, 1557, 1562 f; *Funke*, CCZ 2012, 54, 55; siehe auch Rn 141.
42 *Weber*, NJW 2009, 33.
43 Vgl *Fleischer*, BKR 2006, 389, 391; kritisch *Gomber/Hirschberg*, AG 2006, 777 ff.
44 Näher *Buck-Heeb*, Kapitalmarktrecht, 7. Aufl., 2014, Rn 113; Ende 2014 waren insgesamt 716 Unternehmen zum Handel an einem regulierten Markt zugelassen, siehe BaFin, Jahresbericht 2014 vom 12. Mai 2015, S. 227.

entsprechende DurchführungsVO von 2006[45] enthält den Begriff „regulated market". Sollen Wertpapiere eines Emittenten im regulierten Markt an einer Börse gehandelt werden, ist eine Zulassung oder Einbeziehung durch die Börsengeschäftsführung erforderlich (§ 32 Abs. 1 BörsG)[46]. **Zulassung** bedeutet die öffentlich-rechtliche Erlaubnis, die Börseneinrichtung für Geschäfte in den zugelassenen Papieren zu nutzen (begünstigender Verwaltungsakt)[47].

109 Wertpapiere können auch auf Antrag eines Handelsteilnehmers oder von Amts wegen zum Börsenhandel in den regulierten Markt **einbezogen** werden (§ 33 Abs. 1 BörsG), wenn sie etwa bereits an einer anderen inländischen Börse zum Handel im regulierten Markt zugelassen sind (§ 33 Abs. 1 Nr 1a BörsG). Es dürfen keine Umstände bekannt sein, die bei einer Einbeziehung zu einer Übervorteilung des Publikums (zB erheblicher Kursverfall[48]) oder einer Schädigung erheblicher allgemeiner Interessen führen (§ 33 Abs. 1 Nr 2 BörsG). Näheres ist in der BörsZulV geregelt. Die Einbeziehung ist auf Antrag eines Handelsteilnehmers oder bei entsprechendem Marktbedürfnis von Amts wegen durch die Börsengeschäftsführung möglich[49]. Der Emittent ist hierüber zu unterrichten (§ 33 Abs. 3 BörsG). Bei einer Einbeziehung müssen die Zulassungsvoraussetzungen des § 32 Abs. 3 BörsG nicht erfüllt sein, insbesondere ist kein Prospekt iS des WpPG erforderlich[50].

b) Prime Standard und General Standard

110 Für Papiere, die zum regulierten Markt zugelassen sind, hat die Frankfurter Wertpapierbörse 2003 zwei neue Börsensegmente (Qualitätssegmente, § 42 Abs. 1 BörsG)[51] geschaffen: den Prime Standard und den General Standard[52]. Dies stellt keine börsenrechtliche Unterteilung dar, sondern es werden unter Beibehaltung der vom BörsG vorgegebenen Marktsegmente zwei Teilbereiche für die unterschiedlichen Bedürfnisse der Emittenten geschaffen.

111 Der **General Standard** ist insbesondere für solche Unternehmen geeignet, die lediglich nationale Investoren ansprechen und die mit dem Listing verbundenen Kosten möglichst gering halten wollen. Die Zulassung eines Papiers zum General Standard erfolgt automatisch mit der Zulassung zum regulierten Markt.

112 Durch die Zulassung zum **Prime Standard**[53] sollen Unternehmen v.a. internationale Investoren ansprechen können. Diese Zulassung ist eine Voraussetzung für die Auf-

---

45 VO (EG) Nr 1287/2006 vom 10. August 2006 zur Durchführung der Richtlinie 2004/39/EG betreffend die Aufzeichnungspflichten für Wertpapierfirmen, die Meldung von Geschäften, die Markttransparenz, die Zulassung von Finanzinstrumenten zum Handel und bestimmte Begriffe im Sinne dieser Richtlinie, ABl. EU Nr L 241 vom 2. September 2006, S. 1.

46 Zur Ausnahme bzgl staatlicher Schuldverschreibungen (§ 37 BörsG) *Gebhardt*, in: Schäfer/Hamann, § 36 BörsG Rn 1 ff.

47 *Hamann*, in: Schäfer/Hamann, § 30 BörsG Rn 3 mwN; *Trapp*, in: Habersack/Mülbert/Schlitt, Unternehmensfinanzierung, § 31 Rn 10.

48 *Groß*, KMR, § 33 BörsG Rn 3.

49 Begr. RegE FRUG, BT-Drucks. 16/4028, S. 87 f.

50 Vgl § 1 Abs. 1, 2. HS WpPG („zum Handel ... **zugelassen** werden sollen").

51 *Lepczyk*, JuS 2007, 985, 988; *Heidelbach*, in: Schwark/Zimmer, KMRK, § 42 BörsG Rn 8.

52 *Gebhardt*, WM 2003, Sonderbeilage 2, S. 3 f; *Schlitt*, AG 2003, 57 ff.

53 Zu den Zulassungsvoraussetzungen §§ 48 ff BörsO Ffm.

nahme in die Auswahlindizes DAX[54], M-DAX[55], Tec-DAX[56] und S-DAX[57]. Diese Indizes stellen also keine eigenständigen Marktsegmente dar. Über die Einbeziehung in die Indizes entscheidet die Deutsche Börse AG. Es besteht keine besondere vertragliche Beziehung zwischen ihr und den einbezogenen Emittenten[58]. Für den Prime Standard müssen die Gesellschaften hohe internationale **Transparenzanforderungen** erfüllen, die über die gesetzlichen Mindestanforderungen im General Standard des regulierten Markts hinausgehen (vgl §§ 50 ff BörsO Ffm). Zulassungsfolgepflichten sind etwa die Veröffentlichung von Quartalsmitteilungen in deutscher und englischer Sprache[59] sowie eines in deutscher und englischer Sprache zu führenden Unternehmenskalenders über die wesentlichen Termine (Hauptversammlung, Bilanzpressekonferenz, Analystenveranstaltungen usw), die Durchführung von mindestens einer Analystenveranstaltung pro Jahr sowie die Veröffentlichung und Mitteilung kursbeeinflussender Tatsachen (Ad-hoc-Mitteilung) auch in englischer Sprache[60].

c) Markttransparenz

Für regulierte Märkte, multilaterale Handelssysteme und systematische Internalisierer **113**
sind die sog. Vorhandelstransparenz sowie die Nachhandelstransparenz zu beachten. Damit sollen einheitliche Wettbewerbsbedingungen zwischen konkurrierenden Handelsplätzen geschaffen werden (Art. 5 EU-DurchführungsVO).

Die Regelung der **Vorhandelstransparenz** für Aktien und Aktien vertretende Zertifi- **114**
kate findet sich in § 30 BörsG[61]. Danach ist der Preis des am höchsten limitierten Kaufauftrags und des am niedrigsten limitierten Verkaufsauftrags sowie das zu diesen Preisen handelbare Volumen während der üblichen Geschäftszeiten der Börse kontinuierlich und zu angemessenen kaufmännischen Bedingungen zu veröffentlichen (§ 30 Abs. 1 Satz 1 BörsG). Präzisiert wird diese Vorhandelstransparenzpflicht v.a. in Art. 17 EU-DurchführungsVO, der auch für multilaterale Handelssysteme gilt, sowie in Art. 29, der auch für multilaterale Handelssysteme und systematische Internalisierer gilt.

Die **Nachhandelstransparenz** ist in § 31 BörsG geregelt. Danach sind Börsenpreise **115**
sowie das Volumen und der Zeitpunkt der Börsengeschäfte unverzüglich und zu angemessenen kaufmännischen Bedingungen zu veröffentlichen. Eine Präzisierung findet sich in Art. 27 EU-DurchführungsVO, der auch für multilaterale Handelssysteme und systematische Internalisierer gilt. Die BaFin kann zur Vor- und zur Nachhandelstransparenz Ausnahmen vorsehen, wobei die EU-DurchführungsVO zu beachten ist.

---

54 Im DAX finden sich die nach dem Orderbuchumsatz und der Marktkapitalisierung 30 größten deutschen Unternehmen des Prime Standard.

55 Im M-DAX finden sich die 50 Unternehmen des Prime Standard, die nach dem Orderbuchumsatz und der Marktkapitalisierung nach den im DAX enthaltenen 30 Unternehmen rangmäßig folgen.

56 Im Tec-DAX finden sich die 30 größten Technologieunternehmen des Prime Standard, die nach dem Orderbuchumsatz und der Marktkapitalisierung auf die 30 im DAX gelisteten Unternehmen rangmäßig folgen.

57 Im S-DAX finden sich 50 kleinere Unternehmen, die nach dem Orderbuchumsatz und der Marktkapitalisierung auf die im M-DAX enthaltenen Werte rangmäßig folgen.

58 Kritisch hierzu *Damrau*, Selbstregulierung im Kapitalmarktrecht, 2003, S. 393 f.

59 Zur neuen Rechtslage siehe unten Rn 684 f.

60 Siehe §§ 51 ff BörsO Ffm; siehe auch *Kümpel/Hammen*, Börsenrecht, S. 231.

61 Art. 7 MiFIR-E sieht hier Änderungen vor.

2. Multilaterale Handelssysteme (§§ 31f–g WpHG)

116 Multilaterale Handelssysteme (Multilateral Trading Facility, MTF)[62] stellen Handelssysteme dar, die nicht den Regeln der Börsenmärkte unterliegen. Sie sind keine Börsen, sondern werden auf privatrechtlicher Ebene betrieben[63]. Der Betrieb eines multilateralen Handelssystems ist eine Wertpapierdienstleistung (§ 2 Abs. 3 Nr 8 WpHG)[64]. Es werden die Interessen einer Vielzahl von Personen am Kauf und Verkauf von Finanzinstrumenten[65] in einer Weise zusammengeführt, die zu einem Vertrag über den Kauf dieser Finanzinstrumente führt. Systeme, die lediglich den Kontakt der Parteien ermöglichen, sind keine multilateralen Handelssysteme[66]. Nicht nur ein Wertpapierdienstleistungsunternehmen, sondern auch der Betreiber eines geregelten (organisierten) Markts kann ein multilaterales Handelssystem betreiben[67]. Auch der **Freiverkehr** (Open Market) gilt als multilaterales Handelssystem[68], obwohl dieser im BörsG und nicht im WpHG geregelt ist. Da der Betrieb eines multilateralen Handelssystems auch eine Finanzdienstleistung iS des § 1 Abs. 1a Satz 2 Nr 1b KWG ist, bedarf er einer schriftlichen Erlaubnis der BaFin (§ 32 Abs. 1 Satz 1 KWG). Die Aufsicht nimmt die BaFin wahr. Der Freiverkehr unterliegt allerdings ausdrücklich nach wie vor der Aufsicht durch die zuständige Börsenaufsichtsbehörde (§ 48 Abs. 2, 3 iVm § 3 Abs. 1 BörsG).

117 Im **Unterschied** zum geregelten Markt bestehen für multilaterale Handelssysteme bei der Einbeziehung in den Handel keine bestimmten Anforderungen an die Finanzinstrumente und die Emittenten. Damit werden schnelle, sichere und billige Transaktionsinfrastrukturen zur Verfügung gestellt. Außerdem entstehen bestimmte Zulassungsfolgepflichten nicht (§§ 15, 15a, 21 ff, 30a ff, 37n ff WpHG). Ansonsten gelten weitgehend gleiche Anforderungen wie für den regulierten Markt.

118 Der Betreiber eines multilateralen Handelssystems hat Regelungen für den **Zugang** von Handelsteilnehmern festzulegen (§ 31f Abs. 1 Nr 1 WpHG)[69]. Für den Zugang zu

62 Nach dem Referentenentwurf des FimanoG sollte dies in § 63 WpHG-E geregelt sein; im RegE des 1. FimanoG bleiben die §§ 31f–g WpHG unverändert.

63 Zur Abgrenzung gegenüber der Börse *Seiffert*, in: Kümpel/Wittig, Rn 4.70.

64 *Bröcker*, in: Claussen, Bank- und Börsenrecht, § 6 Rn 56 f; zu Gemeinsamkeiten und Unterschieden zum regulierten („geregelten“) Markt *Spindler/Kasten*, WM 2006, 1749, 1754; *Fuchs*, in: Fuchs, § 37f WpHG Rn 13.

65 Zum Begriff „Finanzinstrumente“ siehe § 2 Abs. 2b WpHG.

66 *Spindler/Kasten*, WM 2006, 1749, 1754; *Duve/Keller*, BB 2006, 2537, 2538.

67 Begr. RegE FRUG, BT-Drucks. 16/4028, S. 68; vgl *Weber*, NJW 2010, 274, 275. Reaktion der Frankfurter Wertpapierbörse ist **„Xetra Best Execution“**, wonach die Banken nun schnell und günstig Orders bilateral im überwachten regulierten Markt ausführen können, siehe unter www.deutsche-boerse.com.

68 *Hirschberg*, AG 2006, 398, 401; *Gomber/Hirschberg*, AG 2006, 777, 779; *Schwark*, in: Schwark/Zimmer, KMRK, § 31f WpHG Rn 11; *Seiffert*, in: Kümpel/Wittig, Rn 4.71; *Afschar-Hamdi/Lenz*, in: Grunewald/Schlitt, § 10 VI 3 b; siehe auch das Rundschreiben der BaFin 8/2012 (WA) – Besondere Organisatorische Anforderungen für den Betrieb eines multilateralen Handelssystems nach §§ 31f und 31g WpHG (MaComp II) vom 10. Dezember 2012, wonach die §§ 31f und 31g WpHG nicht auf die Freiverkehre anzuwenden sind, soweit der Börsenträger keine weiteren Finanzdienstleistungen erbringt; aA *Fuchs*, in: Fuchs, § 31f WpHG Rn 1; *Bröcker*, in: Claussen, Bank- und Börsenrecht, § 6 Rn 20; zum Freiverkehr siehe Rn 120 ff.

69 Siehe das Rundschreiben der BaFin 8/2012 (WA) – Besondere Organisatorische Anforderungen für den Betrieb eines multilateralen Handelssystems nach §§ 31f und 31g WpHG (MaComp II) vom 10. Dezember 2012.

einem multilateralen Handelssystem muss mindestens § 19 Abs. 2, 4 BörsG analog (Zulassung zur Börse) eingehalten werden. Allerdings besteht, anders als bei den Börsen, kein Zulassungszwang[70]. Außerdem sind Bestimmungen vorzusehen für die Einbeziehung von Finanzinstrumenten, die ordnungsgemäße Durchführung des Handels und der Preisermittlung, die Verwendung von einbezogenen Referenzpreisen und die vertragsgemäße Abwicklung der abgeschlossenen Geschäfte (§ 31f Abs. 1 Nr 2 WpHG). Regelungen, die im Hinblick auf den Handel und die Preisermittlung getroffen werden, dürfen dem Betreiber keinen Ermessensspielraum gewähren. Des Weiteren hat der Betreiber Regelungen zur Kontrolle der Bestimmungen nach § 31f Abs. 1 Nr 2 WpHG sowie zur Kontrolle des Insiderhandelsverbots (§ 14 WpHG) und des Verbots der Marktmanipulation (§ 20a WpHG) zu treffen (§ 31f Abs. 1 Nr 3 WpHG). Über Verstöße ist die BaFin nach § 31f Abs. 3 WpHG zu unterrichten. Zudem hat der Betreiber eine ordnungsgemäße Preisbildung im multilateralen Handelssystem (§ 31f Abs. 1 Nr 4 WpHG) sowie eine ordnungsgemäße Dokumentation der Geschäfte sicherzustellen (§ 31f Abs. 1 Nr 5 WpHG) und die für die Nutzung des multilateralen Handelssystems erforderlichen und zweckdienlichen Informationen öffentlich bekanntzugeben (§ 31f Abs. 1 Nr 6 WpHG).

§ 31g Abs. 1 WpHG regelt die **Vorhandelstransparenz** und § 31g Abs. 3 WpHG die **Nachhandelstransparenz**, welche die Betreiber von multilateralen Handelssystemen für Aktien und Aktien vertretende Zertifikate, die zum Handel an einem organisierten Markt zugelassen sind, einhalten müssen. Danach sind zum einen der Preis des am höchsten limitierten Kaufauftrags und des am niedrigsten limitierten Verkaufsauftrags und das zu diesen Preisen handelbare Volumen kontinuierlich während der üblichen Geschäftszeiten zu angemessenen kaufmännischen Bedingungen zu veröffentlichen. Zum anderen sind der Marktpreis, das Volumen und der Zeitpunkt des abgeschlossenen Geschäfts zu angemessenen kaufmännischen Bedingungen und soweit möglich auf Echtzeitbasis bekanntzumachen. Zu berücksichtigen sind hierbei Art. 17, 27 und 29 EU-DurchführungsVO. Die BaFin kann Ausnahmen von der Veröffentlichungspflicht gestatten (§ 31g Abs. 2, 4 WpHG), die in der EU-DurchführungsVO näher erläutert werden (insbesondere Art. 18). 119

3. Insbesondere: Freiverkehr/Open Market

a) Grundlagen

Der Freiverkehr ist ein **privatrechtlich** organisierter außerbörslicher Markt zwischen Freimaklern und Handelsteilnehmern. Er ist häufig ein erster Schritt von Unternehmen an den Markt[71]. Da der Freiverkehr stärker international positioniert und vermarktet werden sollte, erfolgte an der Frankfurter Wertpapierbörse im Jahre 2005 die Umbenennung in „Open Market“. 120

Zur Durchführung des Open Market werden die Einrichtungen der Börse genutzt. § 48 Abs. 1 BörsG enthält die Ermächtigung an die Börsen, einen Freiverkehr zuzulassen, wenn durch (zivilrechtliche) Geschäftsbedingungen eine ordnungsmäßige 121

70 *Assmann*, in: Assmann/U.H. Schneider, § 31f WpHG Rn 8; *Seiffert*, in: Kümpel/Wittig, Rn 4.59.
71 *Freytag/Koenen*, WM 2011, 1594.

Durchführung des Handels und der Geschäftsabwicklung gewährleistet erscheint. An der Börse Frankfurt etwa ist die Deutsche Börse AG Trägerin des Freiverkehrs[72].

122 Für die Einrichtung eines Freiverkehrs ist eine schriftliche **Erlaubnis** der Börsenaufsichtsbehörde erforderlich (§ 48 Abs. 3 BörsG). Hintergrund ist, dass für die Öffentlichkeit oft nicht erkennbar ist, ob ein Wertpapier im regulierten Markt oder im Open Market gehandelt wird, so dass die Gefahr besteht, dass Missstände des Freiverkehrs der Börse insgesamt angelastet werden. Liegt ein Missstand vor, kann die Börsenaufsichtsbehörde nach § 48 Abs. 2 BörsG den Handel im Freiverkehr untersagen.

123 Die Aktien müssen im Open Market nicht förmlich zugelassen, sondern lediglich in den Börsenhandel **einbezogen** werden. Rechtsgrundlage für die Einbeziehung und den Handel sind etwa an der Börse Frankfurt die Richtlinien für den Freiverkehr an der Frankfurter Wertpapierbörse. Die Richtlinien für den Freiverkehr sind nach hM AGB[73]. Die Deutsche Börse AG entscheidet auf Antrag über die Einbeziehung in den Open Market. Werden die Wertpapiere eines Emittenten ohne dessen Zustimmung in den Freiverkehr einbezogen, kann dieser nicht durch Geschäftsbedingungen dazu verpflichtet werden, Informationen bzgl der Wertpapiere zu veröffentlichen (§ 48 Abs. 1 Satz 4 BörsG).

124 Damit sind die Teilnahme am Handel sowie die Einbeziehung von Wertpapieren zum Handel durch die zivilrechtlichen Geschäftsbedingungen geregelt, die regelmäßig von den Trägern der jeweiligen Börse erlassen werden[74]. Verstöße hiergegen sind nur zivilrechtlich verfolgbar, etwa durch Klage auf Vertragserfüllung. Der Ablauf des Handels im Freiverkehr sowie die Geschäftsabwicklung sind dagegen in einer öffentlich-rechtlichen **Handelsordnung**, welche vom jeweiligen Börsenrat erlassen wird (§ 12 Abs. 2 Nr 1 BörsG)[75], geregelt. Verstöße hiergegen können vom Sanktionsausschuss (§ 22 BörsG) verfolgt werden[76]. Aufgrund des öffentlich-rechtlichen Charakters ist der Verwaltungsrechtsweg zu beschreiten.

125 Für die Einbeziehung in den Freiverkehr war lange Zeit weder ein Prospekt noch ein Unternehmensbericht erforderlich. Seit 2005 wird aber generell eine **Prospektpflicht** nicht nur durch die Zulassung zum Handel an einem organisierten Markt (§ 3 Abs. 3 WpPG), sondern auch durch das öffentliche Anbieten von Wertpapieren begründet (§ 3 Abs. 1 WpPG)[77]. Ein **öffentliches Anbieten** ist nach § 2 Nr 4 WpPG eine Mitteilung an das Publikum in jeder Form und auf jede Art und Weise, die ausreichende Informationen über die Angebotsbedingungen und die anzubietenden Wertpapiere enthält, um einen Anleger in die Lage zu versetzen, über den Kauf oder die Zeichnung

---

72 § 1 Abs. 2 AGB Freiverkehr an der Frankfurter Wertpapierbörse vom 26. Juli 2013.

73 *Schwark*, in: Schwark/Zimmer, KMRK, § 48 BörsG Rn 3 mwN; *Lenenbach*, KMRK, Rn 3.214; aA *Bauer/Pleyer/Hirche*, BKR 2002, 102, 116 (Rechtsnormen eigener Art); siehe auch *Damrau*, Selbstregulierung im Kapitalmarktrecht, 2003, S. 333 ff (der – im Ergebnis ablehnend – untersucht, ob die Freiverkehrsrichtlinien Satzungsrecht darstellen); näher *Buck-Heeb*, Kapitalmarktrecht, 5. Aufl., 2011, Rn 126.

74 Vgl § 116 BörsO Ffm.

75 Vgl Handelsordnung für den Freiverkehr an der Frankfurter Wertpapierbörse, Stand: 16. Dezember 2013.

76 Zum Ganzen vgl sehr anschaulich LG Frankfurt NJW-RR 2013, 424 Rn 17 mwN.

77 *Leuering/Simon*, NJW-Spezial 2006, H. 1, S. 27, 28.

dieser Wertpapiere zu entscheiden. Da neue Anleger regelmäßig durch ein öffentliches Angebot gewonnen werden, wird zumeist auch im Freiverkehr die Erstellung eines Prospekts erforderlich sein.

Da die Einbeziehung in den Freiverkehr im Interesse erleichterter Handelsmöglichkeiten von einem zugelassenen Handelsteilnehmer (zB Makler, Investmentbank) und nicht vom Emittenten betrieben wird, unterliegt der Emittent nach der Einbeziehung nur teilweise den für den regulierten Markt geltenden Regeln. Dies bedeutet auf der anderen Seite einen nur **eingeschränkten Anlegerschutz**, da die für den organisierten Markt vorgesehenen Regelungen nicht gelten. Zwar bestand lange Zeit **keine Pflicht** zur Ad-hoc-Publizität von Insiderinformationen (§ 15 WpHG)[78] sowie keine Mitteilungspflichten bei Geschäften von Führungskräften (sog. Directors' Dealings, § 15a WpHG). Mit der ab 3. Juli 2016 geltenden Marktmissbrauchsverordnung (Market Abuse Regulation, MAR) hat sich dies jedoch geändert. Jetzt gilt für im Freiverkehr gehandelte Papiere nicht nur das Verbot des Insiderhandels, sondern auch die Ad-hoc-Publizitätspflicht, die Pflicht zur Veröffentlichung von Directors' Dealings bzw Managers' Transactions und zur Führung einer Insiderliste (Art. 18 Abs. 7 MAR). Außerdem ist das Verbot der Marktmanipulation (Art. 15, 12 MAR) zu beachten. 126

Nach wie vor treffen die Anleger, außer den aktienrechtlichen Mitteilungspflichten[79], keine Meldepflichten bei Erreichen bestimmter Beteiligungsschwellen (§§ 21 ff WpHG). Ebenso wenig ist beim Erwerb einer Kontrollmehrheit von 30 % der Stimmrechte ein Pflichtangebot abzugeben (§ 35 WpÜG), da das WpÜG nicht für Gesellschaften, deren Aktien im Freiverkehr gehandelt werden, gilt. 127

Auch auf gesellschaftsrechtlicher Ebene bestehen Unterschiede zwischen im Freiverkehr und im regulierten Markt gehandelten Werten. So knüpft etwa der Begriff der **börsennotierten Gesellschaft** (§ 3 Abs. 2 AktG) an die Zulassung zu einem organisierten Markt an. Daher ist etwa für im Freiverkehr gehandelte Gesellschaften keine Entsprechenserklärung zum Deutschen Corporate Governance-Kodex (§ 161 AktG) abzugeben[80]. Außerdem bezieht sich auch die Pflicht zur Offenlegung der Vergütung von Vorstandsmitgliedern[81] nur auf Gesellschaften, für die eine Börsenzulassung in einem organisierten Markt erfolgt ist und nicht auf solche, die im Freiverkehr gehandelt werden. 128

b) Teilbereiche

Unter der Bezeichnung **„Neuer Markt"** hatte die Deutsche Börse AG im März 1997 eine weitere Handelsplattform im Rahmen des Freiverkehrs der Frankfurter Wertpapierbörse eröffnet, die im März 2003 wegen Missständen wieder geschlossen wurde. Diese war für Aktien v.a. von kleineren und mittleren in- und ausländischen Unternehmen bestimmt, welche die Transparenz- und Publizitätskriterien nach inter- 129

78 Siehe Rn 386.
79 Siehe Rn 47.
80 Zur Abgrenzung *Leuering/Simon*, NJW-Spezial 2006, H. 1, S. 27.
81 Gesetz über die Offenlegung der Vorstandsvergütungen (Vorstandsvergütungs-Offenlegungsgesetz – VorstOG), BGBl. I 2005, S. 2267; siehe § 285 Satz 1 Nr 9 HGB bzw § 314 Abs. 1 Nr 6a HGB.

nationalen Standards erfüllen. Emittenten waren vornehmlich innovative Unternehmen[82].

130 Im Oktober 2005 schuf die Deutsche Börse AG mit dem sog. **Entry Standard** wieder einen Teilbereich des Freiverkehrs mit zusätzlichen Transparenzanforderungen[83]. Die Münchener Börse entwickelte etwa **m:access**[84]. Ersterer soll insbesondere kleinen und mittleren Unternehmen an der Frankfurter Wertpapierbörse einen einfachen und kostengünstigen Zugang zum Kapitalmarkt eröffnen[85]. Die Notierung soll ein Übergangsstadium zum Aufstieg in den General oder Prime Standard darstellen. Zur Steigerung der Attraktivität des Entry Standards bildet ein All-Share-Index die Entwicklung aller dort gehandelten Aktien ab[86]. Die Einbeziehung in den Entry Standard erfolgt auf Antrag des Emittenten der Wertpapiere zusammen etwa mit einem Kreditinstitut[87].

131 Die Notierung im Entry Standard ist an **zusätzliche Publizitätspflichten** geknüpft[88]. Es müssen mindestens ein Jahresabschluss (testierter Konzern-Jahresabschluss) sowie ein Zwischenbericht veröffentlicht worden sein. Zudem ist ein Halbjahresabschluss erforderlich[89]. Außerdem müssen ein aktuelles Unternehmenskurzportrait[90] und ein Unternehmenskalender auf den Internetseiten des Unternehmens veröffentlicht sein. Darüber hinaus sind wesentliche Unternehmensnachrichten oder Tatsachen, die den Börsenpreis beeinflussen können, unverzüglich auf der eigenen Internetseite zu veröffentlichen[91]. Dies ist vergleichbar mit der Ad-hoc-Publizitätspflicht nach § 15 Abs. 1 WpHG bzw nach Art. 17 Abs. 1 Unterabs. 1 MAR. Trotz gewisser Ähnlichkeiten muss aber bzgl der Unvollständigkeit oder des Unterlassens einer solchen Publizitätspflicht eine analoge Anwendung der §§ 37b, c WpHG aufgrund der engen gesetzgeberischen Anwendung ausscheiden[92].

132 Die Deutsche Börse hat den Entry Standard an qualifizierte Investoren adressiert, welche die Chancen und Risiken in einem geringer regulierten Marktsegment ein-

82 Zu dem im Juni 2015 von der Deutschen Börse stattdessen gestarteten „Deutsche Börse Venture Network", mit dem die Finanzierung junger Wachstumsunternehmen verbessert werden soll, www.venture-network.com.

83 §§ 16 ff AGB Freiverkehr vom 26. Juli 2013; *Sudmeyer/Rückert/Kuthe*, BB 2005, 2703 ff; *Oelke*, BKR 2006, 7 ff; *Schlitt/Schäfer*, AG 2006, 147 ff; *Trapp*, in: Habersack/Mülbert/Schlitt, Unternehmensfinanzierung, § 31 Rn 67 ff. Zur Schließung des **First Quotation Board** zum 15. Dezember 2012 wegen Verdachtsfällen auf Marktmanipulation sowie zu strengeren Regelungen des Entry Standard zum 1. Juli 2012 durch die Änderungen der AGB Freiverkehr, siehe *Mai*, AG 2012, R 127 f; *Weidlich/Dietz/Cammerer*, GWR 2013, 39.

84 *Harrer/Müller*, WM 2006, 653, 658 f.

85 Nach einem Jahr waren bereits 66 Unternehmen notiert, siehe FAZ vom 26. Oktober 2006, S. 23.

86 Im Entry Standard Index sind die 30 umsatzstärksten Unternehmen gelistet, wohingegen sich die restlichen Unternehmen im Entry All Share Index finden.

87 § 16 Satz 1 Abs. AGB Freiverkehr vom 26. Juli 2013.

88 Zusammenfassend *Born*, AG 2012, R 226 ff; *Scharpf/von Wittich*, AG 2012, R 93 f; *Mai*, AG 2012, R 127 f.

89 § 19 Abs. 1 lit. b AGB Freiverkehr vom 26. Juli 2013; siehe *Mai*, AG 2012, R 127.

90 Siehe Anlage 1 der AGB Freiverkehr vom 26. Juli 2013.

91 § 19 Abs. 1 lit. c aa AGB Freiverkehr vom 26. Juli 2013.

92 Siehe *Sethe*, in: Assmann/U.H. Schneider, §§ 37b, 37c WpHG Rn 38 f; *Zimmer/Grotheer*, in: Schwark/Zimmer, KMRK, § 37b, 37c WpHG Rn 20e; KölnerKommWpHG/*Möllers/Leisch*, §§ 37b, 37c WpHG Rn 102, sofern das Unternehmen, dessen Wertpapiere im Freiverkehr gehandelt werden, (vermeintlich) eine Meldung als „Ad-hoc-Mitteilung" veröffentlicht.

schätzen können[93]. Der (an der Frankfurter Wertpapierbörse registrierte) Handelsteilnehmer, der die Einbeziehung der Aktien beantragt, muss die Einhaltung dieser zusätzlichen Publizitätspflichten überwachen und sicherstellen. Außerdem setzt der Zugang zum Entry Standard ein öffentliches Angebot **(Prospekt)** voraus[94], die Unternehmen müssen mindestens zwei Jahre als Gesellschaft bestanden haben, über ein Grundkapital von 750 000 Euro verfügen, einen Nennwert von 1 Euro je Aktie sowie einen Mindeststreubesitz von 10 % aufweisen[95].

c) Vertragsstrafe

Eine Verletzung der in den AGB Freiverkehr vorgesehenen Einbeziehungsfolgepflichten, insbesondere der Mitteilungspflichten, kann eine Vertragsstrafe nach § 15 AGB Freiverkehr, bzw im Hinblick auf den Entry Standard nach den speziellen Bestimmungen der §§ 20 f AGB Freiverkehr belegt werden. Außerdem kann die von der Deutsche Börse AG verhängte Vertragsstrafe unter Nennung des Verpflichteten und des Pflichtverstoßes veröffentlicht werden (§ 22 AGB Freiverkehr). Zudem kann die Deutsche Börse AG die Einbeziehung in den Entry Standard kündigen (§ 23 AGB Freiverkehr). **133**

4. Systematische Internalisierer (§ 32 WpHG)

§ 32 WpHG bezieht sich seit dem FRUG von 2007 auf die systematischen Internalisierer[96]. Ein systematischer Internalisierer ist nach § 2 Abs. 10 WpHG ein Unternehmen, das häufig regelmäßig und auf organisierte und systematische Weise Eigenhandel außerhalb organisierter Märkte und multilateraler Handelssysteme betreibt[97]. Systematische Internalisierer sollen etwa Banken sein können[98], die das System „Xetra Best Execution" für die Ausführung der Kundenaufträge nutzen, wo zunächst geprüft wird, ob ein Auftrag durch ein eigenes Angebot der Bank bedient werden kann. Eine Preisbildung geschieht daher, anders als bei einem multilateralen Handelssystem, durch die Preisbestimmung des Internalisierers und nicht durch Kauf- und Verkaufsangebote der Marktteilnehmer. Ein systematischer Internalisierer betreibt daher im Unterschied zum geregelten Markt und zu einem multilateralen Handelssystem **Eigenhandel** und übernimmt ein eigenes Marktrisiko[99]. Demgemäß fällt auch der sog. Over the Counter-Handel (OTC-Handel) unter den Begriff des systematischen Internalisierers[100]. Anders ist das nur zu beurteilen, wenn die OTC-Geschäfte ad hoc und **134**

---

93 FAZ vom 26. Oktober 2006, S. 23.

94 § 17 Abs. 1 lit. a AGB Freiverkehr vom 26. Juli 2013.

95 *Mai*, AG 2012, R 127 f; *Weidlich/Dietz/Cammerer*, GWR 2013, 39 ff.

96 Internalisierung bedeutet die Ausführung von Kundenaufträgen gegen das eigene Buch, vgl *Hirschberg*, AG 2006, 398, 401 Fn 34. In Deutschland ist bislang kein Unternehmen als systematischer Internalisierer registriert, in der EU gibt es insgesamt 11 systematische Internalisierer (Stand: 11. Dezember 2015, ESMA, www.mifiddatabase.cesr.eu/index.aspx?sectionlinks-id=16&language=0&pageName=MiFIDSystematicSearch), so zB die Citygroup, Credit Suisse, Goldman Sachs, UBS.

97 *Duve/Keller*, BB 2006, 2537, 2538; kritisch dazu *Spindler/Kasten*, WM 2006, 1749, 1755. Nach dem Referentenentwurf des FimanoG sollte dies in § 67 WpHG-E geregelt sein; der RegE des 1. FimanoG behält dagegen § 32 WpHG bei.

98 *Lenenbach*, KMR, Rn 3.14; überzeugend ablehnend *Bialluch*, WM 2015, 2030, 2031 f.

99 *Kumpan*, in: Schwark/Zimmer, KMRK, § 2 WpHG Rn 128.

100 *Bialluch*, WM 2015, 2030, 2031; *Schelling*, BKR 2015, 221, 222.

unregelmäßig stattfinden, so dass die Tätigkeit des WpDU nicht planmäßig und damit nicht systematisch erfolgt[101].

135 Die EU-DurchführungsVO enthält in Art. 21 **Kriterien** zur Festlegung der Punkte „häufig/regelmäßig", „organisiert" und „systematisch". Die Tätigkeit muss insbesondere im Geschäftsmodell des Wertpapierdienstleistungsunternehmens (WpDU) eine wesentliche kommerzielle Rolle spielen[102]. Systematischer Internalisierer wird ein WpDU damit nicht durch formellen Rechtsakt, sondern durch **tatsächliches Verhalten**, sobald es Kundenaufträge in der in § 2 Abs. 10 WpHG beschriebenen Weise ausführt[103]. Eine Anzeige gegenüber der BaFin braucht nicht zu erfolgen. Will das WpDU nicht mehr die Funktion eines systematischen Internalisierers wahrnehmen, muss diese Absicht zuvor gemäß Art. 21 Abs. 2 EU-DurchführungsVO veröffentlicht werden.

136 Nach der **MiFID II** sollen künftig objektive Kriterien gelten, bei deren Vorliegen die betreffenden Einheiten systematische Internalisierer und damit registrierungspflichtig sind. Nach der **Definition** des Art. 4 Abs. 1 Nr 20 MiFID II ist ein systematischer Internalisierer eine Wertpapierfirma, die in organisierter und systematischer Weise häufig in erheblichem Umfang Handel für eigene Rechnung betreibt, wenn sie außerhalb der Handelsplätze (dh außerhalb eines geregelten Markts, eine MTF oder OTF) Kundenaufträge ausführt, ohne ein multilaterales System zu betreiben. Für einen systematischen Internalisierer ist demnach charakteristisch, dass er im Wege des Eigenhandels Kundenaufträge ausführt und dabei ausschließlich bilateral mit anderen Marktteilnehmern OTC-Geschäfte abschließt[104]. Hierfür muss das WpDU „in systematischer Weise **häufig**" den Handel betreiben, was sich nach der Anzahl der OTC-Geschäfte mit einem Finanzinstrument bemisst, die das WpDU für eigene Rechnung im Kundenauftrag durchführt (Art. 4 Abs. 1 Nr 20 MiFID II). Welche Anzahl das genau sein muss, legt die Kommission in einem delegierten Rechtsakt fest (Art. 50 MiFIR).

137 Um ein systematischer Internalisierer zu sein, muss das WpDU aber nicht nur häufig, sondern auch **in erheblichem Umfang** Handel betreiben. Kommt es bei der Häufigkeit auf die Anzahl der Geschäftsabschlüsse an, ist für das Merkmal „in erheblichem Umfang" deren Volumen entscheidend. Das Merkmal ist entweder erfüllt, wenn der Anteil, den der OTC-Handel des WpDU an seinem Gesamthandelsvolumen in einem bestimmten Finanzinstrument ausmacht, einen gewissen Wert erreicht oder überschreitet, oder dann, wenn das Gesamthandelsvolumen des WpDU im OTC-Handel einen bestimmten Umfang im Vergleich zum Volumen aller Marktteilnehmer in der Union in einem bestimmten Finanzinstrument ausmacht. Die hierfür relevanten

101 *Bialluch*, WM 2015, 2030, 2031; *Kumpan*, in: Schwark/Zimmer, KMRK, § 2 WpHG Rn 130; siehe VO über OTC-Derivate, zentrale Gegenparteien und Transaktionsregister Nr 648/2012 vom 4. Juli 2012 (ABl. EU Nr L 201, S. 1 vom 27. Juli 2012 – European Market Infrastructure Regulation, EMIR), geändert durch die VO (EU) Nr 600/2014 vom 15. Mai 2014, ABl. EU Nr L 173 vom 12. Juni 2014, S. 84; siehe zudem das Ausführungsgesetz zur VO Nr 648/2012 vom 13. Februar 2013, BGBl. I, S. 174.

102 Kritisch, da nicht allein an objektive Kriterien angeknüpft wird, *Hirschberg*, AG 2006, 398, 401.

103 *Beck/Röh*, in: Schwark/Zimmer, KMRK, § 32 WpHG Rn 9.

104 *Schelling*, BKR 2015, 221, 222.

Schwellenwerte bestimmt die Kommission in einem delegierten Rechtsakt (Art. 50 MiFIR). Wenn das WpDU die maßgeblichen Obergrenzen überschritten hat, kann es sich freiwillig als systematischer Internalisierer einstufen lassen (Art. 4 Abs. 1 Nr 20 MiFID II).

Systematische Internalisierer von Aufträgen in börsennotierten Aktien und Aktien vertretenden Zertifikaten[105] bis zur Standardmarktgröße (§ 32 Satz 1 WpHG) müssen den **Pflichten** der §§ 32a ff WpHG nachkommen. Hauptpflicht ist die **Vorhandelstransparenz**. Danach sind regelmäßig und kontinuierlich während der üblichen Handelszeiten für die angebotenen Aktiengattungen Quotes zu veröffentlichen (verbindliche Kauf- und Verkaufsangebote zu angemessenen kaufmännischen Bedingungen)[106]. Es besteht ein Verbot der Preisverbesserung, so dass die Kundenaufträge zum veröffentlichten Preis auszuführen sind[107] (§ 32c Abs. 1 Satz 1 WpHG, Kontrahierungszwang[108]). Näheres regelt Art. 25 EU-DurchführungsVO. Zudem ist in den Geschäftsbedingungen[109] diskriminierungsfrei Zugang zu den veröffentlichten Quotes zu gewähren (§ 32d WpHG)[110]. Dadurch soll der systematische Internalisierer nicht ihm unliebsame Handelsteilnehmer von seinem Liquiditätspool ausnehmen können. 138

Der Bezug auf die **Standardmarktgröße** zeigt, dass nur Privatkunden vor einer übervorteilenden Internalisierung ihrer Wertpapieraufträge geschützt und nicht die bankinternen Ausführungen von sog. Block Orders mit erheblichem Volumen erfasst werden sollen. Aus Art. 27 Abs. 1 der MiFID I ergibt sich, dass dieser Begriff eine Größe meint, die für den rechnerischen Durchschnittswert der auf dem Markt ausgeführten Geschäfte für die Aktien dieser Gattung gilt (vgl § 32b Abs. 1 WpHG)[111]. Die **Nachhandelstransparenz** ist in Art. 29 ff EU-DurchführungsVO geregelt. 139

Eine Rechtsfolge bzgl eines Verstoßes gegen die §§ 32a ff WpHG sieht lediglich § 39 Abs. 1 Nr 4 WpHG für die Verletzung des diskriminierungsfreien Zugangs zu den veröffentlichten Quotes (§ 32d Abs. 1 WpHG) vor. Zivilrechtliche Ansprüche sollen nach einer Ansicht aus § 280 Abs. 1 BGB bzw aus culpa in contrahendo folgen können, da die §§ 32a ff WpHG privatrechtliche Regelungen seien[112]. Überwiegend wird dagegen die Schutzgesetzqualität der §§ 32a ff WpHG verneint[113]. 140

105 Zur Diskussion um eine Ausdehnung auf Anleihen, Derivate usw *Beck/Röh*, in: Schwark/Zimmer, KMRK, § 32 WpHG Rn 15.

106 Angebot ad incertas personas, siehe *Assmann*, in: Assmann/U.H. Schneider, § 32a WpHG Rn 2; *Bialluch*, WM 2015, 2030, 2034.

107 In diesem Zusammenhang ist bei Privatkunden der § 33a WpHG (bestmögliche Ausführung von Kundenaufträgen) zu beachten.

108 *Lenenbach*, KMR, Rn 3.264 f.

109 Zur Möglichkeit der Ablehnung der Geschäftsbeziehung (§ 32d Abs. 2 WpHG) *Beck/Röh*, in: Schwark/Zimmer, KMRK, § 32d WpHG Rn 12.

110 *Beck/Röh*, in: Schwark/Zimmer, KMRK, § 32d WpHG Rn 1.

111 *Beck/Röh*, in: Schwark/Zimmer, KMRK, § 32 WpHG Rn 18.

112 *Bialluch*, WM 2015, 2030, 2037.

113 *Fuchs*, in: Fuchs, Vor §§ 31 bis 37a WpHG Rn 87; aA wohl *Bialluch*, WM 2015, 2030, 2037 f.

5. Organisierte Handelssysteme

141 Nach der MiFIR sind Organised Trading Facilities (OTF) alle von Investmentfirmen oder Marktbetreibern betriebene Systeme, welche auf organisierter Basis multiple Kauf- und Verkaufsinteressen von Dritten bezogen auf Schuldverschreibungen, strukturierte Finanzprodukte, Emissionszertifikate oder Derivate zusammenbringen (Art. 2 Abs. 1 Unterabs. 7 MIFIR)[114]. Ob dieses neue Handelssystem wirklich erforderlich ist, wird angesichts der inhaltlichen Nähe zu den Multilateralen Handelssystemen (MTF) bezweifelt[115]. Allerdings werden dadurch sämtliche Systeme erfasst, die keine MTF sind. Ein Unterschied zu den MTF besteht darin, dass der Betreiber eines organisierten Handelssystems einen Ermessensspielraum bzgl der Art und Weise der Ausführung eines Geschäfts hat[116].

6. Exkurs: Grauer und schwarzer Kapitalmarkt

142 Der **graue Kapitalmarkt** ist kein Handelssegment ieS. Er ist ein deutsches Spezifikum[117]. Auf dem grauen Kapitalmarkt werden Produkte gehandelt, die nicht Wertpapiere iS des WpHG sind (insbesondere Anteile an Personenhandelsgesellschaften). Dieser Markt wies lange den geringsten Organisationsgrad auf, da ein vorgeschriebener Teilnehmerkreis regelmäßig ebenso fehlte wie eine Marktaufsicht, Marktregeln oder Publizitätspflichten.

143 Um **Missständen** auf dem grauen Kapitalmarkt zu begegnen, hatte die Rechtsprechung in **richterlicher Rechtsfortbildung** seit 1972[118] Grundsätze des Anlegerschutzes entwickelt. Entstanden ist dadurch etwa das Sonderrecht für Publikumskommanditgesellschaften sowie die sog. zivilrechtliche Prospekthaftung. Inzwischen ist der sog. graue Kapitalmarkt nicht mehr „grau"[119]. Der Gesetzgeber hatte 2004 eine Prospektpflicht für nicht in Wertpapieren verbriefte Anlageformen des grauen Kapitalmarkts eingeführt (§§ 8f ff VerkProspG aF). Aufgrund des VermAnlG, welches das VerkProspG ablöste, prüft die BaFin die zu erstellenden Prospekte auch auf Widerspruchsfreiheit und Kohärenz. War Kennzeichen des „grauen Kapitalmarkts" bislang, dass die Marktteilnehmer und Angebote keiner Erlaubnis der BaFin bedurften und damit von dieser auch nicht beaufsichtigt wurden, hat sich das inzwischen geändert. Die Vermittler und Berater solcher Vermögensanlagen bedürfen nunmehr grundsätzlich einer gewerberechtlichen Erlaubnis und unterstehen der Aufsicht der Gewerbeaufsichtsbehörden der Länder. Das VermAnlG wurde wiederum zum 22. Juli 2013 in Teilen vom Kapitalanlagegesetzbuch (KAGB) abgelöst[120], wonach für den Vertrieb bestimmter Produkte eine Erlaubnis- bzw eine Registrierungspflicht besteht.

---

114 Nach dem Referentenentwurf des FimanoG sollte dies in §§ 63 f WpHG-E geregelt sein; der RegE des 1. FimanoG behält dagegen §§ 32a ff WpHG bei.

115 *Funke*, CCZ 2012, 54, 55.

116 *Veil/Lerch*, WM 2012, 1557, 1563.

117 Vgl das Gesetz zur Novellierung des Finanzanlagenvermittler- und Vermögensanlagenrechts vom 6. Dezember 2011, BGBl. I, S. 2481.

118 BGH NJW 1973, 1604.

119 Vgl Begr. RegE FinVermAnlG, BT-Drucks. 17/6051, S. 50.

120 Hierzu näher unten Rn 906 ff.

Vom grauen Kapitalmarkt zu unterscheiden ist der illegale sog. **schwarze Kapitalmarkt**. Darunter werden unerlaubt, dh ohne die gesetzlich erforderliche Erlaubnis der BaFin betriebene Bank- und Versicherungsgeschäfte sowie sonstige Finanzdienstleistungen verstanden[121]. Verfügungen der BaFin, die gegen Akteure des „schwarzen Kapitalmarkts" ergangen sind, werden auf der Homepage der BaFin veröffentlicht. Im Gegensatz dazu werden diejenigen Institute, Finanzdienstleister usw, welche die aufsichtsrechtlich erforderliche Erlaubnis für ihre Tätigkeiten haben, als **weißer Kapitalmarkt** bezeichnet[122]. 144

IV. Der Gang an die Börse

1. Vorbereitung der Börsenzulassung: Gesellschaftsrechtliche Maßnahmen

Vor dem Hintergrund einer Vorteils-/Nachteilsanalyse ist zunächst ein Beschluss des **Vorstands** und, sofern dies die Satzung vorsieht, auch des Aufsichtsrats erforderlich, einen Antrag auf Zulassung der Aktien zum Handel im regulierten Markt zu stellen. Sodann bedarf der Antrag auf Börsenzulassung nach hM der Zustimmung der **Hauptversammlung**. Das soll sich nicht allein aus den sog. Holzmüller-Grundsätzen[123] ergeben, wonach bei wesentlichen Strukturmaßnahmen eine ungeschriebene Hauptversammlungskompetenz besteht, sondern auch aus den sog. Gelatine-Urteilen des BGH[124], in denen die Anwendung dieser Grundsätze auf solche Entscheidungen begrenzt wird, die die rechtliche Struktur der Gesellschaft betreffen. 145

Die hM sieht die durch die Börsenzulassung eintretenden Veränderungen grundsätzlich als mit solchen vergleichbar an, die allein durch eine Satzungsänderung herbeigeführt werden können. Schließlich verändern die Zulassungsfolgepflichten für den Emittenten sowie die Pflichten für den Anleger (zB Stimmrechtsmitteilung nach §§ 21 ff WpHG) elementar den Charakter der Gesellschaft[125]. Im Schrifttum wird dieser Einordnung teilweise widersprochen und ein Beschluss der Hauptversammlung als entbehrlich angesehen. Untermauert wird das insbesondere mit dem Argument, dass der Börsengang nicht zu einem Konzernsachverhalt führe und daher keine Mediatisierung bewirke[126]. Die praktische Bedeutung dieses Meinungsstreits ist deshalb gering, weil regelmäßig (auch) ein Beschluss der Hauptversammlung zur Erhöhung des Grundkapitals erforderlich ist (Barkapitalerhöhung oder Schaffung eines geneh- 146

121 Siehe BaFinJournal, September 2013, S. 9.
122 *Reschke/Wegner*, BaFinJournal, Mai 2015, S. 18, 19.
123 BGHZ 83, 122 („Holzmüller").
124 BGHZ 159, 30 („Gelatine I"); BGH WM 2004, 1085 ff („Gelatine II"); näher dazu *Langenbucher*, § 6 Rn 58 ff; siehe auch BVerfG WM 2011, 1946 ff (die wirtschaftliche Bedeutung der Maßnahme müsse an die Kernkompetenz der Hauptversammlung, über die Verfassung der Aktiengesellschaft zu bestimmen, rühren).
125 Siehe auch *Wackerbarth/Eisenhardt*, Gesellschaftsrecht II, 2013, Rn 818.
126 *Langenbucher*, § 13 Rn 24 f mwN auch zur hM; *Singhof/Weber*, in: Habersack/Mülbert/Schlitt, Unternehmensfinanzierung, § 3 Rn 56; *Heidelbach*, in: Schwark/Zimmer, KMRK, § 32 BörsG Rn 77 ff mN zur hM.

migten Kapitals mit Bezugsrechtsausschluss für die Altaktionäre[127]), da die zu platzierenden Aktien durch eine Kapitalerhöhung erst noch geschaffen werden müssen[128].

2. Zulassung von Wertpapieren

147 Sollen Wertpapiere im regulierten Markt gehandelt werden, bedürfen sie in der Regel[129] der Zulassung oder Einbeziehung durch die Börsengeschäftsführung (§ 32 Abs. 1 BörsG). Was unter **Wertpapieren iS des BörsG** zu verstehen ist, ist im BörsG nicht geregelt. Diesbezüglich wird der im Schrifttum vertretene weite Wertpapierbegriff, nach dem Wertpapiere Urkunden sind, die private Rechte dergestalt verbriefen, dass diese Rechte ohne Urkunde nicht geltend gemacht werden können[130], als gleichzeitig zu eng und zu weit angesehen. Was ein Wertpapier iS des BörsG ist, ist daher aus den in § 2 Abs. 1 WpHG und § 2 Nr 1 WpPG enthaltenen Definitionen unter Berücksichtigung der Erfordernisse des Börsenhandels sowie des Zwecks der jeweiligen Regelung des BörsG zu schließen. Entscheidend ist hiernach die Vertretbarkeit oder Fungibilität[131]. Damit fallen unter den börsenrechtlichen Wertpapierbegriff alle handelbaren Wertpapiere wie Aktien, Aktien vertretende Zertifikate, Genuss- oder Optionsscheine, Anleihen von Industrieunternehmen bzw Körperschaften und Investmentzertifikate[132].

148 Bei der **Zulassung** von Wertpapieren zum Börsenhandel im regulierten Markt ist zwischen der erstmaligen Zulassung (IPO, Initial Public Offering) und einer späteren Zulassung aus einer Kapitalerhöhung zu unterscheiden. Die Zulassung erfolgt auf **Antrag** des Emittenten (§ 48 Abs. 1 Satz 1 BörsZulV iVm § 23 Abs. 1 VwVfG)[133] und eines der in § 32 Abs. 2 Satz 1 BörsG genannten Institute (Emissionsbegleiter[134]). Der Emissionsbegleiter hat ein ordnungsgemäßes Zulassungsverfahren zu gewährleisten.

149 § 32 Abs. 3 Nr 1–2 BörsG enthält die materiellen **Zulassungsvoraussetzungen**. Erstens müssen die Anforderungen des Art. 35 der EU-DurchführungsVO (Regelung bzgl übertragbarer Wertpapiere) und die auf § 34 BörsG beruhenden Regelungen der BörsZulV vorliegen. Zweitens muss dem Zulassungsantrag grundsätzlich ein veröffentlichter Prospekt beigefügt sein. Dabei muss es sich um ein nach § 13 Abs. 1 WpPG gebilligten Wertpapierprospekt handeln. Ausreichend ist auch ein Prospekt nach §§ 165, 318 Abs. 3 KAGB. Auf eine Beifügung des Prospekts kann verzichtet

127 *Herfs*, in: Habersack/Mülbert/Schlitt, Unternehmensfinanzierung, § 4 Rn 8; *Krause*, in: Habersack/Mülbert/Schlitt, Unternehmensfinanzierung, § 5 Rn 1 ff.

128 *Singhof/Weber*, in: Habersack/Mülbert/Schlitt, Unternehmensfinanzierung, § 3 Rn 56.

129 Ausnahmen sind staatliche Schuldverschreibungen (§ 37 BörsG) und sog. Berichtigungsaktien (§ 33 Abs. 4 EGAktG), vgl *Schwark*, in: Schwark/Zimmer, KMRK, § 37 BörsG Rn 3 ff.

130 *Buck-Heeb*, in: Prütting/Wegen/Weinreich, BGB-Kommentar, 10. Aufl., 2015, § 793 BGB Rn 1.

131 *Heidelbach*, in: Schwark/Zimmer, KMRK, § 32 BörsG Rn 26 ff.

132 *Heidelbach*, in: Schwark/Zimmer, KMRK, § 32 BörsG Rn 23 ff.

133 Zur dadurch ausgelösten Ad-hoc-Mitteilungspflicht Rn 379 ff.

134 Emissionsbegleiter sind Kreditinstitute, Finanzdienstleistungsinstitute, inländische Zweigstellen iS des § 53 Abs. 1 Satz 1 KWG und Einlagenkreditinstitute oder Wertpapierhandelsunternehmen mit Sitz in einem anderen Staat des EWR iS des § 53b KWG; zur Verfassungsmäßigkeit der vorgeschriebenen Mitwirkung eines Emissionsbegleiters *Heidelbach*, in: Schwark/Zimmer, KMRK, § 32 BörsG Rn 34 ff.

werden, wenn von einer Prospektveröffentlichung abgesehen werden kann (§ 1 Abs. 2 Nr 5 oder § 4 Abs. 2 WpPG). Die Geschäftsführung der Börse hat das formale Vorliegen der Zulassungsvoraussetzungen zu prüfen[135]. Eine materielle Prüfung erfolgt grundsätzlich nicht[136].

Sind die Voraussetzungen des § 32 Abs. 3 BörsG gegeben, hat der Emittent einen **Rechtsanspruch** auf Zulassung (begünstigender Verwaltungsakt)[137]. Diese kann nach § 32 Abs. 4 BörsG nur versagt werden, wenn der Emittent seine Pflichten an einem anderen organisierten Markt nicht erfüllt. Mit der Zulassung können die Wertpapiere auf allen Handelsplattformen (Parketthandel[138], elektronische Handelssysteme) der jeweiligen Börse gehandelt werden. Erfolgte die Zulassung des Wertpapiers zum Börsenhandel aufgrund eines unrichtigen oder unvollständigen Börsenprospekts, besteht gegenüber dem geschädigten Anleger eine Haftung nach §§ 21 ff WpPG[139]. **150**

Die Zulassung ist Voraussetzung für die **Börseneinführung** (§ 38 Abs. 1 BörsG)[140], dh die Aufnahme der Notierung der Wertpapiere. Hiervon zu unterscheiden ist die **Emission** (Ausgabe, Begebung), womit das gesamte In-den-Verkehr-Bringen, dh die erste Ausgabe und Platzierung der Wertpapiere durch den Emittenten gemeint ist[141]. Zwar kann die Zulassung ein Teil der Platzierung und damit der Emission sein, aber die Emission ist umgekehrt nicht von einer Zulassung abhängig. Auch nicht zugelassene Wertpapiere können privat oder öffentlich platziert werden. **151**

3. Platzierung der Aktien

Der Ermittlung des Emissionspreises kommt im Rahmen der Platzierung der Aktien besondere Bedeutung für den Erfolg des Börsengangs zu[142]. Die Platzierung kann durch den Emittenten selbst geschehen (Selbstemission)[143]. Regelmäßig übernimmt dies aber die Emissionsbank bzw das Emissionskonsortium[144]. Nach § 32 Abs. 2 BörsG ist eine solche Fremdemission zwingend, wenn die Papiere am regulierten Markt notiert werden sollen. Mit der Emissionsbank oder dem Emissionskonsortium wird ein Mandatsvertrag **(Letter of Engagement)**[145] und in der Regel auch ein Übernahmevertrag **(Underwriting Agreement)** geschlossen[146]. Zumeist verpflichtet sich **152**

135 Zum – fallen gelassenen – Vorschlag, wonach die BaFin über die Zulassung von Wertpapieren zum regulierten Markt entscheiden sollte, *Duve/Keller*, BB 2006, 2537, 2540.
136 Zu einzelnen Ausnahmen *Gebhardt*, in: Schäfer/Hamann, § 30 BörsG Rn 56.
137 *Willamowski*, in: Heidel, § 32 BörsG Rn 3 mwN.
138 Zur Einstellung des Parketthandels an der Frankfurter Wertpapierbörse *Seiffert*, in: Kümpel/Wittig, Rn 4.232; FAZ vom 24. Mai 2011, S. 21 (zur ausschließlichen Abwicklung über Xetra seit Mai 2011); zum Präsenzhandelsmodell auch FAZ vom 5. Juli 2013, S. 21.
139 Dazu Rn 220 ff.
140 Dazu Rn 157; zu einem gesellschaftsrechtlichen Börseneinführungsrecht *Singhof/Weber*, in: Habersack/Mülbert/Schlitt, Unternehmensfinanzierung, § 3 Rn 57.
141 *Groß*, KMR, § 32 BörsG Rn 6.
142 *Singhof/Weber*, in: Habersack/Mülbert/Schlitt, Unternehmensfinanzierung, § 3 Rn 74.
143 Vgl Rn 70.
144 Dieses stellt eine BGB-Gesellschaft dar, siehe BGHZ 118, 83, 99; zum Ganzen vgl *Ekkenga/Maas*, Das Recht der Wertpapieremissionen, 2006, Rn 49 ff; *Schäfer*, in: Grunewald/Schlitt, § 9.
145 *Singhof/Weber*, in: Habersack/Mülbert/Schlitt, Unternehmensfinanzierung, § 3 Rn 93, 94 ff.
146 *Ekkenga/Maas*, Das Recht der Wertpapieremissionen, 2006, Rn 297 ff; *Singhof/Weber*, in: Habersack/Mülbert/Schlitt, Unternehmensfinanzierung, § 3 Rn 98 f.

der Konsortialführer im Übernahmevertrag zur Übernahme der zu platzierenden Aktien, verbunden mit einer zeitnahen Zahlung des Gegenwerts. Die Emissionsbank lässt vom Emittenten auch bestätigen, dass keine für die Platzierung der Aktien wesentlichen Umstände, etwa eine Unrichtigkeit oder Unvollständigkeit des Prospekts, vorliegen (Disclosure Opinion).

153 Zu unterscheiden ist zwischen einer **Privatplatzierung** (private placement), bei der die Aktien nur einem ausgewählten Investorenkreis angeboten werden[147], und einer Platzierung über ein öffentliches Angebot **(Public Offering)**, bei der die Aktien einem unbestimmten Personenkreis angeboten werden. Bei Letzterem werden die potenziellen Aktionäre von der Emissionsbank öffentlich aufgefordert, Angebote zum Abschluss eines Kaufvertrags iS des § 145 BGB zu einem vorgegebenen Preis oder innerhalb einer vorgegebenen Preisspanne abzugeben (invitatio ad offerendum)[148]. Das erfolgt sodann durch Zeichnung der Aktien. Die Annahme des Angebots geschieht mittels Zuteilung der Aktien durch die Emissionsbank. Bei Überzeichnung erfolgt eine teilweise Zuteilung. Ist die Nachfrage unbefriedigend, kann es erforderlich sein, die geplante Aktienemission zu verschieben[149].

154 Die **Preisfindung** kann im Festpreisverfahren oder im Auktions- bzw Tenderverfahren erfolgen. Üblich ist eine Festlegung des Emissionspreises nach dem sog. **Bookbuilding-Verfahren**[150]. Hierbei werden die Investoren in den Preisfindungsprozess eingebunden, indem sie eine Preisschätzung abgeben können. Anschließend veröffentlicht der Emittent das sog. Verkaufsangebot. Die Anleger werden öffentlich zur Abgabe von Angeboten im Rahmen einer bestimmten Preisspanne innerhalb einer bestimmten Frist aufgefordert. Die Zuteilung, dh die Annahme des Angebots, erfolgt durch die Emissionsbank bzw das Emissionskonsortium. Der endgültige Bezugspreis wird damit beim Bookbuilding-Verfahren erst am Ende der Angebotsfrist festgelegt und in einer Preisbekanntmachung nach § 8 Abs. 1 Satz 6 WpPG veröffentlicht.

155 Beim Bookbuilding-Verfahren werden teilweise auch **Greenshoe- bzw Mehrzuteilungsoptionen** eingesetzt[151]. Das sind Kaufoptionen, die der Emittent regelmäßig der Emissionsbank einräumt. Danach können diese während einer festgesetzten Frist nach Zuteilung der Aktien weitere Aktien des Emittenten zum Emissionspreis erwerben[152]. Bei Überzeichnung der Neuemission kann die Bank zusätzliche Wertpapiere zum Emissionspreis abgeben. Zeigt sich im Bookbuilding-Verfahren eine mangelnde Nachfrage, wird die Mehrzuteilungsoption nicht eingelöst[153].

147 Zu Definitionsversuchen siehe *Groß*, KMR, § 2 WpPG Rn 17 einerseits und *Ritz/Zeising*, in: Just/Voß/Ritz/Zeising, 2009, § 2 WpPG Rn 102 andererseits.

148 Zum Ablauf eines erstmaligen öffentlichen Angebots von Aktien (sog. **IPO**, Initial Public Offering) *Apfelbacher/Metzner*, BKR 2006, 81, 90.

149 *Schlitt/Schäfer*, AG 2008, 525, 532 f.

150 *Ekkenga/Maas*, Das Recht der Wertpapieremissionen, 2006, Rn 125 ff; zur Variante des sog. Decoupled Bookbuilding *Schlitt/Wilczek*, in: Habersack/Mülbert/Schlitt, Kapitalmarktinformation, § 5 Rn 100 ff.

151 *Singhof/Weber*, in: Habersack/Mülbert/Schlitt, Unternehmensfinanzierung, § 3 Rn 84; *Langenbucher*, § 13 Rn 52 f; siehe auch BGH WM 2009, 951 ff.

152 *Ekkenga/Maas*, Das Recht der Wertpapieremissionen, 2006, Rn 366 f.

153 *Groß*, ZIP 2002, 160, 161.

Die **Zuteilung** durch die Emissionsbank darf nicht willkürlich sein, sondern hat sachlichen Kriterien zu folgen. Aufgrund zT intransparenter Zuteilungspraktiken hat die Börsensachverständigenkommission am 7. Juni 2000 die „Grundsätze für die Zuteilung von Aktienemissionen an Privatanleger" als Verhaltensempfehlung erlassen[154]. Mittels dieser soll das Preisfeststellungs- und Zuteilungsverfahren transparenter gestaltet werden. Allerdings lässt sich aus diesen nach zutreffender hM mangels Gesetzeskraft kein Anspruch auf Gleichbehandlung oder Zuteilung ableiten[155]. Es gibt keinen Anspruch der Zeichner auf Abschluss eines Kaufvertrags[156]. 156

4. Börseneinführung

Börseneinführung meint die Notierung an der Börse, dh die erstmalige Aufnahme des Handels (§ 38 Abs. 1 Satz 1 BörsG). Über die Einführung (Verwaltungsakt) entscheidet die Börsengeschäftsführung auf Antrag des Emittenten. Die Einführung darf einerseits frühestens an dem auf die erste Veröffentlichung des Prospekts oder, falls eine Prospektveröffentlichung nicht erforderlich ist, an dem der Veröffentlichung der Zulassung folgenden Werktag erfolgen (§ 52 BörsZulV). Andererseits hat sie innerhalb von drei Monaten nach Veröffentlichung der Zulassungsentscheidung zu geschehen, da ansonsten die Zulassung erlischt (§ 38 Abs. 4 Satz 1 BörsG). Werden Wertpapiere zur öffentlichen Zeichnung aufgelegt, dürfen sie erst nach beendeter Zuteilung eingeführt werden (§ 38 Abs. 2 BörsG). 157

V. Widerruf (Delisting)

1. Voraussetzungen

Die Zulassung von Wertpapieren zum regulierten Markt kann unter bestimmten Voraussetzungen von Gesetzes wegen enden oder von Amts wegen widerrufen werden (§ **39 Abs. 1 BörsG**, Delisting). Ein sog. **cold delisting** liegt vor, wenn zB die Aktionäre zweier Unternehmen die Verschmelzung des börsenzugelassenen Unternehmens auf das nicht gelistete Unternehmen beschließen[157]. Eine andere Variante ist, dass das aufnehmende nicht börsennotierte Unternehmen die gesamte übertragende Gesellschaft erwirbt und sodann die Verschmelzung durchführt[158]. Ein bloßes Downlisting liegt etwa bei einem sog. **Downgrading** vom regulierten Markt in den Freiverkehr vor[159]. Bei diesem gelten die Regelungen des vollständigen Delisting, da hier die Zu- 158

---

154 Börsensachverständigenkommission beim Bundesministerium für Finanzen (Hrsg.), Grundsätze für die Zuteilung von Aktienemissionen an Privatanleger vom 7. Juni 2000, ZBB 2000, 287 (m. Anm. *Köndgen*); zur Einordnung als Konkretisierung der Pflichten nach § 31 WpHG durch die BaFin siehe *Meyer*, in: Habersack/Mülbert/Schlitt, Unternehmensfinanzierung, § 30 Rn 49 Fn 99.

155 *Heidelbach*, in: Schwark/Zimmer, KMRK, § 38 BörsG Rn 13; *Escher-Weingart*, AG 2000, 164, 166 f; *Habersack*, WM 2001, 545, 547 f; aA *Lutter*, AG 2000, 342, 344 f.

156 *Singhof/Weber*, in: Habersack/Mülbert/Schlitt, Unternehmensfinanzierung, § 3 Rn 82.

157 *Bösl*, FinanzBetrieb 2003, 297, 299; *Grunewald*, ZIP 2004, 542 ff; *Habersack*, in: Habersack/Mülbert/Schlitt, Unternehmensfinanzierung, § 35 Rn 27 ff.

158 *Habersack*, in: Habersack/Mülbert/Schlitt, Unternehmensfinanzierung, § 35 Rn 27 ff.

159 Zur Unterscheidung zwischen einem Downlisting in den qualifizierten und den nicht qualifizierten Freiverkehr *Koch/Harnos*, NZG 2015, 729, 730.

lassung zum regulierten Markt beendet wird und ein Handel nur noch am privatrechtlich organisierten Freiverkehr stattfindet[160].

159 Ein Widerruf der Zulassung von Amts wegen ist unter Zugrundelegung des öffentlichen Interesses zu prüfen. Ob der einzelne Anleger widerspruchs- bzw anfechtungsbefugt ist, ist umstritten[161]. Ein Zulassungswiderruf auf **Antrag** des Emittenten darf nur erfolgen, wenn das nicht dem Anlegerschutz widerspricht (**§ 39 Abs. 2 Satz 2 BörsG**). Da der vollständige Rückzug einer Gesellschaft (**„Going Private“**[162]) für die Anleger den Nachteil hat, dass sie ihre Aktien nicht mehr über die Börse veräußern können, hatte der BGH ursprünglich in seiner sog. Macrotron-Entscheidung drei Voraussetzungen für ein Delisting benannt. Es mussten ein mit einfacher Mehrheit gefasster Hauptversammlungsbeschluss (ungeschriebene Hauptversammlungskompetenz[163]) sowie ein Angebot des Mehrheitsaktionärs bzw der Gesellschaft an die Minderheitsaktionäre zum Aktienkauf vorliegen (sog. Exit-Angebot). Zudem muss eine Überprüfbarkeit des Kaufpreises im Spruchverfahren möglich sein[164].

160 Nachdem das BVerfG aber betont hatte, dass Art. 14 Abs. 1 GG nur die rechtliche Verkehrsfähigkeit schützt, dh die Möglichkeit des Anlegers, seine Aktien generell, nicht aber speziell an der Börse zu veräußern (tatsächliche Verkehrsfähigkeit)[165], hob der BGH im Jahre 2013 diese Rechtsprechung mit der sog. Frosta-Entscheidung auf und sah weder einen Hauptversammlungsbeschluss noch ein Kaufangebot an die Minderheitsaktionäre als erforderlich an. Damit schied in der Folge auch das Spruchverfahren aus. Das führte angesichts der damit einhergehenden Reduzierung des Anlegerschutzes teilweise zu Kritik im Schrifttum[166], teilweise wurde das Urteil begrüßt[167].

161 Mit der im November 2015 erfolgten Umsetzung der Transparenzrichtlinie-Änderungsrichtlinie hat der Gesetzgeber nun Position bezogen und den Anlegerschutz durch die Schaffung von **§ 39 Abs. 2 Satz 3 BörsG** sowie **§ 39 Abs. 3–6 BörsG** gestärkt[168]. Dabei hat er sich gegen eine gesellschaftsrechtliche Lösung, dh eine Gesamtanalogie zu den §§ 305, 320b, 327b AktG und §§ 29, 207 UmwG sowie eine Berechnung der Abfindung am Unternehmenswert, und stattdessen für eine kapital-

---

160 Vgl *Groß*, AG 2015, 812, 816.

161 *Groß*, ZHR 165 (2001), 141, 151 f; *ders.*, KMR, § 39 BörsG Rn 27; *Gebhardt*, in: Schäfer/Hamann, § 38 BörsG Rn 39; aA *Heidelbach*, in: Schwark/Zimmer, KMRK, § 32 BörsG Rn 71.

162 *Streit*, ZIP 2002, 1279, 1280 ff.

163 Siehe BGHZ 83, 122 („Holzmüller“); siehe auch die Fortschreibung der aus der Holzmüller-Entscheidung folgenden Grundsätze in den sog. Gelatine-Urteilen, BGHZ 159, 30 = NJW 2004, 1860 („Gelatine I“); BGH WM 2004, 1085 = NZG 2004, 575 („Gelatine II“). Siehe die weitere Konkretisierung der Holzmüller-Grundsätze in BGH WM 2007, 257 (zur Beteiligungsveräußerung); BVerfG WM 2011, 1946 ff.

164 Vgl BGHZ 153, 47 ff. („Macrotron“).

165 BVerfG NJW 2012, 3081 ff; dazu *Habersack*, ZHR 176 (2012), 463 ff; *Klöhn*, NZG 2012, 1041 ff; *Drygala/Staake*, ZIP 2013, 905 ff.

166 Vgl *Wicke*, DNotZ 2015, 488 ff; *Bayer*, ZIP 2015, 853 ff; *Scholz*, BB 2015, 2248 (auch zur satzungsmäßigen Verankerung von Anlegerschutzregeln).

167 Vgl *Roßkopf*, ZGR 2014, 487, 497 f; *Kocher/Widder*, NZG 2014, 127, 128 f; *Paschos/Klaaßen*, AG 2014, 33, 34 f; *Wasmann/Glock*, DB 2014, 105; *Buckel/Glindemann/Vogel*, AG 2015, 373 ff; *Glienke/Röder*, BB 2014, 899 ff.

168 Kritisch hierzu *Goetz*, BB 2015, 2691, 2693 f.

marktrechtliche Verortung des Delisting entschieden[169]. Nunmehr muss dem Antrag auf Delisting ein Kaufangebot an die Anleger nach den Regeln des WpÜG vorausgehen (Exit-Angebot, § 39 Abs. 2 Satz 3 Nr 1 BörsG)[170]. Damit tritt faktisch eine Verschärfung der Macrotron-Rechtsprechung ein, wo lediglich ein Angebot ohne Bezugnahme auf das WpÜG abgegeben werden musste.

Die im Angebot gemäß dem WpÜG festgelegte Gegenleistung für die Aktionäre muss in Euro bestehen (§ 39 Abs. 3 Satz 2, 1. HS BörsG). Die Gegenleistung orientiert sich nun am durchschnittlichen Börsenkurs, da das Delisting nicht als Strukturmaßnahme angesehen wird (§ 39 Abs. 3 Satz 2, 2. HS BörsG)[171]. Da der Gesetzgeber davon ausgeht, dass hier keine Strukturentscheidung vorliegt, scheidet in der Konsequenz auch das Erfordernis eines Hauptversammlungsbeschlusses aus[172]. Auch die Börsenordnungen der einzelnen Börsen können aufgrund dessen keine zusätzlichen gesellschaftsrechtlichen Anforderungen an ein Delisting mehr stellen[173]. 162

2. Rechtsschutz

Gegen die Entscheidung der Börsengeschäftsführung bzgl des Widerrufs der Zulassung (Verwaltungsakt)[174] kann Widerspruch eingelegt und sodann der Verwaltungsrechtsweg beschritten werden. Fraglich ist, ob auch der einzelne Anleger die Möglichkeit von Widerspruch und Anfechtungsklage hat. In der Vergangenheit war dies umstritten[175]. Der BGH hatte bestimmt, dass die betroffenen Aktionäre mit Widerspruch und Anfechtungsklage gegen den Widerruf vorgehen können, da § 39 Abs. 2 BörsG drittschützende Wirkung habe[176]. Nachdem der Gesetzgeber nun den Anlegerschutz mit der Schaffung von § 39 Abs. 2 Satz 3 BörsG und § 39 Abs. 3–6 BörsG verstärkt hat, sieht das Schrifttum dies jetzt als eindeutig an[177]. 163

Was das Gegenleistungsangebot iS des § 39 Abs. 3 BörsG anbelangt kann dieses nicht Gegenstand des verwaltungsrechtlichen Rechtsschutzes sein (§ 39 Abs. 6 BörsG). Hintergrund ist, dass die Geschäftsführung nur formal die Voraussetzungen des § 39 Abs. 2 Satz 3 BörsG prüft[178]. Eine Klage gegen die Höhe der Gegenleistung gegenüber dem „Bieter" ist aufgrund des Verweises auf § 31 WpÜG zivilrechtlich 164

169 Dazu *Goetz*, BB 2015, 2691 ff; *Kocher/Seitz*, DB 2015, 153 ff; *Bungert/Leyendecker-Langner*, ZIP 2016, 49 ff; siehe auch *Harnos*, ZHR 179 (2015), 750 ff.

170 Vgl § 39 Abs. 2 Satz 3 Nr 2 BörsG, wonach dies entbehrlich ist, soweit die Wertpapiere weiterhin an einer Börse notiert sind.

171 Kritisch *Bungert/Leyendecker-Langner*, DB 2015, 2251, 2252 ff.

172 *Groß*, AG 2015, 812, 814.

173 Siehe Beschluss des Finanzausschusses, BT-Drucks. 18/6220, S. 86.

174 Nähere Bestimmungen finden sich in den Börsenordnungen (§ 39 Abs. 5 Satz 3 BörsG).

175 *Groß*, ZHR 165 (2001), 141, 151 f; *ders.*, KMR, § 39 BörsG Rn 27; *Gebhardt*, in: Schäfer/Hamann, § 38 BörsG Rn 39; aA *Heidelbach*, in: Schwark/Zimmer, KMRK, § 32 BörsG Rn 71.

176 So ausdrücklich BGH NJW 2014, 146 Rn 15, mit Verweis auf die Stellungnahme des BVerwG zu den Verfassungsbeschwerden, die zur Entscheidung des BVerfG NJW 2012, 3081 geführt haben (1 BvR 3142/07, juris Rn 34, insoweit nicht in NJW 2012, 3081 abgedruckt); *Heidelbach*, in: Schwark/Zimmer, KMRK, § 32 BörsG Rn 72; so auch *Groß*, AG 2015, 812, 819; aA *Gebhardt*, in: Schäfer/Hamann, § 38 BörsG Rn 59.

177 *Groß*, AG 2015, 812, 819.

178 *Groß*, AG 2015, 812, 818.

geltend zu machen[179]. Die gesetzliche Neuregelung verweist bzgl des Rechtsschutzes des Anlegers auf das KapMuG (vgl den neuen § 1 Abs. 1 Nr 3 KapMuG).

165 **Lösung Fall 1 (Rn 90):** Eine ausdrückliche gesetzliche Regelung, nach der vor Beantragung des Widerrufs der Börsenzulassung (§ 39 Abs. 1, 2 BörsG) die Zustimmung der Hauptversammlung erforderlich ist, existiert nicht. Eine solche ist auch nicht unter Heranziehung der sog. Holzmüller-Grundsätze[180] notwendig, wonach der Vorstand bei schwerwiegenden Eingriffen in die Rechte und Interessen der Aktionäre ausnahmsweise verpflichtet ist, nach § 119 Abs. 2 AktG eine Entscheidung der Hauptversammlung herbeizuführen[181]. Durch das Going Private wird weder die innere Struktur der AG verändert noch die mitgliedschaftliche Stellung der Aktionäre geschwächt.

Im Anschluss an eine Entscheidung des BVerfG, wonach der teilweise oder vollständige Rückzug von der Börse das Eigentumsrecht des Aktionärs iS des Art. 14 Abs. 1 GG nicht berührt, hat der BGH seine anders lautende Rechtsprechung aufgegeben. Da nunmehr aufgrund der Erweiterung der gesetzlichen Regelungen zum Delisting in der Gesetzesbegründung davon ausgegangen wird, dass keine Strukturentscheidung vorliegt, ist V auch danach nicht verpflichtet, vor der Beantragung eines Delisting einen Hauptversammlungsbeschluss einzuholen.

§ 4 Prospektpflicht

Ausgewählte Literatur: *Apfelbacher/Metzner*, Das Wertpapierprospektgesetz in der Praxis – Eine erste Bestandsaufnahme, BKR 2006, 81; *Beck/Maier*, Die neuen Mindestangaben der Vermögensanlagen-Verkaufsprospektverordnung, WM 2012, 1898; *Buck-Heeb*, Das Kleinanlegerschutzgesetz, NJW 2015, 2535; *Bußalb/Vogel*, Das Kleinanlegerschutzgesetz: Neue Pflichten für Anbieter und Emittenten von Vermögensanlagen, WM 2015, 1733 (Teil I), 1785 (Teil II); *dies.*, Das Gesetz über Vermögensanlagen – neue Regeln für geschlossene Fonds, WM 2012, 1416; *Casper*, Das Kleinanlegerschutzgesetz – zwischen berechtigtem und übertriebenem Paternalismus, ZBB 2015, 265; *Dieckmann*, Ausweitung des Verbraucherschutzes durch das Kleinanlegerschutzgesetz, WPg 2015, 130; *Friedrichsen/Weisner*, Das Gesetz zur Novellierung des Finanzanlagenvermittler- und Vermögensanlagenrechts – Wesentliche Neuerungen im Bereich geschlossener Fonds, ZIP 2012, 756; *Hanten/Reinholz*, Das Vermögensanlagengesetz, ZBB 2012, 36; *Heidelbach/Preuße*, Die Anwendung des neuen europäischen Prospektregimes in der Praxis – ausgewählte Probleme, BKR 2012, 397; *Kollrus*, Kleinanlegerschutzgesetz – Regulierung von Vermögensanlagen des grauen Kapitalmarkts mit erweiterten Aufklärungspflichten, MDR 2015, 1334; *Kullmann/Ses*ter, Das Wertpapierprospektgesetz (WpPG) – Zentrale Punkte des neuen Regimes für Wertpapieremissionen –, WM 2005, 1068; *Lawall/Maier*, Änderungen im Wertpapierprospektgesetz, DB 2012, 2443 (Teil 1), 2503 (Teil 2); *Leuering*, Die Neuordnung der gesetzlichen Prospekthaftung, NJW 2012, 1905; *Leuering/Stein*, Prospektpflichtige Anlässe im WpPG nach der Umsetzung der Änderungsrichtlinie, Der Konzern 2012, 382; *Markwardt/Kracke*, Auf dem Prüfstand: Das Widerrufsrecht nach § 11 Abs. 2 VermAnlG, BKR 2012, 149; *Mattil*, Gesetz zur Novellierung des Finanzanlagenvermittler- und Vermögensanlagenrechts, BB 2011, 2533; *Möllers/Kastl*, Das Kleinanlegerschutz-

179 Vgl Beschlussempfehlung des Finanzausschusses, BT-Drucks. 18/6220, S. 86.
180 BGHZ 83, 122 („Holzmüller"); siehe auch *Hofmeister*, NZG 2008, 47 ff.
181 BGHZ 83, 122 („Holzmüller"); siehe auch BGHZ 159, 30 („Gelatine I").

gesetz, NZG 2015, 849; *Müchler*, Die neuen Kurzinformationsblätter – Haftungsrisiken im Rahmen der Anlageberatung, WM 2012, 974; *Oulds*, Die Nachtragspflicht gemäß § 16 WpPG, WM 2011, 1452; *Roth*, Das neue Kleinanlegerschutzgesetz, GWR 2015, 243; *Schubert/Schuhmann*, Die Kategorie des semiprofessionellen Anlegers nach dem Kapitalanlagegesetzbuch, BKR 2015, 45; *von Kopp-Colomb/Seitz*, Das neue Prospektregime – Auswirkungen der Änderungen der Prospektverordnung auf Basisprospekte für die Emission von Anleihen und verbrieften Derivaten, WM 2012, 1220.

Der Prospekt stellt regelmäßig die wichtigste Informationsquelle des Anlegers dar **166** und ist Grundlage für dessen Anlageentscheidung[1]. Er dient der **Information** des Anlageinteressenten, der sich für seine Anlageentscheidung ein zutreffendes Bild über den Emittenten und die angebotenen Wertpapiere machen können soll[2]. Dadurch soll das Informationsgefälle zwischen Emittent und Anleger verringert werden.

Ein einheitliches Prospekthaftungsrecht gibt es nicht. Regelungen zum Prospektinhalt **167** und zur Haftung finden sich in unterschiedlichen Gesetzen. Maßgeblich ist insoweit das Wertpapierprospektgesetz (WpPG)[3], mit dem die EU-Wertpapierprospektrichtlinie 2003/71/EG in deutsches Recht umgesetzt wurde[4]. Neben dem WpPG sind die Vorgaben der EU-ProspektVO[5], insbesondere zum Mindestinhalt eines Prospekts, zu beachten (vgl Art. 3 für Prospekt, Art. 22 für Basisprospekt)[6]. Derzeit gibt es neue Vorschläge der EU-Kommission, diese Vorschriften im Hinblick auf eine erleichterte Prospekterstellung bzgl kleiner und mittlerer Unternehmen zu revidieren[7]. Für bestimmte, bislang unter den Begriff „Grauer Kapitalmarkt“ gefasste Vertriebsformen außerhalb der Börse ist die Prospektpflicht im VermAnlG geregelt, welches im Jahre 2015 durch das Kleinanlegerschutzgesetz Änderungen erfuhr. Für Investmentvermögen wie etwa ehemals „geschlossene Fonds“ gilt das Kapitalanlagegesetzbuch (KAGB).

---

1 BGHZ 190, 7 ff = NJW 2011, 2719, 2720 („Dritter Börsengang“).

2 Vgl BGH NJW 2011, 3573 ff; BGHZ 190, 7 ff = NJW 2011, 2719, 2720 („Dritter Börsengang“).

3 Zuletzt geändert durch Art. 1 des Gesetzes vom 26. Juni 2012, BGBl. I, S. 1375. Zur Prospekthaftung siehe unten Rn 220 ff.

4 Siehe auch die **Änderungen** durch die Richtlinie 2010/73/EU vom 24. November 2010, ABl. EU Nr L 327 vom 11. Dezember 2010, bzw das Gesetz zur Umsetzung der Richtlinie 2010/73/EU und zur Änderung des Börsengesetzes vom 26. Juni 2012, BGBl. I, S. 1375.

5 VO (EG) Nr 809/2004 vom 29. April 2004, ABl. EU Nr L 149 vom 30. April 2004, S. 1, berichtigte Fassung, ABl. EU Nr L 215, S. 3; zuletzt geändert durch die **Delegierte VO** (EU) Nr 486/2012 vom 30. März 2012, ABl. EU Nr L 150 vom 9. Juni 2012, S. 1 ff, (EU) Nr 862/2012 vom 4. Juni 2012, ABl. EU Nr L 256 vom 22. September 2012, S. 4 ff sowie (EU) Nr 759/2013, ABl. EU Nr L 213, S. 1 vom 28. August 2013; siehe *von Kopp-Colomb/Seitz*, WM 2012, 1220 ff.

6 Bei der Auslegung der EU-ProspektVO sind auch die Empfehlungen der ESMA heranzuziehen; siehe *ESMA*, Recommendations – ESMA update of the CESR recommendations on the consistent implementation of Commission Regulation (EC) No 809/2004 implementing the Prospectus Directive, ESMA/2013/319, Stand: 20. März 2013; siehe auch *Hamann*, in: Schäfer/Hamann, Vor § 1 WpPG Rn 11, 15.

7 Siehe „Proposal for a regulation … on the prospectus to be published when securities are offered to the public or admitted to trading“ vom 30. November 2015, COM(2015) 583 final, wo u. a. der Schwellenwert für eine Prospekterstellung erhöht werden soll, kleinere Unternehmen weniger komplizierte Prospekte erstellen können sollen, die Prospektzusammenfassung vereinfacht, ein vereinfachter Prospekt für Sekundäremissionen sowie ein einheitliches Registrierungsformular und eine einheitliche Anlaufstelle für die Prospekte geschaffen werden sollen.

I. Prospektpflicht nach dem WpPG

1. Anwendbarkeit des WpPG

168 **Anwendbar** ist das WpPG[8] für die Erstellung, Billigung und Veröffentlichung eines Prospekts, der beim öffentlichen Angebot von Wertpapieren (§ 2 Nr 1 WpPG[9]) zu veröffentlichen ist, oder der für die Zulassung der Wertpapiere an einem organisierten Markt verwendet werden soll (§ 1 Abs. 1 WpPG). § 1 Abs. 2 WpPG enthält einzelne **Ausnahmen**, bei denen das WpPG keine Anwendung findet. **„Öffentliches Angebot"** von Wertpapieren meint eine Mitteilung an das Publikum in jedweder Form und auf jedwede Art und Weise, die ausreichende Informationen über die Angebotsbedingungen und die anzubietenden Wertpapiere enthält, um einen Anleger in die Lage zu versetzen, über den Kauf oder die Zeichnung dieser Wertpapiere zu entscheiden (§ 2 Nr 4 WpPG).

169 **„Angebot"** bedeutet, dass ein Verkaufs- oder Tauschangebot vorliegen muss. Ein Kaufangebot ist nicht vom WpPG erfasst, da es nicht auf den Begriff des Angebots iS des § 145 BGB ankommt[10]. **Umstritten** ist, ob für den Anleger die Möglichkeit bestehen muss, aufgrund des Angebots einen **Vertrag** über den Wertpapiererwerb abzuschließen oder ob schon die Werbung ein öffentliches Angebot darstellen kann. Teilweise wird Ersteres bejaht[11] mit dem Hinweis, dass die Regierungsbegründung zum Prospektrichtlinie-Umsetzungsgesetz allgemeine Werbemaßnahmen, „bei denen noch keine Erwerbs- oder Zeichnungsmöglichkeit besteht", vom Begriff des öffentlichen Angebots ausnimmt[12]. Außerdem existiert für die bloße Werbung mit § 15 WpPG eine gesonderte Regelung. Andere lehnen das überzeugend ab. § 2 Nr 4 WpPG spreche nur von der Möglichkeit des Anlegers, sich aufgrund der gegebenen Informationen zum Kauf zu entscheiden, nicht dagegen davon, dass es möglich sein muss, diese Entscheidung unmittelbar durch einen Kauf umzusetzen[13]. Daher sei es ausreichend, wenn das Publikum zur Angebotsabgabe aufgefordert werde (invitatio ad offerendum). Auch die Prospektrichtlinie stellt nicht auf die konkrete Erwerbsmöglichkeit ab[14].

170 Das Angebot muss öffentlich sein, sich also an einen unbestimmten Personenkreis richten (Angebot im Internet, in der Zeitung, allgemeines Rundschreiben)[15]. Der Gegensatz zum öffentlichen Angebot ist die **Privatplatzierung** (private placement). Dort besteht zwischen Anbieter und Anleger bereits vor Abgabe des Angebots eine

---

8 Zur Haftung für einen fehlerhaften Prospekt Rn 220 ff.

9 Zur Übereinstimmung mit dem Wertpapierbegriff des WpHG *Kumpan*, in: Schwark/Zimmer, KMRK, § 2 WpHG Rn 5.

10 *Heidelbach*, in: Schwark/Zimmer, KMRK, § 2 WpPG Rn 15; *Groß*, KMR, § 2 WpPG Rn 9.

11 *Groß*, KMR, § 2 WpPG Rn 13; *Giedinghagen*, BKR 2007, 233, 234.

12 Siehe Begr. RegE Prospektrichtlinie-Umsetzungsgesetz, BT-Drucks. 15/4999, S. 25, 28; *von Kopp-Colomb/Knobloch*, in: Assmann/Schlitt/von Kopp-Colomb, § 2 WpPG Rn 48.

13 Vgl *Meyer*, in: Habersack/Mülbert/Schlitt, Unternehmensfinanzierung, § 30 Rn 4; *Harrer/Müller*, WM 2006, 653, 656; *Schlitt/Schäfer*, AG 2005, 498, 500.

14 Vgl Art. 2 Abs. 1 lit. b; siehe auch *Kunold/Schlitt*, BB 2004, 501, 503; *Weber*, NZG 2004, 360, 361; *Heidelbach*, in: Schwark/Zimmer, KMRK, § 2 WpPG Rn 16.

15 *von Kopp-Colomb/Knobloch*, in: Assmann/Schlitt/von Kopp-Colomb, § 2 WpPG Rn 36; vgl Begr. RegE Verkaufsprospektgesetz, BT-Drucks. 11/6340, S. 1, 11.

persönliche Verbindung[16]. Die Abgrenzung zwischen einem „öffentlichen Angebot" und einem sog. Private Placement kann schwierig sein[17]. Alternativ zum öffentlichen Anbieten muss ein Handel an einem organisierten Markt vorliegen (§ 2 Nr 16 WpPG)[18].

2. Prospektpflicht

Für Wertpapiere, die im Inland öffentlich angeboten werden (§ 3 Abs. 1 WpPG) oder zum Handel an einem organisierten Markt zugelassen werden sollen, besteht eine Prospektpflicht (§ 3 Abs. 4 WpPG). Ein **Verstoß** dagegen stellt eine Ordnungswidrigkeit nach § 35 Abs. 1 Nr 1 WpPG dar[19] und führt zu einer Untersagung des Angebots durch die BaFin (§ 26 Abs. 4 Satz 1 WpPG). Die Untersagung ist ein Verwaltungsakt. Widerspruch und Anfechtungsklage haben keine aufschiebende Wirkung (§ 31 Nr 1 WpPG). Für bestimmte Fälle ist die **freiwillige** Erstellung eines Prospekts möglich (§ 1 Abs. 3 WpPG)[20]. Davon wird v.a. Gebrauch gemacht, wenn grenzüberschreitende Emissionen geplant sind. Dann sind sämtliche Bestimmungen des WpPG zu beachten[21]. Für diesen Prospekt wird wie für einen Pflichtprospekt gehaftet[22]. **171**

Die bloße (nicht von Vermarktungsmaßnahmen begleitete) Einbeziehung von Wertpapieren in den **Freiverkehr/Open Market** löst grundsätzlich keine Prospektpflicht iS des WpPG aus[23], da der Freiverkehr aufgrund seiner privatrechtlichen Organisationsform kein organisierter Markt iS des § 3 Abs. 3 iVm § 2 Nr 16 WpPG ist. Allerdings besteht eine Prospektpflicht nach § 3 Abs. 1 WpPG, wenn in der Einbeziehung ein öffentliches Angebot von Wertpapieren zu sehen ist, weil etwa Erwerbsinformationen mitgeteilt werden[24]. Da die BaFin der Ansicht ist, dass Vermarktungsmaßnahmen im Hinblick auf die Einbeziehung von Aktien in den Entry Standard ein öffentliches Angebot darstellen, wird in der Praxis regelmäßig vorsorglich ein WpPG-Prospekt veröffentlicht[25]. **172**

Bislang stellten **Bezugsrechtsemissionen**, die sich nur an die Altaktionäre richten, und bei denen kein Bezugsrechtshandel eingerichtet ist, kein öffentliches Angebot dar[26]. Aufgrund von Art. 26a der Delegierten EU-VO vom 30. März 2012 sowie der neuen Anhänge sind nunmehr auch solche Bezugsrechtsemissionen als öffentliches Angebot zu sehen[27]. **173**

---

16 Näher zur Abgrenzung *Groß*, KMR, § 2 WpPG Rn 17.
17 *Leuering/Simon*, NJW-Spezial 2006, H. 1, S. 27, 28; zu Einzelfällen *Groß*, KMR, § 2 WpPG Rn 18.
18 Dies entspricht der Definition in § 2 Abs. 5 WpHG; *Hamann*, in: Schäfer/Hamann, § 2 WpPG Rn 69.
19 Siehe Rn 216.
20 *Von Kopp-Colomb/Knobloch*, in: Assmann/Schlitt/von Kopp-Colomb, § 2 WpPG Rn 65.
21 *Holzborn/Israel*, in: Holzborn, WpPG, 2008, § 3 WpPG Rn 10.
22 Siehe Rn 220 ff.
23 Begr. RegE Prospektrichtlinie-Umsetzungsgesetz, BR-Drucks. 85/05, S. 62; siehe aber die Einschränkung bei Rn 125; siehe auch *Schlitt/Schäfer*, AG 2005, 498, 500 Fn 23 mwN; *Lenenbach*, KMR, Rn 3.227; *von Kopp-Colomb/Witte*, in: Assmann/Schlitt/von Kopp-Colomb, § 1 WpPG Rn 18.
24 *Holzborn/Israel*, in: Holzborn, WpPG, 2008, § 3 WpPG Rn 9.
25 *Schlitt/Schäfer*, AG 2008, 525, 526; *Meyer*, in: Habersack/Mülbert/Schlitt, Unternehmensfinanzierung, § 30 Rn 5; *Hamann*, in: Schäfer/Hamann, § 2 WpPG Rn 39.
26 Begr. RegE Prospektrichtlinie-Umsetzungsgesetz, BR-Drucks. 85/05, S. 61; *Schlitt/Schäfer*, AG 2005, 498, 500.
27 *Leuering/Stein*, Der Konzern 2012, 382, 387 f; *Lawall/Maier*, DB 2012, 2443, 2444.

174 Da eine Prospekterstellung für den Emittenten regelmäßig mit hohen Kosten verbunden ist, kommt den **Ausnahmen** von der Veröffentlichungspflicht große praktische Bedeutung zu. Ausnahmen im Hinblick auf die Art des Angebots sind in **§ 3 Abs. 2 WpPG** enthalten[28]. Ausschließlich an qualifizierte Anleger gerichtete Angebote unterliegen nicht der Prospektpflicht (§ 3 Abs. 2 Nr 1 WpPG). Darunter fallen v.a. professionelle Kunden und geeignete Gegenparteien iS des WpHG bzw auf Antrag als solche eingestufte Kunden (§ 2 Nr 6 lit. a; siehe auch § 32 WpPG)[29]. Außerdem sind Angebote befreit, die sich in jedem Staat des EWR an weniger als 150 nicht qualifizierte Anleger richten (§ 3 Abs. 2 Nr 2 WpPG). Problematisch bleibt die Zahl der tatsächlich angesprochenen Anleger[30]. Befreit sind auch Angebote von Wertpapieren mit einer Mindeststückelung von 100 000 Euro (§ 3 Abs. 2 Nr 4 WpPG). § 3 Abs. 3 WpPG enthält eine Ausnahme für Vertriebsketten (retail cascades)[31].

175 Darüber hinaus sieht **§ 4 Abs. 1 WpPG Ausnahmen** für öffentliche Angebote bestimmter Wertpapiere vor. Von der Prospektpflicht befreit sind etwa Austauschangebote für bereits ausgegebene Aktien derselben Gattung, die nicht mit einer Erhöhung des Grundkapitals verbunden sind (§ 4 Abs. 1 Nr 1 WpPG) sowie öffentliche Angebote anlässlich einer Übernahme zum Tausch (§ 4 Abs. 1 Nr 2 WpPG) oder einer Verschmelzung (§ 4 Abs. 1 Nr 3 WpPG), wenn den Anlegern ein gleichwertiges Informationsdokument[32] zur Verfügung gestellt wurde. Das Gleiche gilt in Bezug auf an die Aktionäre ausgeschüttete Sachdividenden (§ 4 Abs. 1 Nr 4 WpPG) und Wertpapiere, die derzeitigen oder ehemaligen Geschäftsführungsorganen oder Arbeitnehmern angeboten werden (§ 4 Abs. 1 Nr 5 WpPG)[33]. **§ 4 Abs. 2 WpPG** enthält die Voraussetzungen für eine prospektfreie Zulassung. Wichtigste Ausnahme ist hierbei diejenige für Kapitalerhöhungen mit erleichtertem Bezugsrechtsausschluss (sog. 10 %-Kapitalerhöhung, § 4 Abs. 2 Nr 1 WpPG)[34].

3. Anforderungen an den Prospekt

a) Prospektformat und Prospektinhalt

176 Der Prospekt ist grundsätzlich in deutscher Sprache zu erstellen (§ 19 Abs. 1 Satz 1 WpPG), jedoch kann die BaFin die Erstellung in einer anderen Sprache gestatten. Der Prospekt kann ein- oder mehrgliedrig erstellt werden. Der mehrgliedrige Prospekt hat den Vorteil, dass dessen Registrierungsformular im Rahmen seiner Gültigkeitsdauer auch für weitere Emissionen verwendet werden kann[35]. Er besteht aus einem Regis-

28 Dazu *Lawall/Maier*, DB 2012, 2443 f.

29 Zur Ausrichtung am „professionellen Kunden" des WpHG *Leuering/Stein*, Der Konzern 2012, 382, 384 f.

30 *Kunold/Schlitt*, BB 2004, 501, 504; *Schnorbus*, in: Berrar/Meyer/Müller/Schnorbus/Singhof/Wolf, § 3 WpPG Rn 29 ff.

31 *Leuering/Stein*, Der Konzern 2012, 382, 385 f.

32 ZB eine Angebotsunterlage nach dem WpÜG oder ein Verschmelzungsbericht.

33 Durch das Gesetz zur Umsetzung der Richtlinie 2010/73/EU und zur Änderung des Börsengesetzes vom 26. Juni 2012, BGBl. I, S. 1375, werden **Mitarbeiterbeteiligungsprogramme** erleichtert, vgl Begr. RegE, BR-Drucks. 846/11, S. 24; *Leuering/Stein*, Der Konzern 2012, 382, 386 f.

34 Dazu *Lachner/von Heppe*, WM 2008, 576 ff; *Schlitt/Schäfer*, AG 2008, 525, 527 f.

35 *Meyer*, in: Habersack/Mülbert/Schlitt, Unternehmensfinanzierung, § 30 Rn 13; *Assmann*, in: Assmann/Schlitt/von Kopp-Colomb, Einl. WpPG Rn 35; *Schlitt/Wilczek*, in: Habersack/Mülbert/Schlitt, Kapitalmarktinformation, § 5 Rn 5; *Schlitt/Schäfer*, AG 2008, 525, 528.

trierungsformular, einer Wertpapierbeschreibung und einer **Zusammenfassung**. Letztere hat **Schlüsselinformationen** (§ 5 Abs. 2a WpPG) und bestimmte Warnhinweise (§ 5 Abs. 2b WpPG) zu enthalten. Durch ein einheitliches Format sowie vorgegebene Informationsbestandteile soll eine Vergleichbarkeit der Prospekte erleichtert werden[36].

Bei einem eingliedrigen Prospekt erfolgt in der Regel eine Erstellung als Vollprospekt. In Bezug auf bestimmte Wertpapierarten ist die Erstellung als **Basisprospekt** möglich, dh als Prospekt, der noch keine Angaben über die endgültigen Bedingungen des Angebots enthält (§ 6 Abs. 1 WpPG iVm Art. 22 EU-ProspektVO)[37]. Diese Bedingungen sind kein Nachtrag iS des § 16 WpPG, sondern bilden eine Einheit mit dem Basisprospekt[38]. Im Basisprospekt ist klarzustellen, welche konkreten Informationen offen bleiben[39]. 177

In § 5 Abs. 1 WpPG wird nicht ausdrücklich die Richtigkeit der Angaben verlangt. Allerdings wird das als Unterfall des Grundsatzes der Prospektwahrheit als selbstverständlich angesehen[40] (vgl auch § 21 Abs. 1 Satz 1 WpPG). Der Prospekt muss nach § 5 Abs. 1 WpPG die für die Beurteilung der Vermögenslage, der Finanzlage und der Zukunftsaussichten des Emittenten und der Wertpapiere erforderlichen Angaben enthalten. Der Grundsatz der Prospektklarheit wird in § 5 Abs. 2 WpPG hervorgehoben. 178

Im Hinblick auf den **Prospektinhalt** verweist das WpPG auf die EU-ProspektVO (§ 7 WpPG)[41]. Diese enthält je nach Art der Wertpapiere und des Emittenten unterschiedliche Kataloge von Pflichtangaben in Form von Schemata und Modulen[42] („Baukastenprinzip"[43]). Jedenfalls muss der Inhalt in leicht analysierbarer und verständlicher Form dargelegt werden (§ 5 Abs. 1 Satz 1 WpPG). Wählt der Emittent die Erstellung eines einzigen Dokuments, müssen folgende Elemente enthalten sein: ein detailliertes Inhaltsverzeichnis, eine Zusammenfassung nebst Schlüsselinformationen und Warnhinweis, Angaben über Risikofaktoren und über sonstige Informationsbestandteile, auf deren Grundlage der Prospekt erstellt wurde[44]. 179

Bestimmte Informationen können auch durch **Verweis** auf andere veröffentlichte Dokumente zum Bestandteil des Prospekts gemacht werden (§ 11 WpPG). Dazu zählen u. a. der Jahresfinanzbericht nach § 37v WpHG, der Halbjahresfinanzbericht nach § 37w WpHG sowie die Zwischenmitteilung nach § 37x WpHG[45]. Deren Veröffentlichung muss der BaFin mitgeteilt worden und die Dokumente müssen für jeden auf 180

36 *Lawall/Maier*, DB 2012, 2443, 2446; *Heidelbach/Preuße*, WM 2012, 397, 401 f.
37 Zur umstrittenen Frage, ob auch der Basisprospekt in drei Teilen erstellt werden kann, *Lawall/Maier*, DB 2012, 2503, 2504; siehe auch *Heidelbach/Preuße*, BKR 2012, 397, 399 f.
38 Dazu EuGH ZIP 2015, 119 ff m. Anm. *Buck-Heeb/Dieckmann*, LMK 2014, 359156; *Rang*, DB 2014, 2213 f (zur Veröffentlichung neuer wichtiger Informationen im Nachtrag).
39 *Kullmann/Sester*, WM 2005, 1068, 1072.
40 *Groß*, KMR, § 5 WpPG Rn 3; *Hamann*, in: Schäfer/Hamann, § 5 WpPG Rn 3; *Heidelbach/Doleczik*, in: Schwark/Zimmer, KMRK, § 5 WpPG Rn 8.
41 Siehe Rn 167.
42 *Kunold/Schlitt*, BB 2004, 501, 507.
43 *Schlitt/Schäfer*, AG 2005, 498, 502; *Holzborn/Israel*, ZIP 2005, 1668, 1671.
44 *Holzborn/Israel*, ZIP 2005, 1668, 1671; zum Mindestinhalt und Prospektformat *Kullmann/Sester*, ZBB 2005, 209, 212 ff.
45 Vgl Begr. RegE, BR-Drucks. 846/11, S. 26.

der Internetseite der BaFin oder des Unternehmensregisters abrufbar sein (§ 11 Abs. 1 WpPG).

181 Hat der Anbieter **wesentliche** Informationen bereits vor Veröffentlichung des Prospekts verbreitet, muss er diese auch in den Prospekt oder den Nachtrag zum Prospekt aufnehmen (§ 5 Abs. 2 WpPG). Hierdurch soll sichergestellt sein, dass sämtliche Prospektadressaten dieselben Informationen erhalten (Gleichbehandlung)[46]. In erster Linie sind das solche Informationen, die bei sog. Roadshows (Marketingveranstaltung für institutionelle Investoren) oder Analystenpräsentationen weitergegeben werden[47]. Vor allem bei zukunftsgerichteten Aussagen des Emittenten (Prognosen über Geschäftsentwicklung, Planzahlen) ist im Einzelfall zu entscheiden, ob es sich um wesentliche Angaben, die zwingend in den Prospekt aufzunehmen sind, oder lediglich um ergänzende Erläuterungen handelt.

182 **Werbung** muss als solche deutlich gekennzeichnet sein und auf den Prospekt hinweisen (§ 15 Abs. 2, 3 WpPG). Nach Art. 2 Nr 9 EU-ProspektVO ist unter Werbung eine Bekanntmachung zu verstehen, die sich auf eine konkrete Emission bezieht und auf die Förderung des Verkaufs der Wertpapiere abzielt. Die Werbung darf nicht unrichtig oder irreführend sein. Letzteres sind v.a. Aussagen, die beim Anleger Fehlvorstellungen über den Prüfungsumfang durch die BaFin hervorrufen können[48].

b) Billigung des Prospekts (§ 13 WpPG)

183 Die Zuständigkeit für die Prospektbilligung liegt bei der BaFin[49] (Verwaltungsakt[50]), während die Börsengeschäftsführung für das Zulassungsverfahren verantwortlich bleibt[51]. Der Prospekt ist der BaFin schriftlich und elektronisch über deren Melde- und Veröffentlichungssystem oder auf einem Datenträger zu übermitteln, so dass sie die Billigungsbescheinigung und den Prospekt kurzfristig auch der ESMA zuleiten kann[52]. Nach § 13 Abs. 1 WpPG prüft die BaFin den Prospekt auf **Vollständigkeit**, **Kohärenz** (mangelnde innere Widersprüchlichkeit)[53] und **Verständlichkeit**[54]. Eine Prüfung der inhaltlichen Richtigkeit erfolgt dabei ebenso wenig[55] wie eine solche der

46 *Rauch*, in: Holzborn, WpPG, 2008, § 15 WpPG Rn 9.

47 *Ekkenga*, BB 2005, 561, 562.

48 *Assmann*, in: Assmann/Schlitt/von Kopp-Colomb, Einl. WpPG Rn 43.

49 Im Jahre 2014 gab es 1718 Billigungsverfahren, in vier Fällen wurde die Billigung versagt, siehe BaFin, Jahresbericht 2014 vom 12. Mai 2015, S. 227.

50 Begr. RegE Prospektrichtlinie-Umsetzungsgesetz, BT-Drucks. 15/4999, S. 34; siehe auch *Kullmann/Sester*, WM 2005, 1068, 1073; *Groß*, KMR, § 13 WpPG Rn 6; *Berrar*, in: Berrar/Meyer/Müller/Schnorbus/Singhof/Wolf, § 13 WpPG Rn 8.

51 Die Billigungsgebühren richten sich nach der WpPGebV von 2005 (BGBl. I, S. 1875), geändert durch Art. 4 des Gesetzes vom 26. Juni 2012, BGBl. I, S. 1375, und betragen für Vollprospekte 6500 Euro. Dazu kommen die ermäßigten Börsenzulassungsgebühren (zB GebO der Frankfurter Wertpapierbörse).

52 Vgl Begr. RegE, BR-Drucks. 846/11, S. 27.

53 *Maas/Jäger*, BKR 2010, 316, 317 f.

54 Zum Abstellen auf einen durchschnittlichen Privatanleger *von Kopp-Colomb*, in: Assmann/Schlitt/von Kopp-Colomb, § 13 WpPG Rn 13; zum Billigungsverfahren *Schlitt/Wilczek*, in: Habersack/Mülbert/Schlitt, Kapitalmarktinformation, § 6 Rn 13 ff.

55 So Begr. RegE Prospektrichtlinie-Umsetzungsgesetz, BT-Drucks. 15/4999, S. 34; anders wohl *Schlitt/Schäfer*, AG 2005, 498, 506 f; *Mülbert/Steup*, WM 2005, 1633, 1640.

Bonität des Emittenten. Die Prospektbilligung führt daher nicht zu einem Wegfall von Prospekthaftungsansprüchen bei Fehlerhaftigkeit des Prospekts[56]. Die BaFin übernimmt keine Verantwortung für die inhaltliche Richtigkeit des Prospekts[57].

Nach Billigung und Veröffentlichung (§ 14 WpPG) kann der Emittent zusammen mit einem Kredit- oder Finanzdienstleistungsinstitut einen Antrag auf Börsenzulassung bei der jeweiligen Börsengeschäftsführung stellen. Diesem sind neben den erforderlichen Nachweisen (§§ 1 ff BörsZulV) der Prospektentwurf oder der von der BaFin gebilligte Prospekt beizufügen[58]. Ein **Anspruch** auf Prospektbilligung bei Vorliegen der Voraussetzungen lässt sich dem Gesetz nicht entnehmen, wird im Schrifttum aber bejaht[59]. Der Emittent, Anbieter und/oder die Zulassungsantragsteller können Untätigkeitsklage nach § 75 VwGO erheben. Wird die Billigung abgelehnt, kann nach einem Widerspruchsverfahren der Verwaltungsrechtsweg beschritten werden[60]. Da § 13 WpPG nicht drittschützend ist, können Dritte keine Rechtsmittel einlegen[61]. 184

Der Prospekt ist, abgesehen von eventuellen Nachträgen, nach seiner Billigung **zwölf Monate gültig** (§ 9 Abs. 1 WpPG). Nach Ablauf eines Jahres ist grundsätzlich ein neuer Prospekt zu erstellen. Das gilt auch für einen **Basisprospekt** (§ 9 Abs. 2 WpPG). Ausnahmsweise verlängert sich dort die Frist um bis zu zwölf Monate, wenn während des Gültigkeitszeitraums des Basisprospekts endgültige Bedingungen für das Angebot hinterlegt werden (§ 9 Abs. 2 WpPG). Nach Ablauf des zwölfmonatigen Zeitraums sind neue endgültige Bedingungen in einem aktuellen Basisprospekt erforderlich[62]. 185

c) Nachtrag und Widerruf

Wird nach der Billigung des Prospekts eine wesentliche Unrichtigkeit festgestellt oder tritt ein wichtiger neuer Umstand ein, besteht eine **Nachtragspflicht** (§ 16 Abs. 1 Satz 1 WpPG)[63]. Dies gilt für die gesamte Dauer des öffentlichen Angebots und damit unabhängig von einer während dieser Zeit erfolgten Börsenzulassung (§ 16 Abs. 1 Satz 1 WpPG)[64]. Erfolgt die Einführung der Wertpapiere in den Handel erst nach Ende des öffentlichen Angebots, endet auch erst zu diesem Zeitpunkt die Nachtragspflicht (§ 16 Abs. 1 Satz 1 WpPG)[65]. 186

Für Emittenten von Wertpapieren bedeutet das, dass sie grundsätzlich nicht nur der **Ad-hoc-Mitteilungspflicht** des § 15 WpHG, sondern auch der Nachtragspflicht des 187

56 Begr. RegE Prospektrichtlinie-Umsetzungsgesetz, BT-Drucks. 15/4999, S. 34; *Berrar*, in: Berrar/Meyer/Müller/Schnorbus/Singhof/Wolf, § 13 WpPG Rn 47.
57 *Groß*, KMR, § 13 WpPG Rn 8.
58 *Apfelbacher/Metzner*, BKR 2006, 81, 84.
59 *Kullmann/Sester*, WM 2005, 1068, 1073; *Groß*, KMR, § 13 WpPG Rn 11; *Heidelbach*, in: Schwark/Zimmer, KMRK, § 13 WpPG Rn 21; *von Kopp-Colomb*, in: Assmann/Schlitt/von Kopp-Colomb, § 13 WpPG Rn 15.
60 *Groß*, KMR, § 13 WpPG Rn 14.
61 *Heidelbach*, in: Schwark/Zimmer, KMRK, § 13 WpPG Rn 22.
62 *Lawall/Maier*, DB 2012, 2503.
63 Näher *Schlitt/Singhof/Schäfer*, BKR 2005, 251, 256; *Heidelbach/Preuße*, BKR 2006, 316, 320 ff; vgl auch Begr. RegE, BR-Drucks. 846/11, S. 28.
64 Vgl *Heidelbach/Preuße*, BKR 2012, 397, 403.
65 Vgl *Lawall/Maier*, DB 2012, 2503, 2505.

§ 16 WpPG unterliegen[66]. Regelmäßig geht dann § 15 WpHG vor[67]. Sofern die Ad-hoc-Mitteilung nach § 15 Abs. 3 WpHG aufgeschoben werden kann, braucht der Nachtrag nicht vor der Mitteilung zu erfolgen[68]. Die BaFin muss den Nachtrag vor der Veröffentlichung billigen (§ 16 Abs. 2 Satz 3 WpPG).

188 Anlegern, die vor Veröffentlichung des Nachtrags[69] eine Willenserklärung auf Zeichnung oder Erwerb des Wertpapiers abgegeben haben, steht ein **Widerrufsrecht** zu (§ 16 Abs. 3 Satz 1 WpPG). Davon sind jedoch nur solche Wertpapiere erfasst, die der Anleger über ein öffentliches Angebot erwerben kann. Bei einem Erwerb über den organisierten Markt ist der Anleger dagegen nicht zum Widerruf berechtigt. Das gilt selbst dann, wenn die Wertpapiere zeitgleich öffentlich und über den organisierten Markt angeboten werden[70]. Die Widerrufsfrist beträgt zwei Werktage ab Veröffentlichung des Nachtrags.

189 Entscheidend ist, dass der neue Umstand oder die Unrichtigkeit, die nach § 16 Abs. 1 Satz 1 WpPG eine Nachtragspflicht auslösen, vor dem endgültigen Schluss des öffentlichen Angebots und vor der Lieferung der Wertpapiere eingetreten ist[71]. Ein Widerruf ist daher selbst dann noch möglich, wenn die Wertpapiere schon vor der Veröffentlichung des Nachtrags in das Depot des Anlegers eingebucht worden sind, solange der nachtragspflichtige Umstand oder die Unrichtigkeit vor der Erfüllung des Wertpapiergeschäfts eingetreten ist[72]. Da der Anleger den Zeitpunkt, zu dem der neue Umstand oder die Unrichtigkeit eingetreten ist, nicht selbst feststellen und daher auch nicht beurteilen kann, ob ihm ein Widerrufsrecht zusteht, hat nach Ansicht der BaFin der Emittent, Anbieter oder Zulassungsantragsteller den Zeitpunkt im Nachtrag möglichst genau anzugeben[73]. Auf das Widerrufsrecht finden die Regelungen über den Rücktritt nach § 357a BGB analog Anwendung (§§ 16 Abs. 3 Satz 4, 8 Abs. 1 Satz 5 WpPG)[74].

190 Der Nachtrag beseitigt nicht einen möglichen Prospekthaftungsanspruch von Anlegern, die Wertpapiere schon vor der Publizierung des Nachtrags im Vertrauen auf den unrichtigen oder unrichtig gewordenen Prospekt erworben haben[75]. Eine andere Frage ist, ob die Anleger einen **Schadensersatzanspruch** gegen den Nachtragenden haben, wenn sie vom Widerspruchsrecht keinen Gebrauch gemacht haben. Vertreten

66 Begr. RegE Prospektrichtlinie-Umsetzungsgesetz, BR-Drucks. 85/05, S. 78 f; *Hamann*, in: Schäfer/Hamann, § 16 WpPG Rn 30 ff; *Oulds*, WM 2011, 1452, 1456 ff; *Lawall/Maier*, DB 2012, 2503, 2505.

67 So Begr. RegE Prospektrichtlinie-Umsetzungsgesetz, BT-Drucks. 15/4999, S. 36; *Heidelbach*, in: Schwark/Zimmer, KMRK, § 16 WpPG Rn 26; kritisch zum Fehlen einer „Subsidiaritätsklausel" *Rauch*, in: Holzborn, WpPG, 2008, § 16 WpPG Rn 30; *Hamann*, in: Schäfer/Hamann, § 16 WpPG Rn 32; aA (Nebeneinander) *Oulds*, WM 2011, 1452, 1456 mwN.

68 Begr. RegE Prospektrichtlinie-Umsetzungsgesetz, BR-Drucks. 85/05, S. 78 f.

69 Zu einer teleologischen Reduktion *Berrar*, in: Berrar/Meyer/Müller/Schnorbus/Singhof/Wolf, § 16 WpPG Rn 134 ff.

70 Begr. RegE, BT-Drucks. 17/8684, S. 20.

71 *Heidelbach/Preuße*, BKR 2012, 397, 403.

72 Begr. RegE, BR-Drucks. 846/11, S. 28.

73 *Heidelbach/Preuße*, BKR 2012, 397, 403.

74 *Berrar*, in: Berrar/Meyer/Müller/Schnorbus/Singhof/Wolf, § 16 WpPG Rn 157; kritisch *Schlitt/Schäfer*, in: Assmann/Schlitt/von Kopp-Colomb, § 16 WpPG Rn 123.

75 *Groß*, KMR, § 16 WpPG Rn 17; *Hamann*, in: Schäfer/Hamann, § 16 WpPG Rn 27 (Berücksichtigung muss vor Abschluss des Erwerbsgeschäfts erfolgen).

wird, dass dann aufgrund des Rechtsgedankens des § 23 Abs. 2 Nr 4 WpPG ein Prospekthaftungsanspruch aus den im Nachtrag berichtigten Umständen ausscheidet[76].

d) Hinterlegung und Veröffentlichung

Nach der Billigung durch die BaFin ist der Prospekt bei dieser zu hinterlegen und **191**
dem Publikum unverzüglich, spätestens einen Werktag vor Beginn des öffentlichen Angebots, zur Verfügung zu stellen (§ 14 Abs. 1 Satz 1 WpPG). Sofern kein öffentliches Angebot stattfindet, hat die Veröffentlichung spätestens am Tag vor der Einführung der Wertpapiere zu erfolgen (§ 14 Abs. 1 Satz 2 WpPG). Dabei steht die Veröffentlichung in bestimmten Wirtschafts- oder Tageszeitungen (§ 14 Abs. 2 Nr 1 WpPG) neben der Bereithaltung des Prospekts in gedruckter Form zur kostenlosen Ausgabe an das Publikum (§ 14 Abs. 2 Nr 2 WpPG) sowie der Veröffentlichung auf der Internetseite des Emittenten, des begleitenden Kreditinstituts oder der Zahlstelle (§ 14 Abs. 2 Nr 3 WpPG) und der Veröffentlichung auf der Internetseite des organisierten Markts, für den die Zulassung zum Handel beantragt wurde (§ 14 Abs. 2 Nr 4 WpPG).

4. Europäischer Pass

Durch den **„Europäischen Pass“** können Unternehmen ihre Wertpapiere europaweit **192**
anbieten, wenn der Prospekt von der Aufsicht eines einzigen Mitgliedstaats gebilligt wurde (§ 17 WpPG)[77]. Dadurch kann ein von der BaFin gebilligter Prospekt allein aufgrund der Übermittlung der Billigungsbescheinigung an die zuständige Behörde des jeweiligen Aufnahmestaats dort für ein öffentliches Angebot oder eine Börsenzulassung verwendet werden (Notifikation). Der Prospekt muss in einer in allgemeinen Finanzkreisen gebräuchlichen Sprache (idR Englisch) verfasst sein (vgl § 19 Abs. 4, 5 WpPG)[78].

Es ist ein Unterrichtungsverfahren vorgesehen, wobei die BaFin auf Antrag des Emit- **193**
tenten eine Bescheinigung über die Billigung übermittelt. Nach § 17 Abs. 3 WpPG und § 19 Abs. 4 WpPG ist in Deutschland ein Prospekt in englischer Sprache mit deutscher Übersetzung der Zusammenfassung vorzulegen. Allerdings kann der Europäische Pass nicht darüber hinweghelfen, dass dem Emittenten in Bezug auf die Prospekthaftung das Risiko bleibt, dass die Gerichte verschiedener Staaten die Richtigkeit und Vollständigkeit eines Prospekts verschieden beurteilen und die Regelungen der EU-ProspektVO unterschiedlich auslegen[79]. In Deutschland unterliegen die Prospekte, die aufgrund des Europäischen Passes anerkannt wurden, nach § 21 WpPG der Prospekthaftung[80].

---

76 *Groß*, KMR, § 16 WpPG Rn 18; vgl *Seitz*, in: Assmann/Schlitt/von Kopp-Colomb, § 16 WpPG Rn 157 ff.
77 *Holzborn/Israel*, ZIP 2005, 1668, 1675; *Wolf*, in: Berrar/Meyer/Müller/Schnorbus/Singhof/Wolf, § 17 WpPG Rn 9 ff.
78 *Heidelbach*, in: Schwark/Zimmer, KMRK, § 19 WpPG Rn 5 mN zur aA.
79 *Schlitt/Singhof/Schäfer*, BKR 2005, 251, 257; *Schlitt/Schäfer*, AG 2008, 525, 529.
80 Siehe Rn 220 ff.

II. Prospektpflicht nach dem VermAnlG

194 Das Vermögensanlagengesetz (VermAnlG) von 2012 wurde durch die Schaffung des Kapitalanlagegesetzbuchs (KAGB) zum Juli 2013 in seiner Anwendbarkeit eingeschränkt. Eine Änderung erfuhr es zudem durch das am 23. April 2015 verabschiedete Kleinanlegerschutzgesetz (KASG)[81].

1. Anwendbarkeit

195 **Anwendbar** ist das VermAnlG auf nicht in Wertpapieren iS des WpPG verbriefte Anteile (§ 1 Abs. 2 VermAnlG), die öffentlich im Inland angeboten werden. Da das VermAnlG nicht auf einer europäischen Richtlinie basiert, ist keine richtlinienkonforme Auslegung zu beachten. Mit der Regelung ehemals sog. geschlossener Fonds im KAGB hat das VermAnlG an Bedeutung verloren. Vermögensanlagen iS des VermAnlG sind nunmehr Beteiligungsanteile, Treuhandvermögensanteile und Genussrechte[82] sowie Namensschuldverschreibungen[83] (§ 1 Abs. 2 Nr 1–5 VermAnlG) nur noch, wenn sie kein „Investmentvermögen" iS des KAGB sind. Seit dem Kleinanlegerschutzgesetz von 2015 sind auch bis dahin grundsätzlich unregulierte Kapitalbeteiligungen wie partiarische Darlehen[84], Nachrangdarlehen sowie sonstige Anlagen erfasst, „die einen Anspruch auf Verzinsung und Rückzahlung gewähren" oder die „im Austausch für die zeitweise Überlassung von Geld einen vermögenswerten, auf Barausgleich gerichteten Anspruch" vermitteln (§ 1 Abs. 2 Nr 7 VermAnlG-neu)[85]. Nicht in den Anwendungsbereich des VermAnlG fallen Vermögensanlagen, die ausschließlich im Ausland angeboten werden[86].

196 **Öffentlich** ist ein Angebot, wenn es oder die Werbung hierzu sich an einen unbestimmten Personenkreis wendet[87]. Ein Prospekt ist daher entbehrlich, wenn nur ein bestimmter Personenkreis angesprochen wird (Privatplatzierung, Private Placement). Nach zutreffender hM ist der Personenkreis qualitativ zu bestimmen[88]. Eine aA will ihn rein quantitativ bestimmen[89], so dass wertende Gesichtspunkte außer Betracht bleiben.

197 **Ausnahmen** bzgl der Anwendbarkeit enthält § 2 VermAnlG zB für Genossenschaftsanteile, Anlagen von Versicherungsunternehmen oder Pensionsfonds. Ein Prospekt braucht zudem insbesondere dann nicht erstellt zu werden, wenn sich das Angebot an

81 BGBl. I, S. 1114. Die hierdurch neu eingeführten Regelungen werden zur Veranschaulichung nachfolgend mit **„VermAnlG-neu"** bezeichnet.

82 Das sind schuldrechtliche Vertragsverhältnisse, die den Gläubiger mit einem Gewinnanspruch ausstatten, aber keine Anteile an einem Unternehmen begründen, dh der Anleger hat kein Mitspracherecht; vgl *Bußalb/Vogel*, WM 2012, 1416, 1417.

83 Kritisch *Bruchwitz/Voß*, BB 2011, 1226, 1227.

84 Das sind gewinn- bzw umsatzabhängige Darlehen; vgl *Bußalb/Vogel*, WM 2015, 1733, 1735; *Buck-Heeb*, NJW 2015, 2535.

85 Dies begrüßend *Möllers/Kastl*, NZG 2015, 849, 850; kritisch *Casper*, ZBB 2015, 265, 268 f.

86 *Rinas/Pobortscha*, BB 2012, 1615.

87 Begr. RegE AnSVG, BT-Drucks. 15/3174, S. 42.

88 *Groß*, KMR, § 2 WpPG Rn 17; *Schnorbus*, in: Berrar/Meyer/Müller/Schnorbus/Singhof/Wolf, § 2 WpPG Rn 60; *Hamann*, in: Schäfer/Hamann, § 2 WpPG Rn 23.

89 *Manzei*, WM 2006, 845, 847.

qualifizierte Anleger richtet, der Verkaufspreis der im Zeitraum von zwölf Monaten angebotenen Anteile weniger als 100 000 Euro oder der Preis jedes Anteils mindestens 100 000 Euro je Anleger beträgt (§ 2 Nr 3 VermAnlG). Des Weiteren besteht seit dem Kleinanlegerschutzgesetz von 2015 eine Ausnahme für **Schwarmfinanzierungen** (sog. Crowdinvesting), sofern sich diese auf partiarische Darlehen, Nachrangdarlehen und sonstige Anlagen iS des § 1 Abs. 2 Nr 7 VermAnlG-neu beziehen, das Emissionsvolumen 2,5 Mio. Euro und der Anleger ein bestehendes Investitionsvolumen (§ 2a Abs. 3 VermAnlG-neu) nicht überschreiten[90]. Außerdem darf die Finanzierung ausschließlich per Anlageberatung oder -vermittlung über eine Internetplattform erfolgen. Diese Ausnahme war im Vorfeld der Regulierung sehr umstritten und soll bis Ende 2016 evaluiert werden[91].

Eine Ausnahme gilt auch für **soziale Projekte**, sog. Kleinstkapitalgesellschaften des **198**
§ 267a HGB (§ 2b VermAnlG-neu)[92] sowie für gemeinnützige Projekte und Religionsgemeinschaften (§ 2c VermAnlG-neu)[93]. Als Ausgleich für die Ausnahmen der §§ 2a-2c VermAnlG-neu steht dem Anleger ein 14-tägiges **Widerrufsrecht** zu (§§ 2d Abs. 3 VermAnlG-neu)[94]. **Unzulässig** sind nach § 5b VermAnlG-neu Vermögensanlagen, die eine **Nachschusspflicht** vorsehen.

2. Prospektpflicht

a) Prospektinhalt

Für die in den Anwendungsbereich des VermAnlG fallenden Vermögensanlagen be- **199**
steht eine **Prospektpflicht** (§ 6 VermAnlG). Der Verkaufsprospekt hat alle Angaben zu enthalten, die für eine zutreffende Beurteilung des Emittenten und der Vermögensanlage notwendig sind (§ 7 Abs. 1 VermAnlG iVm der VermVerkProspV)[95]. Die erforderlichen Angaben über die Vermögensanlagen, über die Personen, bzgl derer Informationen erteilt werden müssen, über Anlageziele, -politik und -strategie sind in der Vermögensanlagen-Verkaufsprospektverordnung (VermVerkProspV)[96] geregelt. An hervorgehobener Stelle ist das mit der Anlage verbundene maximale Risiko anzugeben. Hingewiesen werden muss auch darauf, dass die BaFin nicht die inhaltliche Richtigkeit des Prospekts prüft (§ 7 Abs. 2 Satz 1 VermAnlG). Zudem hat der Hinweis zu erfolgen, dass ein Prospekthaftungsanspruch nur demjenigen zusteht, der die Vermögensanlage während der Dauer des öffentlichen Angebots, spätestens inner-

---

90 *Buck-Heeb*, NJW 2015, 2535 f; *Dieckmann*, WPg 2015, 130, 132; *Weitnauer*, GWR 2015, 309 ff; zu noch offenen Fragen *Bujotzek/Mocker*, BKR 2015, 358 ff zur Berechnung der Anlageschwellen *Kollrus*, MDR 2015, 1334, 1336 f.

91 Begr. RegE, BT-Drucks. 18/3994, S. 42.

92 Siehe *Casper*, ZBB 2015, 265, 269 (insbesondere „Genossenschaften, die dem sozialen Wohnungsbau oder der Finanzierung regenerativer Energien dienen").

93 Dazu *Roth*, GWR 2015, 243, 245.

94 *Kollrus*, MDR 2015, 1334, 1337.

95 Zum Inhalt im Einzelnen *Beck/Maier*, WM 2012, 1898, 1899 ff; *Bußalb/Vogel*, WM 2015, 1785 ff; *Buck-Heeb*, NJW 2015, 2535, 2537.

96 Zuletzt geändert durch Art. 1 der VO vom 15. Mai 2013, BGBl. I, S. 1376; vgl *Mattil*, BB 2011, 2533, 2534 f; *Friedrichsen/Weisner*, ZIP 2012, 756, 759 ff; *Beck/Maier*, WM 2012, 1898, 1904 ff; zu den danach erforderlichen Angaben im Prospekt *Hanten/Reinholz*, ZBB 2012, 36, 41 ff; *Bußalb/Vogel*, WM 2012, 1416, 1419 f.

halb von zwei Jahren nach dem ersten öffentlichen Angebot der Vermögensanlagen, im Inland erworben hat (§ 7 Abs. 2 Satz 2 VermAnlG).

200 Seit dem Kleinanlegerschutzgesetz von 2015 sind zudem zwingend Angaben zur Kündigungsmöglichkeit, zur Fälligkeit bereits ausgegebener Vermögensanlagen sowie zu verbundenen Unternehmen zu machen. Grundsätzlich ist auch eine Kapitalflussrechnung erforderlich. Damit bei den Anlegern keine Verwechslungsgefahr mit den KAGB-Anlagen besteht, dürfen Vermögensanlagen des VermAnlG **nicht** mehr als **Fonds** bezeichnet werden (§ 7 Abs. 2 VermAnlG-neu). Der Prospekt muss außerdem ab 3. Januar 2018[97] Angaben zur Product Governance bzw zum Kundenzielmarkt enthalten (§ 7 Abs. 3 Satz 1 Nr 2a VermAnlG-neu)[98].

b) Prospektbilligung

201 Der BaFin obliegt die **Billigung** des Verkaufsprospekts. Der Prüfungsumfang entspricht dem des Billigungsverfahrens für Wertpapierprospekte nach § 13 WpPG. Der Prospekt wird damit nicht nur auf formale Vollständigkeit geprüft, welche sich nach den Mindestangaben des § 7 Abs. 3 VermAnlG iVm der VermVerkProspV richtet. Eine Prüfung erfolgt auch bzgl der Freiheit von inneren Widersprüchen (Kohärenz)[99] und Verständlichkeit, nicht aber im Hinblick auf die inhaltliche Richtigkeit oder die Bonität des Emittenten[100].

202 Seit dem Kleinanlegerschutzgesetz von 2015 ist die Prüfung insofern erweitert, als bei der Kohärenzprüfung v.a. einzubeziehen ist, „ob … die Vermögens-, Finanz- und Ertragslage des Emittenten, die Geschäftsaussichten sowie ihre Auswirkungen auf die Fähigkeit des Emittenten, seinen Verpflichtungen zur Zinszahlung und Rückzahlung für die Vermögensanlage nachzukommen, im Verkaufsprospekt widerspruchsfrei dargestellt werden" (§ 8 Abs. 1 VermAnlG-neu)[101]. Sofern die BaFin es zum Schutz des Publikums für geboten erachtet, kann sie zusätzliche Prospektangaben verlangen (§ 15a VermAnlG-neu)[102]. Der Prospekt ist nunmehr nur noch bis zu **zwölf Monate** lang gültig (§ 8a VermAnlG-neu). Danach muss er, sofern die Anlage weiter angeboten werden soll, aktualisiert der BaFin wieder zur Billigung zugeleitet und auf der Internetseite des Anbieters zur Verfügung gestellt werden.

203 Der Prospekt darf erst nach der Billigung veröffentlicht werden (§ 8 Abs. 1 VermAnlG). Die Veröffentlichung hat mindestens einen Werktag vor dem öffentlichen Angebot zu erfolgen (§ 9 Abs. 1 VermAnlG). Der Verkaufsprospekt muss im elektronischen Bundesanzeiger bekannt gemacht werden. Die BaFin kann die Veröffentlichung des Verkaufsprospekts sowie das öffentliche Angebot auch untersagen (§§ 17 f VermAnlG).

---

97 Ende der neuen Umsetzungsfrist der MiFID II; siehe Europäische Kommission, Pressemitteilung vom 10. Februar 2016.

98 *Casper*, ZBB 2015, 265, 270; vgl auch *Buck-Heeb*, NJW 2015, 2535, 2540.

99 *Bruchwitz/Voß*, BB 2011, 1226, 1230; *Hanten/Reinholz*, ZBB 2012, 36, 42 f, kritisch zur Beschränkung auf offensichtliche Widersprüche *Hanten/Reinholz*, ZBB 2012, 36, 44.

100 *Bußalb/Vogel*, WM 2015, 1733, 1738; *Buck-Heeb*, NJW 2015, 2535, 2537; aA *Riethmüller*, DB 2015, 1451, 1452; siehe auch *Dieckmann*, WPg 2015, 130, 133. Zum unbestimmten Begriff der Verständlichkeit *Friedrichsen/Weisner*, ZIP 2012, 756.

101 *Bußalb/Vogel*, WM 2015, 1733, 1737; *Kollrus*, MDR 2015, 1396.

102 Vgl § 26 Abs. 1 WpPG.

c) Nachtrags- und Ad-hoc-Mitteilungspflicht

Nach § 11 VermAnlG besteht eine Nachtragspflicht nicht nur bei einem **wichtigen neuen Umstand**, sondern auch bei anfänglicher Unrichtigkeit des Prospekts[103]. Als „wichtiger neuer Umstand" gilt insbesondere jeder neue Jahres- oder Konzernabschluss oder Lagebericht des Emittenten, sodann allgemein jeder Umstand, „der sich auf die Geschäftsaussichten des Emittenten mindestens für das laufende Geschäftsjahr erheblich auswirkt und geeignet ist, die Fähigkeiten des Emittenten zur Erfüllung seiner Verpflichtungen gegenüber dem Anleger erheblich zu beeinträchtigen" (§ 11 Abs. 1 Satz 2 Nr 1–3 VermAnlG-neu). Es muss auch eine aktuelle Gesamtfassung erstellt werden (§§ 8a, 11 Abs. 3 VermAnlG). Im Nachtrag ist auch über das **Widerrufsrecht** des Anlegers, das dieser im Fall eines Nachtrags hat, zu belehren (§ 11 Abs. 2 VermAnlG)[104]. Es ist innerhalb von zwei Werktagen nach Veröffentlichung des Nachtrags auszuüben. Der Widerruf ist ausgeschlossen, sofern Erfüllung eingetreten ist. 204

Auch der Nachtrag muss vor der Veröffentlichung von der BaFin gebilligt werden (§ 11 Abs. 1 Satz 2 VermAnlG). Hinterlegungsstelle für den Prospekt ist die BaFin (§ 14 Abs. 1 VermAnlG). Seit dem Kleinanlegerschutzgesetz von 2015 muss der Emittent nach dem Ende des öffentlichen Angebots, dh mit dem Ende der Nachtragspflicht, die Öffentlichkeit über Geschäftsvorfälle mit möglichen erheblichen Auswirkungen informieren (**Ad-hoc-Mitteilungspflicht**, § 11a Abs. 1 VermAnlG-neu). Diese Pflicht besteht dann, wenn die Tatsache dazu geeignet ist, die Fähigkeit des Emittenten zur Erfüllung der gegenüber den Anlegern bestehenden Verpflichtungen erheblich zu beeinträchtigen[105]. Eine Möglichkeit zur Selbstbefreiung, wie in § 15 Abs. 3 WpHG, gibt es nicht[106]. 205

Dem Emittenten obliegt die Mitteilungspflicht bis zur vollständigen Tilgung der Vermögensanlage. Die fragliche Tatsache ist der BaFin mitzuteilen (§ 11a Abs. 3 Satz 2 VermAnlG-neu) und sodann Medien zuzuleiten, welche eine Kenntnisnahme durch die Anleger im Inland sicherstellen. Näheres bzgl dieser Ad-hoc-Mitteilungspflicht regelt, in Anlehnung an die WpAIV für § 15 WpHG, die **Vermögensanlagen-VeröffentlichungspflichtenVO** (VermVerMiV)[107]. Ob die Verletzung der Publizitätspflicht nach § 11a VermAnlG-neu zu einer Haftung des Emittenten führt, ist im Gesetz nicht geregelt. Insofern stellt sich die Frage, ob § 11a VermAnlG-neu ein Schutzgesetz iS des § 823 Abs. 2 BGB ist[108]. In der Argumentation kann an die Diskussion zu § 15 WpHG vor Schaffung der Haftungsregelungen der §§ 37b, c WpHG angeknüpft werden, wonach mehrheitlich eine Schutzgesetzeigenschaft verneint wurde. 206

---

103 *Bruchwitz/Voß*, BB 2011, 1226, 1232; *Hanten/Reinholz*, ZBB 2012, 36, 44 f; *Bußalb/Vogel*, WM 2012, 1416, 1421.

104 Näher *Markwardt/Kracke*, BKR 2012, 149 ff. Vgl auch § 16 Abs. 3 WpPG für den Wertpapierprospekt.

105 *Buck-Heeb*, NJW 2015, 2535, 2538 f; zu den Unterschieden gegenüber § 15 Abs. 1 WpHG *Casper*, ZBB 2015, 265, 270 f.

106 *Fett*, KSzW 2015, 139, 144; *Casper*, ZBB 2015, 265, 271.

107 BGBl. I vom 20. August 2015, S. 1435 ff.

108 Ablehnend *Casper*, ZBB 2015, 265, 271.

d) Vermögensanlagen-Informationsblatt

207 Neben dem Verkaufsprospekt hat der Anbieter für jede Vermögensanlage ein Vermögensanlagen-Informationsblatt zu veröffentlichen (§ 13 VermAnlG), das höchstens drei DIN-A4-Seiten umfassen darf. Ein solches ist auch dann zu erstellen, wenn keine Prospektpflicht besteht. Ziel ist die Vergleichbarkeit der verschiedenen Vermögensanlagen für den Anleger[109]. Durch das Kleinanlegerschutzgesetz sind noch weitere Angaben als bisher zwingend erforderlich[110]. So ist in drucktechnisch hervorgehobener Weise folgender Warnhinweis aufzunehmen (§ 13 Abs. 6 VermAnlG-neu): „Der Erwerb dieser Vermögensanlage ist mit erheblichen Risiken verbunden und kann zum vollständigen Verlust des eingesetzten Vermögens führen." Gemäß § 15 Abs. 3 VermAnlG-neu muss der Anleger unter Nennung von Ort und Datum durch seine Unterschrift auf dem Informationsblatt bestätigen, dass er vom Warnhinweis Kenntnis genommen hat[111]. Soll ein Vertrag über Fernkommunikation geschlossen werden, kann der Warnhinweis auch elektronisch bestätigt werden (§ 15 Abs. 4 VermAnlG-neu).

208 Das Informationsblatt unterliegt nicht dem Billigungsverfahren durch die BaFin, wird von dieser also nicht unmittelbar geprüft[112], ist dort aber zu hinterlegen (§ 14 Abs. 1 VermAnlG). Der Anleger muss darauf hingewiesen werden, dass er nur dann einen Anspruch wegen fehlerhafter Angaben im Informationsblatt hat, wenn die Angaben irreführend oder unrichtig sind (§ 13 Abs. 3a Satz 2 VermAnlG-neu)[113].

III. Prospektpflicht nach dem KAGB

1. Prospektpflicht für OGAW

209 Das KAGB unterscheidet bzgl der Investmentvermögen zwischen OGAW (Organismen für gemeinsame Anlagen in Wertpapieren), die bislang im VermAnlG geregelt waren, und AIF (Alternative Investment Fonds)[114]. Für offene Publikumsinvestmentvermögen sieht § 164 KAGB eine Prospektpflicht vor. Danach hat die die Anlage verwaltende Kapitalverwaltungsgesellschaft bzw EU-OGAW-Verwaltungsgesellschaft einen **Verkaufsprospekt** sowie die **wesentlichen Anlegerinformationen** (Key Information Documents, **KID**) zu erstellen. Letztere sollen dem Anleger die Vergleichbarkeit von Fonds unterschiedlicher Anbieter erleichtern[115].

210 § 164 Abs. 3 KAGB sieht vor, dass die wesentlichen Prospektangaben und Anlegerinformationen auf dem neuesten Stand zu halten sind (Prospektaktualisierungs-

109 Begr. RegE FinVermAnlG, BT-Drucks. 17/6051, S. 56; *Hanten/Reinholz*, ZBB 2012, 36, 45 f; kritisch *Friedrichsen/Weisner*, ZIP 2012, 756, 758; zum Inhalt *Rinas/Pobortscha*, BB 2012, 1615, 1616 ff.
110 *Buck-Heeb*, NJW 2015, 2535, 2538; *Casper*, ZBB 2015, 265, 273 f; kritisch *Möllers/Kastl*, NZG 2015, 849, 852.
111 Kritisch *Casper*, ZBB 2015, 265, 274.
112 *Mattil*, BB 2011, 2533, 2535; *Bußalb/Vogel*, WM 2012, 1416, 1422 f (mit dem Hinweis, dass trotzdem eine Überprüfung auf offensichtliche Mängel zu erfolgen habe); zu den Haftungsfolgen siehe unten Rn 232 ff.
113 Vgl Begr. RegE FinVermAnlG, BT-Drucks. 17/6051, S. 57 f.
114 Näher dazu unten Rn 933 ff.
115 *Polifke*, in: Weitnauer/Boxberger/Anders, § 166 KAGB Rn 2, 4.

pflicht)[116]. Der Prospekt muss auf der Internetseite der Verwaltungsgesellschaft in der jeweils aktuellen Fassung zugänglich sein (§ 164 Abs. 1 Satz 1 KAGB). Außerdem ist er nebst den wesentlichen Anlegerinformationen und den Änderungen unverzüglich nach der erstmaligen Verwendung bei der BaFin einzureichen. Dem interessierten Anleger sind die Anlegerinformationen und auf Verlangen auch der Prospekt kostenlos zur Verfügung zu stellen (§ 297 Abs. 1 KAGB).

Der Verkaufsprospekt hat in für den Durchschnittsanleger leicht verständlicher Form **211**
bestimmte Informationen zu enthalten. In § 165 KAGB werden die im Prospekt erforderlichen **Mindestangaben** aufgezählt. Die BaFin kann aber die Aufnahme weiterer Informationen verlangen (§ 165 Abs. 8 KAGB). Die Erfordernisse für die wesentlichen Anlegerinformationen sind in § 166 KAGB aufgeführt[117]. Der Verkaufsprospekt muss zudem redlich und eindeutig und darf nicht irreführend sein (§ 165 Abs. 1 Satz 2 KAGB). Das gilt auch in Bezug auf die wesentlichen Anlegerinformationen (§ 166 Abs. 3 Satz 2 KAGB), die es dem Anleger ermöglichen sollen, die Art und Risiken des angebotenen Produkts zu verstehen. Auf dieser Grundlage soll der Anleger eine fundierte Anlageentscheidung treffen können.

2. Prospektpflicht für geschlossene Investmentvermögen

Für den Vertrieb von geschlossenen Publikumsfonds sind ein Verkaufsprospekt so- **212**
wie die wesentlichen Anlegerinformationen erforderlich. Letztere dürfen den Umfang von maximal drei Seiten nicht überschreiten. Da die wesentlichen Anlegerinformationen des KAGB eine Umsetzung europäischer Richtlinienvorgaben (AIFM-Richtlinie) darstellen, gilt der Grundsatz der richtlinienkonformen Auslegung.

Die Prospektpflicht für geschlossene Publikums-AIF findet sich in **§ 268 KAGB**. **213**
§ 268 Abs. 1 Satz 3 KAGB stellt klar, dass für diejenigen geschlossenen AIF-Publikumsinvestmentaktiengesellschaften, die einen Prospekt nach dem WpPG erstellen müssen, § 268 KAGB nicht gilt. In einen solchen Wertpapierprospekt sind aber die in § 269 KAGB vorgesehenen Mindestangaben als ergänzende Informationen aufzunehmen. Für die wesentlichen Anlegerinformationen findet sich eine Regelung in § 270 KAGB, wobei auch hier unter Berücksichtigung der Besonderheiten der geschlossenen Publikums-AIF auf die Vorschriften für offene Publikumsinvestmentvermögen verwiesen wird. Die BaFin kann verlangen, dass in den Prospekt **weitere Angaben** aufgenommen werden, sofern sie Grund zur Annahme hat, dass diese für die Anleger erforderlich sind (§§ 269 Abs. 1, 165 Abs. 8 KAGB). Die aktuelle Fassung des Verkaufsprospekts und der wesentlichen Anlegerinformationen sind auf der Internetseite der Verwaltungsgesellschaft zugänglich zu machen, sobald der Vertrieb der Anteile der BaFin angezeigt wurde und diese die Unterlagen geprüft hat (§ 316 Abs. 1 KAGB).

---

116 Für sog. **Feederfonds** (§ 1 Abs. 19 Nr 11 KAGB) gilt § 173 KAGB, der dem aufgehobenen § 42 Abs. 1a InvG entspricht.

117 Siehe auch *Burgard/Heimann*, WM 2014, 821, 828 f.

214 Sog. Spezial-AIF, deren Anteile ausschließlich von professionellen und semiprofessionellen Anlegern[118] gehalten werden können, bedürfen weder eines Verkaufsprospekts noch wesentlicher Anlegerinformationen. Allerdings sind diesen Anlegern vor Vertragsschluss zahlreiche Informationen zur Verfügung zu stellen (§ 307 KAGB). Diese Informationspflichten kommen dem Inhalt eines Verkaufsprospekts nahe.

§ 5 Anlegerschutz, Prospekthaftung

Ausgewählte Literatur: *Bongertz*, Verschuldensunabhängige Haftung bei fehlendem Prospekt trotz Abstimmung mit der BaFin?, BB 2012, 470; *Hanke*, Überblick über die Prospekthaftung bei geschlossenen Fonds nach dem Inkrafttreten des KAGB, BKR 2014, 441; *Hanten/Reinholz*, Das Vermögensanlagengesetz, ZBB 2012, 36; *Klöhn*, Grund und Grenzen der Haftung wegen unterlassener Prospektveröffentlichung gem. § 24 WpPG, § 21 VermAnlG, DB 2012, 1854; *Leuering*, Die Neuordnung der gesetzlichen Prospekthaftung, NJW 2012, 1905; *Müchler*, Die neuen Kurzinformationsblätter – Haftungsrisiken im Rahmen der Anlageberatung, WM 2012, 974; *Panetta/Zessel*, Prospekthaftung oder Haftung für fehlenden Prospekt?, NJOZ 2010, 418 ff; *Schnauder*, Das neue Prospekthaftungsregime bei geschlossenen Publikums-AIF (Alternative Investmentfonds), jurisPR-BKR 10/2013 Anm. 1; *ders.*, Regimewechsel im Prospekthaftungsrecht bei geschlossenen Publikumsfonds, NJW 2013, 3207; *Suchomel*, Konkurrenz von § 20 VermAnlG und bürgerlich-rechtlicher Prospekthaftung bei fehlerhaftem Prospekt, NJW 2013, 1126.

215 **Fall 2:** Die X-AG ist ein Pharmaunternehmen, das ein neues Arzneimittel entwickeln will. Um das nötige Kapital für Forschung, Produktion und Vermarktung aufzubringen, plant sie ihren Börsengang. Zusammen mit der B-Bank, die den Börsengang begleitet, erstellt die X-AG den erforderlichen Emissionsprospekt. Hierin gibt die X-AG wider besseres Wissen an, dass das geplante Arzneimittel innerhalb von zwei Jahren marktreif sein wird und bereits in drei Jahren erhebliche Gewinne zu erwarten sind. Tatsächlich ist ungewiss, ob die Forschungen jemals zu einem Erfolg führen werden. Das hätte die B-Bank ohne Weiteres erkennen können. Die Aktien der X-AG werden aufgrund des Emissionsprospekts zum Handel am regulierten Markt zugelassen. Der Emissionspreis beträgt 20 Euro. Anleger A erwirbt kurz nach der Börsenzulassung nach der Lektüre des Emissionsprospekts 200 Aktien zu einem Stückpreis von 30 Euro. Ein Jahr später muss die X-AG aufgrund von Presseberichten einräumen, dass die Forschung an dem geplanten Arzneimittel keinen Erfolg verspricht. Der Börsenkurs der Aktien fällt daraufhin erheblich. A fühlt sich durch den Emissionsprospekt getäuscht. Da die X-AG in der Zwischenzeit insolvent geworden und daher faktisch von dieser kein Schadensersatz zu erlangen ist, möchte A gegen die B-Bank aus Prospekthaftung vorgehen und verlangt Zahlung von 6000 Euro nebst Erwerbskosten Zug um Zug gegen Übertragung der Aktien der X-AG. Besteht ein solcher Anspruch? **Rn 269**

118 Zum Begriff und zu den Voraussetzungen § 1 Abs. 19 Nr 33 KAGB; siehe auch *Schubert/Schuhmann*, BKR 2015, 45 ff.

I. Bußgeld und Untersagung

§ 35 WpPG enthält einen Katalog von Bußgeldvorschriften. Bei vorsätzlichem oder leichtfertigem Handeln kann die BaFin ein **Bußgeld** verhängen. Das betrifft v.a. Verstöße gegen die allgemeine Prospektpflicht (§ 30 Abs. 1 Nr 1 WpPG), gegen das Verbot der Veröffentlichung des Prospekts vor seiner Billigung (§ 30 Abs. 1 Nr 5 WpPG) und gegen die Pflicht zur ordnungsgemäßen Veröffentlichung des Prospekts (§ 30 Abs. 1 Nr 6 WpPG). Vorsatz meint dabei das Wissen und Wollen der Tatbestandsverwirklichung. Bei dolus eventualis reicht hinsichtlich des Wollens aus, dass die Tatbestandsverwirklichung zumindest billigend in Kauf genommen wird. Leichtfertigkeit stellt eine gesteigerte Form der Fahrlässigkeit dar. Der Täter muss gerade das unberücksichtigt lassen, was jedem anderen an seiner Stelle eingeleuchtet hätte. **216**

Wurde entgegen § 3 Abs. 1 WpPG kein Prospekt veröffentlicht oder billigt die BaFin diesen nicht, kann sie ein öffentliches Angebot **untersagen** (§ 26 Abs. 4 Satz 1 WpPG). Hat die BaFin begründete Anhaltspunkte für eine wesentliche inhaltliche Unrichtigkeit oder Unvollständigkeit des Prospekts, kann sie vom Anbieter die Aussetzung des öffentlichen Angebots verlangen (§ 26 Abs. 8 Satz 2 WpPG). Sofern die Unrichtigkeit oder Unvollständigkeit feststeht, kann die Billigung nach § 26 Abs. 8 Satz 3 WpPG widerrufen und das öffentliche Angebot untersagt werden. **217**

Im **VermAnlG** finden sich mit dem WpPG vergleichbare Bußgeldvorschriften. Kommt der Anbieter der Pflicht zur Veröffentlichung des Verkaufsprospekts nicht nach, ist die bußgeldbewehrt (§ 29 Abs. 1 Nr 1 VermAnlG). Auch die Nichterstellung eines Vermögensanlagen-Informationsblatts ist mit einem Bußgeld belegt (§ 29 Abs. 1 Nr 6 VermAnlG). Zudem besteht für die BaFin die Möglichkeit, die Veröffentlichung des Verkaufsprospekts (§ 17 Abs. 1 und 2 VermAnlG) bzw das öffentliche Angebot von Vermögensanlagen (§ 18 VermAnlG) zu untersagen. **218**

Nach § 340 Abs. 1 Nr 18 **KAGB** handelt ordnungswidrig, wer entgegen § 164 Abs. 1 Satz 1 KAGB den Verkaufsprospekt oder die wesentlichen Anlegerinformationen dem Publikum nicht, nicht richtig oder nicht vollständig zugänglich gemacht hat. Der Bußgeldtatbestand des § 340 Abs. 1 Nr 19 KAGB ist verwirklicht, wenn nicht nach § 164 Abs. 1 Satz 2 KAGB ein dort genannter Verkaufsprospekt oder die wesentlichen Anlegerinformationen dem Publikum zugänglich gemacht wurden. Ordnungswidrig nach § 340 Abs. 1 Nr 25 KAGB handelt, wer entgegen § 268 Abs. 1 Satz 2 KAGB einen dort genannten Verkaufsprospekt oder die wesentlichen Anlegerinformationen dem Publikum nicht, nicht richtig oder nicht vollständig zugänglich gemacht hat. **219**

II. Haftung nach §§ 21 ff WpPG

1. Haftung für fehlerhaften Prospekt

a) Voraussetzungen

§ 21 WpPG enthält eine Haftung bei **fehlerhaftem**, dh unrichtigem oder unvollständigem Prospekt. Sie entspricht vom Wortlaut her der Haftung nach dem aufgehobenen § 44 BörsG, so dass sich die Ausführungen von Rechtsprechung und Schrifttum **220** zur börsengesetzlichen Prospekthaftung auf § 21 WpPG übertragen lassen. Diese Regelung gilt für die ab dem 1. Juni 2012 im Inland veröffentlichten Prospekte (§ 52 Abs. 8 BörsG)[1]. Ergänzend tritt eine Haftung auch für sämtliche Prospekte iS des WpPG ein, die nicht zum Handel an einer inländischen Börse zugelassen und damit nicht Börsenzulassungsprospekte sind (§ 22 WpPG). Unerheblich ist, ob die Prospekte zu einem früheren Zeitpunkt, basierend auf einem anderen Prospekt, zum Handel an einer inländischen Börse zugelassen wurden[2].

221 Nach § 5 Abs. 1 Satz 1 WpPG besteht die Verpflichtung, im Prospekt sämtliche für die Beurteilung der relevanten Wertpapiere wesentlichen tatsächlichen und rechtlichen Verhältnisse richtig und vollständig darzustellen. **Unrichtig** ist ein Prospekt, wenn er nicht der Wahrheit entspricht. Das Merkmal der Unvollständigkeit soll einen Unterfall der Fehlerhaftigkeit darstellen, da ein Prospekt, der die für die Anlageentscheidung erheblichen Angaben nicht vollumfänglich enthält, immer auch aufgrund des Unterlassens von Angaben unrichtig ist. Für die Beurteilung der Unrichtigkeit ist es unerheblich, ob der Prospekt von der BaFin gebilligt wurde oder nicht, da die Billigung lediglich der formalen Kontrolle dient, nicht aber eine Haftungsbefreiung bewirkt. Unter Prospektangaben sind nicht nur Tatsachen, sondern auch Prognosen und Werturteile zu verstehen[3].

222 **Unvollständig** ist ein Prospekt, wenn er nicht den in § 7 WpPG iVm der ProspektVO enthaltenen Vorgaben entspricht[4]. Bei der Bewertung der Unrichtigkeit oder Unvollständigkeit ist der Horizont eines „aufmerksamen Lesers und durchschnittlichen Anlegers“ entscheidend[5]. Hinsichtlich der Fehlerhaftigkeit oder Unvollständigkeit des Prospekts ist auf den Zeitpunkt der Prospekterstellung bzw dessen Veröffentlichung abzustellen[6]. Eine Fehlerhaftigkeit des Prospekts kann auch auftreten, weil sich Verhältnisse geändert haben, die der Prospekt ursprünglich zutreffend wiedergegeben hat. Nach § 16 Abs. 1 Satz 1 WpPG muss jeder wichtige neue Umstand, der vor Schluss des Angebots oder der Einbeziehung oder Einführung in den Handel auftritt, in einem Nachtrag zum Prospekt aufgeführt werden.

223 Der Haftungsadressat muss **Prospektverantwortlicher** iS des § 21 Abs. 1 Satz 1 Nr 1 WpPG (zB Emittent) oder „Prospekterlasser“ iS des § 21 Abs. 1 Satz 1 Nr 2 WpPG sein. Letzteres sind Unternehmen oder Einzelpersonen, die hinter dem Prospekt stehen und dessen eigentliche Urheber sind (zB konzernleitendes Unternehmen, interessierter Großaktionär). Die Haftungsadressaten haften im Außenverhältnis als Gesamtschuldner.

224 Zudem muss der Antragsteller **ersatzberechtigt** sein. Das ist derjenige, der die Wertpapiere nach Veröffentlichung des Prospekts und innerhalb einer sechsmonatigen

1 Vgl Begr. RegE FinVermAnlG, BT-Drucks. 17/6051, S. 78; *Leuering*, NJW 2012, 1905, 1906.
2 Begr. RegE FinVermAnlG, BT-Drucks. 17/6051, S. 78.
3 Vgl BGH WM 1982, 862, 865.
4 Näher dazu *Groß*, KMR, § 7 WpPG Rn 2 ff; § 21 Rn 39 ff.
5 Vgl schon BGH NJW 1982, 2823, 2824; OLG Frankfurt WM 1994, 291, 295 („Bond“); zu dieser umstrittenen Frage (ablehnend) *Schwark*, in: Schwark/Zimmer, KMRK, §§ 44, 45 BörsG Rn 20 f; *Groß*, KMR, 4. Aufl., 2009, §§ 44, 45 BörsG Rn 40; kritisch auch *Hamann*, in: Schäfer/Hamann, §§ 44, 45 BörsG Rn 192 ff; siehe auch *Langenbucher*, § 14 Rn 37.
6 *Groß*, KMR, § 21 WpPG Rn 43.

Frist seit Erstveröffentlichung erworben hat. Er muss die Wertpapiere entgeltlich erworben haben, da er dann, wenn er keinen Preis bezahlt hat, auch keinen Erwerbspreis ersetzt verlangen kann[7]. Zudem muss das Erwerbsgeschäft im Inland abgeschlossen worden sein, oder es müssen dem Erwerb inländische Wertpapierdienstleistungen zugrunde liegen (Inlandsbezug, § 21 Abs. 3 WpPG).

Weitere Voraussetzung ist die **haftungsbegründende Kausalität**. Es muss ein ur- **225**
sächlicher Zusammenhang zwischen dem fehlerhaften Prospekt und dem Erwerb der Wertpapiere bestehen. Die Wertpapiere müssen aufgrund des Prospekts erworben worden sein (§ 23 Abs. 2 Nr 1 WpPG)[8]. Der Anspruchsgegner hat zu beweisen, dass der Anleger die Wertpapiere etwa nur auf den Rat eines Freundes hin oder wegen vermeintlicher Insiderkenntnisse erworben hat. Diese gesetzlich festgelegte **Beweislastumkehr** ist Ausfluss der Rechtsprechung zur sog. **Anlagestimmung**. Bei individuell geprägten Willensentschlüssen wie der Anlageentscheidung ist zwar grundsätzlich ein Anscheinsbeweis ausgeschlossen, dennoch machte die Rechtsprechung für die Prospekthaftung ursprünglich eine Ausnahme[9]. So ging sie zugunsten des Anlegers davon aus, dass der Prospekt die Einschätzung des Wertpapiers in Fachkreisen mitbestimmt und damit beim Publikum eine Anlagestimmung erzeugt. Auf eine tatsächliche Kenntnis des Anlegers vom Prospekt kam es dabei nicht an[10].

Für eine Haftung nach § 21 Abs. 1 WpPG ist **Verschulden** erforderlich, dh der Ad- **226**
ressat der Prospekthaftung muss die Fehlerhaftigkeit des Prospekts gekannt oder grob fahrlässig nicht gekannt haben (§ 23 Abs. 1 WpPG). Grobe Fahrlässigkeit bedeutet, dass die erforderliche Sorgfalt in besonders schwerem Maße verletzt wurde. Dabei spielt der persönliche Kenntnisstand des möglichen Prospektverantwortlichen (Emittent, Emissionsbegleiter, sonstiger Prospektersteller) eine Rolle. Es darf auch **kein Haftungsausschluss** nach § 23 WpPG vorliegen. Dabei ist zwischen individueller Entlastung mangels Verschuldens und allgemeiner Entlastung etwa durch den Nachweis fehlender haftungsbegründender (§ 23 Abs. 2 Nr 1 WpPG) oder haftungsausfüllender Kausalität (§ 23 Abs. 2 Nr 2 WpPG) zu unterscheiden.

Eine **Haftungsbeschränkung** oder ein Haftungserlass im Voraus sind unwirksam **227**
(§ 25 Abs. 1 WpPG). Anders als noch bei § 47 Abs. 2 BörsG aF besteht keine Beschränkung auf Vorsatz oder grobe Fahrlässigkeit, vielmehr kommen deliktische Ansprüche auch bei lediglich fahrlässigem Verhalten in Betracht (§ 25 Abs. 2 WpPG)[11].

Es gelten die allgemeinen **Verjährungsregeln** der §§ 195, 199 BGB. Die Ansprüche **228**
wegen eines fehlerhaften (oder fehlenden) Prospekts verjähren daher innerhalb von drei Jahren ab dem Schluss des Jahres, in dem der Gläubiger Kenntnis von den anspruchsbegründenden Umständen und der Person des Schuldners erlangt, spätestens aber in zehn Jahren[12]. Des Weiteren ist nun nicht mehr positive Kenntnis des Erwer-

7 So schon die Gesetzesbegründung zu § 44 BörsG aF Begr. RegE 3. FMFG, BT-Drucks. 13/8933, S. 76; vgl auch *Schwark*, in: Schwark/Zimmer, KMRK, §§ 44, 45 BörsG Rn 36 f.

8 *Groß*, KMR, § 21 WpPG Rn 70; vgl auch *Langenbucher*, § 14 Rn 51 ff.

9 BGH NJW 1982, 2827 („Beton- und Monierbau"); BGHZ 139, 225 („Elsflether Werft"); *Bröcker*, in: Claussen, Bank- und Börsenrecht, § 6 Rn 119 f.

10 BGHZ 160, 134, 144 f = NJW 2004, 2664, 2666 f („Infomatec I"); zur Anlagestimmung *Groß*, KMR, § 21 WpPG Rn 70; *Hamann*, in: Schäfer/Hamann, §§ 44, 45 BörsG Rn 259.

11 Zur praktisch geringen Bedeutung *Leuering*, NJW 2012, 1905, 1906.

12 *Leuering*, NJW 2012, 1905, 1906.

bers für den Verjährungsbeginn erforderlich, sondern es genügt grob fahrlässige Unkenntnis (§ 199 Abs. 1 Nr 2 BGB).

b) Rechtsfolgen

229 Rechtsfolge ist nicht voller Schadensersatz, sondern „Rückabwicklung“[13]. § 21 WpPG differenziert danach, ob der Anspruchsteller noch Inhaber der Wertpapiere ist oder nicht. Im ersteren Fall kann er nach § 21 Abs. 1 Satz 1 WpPG die Übernahme der Wertpapiere gegen Erstattung des Erwerbspreises – maximal des Ausgabepreises – sowie die mit dem Erwerb verbundenen üblichen Kosten ersetzt verlangen (Naturalrestitution). Ist der Erwerber dagegen nicht mehr Inhaber der Wertpapiere, kann er nach § 21 Abs. 2 WpPG den Unterschiedsbetrag zwischen dem Erwerbspreis, soweit dieser nicht den Ausgabepreis übersteigt, und dem Veräußerungspreis der Wertpapiere verlangen sowie die mit dem Erwerb und der Veräußerung verbundenen üblichen Kosten (Maklercourtage, Provisionen etc).

2. Haftung für fehlenden Prospekt

230 Nach § 24 WpPG ist auch für einen fehlenden Prospekt zu haften. Diese Regelung entspricht, allerdings bezogen auf Wertpapierprospekte, dem § 21 VermAnlG. Zu berücksichtigen ist jedoch, dass ein fehlender Prospekt bei Wertpapierprospekten bereits zur mangelnden Börsenzulassung führt. In der Gesetzesbegründung wird daher klargestellt, dass der Anwendungsbereich der Regelung faktisch auf solche Prospekte beschränkt ist, die nicht Börsenzulassungsprospekte sind[14]. Die haftungsbegründende Kausalität der Pflichtverletzung wird vermutet[15]. Umstritten ist, ob ein Verschulden erforderlich ist. Überwiegend wird vom Erfordernis einer groben Fahrlässigkeit bei einer Umkehr der Beweislast ausgegangen (§§ 21 Abs. 1 Satz 1 iVm 23 Abs. 1 WpPG analog)[16].

231 Der Anspruch aus § 24 WpPG verjährt wie bei einem fehlerhaften Prospekt gemäß §§ 195, 199 BGB. Eine Haftungsbeschränkung oder ein -erlass im Voraus sind unwirksam (§ 25 Abs. 1 WpPG). Der Anleger kann neben einem Anspruch aus § 24 WpHG auch deliktische Ansprüche geltend machen. Es genügt fahrlässiges Verhalten des Anspruchsgegners (§ 25 Abs. 2 WpPG). In Bezug auf die **Rechtsfolgen** enthält § 24 WpPG eine dem § 21 WpPG entsprechende Regelung.

III. Haftung nach §§ 20 ff VermAnlG

232 Die §§ 20 ff VermAnlG gewähren dem Erwerber von Vermögensanlagen Ansprüche wegen eines fehlerhaften oder fehlenden Verkaufsprospekts. Wurde der Prospekt vor dem 1. Juni 2012 veröffentlicht, findet das VerkProspG aF Anwendung (§ 32 Abs. 2

13 *Wackerbarth/Eisenhardt*, Gesellschaftsrecht II, 2013, Rn 824 (sei eher Rücktrittsrecht).

14 Begr. RegE FinVermAnlG, BT-Drucks. 17/6051, S. 78; etwas anders *Leuering*, NJW 2012, 1905, 1907.

15 *Assmann*, in: Assmann/Schütze, § 5 Rn 223.

16 *Assmann*, in: Assmann/Schütze, § 5 Rn 228.

Satz 1 VermAnlG). Das gilt auch, wenn der Erwerber die Vermögensanlage zwar vor dem 1. Juni 2012 erworben hat, ein Prospekt zu diesem Zeitpunkt aber noch nicht veröffentlicht wurde (§ 32 Abs. 2 Satz 2 VermAnlG). Ungeklärt ist derzeit noch die Haftung in Bezug auf das sog. Crowdinvesting, das von der Prospektpflicht nach dem VermAnlG ausgenommen ist[17].

1. Haftung für fehlerhaften Verkaufsprospekt (§ 20 VermAnlG)

Die Haftung bei fehlerhaftem Verkaufsprospekt nach § 20 VermAnlG entspricht weitgehend derjenigen des § 13 VerkProspG aF iVm §§ 44 ff BörsG aF, so dass die Ausführungen von Rechtsprechung und Schrifttum zur Haftung nach § 13 VerkProspG aF iVm §§ 44 ff BörsG aF grundsätzlich auch weiterhin herangezogen werden können. **Anwendbar** ist das VermAnlG insbesondere nur dann, wenn bestimmte „Schwellenwerte" erreicht sind. Unanwendbar ist es, wenn bei einem Angebot von derselben Vermögensanlage nicht mehr als 20 Anteile angeboten werden oder bei denen der Verkaufspreis der im Zeitraum von zwölf Monaten angebotenen Anteile insgesamt 100 000 Euro nicht übersteigt oder bei denen der Preis jedes angebotenen Anteils mindestens 200 000 Euro je Anleger beträgt (§ 2 Nr 3 VermAnlG). **233**

Voraussetzung für eine Haftung ist, dass es sich um einen Verkaufsprospekt iS des VermAnlG handelt und dass dieser bzgl wesentlicher Angaben fehlerhaft (unrichtig oder unvollständig) ist[18]. Maßgeblich ist eine ex-ante-Sichtweise, dh der Zeitpunkt der Prospektveröffentlichung[19]. Wesentlich sind solche Angaben, die ein Anleger „eher als nicht" bei seiner Anlageentscheidung berücksichtigen würde[20]. Das Vorliegen von Unrichtigkeit oder Unvollständigkeit bemisst sich nach dem Empfängerhorizont. Hierbei ist grundsätzlich auf die Kenntnisse und Erfahrungen eines **durchschnittlichen Anlegers** abzustellen. Sofern sich der Emittent ausdrücklich auch an das unkundige und börsenunerfahrene Publikum wendet, ist auf einen durchschnittlichen (Klein-)Anleger abzustellen, der über keine Spezialkenntnisse verfügt[21]. **234**

Haftungsadressat ist derjenige, von dem der Erlass des Verkaufsprospekts ausgeht, und derjenige, der für den Prospekt die Verantwortung übernommen hat[22]. Beide haften gesamtschuldnerisch auf Schadensersatz (§ 20 Abs. 1 VermAnlG). **235**

Erforderlich ist zudem eine haftungsbegründende **Kausalität**, dh es muss ein ursächlicher Zusammenhang zwischen fehlerhaftem Prospekt und Erwerb der Vermögensanlage bestehen (§ 20 Abs. 4 Nr 1 VermAnlG). Die Kausalität wird vermutet[23]. Die Beweislast für deren Nichtvorliegen trägt der Haftungsadressat. Eine Haftung nach **236**

---

17 Siehe dazu *Bujotzek/Mocker*, BKR 2015, 358, 359 f.

18 Vgl Rn 199.

19 *Assmann*, in: Assmann/Schlitt/von Kopp-Colomb, § 13 VerkProspG Rn 32; *Kind*, in: Arndt/Voß, Verkaufsprospektgesetz, 2008, § 13 VerkProspG Rn 17.

20 Siehe BGHZ 195, 1, 10 Rn 24 unter Verweis auf *Assmann*, in: Assmann/Schlitt/von Kopp-Colomb, § 13 VerkProspG Rn 38.

21 BGHZ 195, 1 Rn 23; siehe auch BGH, 14. Mai 2013 – XI ZR 335/11, juris, Rn 25.

22 *Fleischer*, BKR 2003, 339, 343 f; *Kind*, in: Arndt/Voß, Verkaufsprospektgesetz, 2008, § 13 VerkProspG Rn 32; einschränkend bzgl der Hintermänner *Benecke*, BB 2006, 2597, 2599.

23 Vgl Begr. RegE FinVermAnlG, BT-Drucks. 17/6051, S. 63 (bei der Anmerkung zu § 22); vgl auch BGHZ 195, 1, 19 Rn 40 f.

§ 20 Abs. 1 VermAnlG setzt auch **Verschulden** voraus. Die Haftung entfällt, wenn der Anspruchsgegner nachweist, dass er die Unrichtigkeit oder Unvollständigkeit der Prospektangaben nicht gekannt hat und diese Unkenntnis nicht auf grober Fahrlässigkeit beruht. Ein Haftungsausschluss tritt zudem ein, wenn die fehlerhaften Angaben nicht zu einer Minderung des Erwerbspreises der Vermögensanlagen beigetragen haben oder der Erwerber die Fehlerhaftigkeit kannte (§ 20 Abs. 4 Nr 2 und 3 VermAnlG).

237 Die **Rechtsfolge** unterscheidet sich, je nachdem, ob der Erwerber noch Inhaber der Vermögensanlage ist oder nicht. Nach § 20 Abs. 1 VermAnlG kann derjenige, der noch Inhaber ist, die Übernahme der Vermögensanlagen gegen Erstattung des Erwerbspreises, soweit dieser den ersten Erwerbspreis der Vermögensanlagen nicht überschreitet, sowie die mit dem Erwerb verbundenen üblichen Kosten verlangen. Sofern der Erwerber nicht mehr Inhaber ist, kann er die Zahlung des Unterschiedsbetrags zwischen dem Erwerbspreis, soweit dieser den ersten Erwerbspreis nicht überschreitet, und dem Veräußerungspreis der Vermögensanlage verlangen. Außerdem kann er die mit dem Erwerb und der Veräußerung verbundenen üblichen Kosten geltend machen (§ 20 Abs. 2 VermAnlG).

238 **Verjährung** tritt innerhalb von drei Jahren ab Kenntnis oder zehn Jahren ab Entstehung des Schadensersatzanspruchs ein (§§ 195, 199 BGB). Die noch im VerkProspG enthaltene kurze Sonderverjährungsfrist von maximal drei Jahren ab Entstehung des Anspruchs wurde nicht übernommen.

239 Die nach §§ 44 Abs. 1 BörsG aF iVm § 13 Abs. 1 Nr 1 VerkProspG aF geltende sechsmonatige **Ausschlussfrist** für Haftungsansprüche wurde für Vermögensanlagen als nicht sachgerecht angesehen, da der Verkaufsprospekt für die Anlageentscheidung eine größere und zeitlich längere Bedeutung habe[24]. Damit sind alle Erwerbe während der Dauer des öffentlichen Angebots erfasst, begrenzt auf zwei Jahre nach dem ersten öffentlichen Angebot (§ 20 Abs. 1 Satz 1 VermAnlG). Die Bezugnahme auf die Dauer des öffentlichen Angebots wird damit begründet, dass danach für den Prospekt keine Nachtragspflicht mehr besteht, er also veraltet sein darf[25].

240 In Bezug auf das Verhältnis der Prospekthaftung nach dem VermAnlG zu deliktischen Ansprüchen, können letztere auch bei lediglich fahrlässigem Verhalten geltend gemacht werden (§ 20 Abs. 6 Satz 2 VermAnlG). Eine Beschränkung allein auf vorsätzliche oder grob fahrlässige unerlaubte Handlungen wurde nicht übernommen[26]. **Umstritten** ist das **Konkurrenzverhältnis** zur bürgerlichrechtlichen Prospekthaftung. Überwiegend wird angenommen, dass die bürgerlichrechtliche Prospekthaftung ieS vom VermAnlG verdrängt wird, wohingegen die bürgerlichrechtliche Prospekthaftung iwS anwendbar bleibt[27].

---

24 Siehe Begr. RegE FinVermAnlG, BT-Drucks. 17/6051, S. 61; siehe auch *Bußalb/Vogel*, WM 2012, 1416, 1420.

25 Begr. RegE FinVermAnlG, BT-Drucks. 17/6051, S. 62.

26 *Leuering*, NJW 2012, 1905, 1908.

27 *Suchomel*, NJW 2013, 1126, 1131; *Nobbe*, WM 2013, 193, 202.

2. Haftung für fehlenden Verkaufsprospekt (§ 21 VermAnlG)

Bei fehlendem Verkaufsprospekt haften sowohl der Anbieter als auch der Emittent (§ 21 Abs. 1 VermAnlG). § 21 VermAnlG entspricht weitgehend § 13a VerkProspG aF. Die sich dort stellenden Probleme werden daher auf die neue Regelung verlagert. **Voraussetzung** ist damit das Fehlen eines an sich nach dem VermAnlG notwendigen Verkaufsprospekts. Wie bei § 13a VerkProspG aF stellt sich auch hier die Frage nach der Erforderlichkeit von Kausalität und Verschulden. So wurde von einigen überzeugend angenommen, die haftungsbegründende Kausalität der Pflichtverletzung werde vermutet[28]. Andere gingen davon aus, dass in § 13a VerkProspG aF keine Kausalität verlangt werde[29]. Bei § 21 VermAnlG könnte parallel dazu davon ausgegangen werden, dass die haftungsbegründende Kausalität vermutet wird, sofern das Erwerbsgeschäft nach der Veröffentlichung eines Prospekts erfolgte[30]. Andere sehen eine Kausalität als nicht erforderlich an. Begründet wird das wie im Rahmen des VerkProspG damit, dass die Platzierung ohne Prospekt haftungsbegründend sei[31]. 241

Auch die Frage, ob § 13a VerkProspG aF eine **verschuldensunabhängige** Haftung enthält, wurde unterschiedlich beantwortet[32]. Eine solche sollte sich v.a. aus der Entstehungsgeschichte der Norm ergeben. Dem wurde zutreffend entgegengehalten, dass Verschuldensunabhängigkeit nicht den Grundsätzen des Schadensersatzrechts entspreche, es daher einer gesetzlichen Regelung bedurft hätte. Die Rechtsprechung ging jedenfalls davon aus, dass schon das Fehlen einer Prospektgestattung durch die BaFin (§ 8i Abs. 2 VerkProspG aF) zu einer Haftung nach § 13a VerkProspG aF führt[33]. Da ein Verschulden in der gesetzlichen Regelung des § 21 VermAnlG trotz entsprechender Überlegungen im Gesetzgebungsverfahren nicht vorgesehen ist, wird auch hier von manchen vom Erfordernis eines Verschuldens abgesehen[34], während andere hier ebenfalls mit den o.g. grundsätzlichen Erwägungen zumindest das Vorliegen von grober Fahrlässigkeit bei einer Beweislastumkehr verlangen[35]. 242

Die **Rechtsfolge** entspricht der bei fehlerhaftem Prospekt, dh es kann Übernahme der Vermögensanlagen gegen Erstattung des Erwerbspreises und der mit dem Erwerb verbundenen üblichen Kosten verlangt werden. Auch hier muss der Abschluss des Erwerbsgeschäfts nach Veröffentlichung des Prospekts und während der Dauer des öf- 243

28 *Assmann*, in: Assmann/Schlitt/von Kopp-Colomb, § 13a VerkProspG Rn 19; *Mülbert/Steup*, in: Habersack/Mülbert/Schlitt, Unternehmensfinanzierung, § 33 Rn 92 f.

29 OLG München, 2. November 2011 – 20 U 2289/11, juris, Rn 33; *Bohlken/Lange*, DB 2005, 1259, 1261; *Kind*, in: Arndt/Voß, VerkProspG, 2008, § 13a VerkProspG Rn 12.

30 *Assmann*, in: Assmann/Schütze, § 5 Rn 290.

31 Vgl *Horbach*, in: Münchener Handbuch des Gesellschaftsrechts, Bd. 2, 4. Aufl., 2014, § 69 Rn 35.

32 Bejahend OLG München, 2. November 2011 – 20 U 2289/11, juris, Rn 33 (sei eindeutiger Gesetzeswortlaut); *Habersack*, in: Habersack/Mülbert/Schlitt, Kapitalmarktinformation, § 29 Rn 66; *Barta*, NZG 2005, 305, 306 f; *Groß*, KMR, 4. Aufl., 2009, § 13a VerkProspG Rn 4; *Fleischer*, BKR 2004, 339, 346; *Benecke*, BB 2006, 2597, 2600; aA *Bongertz*, BB 2012, 470, 474 f; *Mülbert/Steup*, in: Habersack/Mülbert/Schlitt, Unternehmensfinanzierung, § 33 Rn 111 f; *Bohlken/Lange*, DB 2005, 1259, 1261 (Haftung nur für Vorsatz und grobe Fahrlässigkeit); *Schäfer*, ZGR 2006, 40, 51 f; *Assmann*, in: Assmann/Schlitt/von Kopp-Colomb, § 13a VerkProspG Rn 21 ff; *Klöhn*, DB 2012, 1854, 1856, 1859.

33 OLG München, 2. November 2011 – 20 U 2289/11, Rn 28, juris; aA *Bongertz*, BB 2012, 470 ff; *Klöhn*, DB 2012, 1854, 1859.

34 *Horbach*, in: Münchener Handbuch des Gesellschaftsrechts, 2. Bd., 4. Aufl., 2014, § 69 Rn 36.

35 *Assmann*, in: Assmann/Schütze, § 5 Rn 292.

fentlichen Angebots, spätestens jedoch innerhalb von zwei Jahren nach dem ersten öffentlichen Angebot der Vermögensanlagen im Inland erfolgt sein (§ 21 Abs. 1 Satz 1 VermAnlG). Für die Verjährung gelten die allgemeinen Regeln. Hinsichtlich des Bezugspunkts der Verjährung[36] ist die Kenntnis der anspruchsbegründenden Tatsachen ausreichend und keine rechtlich zutreffende Beurteilung des Vorgangs erforderlich.

3. Haftung für unrichtiges Vermögensanlagen-Informationsblatt (§ 22 VermAnlG)

244 **Voraussetzung** für eine Haftung nach § 22 VermAnlG ist das Vorliegen irreführender, unrichtiger oder nicht mit den einschlägigen Stellen des Verkaufsprospekts vereinbare Angaben[37]. Sofern es sich um Vermögensanlagen nach §§ 2a und b VermAnlG (Schwarmfinanzierung, soziale Projekte) handelt, wird für irreführende oder unrichtige Angaben gehaftet[38]. Ein **fehlendes** Informationsblatt führt zu keiner Haftung[39]. Bloße **Unvollständigkeit** des Informationsblatts führt nicht zu einer Haftung, da Vollständigkeit aufgrund der Limitierung des Umfangs auf nicht mehr als drei DIN-A4-Seiten (§ 13 Abs. 2 VermAnlG) gerade nicht verlangt werden kann[40]. Die Abgrenzung zwischen einem unvollständigen und einem fehlerhaften Prospekt kann in der Praxis problematisch sein[41].

245 Haftungsadressat ist der Anbieter (§ 22 Abs. 1 VermAnlG), der das Informationsblatt zu erstellen hat. Anbieter ist also derjenige, der für das öffentliche Anbieten die Verantwortung trägt und nach außen erkennbar als Anbieter auftritt[42]. Es gilt auch hier die zweijährige Ausschlussfrist (§ 22 Abs. 1 Satz 1 Nr 2 VermAnlG). Anders als in Bezug auf den fehlerhaften Prospekt, wo eine widerlegliche Vermutung besteht, hat der Anleger die Kausalität Informationsblatt und Erwerbsgeschäft darzulegen und zu beweisen („auf Grund“)[43]. In Bezug auf das Verschulden besteht auch beim Informationsblatt eine widerlegliche Vermutung, dass vorsätzlich oder grob fahrlässig gehandelt wurde (§ 22 Abs. 3 VermAnlG).

246 **Ausgeschlossen** ist eine Haftung, sofern der Erwerber die Unrichtigkeit der Information bei Erwerb kannte (§ 22 Abs. 4 Nr 1 VermAnlG). Ein Ausschluss ist auch gegeben, wenn die unrichtigen Angaben nicht zu einer Minderung des Erwerbspreises der Vermögensanlagen beigetragen haben (§ 22 Abs. 4 Nr 2 VermAnlG).

---

36 *Leuering*, NJW 2012, 1905, 1908.

37 Näher *Müchler*, WM 2012, 974, 979 f.

38 Zur bislang noch offenen Frage der Haftung bzgl der Angaben beim Crowdinvesting *Bujotzek/Mokker*, BKR 2015, 358, 359 f.

39 *Hanten/Reinholz*, ZBB 2012, 36, 47; differenzierend *Rinas/Pobortscha*, BB 2012, 1615, 1618; vgl *F.A. Schäfer/U. Schäfer*, ZBB 2013, 23, 29 f.

40 Begr. RegE FinVermAnlG, BT-Drucks. 17/6051, S. 37 f.

41 *F.A. Schäfer/U. Schäfer*, ZBB 2013, 23, 30.

42 Vgl *Horbach*, Münchener Handbuch des Gesellschaftsrechts, Bd. 2, 4. Aufl., 2014, § 69 Rn 43; ausführlich dazu etwa schon *Arndt/Voß*, in: Arndt/Voß, VerkProspG, 2008, Vor § 8f VerkProspG Rn 5 ff (unter Bezugnahme auf die Zwei-Elemente-Lehre).

43 Begr. RegE FinVermAnlG, BT-Drucks. 17/6051, S. 63; *Hanten/Reinholz*, ZBB 2012, 36, 47; zu „gewisse(n)“ Beweiserleichterungen *Hellgardt*, ZBB 2012, 73, 83 f.

Rechtsfolge ist die Rückabwicklung der Zeichnung der Vermögensanlage gegen Erstattung des Erwerbspreises und der mit dem Erwerb verbundenen üblichen Kosten (§ 22 Abs. 1 VermAnlG). Neu ist die Möglichkeit der Rückabwicklung der Vermögensanlage in bestimmten Fällen, ohne dass es auf eine Kausalität für die Anlageentscheidung oder ein Verschulden ankommt (§ 22 Abs. 4a VermAnlG-neu). Dies ist der Fall, wenn das **Informationsblatt** nicht zur Verfügung gestellt wurde, der Warnhinweis (§ 13 Abs. 6 VermAnlG) oder die Bestätigung des Kunden bzgl des Warnhinweises fehlt[44]. Als Gesetzeslücke wird im Schrifttum angesehen, dass der Anspruch nach dieser Regelung nicht bestehen soll, wenn die Anlage bereits veräußert wurde. Ein Anspruch auf den Unterschied zwischen Erwerbs- und Veräußerungspreis ist nämlich nicht vorgesehen[45]. 247

V. Haftung nach § 306 KAGB

Die Prospekthaftung sowie die Haftung für die wesentlichen Anlegerinformationen sind in § 306 KAGB geregelt[46]. Dieser entspricht im Wesentlichen dem aufgehobenen § 127 InvG[47] sowie § 20 Abs. 1 VermAnlG. § 306 KAGB gilt einheitlich für alle offenen und geschlossenen AIF. 248

1. Haftungsadressat, Anspruchsberechtigter

Haftungsschuldner sind die Verwaltungsgesellschaft als Manager, die Initiatoren als Prospekterlasser und die Hintermänner als Prospektveranlasser[48]. Daneben sind auch die Vertriebe (vgl § 293 Abs. 1 KAGB) einer Prospekthaftung unterworfen. Die Verwaltungsgesellschaft haftet als Gesamtschuldner (§ 421 BGB) zusammen mit gewerbsmäßigen Anteilsverkäufern und Vermittlern. Anteilsverkäufer können etwa Finanzdienstleistungsinstitute sein, welche die Anteile als Kommissionäre oder Eigenhändler verkaufen. 249

Der Vermittler bzw derjenige, der die Anteile in fremdem Namen verkauft hat, haftet dem Käufer der Anteile, soweit er die Unrichtigkeit oder Unvollständigkeit des Prospekts gekannt hat (§ 306 Abs. 4 Satz 1 KAGB, Privilegierung durch reduzierte Haftung). Nach § 306 Abs. 4 KAGB kann trotz des Wortlauts auch eine anlageberatende Bank Haftungsadressat sein, da sie zumeist auch vermittelt[49]. Wie bei § 20 Abs. 1 VermAnlG haftet auch hier nicht der sog. Prospektgarant. Ansprüche aus § 306 Abs. 1, 2, 4 und 5 KAGB können nicht im Voraus ermäßigt oder erlassen werden (§ 306 Abs. 6 KAGB). 250

---

44 Kritisch *Casper*, ZBB 2015, 265, 275; siehe auch *Kollrus*, MDR 2015, 1396, 1399.

45 *Möllers/Kastl*, NZG 2015, 849, 852.

46 Zum Anlegerschutz als Leitprinzip im Investmentrecht *Köndgen/Schmies*, in: Schimansky/Bunte/Lwowski, Bankrechts-Handbuch, 4. Aufl., 2011, § 113 Rn 35 ff.

47 Siehe hierzu noch *Buck-Heeb*, Kapitalmarktrecht, 6. Aufl., 2013, Rn 744 ff; siehe auch das sog. KAGB-Reparaturgesetz BGBl. I 2014, S. 934 ff.

48 Zur möglichen Haftung von Wirtschaftsprüfern *Schultheiß*, BKR 2015, 133 ff.

49 *Paul*, in: Weitnauer/Boxberger/Anders, § 306 KAGB Rn 39; ausführlich *Hanke*, BKR 2014, 441, 446 f.

251 **Anspruchsberechtigt** ist der Käufer von Anteilen oder Aktien. Der Erwerber kann auch dann einen Anspruch geltend machen, wenn er nicht mehr Anteilsinhaber ist (§ 306 Abs. 1 Satz 2, Abs. 2 Satz 2, Abs. 5 Satz 2 KAGB). Der Zweiterwerber kann einen Anspruch aus § 306 KAGB geltend machen, wenn er die Anteile aufgrund des fehlerhaften Prospekts erworben hat[50].

2. Haftung für fehlerhaften Prospekt

a) Voraussetzungen

252 Sind Angaben, die für die Beurteilung der Anteile von wesentlicher Bedeutung sind, im Prospekt unrichtig oder unvollständig, kann derjenige, der aufgrund des Prospekts Anteile gekauft hat, **Schadensersatz** verlangen (§ 306 Abs. 1 KAGB). Das kann er auch, wenn die in den wesentlichen Anlegerinformationen enthaltenen Angaben irreführend, unrichtig oder nicht mit dem Verkaufsprospekt vereinbar sind (§ 306 Abs. 2 KAGB). Dort kommt aber eine Haftung für die Vollständigkeit nicht in Betracht[51].

253 Es muss sich um einen **Verkaufsprospekt** handeln[52]. Zudem müssen unrichtige oder unvollständige Angaben, die für die Beurteilung der Anteile oder Aktien von wesentlicher Bedeutung sind, vorliegen. Angeknüpft wird an den Verkaufsprospekt, der zur Erlangung der Vertriebsgenehmigung vorgelegt werden muss (§§ 20, 269 KAGB)[53]. Für andere Werbeaussagen besteht keine Prospekthaftung nach dem KAGB[54]. Die Beurteilung einer Verwirklichung der Unrichtigkeit oder Unvollständigkeit richtet sich nach dem Empfängerhorizont des sog. durchschnittlichen Anlegers.

254 Ursprünglich musste der Anleger nach § 306 Abs. 1 KAGB aF den Beweis für die **Kausalität** erbringen, dh dass er die Anteile „auf Grund des Verkaufsprospekts" gekauft hatte[55]. Aufgrund der Änderungen durch das sog. KAGB-Reparaturgesetz[56] wird nunmehr die haftungsbegründende Kausalität vermutet, dh der Anspruchsgegner hat die Transaktionskausalität zu beweisen (vgl § 306 Abs. 3 Satz 2 Nr 2 KAGB)[57].

255 Der gewerbsmäßige Verkäufer haftet nur für **Vorsatz** und **grobe Fahrlässigkeit** (§ 306 Abs. 3 Satz 1 KAGB)[58]. Das Verschulden wird widerleglich vermutet. Die Haftung entfällt, wenn der Haftungsschuldner nachweist, dass er die Unrichtigkeit oder Unvollständigkeit des Prospekts oder der wesentlichen Anlegerinformationen nicht gekannt hat und die Unkenntnis nicht auf grober Fahrlässigkeit beruht (§ 306

50 *Assmann*, in: Assmann/Schütze, § 5 Rn 393.

51 *Bujotzek/Steinmüller*, DB 2011, 2305, 2308.

52 Zur Problematik der mangelnden Definition *Horbach*, in: Münchener Handbuch des Gesellschaftsrechts, Bd. 2, 4. Aufl., 2014, § 69 Rn 14; zur autonomen Bestimmung *Schultheiß*, BKR 2015, 133, 135; *Paul*, in: Boxberger/Weitnauer/Anders, § 306 KAGB Rn 13 f.

53 Zu den Voraussetzungen iS des KAGB genauer unten Teil VI.

54 *Schnauder*, jurisPR-BKR 10/2013 Anm. 1 unter C.I.

55 *Hanke*, BKR 2014, 441, 447; kritisch *Schnauder*, jurisPR-BKR 10/2013 Anm. 1 unter C. I.; *ders.*, NJW 2013, 3207, 3209; *Assmann*, in: Assmann/Schütze, § 5 Rn 401.

56 Siehe *Patzner/Schneider-Deters*, in: Patzner/Döser/Kempf, Investmentrecht, 2. Aufl., 2015, § 306 KAGB Rn 2; anders noch *Paul*, in: Weitnauer/Boxberger/Anders, § 306 KAGB Rn 10.

57 Dezidiert vorgesehen aufgrund des Gesetzes zur Anpassung von Gesetzen auf dem Gebiet des Finanzmarktes von 2014 (für Teile auch „KAGB-Reparaturgesetz" genannt), siehe BT-Drucks. 18/1305, S. 51.

58 *Paul*, in: Weitnauer/Boxberger/Anders, § 306 KAGB Rn 32 f; weitergehend *Assmann*, in: Assmann/Schütze, § 5 Rn 405.

Abs. 3 Satz 1 KAGB). Der gewerbsmäßige Vermittler haftet dagegen nach § 306 Abs. 4 Satz 1 KAGB nur dann, wenn er die Unrichtigkeit oder Unvollständigkeit des Prospekts positiv gekannt hat. Das soll nach Ansicht mancher so zu lesen sein, dass er seine Unkenntnis nachweisen muss, es aber unerheblich ist, ob diese auf grober Fahrlässigkeit beruht[59].

Für **Spezial-AIF**, die lediglich (semi)professionellen Anlegern offenstehen, besteht zwar keine Prospektpflicht und auch keine Pflicht bzgl des Zurverfügungstellens wesentlicher Anlegerinformationen. In § 307 KAGB sind aber vergleichbare Informationspflichten vorgesehen. Bei deren Verletzung gilt § 306 Abs. 1 KAGB entsprechend (**§ 307 Abs. 3 KAGB**). § 307 Abs. 3 KAGB verweist jedoch nicht auf § 306 Abs. 5 KAGB, so dass professionelle und semiprofessionelle Anleger bei Nichtübermittlung der Vertriebsinformationen nur ein Widerrufsrecht zusteht (§ 307 Abs. 2 iVm § 305 KAGB). **256**

Eine Haftungsbeschränkung wie bei den §§ 22 Abs. 1 Nr 2, 20 Abs. 1 Satz 1 VermAnlG fehlt. Die Verjährung richtet sich nach den allgemeinen Regeln (§§ 195, 199 BGB). **257**

b) Rechtsfolge

Rechtsfolge ist die Übernahme der Anteile durch den Haftenden gegen Erstattung des vom Anleger gezahlten Betrags (§ 306 Abs. 1 Satz 2 KAGB). Kritisiert wird hieran, der Gesetzgeber habe übersehen, dass die Inanspruchnahme der geschlossenen Investment-KG auf „Übernahme der Anteile" an gesellschaftsrechtliche Schranken stößt, da eine Personengesellschaft keine eigenen Anteile halten kann. Insofern fragt sich, ob stattdessen eine „Austrittskündigung" in Betracht kommt[60]. **258**

Nach § 306 Abs. 6 Satz 2 bleiben weitergehende Ansprüche, die sich aus dem BGB aufgrund von Verträgen oder unerlaubten Handlungen ergeben, unberührt. Noch nicht vollständig geklärt ist, ob neben der Haftung aus § 306 KAGB noch eine solche aus **bürgerlichrechtlicher Prospekthaftung** in Betracht kommt. Teilweise wird dies in Bezug auf die nach dem KAGB bestehen bleibenden Haftungslücken bejaht[61]. Andere wollen beide Haftungsregimes nebeneinander bestehen lassen[62]. Allerdings wird ein solcher Anspruch aufgrund der Stellung des § 306 KAGB als lex specialis abzulehnen sein[63]. **259**

3. Haftung für nicht veröffentlichten Prospekt

Nach § 306 Abs. 5 KAGB tritt eine Haftung auch dann ein, wenn gesetzeswidrig, dh entgegen den Vorgaben der §§ 164 Abs. 1, 268 Abs. 1, 298 Abs. 1 oder 299 Abs. 1 KAGB, ein Verkaufsprospekt nicht veröffentlicht wurde. Damit ist auch nach dem **260**

---

59 So *Assmann*: in: Assmann/Schütze, § 5 Rn 406.

60 *Schnauder*, NJW 2013, 3207, 3210.

61 *Suchomel*, NJW 2013, 1126, 1131; *Nobbe*, WM 2013, 193, 202; *Schnauder*, jurisPR-BKR 10/2013 Anm. 1 unter C.II.; *ders.*, NJW 2013, 3207, 3211 f.

62 Vgl *Grundmann*, in: Schimansky/Bunte/Lwowski, Bankrechts-Handbuch, 4. Aufl., 2011, § 112 Rn 46 ff.

63 Vgl *Buck-Heeb*, Kapitalmarktrecht, 6. Aufl., 2013, Rn 753; MünchKommBGB/*Emmerich*, 7. Aufl., 2016, § 311 BGB Rn 136; *Paul*, in: Weitnauer/Boxberger/Anders, § 306 KAGB Rn 53.

KAGB, wie schon nach § 21 Abs. 1 VermAnlG und § 24 WpPG, eine Haftung bei fehlendem Prospekt vorgesehen. Erforderlich erschien dem Gesetzgeber eine solche Haftungsregelung schon deshalb, weil in einem solchen Fall mangels Prospekts kein Anspruch aus allgemeiner Prospekthaftung bestehen kann[64].

261 Für eine Haftung muss das Erwerbsgeschäft, dh das schuldrechtliche Geschäft, vor Veröffentlichung des Prospekts und innerhalb von zwei Jahren nach dem ersten Anbieten oder Platzieren abgeschlossen sein. Die haftungsbegründende Kausalität wird widerleglich vermutet. Umstritten ist, ob eine Haftung nach § 306 Abs. 1, Abs. 3 Satz 1 KAGB analog nur bei Vorsatz und grober Fahrlässigkeit eintritt oder ob eine verschuldensunabhängige Haftung gegeben sein soll[65]. Nach § 306 Abs. 5 Satz 3 KAGB besteht kein Prospekthaftungsanspruch wegen Nichtveröffentlichung des Verkaufsprospekts, wenn der Erwerber die Pflicht der Prospektveröffentlichung beim Erwerb kannte (Sonderregelung eines **Mitverschuldens**).

4. Haftung für wesentliche Anlegerinformationen

262 Gehaftet wird auch, wenn in den wesentlichen Anlegerinformationen irreführende, unrichtige oder nicht mit dem Verkaufsprospekt vereinbare Angaben enthalten sind (§ 30a6 Abs. 2 Satz 1 KAGB). Wesentliche Anlegerinformationen sind dabei die Informationen nach §§ 166 Abs. 2–8, 262 Abs. 1 Satz 4, 262 Abs. 2 Satz 2, 263 Abs. 5 Satz 2 und 270 KAGB bzw nach §§ 298 Abs. 1 Satz 2, 301 KAGB. Diese sind jeweils auf dem neuesten Stand zu halten (§§ 164 Abs. 3, 268 Abs. 2 KAGB). Eine Haftung für Vollständigkeit kommt hier aufgrund des Charakters der wesentlichen Anlegerinformationen nicht in Betracht. Eine Haftung für mit dem Prospekt nicht vereinbare Angaben folgt in der Konsequenz aus den Vorgaben in den §§ 166 Abs. 3 Satz 3, 270 Abs. 1 KAGB zur Übereinstimmung von Prospekt und Anlegerinformationen.

263 Nach § 306 Abs. 2 Satz 1 KAGB aF hatte der Anspruchsteller das Vorliegen der **Kausalität** zu beweisen, dh dass er aufgrund dieser Informationen die Anteile oder Aktien gekauft hat[66]. Nunmehr gilt auch hier die Vermutung der haftungsbegründenden Kausalität[67]. In Bezug auf das Verschulden gilt auch hier grundsätzlich eine Haftung für Vorsatz und grobe Fahrlässigkeit, wohingegen der gewerbsmäßig Vermittler ebenfalls lediglich für Vorsatz haftet[68]. **Fehlen** die wesentlichen Anlegerinformationen, hat dies keine Prospekthaftung zur Folge, sondern lediglich ein Bußgeld (§ 340 Abs. 2 Nr 18 f KAGB). Eine Haftungsfreizeichnung im Voraus ist nach § 306 Abs. 6 Satz 1 KAGB nicht möglich.

64 *Assmann*, in: Assmann/Schütze, § 5 Rn 325 f.
65 *Assmann*, in: Assmann/Schütze, § 5 Rn 448 (gegen eine verschuldensunabhängige Haftung).
66 *Paul*, in: Boxberger/Weitnauer/Anders, § 306 KAGB Rn 30; *Assmann*, in: Assmann/Schütze, § 5 Rn 435.
67 Siehe das sog. KAGB-Reparaturgesetz, BGBl. I 2014, S. 934, 945.
68 *Assmann*, in: Assmann/Schütze, § 5 Rn 436.

VI. Sonstige Haftungsgrundlagen

Ein Zusammentreffen der gesetzlichen Prospekthaftung mit **vertraglichen** oder vorvertraglichen Ansprüchen ist möglich, aber in der Praxis selten. Voraussetzung hierfür ist, dass eine vertragliche Beziehung zwischen dem Anleger und dem Emittenten[69] bzw der emissionsbegleitenden Bank besteht[70]. 264

Neben der Prospekthaftung sind deliktische Ansprüche möglich (§ 25 Abs. 2 WpPG, § 20 Abs. 6 Satz 2 VermAnlG, § 21 Abs. 5 Satz 2 VermAnlG, § 306 Abs. 6 Satz 2 KAGB). Während nach § 47 Abs. 2 BörsG aF nur vorsätzlich oder grob fahrlässig begangene unerlaubte Handlungen in Betracht kamen, ist nunmehr auch eine Haftung für leicht fahrlässige unerlaubte Handlungen möglich. Die bürgerlich-rechtliche Prospekthaftung wird nach hM grundsätzlich verdrängt[71]. 265

Eine Haftung aus **§ 823 Abs. 2 BGB** setzt eine Schutzgesetzverletzung voraus. Bei betrügerischen Prospekten kann § 263 StGB (Betrug) oder § 264a StGB (Kapitalanlagebetrug) Schutzgesetz sein[72]. Ein weiteres Schutzgesetz ist § 400 AktG, wonach vorsätzliche unrichtige Angaben in Prospekten unter Strafe gestellt sind[73]. Dagegen dient die in § 41 BörsG geregelte Auskunftspflicht nur dem institutionellen Anlegerschutz („Publikum"). Sie ist deshalb weder selbstständige Anspruchsgrundlage noch Schutzgesetz iS des § 823 Abs. 2 BGB. Auch die Pflicht zur Prospekterstellung bzw -veröffentlichung bzw zum Zurverfügungstellen wesentlicher Anlegerinformationen/Produktinformationen kann kein Schutzgesetz darstellen, obwohl teilweise für § 127 Abs. 2 InvG aF angenommen wurde, dieser könne zivilrechtliche Haftungsansprüche begründen[74]. 266

Bei in sittenwidriger Weise mit Schädigungsvorsatz verfassten Prospekten kann eine Haftung nach **§ 826 BGB** bestehen. Ausgeschlossen ist jedoch eine allgemeine zivilrechtliche Prospekthaftung neben einer Haftung aus §§ 21 ff WpPG[75]. Bei Verletzung des § 26 BörsG (Verleitung zu Börsenspekulation) wird überwiegend eine Schutzgesetzverletzung bejaht[76]. 267

VII. Keine Nichtigkeit der Kaufverträge

Auch wenn die Prospektpflicht nach dem WpPG, dem VermAnlG oder dem KAGB nicht oder nicht vollständig erfüllt ist, sind abgeschlossene Kaufverträge nicht nichtig, da die Regelungen der Prospektpflicht keine Verbotsgesetze iS des § 134 BGB darstellen. Verboten wird hier nicht der Abschluss von Kaufverträgen über die Wert- 268

69 Vgl OLG Frankfurt ZIP 2012, 1236 ff („TELEKOM").
70 *Kort*, AG 1999, 9, 18.
71 *Schultheiß*, BKR 2015, 133, 137; *Hanke*, BKR 2014, 441, 448; *Paul*, in: Weitnauer/Boxberger/Anders, § 306 KAGB Rn 53.
72 BGH WM 1991, 2090, 2092; OLG Frankfurt WM 1992, 572, 576.
73 *Bernsmann*, in: Heidel, § 400 AktG Rn 1.
74 Begr. RegE OGAW-IV-UmsG, BT-Drucks. 17/4510, S. 84.
75 Vgl *Kort*, AG 1999, 9, 19.
76 *Schwark*, in: Schwark/Zimmer, KMRK, § 26 BörsG Rn 7; *Uhl*, in: Heidel, § 26 BörsG Rn 2.

papiere, sondern nur das öffentliche Angebot dieser Wertpapiere[77]. Die Bestimmungen zur Prospektpflicht richten sich darüber hinaus lediglich an den Anbieter, nicht an den Vertragspartner. Hinzu kommt, dass die Haftungsregelungen der §§ 21 ff WpPG, §§ 20 ff VermAnlG und § 306 KAGB hinfällig wären, wenn ein Verstoß gegen die Prospektpflicht bereits zur Unwirksamkeit der Erwerbsgeschäfte führen würde. Damit sind abgeschlossene Kaufverträge wirksam.

269 **Lösung Fall 2 (Rn 215):** A könnte gegen die B-Bank einen Anspruch auf Schadensersatz aus **§ 21 Abs. 1 Satz 1 WpPG** haben. Bei den Aktien der X-AG handelt es sich um Wertpapiere, die zum Börsenhandel aufgrund eines Prospekts zugelassen sind. Der Emissionsprospekt müsste des Weiteren in Bezug auf Angaben, die für die Beurteilung der Aktien der X-AG wesentlich sind, unrichtig oder unvollständig sein. Als unrichtige Prospektangabe kommt hier die Prognose der X-AG bzgl Marktreife und Gewinn in Betracht. Prospektangaben sind nach hM nicht nur Tatsachen, sondern auch Prognosen und Werturteile. Maßgeblich für die Unrichtigkeit oder Unvollständigkeit des Prospekts ist der Zeitpunkt der Prospekterstellung bzw dessen Veröffentlichung. Hier war bereits bei der Prospekterstellung ungewiss, ob die Forschungen jemals zu einem marktreifen Medikament führen würden. Damit war zugleich die Gewinnerwartung unzutreffend. Die prognostizierten Gewinne waren ausschlaggebend für die Entscheidung der Anleger, in die Aktien der X-AG zu investieren. Folglich war der Emissionsprospekt hinsichtlich der Angaben unrichtig, die für die Beurteilung der Aktien wesentlich waren. A hat die Aktien kurz nach deren Emission und damit nach Veröffentlichung des Prospekts innerhalb von sechs Monaten nach erstmaliger Einführung der Wertpapiere erworben.

Fraglich ist, ob die B-Bank richtiger Haftungsadressat der Prospekthaftung ist. Voraussetzung dafür ist, dass die B-Bank die Verantwortung für den Emissionsprospekt der X-AG übernommen hat (§ 21 Abs. 1 Satz 1 Nr 1 WpPG) oder der Erlass des Prospekts von ihr ausging (§ 21 Abs. 1 Satz 1 Nr 2 WpPG). Prospektverantwortlicher ist, wer nach außen erkennbar zu denen gehört, die den Prospekt erlassen haben. Das sind in erster Linie diejenigen, die den Prospekt unterzeichnet und damit erklärt haben, für seinen gesamten Inhalt verantwortlich zu sein[78]. Gemäß § 32 Abs. 2 BörsG iVm § 5 Abs. 3 und Abs. 4 WpPG sind das der Emittent und das emissionsbegleitende Kredit- oder Finanzdienstleistungsinstitut. Die B-Bank hat als Kreditinstitut die Emission der Aktien der X-AG begleitet und ist damit Prospektverantwortlicher iS des § 21 Abs. 1 Satz 1 Nr 1 WpPG.

Die haftungsbegründende Kausalität zwischen Prospektfehler und Erwerb der Aktien durch A wird nach § 23 Abs. 2 Nr 1 WpPG vermutet. A hat im vorliegenden Fall den Emissionsprospekt gelesen und auf dessen Grundlage die Aktien der X-AG erworben, so dass die B-Bank diese Vermutung auch nicht entkräften kann. Das gilt auch für die Kenntnis bzw grob fahrlässige Unkenntnis der B-Bank von der fehlerhaften Prognose im Emissionsprospekt (§ 23 Abs. 1 WpPG). So hätte die B-Bank laut Sachverhalt erkennen können, dass es der X-AG unmöglich war, innerhalb von zwei Jahren das Medikament auf den Markt zu bringen und ein Jahr später erhebliche Gewinne zu generieren. Ein Haftungsausschluss gemäß § 23 Abs. 2 Nr 3–5 WpPG ist ebenfalls nicht ersichtlich, so dass A dem Grunde nach einen Anspruch auf Schadensersatz gegen die B-Bank nach § 21 Abs. 1 Satz 1 WpPG hat.

A ist noch Inhaber der Aktien der X-AG und kann daher gemäß § 21 Abs. 1 Satz 1 WpPG die Erstattung des Erwerbspreises, maximal jedoch den Ausgabepreis, sowie die üblichen Erwerbskosten verlangen. Im Gegenzug ist er zur Übertragung der Aktien an die B-Bank

77 Vgl *Groß*, KMR, § 3 WpPG Rn 14; *Holzborn/Israel*, in: Holzborn, WpPG, 2008, § 3 WpPG Rn 11.
78 *Assmann*, in: Assmann/Schütze, § 5 Rn 153.

verpflichtet. A hat 30 Euro pro Aktie bezahlt, der Ausgabepreis betrug indes nur 20 Euro. Somit kann A von der B-Bank lediglich Zahlung von 4000 Euro verlangen. Ein Haftungsausschluss nach § 23 Abs. 2 Nr 2 WpPG (haftungsausfüllende Kausalität) ist nicht gegeben. Nach der Mitteilung der X-AG, dass die Forschung an dem Medikament keinen Erfolg verspricht, sind deren Aktien faktisch wertlos geworden. Somit hat der wahre Sachverhalt – Scheitern des Forschungsvorhabens und Ausbleiben von Gewinnen – zu einer Minderung des Börsenpreises geführt. Dementsprechend kann A von der B-Bank Zahlung von 4000 Euro nebst den üblichen Erwerbskosten Zug um Zug gegen Übertragung der Aktien der X-AG verlangen.

Andere Schadensersatzansprüche, etwa aus einem (vor-)vertraglichen Verhältnis mit der Bank, aus § 823 Abs. 2 BGB iVm einem Schutzgesetz oder aus § 826 BGB sind zwar grundsätzlich denkbar (vgl § 25 Abs. 2 WpPG), aufgrund des Sachverhalts hier aber nicht ersichtlich.

Gutachtenaufbau 270

§ 21 Abs. 1 Satz 1 WpPG (Haftung für fehlerhaften Börsenzulassungsprospekt)

1. Prospekt (§ 3 Abs. 4 WpPG)
   - Börsenzulassungsprospekt (§ 32 Abs. 3 Nr 2 BörsG)
   - Verkaufsprospekt (§ 22 WpPG)
2. Unrichtigkeit oder Unvollständigkeit der Angaben (Anlegerhorizont)
3. Haftungsadressat
   - Prospektverantwortlicher (§ 21 Abs. 1 Satz 1 Nr 1 WpPG)
   - Prospektveranlasser (§ 21 Abs. 1 Satz 1 Nr 2 WpPG)
4. Ersatzberechtigung des Anspruchstellers
   - entgeltlicher Erwerb der Wertpapiere
   - innerhalb von sechs Monaten seit Erstveröffentlichung des Prospekts
5. Haftungsbegründende Kausalität
   - zwischen fehlerhaftem Prospekt und Erwerb der Wertpapiere
   - wird vermutet (§ 23 Abs. 2 Nr 1 WpPG)
6. Verschulden
   - Kenntnis oder grob fahrlässige Unkenntnis des Prospektfehlers
   - wird vermutet (§ 23 Abs. 1 WpPG)
7. Kein Haftungsausschluss (§ 23 WpPG)
8. Rechtsfolge: Schadensersatz (§§ 249 ff BGB)
   - Erstattung des Erwerbspreises und üblicher Erwerbskosten Zug um Zug gegen Übertragung der Wertpapiere (§ 21 Abs. 1 Satz 1 WpPG)
   - Differenzbetrag zwischen Veräußerungspreis und Erwerbspreis und übliche Kosten (§ 21 Abs. 2 WpPG)

271 **Gutachtenaufbau**

§ 20 Abs. 1 Satz 1 VermAnlG (Haftung für fehlerhaften Verkaufsprospekt)

1. Verkaufsprospekt über Vermögensanlagen
2. Prospektfehler (Unrichtigkeit/Unvollständigkeit wesentlicher Prospektangaben)
3. Haftungsadressat
4. Ersatzberechtigung des Anspruchstellers
   - entgeltlicher Erwerb
   - innerhalb von max. zwei Jahren nach erstem öffentlichem Angebot
5. Haftungsbegründende Kausalität
   - zwischen fehlerhaftem Prospekt und Erwerb der Vermögensanlage
   - wird vermutet (§ 20 Abs. 4 Nr 1 VermAnlG)
6. Verschulden
   - Kenntnis oder grob fahrlässige Unkenntnis des Prospektfehlers
   - wird vermutet (§ 20 Abs. 3 VermAnlG)
7. Kein Haftungsausschluss (§ 20 Abs. 4 VermAnlG)
8. Rechtsfolge: Schadensersatz (§§ 249 ff BGB)
   - Erstattung des Erwerbspreises und übliche Erwerbskosten Zug um Zug gegen Übertragung der Vermögensanlage (§ 20 Abs. 1 Satz 1 VermAnlG)
   - Differenzbetrag zwischen Veräußerungspreis und Erwerbspreis und übliche Kosten (§ 20 Abs. 2 VermAnlG)

272 **Gutachtenaufbau**

§ 306 Abs. 1 KAGB (Haftung für fehlerhaften Verkaufsprospekt)

1. Verkaufsprospekt (§§ 165, 269 KAGB)
2. Prospektfehler (Unrichtigkeit/Unvollständigkeit wesentlicher Prospektangaben)
3. Haftungsadressat
   - Verwaltungsgesellschaft
   - sonstige Prospektverantwortliche
   - Prospekterlasser
   - gewerbsmäßige Verkäufer der Anteile/Aktien in eigenem Namen
   - gewerbsmäßiger Verkaufsvermittler/Verkäufer der Anteile/Aktien in fremdem Namen (§ 306 Abs. 4 Satz 1 KAGB)
4. Haftungsbegründende Kausalität
   - zwischen fehlerhaftem Verkaufsprospekt und Erwerb der Anteile/Aktien
   - wird nicht vermutet
5. Verschulden
   - Kenntnis oder grob fahrlässige Unkenntnis des Prospektfehlers
   - wird vermutet (§ 306 Abs. 3 Satz 1 KAGB)
6. Kein Haftungsausschluss (§ 306 Abs. 3 Satz 2 KAGB)
7. Rechtsfolge: Schadensersatz (§§ 249 ff BGB)
   - Erstattung des Erwerbspreises Zug um Zug gegen Übertragung der Anteile/Aktien (§ 306 Abs. 1 Satz 1 KAGB)
   - Differenzbetrag zwischen Rücknahmepreis/Wert im Zeitpunkt der Veräußerung und Erwerbspreis (§ 306 Abs. 2 Satz 2 KAGB)

Gutachtenaufbau	273

§ 306 Abs. 2 KAGB (Haftung für fehlerhafte wesentliche Anlegerinformation)

1. Wesentliche Anlegerinformation (§§ 166, 270 KAGB)
2. Fehlerhafte Anlegerinformation
3. Haftungsadressat
   - Verwaltungsgesellschaft
   - gewerbsmäßiger Verkäufer der Anteile/Aktien im eigenen Namen
   - gewerbsmäßiger Verkaufsvermittler/Verkäufer der Anteile/Aktien in fremden Namen (§ 306 Abs. 4 Satz 1 KAGB)
4. Haftungsbegründende Kausalität
   - zwischen fehlerhafter Anlegerinformation und Erwerb der Anteile/Aktien
   - wird nicht vermutet
5. Verschulden
   - Kenntnis oder grob fahrlässige Unkenntnis des Prospektfehlers
   - wird vermutet (§ 306 Abs. 3 Satz 1 KAGB)
6. Kein Haftungsausschluss (§ 306 Abs. 3 Satz 2 KAGB)
7. Rechtsfolge: Schadensersatz (§§ 249 ff BGB)
   - Erstattung des Erwerbspreises Zug um Zug gegen Übertragung der Anteile/Aktien (§ 306 Abs. 2 Satz 1 KAGB)
   - Differenzbetrag zwischen Rücknahmepreis/Wert im Zeitpunkt der Veräußerung und Erwerbspreis (§ 306 Abs. 2 Satz 2 KAGB)

Teil III

Marktzugangsfolgen

§ 6 Insiderrecht

I. Einführung

Ausgewählte Literatur: *Bachmann*, Ad-hoc-Publizität nach „Geltl", DB 2012, 2206; *ders.*, Das Europäische Insiderhandelsverbot, 2015; *Bussian*, Die Verwendung von Insiderinformationen, WM 2011, 8; *Fleischer/Schmolke*, Gerüchte im Kapitalmarktrecht – Insiderrecht, Ad-hoc-Publizität, Marktmanipulation –, AG 2007, 841; *Graßl*, Die neue Marktmissbrauchsverordnung der EU – Neuregelung des gesamten europäischen Marktmissbrauchsrechts, DB 2015, 2066; *Klöhn*, Das deutsche und europäische Insiderrecht nach dem Geltl-Urteil des EuGH, ZIP 2012, 1885; *ders.*, Lafonta/AMF – die neue cause célèbre des europäischen Insiderrechts?, ZIP 2014, 945; *Ph. Koch*, Die Ad-hoc-Publizität nach dem Kommissionsentwurf einer Marktmissbrauchsverordnung, BB 2012, 1365; *Kocher/Widder*, Die Bedeutung von Zwischenschritten bei der Definition von Insiderinformationen, BB 2012, 2837; *Krause*, Kapitalmarktrechtliche Compliance: neue Pflichten und drastisch verschärfte Sanktionen nach der EU-Marktmissbrauchsverordnung, CCZ 2014, 248; *Mennicke*, Steine statt Brot – Weiterhin keine Rechtssicherheit zur Ad-hoc-Publizität bei sog. gestreckten Entscheidungsprozessen, ZBB 2013, 244; *Merkner/Sustmann*, Reform des Marktmissbrauchsrechts: Die Vorschläge der Europäischen Kommission zur Verschärfung des Insiderrechts, AG 2012, 315; *Möllers/Seidenschwann*, Anlegerfreundliche Auslegung des Insiderrechts durch den EuGH, NJW 2012, 2762; *Mülbert*, Die Selbstbefreiung nach § 15 Abs. 3 WpHG durch den Aufsichtsrat, FS Stilz, 2014, S. 411; *Seibt/Wollenschläger*, Revision des Marktmissbrauchsrechts durch Marktmissbrauchsverordnung und Richtlinie über strafrechtliche Sanktionen für Marktmanipulationen, AG 2014, 593; *Teigelack*, Insiderhandel und Marktmanipulation im Kommissionsentwurf einer Marktmissbrauchsverordnung, BB 2012, 1361; *Veil*, Europäisches Insiderrecht 2.0 – Konzeption und Grundsatzfragen der Reform durch MAR und CRIM-MAD, ZBB 2014, 85; *Veil/Ph. Koch*, Auf dem Weg zu einem Europäischen Kapitalmarktrecht: die Vorschläge der Kommission zur Neuregelung des Marktmissbrauchs, WM 2011, 2297.

274 **Fall 3**[1]**:** R ist Redakteur eines Börsenfachblatts und genießt auch aufgrund von Fernsehauftritten den Ruf eines Spezialisten. Er hat mit dem Aktienfonds A einen Beratervertrag. Seine Empfehlungen werden vom Fonds ohne Prüfung umgesetzt. Um dies auszunutzen, gründet R einen eigenen Aktienfonds F. Dieser erwirbt Aktien, die R sodann A empfiehlt. A kauft, wie erwartet, die Aktien, der Kurs steigt und der F verkauft seine Aktien im April 2016 mit Gewinn. R möchte wissen, ob er sich wegen Verstoßes gegen das Insiderhandelsverbot strafbar gemacht hat. Rn 372

275 **Fall 4:** Die Putzfrau P entdeckt im April 2016 bei ihrem abendlichen Reinigungsvorgang im Papierkorb des Vorstandsmitglieds V der börsennotierten Aktiengesellschaft A vertrauliche Unterlagen, nach denen ein großer Geschäftsabschluss kurz bevorsteht. Sie erzählt das

1 Nach BGH NJW 2004, 302 ff („Prior"); zur Insiderinformation siehe auch den **Übungsfall** von *Schirmer*, Jura 2015, 710 ff.

abends ihrem Ehemann E, der am nächsten Morgen sogleich bei einer Bank Aktien der A kauft. Allmählich kommen der P Bedenken hinsichtlich der Rechtmäßigkeit des Weitererzählens. Macht sie sich strafbar? Rn 373

Fall 5: Dem Vorstandsmitglied V kommen, nachdem er von den Aktienkäufen des E erfahren hat, ebenfalls Bedenken wegen seines nachlässigen Verhaltens. Zu Recht? Rn 374 276

Die Kontrolle des Insiderhandels erfolgt vorrangig durch das Insiderhandelsverbot des § 14 WpHG. Flankiert wird dieses durch die **Ad-hoc-Publizitätspflicht** des § 15 WpHG (II.), die Meldepflicht für Transaktionen von Führungskräften (**Directors' Dealings**, § 15a WpHG) (III.) sowie die nach § 15b WpHG erforderliche Führung von **Insiderverzeichnissen** (IV.). 277

Ausgangspunkt für die Insiderregelungen ist die EG-Richtlinie zur Koordinierung der Vorschriften betreffend Insidergeschäfte von 1989[2], die in die Richtlinie über Insidergeschäfte und Marktmanipulation von 2003 (Marktmissbrauchsrichtlinie)[3] nebst deren Durchführungsrichtlinien[4] integriert wurde. Zum **3. Juli 2016** löst die Marktmissbrauchsverordnung vom 16. April 2014 (Market Abuse Regulation, MAR)[5] als unmittelbar geltendes Recht die Marktmissbrauchsrichtlinie von 2003 sowie die darauf beruhenden Vorschriften des WpHG ab (Art. 37 MAR)[6]. Die §§ 12 ff WpHG werden **hinfällig**[7]. Die MAR regelt das Insiderrecht selbst („Marktmissbrauch")[8] sowie die verwaltungsrechtlichen Sanktionen und Maßnahmen. In der Richtlinie „über strafrechtliche Sanktionen bei Marktmanipulation" (Directive on criminal sanctions for market abuse, CRIM-MAD)[9] vom 16. April 2014 geht es ergänzend um die Strafbarkeit bei Verstößen gegen das Insiderrecht der MAR. Die CRIM-MAD ist bis zum 3. Juli 2016 (Inkrafttreten der MAR) in nationales Recht umzusetzen (Art. 13 Abs. 1 Unterabs. 1 CRIM-MAD). Das soll in Deutschland mit dem Finanzmarktnovellierungsgesetz (FimanoG) erfolgen. Dabei bestehen erhebliche Unterschiede zwischen dem, was der Referentenentwurf des FimanoG vom Oktober 2015 vorsieht, und dem, was im Regierungsentwurf des 1. FimanoG vom Januar 2016 vorgesehen ist. Hierauf wird in den Fußnoten einzugehen sein. 278

2 Insiderrichtlinie vom 13. November 1989 (89/592/EWG), ABl. EG Nr L 334 vom 18. November 1989, S. 30.
3 Marktmissbrauchsrichtlinie vom 28. Januar 2003, ABl. EG Nr L 96 vom 12. April 2003, S. 16.
4 Durchführungsrichtlinie 2003/124/EG vom 22. Dezember 2003, ABl. EU Nr L 339 vom 24. Dezember 2003, S. 70; Durchführungsrichtlinie 2003/125/EG vom 22. Dezember 2003, ABl. EU Nr L 339 vom 24. Dezember 2003, S. 73; Durchführungsrichtlinie 2004/72/EG vom 29. April 2004, ABl. EU Nr L 162 vom 30. April 2004, S. 70. Siehe aber auch die unmittelbar geltendes Recht darstellende DurchführungsVO (EG) Nr 2273/2003 für Rückkaufprogramme und Maßnahmen der Kursstabilisierung, ABl. EU Nr L 336 vom 23. Dezember 2003, S. 33.
5 VO (EU) Nr 596/2014 vom 16. April 2014 über Marktmissbrauch, ABl. EU Nr L 173 vom 12. Juni 2014, S. 1.
6 *Krause*, CCZ 2014, 248, 249.
7 *Bachmann*, Das Europäische Insiderhandelsverbot, S. 17.
8 Nach Erwägungsgrund (7) MAR ist Marktmissbrauch ein Oberbegriff für unrechtmäßige Handlungen an den Finanzmärkten und umfasst deshalb sowohl Insidergeschäfte als auch Marktmanipulationen.
9 Richtlinie 2014/57/EU, ABl. EU Nr L 173 vom 12. Juni 2014, S. 179.

I. Verbotenes Insiderhandeln (§§ 12–14 WpHG)

279 Das Verbot von Insidergeschäften erfährt im WpHG eine zweiteilige Regelung: In § 14 Abs. 1 WpHG sind die Verbotsvarianten aufgezählt, die straf- oder ordnungswidrigkeitenrechtlichen Folgen[10] sind in den §§ 38 und 39 WpHG geregelt. Ab dem 3. Juli 2016 muss der deutsche Gesetzgeber für die verwaltungsrechtlichen Sanktionen und Maßnahmen die Vorgaben der Art. 30–34 MAR berücksichtigen. Obwohl die MAR eine EU-Verordnung ist und ihre Vorschriften deshalb direkt in den Mitgliedstaaten gelten, muss der jeweilige Gesetzgeber die Art. 30–34 MAR erst noch umsetzen. Insofern handelt es sich bei der MAR materiell um eine Richtlinie, die den Mitgliedstaaten Mindestvorgaben macht (vgl Art. 30 MAR: „mindestens")[11].

280 Neu ist insbesondere der **erweiterte Anwendungsbereich** der MAR und der CRIM-MAD. Erfasst werden nicht nur Finanzinstrumente, die zum Handel auf einem geregelten Markt (in Deutschland: regulierter Markt) zugelassen sind oder für die ein Antrag auf Zulassung gestellt worden ist (Art. 2 Abs. 1 Unterabs. 1 lit. a MAR), sondern auch solche, die in einem multilateralen Handelssystem (MTF) gehandelt werden, dort zugelassen sind oder dies beantragt ist (Art. 2 Abs. 1 Unterabs. 1 lit. b MAR), oder zumindest in einem organisierten Handelssystem (OTF) gehandelt werden (Art. 2 Abs. 1 Unterabs. 1 lit. c MAR). Damit gehört nunmehr der deutsche Freiverkehr ebenfalls in den Anwendungsbereich des Marktmissbrauchsrechts, zumindest wenn die Finanzinstrumente dort auf Initiative des Emittenten gehandelt werden[12]. Bevor auf die Voraussetzungen der Insiderverbote (unten 2.) sowie die Rechtsfolgen (unten 3.) eingegangen wird, sollen zunächst die hierfür relevanten Begrifflichkeiten geklärt werden (1.)[13].

1. Begriffsbestimmung

a) Insiderpapier

281 Die §§ 12 ff WpHG gelten für den regulierten Markt und den Freiverkehr/Open Market[14] (§ 12 Satz 1 Nr 1 WpHG)[15]. Sachgerecht ist das deshalb, weil Anleger häufig nicht zwischen dem regulierten Markt und dem privatrechtlich organisierten Freiverkehr unterscheiden können. Damit kann auch durch einen Insiderhandel im Freiverkehr aufgrund mangelnden Anlegervertrauens die Funktionsfähigkeit des anderen Marktsegments in Mitleidenschaft gezogen werden. Ausreichend ist, dass der Antrag

10 Im Jahre 2014 wurden insgesamt zwei Personen wegen Insiderhandels verurteilt, 39 Verfahren stellte die Staatsanwaltschaft ein, fünf davon gegen Geldauflage, siehe BaFin, Jahresbericht 2014 vom 12. Mai 2015, S. 222.

11 *Seibt/Wollenschläger*, AG 2014, 593, 594; *Graßl*, DB 2015, 2066, 2071. Die Vorgaben der MAR in Bezug auf die Ordnungswidrigkeiten sollten aufgrund des FimanoG-Referentenentwurfs in § 109 Abs. 9 WpHG-E und die der CRIM-MAD in Bezug auf die strafrechtlichen Sanktionen in § 107 WpHG-E umgesetzt werden. Im RegE des 1. FimanoG soll dies hingegen nun in § 39 Abs 3d WpHG für Ordnungswidrigkeiten und in § 38 WpHJ für Straftaten erfolgen.

12 *Graßl*, DB 2015, 2066, 2067; *Krause*, CCZ 2014, 248, 250.

13 Allgemein zum Insiderhandelsverbot *Kretschmer*, Jura 2012, 380 ff.

14 Dazu Rn 120 ff.

15 Mit der Einbeziehung des Freiverkehrs war der deutsche Gesetzgeber strenger als in Art. 6 der EG-Insiderrichtlinie vorgesehen.

auf Zulassung oder Einbeziehung gestellt oder öffentlich angekündigt ist (§ 12 Satz 2 WpHG).

Insiderpapiere sind Finanzinstrumente, die an einer inländischen Börse zum Handel zugelassen oder in den regulierten Markt oder in den Freiverkehr einbezogen sind (§ 12 Satz 1 Nr 1 WpHG). Finanzinstrumente sind Wertpapiere, Geldmarktinstrumente, Derivate und Rechte auf Zeichnung von Wertpapieren sowie Vermögensanlagen[16] (§ 2 Abs. 2b WpHG). Art. 2 Abs. 1 MAR sieht eine Erweiterung vor[17]. Durch die Ausdehnung des Derivatebegriffs in § 2 Abs. 2 WpHG sind auch verbriefte Derivate mit weiteren Basiswerten, Kreditderivate und finanzielle Differenzgeschäfte Insiderpapiere[18]. Dazu zählen des Weiteren auch Finanzinstrumente, die in einem anderen Mitgliedstaat der EU oder einem anderen EWR-Vertragsstaat zum Handel an einem organisierten Markt zugelassen sind (§ 12 Satz 1 Nr 2 WpHG). **282**

Insiderpapiere können auch Finanzinstrumente sein, deren Preis unmittelbar oder mittelbar von zum Handel zugelassenen oder einbezogenen Finanzinstrumenten abhängt (§ 12 Satz 1 Nr 3 WpHG). Damit zählen auch Aktienoptionen[19] aus Mitarbeiterprogrammen, die auf börsennotierte Wertpapiere bezogen sind, zu den Insiderpapieren[20]. Ausreichend ist, dass der Antrag auf Zulassung oder Einbeziehung gestellt oder öffentlich angekündigt ist (§ 12 Satz 2 WpHG). Hier wird jedoch im Rahmen des § 14 Abs. 1 Nr 1 WpHG zu prüfen sein, ob die betroffene Person die Informationen tatsächlich iS des § 14 WpHG verwendet. Abzulehnen ist das, wenn dem Betroffenen im Rahmen des Aktienoptionsprogramms nach Ablauf einer bestimmten Frist automatisch (Insider-)Papiere auf sein Depot überwiesen werden. Der Aktienerwerb erfolgt hier unabhängig von einer möglichen Insiderkenntnis, so dass ein „Verwenden" iS des § 14 WpHG nicht vorliegt[21]. **283**

Auch wenn die **MAR** anders als § 12 WpHG nicht den Ausdruck „Insiderpapier" verwendet, ist dieser inhaltlich dort gemeint, wo die MAR von „**Finanzinstrumenten**, auf die sich die Insiderinformationen beziehen" spricht (vgl Art. 8 MAR)[22]. Deshalb wird nachfolgend der Begriff „Insiderpapier" als Kurzform für die o.g. in der MAR benutzte Formulierung gebraucht. **284**

b) Insiderinformation (§ 13 Abs. 1 Satz 1 WpHG)

Die Verbotstatbestände des § 14 WpHG knüpfen an den Begriff der Insiderinformation an. Dieser wird in § 13 Abs. 1 Satz 1 WpHG definiert als „eine konkrete Information über nicht öffentlich bekannte Umstände, die sich auf einen oder mehrere Emittenten von Insiderpapieren oder auf die Insiderpapiere selbst beziehen und die geeig- **285**

16 Zur eingeschränkten Bedeutung aufgrund erweiterter Ausnahmevorschriften *Hanten/Reinholz*, ZBB 2012, 36, 38 ff.
17 Siehe auch *Teigelack*, BB 2012, 1361, 1362.
18 Näher *Mennicke*, in: Fuchs, § 12 WpHG Rn 26 ff.
19 **Aktienoptionen** verbriefen das Recht, eine Aktie zu einem späteren Zeitpunkt für einen vorher festgesetzten Bezugspreis zu erwerben.
20 *Mennicke*, in: Fuchs, § 12 WpHG Rn 30 ff.
21 *Merkner/Sustmann*, NZG 2005, 729, 730 unter Hinweis auf den Emittentenleitfaden.
22 Siehe auch den durch den Referentenentwurf des FimanoG vorgesehenen § 19 WpHG-E, der an die Stelle von § 14 WpHG treten sollte; anders nun nach dem RegE des 1. FimanoG, der die ersatzlose Streichung des § 14 WpHG vorsieht.

net sind, im Falle ihres öffentlichen Bekanntwerdens den Börsen- oder Marktpreis der Insiderpapiere erheblich zu beeinflussen". Zwar nicht im Wortlaut, aber doch in der Sache stimmt Art. 7 Abs. 1 MAR im Wesentlichen mit § 13 Abs. 1 Satz 1 WpHG überein[23]. Das gilt auch für den Umstand, dass es in Art. 7 Abs. 1 MAR nicht mehr „konkrete", sondern „präzise" Informationen heißt. Bereits in der Marktmissbrauchsrichtlinie von 2003, auf welcher § 13 WpHG beruht, war von einer „präzisen Information" die Rede, ohne dass damit inhaltlich etwas anderes gemeint war. Demgemäß stellen auch nach der MAR die Insiderverbote und die Ad-hoc-Mitteilungspflicht gleichermaßen auf denselben Begriff der Insiderinformation ab („einstufiges Modell")[24]. Für das Vorliegen einer Insiderinformation müssen folgende **Voraussetzungen** gegeben sein:

286 **aa) Emittenten- bzw Insiderpapierbezogenheit.** Nach der gesetzlichen Definition muss sich der kurssensible Umstand auf einen oder mehrere Emittenten von Insiderpapieren oder auf die Insiderpapiere selbst beziehen (§ 13 Abs. 1 Satz 1 WpHG; Art. 7 Abs. 1 MAR). Ein Bezug auf den Emittenten liegt vor, wenn die Vermögens-, Finanz- oder Ertragslage, der allgemeine Geschäftsverlauf oder die personelle oder organisatorische Struktur des Emittenten betroffen ist[25]. Ein Bezug auf ein Insiderpapier ist gegeben, wenn der Handel damit betroffen wird (Kurspflegemaßnahmen, Änderung des Dividendensatzes, beabsichtigte Kursaussetzung usw)[26].

287 Insiderinformationen können auch Umstände sein, die den Emittenten nur mittelbar betreffen, wenn diese geeignet sind, den Preis des Insiderpapiers erheblich zu beeinflussen (so jetzt ausdrücklich Art. 7 Abs. 1 MAR). Beispiele dafür sind etwa Marktdaten oder Marktinformationen wie Zinsbeschlüsse von Notenbanken, Devisenkurse, Rohstoffpreise, branchenspezifische statistische Daten oder Daten und Informationen in Bezug auf den Wertpapierhandel im jeweiligen Insiderpapier (Ordervolumen, Art der Order, Identität des Auftraggebers, Aufnahme in einen Index oder Ausscheiden aus einem Index). Ebenfalls auf den Preis eines Insiderpapiers können Gesetzesvorhaben einwirken[27].

288 **bb) Konkrete bzw präzise Information.** Es muss zudem eine konkrete bzw präzise Information über gegenwärtige oder zukünftige hinreichend wahrscheinliche Umstände vorliegen (§ 13 Abs. 1 Satz 1 WpHG, Art. 7 Abs. 1 MAR). Konkret bzw präzise ist die Information, wenn sie spezifisch genug ist, um darauf schließen zu können, dass sich die Umstände oder das Ereignis möglicherweise auf den zukünftigen Kurs eines Insiderpapiers auswirken (Art. 7 Abs. 2 Satz 1 MAR), wenn sie öffentlich bekannt wären[28]. Für die Einstufung der Information als präzise kommt es dabei nicht darauf an, dass aus ihr mit einem hinreichenden Maß an Wahrscheinlichkeit abgelei-

23 *Krause*, CCZ 2014, 248, 250; *Graßl*, DB 2015, 2066, 2067.

24 *Krause*, CCZ 2014, 248, 250; zu einem ursprünglich vorgeschlagenen zweistufigen Modell (zwei Insiderinformationsbegriffe jeweils für Insiderverbot und für Ad-hoc-Mitteilungspflicht) *Veil/Ph. Koch*, WM 2011, 2297, 2299 f; *Teigelack*, BB 2012, 1361 f; *Merkner/Sustmann*, AG 2012, 315, 319 ff; *Seibt/Wollenschläger*, AG 2014, 593, 596.

25 *Schwark/Kruse*, in: Schwark/Zimmer, KMRK, § 13 WpHG Rn 41.

26 *Schwark/Kruse*, in: Schwark/Zimmer, KMRK, § 13 WpHG Rn 39.

27 Siehe Emittentenleitfaden der BaFin, Stand: 15. Juli 2005, Ziff. III.2.1.3.

28 Vgl Emittentenleitfaden der BaFin, Stand: 15. Juli 2005, Ziff. III.2.1.1.

tet werden kann, dass sich der Kurs des Insiderpapiers in eine bestimmte Richtung ändern würde, wäre die Information öffentlich bekannt[29]. Diese Auslegung der „präzisen Information" dient nach Ansicht des EuGH der Rechtssicherheit. Zwar kann der Besitzer einer Information diese nur für sich nutzen, dh zum Erwerb oder zur Veräußerung des Insiderpapiers, wenn er mithilfe der Information bestimmen kann, in welche Richtung sich der Kurs ändern wird. Diese könnte er aber als Vorwand nutzen, um sich seiner Ad-hoc-Publizitätspflicht zu entziehen[30].

Der Begriff „Reihe von Umständen" und „Ereignis" gehen über reine Tatsachen hinaus und erfassen auch überprüfbare Werturteile und Prognosen (Art. 7 Abs. 2 Satz 1 MAR; § 13 Abs. 1 Satz 2 WpHG: auch zukünftige Ereignisse und Umstände), dh etwa auch die interne Unternehmensplanung bei Kursrelevanz. Prognosen und Werturteile können zwar theoretisch Insiderinformationen darstellen, praktisch wird es jedoch häufig am Tatbestandsmerkmal der Eignung zur Kursbeeinflussung fehlen. Eine Eignung kann etwa bei Gewinnschätzungen eines Vorstandsvorsitzenden vorliegen, da diese aufgrund der besonderen Bedeutung des Prognoseurhebers kursbeeinflussend sein können[31]. **289**

Zukünftige Ereignisse oder Umstände können die Voraussetzungen einer Insiderinformation erfüllen, sofern ihr Eintritt hinreichend wahrscheinlich ist (§ 13 Abs. 1 Satz 3 WpHG)[32] oder vernünftigerweise erwartet werden kann (Art. 7 Abs. 2 Satz 1 MAR). Damit können auch Pläne, Vorhaben und Absichten einer Person veröffentlichungspflichtige Informationen sein[33]. Vor der Entscheidung des EuGH im Jahr 2012[34] war der Begriff **„hinreichende Wahrscheinlichkeit"** in Rechtsprechung und Literatur heftig umstritten. Diese ist nach Ansicht des EuGH nicht mit der überwiegenden Wahrscheinlichkeit (50 % plus x) gleichzusetzen, sondern dahin zu verstehen, dass der Eintritt des künftigen Umstands oder Ereignisses „vernünftigerweise" vorhersehbar sein muss (so auch jetzt Art. 7 Abs. 1 Satz 1 MAR)[35]. Eine hohe Wahrscheinlichkeit ist nach Ansicht des EuGH dafür nicht erforderlich[36]. Eine konkrete Information scheidet zudem aus, wenn der Eintritt des zukünftigen Umstands oder Ereignisses nicht wahrscheinlich ist[37]. Damit hat der EuGH für die Bestimmung der hinreichenden Wahrscheinlichkeit Ober- und Untergrenzen definiert[38]. **290**

Ergibt eine Gesamtschau, dass tatsächlich erwartet werden kann, dass der künftige Umstand oder das Ereignis in Zukunft existieren oder eintreten wird, sei eine hinreichende Wahrscheinlichkeit zu bejahen[39]. Die MAR folgt auch insoweit dem EuGH[40]. **291**

29 EuGH NJW 2015, 1663 Rn 36 („Lafonta") m. Anm. *Buck-Heeb*, LMK 2015, 373992; siehe auch *Klöhn*, NZG 2015, 809 ff.
30 EuGH NJW 2015, 1663 Rn 36 f („Lafonta").
31 *St. Koch*, DB 2005, 267, 268.
32 Vgl dazu auch *Langenbucher*, § 15 Rn 23 ff.
33 *Assmann*, in: Assmann/U.H. Schneider, § 13 WpHG Rn 20 f.
34 EuGH NJW 2012, 2787 ff = WM 2012, 1807 ff („Geltl/Daimler"); siehe Rn 294.
35 EuGH NJW 2012, 2787, 2789 Rn 43 („Geltl/Daimler"); *Langenbucher*, § 15 Rn 25; *dies.*, BKR 2012, 145 ff.
36 EuGH NJW 2012, 2787, 2789 Rn 45 („Geltl/Daimler"); siehe auch BGH NJW 2013, 2114 ff; *Mennicke*, ZBB 2013, 244, 248 f.
37 EuGH NJW 2012, 2787, 2789 Rn 47 („Geltl/Daimler").
38 *Möllers/Seidenschwann*, NJW 2012, 2762, 2763.
39 EuGH NJW 2012, 2787, 2789 Rn 49 („Geltl/Daimler").
40 *Graßl*, DB 2015, 2066, 2067; *Krause*, CCZ 2014, 248, 250 f.

Auch nach der MAR soll ein Zwischenschritt mehrere Umstände oder ein Ereignis darstellen, dh eine präzise Information sein, wenn „auf der Grundlage einer Gesamtbewertung der zum relevanten Zeitpunkt vorhandenen Faktoren eine realistische Wahrscheinlichkeit besteht", dass die betreffenden Umstände oder das Ereignis eintreten (Erwägungsgrund (16) MAR).

292 Wie im Einzelfall eine solche bestimmt werden kann, ist offen[41]. Jedenfalls hat der EuGH der Ansicht, welche die hinreichende Wahrscheinlichkeit nach dem Kursbeeinflussungspotenzial bestimmen will, eine Absage erteilt[42]. Der EuGH hat damit inhaltlich die in den USA entwickelte probability/magnitude-Formel – zumindest für die Bestimmung der „präzisen Information" – zurückgewiesen[43]. Die MAR hat auch insofern die Ansicht des EuGH übernommen (Erwägungsgrund (16) MAR). Das Erfordernis der Wahrscheinlichkeit soll demgemäß nicht in dem Maße abnehmen, wie der zukünftige Umstand geeignet ist, den Kurs der Aktie zu beeinflussen. Auch die Gefährdung der Vertraulichkeit ist nicht geeignet, die hinreichende Wahrscheinlichkeit zu bestimmen, da dies keine Auswirkung auf den späteren Eintritt des zukünftigen Umstands oder Ereignisses hat[44].

293 Da das Eintreten künftiger Ereignisse und Umstände hinreichend wahrscheinlich sein muss, reichen bloße **Gerüchte** in der Regel hierfür nicht aus[45]. Anders wird dies beurteilt, wenn das Gerücht einen wahren Kern enthält[46]. Erforderlich ist deshalb auch hier, dass die Information hinreichend konkret ist[47], dh der Eintritt des entsprechenden Umstands muss voraussehbar erscheinen. Nicht ausreichend sind daher solche Umstände, die sich erst in einem noch ungewissen, frühen Stadium befinden, wie das bspw bei Sondierungsgesprächen über eine eventuelle M&A-Transaktion der Fall sein wird[48]. Eine andere Frage ist, ob dem Gerücht eine Eignung zur erheblichen Preisbeeinflussung zukommt[49].

294 Fraglich ist, ob bei **mehrstufigen Entscheidungsprozessen** (Art. 7 Abs. 2 Satz 2 MAR: „zeitlich gestreckter Vorgang") schon vor der Vollendung eines unternehmerischen Vorhabens eine konkrete Information vorliegen kann. Der EuGH hat inzwischen bestätigt, dass selbst bei Entscheidungsprozessen, die bis zur endgültigen Entscheidung auf jeder Stufe scheitern können, bei jedem Zwischenschritt das Vorliegen einer Insiderinformation zu prüfen ist (so auch jetzt Art. 7 Abs. 3 MAR)[50]. Schon die feste Absicht einer Gesellschaft, eine andere Gesellschaft zu übernehmen, wird als konkrete, bestimmte Information angesehen, unabhängig davon, ob es tatsächlich zur

41 So auch *Möllers/Seidenschwann*, NJW 2012, 2762, 2764; *Klöhn*, ZIP 2012, 1885, 1889.
42 EuGH NJW 2012, 2787, 2789 Rn 48 („Geltl/Daimler").
43 *Krause*, CCZ 2014, 248, 251; *Seibt/Wollenschläger*, AG 2014, 593, 597.
44 AA *Möllers/Seidenschwann*, NJW 2012, 2762, 2764.
45 Begr. RegE AnSVG, BT-Drucks. 15/3174, S. 34.
46 Kritisch *Claussen/Florian*, AG 2005, 745, 748.
47 Vgl Art. 1 Abs. 1 der Durchführungsrichtlinie zur Marktmissbrauchsrichtlinie vom 24. Dezember 2003, ABl. EU Nr L 339 („präzise Information").
48 *Diekmann/Sustmann*, NZG 2004, 929, 930; *St. Koch*, DB 2005, 267, 268.
49 Siehe Emittentenleitfaden der BaFin, Stand: 15. Juli 2005, Ziff. III.2.1.1. und III.2.1.1.2.
50 *Veil*, ZBB 2014, 85, 90 f.

angestrebten Entscheidung (zB einer Übernahme) kommt[51]. Ausschlaggebend für die Beurteilung, ob bereits bei einem Zwischenschritt eine konkrete Information zu bejahen ist, ist das Kriterium der „hinreichenden Wahrscheinlichkeit“.

Hat etwa ein Vorstandsvorsitzender zunächst nur gegenüber dem Aufsichtsratsvorsitzenden einen Rücktrittswunsch geäußert, fehlt es an der hinreichenden Wahrscheinlichkeit, da er zu diesem Zeitpunkt seine Absicht noch ändern konnte. Wenn jedoch die Gesellschaft an einer entsprechenden Presseerklärung arbeitet und sich entschlossen hat, die maßgeblichen Gremien für eine einvernehmliche Abberufung einzuberufen, ist nach allgemeiner Erfahrung nicht mehr damit zu rechnen, dass der Ausscheidewillige seine Absicht aufgibt[52]. Auch wenn an sich der Aufsichtsrat einem vorzeitigen Ausscheiden zustimmen muss, kann er das faktisch kaum noch ablehnen. Zudem hat das Begehren des Vorstandsvorsitzenden auch bei Ablehnung des Aufsichtsrats Auswirkungen auf die Praxis, weil dessen Durchsetzung nur eine Frage der Zeit ist. Der Eintritt des zukünftigen Ereignisses (hier: das Ausscheiden) kann demnach bereits vor dem Beschluss des Aufsichtsrats „vernünftigerweise“ erwartet werden (vgl Art. 7 Abs. 2 Satz 1 MAR). Eine hinreichende Wahrscheinlichkeit und damit eine konkrete bzw präzise Information sind daher ab diesem Zeitpunkt zu bejahen. Ist demgegenüber eine Zustimmung des Aufsichtsrats nicht nur rechtlich, sondern auch faktisch für das Eintreten des zukünftigen Ereignisses erforderlich, liegt vorher noch keine Insiderinformation vor. **295**

cc) Keine öffentliche Bekanntgabe. Eine Insiderinformation zeichnet sich dadurch aus, dass sie noch „nicht öffentlich bekannt“ ist (§ 13 Abs. 1 Satz 1 WpHG; Art. 7 Abs. 1 MAR). Es spielt keine Rolle, wer die Insiderinformation öffentlich bekannt macht. Unerheblich ist, ob die unveröffentlichte Information Geheimnischarakter hat bzw eine vertrauliche Information darstellt oder nicht. Nicht jeder (nicht öffentlich bekannte) Informationsvorsprung bedeutet, dass gleichzeitig eine Insiderinformation vorliegt, die aus Gründen der Chancengleichheit aller Anleger nicht verwendet werden darf. Finanzanalysten, Kreditinstitute etc können, wenn sie aufgrund öffentlich zugänglicher Informationen oder allgemeiner Marktkenntnisse einen Wissensvorsprung erlangen, diesen grundsätzlich auch für sich einsetzen. § 13 Abs. 2 WpHG stellt klar, dass eine Bewertung, die ausschließlich aufgrund öffentlich bekannter Umstände erstellt wird, keine Insiderinformation ist, selbst wenn sie den Kurs von Insiderpapieren erheblich beeinflussen kann. **296**

Öffentlich bekannt ist ein Umstand, wenn eine unbestimmte Anzahl von Personen davon Kenntnis nehmen kann[53]. Das wird regelmäßig dann zu bejahen sein, wenn die Verbreitung der Insiderinformation über allgemein zugängliche Informationssysteme erfolgt (Verbreitung in den Medien, Ad-hoc-Mitteilung, Mitteilung im Zwischenbericht)[54]. Entscheidend kommt es nach hM darauf an, dass jeder interessierte Markt- **297**

---

51 Vgl EuGH NJW 2012, 2787 ff = WM 2012, 1807 ff („Geltl/Daimler“); nunmehr auch BGH NJW 2013, 2114 Rn 15; dazu *Bachmann*, DB 2012, 2206 ff; *Bingel*, AG 2012, 685 ff; *Kocher/Widder*, BB 2012, 2837 ff; *Parmentier*, WM 2013, 970 ff; zum neuen Marktmissbrauchsrecht *Veil*, ZBB 2014, 85, 90 f; siehe auch schon Emittentenleitfaden der BaFin, Stand: 15. Juli 2005, Ziff. III 2.1.1.1.

52 *Möllers/Seidenschwann*, NJW 2012, 2762, 2764.

53 Begr. RegE 2. FMFG, BT-Drucks. 12/6679, S. 46.

54 Dazu sowie zur aA *Schwark/Kruse*, in: Schwark/Zimmer, KMRK, § 13 WpHG Rn 30 ff.

teilnehmer die Möglichkeit hat, von der Insiderinformation Kenntnis zu nehmen (**Bereichsöffentlichkeit**). Ist die Bereichsöffentlichkeit hergestellt, gilt der kurssensitive Sachverhalt nicht mehr als Insiderinformation. Unerheblich ist, ob das Anlegerpublikum die öffentlich zugänglich gemachte Information wirklich zur Kenntnis genommen hat.

298 Nicht ausreichend ist, wenn der Emittent die Information auf einer Pressekonferenz oder in einem Analystengespräch nur bestimmten Finanzanalysten mitteilt[55]. Unerheblich ist, ob die fragliche Veranstaltung grundsätzlich auch für die Allgemeinheit offen ist. Hier besteht die Zugangsmöglichkeit nämlich nur theoretisch. Eine öffentliche Bekanntgabe liegt auch nicht vor, wenn eine Information auf einer **Hauptversammlung** mitgeteilt wird, da regelmäßig lediglich die Aktionäre Zugang zu dieser haben. An dieser Einordnung ändert sich nichts, wenn die Hauptversammlung im Internet übertragen wird oder sich die Information (zudem) auf der Homepage des Unternehmens findet, da nicht gewährleistet ist, dass die Insiderinformation zeitgleich der Bereichsöffentlichkeit bekannt wird[56]. Allerdings stellt sich die Frage der Mitteilung publizitätspflichtiger Insiderinformationen durch den Vorstand eines Emittenten nur selten, da diese ohnehin unverzüglich nach deren Eintritt – und damit regelmäßig vor den genannten Veranstaltungen – gemäß § 15 Abs. 1 WpHG bzw Art. 17 Abs. 1 Unterabs. 1 MAR (Ad-hoc-Publizitätspflicht) zu veröffentlichen sind. Relevant wird diese Frage aber, wenn der Emittent von der Pflicht zur Veröffentlichung nach § 15 Abs. 3 WpHG bzw Art. 17 Abs. 5 MAR vorübergehend befreit ist[57].

299 **dd) Kursrelevanz.** Die Insiderinformation muss zudem geeignet sein, im Falle ihres öffentlichen Bekanntwerdens den Börsen- oder Marktpreis der Insiderpapiere erheblich zu beeinflussen (Kursrelevanz, § 13 Abs. 1 Satz 1 WpHG; Art. 7 Abs. 1 MAR)[58]. Das Tatbestandsmerkmal der Erheblichkeit soll vermeiden, dass jeder Umstand, auch wenn er nur zu einer geringfügigen Preisbewegung führt, als Insiderinformation einzustufen ist. Das bedeutet, dass nicht jede emittenten- oder insiderpapierbezogene Information, die geringfügige Kursbewegungen auslösen kann, eine Insiderinformation ist. Das würde den Wertpapierhandel zu stark beeinträchtigen. Die Erheblichkeit hängt nicht von den Vorstellungen des Insiders, sondern von einer objektivierten Bewertung ab (ex-ante-Sicht)[59].

300 Nach § 13 Abs. 1 Satz 2 WpHG ist eine **Eignung** zur erheblichen Preisbeeinflussung gegeben, „wenn ein verständiger Anleger die Information bei seiner Anlageentscheidung berücksichtigen würde"[60]. Ähnlich formuliert es Art. 7 Abs. 4 MAR, wonach sich die Kursrelevanz danach bemisst, ob „ein verständiger Anleger" die Information

---

55 *Claussen/Florian*, AG 2005, 745, 749.

56 Emittentenleitfaden der BaFin, Stand: 15. Juli 2005, Ziff. III.2.1.2.; anders noch *Götz*, DB 1995, 1549, 1551; *Hopt*, ZHR 159 (1995), 135, 156 f.

57 Dazu Rn 404 ff.

58 Zum Begriff des Kursbeeinflussungspotenzials *Bürgers*, BKR 2004, 424, 425; *Claussen/Florian*, AG 2005, 745, 749; dazu auch BGH NJW 2013, 2114 Rn 21 ff („Geltl/Daimler").

59 Vgl Erwägungsgrund (14) MAR; siehe auch BGH WM 2010, 399, 400; dazu *Klöhn*, BB 2010, 769 ff.

60 Zum Begriff des „verständigen Anlegers" *Veil*, ZBB 2006, 162, 163 ff; *Schröder*, Kapitalmarktstrafrecht, Rn 180 ff; *Assmann*, in: Assmann/U.H. Schneider, § 13 WpHG Rn 56 ff.

„wahrscheinlich als Teil der Grundlage seiner Anlageentscheidung nutzen würde“[61]. Der Gesetzgeber verzichtet demzufolge auf die Festlegung einer prozentualen Marktschwelle der Kurserheblichkeit[62]. Eine Eignung zur Kursbeeinflussung besteht, wenn schon die Information für sich genommen Einfluss auf die Kursbildung am Markt haben kann[63]. Da das Gesetz eine Eignung ausreichen lässt, ist unerheblich, ob sich der Preis eines Insiderpapiers nach dem Bekanntwerden der Insiderinformation wirklich verändert hat. Tatsächliche Veränderungen des Börsen- und Marktpreises nach Bekanntwerden der Insiderinformation können aber ein Indiz für eine solche Eignung darstellen[64]. Hintergrund ist, dass bereits die bloße Gefahr der Verwendung einer Insiderinformation das Vertrauen der Anleger auf Gleichbehandlung erschüttern kann. Für die Feststellung der Eignung zur Kurserheblichkeit ist auf den Zeitpunkt der Vornahme des Insidergeschäfts abzustellen[65]. Unerheblich ist, wenn die Richtung der möglichen Kursbeeinflussung, dh ein Steigen oder Fallen der Kurse, nicht mit hinreichender Wahrscheinlichkeit feststeht[66].

Fraglich ist, wann bei **mehrstufigen Entscheidungsprozessen**, wie etwa bei einer Unternehmensübernahme, eine solche Preisbeeinflussungseignung gegeben ist[67]. Bei der Beurteilung ist eine Gesamtschau aller bisherigen Entscheidungsstufen vorzunehmen. Je weiter der Übernahmeprozess vorangeschritten und etwa bereits eine zufriedenstellende Due Diligence-Prüfung[68] erfolgt ist, desto eher wird ein verständiger Anleger einen starken Anreiz zum Erwerb der Aktien des zu übernehmenden Unternehmens haben. Unerheblich ist dann, ob sich die Parteien etwa über den Preis oder andere wesentliche Umstände der Übernahme schon endgültig geeinigt haben oder nicht[69]. Fraglich ist, wann bei einem **Gerücht** mit Tatsachenkern eine Eignung zur erheblichen Preisbeeinflussung vorliegt. Dabei dienen als maßgebliche Kriterien die Quelle des Gerüchts, die diesem zugrunde liegenden nachprüfbaren Fakten, die Verfassung der Märkte im Allgemeinen und des Segments des betroffenen Unternehmens im Besonderen sowie dessen wirtschaftliche Situation[70]. 301

61 So auch schon Art. 1 Abs. 2 der Durchführungsrichtlinie 2003/124/EG vom 22. Dezember 2003, ABl. EU Nr L 339 vom 24. Dezember 2003, S. 70.

62 Kritisch dazu *Holzborn/Israel*, WM 2004, 1948, 1951; *Bürgers*, BKR 2004, 424, 425.

63 Zu den einzelnen Prüfungsschritten Emittentenleitfaden der BaFin, Stand: 15. Juli 2005, Ziff. III.2.1.4.

64 Vgl Erwägungsgrund (15) MAR; siehe auch BGHZ 192, 90 ff Rn 40 („IKB“).

65 Vgl *Assmann*, in: Assmann/U.H. Schneider, § 13 WpHG Rn 50.

66 EuGH, NJW 2015, 1663 („Lafonta/AMF“); siehe dazu *Klöhn*, NZG 2015, 809 ff; *Schröder*, GPR 2015, 246 ff; *Zetzsche*, AG 2015, 381 ff; *Buck-Heeb*, LMK 2015, 373992.

67 Zur Ad-hoc-Veröffentlichungspflicht bei mehrstufigen Entscheidungsprozessen siehe unten Rn 396, Rn 416 f.

68 „Due Diligence“ bedeutet „erforderliche Sorgfalt“. Eine solche wird v.a. bei Unternehmenskäufen bzw dem Kauf einer wesentlichen Beteiligung am Unternehmen durchgeführt. Hierbei wird dem potenziellen Erwerber durch den Vorstand der zu erwerbenden Gesellschaft gestattet, Einblick in vertrauliche Informationen zu nehmen, damit er sich für oder gegen die Abgabe eines Angebots entscheiden kann; dazu *Momsen*, in: Momsen/Grützner, Wirtschaftsstrafrecht, 1. Aufl., 2013, Kap. 1, D, Rn 43 ff.

69 Emittentenleitfaden der BaFin, Stand: 15. Juli 2005, Ziff. III.2.1.1.1.

70 Emittentenleitfaden der BaFin, Stand: 15. Juli 2005, Ziff. III.2.1.1.2.; so auch *Fleischer/Schmolke*, AG 2007, 841, 846 ff; aA *Assmann*, in: Assmann/U.H. Schneider, § 13 WpHG Rn 18.

302 **ee) Regelbeispiele.** In § 13 Abs. 1 Satz 4 WpHG bzw ab dem 3. Juli 2016 in Art. 7 Abs. 1 lit. b und d MAR sind zwei Regelbeispiele aufgeführt, bei denen „insbesondere" eine Insiderinformation vorliegen soll. § 13 Abs. 1 Satz 4 Nr 1 WpHG (Art. 7 Abs. 1 lit. d MAR) stellt klar, dass ein Eigengeschäft eines Wertpapierdienstleistungsunternehmens iS eines Kaufs oder Verkaufs von Finanzinstrumenten in Kenntnis von kursbeeinflussenden Kauf- oder Verkaufsaufträgen von Kunden (front running) ein verbotenes Insiderhandeln darstellen kann. Dies geschieht in der Regel so, dass die Bank die Wertpapiere vor Ausführung der Kundenaufträge kauft oder verkauft und sich daraus ein geldwerter Vorteil ergibt[71].

303 Das sog. front running ist vom sog. **Scalping** abzugrenzen. Hierbei erwirbt jemand Insiderpapiere mit der Absicht, sie anschließend einem anderen zum Erwerb zu empfehlen, um sie bei (infolge der Empfehlung) steigendem Kurs wieder zu verkaufen. Anders als beim front running liegt hier nach Ansicht des BGH keine Insiderinformation vor[72], da der Begriff der Information einen Drittbezug voraussetzt, dh die Information muss von außen auf die Person als Insider einwirken[73]. Das Scalping erfüllt daher nicht den Tatbestand des Insiderhandelsverbots.

304 **§ 13 Abs. 1 Satz 4 Nr 2 WpHG** (Art. 7 Abs. 1 lit. b MAR) stellt klar, dass eine Insiderinformation auch eine solche sein kann, die sich auf **Warenderivate** bezieht und bei der Marktteilnehmer erwarten würden, dass sie diese Information in Übereinstimmung mit der zulässigen Praxis an den betreffenden Märkten erhalten würden. Gemeint sind damit v.a. Informationen, die in Anwendung von Rechts- und Verwaltungsvorschriften, Handelsregeln, Verträgen oder auch sonstigen auf dem Warenderivatemarkt üblichen Regeln öffentlich bekannt gegeben werden müssen. So sollen etwa Insiderinformationen bei Derivaten auf Strom zB Kraftwerksausfälle, die Revision von Kraftwerken (geplante Abschaltungen wegen Wartungsarbeiten), aber auch Informationen über Leitungskapazitäten sein. Bei Derivaten auf Schweine oder Kartoffeln soll die Kenntnis von Seuchen oder Änderungen der Subventionspolitik eine Insiderinformation sein können[74].

c) Insider

305 **aa) Begriff.** § 13 WpHG unterscheidet zwar nicht mehr zwischen sog. Primär- und Sekundärinsidern, allerdings bleibt die Abgrenzung auf Grund des unterschiedlichen Unrechtsgehalts bei einer verbotenen Weitergabe oder einer verbotenen Empfehlung (§ 14 Abs. 1 Nr 2 und 3 WpHG) erhalten. Im **Klausuraufbau** ist diese Frage damit erst bei der straf- bzw ordnungswidrigkeitenrechtlichen Folge zu erörtern[75].

306 Auch Art. 8 Abs. 4 MAR (bzw Art. 10 Abs. 1 Unterabs. 2 MAR) differenziert zwischen Primär- und Sekundärinsidern. In Art. 8 Abs. 4 Unterabs. 1 MAR sind die Pri-

71 Zudem liegt darin ein Verstoß gegen die Verhaltensregeln des § 31 Abs. 1 Nr 2 WpHG, dazu unten Rn 718.

72 BGH NJW 2004, 302, 303; siehe auch *Sethe*, ZBB 2006, 243, 247 f; kritisch *Schröder*, Kapitalmarktstrafrecht, Rn 143 ff mwN; zum Verstoß gegen das Verbot der Marktmanipulation (§ 20a WpHG) siehe unten Rn 539 sowie Lösung Fall 11, Rn 570.

73 Näher unten, Lösung Fall 3, Rn 372.

74 Vgl Emittentenleitfaden der BaFin, Stand: 15. Juli 2005, Ziff. III.2.1.5.

75 Siehe Rn 348 ff.

märinsider genannt, in Art. 8 Abs. 4 Unterabs. 2 MAR in erster Linie die Sekundärinsider. Weil es sich hier aber um einen Auffangtatbestand handelt[76], können hiervon auch Primärinsider erfasst sein (zB persönlich haftende Gesellschafter, vgl § 38 Abs. 1 Nr 2a WpHG). Dem Art. 8 Abs. 4 Unterabs. 1 MAR entspricht Art. 3 Abs. 3 Unterabs. 1 CRIM-MAD. Dagegen sind von Art. 3 Abs. 3 Unterabs. 2 CRIM-MAD anders als bei Art. 8 Abs. 4 Unterabs. 2 MAR nur die Personen erfasst, die eine Insiderinformation erlangt und positive **Kenntnis** (!) davon haben, dass es sich dabei um eine Insiderinformation handelt. Fahrlässige Unkenntnis reicht für eine strafrechtliche Sanktion nicht aus. Bei Art. 8 Abs. 4 Unterabs. 2 MAR, der die verwaltungsrechtlichen Sanktionen (Ordnungswidrigkeiten) enthält, genügt bereits fahrlässige Unkenntnis für einen Verstoß gegen das Insiderverbot. Ein Insider, der um die Eigenschaft der Information als Insiderinformation nicht positiv weiß, jedoch wissen müsste, begeht eine Ordnungswidrigkeit (vgl Art. 30 Abs. 1 Unterabs. 1 lit. a MAR), macht sich aber nicht strafbar.

bb) Primärinsider. Zu den Primärinsidern gehören nach § 38 Abs. 1 Nr 2a WpHG die Mitglieder des Geschäftsführungs- und Aufsichtsorgans (so auch Art. 8 Abs. 4 Unterabs. 1 lit. a MAR) sowie die persönlich haftenden Gesellschafter des Emittenten oder eines mit diesem verbundenen Unternehmens (vgl § 15 AktG; dieser fehlt in Art. 8 Abs. 4 Unterabs. 1 MAR, wird aber vom Auffangtatbestand des Unterabs. 2 erfasst). Unerheblich ist, ob dessen Aktien zu den Insiderpapieren gehören oder ob das Unternehmen als Aktiengesellschaft organisiert ist. **Umstritten** war bzgl der WpHG-Regelung, ob Kausalität zwischen der Ausübung der Funktion bzw des Berufs und der Kenntniserlangung erforderlich ist. Das wird teilweise mit dem Argument abgelehnt, dass die Information lediglich „als" Mitglied etc erlangt worden sein muss, der Gesetzeswortlaut insoweit also in Bezug auf die Mitglieder des Geschäftsführungs- oder Aufsichtsorgans oder auf die persönlich haftenden Gesellschafter (§ 38 Abs. 1 Nr 2a WpHG) von einem Kausalitätserfordernis absehe[77]. Nach Art. 8 Abs. 4 MAR ist nunmehr ausdrücklich **Kausalität** erforderlich. Hiernach gilt das Verbot von Insidergeschäften und der unrechtmäßigen Offenlegung von Insiderinformationen „für jede Person, die über Insiderinformationen verfügt, weil sie dem Verwaltungs-, Leitungs- oder Aufsichtsorgan des Emittenten … angehört"[78]. **307**

§ 38 Abs. 1 Nr 2b WpHG bzw Art. 8 Abs. 4 Unterabs. 1 lit. b MAR bezieht des Weiteren Anleger ein, die die Insiderinformation als Aktionäre aufgrund ihrer Beteiligung am Kapital des Emittenten erlangt haben. Zwar sieht das Gesetz keine bestimmte Beteiligungshöhe vor, man wird jedoch verlangen müssen, dass die Beteiligung für die Erlangung der Insiderinformation ursächlich war[79]. **308**

Primärinsider sind darüber hinaus alle Personen, die aufgrund ihres Berufs, ihrer Tätigkeit oder ihrer Aufgabe bestimmungsgemäß über eine Insiderinformation verfügen (§ 38 Abs. 1 Nr 2c WpHG; Art. 8 Abs. 4 Unterabs. 1 lit. c MAR). Es muss ein Ursa- **309**

---

76 So auch schon Art. 4 der Marktmissbrauchsrichtlinie 2003.

77 *Bergmann/Drees*, StraFo 2005, 364, 367 mwN; aA *Vogel*, in: Assmann/U.H. Schneider, § 38 WpHG Rn 16.

78 Vgl *Bachmann*, Das Europäische Insiderhandelsverbot, S. 43 ff.

79 *Vogel*, in: Assmann/U.H. Schneider, § 38 WpHG Rn 19; KölnerKommWpHG/*Altenhain*, § 38 WpHG Rn 58.

chenzusammenhang zwischen Beruf, Tätigkeit oder Aufgabe und der Erlangung der Information bestehen[80]. Außerdem muss die Person bestimmungsgemäß und nicht nur zufällig oder bei Gelegenheit über die Insiderinformation verfügen. In diesem Sinne können auch **Mitarbeiter** des Emittenten Primärinsider sein. Aufgrund des Merkmals „bestimmungsgemäß" in § 38 Abs. 1 Nr 2c WpHG fallen hierunter **nicht** Angestellte, die lediglich durch Zufall eine Insiderinformation erlangen (zB Angestellte der Registratur)[81]. Auch nach Art. 8 Abs. 4 Unterabs. 1 lit. c MAR muss die Person „aufgrund der Ausübung einer Arbeit oder eines Berufs oder der Erfüllung von Aufgaben" Zugang zu den Informationen haben.

310 Von § 38 Abs. 1 Nr 2c WpHG erfasst sind auch **unternehmensexterne Personen**, die vom Emittenten mit einer Tätigkeit oder Aufgabe betraut sind, in deren Verlauf sie mit Insiderinformationen in Verbindung kommen (Art. 8 Abs. 4 Unterabs. 1 lit. c MAR). Zu diesem Personenkreis zählen insbesondere Wirtschaftsprüfer, Steuerberater, Anwälte, Unternehmensberater sowie deren Angestellte (vgl Art. 18 Abs. 1 lit. a MAR, wonach insbesondere „Berater" als Personen gelten, die anderweitig Aufgaben für den Emittenten wahrnehmen und deshalb auf der Insiderliste zu führen sind). Erfasst sind auch Kreditinstitute bzw deren Mitarbeiter, die mit dem Emittenten aufgrund einer Geschäftsbeziehung mit Insiderinformationen in Kontakt kommen. Ob die unternehmensexterne Person in einem Vertrags- oder anderen Verhältnis zum Emittenten steht, ist unerheblich. Ausreichend ist, dass die Information in die berufliche Tätigkeit einfließt. Derjenige, der über die Insiderinformation verfügt, muss deshalb auch kein Geschäft des Emittenten besorgen oder diesem auf andere Weise durch Leistungserbringung verbunden sein. Auch Journalisten oder Analysten, die im Rahmen von Gesprächen, Betriebsbesichtigungen oder anderen beruflichen Recherchen Insiderinformationen erlangen, können Primärinsider sein[82].

311 Die Quelle einer Insiderinformation braucht nicht bei dem von der Information betroffenen Emittenten zu liegen. Das gilt v.a. beim Verwenden kurssensitiver Marktdaten. Primärinsider ist daher auch der Redakteur eines Branchendienstes, der sich in Kenntnis einer bevorstehenden Veröffentlichung einer Kaufempfehlung mit Aktien der betreffenden Gesellschaft eindeckt. Auch der Börsenhändler einer Bank, der in Kenntnis des Vorliegens eines Ordervolumens mit erheblichem Kursbeeinflussungspotenzial vor Ausführung des Kundenauftrags die betreffenden Wertpapiere für die Bank oder für sich kauft (front running), wird als Primärinsider einzustufen sein[83].

312 Nach § 38 Abs. 1 Nr 2d WpHG ist auch derjenige Primärinsider, der im Zuge der Begehung oder Vorbereitung einer Straftat eine Insiderinformation erlangt (so auch jetzt Art. 8 Abs. 4 Unterabs. 1 lit. d MAR: Personen, die „an kriminellen Handlungen beteiligt" sind). Dabei kommen v.a. Eigentumsdelikte nach den §§ 242 ff StGB in Be-

---

80 Siehe *Vogel*, in: Assmann/U.H. Schneider, § 38 WpHG Rn 16; *Zimmer/Cloppenburg*, in: Schwark/Zimmer, KMRK, § 38 WpHG Rn 8.

81 KölnerKommWpHG/*Altenhain*, § 38 WpHG Rn 66 ff.

82 Eine andere Frage ist, ob den Journalisten und Analysten solche Insiderinformationen zugänglich gemacht werden dürfen, oder ob hierin eine unbefugte Weitergabe iS des § 14 Abs. 1 Nr 2 WpHG zu sehen ist; zu Recht bejahend *Assmann*, in: Assmann/U.H. Schneider, § 14 WpHG Rn 102.

83 Damit wird gleichzeitig die Pflicht der Bank zur kundengünstigsten Auftragsausführung verletzt (vgl § 33a WpHG); siehe Rn 749 ff.

tracht, wie etwa der gezielte Diebstahl von Insiderinformationen oder Datenschutzdelikte nach §§ 201 ff StGB, etwa durch strafbare Verletzung des persönlichen Lebens- und Geheimnisbereichs[84].

cc) Sekundärinsider. Sekundärinsider sind Personen, die eine Information erlangt haben, ohne Primärinsider zu sein. Wie im Einzelnen die Kenntnis der Insiderinformation erfolgte (Art und Weise, Herkunft), spielt keine Rolle. Die Information muss auch nicht von einem Primärinsider stammen. Sekundärinsider ist bspw auch der Werkspion oder die Putzfrau, die beim Leeren eines Papierkorbs eine Insiderinformation erlangt. Erforderlich ist lediglich, dass der Sekundärinsider weiß, dass es sich um eine Insiderinformation handelt. Wer das fahrlässig oder leichtfertig nicht erkennt, kann die Information auch nicht iS des § 14 Abs. 1 Nr 2 WpHG weitergeben bzw zugänglich machen oder nach § 14 Abs. 1 Nr 3 WpHG einem anderen empfehlen. **313**

Nach Art. 8 Abs. 4 Unterabs. 2 MAR (iVm Art. 10 Abs. 1 Unterabs. 2 MAR) werden vom Verbot, Insidergeschäfte zu tätigen, zu empfehlen oder dazu anzustiften (Art. 8 Abs. 1, 2 MAR) sowie das Verbot, Insiderinformationen unrechtmäßig offenzulegen (Art. 10 Abs. 1 MAR) nicht nur die Personen erfasst, die um die Eigenschaft als Insiderinformation positiv wissen, sondern auch diejenigen, die darum wissen müssten. Strafbar macht sich eine Person aber nur dann (Art. 7 CRIM-MAD), wenn sie Kenntnis davon hat, dass es sich um eine Insiderinformation handelt (Art. 3 Abs. 3 Unterabs. 2 CRIM-MAD). Fahrlässige Unkenntnis reicht hier nicht. **314**

Die Haftung des Sekundärinsiders ist gegenüber derjenigen des Primärinsiders erheblich eingeschränkt. Das ändert sich durch die MAR und die CRIM-MAD. Unabhängig davon, ob der Insider Primär- oder Sekundärinsider ist, kann er sich bei einem Verstoß gegen das Insiderverbot (Art. 14 MAR) strafbar machen. Es kommt nur darauf an, ob er positive Kenntnis davon hat, dass es sich bei der Information um eine Insiderinformation handelt. Wusste er dies nicht, hätte es aber wissen müssen, ist ein Verstoß gegen Art. 14 MAR keine Straftat, sondern lediglich eine Ordnungswidrigkeit. **315**

2. Die verbotenen Handlungen (§ 14 WpHG; Art. 14 MAR)

a) Neuerungen durch die MAR

Wer Kenntnis von einer Insiderinformation hat, dem ist die Verwendung oder Weitergabe der Information sowie eine Empfehlung/Verleitung zum Kauf/Verkauf auf deren Grundlage nach § 14 Abs. 1 WpHG[85] bzw Art. 14 MAR prinzipiell untersagt, unabhängig davon, aus welcher Quelle die Information stammt. Hintergrund ist, dass die Funktionsfähigkeit des Kapitalmarkts gefährdet ist, wenn einzelne Marktteilnehmer durch exklusive Informationen gegenüber anderen in ungerechtfertigter Weise privilegiert werden[86]. **316**

---

84 *Vogel*, in: Assmann/U.H. Schneider, § 38 WpHG Rn 37.

85 § 14 WpHG soll nach dem RegE des 1. FimanoG ersatzlos gestrichen werden, da sich sein Inhalt unmittelbar aus Art. 14 MAR ergibt (siehe BR-Drucks. 19/16, S. 67).

86 Vgl Emittentenleitfaden der BaFin: Stand: 15. Juli 2005, Ziff. III.2.2.1.4.2.

317 Ähnlich umfassend formuliert das jetzt auch Art. 8 Abs. 1 Satz 1 MAR, wonach ein Insidergeschäft vorliegt, wenn eine Person über Insiderinformationen verfügt und unter Nutzung derselben für eigene oder fremde Rechnung direkt oder indirekt Finanzinstrumente, auf die sich die Informationen beziehen (Insiderpapiere), erwirbt oder veräußert. Die Regelung der Insiderverbote ist demgemäß im Wesentlichen gleich geblieben. Neu ist jedoch, dass nach Art. 8 Abs. 1 Satz 2 MAR selbst die **Stornierung** oder Änderung eines Kauf- oder Verkaufsauftrags in Bezug auf ein Insiderpapier ein verbotenes Insidergeschäft ist, wenn der Auftrag erteilt worden ist, bevor der Insider die Information erlangt hat[87]. Auch in diesem Fall nutzt der Insider seine nachträglich erlangte Insiderkenntnis gegenüber den anderen Marktteilnehmern aus. Eine solche Konstellation kommt v.a. in Betracht, wenn jemand als Bieter schrittweise seine Beteiligung an einer börsennotierten Gesellschaft aufbaut („Stake Building"), dabei Kaufaufträge erteilt, vor deren Ausführung aber, etwa im Rahmen einer Due Diligence-Prüfung bei der Zielgesellschaft, Kenntnis von für ihn nachteiligen Insiderinformationen erlangt[88]. Dem Bieter ist es dann verwehrt, diese Information zu nutzen, indem er seinen Auftrag wieder storniert. Anders ist das nach § 14 Abs. 1 WpHG, weil hier bei einer Stornierung des Kaufauftrags ein Erwerb der Aktien gerade nicht stattfindet[89].

318 Das nach **§ 14 Abs. 1 WpHG** bzw Art. 14 MAR verbotene Insiderhandeln (Verbot von Insidergeschäften und unrechtmäßiger Offenlegung von Insiderinformationen) wird im Kern durch **drei Faktoren** bestimmt: das Vorliegen einer Insiderinformation (§ 13 WpHG; Art. 7 MAR) und von einem Insiderpapier (§ 12 WpHG; Finanzinstrument, auf das sich eine Insiderinformation bezieht, Art. 14 Abs. 1 Satz 1 MAR) sowie eines der drei Tatbestände des verbotenen Insiderhandelns des § 14 Abs. 1 WpHG bzw Art. 14 MAR. Das Verbot von Insidergeschäften bezieht sich auf vier Bereiche: das Verwendungsverbot, das Empfehlungs- und Verleitungsverbot sowie das Weitergabeverbot.

319 Klargestellt wird in § 14 Abs. 2 WpHG, dass der **Handel mit eigenen Aktien** im Rahmen von Rückkaufprogrammen und im Rahmen von Stabilisierungsmaßnahmen keinen Verstoß gegen das Verbot von Insidergeschäften darstellt, wenn er den Anforderungen der maßgeblichen EU-Verordnung[90] entspricht[91]. Da die Verordnung ohnehin unmittelbar in jedem Mitgliedstaat anwendbar ist, kommt dieser Regelung lediglich deklaratorischer Charakter zu[92]. Auch nach der MAR werden sowohl der Handel mit eigenen Aktien im Rahmen von Rückkaufprogrammen als auch der Handel mit Wertpapieren oder damit verbundenen Instrumenten, sofern der Handel der Stabilisierung des Kurses von Wertpapieren dienen soll (Art. 5 Abs. 4 MAR), vom Insiderhandelsverbot nicht erfasst[93].

---

87 *Graßl*, DB 2015, 2066, 2067.

88 *Graßl*, DB 2015, 2066, 2067.

89 *Seibt/Wollenschläger*, AG 2014, 593, 597; *Assmann*, in: Assmann/U.H. Schneider, § 14 WpHG Rn 17.

90 VO (EG) Nr 2273/2003 vom 22. Dezember 2003 zur Durchführung der Richtlinie 2003/6/EG – Ausnahmeregelungen für Rückkaufprogramme und Kursstabilisierungsmaßnahmen, ABl. EG Nr L 336 vom 23. Dezember 2003, S. 33 ff.

91 Hierzu *Kuthe*, ZIP 2004, 883, 884.

92 *Holzborn/Israel*, WM 2004, 1948, 1952.

93 Näher ESMA, Final Report, Draft technical standards on the Market Abuse Regulation vom 28. September 2015, ESMA/2015/1455, S. 12–20; siehe auch *Krause*, CCZ 2014, 248, 253.

b) Verwendungsverbot[94]

aa) Voraussetzungen. Nach § 14 Abs. 1 Nr 1 WpHG bzw Art. 14 lit. a, Art. 8 Abs. 1 Satz 1 MAR ist es verboten, unter Verwendung einer Insiderinformation Wertpapiere für eigene oder fremde Rechnung oder für einen anderen zu erwerben oder zu veräußern. Umfasst sind hiervon auch Wertpapiergeschäfte, die der Insider im eigenen Namen für fremde Rechnung ausführt (mittelbare verdeckte Stellvertretung). Dabei spielt es keine Rolle, wie dem Vertretenen das Eigentum an den fraglichen Wertpapieren verschafft wird. **Voraussetzung** für § 14 Abs. 1 Nr 1 WpHG bzw Art. 14 lit a, Art. 8 Abs. 1 Satz 1 MAR ist 1) das Vorliegen von Insiderpapieren (bzw Finanzinstrumenten, auf die sich Insiderinformationen beziehen), 2) der Erwerb oder die Veräußerung dieser Papiere, 3) das Vorliegen einer Insiderinformation, 4) ein Verwenden (bzw Nutzen) dieser Information und nach Ansicht mancher 5) Kausalität. Hinsichtlich der Voraussetzungen 1) und 3) kann auf die obigen Ausführungen verwiesen werden[95]. **320**

bb) Erwerb oder Veräußerung. In Bezug auf den **Erwerb** oder die **Veräußerung** von Insiderpapieren ist **umstritten**, ob allein der Abschluss eines schuldrechtlichen Vertrags für eine unbefugte Verwendung ausreichen kann[96], oder ob mit der Wertpapiertransaktion mindestens eine Verschiebung der Verfügungsmacht verbunden sein muss[97]. Richtigerweise dürfte mit der hM der Abschluss eines **Verpflichtungsgeschäfts** genügen, da § 14 WpHG der Umsetzung der Insiderrichtlinie dient und in zahlreichen Mitgliedstaaten keine Unterscheidung zwischen Verpflichtungs- und Verfügungsgeschäft existiert. Nur so wird eine gemeinschaftsweit einheitliche Auslegung gewährleistet. Außerdem kann ein Insider einen Vorteil durch die Information auch dann zum Nachteil „unwissender“ Dritter erzielen, wenn er weder Wertpapiereigentum noch Verfügungsmacht über Wertpapiere erlangt[98]. Demgemäß stellt auch Art. 8 Abs. 1 MAR auf „einen Auftrag zum Kauf bzw Verkauf“ ab. **321**

Zutreffend soll jedoch nicht jedes Verpflichtungsgeschäft ausreichend sein, sondern nur ein solches, das dem Insider bzgl des Insiderpapiers eine gesicherte Erwerbs- bzw Veräußerungsposition vermittelt. Daher genügt es nicht, wenn lediglich ein bedingtes Wertpapiergeschäft abgeschlossen wird, bei dem der Eintritt der Bedingung nicht nur vom Verhalten des Insiders abhängt[99]. Damit ist der Verkauf von Optionen auf den Erwerb von Insiderpapieren kein Veräußerungsgeschäft iS des § 14 Abs. 1 Nr 1 WpHG bzw Art. 14 lit. a, Art. 8 Abs. 1 MAR, da die Frage, ob sich aus dem Geschäft ein Anspruch auf Übertragung der Papiere ergibt, vom Belieben des Optionsnehmers abhängt, nämlich davon, ob er sein Optionsrecht ausübt oder nicht[100]. **322**

---

94 *Schäfer*, in: Schäfer/Hamann, § 14 WpHG Rn 5 („Erwerbs- und Veräußerungsverbot“); *Krause*, CCZ 2014, 248, 251 („Insiderhandelsverbot“).

95 Siehe Rn 281 ff sowie Rn 285 ff.

96 *Assmann*, in: Assmann/U.H. Schneider, § 14 WpHG Rn 12 f, 18; KölnerKommWpHG/*Altenhain*, § 14 WpHG Rn 89 ff; *Hopt*, in: FS Goette, 2011, S. 179, 181; *U.H. Schneider*, ZIP 1996, 1769, 1774 f; OLG Karlsruhe BKR 2004, 373, 375.

97 *Casper*, WM 1999, 363, 364, vorsichtiger *Schäfer*, in: Schäfer/Hamann, § 14 WpHG Rn 12 f.

98 OLG Karlsruhe BKR 2004, 373, 375; siehe auch Erwägungsgrund (23) MAR.

99 *Assmann*, in: Assmann/U.H. Schneider, § 14 WpHG Rn 18; KölnerKommWpHG/*Altenhain*, § 14 WpHG Rn 90 ff.

100 OLG Karlsruhe BKR 2004, 373, 375; kritisch dazu *Lenenbach*, BKR 2004, 376 f.

323 Der Abschluss eines Wertpapiergeschäfts iS eines Erwerbs oder einer Veräußerung fehlt, wenn der Insider aufgrund der erlangten Insiderinformation den Erwerb oder die Veräußerung von Insiderpapieren **unterlässt**[101]. Das gilt uneingeschränkt (noch) für § 14 Abs. 1 Nr 1 WpHG, nicht aber für Art. 14 lit. a, Art. 8 Abs. 1 MAR. Hat ein Insider einen Auftrag zum Kauf oder Verkauf eines Insiderpapiers erteilt und erlangt er danach eine Insiderinformation, darf er seinen Auftrag nicht mehr stornieren oder ändern, denn andernfalls liegt ein verbotenes Insidergeschäft vor (Art. 14 lit. a, Art. 8 Abs. 1 Satz 2 MAR), obwohl es hier gerade nicht zu einem Erwerb oder einer Veräußerung kommt[102]. Ebenso wenig stellt es einen Erwerb/eine Veräußerung von Insiderpapieren dar, wenn eine Bank von Kunden erlangte Insiderinformationen außerhalb ihres Wertpapiergeschäfts verwendet, um Verluste zu vermeiden[103].

324 **cc) Verwenden bzw Nutzen der Information.** Weitere Voraussetzung ist ein Verwenden der Insiderinformation. Das ursprünglich geltende Verbot der Ausnutzung vorhandener Insiderkenntnisse wurde schon 2004 aufgegeben, da aufgrund der erforderlichen subjektiven Komponente (Absicht) erhebliche Beweisschwierigkeiten bestanden[104]. Auch für den Begriff „Nutzung", den jetzt Art. 8 Abs. 1 MAR in Parallele zu Art. 2 Abs. 1 der Marktmissbrauchsrichtlinie 2003 gebraucht, gilt nichts anderes. Auch hier ist „Nutzen" ein „Verwenden" und nicht ein mit subjektiven Voraussetzungen behaftetes „Ausnutzen"[105].

325 Voraussetzung ist zudem, dass zwischen der Handlung des Täters und der Kenntnis von der Insiderinformation ein **Kausalzusammenhang** besteht. Denn damit überhaupt ein verbotenes Insidergeschäft vorliegt (Art. 14 lit. a MAR), muss nach Art. 8 Abs. 1 MAR „eine Person über Insiderinformationen" verfügen „und unter Nutzung derselben" Insiderpapiere erwerben oder veräußern[106]. Der Täter muss die Information in sein Handeln einfließen lassen[107]. Ein Verwenden (bzw Nutzen) liegt daher nicht vor, wenn die Insiderinformation rechtlich oder tatsächlich keinen Einfluss auf das Handeln des Täters haben kann. Auf rechtlicher Ebene ist das der Fall, wenn ein schuldrechtlicher Vertrag erfüllt wird, sofern der Vertrag vor dem Erhalt der Insiderinformation abgeschlossen worden ist (Art. 9 Abs. 3 lit. b MAR)[108]. Die reine Erfüllung einer Verbindlichkeit, die genauso auch ohne Kenntnis von der Insiderinformation erfolgt wäre, kann nicht ausreichen[109]. Die Insiderinformation hat dann **keinen Einfluss**, wenn das konkrete Handeln unter wirtschaftlichen Gesichtspunkten nicht mit der Insiderinformation erklärt werden kann. So dürfte das Kaufen von Insiderpapieren in Kenntnis negativer Umstände regelmäßig kein „Verwenden" der Insiderin-

101 *Hohn*, in: Momsen/Grützner, Wirtschaftsstrafrecht, 1. Aufl., 2013, Kap. 6, B, Rn 36.

102 *Krause*, CCZ 2014, 248, 251; *Seibt/Wollenschläger*, AG 2014, 593, 597.

103 Durch ein solches Verhalten kann allerdings die Verletzung einer der Bank obliegenden Pflicht aus einem Vertrag mit dem Kunden gegeben sein.

104 Vgl EuGH WM 2007, 1603, 1605 f; zur Entwicklung auf europäischer Ebene *Ziemons*, NZG 2004, 537, 539; siehe auch Begr. RegE AnSVG, BT-Drucks. 15/3174, S. 34; *Bussian*, WM 2011, 8 ff.

105 Vgl näher *Bachmann*, Das Europäische Insiderhandelsverbot, S. 50 ff.

106 Siehe dazu *Bachmann*, Das Europäische Insiderhandelsverbot, S. 43 ff.

107 Siehe Begr. RegE AnSVG, BT-Drucks. 15/3174, S. 34; dazu *Cahn*, Der Konzern 2005, 5, 8 f.

108 So schon Art. 2 Abs. 3 Marktmissbrauchsrichtlinie 2003.

109 Begr. RegE AnSVG, BT-Drucks. 15/3174, S. 34; das stellt auch Art. 2 Abs. 3 der Marktmissbrauchsrichtlinie 2003 klar.

formation iS des § 14 Abs. 1 Nr 1 WpHG (Art. 8 Abs. 1 MAR) sein[110]. Das gilt auch allgemein für die Umsetzung eigener Pläne oder Entschlüsse (Art. 9 Abs. 5 MAR).

An einem **Verwenden** soll es auch **fehlen**, wenn beide Geschäftspartner beim Prä- **326** senzverkauf von Insiderpapieren (**Face-to-face-Geschäft**[111]) Kenntnis von der Insiderinformation haben[112]. Soweit der Pakethandel eine Insiderinformation umfasst, soll sie vom Initiator umgesetzt werden können, da der von ihm selbst geschaffene Umstand nicht von ihm ausgenutzt werden kann[113]. Insiderkenntnisse, die der Verkäufer des Pakets hat, soll er befugtermaßen weitergeben dürfen, da dies „normale Geschäftsausübungstätigkeit" eines Paketverkäufers sei[114].

Dem Verwendungsverbot unterfallen auch nicht die **normalen geschäftlichen Hand-** **327** **lungen** der Kreditinstitute. Diese dürfen damit v.a. Kauf- und Verkaufsaufträge bzgl Insiderpapieren nach den Weisungen des Kunden ausführen (Art. 9 Abs. 2 lit. b MAR). Allerdings dürfen sie in die Auftragsausführung nicht ihre Insiderkenntnis einfließen lassen. Der Tatbestand des Verwendungsverbots liegt auch dann nicht vor, wenn Insiderinformationen bei einem **öffentlichen Übernahmeangebot** mit dem Ziel der Übernahme eines Unternehmens oder eines Unternehmenszusammenschlusses verwendet werden (vgl Art. 9 Abs. 4 MAR). Schon in der Marktmissbrauchsrichtlinie 2003 wurde das Vorliegen eines verbotenen Insidergeschäfts in diesem Fall abgelehnt[115]. Auch bei der **Kurspflege** wird die Kenntnis von Insiderinformationen nicht verwendet, solange diese unabhängig von den Informationen besteht[116].

Fraglich ist, ob eine **Due Diligence-Prüfung** vor dem Erwerb einer börsennotierten **328** Gesellschaft bzw vor dem Eingehen einer Beteiligung an dieser möglich sein kann oder ob diese unter § 14 Abs. 1 Nr 1 WpHG (bzw Art. 8 Abs. 1 MAR) fällt[117]. Ein Ausnutzen iS des früheren § 14 Abs. 1 Nr 1 WpHG wurde von der hM abgelehnt, da Motiv für den Erwerb der Zielgesellschaft nicht die Insiderinformation sei, sondern die zuvor getroffene Kaufentscheidung. Die positiven Resultate einer Due Diligence-Prüfung führen lediglich dazu, dass die Kaufentscheidung nicht wieder verworfen wird[118]. Es stellt sich die Frage, ob jemand unter Verwendung der Insiderinformation handelt, wenn er durch die Due Diligence-Prüfung Insiderinformationen erlangt und dann eine zuvor getroffene unternehmerische Entscheidung in die Tat umsetzt.

---

110 So *St. Koch*, DB 2005, 267, 269.

111 Face-to-face-Geschäfte erfolgen typischerweise außerbörslich in unmittelbarem Kontakt von Käufer und Verkäufer (Erwerb von Paketen, Beteiligungen oder eines überwiegenden Teils eines Unternehmens); vgl *Schäfer*, in: Schäfer/Hamann, § 14 WpHG Rn 8 f.

112 *Assmann*, in: Assmann/U.H. Schneider, § 14 WpHG Rn 28, 42.

113 Begr. RegE 2. FMFG, BT-Drucks. 12/6679, S. 47.

114 *Mennicke*, in: Fuchs, § 14 WpHG Rn 72; KölnerKommWpHG/*Pawlik*, § 14 WpHG Rn 31 ff.

115 Vgl Erwägungsgrund (29) der Marktmissbrauchsrichtlinie 2003.

116 Die Kurspflege dient einer stabilen Kursentwicklung, indem durch marktausgleichende An- und Verkäufe ein Abgleiten der Kurse oder unerwünschte künstliche Kurssteigerungen vermieden werden. Daher wird die Kurspflege als der Erhaltung des Emissionsstandings des Emittenten und der beteiligten Konsortialbanken dienend und somit auch als im Interesse der Anleger angesehen. Eine andere Frage ist deren aktienrechtliche Zulässigkeit.

117 Dazu *Hemeling*, ZHR 169 (2005), 274, 283 ff; *Momsen*, in: Momsen/Grützner, Wirtschaftsstrafrecht, 1. Aufl., 2013, Kap. 1, D, Rn 43 ff.

118 *Diekmann/Sustmann*, NZG 2004, 929, 931; *Assmann*, in: Assmann/U.H. Schneider, § 14 WpHG Rn 45 mwN.

329 Teilweise wird im Schrifttum vertreten, dass es an der erforderlichen Kausalität fehle, da sich der Erwerber zum Kauf entschlossen hat, bevor er die Insiderinformation erlangte[119]. Zwar ist das Motiv für den Erwerb nicht die Insiderinformation, sondern die bereits getroffene Kaufentscheidung. Allerdings ist kaum vorstellbar, dass die Ergebnisse der Due Diligence-Prüfung nicht das Handeln beeinflussen, schließlich dienen sie gerade dazu, die zuvor getroffene Kaufentscheidung zu bestätigen[120]. Einigkeit besteht im Schrifttum darüber, dass eine Due Diligence dennoch weiterhin möglich sein muss. Klärungsbedürftig soll nur auf dogmatischer Ebene sein, ob § 14 WpHG (bzw Art. 8 Abs. 1 MAR) teleologisch zu reduzieren oder ob der Begriff „Verwendung" (bzw „Nutzung") restriktiv auszulegen ist[121]. Die BaFin geht ebenfalls davon aus, dass dann, wenn der Erwerber das von ihm bereits vor Durchführung der Prüfung geplante Paket erwirbt, dieser Erwerb nicht unter § 14 WpHG fällt. Anders soll das nur sein, wenn über den gefassten Plan hinaus weitere Wertpapiere erworben werden[122]. Auch nach Art. 9 Abs. 4 MAR nutzt ein potenzieller Bieter bei einer Unternehmensübernahme die durch eine Due Diligence-Prüfung gewonnenen Insiderinformationen dann nicht, wenn er den Entschluss, die Finanzinstrumente der Zielgesellschaft zu erwerben, bereits vor dem Erhalt der Insiderinformationen gefasst hat[123].

330 An der erforderlichen **Kausalität** zwischen dem Besitz einer Insiderinformation und dem Erwerb oder der Veräußerung eines Insiderpapiers und damit an dem Verwenden bzw Nutzen einer Insiderinformation fehlt es auch, wenn eine **sonstige „legitime Handlung"** vorliegt (Art. 9 MAR). Denn zunächst wird widerleglich vermutet, dass derjenige, der im Besitz einer Insiderinformation ist und ein Insiderpapier erwirbt oder veräußert hat, dies auch unter Nutzung der Insiderinformation getan hat. Denn zunächst wird widerleglich vermutet, dass derjenige, der im Besitz einer Insiderinformation ist und ein Insiderpapier erworben oder veräußert hat, dies auch unter Nutzung der Information getan hat[124].

331 Im Hinblick auf die **Wissenszurechnung** gilt Folgendes: Besitzt eine natürliche Person innerhalb einer juristischen Person eine Insiderinformation, so verfügt die juristische Person im Ganzen über diese Information, so dass beim Erwerb oder der Veräußerung eines Insiderpapiers unterstellt wird, dass die juristische Person oder vielmehr die jeweilige natürliche Person, die für die juristische Person die betreffenden Finanzinstrumente erworben oder veräußert hat, dies unter Nutzung der Insiderinformation getan hat. In diesem Fall liegt ein verbotenes Insidergeschäft vor (Art. 14 lit. a MAR). Hat die juristische Person jedoch wirksam durch interne Regelungen und Verfahren (dh organisatorisch) sichergestellt, dass die Insiderinformation, die sich irgendwo innerhalb der juristischen Person befindet, weder zu der Person gelangen konnte, die den Beschluss gefasst hat, das Insiderpapier zu erwerben oder zu veräußern (Art. 9

119 *Fromm-Russenschuck/Banerjea*, BB 2004, 2425, 2426 f; vgl *Langenbucher*, § 15 Rn 57 ff; aA *Wackerbarth/Eisenhardt*, Gesellschaftsrecht II, 2013, Rn 866.

120 *Diekmann/Sustmann*, NZG 2004, 929, 931; *Ziemons*, NZG 2004, 537, 539.

121 *Koch*, BB 2005, 267, 269.

122 Emittentenleitfaden der BaFin, Stand: 15. Juli 2005, Ziff. III.2.2.1.4.2.

123 *Veil*, ZBB 2014, 85, 91; *Krause*, CCZ 2014, 248, 252 f.

124 So ausdrücklich Erwägungsgrund (24) MAR; siehe auch *Krause*, CCZ 2014, 248, 252, wonach damit an die Spector-Photo-Group-Entscheidung des EuGH angeknüpft wird; siehe auch *Bachmann*, Das Europäische Insiderhandelsverbot, S. 29 ff.

Abs. 1 lit. a MAR), noch zu der Person, die das Finanzinstrument aufgrund jener Entscheidung dann tatsächlich für die juristische Person erworben oder veräußert hat (Art. 9 Abs. 1 lit. b MAR), ist die **Kausalitätsvermutung widerlegt**. Erwirbt etwa ein Kreditinstitut sowohl im Eigenhandel Wertpapiere als auch für seine Kunden, müssen beide Abteilungen räumlich und organisatorisch derart voneinander getrennt sein, dass ein Informationsfluss zwischen ihnen unterbunden wird (sog. Chinese Walls oder Ethical screens)[125]. Ein verbotenes Insidergeschäft scheidet in diesem Fall aus. Ebenfalls vom Verbot des Insidergeschäfts iS des Art. 14 lit. a MAR ausgenommen sind die legitimen Geschäfte eines **Market Maker**[126] oder einer Gegenpartei (Art. 9 Abs. 2 lit. b MAR).

c) Weitergabe- bzw Offenlegungsverbot[127]

Nach § 14 Abs. 1 Nr 2 WpHG ist es verboten, einem anderen eine Insiderinformation unbefugt mitzuteilen oder zugänglich zu machen[128]. In Art. 14 lit. c MAR wird das unrechtmäßige Offenlegung von Insiderinformationen genannt. **Voraussetzung** ist damit 1) das Vorliegen einer Insiderinformation, 2) eine Mitteilung oder Zugänglichmachung dieser[129] bzw deren Offenlegung, die 3) unbefugt bzw unrechtmäßig geschieht (Art. 10 Abs. 1 Unterabs. 1 MAR). 332

Eine **Mitteilung** oder **Zugänglichmachung** (bzw die Offenlegung einer Insiderinformation) setzt voraus, dass der Dritte tatsächlich die Kenntnis erlangt hat[130]. Es ist nicht erforderlich, dass es auch zu einer Wertpapiertransaktion, die die Interessen der Anleger verletzt, kommt. Ziel des Weitergabe- bzw Offenlegungsverbots ist es, den eine Insiderinformation kennenden Personenkreis so klein wie möglich zu halten, so dass die Gefahr von Insidergeschäften so gering wie möglich ist. Neben dem aktiven Mitteilen (§ 14 Abs. 1 Nr 2, 1. Alt. WpHG) ist auch das bloße Zugänglichmachen der Insiderinformation (§ 14 Abs. 1 Nr 2, 2. Alt. WpHG) untersagt. Der Begriff der Offenlegung erfasst sowohl die Mitteilung als auch die Zugänglichmachung (Art. 10 Abs. 1 Unterabs. 1 MAR). Die Offenlegung einer Insiderinformation liegt bereits dann vor, wenn ein Kennwort weitergegeben wird, so dass ein PC nebst darin gespeicherten Insiderinformationen benutzt werden kann. Der Täter gibt somit nicht die Information als solche weiter, schafft aber die Voraussetzungen, dass ein Dritter diese durch zusätzliches eigenes Handeln erlangen kann[131]. 333

125 *Seibt/Wollenschläger*, AG 2014, 593, 597; *Krause*, CCZ 2014, 248, 252.

126 Art. 3 Abs. 1 Nr 30 MAR iVm Art. 4 Abs. 1 Nr 7 MiFID II: „Eine Person, die an Finanzmärkten auf kontinuierlicher Basis ihre Bereitschaft anzeigt, durch den An- und Verkauf von Finanzinstrumenten unter Einsatz des eigenen Kapitals Handel für eigene Rechnung zu von ihr gestellten Kursen zu betreiben“; siehe auch § 23 Abs. 4 WpHG, wonach ein Market Maker eine Person ist, „die an einem Markt dauerhaft anbietet, Finanzinstrumente im Wege des Eigenhandels zu selbst gestellten Preisen zu kaufen oder zu verkaufen“; zum Market Maker vgl auch oben Rn 100.

127 *Schäfer*, in: Schäfer/Hamann, § 13 WpHG Rn 4 („Mitteilungsverbot“).

128 Zur Auslegung von Art. 3 lit. a der Insiderrichtlinie von 1989 und des Weitergabeverbots bei Arbeitnehmervertretern im Verwaltungsrat oder von Mitgliedern eines Verbindungsausschusses eines Konzerns EuGH NJW 2006, 133 ff.

129 Näher *Sethe*, ZBB 2006, 243, 246 ff.

130 *Schäfer*, in: Schäfer/Hamann, § 14 WpHG Rn 21.

131 Allg. Meinung, vgl *Assmann*, in: Assmann/U.H. Schneider, § 14 WpHG Rn 66.

334 Die Weitergabe muss zudem **unbefugt** erfolgt[132] bzw die Insiderinformation **unrechtmäßig** offengelegt worden sein. Dabei handelt es sich um ein tatbestandsbeschränkendes Merkmal[133]. Dadurch wird der Tatsache Rechnung getragen, dass die unternehmerischen und betrieblichen Erfordernisse es teilweise gebieten, Insiderinformationen in bestimmtem Umfang weiterzugeben. Bei dem Erfordernis der Unbefugtheit bzw Unrechtmäßigkeit handelt es sich nach verbreiteter Auffassung um einen Teil des gesetzlichen Verbotstatbestands und nicht lediglich um ein allgemeines Verbrechensmerkmal, das die Rechtswidrigkeit der Weitergabe nur entfallen lassen würde, wenn das Handeln des Täters gerechtfertigt wäre[134]. Erfolgt die Weitergabe befugt, liegt in diesem Verhalten kein Unrechtsakt. Eine Weitergabe ist unbefugt iS des § 14 Abs. 1 Nr 2 WpHG, wenn sie nicht aus betrieblichen oder rechtlichen Gründen erforderlich ist[135]. Das gilt auch für die unrechtmäßige Offenlegung einer Insiderinformation, was Art. 10 Abs. 1 Unterabs. 1 MAR ausdrücklich klarstellt[136].

335 Die Weitergabe bzw Offenlegung von Insiderinformationen an nicht dem Unternehmen des Emittenten angehörende **Dritte** erfolgt nur dann befugt, wenn diese Personen die Information tatsächlich für die Erfüllung der ihnen übertragenen Aufgaben benötigen. Damit liegt eine befugte Weitergabe etwa vor, wenn eine Aktiengesellschaft ihrem Abschlussprüfer die von diesem benötigten Informationen zur Verfügung stellt, wozu eine gesetzliche Verpflichtung besteht (§ 320 Abs. 2 HGB, § 145 Abs. 2 AktG). Befugt ist die Weitergabe an einen Dritten auch dann, wenn dieser nur so seine gegenüber dem Emittenten rechtsgeschäftlich begründete Verpflichtung (zB aus einem Geschäftsbesorgungsverhältnis iS des § 675 BGB) erfüllen kann (Rechtsanwälte, Notare usw). Das ist bspw gemeint, wenn Art. 10 Abs. 1 Unterabs. 1 MAR von einer „Offenlegung im Zuge der normalen Erfüllung einer Aufgabe“ spricht[137]. Die Mitteilung von Unternehmensinterna ist etwa bei einer Unternehmensumstrukturierung unter Beteiligung eines Dritten (zB Zusammenschluss, Verkauf von Unternehmensteilen) häufig geboten, auch wenn diese gleichzeitig Insiderinformationen darstellen.

336 Die Offenlegung einer Insiderinformation ist **nicht unrechtmäßig**, wenn sie im Rahmen einer **Marktsondierung** („market sounding“) erfolgt (Art. 11 Abs. 4 MAR)[138]. Bevor ein Verkäufer Finanzinstrumente öffentlich auf dem Markt anbietet, will er in der Regel erst das Interesse potenzieller Anleger abschätzen, um auf diese Weise die Bedingungen festlegen zu können, unter denen er das Finanzinstrument verkaufen kann (Preisgestaltung, Umfang, Struktur, vgl Erwägungsgrund (32) und (33) MAR). Zu diesem Zweck führt er im Vorfeld eine Marktsondierung durch, indem er das Finanzinstrument einem oder mehreren potenziellen Investoren vorstellt[139]. Dabei legt

132 Dazu näher *von Falkenhausen/Widder*, BB 2005, 225, 226 ff; *Sethe*, ZBB 2006, 243, 249 ff; *Cloppenburg/Kruse*, WM 2007, 1109, 1110 ff.

133 Ganz hM; siehe *Schäfer*, in: Schäfer/Hamann, § 14 WpHG Rn 25 mwN auch zur aA.

134 *Schwark/Kruse*, in: Schwark/Zimmer, KMRK, § 14 WpHG Rn 45 ff.

135 EuGH WM 2006, 612 ff („Grøngaard und Bang“): Weitergabe nur erlaubt, wenn sie für den Mitteilenden unerlässlich ist; dazu *Assmann*, in: Assmann/U.H. Schneider, § 14 WpHG Rn 74.

136 Vgl *Krause*, CCZ 2014, 248, 253.

137 Siehe auch *Zetzsche*, NZG 2015, 817, 818 ff.

138 Zum Verhältnis von Art. 11 MAR zur Rechtsprechung des EuGH (Grongaard und Bang“) und seiner Eigenschaft als „safe harbour“ siehe *Krause*, CCZ 2014, 248, 254, und *Veil*, ZBB 2014, 85, 92.

139 *Graßl*, DB 2015, 2066, 2068.

der Verkäufer oftmals auch Insiderinformationen offen. Weil der europäische Gesetzgeber in der Marktsondierung trotzdem ein wertvolles Instrument zur Gewährleistung des Funktionierens der Finanzmärkte sieht (zB Wiederherstellung eines geschwächten Vertrauens in die Märkte), soll eine solche Sondierung nicht per se als Marktmissbrauch, dh als unrechtmäßige Offenlegung von Insiderinformationen, gelten (Erwägungsgrund (32) MAR).

Damit aber eine solche Offenlegung von Insiderinformationen so betrachtet wird, **337** dass sie im Zuge der normalen Ausübung der Beschäftigung oder des Berufs oder der normalen Erfüllung der Aufgaben vorgenommen wurde (vgl Art. 10 Abs. 1 Unterabs. 1 MAR), muss der Verkäufer als „offenlegender Marktteilnehmer" (Art. 3 Abs. 1 Nr 32 MAR) die Anforderungen von Art. 11 Abs. 3 und 5 MAR erfüllen (Art. 11 Abs. 4 MAR). Bevor der offenlegende Marktteilnehmer eine Marktsondierung durchführt, muss er überlegen, ob er dadurch, und wenn ja, welche Insiderinformationen er offenlegt und warum das erforderlich ist[140]. Das muss er schriftlich niederlegen und die Aufzeichnung der zuständigen Behörde auf Anforderung vorlegen (Art. 11 Abs. 3 MAR). Der Verkäufer soll damit angehalten werden, den potenziellen Anlegern nur die Informationen offenzulegen, die nötig sind, um die Verkaufsbedingungen für die anschließenden Transaktionen auf dem öffentlichen Markt festlegen zu können.

Zudem soll auch auf Seiten der potenziellen Investoren („Person, die die Marktson- **338** dierung erhält", Art. 11 Abs. 5 Unterabs. 1 MAR) die Vertraulichkeit der Information gewahrt bleiben (vgl Art. 11 Abs. 5 Unterabs. 1 lit. d MAR). Deshalb muss der Verkäufer die **Zustimmung** des potenziellen Anlegers einholen, dass er eine Insiderinformation erhält (Art. 11 Abs. 5 Unterabs. 1 lit. a MAR), dh er muss ihn über die Eigenschaft der Information als Insiderinformation in Kenntnis setzen[141]. Zudem muss er den potenziellen Anleger darüber aufklären, 1) dass er die Insiderinformation nicht zum Erwerb oder der Veräußerung von Finanzinstrumenten (inklusive der Stornierung und Änderung bereits erteilter Aufträge) nutzen darf (Art. 11 Abs. 5 Unterabs. 1 lit. b und c MAR), und 2) dass der potenzielle Anleger sich mit seiner Zustimmung verpflichtet, die Insiderinformation weder unrechtmäßig offenzulegen noch auf der Grundlage der Insiderinformation einem Dritten zu empfehlen, ein Insiderpapier zu erwerben oder zu veräußern (inklusive einen bereits erteilten Auftrag zu stornieren oder zu ändern), oder ihn dazu anzustiften (Art. 11 Abs. 5 Unterabs. 1 lit. d MAR).

Auch hier muss der Verkäufer eine Aufzeichnung darüber erstellen, welche Insiderin- **339** formationen er wann und welchem potenziellen Anleger offengelegt hat[142]. Auch diese Aufzeichnungen muss er der zuständigen Behörde auf deren Ersuchen zur Verfügung stellen (Art. 11 Abs. 5 Unterabs. 2 MAR). Anders als bei Art. 11 Abs. 3 MAR fehlt hier zwar der Zusatz „schriftlich", dennoch soll der Emittent eine Liste über die potenziellen Anleger führen („sounding list"), was aber nur schriftlich möglich ist[143]. Auch der potenzielle Anleger als Adressat der Marktsondierung hat in eigener Ver-

140 ESMA, Final Report vom 28. September 2015, ESMA/2015/1455, S. 23 Rn 72.

141 Nach ESMA, Final Report vom 28. September 2015, ESMA/2015/1455, S. 24 Rn 80 und S. 27 Rn 94, soll der Emittent sogar zusätzlich eine Liste der potenziellen Anleger führen, die es abgelehnt haben, an der Marktsondierung teilzunehmen.

142 *Krause*, CCZ 2014, 248, 254.

143 ESMA, Final Report vom 28. September 2015, ESMA/2015/1455, S. 27 Rn 93.

antwortung zu prüfen, ob die Informationen, die er vom Verkäufer erhält, Insiderinformationen sind (Art. 11 Abs. 7 MAR)[144].

d) Empfehlungsverbot und Verleitungs- bzw Anstiftungsverbot

340 Nach § 14 Abs. 1 Nr 3 WpHG (bzw Art. 14 lit. b, 8 Abs. 2 MAR) ist es untersagt, einem anderen (bzw einem Dritten) auf der Grundlage einer Insiderinformation zu empfehlen, ein Insiderpapier (Finanzinstrument, auf das sich die Insiderinformation bezieht) zu erwerben oder zu veräußern oder dazu zu verleiten bzw anzustiften. Das Empfehlungs- und Verleitungsverbot setzt daher voraus, dass 1) eine Insiderinformation vorliegt, 2) dass derjenige, der diese Information besitzt, einem anderen (bzw Dritten) den Erwerb oder die Veräußerung eines Insiderpapiers empfiehlt oder ihn dazu verleitet (bzw anstiftet) und 3) dass die Insiderinformation kausal für das Empfehlen oder Verleiten (bzw Anstiften) ist (§ 14 Abs. 1 Nr 3 WpHG; Art. 8 Abs. 2 MAR: „auf der Grundlage").

341 Eine **Empfehlung** ist eine rechtlich unverbindliche Erklärung, durch die jemand ein Verhalten als für den Adressaten vorteilhaft bezeichnet und zur Verwirklichung dieses Verhaltens rät mit der Absicht der Beeinflussung des Willens des Adressaten[145]. Es werden damit insbesondere sog. **Tipps** erfasst[146]. Der Insider muss dabei dem Dritten nicht offenbaren, dass es sich bei der Information um eine Insiderinformation handelt (vgl Art. 8 Abs. 3 MAR). Das Empfehlungsverbot soll gerade verhindern, dass der Insider das Verwendungs- und Weitergabeverbot (§ 14 Abs. 1 Nr 1 und 2; Art. 14 lit. a und c MAR) dadurch umgeht, dass er sich, statt selbst zu handeln, eines Dritten bedient oder mit diesem **kollusiv** zusammenwirkt. Da der Wortlaut des § 14 Abs. 1 Nr 3 WpHG an ein aktives Tun (Erwerb oder Veräußerung) anknüpft, erfasst die Norm nicht eine Empfehlung (oder ein Verleiten), die darauf abzielt, dass der Dritte von einem Erwerb oder einer Veräußerung von Insiderpapieren Abstand nimmt[147]. Anders ist das jetzt nach Art. 8 Abs. 2 lit. b MAR. Es ist zumindest nicht mehr gestattet, einem Dritten zu empfehlen (oder ihn dazu anzustiften), einen bereits erteilten Auftrag zum Erwerb oder zur Veräußerung eines Insiderpapiers zu **stornieren** (dh zu unterlassen) oder diesen zu ändern. Hat der Dritte einen Kauf- oder Verkaufsauftrag (noch) nicht erteilt und der Insider in dieser Situation davon abgeraten, ein Finanzinstrument, auf das sich eine Insiderinformation bezieht, zu erwerben oder zu veräußern, wird dieses Verhalten nicht vom Empfehlungs- und Verleitungsverbot erfasst.

342 Verboten ist es auch, einen anderen auf der Grundlage einer Insiderinformation zum Erwerb oder zur Veräußerung eines Insiderpapiers „auf sonstige Weise" zu **verleiten** (§ 14 Abs. 1 Nr 3 WpHG). Zum Erwerb oder zur Veräußerung verleitet, wer den Willen des anderen durch beliebige Mittel dahingehend beeinflusst[148]. Da eine Empfeh-

144 *Krause*, CCZ 2014, 248, 254.

145 *Assmann*, in: Assmann/U.H. Schneider, § 14 WpHG Rn 119.

146 *Eggers*, in: Park, Kapitalmarktstrafrecht, 3. Aufl., 2013, § 39 Abs. 2 Nr 4 WpHG Rn 5.

147 *Ritz*, in: Just/Voß/Ritz/Becker, § 14 WpHG Rn 148.

148 Emittentenleitfaden der BaFin, Stand: 15. Juli 2005, Ziff. III.2.2.2.2. Auch wenn in Art. 3 lit. b der Marktmissbrauchsrichtlinie 2003 nur von „verleiten" die Rede war, ist mit der Einfügung „in sonstiger Weise" in § 14 Abs. 1 Nr 3 WpHG keine inhaltliche Änderung verbunden gewesen.

lung ebenfalls die Beeinflussung des Willens eines anderen intendiert, ist sie lediglich ein Unterfall des Verleitens[149]. Dogmatisch stellt die Alternative des Verleitens einen besonders geregelten Fall der mittelbaren Täterschaft dar[150]. Anders als noch Art. 3 lit. b der Marktmissbrauchsrichtlinie 2003 spricht Art. 8 Abs. 2 MAR nicht mehr von „verleiten", sondern von „anstiften". Eine inhaltliche Änderung ist damit gleichwohl nicht verbunden. Der Begriff „Anstiftung" ist daher nicht im strafrechtlichen Sinn zu verstehen. Er bringt v.a. zum Ausdruck, dass der Insider bei einem Dritten einen Willensentschluss hervorrufen muss. Das beinhaltet aber auch der Begriff „Verleiten". Hat daher der Dritte bereits seinen Entschluss bzgl eines Finanzinstruments gefasst, liegt weder ein „Anstiften" noch ein „Verleiten" vor.

Ein Verleiten bzw Anstiftung liegt bspw vor, wenn ein Insider im Wissen um kurs- **343**
steigernde Umstände von einer Veräußerung der Finanzinstrumente abrät oder in Kenntnis kurssenkender Umstände vor einem Erwerb warnt und der Adressat die Warnung vor einer Veräußerung als Empfehlung zu einem Hinzuerwerb und das Abraten von einem Erwerb als Aufforderung zu einer Veräußerung versteht[151]. Ob die Insiderinformation als solche offengelegt wird, ist nicht entscheidend (vgl Art. 8 Abs. 3 MAR).

Nutzt der **Dritte** die Empfehlung oder folgt er der Anstiftung, handelt es sich auch in **344**
seiner Person um ein verbotenes Insidergeschäft (Art. 14 lit. a, 8 Abs. 1 MAR), wenn er weiß oder wissen sollte, dass die Empfehlung oder Anstiftung auf einer Insiderinformation beruht (Art. 8 Abs. 3 MAR)[152]. Gibt der Dritte die Empfehlung weiter oder stiftet er andere an, nachdem er selbst angestiftet worden ist, legt er die darin enthaltene Information unrechtmäßig offen, wenn er um deren Qualität als Insiderinformation weiß oder wissen sollte (Art. 8 Abs. 2 MAR)[153].

e) Ausnahme: Rückkaufprogramme und Stabilisierungsmaßnahmen

Unter bestimmten Voraussetzungen ist der Handel mit eigenen Aktien bei Rückkauf- **345**
programmen und Kursstabilisierungsmaßnahmen nicht vom Insiderhandelsverbot des § 14 Abs. 1 WpHG erfasst. Nach § 14 Abs. 2 WpHG fällt dieser Handel nicht unter das Insiderhandelsverbot, wenn er in Übereinstimmung mit der hierzu erlassenen EU-DurchführungsVO Nr 2273/2003[154], welche Ausnahmeregelungen für Rückkaufprogramme und Kursstabilisierungsmaßnahmen vorsieht, steht. Damit sind in § 14 Abs. 2 WpHG spezifische Bereichsausnahmen **(Safe Harbours)** festgelegt. Es liegt hier ein Tatbestandsausschlussgrund vor, nicht lediglich ein Rechtfertigungsgrund oder ein Straf- oder Bußgeldaufhebungsgrund[155].

---

149 Begr. RegE AnSVG, BT-Drucks. 15/3174, S. 34.
150 *Diekmann/Sustmann*, NZG 2004, 929, 932.
151 *Cahn*, Der Konzern 2005, 5, 12.; kritisch *Assmann*, in: Assmann/U.H. Schneider, § 14 WpHG Rn 128.
152 Zu § 14 Abs. 1 Nr 3 WpHG siehe Emittentenleitfaden der BaFin, Stand: 15. Juli 2005, Ziff. III.2.2.2.2.
153 *Krause*, CCZ 2014, 248, 253.
154 ABl. EG Nr L 336 vom 23. Dezember 2003, S. 33.
155 *Singhof/Weber*, AG 2005, 549, 555 mwN.

346 Zum 3. Juli 2016 wird die DurchführungsVO Nr 2273/2003 aufgehoben (Art. 37 MAR) und durch **Art. 5 MAR** ersetzt. Auch hiernach wird der Handel mit eigenen Aktien im Rahmen von Rückkaufprogrammen ebenso wenig von den Insiderhandelsverboten erfasst wie der Handel mit Wertpapieren oder damit verbundenen Instrumenten zur Stabilisierung des Kurses von Wertpapieren (Art. 5 Abs. 1, 4 MAR), sofern die Voraussetzungen erfüllt sind, die im Wesentlichen denen der DurchführungsVO entsprechen[156].

347 Die DurchführungsVO bzw Art. 5 MAR bestimmt u. a., dass ein Aktienrückkauf allein dann keinen Insiderhandel darstellt, wenn er ausschließlich zu dem Zweck erfolgt, das Kapital eines Emittenten herabzusetzen (Art. 5 Abs. 2 lit. a MAR) oder die Verpflichtung aus einem Schuldtitel, der in Beteiligungskapital umgewandelt werden kann (Art. 5 Abs. 2 lit. b MAR; Wandel- oder Optionsschuldverschreibungen sowie -genussrechte), oder die Verpflichtung aus einem Belegschaftsaktienprogramm oder einer anderen Form der Zuteilung von Aktien an Mitarbeiter des Emittenten oder einer Tochtergesellschaft zu erfüllen (Art. 5 Abs. 2 lit. c MAR)[157]. Bei Aktienrückkäufen, die nicht in der EU-DurchführungsVO bzw (ab 3. Juli 2016) in Art. 5 MAR geregelt sind, gelten dagegen die Regeln des Insiderrechts[158]. Für zulässige Kursstabilisierungsmaßnahmen gilt, dass sie nur zeitlich befristet erlaubt sind (Art. 5 Abs. 4 lit. a MAR). Nach Ablauf des Stabilisierungszeitraums ist mitzuteilen, ob tatsächlich Maßnahmen ergriffen worden sind (Art. 5 Abs. 4 lit. b, Abs. 5 MAR: „spätestens am siebten Handelstag nach dem Tag der Ausführung der Maßnahmen").

3. Rechtsfolgen eines Verstoßes

a) Strafrechtliche Folgen und Ordnungswidrigkeit

348 Ein Verstoß gegen das Insiderhandelsverbot des § 14 WpHG kann eine Ordnungswidrigkeit oder eine Straftat sein (§§ 38, 39 WpHG). Hierbei ist zwischen den einzelnen verbotenen Handlungen zu unterscheiden. Zu beachten sind als Vorgaben für das nationale Recht ab dem 3. Juli 2016 die Art. 30–34 MAR (verwaltungsrechtliche Sanktionen und Maßnahmen) sowie die CRIM-MAD (strafrechtliche Sanktionen), die im nationalen Recht zu verankern sind[159]. Daher kommt es in Deutschland zu einer Verschärfung der Sanktionen, insbesondere bzgl der Höhe der Bußgelder[160]. Neu ist die Umsatzbezogenheit von Bußgeldern für juristische Personen, wobei ggf der Gesamtumsatz des ganzen Konzerns maßgeblich ist (siehe Art. 30 Abs. 2 Unterabs. 3 MAR). Da die strafrechtlichen Sanktionen wirksam, verhältnismäßig und ab-

---

156 Siehe ESMA, Final Report vom 28. September 2015, ESMA/2015/1455 S. 12 ff.

157 Zu den in der DurchführungsVO genannten Bedingungen, siehe Emittentenleitfaden der BaFin, Stand: 15. Juli 2005, Ziff. III.2.2.1.5.

158 Näher dazu Emittentenleitfaden der BaFin, Stand: 15. Juli 2005, Ziff. III.2.2.1.5.2.; zum Aktienrückkauf näher *Singhof/Weber*, AG 2005, 549, 551 f.

159 Siehe den durch den Referentenentwurf des FimanoG vorgeschlagenen § 107 WpHG-E („Strafbare Verstöße gegen das Verbot von Insidergeschäften") und § 109 Abs. 9 WpHG-E („Bußgeldvorschriften"). Dagegen enthält nun nach dem RegE des 1. FimanoG § 39 Abs. 3d WpHG die Bußgeldtatbestände, § 38 WpHG soll im Wesentlichen für strafbare Verstöße darauf verweisen (BR-Drucks. 19/16, S. 71).

160 *Graßl*, DB 2015, 2066, 2071; *Krause*, CCZ 2014, 248, 258; *Seibt/Wollenschläger*, AG 2014, 593, 603 („drakonisch").

schreckend sein sollen (Art. 7 Abs. 1 CRIM-MAD), sieht die CRIM-MAD einen Mindeststrafrahmen vor (Erwägungsgrund (16) CRIM-MAD).

aa) Verwendungsverbot (§ 14 Abs. 1 Nr 1 WpHG). Neben der Erfüllung des objektiven Tatbestands[161] des § 14 Abs. 1 Nr 1 WpHG ist im subjektiven Tatbestand Voraussetzung für eine Strafbarkeit, dass ein vorsätzliches (§ 38 Abs. 1 Nr 1 WpHG) oder leichtfertiges (§ 38 Abs. 4 WpHG) Verhalten vorliegt[162]. Eine Unterscheidung zwischen vorsätzlichem und leichtfertigem Verhalten ist im Hinblick auf das Strafmaß erforderlich. Wer entgegen § 14 Abs. 1 Nr 1 WpHG ein Insiderpapier erwirbt oder veräußert, hat nach § 38 Abs. 1 Nr 1 WpHG unabhängig davon, auf welche Weise er von der Insiderinformation Kenntnis erlangt hat, bei vorsätzlichem Handeln mit Freiheitsstrafe bis zu fünf Jahren oder mit Geldstrafe und bei Leichtfertigkeit nach § 38 Abs. 4 WpHG mit Freiheitsstrafe bis zu einem Jahr oder Geldstrafe zu rechnen. **349**

Vorsätzlich handelt, wer erkennt, dass es sich bei der fraglichen Transaktion um ein Geschäft mit Insiderpapieren handelt. Der Vorsatz muss auch die Tatsache umfassen, dass die Information noch nicht öffentlich bekannt ist. Außerdem muss der Täter davon ausgehen, dass die Information bei ihrem Bekanntwerden geeignet wäre, den Preis des Papiers erheblich zu beeinflussen. Er braucht das Preisbeeinflussungspotenzial nicht präzise einschätzen zu können[163]. Das Wissen um das Kursbeeinflussungspotenzial ist teilweise schwer nachzuweisen, da es nicht stets auf der Hand liegt. Hat jemand fahrlässig nicht erkannt, dass sein Wissen eine Insiderinformation darstellt, handelt er nicht vorsätzlich. Ein vorsätzliches Handeln wird aber bereits dann erfüllt sein, wenn die objektiven Umstände darauf schließen lassen, dass jemand billigend in Kauf genommen hat, Insiderpapiere aufgrund einer Insiderinformation zu erwerben oder zu veräußern (dolus eventualis)[164]. Nach Ansicht des EuGH soll die Kenntnis einer Insiderinformation sowie ein zeitlich nachgelagerter Kauf/Verkauf der Insiderpapiere zu der (widerleglichen) Vermutung führen, dass der Betreffende mit Vorsatz gehandelt hat[165]. **350**

Leichtfertig handelt, wer die gebotene Sorgfalt in einem ungewöhnlich hohen Maß verletzt[166]. Leichtfertigkeit im Strafrecht soll der groben Fahrlässigkeit des Zivilrechts entsprechen[167]. Auch die Leichtfertigkeit muss hinsichtlich sämtlicher Merkmale des objektiven Tatbestands vorliegen. Sie soll etwa dann gegeben sein, wenn ein Vorstand nicht angemessen überprüft hat, ob die Veröffentlichung bereits erfolgte, sofern ihm bekannt ist, dass es hierbei regelmäßig zu Verzögerungen kommt[168]. **351**

---

161 Siehe Rn 320 ff.

162 Zu den **Irrtümern** nach den §§ 16, 17 StGB *Hohn*, in: Momsen/Grützner, Wirtschaftsstrafrecht, 1. Aufl., 2013, Kap. 6, B, Rn 20.

163 Emittentenleitfaden der BaFin, Stand: 15. Juli 2005, Ziff. III.2.2.2.3.

164 *Assmann*, in: Assmann/U.H. Schneider, § 14 WpHG Rn 57 f.

165 EuGH ZIP 2010, 78, 80 Rn 36 ff; dazu *Hopt*, in: FS Goette, 2011, S. 179, 182 f; dazu kritisch *Gehrmann*, ZBB 2010, 48 ff; *Nietsch*, ZHR 174 (2010), 556, 562 ff; *Langenbucher/Brenner/Gellings*, BKR 2010, 133 ff; *Schall*, JZ 2010, 392 ff.

166 *Vogel*, in: Assmann/U.H. Schneider, § 38 WpHG Rn 44 ff; *Kümpel/Veil*, WpHG, S. 74.

167 *Waßmer*, in: Fuchs, § 38 WpHG Rn 35; *Mennicke*, in: Fuchs, § 14 WpHG Rn 357; *Schäfer*, in: Schäfer/Hamann, § 14 WpHG Rn 18.

168 Emittentenleitfaden der BaFin, Stand: 15. Juli 2005, Ziff. III.2.3.4.

352 **bb) Verwendungsverbot (Art. 14 lit. a MAR).** Nach Art. 30 Abs. 1 MAR stellt ein Verstoß gegen das Verwendungsverbot des Art. 14 lit. a MAR eine **Ordnungswidrigkeit** dar, die von der zuständigen Behörde mit einer angemessenen verwaltungsrechtlichen Sanktion oder anderen verwaltungsrechtlichen Maßnahmen zu ahnden ist. Die Behörde ist v.a. befugt, Untersagungsverfügungen zu erlassen, infolge des Verstoßes erzielte Gewinne oder vermiedene Verluste einzuziehen[169], die Zulassung einer Wertpapierfirma auszusetzen oder zu widerrufen, bestimmten Personen vorübergehend oder dauerhaft die Übernahme von Führungsaufgaben in einer Wertpapierfirma zu untersagen und ihnen vorübergehend Eigengeschäfte zu verbieten (Art. 30 Abs. 2 Unterabs. 1 lit. a-h MAR).

353 Daneben sieht die MAR die Verhängung von **Geldbußen** vor („verwaltungsrechtliche finanzielle Sanktionen")[170]. Handelt es sich beim Verstoßenden um eine natürliche Person, kann der Verstoß mit einem Bußgeld bis zu 5 Mio. Euro geahndet werden (Art. 30 Abs. 2 Unterabs. 1 lit. i Ziff. i MAR). Bei einer juristischen Person beträgt das maximal mögliche Bußgeld mindestens 15 Mio. Euro oder 15 % des jährlichen Gesamtumsatzes (Art. 30 Abs. 2 Unterabs. 1 lit. j Ziff. i MAR). Dieser Mindesthöchstbetrag kann sowohl für natürliche als auch für juristische Personen überschritten werden, wenn die Behörde ein Bußgeld in Höhe des mit dem Insidergeschäft erzielten Gewinns (bzw des vermiedenen Verlusts) multipliziert mit dem Faktor drei verhängt (Art. 30 Abs. 2 Unterabs. 1 lit. h MAR).

354 Zumindest „in schwerwiegenden Fällen" und bei Vorliegen von Vorsatz macht sich derjenige, der ein Insidergeschäft tätigt (Art. 14 lit. a, 8 Abs. 1 MAR; Art. 3 Abs. 2, 4 CRIM-MAD), sogar **strafbar**. Eine solche Straftat wird dabei mit mindestens vier Jahren Freiheitsstrafe geahndet (Art. 7 Abs. 2 CRIM-MAD)[171]. Was als „schwerwiegend" zu bewerten ist, zählt die CRIM-MAD beispielhaft in Erwägungsgrund (11) auf. Danach ist ein Insidergeschäft u. a. als schwerwiegend zu betrachten, wenn die Auswirkungen des Geschäfts auf die Marktintegrität, die tatsächlich oder potenziell damit erzielten Gewinne oder vermiedenen Verluste, das Ausmaß des für den Markt entstandenen Schadens oder der Gesamtwert der gehandelten Finanzinstrumente „hoch" sind. Als schwerwiegend ist es zudem zu bewerten, wenn die Tat im Rahmen einer kriminellen Vereinigung begangen wurde oder die verantwortliche Person bereits früher eine solche Straftat begangen hat.

355 **cc) Weitergabeverbot bzw unrechtmäßige Offenlegung.** Für die Erfüllung des subjektiven Tatbestands des § 14 Abs. 1 Nr 2 WpHG ist Voraussetzung, dass der Insider bzgl der Mitteilung oder des Zugänglichmachens einer Insiderinformation vorsätzlich oder leichtfertig handelt. Bloße Fahrlässigkeit reicht nicht. Um Vorsatz bejahen zu können, muss der Täter wissen, dass es sich bei der relevanten Information um eine Insiderinformation handelt. Das ist nicht der Fall, wenn er davon ausgeht, dass

169 Zur Gewinnabschöpfung *Bachmann*, Das Europäische Insiderhandelsverbot, S. 55 f.

170 Siehe auch § 109 Abs. 11 Nr 5–10 WpHG-E, der durch den Referentenentwurf des FimanoG vorgesehen ist.

171 Nach § 107 WpHG-E im Referentenentwurf des FimanoG war sogar eine maximale Freiheitsstrafe von fünf Jahren vorgesehen. Das soll nach dem RegE des 1. FimanoG gemäß § 38 Abs. 3 WpHG-E iVm Abs. 1 WpHG gelten.

die Information bereits öffentlich bekannt gemacht worden ist. Außerdem muss er wissen oder damit rechnen und dies in Kauf nehmen, dass sich der Dritte Kenntnis von der Insiderinformation verschaffen wird. Daher liegt keine vorsätzliche Weitergabe vor, wenn jemand ein Papier, das Insiderinformationen enthält, in den Papierkorb wirft, ohne sich klar zu machen, dass die Putzfrau von dem Inhalt des Papiers Kenntnis nehmen könnte[172]. Allerdings kann ein solches Handeln leichtfertig sein, da die gebotene Sorgfalt in einem ungewöhnlich hohen Maße verletzt wurde. Leichtfertigkeit wird also immer dann zu bejahen sein, wenn Schriftstücke liegen gelassen oder Interna ausgeplaudert werden[173] oder wenn jemand an seinem Computer eine passwortgeschützte Datei geöffnet lässt, den Raum verlässt und so anderen den Zugang zu Insiderinformationen ermöglicht[174].

Bei Verstößen gegen **§ 14 Abs. 1 Nr 2 WpHG** (Mitteilung, Zugänglichmachung) ist **356**
zwischen **Primär-** und **Sekundärinsidern** zu unterscheiden. Ein Verstoß gegen § 14 Abs. 1 Nr 2 WpHG ist für Primärinsider bei vorsätzlichem Handeln eine mit Freiheitsstrafe bis zu fünf Jahren oder Geldstrafe bedrohte Straftat (§ 38 Abs. 1a Nr 2a)–d) WpHG), ansonsten eine Ordnungswidrigkeit (§ 39 Abs. 2 Nr 3 WpHG). Für Primärinsider stellt die leichtfertige, für Sekundärinsider sowohl die vorsätzliche als auch die leichtfertige Mitteilung oder Zugänglichmachung einer Insiderinformation lediglich eine nach § 39 Abs. 2 Nr 3 WpHG mit einem Bußgeld geahndete Ordnungswidrigkeit dar. Das Gericht kann auch den Verfall des aus dem Insidergeschäft erzielten Gewinns anordnen (§§ 73 ff StGB)[175].

Ein Verstoß gegen das Weitergabeverbot bzw die unrechtmäßige Offenlegung ist **357**
ebenfalls nach Art. 30 Abs. 1 MAR eine Ordnungswidrigkeit. Die zuständige Behörde ist befugt, dieselben verwaltungsrechtlichen Sanktionen und Maßnahmen, insbesondere Bußgelder, zu verhängen wie bei einem Verstoß gegen das Verwendungsverbot. Es gelten deshalb die dort gemachten Ausführungen[176]. Nach Art. 4 Abs. 1 CRIM-MAD macht sich künftig zumindest „in schweren Fällen" strafbar, wer eine Insiderinformation unrechtmäßig einer anderen Person offenlegt (Art. 14 lit. c, 10 Abs. 1 MAR; Art. 4 Abs. 2 CRIM-MAD) und dabei zumindest vorsätzlich handelt. Der Strafrahmen beträgt im Höchstmaß mindestens zwei Jahre (Art. 7 Abs. 3 CRIM-MAD), bei Verstoß gegen das Verwendungsverbot mindestens vier Jahre (Art. 7 Abs. 2 CRIM-MAD).

dd) Empfehlungs- und Verleitungsverbot. Im subjektiven Tatbestand muss die **358**
Empfehlung des Erwerbs oder der Veräußerung eines Wertpapiers bzw die Verleitung hierzu vorsätzlich oder leichtfertig erfolgt sein. Zu unterscheiden ist hinsichtlich der Strafbarkeit zwischen dem Handeln eines Primärinsiders und dem eines Sekundärinsiders[177]. Ein vorsätzlicher Verstoß gegen § 14 Abs. 1 Nr 3 WpHG ist für einen

---

172 *Assmann*, in: Assmann/U.H. Schneider, § 14 WpHG Rn 116.
173 *Cahn*, Der Konzern 2005, 5, 12.
174 *Assmann*, in: Assmann/U.H. Schneider, § 14 WpHG Rn 116.
175 *Vogel*, in: Assmann/U.H. Schneider, § 38 WpHG Rn 90 ff; *Gehrmann*, wistra 2010, 346 ff; *Klöhn*, DB 2010, 769 ff; *Kudlich/Noltensmeier*, wistra 2007, 121 ff; zur Bestimmung des „Erlangten" BGH WM 2010, 399, 402; dazu *Klöhn*, BB 2010, 769 ff.
176 Siehe Rn 351.
177 Siehe Rn 307 ff, Rn 313 ff.

Primärinsider eine Straftat (§ 38 Abs. 1 Nr 2 a)–d) WpHG), während das für einen Sekundärinsider lediglich eine Ordnungswidrigkeit darstellt (§ 39 Abs. 2 Nr 4 WpHG). Ein leichtfertiger Verstoß gegen § 14 Abs. 1 Nr 3 WpHG ist sowohl für einen Primärinsider als auch für einen Sekundärinsider nur eine Ordnungswidrigkeit (§ 39 Abs. 2 Nr 4 WpHG).

359 Die verwaltungsrechtlichen und strafrechtlichen Folgen sind dieselben wie beim Verstoß gegen das Verwendungsverbot. Insbesondere macht sich nach Art. 3 Abs. 1 CRIM-MAD auch derjenige strafbar, der einem Dritten empfiehlt oder ihn dazu anstiftet, ein Insidergeschäft zu tätigen (Art. 14 lit. b, 8 Abs. 2 MAR; Art. 3 Abs. 6 CRIM-MAD). Auch hier wird die Tat im Höchstmaß mit einer Freiheitsstrafe von mindestens vier Jahren bestraft (Art. 7 Abs. 2 CRIM-MAD).

360 **ee) Anstiftung/Beihilfe.** Auch wenn jemand lediglich eine Ordnungswidrigkeit begeht, nicht aber von der Strafnorm des § 38 WpHG erfasst wird, kann sich der Betreffende der Anstiftung oder Beihilfe hierzu strafbar gemacht haben[178]. Das ist der Fall, wenn eine andere Person auf der Grundlage der Mitteilung, Zugänglichmachung, Weiterleitung, Empfehlung oder sonstigen Verleitung ein Insidergeschäft vornimmt. Verstößt diese andere Person gegen die Verbote des § 14 WpHG und unterliegt sie dem Straftatbestand des § 38 WpHG, kommt eine Strafbarkeit des Betreffenden aufgrund von Anstiftung oder Beihilfe in Betracht[179].

361 Auch nach Art. 6 Abs. 1 CRIM-MAD sind Anstiftung und Beihilfe zu einem verbotenen Insidergeschäft (Art. 14 lit. a, 8 Abs. 1 MAR) oder zu einer unrechtmäßigen Offenlegung von Insiderinformationen (Art. 14 lit. c, 10 Abs. 1 MAR) strafbar. Das setzt jedoch voraus, dass die Tat, zu der angestiftet oder Beihilfe geleistet wird, selbst unter Strafe gestellt ist. Eine Ordnungswidrigkeit reicht nicht aus. Das Insidergeschäft, zu dem angestiftet oder Beihilfe geleistet wird, muss also zumindest als schwerwiegend zu bewerten und vorsätzlich begangen worden sein. Auch die unrechtmäßige Offenlegung der Insiderinformation muss mindestens einen schweren Fall darstellen, und es muss Vorsatz beim Haupttäter vorliegen. Weil derjenige, der einem anderen ein verbotenes Insidergeschäft empfiehlt oder ihn dazu anstiftet, bereits Anstifter oder Gehilfe ist, sind Anstiftung und Beihilfe hier schon im Grundtatbestand des Art. 14 lit. b, 8 Abs. 2 MAR erfasst und fehlen deshalb in Art. 6 Abs. 1 CRIM-MAD.

362 **ff) Versuch.** Der Versuch ist strafbar (§ 38 Abs. 3 WpHG), da bereits hierdurch das Vertrauen der Anleger erschüttert und die Funktionsfähigkeit des Kapitalmarkts gefährdet wird[180]. Ein Versuch des Insiderhandels liegt vor, wenn jemand nach seiner Vorstellung von der Tat zur Verwirklichung des Tatbestands unmittelbar ansetzt (§ 22 StGB)[181]. Das soll etwa gegeben sein, wenn der Insider die Order an die depot-

178 Zu Anstiftung und Beihilfe *Wessels/Beulke*, Strafrecht Allgemeiner Teil, 41. Aufl., 2011, Rn 551 ff.

179 *Bergmann/Drees*, StraFo 2005, 364, 369.

180 Begr. RegE AnSVG, BT-Drucks. 15/3174, S. 40.

181 Die Anwendung der §§ 22 ff StGB folgt aus Art. 1 Abs. 1 EGStGB; näher zum versuchten Insiderdelikt sowie zum Rücktritt vom Versuch *Schröder*, Kapitalmarktstrafrecht, Rn 304 ff; *Gehrmann*, wistra 2009, 334 ff.

führende Bank abgegeben hat[182] (Versuch des Erwerbs/der Veräußerung) oder Handlungen vornimmt, die unmittelbar dazu führen sollen, dass ein Dritter die Information erhält bzw ein Papier erwirbt oder veräußert (Versuch der unbefugten Weitergabe, des Empfehlens, des Verleitens). Auch nach Art. 6 Abs. 2 CRIM-MAD ist der Versuch unter Strafe gestellt[183].

gg) Veröffentlichung von Verstößen („naming and shaming"). Die zuständige Behörde ist verpflichtet, jede Sanktionierung eines Verstoßes gegen die Insiderverbote öffentlich zu machen (Art. 34 Abs. 1 Unterabs. 1 MAR)[184]. Sie muss jede Entscheidung einer verwaltungsrechtlichen Maßnahme oder Sanktion unverzüglich für fünf Jahre auf ihrer Internetseite veröffentlichen (Art. 34 Abs. 3 MAR). Zuvor hat sie die von der Veröffentlichung betroffene Person darüber zu informieren. Bekanntzumachen sind zumindest Art und Charakter des Verstoßes sowie die Identität der verantwortlichen Personen (Art. 34 Abs. 1 Unterabs. 1 Satz 2 MAR). Dass die Entscheidung rechtskräftig ist, ist keine Voraussetzung für eine Veröffentlichung. Denn auch ein Rechtsbehelf gegen die Entscheidung ist unverzüglich zu veröffentlichen (Art. 34 Abs. 2 MAR. Die Behörde kann eine Veröffentlichung jedoch aufschieben, sie in anonymisierter Form vornehmen oder von ihr absehen, wenn sie im Einzelfall unverhältnismäßig wäre, laufende Ermittlungen oder die Stabilität der Finanzmärkte gefährden würden (Art. 34 Abs. 1 Unterabs. 3 MAR). **363**

hh) Verantwortlichkeit juristischer Personen. Neu ist die strafrechtliche Verantwortlichkeit von juristischen Personen (Art. 8 CRIM-MAD). Hat eine natürliche Person gegen ein Insiderverbot verstoßen und ist dies nach Art. 3, 4 oder 6 CRIM-MAD als Straftat zu werten, ist die juristische Person dafür verantwortlich, vorausgesetzt die natürliche Person hat allein oder als Teil eines Organs der juristischen Person dort eine leitende Stellung inne und die Straftat zugunsten der juristischen Person begangen. Eine leitende Stellung hat derjenige, der befugt ist, die juristische Person zu vertreten, Entscheidungen in ihrem Namen zu treffen, oder der eine Kontrollbefugnis innerhalb der juristischen Person ausübt (Art. 8 Abs. 1 CRIM-MAD). Die juristische Person ist aber auch verantwortlich, wenn Personen, die in leitender Stellung tätigen Personen unterstellt sind, deshalb Straftaten iS der Art. 3, 4 oder 6 CRIM-MAD begehen, weil die Personen in leitender Stellung die ihnen unterstellten Personen unzureichend überwacht oder kontrolliert haben (Art. 8 Abs. 2 CRIM-MAD). **364**

An sich müssen die Sanktionen, die gegen die juristische Person verhängt werden können, neben nichtstrafrechtlichen Geldbußen auch Geldstrafen umfassen (Art. 9 CRIM-MAD). Ein Verstoß gegen die Insiderverbote, für die eine juristische Person verantwortlich ist (Art. 8 CRIM-MAD), kann demgemäß nicht nur eine Ordnungswidrigkeit sein, die mit einer Geldbuße belegt ist, sondern es muss auch möglich sein, einen solchen Verstoß als Straftat zu bewerten, der dann mit einer Geldstrafe zu ahnden ist. Da es in Deutschland ein Unternehmensstrafrecht bislang nicht gibt, sondern **365**

182 Emittentenleitfaden der BaFin, Stand: 15. Juli 2005, Ziff. III.2.3.3.1.

183 Siehe auch § 107 Abs. 2 WpHG-E des Referentenentwurfs des FimanoG; nunmehr sieht der RegE des 1. FimanoG dies in § 38 Abs. 4 WpHG-E vor.

184 Siehe auch § 108 Abs. 5 WpHG-E; der RegE des 1. FimanoG sieht das nun in § 40d WpHG-E vor.

nur eine Verantwortlichkeit im Bereich der Ordnungswidrigkeiten (vgl § 30 OWiG), ist ein Bußgeldahndung ausreichend[185].

366 Neben Geldstrafen und nichtstrafrechtlichen Geldbußen sieht Art. 9 CRIM-MAD auch andere Sanktionen vor, etwa den Ausschluss von öffentlichen Subventionen, die vorübergehende oder dauerhafte Untersagung einer Handelstätigkeit. Zudem kann die juristische Person unter richterliche Aufsicht gestellt oder aufgelöst und abgewickelt werden oder zumindest die Einrichtungen vorübergehend oder endgültig geschlossen werden, die für den Verstoß genutzt worden sind.

b) Zivilrechtliche Folgen

367 Ein Verstoß gegen das Insiderhandelsverbot des § 14 Abs. 1 WpHG führt nicht zur Nichtigkeit des Insidergeschäfts, da § 14 Abs. 1 WpHG kein Verbotsgesetz iS des § 134 BGB darstellt[186]. Fraglich ist, ob bei einem Verstoß Schadensersatzansprüche in Betracht kommen[187]. Das ist in Bezug auf einen Anspruch aus **§ 823 Abs. 2 BGB** abhängig von der Frage, ob die §§ 12–14 WpHG Schutzgesetze iS des § 823 Abs. 2 BGB sind. Schutzgesetze sind nur solche Rechtsnormen, die individualschützenden Charakter haben. Die Regelungen müssen zumindest auch dem Schutz des Einzelnen zu dienen bestimmt sein. Allein der Schutz der Allgemeinheit reicht nicht[188]. Als Schutzgut der Insiderregelungen werden im Schrifttum kontrovers vorgeschlagen: der Individualschutz der Anleger, der Schutz der von einem Insidergeschäft betroffenen Gesellschaft, der Schutz des Unternehmens vor Treuepflichtverletzungen durch Insider und der Funktionsschutz des organisierten Kapitalmarkts.

368 Das Verbot von Insidergeschäften bezweckt unstreitig den Schutz des Anlegervertrauens in die ordnungsmäßige Abwicklung der Wertpapiergeschäfte. Das schutzwürdige Vertrauen der Anlegerschaft bezieht sich v.a. auf die mit dem Verbot von Insidergeschäften einhergehende Zusicherung einer weitgehenden Chancengleichheit der Investoren am Markt. Ob das Insiderrecht neben dem Funktionsschutz des Kapitalmarkts auch dem Schutz der **Individualinteressen** der Anleger dient, ist fraglich. Mit Insidergeschäften erhöht sich zwar regelmäßig das Verlustrisiko der nicht informierten Anleger. Allerdings sollen die Insidernormen nach dem Willen des Gesetzgebers nur dem Schutz der Funktionsfähigkeit des Kapitalmarkts dienen, so dass ein Anleger bei Vorliegen eines verbotenen Insidergeschäfts keinen Schadensersatzanspruch aus § 823 Abs. 2 BGB wegen Verletzung des § 14 WpHG hat (hM)[189]. § 14 WpHG soll lediglich das Anlegerpublikum als Gesamtheit aller potenziellen Anleger schützen, so dass Individualschutz nur als Rechtsreflex besteht.

---

185 So ausdrücklich Erwägungsgrund (18) CRIM-MAD; siehe auch *Seibt/Wollenschläger*, AG 2014, 593, 606 (ein Unternehmensstrafrecht ist nicht zwingend gefordert).

186 *Assmann*, in: Assmann/U.H. Schneider, § 14 WpHG Rn 206 f.

187 Zum Nichtbestehen rechtsgeschäftlicher Ansprüche *Langenbucher*, § 15 Rn 103.

188 BGHZ 22, 293, 297; *Buck-Heeb*, Examens-Repetitorium Besonderes Schuldrecht 2, Gesetzliche Schuldverhältnisse, 5. Aufl., 2015, Rn 226, 230.

189 KölnerKommWpHG/*Altenhain*, § 14 WpHG Rn 521; *Mennicke*, in: Fuchs, § 14 WpHG Rn 444; *Kümpel/Veil*, WpHG, S. 79; *Kaiser*, WM 1997, 1557, 1559 f; aA *Claussen*, AG 1997, 306, 307; offen lassend *Schwark/Kruse*, in: Schwark/Zimmer, KMRK, § 14 WpHG Rn 5; *Schäfer*, in: Schäfer/Hamann, § 14 WpHG Rn 97.

In Betracht kann auch ein Anspruch aus **§ 826 BGB** kommen[190]. Dann müsste die Verwertungshandlung iS des § 14 WpHG eine vorsätzliche sittenwidrige Schädigung des Anlegers darstellen. Allein die Tatsache, dass ein Verstoß gegen das Insiderhandelsverbot teilweise strafbar ist (§ 38 WpHG), vermag eine **Sittenwidrigkeit** noch nicht zu begründen. Eine solche könnte aus einer „allgemeinen Missbilligung des Insiderhandels in den beteiligten Verkehrskreisen" abzuleiten sein[191]. Teilweise wird das für den Insiderhandel bejaht[192]. Ob im Verwenden einer Insiderinformation schon eine sittenwidrige Schädigung des Anlegers gesehen werden kann, ist aber zweifelhaft[193]. Selbst wenn man das bejahen wollte, kommt ein Anspruch aus § 826 BGB regelmäßig nicht in Betracht, da der Anleger den **Schädigungsvorsatz** des Täters beweisen muss. Das wird häufig nicht gelingen, auch wenn sich der Vorsatz nur auf die Nachteilszufügung, nicht auf die Sittenwidrigkeit beziehen muss und bedingter Vorsatz ausreichend ist[194], wobei die Rechtsprechung dieses Erfordernis bis fast zur Fahrlässigkeit hin reduziert[195]. Zudem muss der Anleger die **Kausalität** zwischen dem verbotenen Insiderhandeln und seinem Schaden beweisen. Das wird nur selten möglich sein[196]. Eine Beweislastumkehr wird hier von der Rechtsprechung abgelehnt. 369

Als weitere Anspruchsgrundlage kommt eine Haftung auf Schadensersatz aus § 823 Abs. 2 BGB iVm § 404 Abs. 2 Satz 2 AktG (Verletzung der Geheimhaltungspflicht) oder iVm § 17 UWG (Verrat von Geschäfts- und Betriebsgeheimnissen) oder iVm § 204 StGB (Verwertung fremder Geheimnisse) in Betracht[197]. Es wird bei allen in Bezug auf das Unternehmen eine Haftung bejaht, allerdings eine Schutzgesetzeigenschaft zugunsten des individuellen Anlegers verneint[198]. 370

Die MAR und die CRIM-MAD enthalten keine Vorgaben dafür, welche zivilrechtlichen Folgen ein Verstoß gegen das Insiderverbot hat. Eine Eigenschaft als **Schutzgesetz** iS des § 823 Abs. 2 BGB folgt jedoch nicht allein daraus, dass es sich bei Art. 14 MAR um eine Norm des EU-Rechts handelt[199]. Ein Verstoß gegen das Insiderverbot ist bereits verwaltungs- und strafrechtlich sanktioniert, so dass daneben ein zivilrechtlicher Schadensersatzanspruch nicht mehr erforderlich erscheint[200]. Zudem soll auch Art. 14 MAR das Anlegerpublikum schützen und nicht auch den einzelnen Anleger. Mangels Individualschutzes scheidet eine Schutzgesetzeigenschaft des Art. 14 MAR daher aus. 371

---

190 *Kaiser*, WM 1997, 1557, 1560 ff.

191 *Kaiser*, WM 1997, 1557, 1560.

192 *Kaiser*, WM 1997, 1557, 1560; aA *Schäfer*, in: Schäfer/Hamann, § 14 WpHG Rn 99 mwN.

193 Ablehnend KölnerKommWpHG/*Altenhain*, § 14 WpHG Rn 521.

194 *Kaiser*, WM 1997, 1557, 1561.

195 Siehe *Buck-Heeb*, Examens-Repetitorium Besonderes Schuldrecht 2, Gesetzliche Schuldverhältnisse, 5. Aufl., 2015, Rn 251.

196 Ablehnend auch *Schäfer*, in: Schäfer/Hamann, § 14 WpHG Rn 99; vgl auch *Langenbucher*, § 15 Rn 109 ff.

197 *Assmann*, in: Assmann/U.H. Schneider, § 14 WpHG Rn 211.

198 *Kaiser*, WM 1997, 1557, 1560 f mwN.

199 So aber *Hellgardt*, AG 2012, 154, 155.

200 Vgl BGHZ 188, 326 ff Rn 24; MünchKommBGB/*Wagner*, 6. Aufl., 2013, § 823 BGB Rn 391.

372 **Lösung der Fälle (Rn 274–276)**

Fall 3: Da R die von ihm selbst empfohlenen Aktien bereits im April 2016 erworben hat, findet noch das WpHG Anwendung. Demgemäß könnte sich R nach §§ 38 Abs. 1 Nr 1, 14 Abs. 1 Nr 1 WpHG (Verwendungsverbot) strafbar gemacht haben. Dies setzt zunächst voraus, dass R unter Verwendung einer Insiderinformation Insiderpapiere erworben hat. Bei den von R empfohlenen Aktien handelt es sich um Insiderpapiere iS des § 12 Nr 1 WpHG.

Zudem müsste es sich bei der Absicht des R zur Empfehlung der Aktien um eine Insiderinformation handeln, dh eine konkrete Information über nicht öffentlich bekannte Umstände, die sich auf einen oder mehrere Emittenten von Insiderpapieren oder auf die Insiderpapiere selbst beziehen und geeignet sind, im Falle ihres öffentlichen Bekanntwerdens den Börsen- oder Marktpreis der Insiderpapiere erheblich zu beeinflussen (§ 13 Abs. 1 Satz 1 WpHG). Der Begriff „Information" bedeutet, dass etwas von außen auf eine Person einwirkt, die Person Zustände aus ihrer Umgebung aufnimmt, nicht aber, dass sie selbst Pläne entwickelt oder Absichten fasst[201]. Das Vorliegen einer Insiderinformation iS des § 13 Abs. 1 Satz 1 WpHG setzt demnach einen Drittbezug voraus. R konnte sich daher nicht über einen von ihm selbst gefassten Gedanken, hier die Empfehlung der Aktien, „informieren". Mangels Vorliegens einer Insiderinformation scheidet ein Verstoß des R gegen das Verbot von Insidergeschäften iS des § 14 Abs. 1 Nr 1 WpHG und damit eine Strafbarkeit nach § 38 Abs. 1 Nr 1 WpHG aus.

373 **Fall 4:** Auch hier ist noch das WpHG einschlägig, da die MAR erst zum 3. Juli 2016 in Kraft tritt. Eine Strafbarkeit der P nach §§ 38 Abs. 1 Nr 1, 14 Abs. 1 Nr 1 WpHG (Verwendungsverbot) scheidet aus, da P selbst keine Aktien gekauft hat. Die P könnte jedoch den Tatbestand des Weitergabeverbots iS des § 14 Abs. 1 Nr 2, 1. Alt. WpHG erfüllt und sich daher gemäß § 38 Abs. 1 Nr 2 WpHG strafbar gemacht oder gemäß § 39 Abs. 2 Nr 3 WpHG ordnungswidrig gehandelt haben.

Die Aktien der A sind Insiderpapiere iS des § 12 Nr 1 WpHG. Zudem müsste es sich bei der Information in Bezug auf den Geschäftsabschluss um eine Insiderinformation iS des § 13 Abs. 1 Satz 1 WpHG handeln. Da der Geschäftsabschluss kurz bevorsteht und ein größeres Ausmaß hat, liegt ein zukünftiger, hinreichend wahrscheinlicher Umstand vor, der geeignet ist, im Falle seines öffentlichen Bekanntwerdens den Aktienkurs der A erheblich zu beeinflussen. Folglich handelt es sich bei der Information über den Geschäftsabschluss der A um eine Insiderinformation. P müsste diese Insiderinformation ihrem Ehemann E auch unbefugt mitgeteilt haben. Eine Mitteilung iS einer unmittelbaren Weitergabe liegt hier im Weitererzählen vor. Da das nicht im normalen Rahmen bei Ausübung des Berufs, der Tätigkeit oder Aufgabe geschah, erfolgte die Weitergabe der Insiderinformation auch unbefugt.

Eine Strafbarkeit der P gemäß § 38 Abs. 1 Nr 2 WpHG könnte dennoch ausscheiden. P hatte als Putzfrau gerade nicht gemäß § 38 Abs. 1 Nr 2c WpHG bestimmungsgemäß Kenntnis von der Insiderinformation im Rahmen ihrer Tätigkeit und war damit nur Sekundärinsider. Überdies handelte P nicht vorsätzlich. Mangels anderweitiger Angaben im Sachverhalt ist zumindest nicht davon auszugehen, dass sich P bewusst war, dass es sich bei der Information über den Geschäftsabschluss um eine Insiderinformation handelte. So ist etwa nicht anzunehmen, dass die P erkannt hat, dass die Information in Bezug auf den Geschäftsabschluss noch nicht öffentlich bekannt war. Ähnliches gilt für die weiteren Voraussetzungen einer Insiderinformation iS des § 13 Abs. 1 Satz 1 WpHG. Da das Verhalten der P als leichtfertig einzustufen ist, hat diese durch die unbefugte Weitergabe der Insiderinformation ord-

201 *Eichelberger*, WM 2003, 2121, 2123; BGH NJW 2004, 302, 303 (noch zur alten Rechtslage, nach der § 13 WpHG an eine „Tatsache" und nicht eine „Information" anknüpfte).

nungswidrig gehandelt (§§ 39 Abs. 2 Nr 3, 14 Abs. 1 Nr 2, 1. Alt. WpHG). Sie muss daher mit einer Geldbuße rechnen (§ 39 Abs. 4 WpHG)[202].

Fall 5: V könnte gegen das Weitergabeverbot iS des § 14 Abs. 1 Nr 2, 2. Alt. WpHG verstoßen haben, indem er der P eine Insiderinformation zugänglich gemacht hat. Dazu ist erforderlich, dass der Dritte – hier die P – die Insiderinformation nicht unmittelbar auf Veranlassung des Insiders erlangt, sondern zusätzlich eigenes Handeln entfalten muss. V muss demnach lediglich die Voraussetzungen für eine Kenntniserlangung durch die P geschaffen haben. V hat der P die Information über den Geschäftsabschluss nicht aktiv zugeleitet, sondern sie hat selbst gehandelt, indem sie die entsprechenden Unterlagen aus dem Papierkorb holte, anstatt sie, wie es ihre Aufgabe gewesen wäre, zu entsorgen. Durch das Herausnehmen und Lesen der Unterlagen erlangte die P die Insiderkenntnisse. V hat somit gegen das Weitergabeverbot iS des § 14 Abs. 1 Nr 2, 2. Alt. WpHG verstoßen. 374

Eine Strafbarkeit des V gemäß § 38 Abs. 1 Nr 2a WpHG setzt jedoch voraus, dass V als Mitglied des Geschäftsführungsorgans vorsätzlich gehandelt hat. Zwar hätte V die relevanten Unterlagen durch einen Papierschredder unlesbar machen oder vergleichbar entsorgen müssen, doch ist hier ein vorsätzliches Handeln des V – auch in Form von dolus eventualis – zu verneinen. Eine Strafbarkeit scheidet somit aus. Da das Handeln des V als leichtfertig zu bewerten ist, hat er eine Ordnungswidrigkeit gemäß §§ 39 Abs. 2 Nr 3, 14 Abs. 1 Nr 2, 2. Alt. WpHG begangen. Er hat daher mit einem Bußgeld bis zu einer Höhe von 200 000 Euro zu rechnen (§ 39 Abs. 4 WpHG).

II. Pflicht zur Ad-hoc-Mitteilung (§ 15 Abs. 1 WpHG; Art. 17 MAR)

Ausgewählte Literatur: *Buck-Heeb/Dieckmann*, Informationsdeliktshaftung von Vorstandsmitgliedern und Emittenten, AG 2008, 681; *Cahn/Götz*, Ad-hoc-Publizität und Regelberichterstattung, AG 2007, 221; *Casper*, Haftung für fehlerhafte Informationen des Kapitalmarktes, Der Konzern 2006, 32; *Findeisen/Backhaus*, Umfang und Anforderungen an die haftungsbegründende Kausalität bei der Haftung nach § 826 BGB für fehlerhafte Ad-hoc-Mitteilungen, WM 2007, 100; *Fleischer*, Konturen der kapitalmarktrechtlichen Informationsdeliktshaftung, ZIP 2005, 1805; *Graßl*, Die neue Marktmissbrauchsverordnung der EU – Neuregelung des gesamten europäischen Marktmissbrauchsrechts, DB 2015, 2066; *Hellgardt*, Praxis- und Grundsatzprobleme der BGH-Rechtsprechung zur Kapitalmarktinformationshaftung, DB 2012, 673; *Hopt*, Die Haftung für Kapitalmarktinformationen, WM 2013, 101; *Klöhn*, Die Regelung selektiver Informationsweitergabe gem. § 15 Abs. 1 Satz 4 u. 5 WpHG – eine Belastungsprobe, WM 2010, 1869; *ders.*, Der Aufschub der Ad-hoc-Publizität wegen überwiegender Geheimhaltungsinteressen des Emittenten (§ 15 Abs. 3 WpHG), ZHR 178 (2014), 55; *ders.*, Kollateralschaden und Haftung wegen fehlerhafter Ad-hoc-Publizität, ZIP 2015, 53; *Krause*, Kapitalmarktrechtliche Compliance: neue Pflichten und drastisch verschärfte Sanktionen nach der EU-Marktmissbrauchsverordnung, CCZ 2014, 248; *Mennicke*, Steine statt Brot – Weiterhin keine Rechtssicherheit zur Ad-hoc-Publizität bei sog. gestreckten Entscheidungsprozessen, ZBB 2013, 244; *Ph. Koch*, Die Ad-hoc-Publizität nach dem Kommissionsentwurf einer Marktmissbrauchsverordnung, BB 2012, 1365; *Möllers*, Der Weg zu einer Haftung für Kapitalmarktinformationen, JZ 2005, 75; *Pattberg/Bredol*, Der Vorgang der Selbstbefreiung von der Ad-hoc-Pu-

202 Vgl das Beispiel im Emittentenleitfaden der BaFin, Stand: 15. Juli 2005, Ziff. III. 2.4.

blizitätspflicht, NZG 2013, 87; *Schmolke*, Die Haftung für fehlerhafte Sekundärmarktinformation nach dem „IKB"-Urteil des BGH, ZBB 2012, 165; *U.H. Schneider/Gilfrich*, Die Entscheidung des Emittenten über die Befreiung von der Ad-hoc-Publizitätspflicht, BB 2007, 53; *Seibt/ Wollenschläger*, Revision des Marktmissbrauchsrechts durch Marktmissbrauchsverordnung und Richtlinie über strafrechtliche Sanktionen für Marktmanipulation, AG 2014, 593; *Veith*, Die Befreiung von der Ad-hoc-Publizitätspflicht nach § 15 III WpHG, NZG 2005, 254; *von Bernuth/Wagner/Kremer*, Die Haftung für fehlerhafte Kapitalmarktinformation: Zur IKB-Entscheidung des BGH, WM 2012, 831; *Wagner*, Schadensberechnung im Kapitalmarktrecht, ZGR 2008, 495.

375 **Fall 6**[203]**:** Die Aktien der X-AG sind zum Handel im regulierten Markt an der Frankfurter Wertpapierbörse zugelassen. Die X-AG veröffentlicht am 15. April 2015 eine vom Vorstandsvorsitzenden V der X-AG gebilligte Ad-hoc-Mitteilung, in der sie für das erste Quartal eine erhebliche Erhöhung von Umsatz und Gewinn gegenüber dem vorangegangenen Quartal bekannt gibt. Tatsächlich ist es jedoch zu einem Umsatz- und Gewinneinbruch gekommen, was V auch positiv weiß. Die Meldung der angeblichen Umsatz- und Gewinnsteigerung führt innerhalb weniger Tage zu einem Kursanstieg der Aktie von 20 Euro auf 30 Euro. Anleger A, der den Aktienkurs der X-AG bereits seit einigen Monaten beobachtet, kauft in Kenntnis der Ad-hoc-Mitteilung wenige Tage später 300 Aktien zu einem Stückpreis von 30 Euro. Erst durch eine erneute Ad-hoc-Mitteilung vom 30. November 2015 korrigiert die X-AG die fehlerhafte Ad-hoc-Meldung, so dass der Aktienkurs von 15 Euro auf 5 Euro fällt. A verlangt daraufhin die Erstattung seines Bruttoaufwands für den Erwerb der Aktien Zug um Zug gegen deren Übertragung. Hilfsweise macht A den Betrag als Schadensersatz geltend, um den er die Aktien zu teuer erworben hat. Hat A einen Anspruch gegen die X-AG gemäß § 37c Abs. 1 WpHG? **Rn 446**

376 **Fall 7:** Wie oben **Fall 6**. A möchte jedoch gegen die X-AG einen Anspruch aus § 823 Abs. 2 BGB geltend machen. Besteht ein solcher? **Rn 451**

377 **Fall 8:** Wie oben **Fall 6**. A möchte jedoch gegen die X-AG aus § 826 BGB vorgehen. Hat dies Aussicht auf Erfolg? **Rn 460**

378 **Fall 9**[204]**:** Wie oben **Fall 6**. A möchte jedoch wissen, ob er gegen den V aus § 37c WpHG vorgehen kann. **Rn 468**

1. Einführung

379 Die Pflicht zur Ad-hoc-Publizität in § 15 WpHG, die seit ihrer Einführung im Jahre 1995 drei Mal reformiert wurde[205], zählt zu den Kernbereichen des WpHG[206]. Danach muss ein Inlandsemittent von Finanzinstrumenten unverzüglich Insiderinformatio-

203 Siehe auch den **Übungsfall** von *Schirmer*, Jura 2015, 710 ff.

204 Siehe auch den **Übungsfall** von *Poelzig/Lainer*, JuS 2015, 241 ff.

205 Im Jahre 2002 durch das 4. FMFG (BGBl. I, S. 2010), 2004 durch das Anlegerschutzverbesserungsgesetz (BGBl. I, S. 2630) und 2007 durch das Transparenzrichtlinie-Umsetzungsgesetz (BGBl. I, S. 10).

206 Im Jahre 2014 veröffentlichten börsennotierte Unternehmen 1 564 Ad-hoc-Meldungen, siehe BaFin, Jahresbericht 2014 vom 12. Mai 2015, S. 223.

nen, die ihn unmittelbar betreffen, veröffentlichen. An die Stelle des § 15 WpHG tritt ab dem 3. Juli 2016 der Art. 17 MAR (Market Abuse Regulation, Markmissbrauchsverordnung). Die Ad-hoc-Publizität bleibt dabei aber weitgehend unverändert, so dass sich die bisherigen Überlegungen zu § 15 WpHG, der auf europäischer Vorgabe basiert, in der Regel übertragen lassen. Der **Anwendungsbereich** der Ad-hoc-Mitteilungspflicht ist aber nun erheblich erweitert, da jetzt nicht nur der geregelte (in Deutschland der regulierte) Markt, sondern auch multilaterale und organisierte Handelssysteme und damit auch der Freiverkehr erfasst sind (Art. 17 Abs. 1 Unterabs. 3 MAR).

Der Ad-hoc-Publizität kommt erhebliche Bedeutung für die Funktionsfähigkeit des Wertpapiermarkts zu. Sie soll das zwischen Insidern und nicht informierten Anlegern bestehende Informationsgefälle ausgleichen, indem sie einen gleichen Informationsstand der Marktteilnehmer durch eine schnelle Unterrichtung des Markts erreicht. **Schutzzweck** des § 15 WpHG (Art. 17 MAR) ist v.a., die Bildung von unangemessenen Börsen- und Marktpreisen zu verhindern, die durch Informationsdefizite (fehlerhafte oder unvollständige Unterrichtung) entstehen. Die Ad-hoc-Publizitätspflicht sichert aber nicht nur als kapitalmarktrechtliche Informationspflicht die Funktionsfähigkeit des Kapitalmarkts, sondern stellt auch eine Präventivmaßnahme gegen den Missbrauch von Insiderinformationen dar. Die Auslegung des § 15 WpHG (Art. 17 MAR) hat sich an beiden Funktionen zu orientieren. **380**

Kapitalmarktrechtliche Informationspflicht ist die Ad-hoc-Publizität insofern, als sie verhindern soll, dass die Anleger ihre Wertpapiere mangels publizitätspflichtiger Informationen zu teuer kaufen oder zu billig verkaufen und dadurch Kursnachteile erleiden (vgl auch Erwägungsgrund (49) MAR). Durch die Ad-hoc-Mitteilung wird die Regelpublizität (Jahresabschluss und Zwischenbericht) ergänzt. Anders als bei der aktienrechtlichen Rechnungslegung müssen nicht nur die Gesellschafter und Gläubiger der Gesellschaft unterrichtet werden, sondern es muss auch das sonstige Anlegerpublikum über solche Umstände informiert werden, die für eine Kauf- oder Verkaufsentscheidung wichtig sein können. **381**

Insiderrechtliche Präventivmaßnahme ist § 15 Abs. 1 WpHG (Art. 17 Abs. 1 MAR) insofern, als Insidergeschäften nicht nur mit strafrechtlichen Sanktionen, sondern auch mit einer Pflicht zur Ad-hoc-Publizität entgegengewirkt werden soll. Daher hat ein Emittent von Finanzinstrumenten Insiderinformationen iS des § 13 Abs. 1 WpHG (Art. 7 MAR), die ihn unmittelbar betreffen, unverzüglich zu veröffentlichen. Auch wenn der Emittent einem anderen, der nicht rechtlich zur Vertraulichkeit verpflichtet ist, eine Insiderinformation mitteilt oder zugänglich macht (bzw offenlegt), hat er diese unverzüglich zu veröffentlichen (§ 15 Abs. 1 Satz 4 WpHG, Art. 17 Abs. 8 MAR)[207]. Durch diese Anknüpfung gehen das Verbot von Insidergeschäften und die Ad-hoc-Publizitätspflicht von demselben Grundtatbestand aus („einstufiges Modell")[208]. Allerdings reicht das Insiderhandelsverbot weiter als die Ad-hoc-Mittei- **382**

207 Zur selektiven Informationsweitergabe *Klöhn*, WM 2010, 1869 ff. Zur Verschwiegenheitspflicht *Zetzsche*, NZG 2015, 817, 822 ff.

208 Zu Überlegungen der Kommission, eine zusätzliche Kategorie der Insiderinformation einzuführen, so dass Insiderverbot und Ad-hoc-Publizitätspflicht an zwei unterschiedliche Begriffe der Insiderinformation anknüpfen („zweistufiges Modell"), *Veil/Ph. Koch*, WM 2011, 2297, 2299 f; *Teigelack*, BB 2012, 1361 f; *Merkner/Sustmann*, AG 2012, 315, 319 ff; *Seibt/Wollenschläger*, AG 2014, 593, 596.

lungspflicht, da es sich erstens auf sämtliche Insiderpapiere und nicht nur auf Finanzinstrumente, die zum Handel an einem inländischen organisierten Markt zugelassen sind (so zumindest noch für die bisherige Rechtslage nach § 15 Abs. 1 Satz 1, 1. HS WpHG), und zweitens auf sämtliche Insiderinformationen und nicht nur auf solche, die den Emittenten unmittelbar betreffen (§ 15 Abs. 1 Satz 1, 2. HS WpHG, Art. 17 Abs. 1 Unterabs. 1 MAR), bezieht.

383 Das Verhältnis zwischen § 15 Abs. 1 WpHG und der Mitteilungspflicht nach **§§ 21 ff WpHG** wird nach hM so gesehen, dass die Ad-hoc-Publizitätspflicht nicht durch die §§ 21 ff WpHG gesperrt wird. Sowohl die Zielsetzung als auch die Voraussetzungen sind unterschiedlich[209].

2. Veröffentlichungspflicht nach § 15 Abs. 1 Satz 1 WpHG (Art. 17 Abs. 1 Unterabs. 1 MAR)

a) Voraussetzungen

384 Voraussetzungen für eine Veröffentlichungs- und Mitteilungspflicht nach § 15 Abs. 1 WpHG (Art. 17 Abs. 1 Unterabs. 1 MAR) sind das Vorliegen einer (Inlands-)Emittentenstellung, von Finanzinstrumenten, einer Insiderinformation sowie von Unmittelbarkeit.

385 **Inlandsemittenten** sind nach § 2 Abs. 7 Nr 1 WpHG Emittenten[210], für die die Bundesrepublik Deutschland der Herkunftsstaat ist (Herkunftsstaatprinzip, § 2 Abs. 6 WpHG) oder nach § 2 Abs. 7 Nr 2 WpHG Emittenten, für die ein anderer EU- oder EWR-Staat Herkunftsstaat ist, dessen Wertpapiere aber nur im Inland zum Handel an einem organisierten Markt zugelassen sind[211]. Da die MAR als EU-Verordnung in der gesamten EU unmittelbar gilt, stellt Art. 17 MAR nicht mehr wie § 15 Abs. 1 WpHG auf den Inlandsemittenten ab, sondern erfasst jeden Emittenten von Finanzinstrumenten (Art. 17 Abs. 1 Unterabs. 3 MAR). Der Begriff des Emittenten wird in Art. 3 Abs. 1 Nr 21 MAR als eine juristische Person des privaten oder öffentlichen Rechts definiert, die Finanzinstrumente emittiert oder deren Emission vorschlägt.

386 Hinsichtlich des Begriffs der **Finanzinstrumente**, die zum Handel an einem inländischen organisierten Markt zugelassen sind[212], gilt die Definition des § 2 Abs. 2b WpHG. Damit gehören hierzu nicht nur Wertpapiere wie Aktien, Aktienzertifikate, Schuldverschreibungen, Genussscheine, Optionsscheine und andere vergleichbare Wertpapiere, sondern auch Derivate und sonstige Finanzinstrumente[213]. Da auf den organisierten Markt abgestellt wird, sind Freiverkehrswerte (§ 48 BörsG) unstreitig

209 KölnerKommWpHG/*Hirte*, § 21 WpHG Rn 56; KölnerKommWpHG/*Klöhn*, § 15 WpHG Rn 35; *ders.*, ZIP 2014, 945, 952.

210 Zur Delegation *Kocher/Schneider*, ZIP 2013, 1607 ff.

211 *Hutter/Kaulamo*, NJW 2007, 471, 473; *Nießen*, NZG 2007, 41 f; *Langenbucher*, § 17 Rn 11 ff.

212 *Assmann*, in: Assmann/U. H. Schneider, § 15 WpHG Rn 46; KölnerKomm/*Klöhn*, § 15 WpHG Rn 49.

213 Hierunter fallen auch **Vermögensanlagen** iS des § 1 Abs. 2 VermAnlG, RegE FinVermAnlG, BT-Drucks. 17/6051, S. 41; zur Quasi-Ad-hoc-Mitteilungspflicht bzgl Anleihen siehe AG 2012, R 110 f.

ausgeklammert[214]. Für diese besteht keine Ad-hoc-Mitteilungspflicht[215]. Auch das ändert sich mit der MAR. Von der Ad-hoc-Publizitätspflicht sind alle Finanzinstrumente erfasst, die auf einem geregelten (dh regulierten) Markt, in einem multilateralen oder organisierten Handelssystem zum Handel zugelassen sind oder bei denen die Zulassung zumindest beantragt ist (Art. 17 Abs. 1 Unterabs. 3 MAR). Damit gilt zukünftig die Pflicht, Insiderinformationen zu veröffentlichen, auch für Emittenten im Freiverkehr, sofern der Handel auf Initiative des Emittenten geschieht[216]. Die Einbeziehung der Finanzinstrumente durch Dritte reicht hier nicht aus[217].

In Bezug auf den Begriff der **Insiderinformation** gilt das zu § 13 WpHG (bzw Art. 7 **387**
MAR) Gesagte[218]. Damit ist auch im Rahmen des § 15 Abs. 1 WpHG (bzw Art. 17 Abs. 1 MAR) zu untersuchen, ob es sich um konkrete (bzw präzise), nicht öffentlich bekannte Umstände handelt und ob ein **erhebliches** Kursbeeinflussungspotenzial der Insiderinformation vorhanden ist (siehe § 13 Abs. 1 Satz 1 WpHG, Art. 7 Abs. 1 MAR).

Der Emittent hat nach § 15 Abs. 1 WpHG (Art. 17 Abs. 1 Unterabs. 1 MAR) nur sol- **388**
che Insiderinformationen unverzüglich zu veröffentlichen, die ihn **unmittelbar** betreffen. Damit sind grundsätzlich alle unternehmensinternen Entwicklungen (zB Geschäftsabschlüsse, Strukturmaßnahmen, Vorstands- und Aufsichtsratsbeschlüsse[219]), Pläne und Absichten des Emittenten[220] sowie alle Prozesse, denen Kursrelevanz zukommt, ad-hoc-publizitätspflichtig[221]. Durch das Unmittelbarkeitskriterium werden die zu veröffentlichenden Insiderinformationen eingegrenzt[222], so dass nicht jede Insiderinformation auch ad-hoc-publizitätspflichtig ist. Fraglich ist, wann Unmittelbarkeit iS des § 15 Abs. 1 Satz 1 WpHG (Art. 17 Abs. 1 Unterabs. 1 MAR) vorliegt. Zur Konkretisierung dieses Begriffs wird in § 15 Abs. 1 Satz 3 WpHG insbesondere auf Umstände abgestellt, die **im Tätigkeitsbereich des Emittenten** eingetreten sind. Durch das Wort „insbesondere" wird klargestellt, dass den Emittenten auch Informationen außerhalb seines Tätigkeitsbereichs unmittelbar betreffen können[223]. Damit kommt dem Tatbestandsmerkmal des Tätigkeitsbereichs nur relative Bedeutung zu. Lediglich mittelbar betreffen den Emittenten zB Kauf- und Verkaufsaufträge Dritter in den Finanzinstrumenten des Emittenten. Auch in Art. 17 MAR fehlt eine nähere Beschreibung, was unter Unmittelbarkeit zu verstehen ist.

214 *Pfüller*, in: Fuchs, § 15 WpHG Rn 48 ff; *Zimmer/Kruse*, in: Schwark/Zimmer, KMRK, § 15 WpHG Rn 26 ff (kritisch); *Assmann*, in: Assmann/U.H. Schneider, § 15 WpHG Rn 43, 46; eine allgemeine kapitalmarktrechtliche Publizitätspflicht bejahend *Hopt*, in: Schimansky/Bunte/Lwowski, Bankrechts-Handbuch, 4. Aufl., 2011, § 107 Rn 83.

215 Anders § 12 Satz 1 Nr 1 WpHG zu den Insiderpapieren.

216 *Graßl*, DB 2015, 2066, 2067; *Krause*, CCZ 2014, 248, 254 f.

217 *Seibt/Wollenschläger*, AG 2014, 593, 595.

218 Siehe Rn 285 ff.

219 OLG Frankfurt AG 2015, 37 ff (bejaht bzgl Aufsichtsratsbeschluss zur Erhebung einer Schadensersatzklage gegen ein ehemaliges Vorstandsmitglied).

220 *Cahn*, Der Konzern 2005, 5, 6.

221 Zur Ad-Hoc-Publizitätspflicht bei Compliance-Verstößen *Wilken/Hagemann*, BB 2016, 67 ff.

222 Eine zweite Eingrenzung erfolgt durch § 15 Abs. 3 WpHG (Selbstbefreiung), siehe Rn 404 ff.

223 Emittentenleitfaden der BaFin, Stand: 28. April 2009, Ziff. IV.2.2.2.; *Langenbucher*, § 17 Rn 24 ff; siehe auch *Merkner/Sustmann*, NZG 2005, 729, 735.

389 In den Tätigkeitsbereich des Emittenten sind auch solche kursrelevanten Umstände einzuordnen, die bei einem seiner Konzernunternehmen eingetreten und im Konzernabschluss oder Konzernlagebericht (§ 290 HGB) enthalten sind[224]. Auch eine anlassbezogene Prüfung im Rahmen eines Enforcement-Verfahrens[225] kann eine Ad-hoc-Mitteilungspflicht auslösen[226]. Marktdaten dagegen stehen in keiner Beziehung zur unternehmerischen Sphäre des Emittenten, auch wenn ihnen ein insiderrechtlich relevantes Kurspotenzial innewohnt. Marktdaten liegen etwa vor, wenn ein Unternehmen als Bietergesellschaft ein kurserhebliches Angebot zum Kauf eines Aktienpakets vertraulich abgegeben hat oder ein öffentliches Übernahmeangebot beabsichtigt[227].

390 Ein **sonstiger Umstand**, der neben den im Tätigkeitsbereich eingetretenen Umständen zur Publizitätspflicht führt, ist etwa die **Übermittlung eines Übernahmeangebots** iS des § 29 Abs. 1 WpÜG durch eine Bietergesellschaft[228]. Ein Übernahmeangebot stellt aber dann keine Insiderinformation mehr dar, wenn der Bieter seine Entscheidung zur Abgabe eines Angebots nach § 10 WpÜG veröffentlicht hat. Wie § 13 WpHG ausdrücklich bestimmt, handelt es sich nur dann um eine Insiderinformation, wenn sie nicht öffentlich bekannt ist, so dass die Information durch die Veröffentlichung ihre Eigenschaft als „Insiderinformation" verliert. Damit ist ab diesem Zeitpunkt eine Ad-hoc-Publizität der Zielgesellschaft nicht mehr erforderlich[229].

391 Fraglich ist, wie ein sog. **Squeeze-out**, dh ein Ausschluss von Minderheitsaktionären[230], zu beurteilen ist. Das BAWe („Vorgänger" der BaFin) hatte eine Ad-hoc-Publizitätspflicht für die Gesellschaft, deren Aktionäre vom Squeeze-out betroffen sind, schon deshalb verneint, weil die Tatsache nicht „im Tätigkeitsbereich" der Gesellschaft eintritt[231]. Da dies nun nur noch ein Beispiel für ein unmittelbares Betreffen iS des § 15 Abs. 1 Satz 1 WpHG darstellt, ist eine Neubewertung erforderlich. Aufgrund der sich durch den Ausschluss der Minderheitsaktionäre ergebenden Änderung in der Aktionärsstruktur ist die Entscheidung für einen Ausschluss grundsätzlich ein die Gesellschaft unmittelbar berührendes Ereignis[232]. Daher wird bei einem Squeeze-out eine Ad-hoc-Publizitätspflicht der betroffenen Gesellschaft zu bejahen sein[233].

---

224 *Assmann*, in: Assmann/U.H. Schneider, § 15 WpHG Rn 72; *Geibel/Schäfer*, in: Schäfer/Hamann, § 15 WpHG Rn 98 ff.

225 Siehe Rn 997.

226 So auch *Assmann*, AG 2006, 261, 265 ff; *Boxberger*, DStR 2007, 1362, 1368; *Gros*, DStR 2006, 246, 247; einschränkend *Krämer/Heinrich*, ZIP 2009, 1737, 1746; *Zimmermann*, in: Fuchs, § 37q WpHG Rn 15 (Wesentlichkeit der Beanstandung und Realisierungswahrscheinlichkeit relevant).

227 *Hopt*, ZHR 159 (1995), 135, 153 Fn 75; *Stoppel*, in: Grunewald/Schlitt, § 14 II 1 d.

228 Begr. RegE AnSVG, BT-Drucks. 15/3174, S. 35; *Assmann*, in: Assmann/U.H. Schneider, § 15 WpHG Rn 73 ff, insbes. 77 f; siehe auch Emittentenleitfaden der BaFin, Stand: 28. April 2009, Ziff. IV.2.2.2. und IV.2.2.4.; *Harbarth*, ZIP 2005, 1898 ff; kritisch *Widder/Bedkowski*, BKR 2007, 405 ff.

229 *Diekmann/Sustmann*, NZG 2004, 929, 934.

230 Siehe auch Rn 58 ff.

231 Schreiben des BAWe vom 26. April 2002, S. 3; näher *Diekmann/Sustmann*, NZG 2004, 929, 934.

232 Differenzierend *Assmann*, in: Assmann/U.H. Schneider, § 15 WpHG Rn 84; *Zimmer/Kruse*, in: Schwark/Zimmer, KMRK, § 15 WpHG Rn 44.

233 Vgl Emittentenleitfaden der BaFin, Stand: 28. April 2009, Ziff. IV.2.2.2 und IV.2.2.15, wonach der Beschluss des Hauptaktionärs zum Squeeze-out ad-hoc-publizitätspflichtig sein kann, sobald der Emittent hiervon Kenntnis erlangt; vgl auch *Diekmann/Sustmann*, NZG 2004, 929, 934.

Nach **§ 15 Abs. 2 Satz 1 WpHG** dürfen Angaben, welche die Voraussetzungen des § 15 Abs. 1 WpHG offensichtlich nicht erfüllen, auch nicht in Verbindung mit einer veröffentlichungspflichtigen Tatsache veröffentlicht werden. Der Anleger soll vor einer Flut nicht kursrelevanter Informationen geschützt werden. Nur so kann die Ad-hoc-Publizitätspflicht ihre Funktion erfüllen. Allerdings wird der Erfolg dieser Regelung angesichts der praktischen Schwierigkeiten bei der Abgrenzung von kursrelevanten und nicht kursrelevanten Umständen als gering angesehen. Abgesehen davon findet sich in den Bußgeldvorschriften des § 39 WpHG keine Sanktion bei einem Verstoß gegen § 15 Abs. 2 WpHG. Auch in Art. 17 MAR fehlt eine entsprechende Regelung. **392**

b) Berichtigungspflicht

Durch § 15 Abs. 2 Satz 2 WpHG wird der Katalog der Veröffentlichungspflichten scheinbar erweitert. Unwahre Informationen sind im Rahmen einer Ad-hoc-Mitteilung zu berichtigen. Diese Berichtigungspflicht besteht unabhängig davon, ob die Voraussetzungen für eine Veröffentlichungspflicht nach § 15 Abs. 1 Satz 1 WpHG gegeben sind. Unerheblich ist v.a., ob die veröffentlichte unwahre Information wirklich dem Tätigkeitsbereich des Emittenten entstammt oder ein sonstiger Unmittelbarkeitsgrund vorliegt. Ohne Bedeutung ist es auch, wenn die Unwahrheit der Information inzwischen öffentlich bekannt geworden ist. **393**

Weil die Ad-hoc-Mitteilung einer (unwahren) Information den Emittenten stets unmittelbar betrifft, ist er bereits nach § 15 Abs. 1 Satz 1 WpHG (Art. 17 Abs. 1 Unterabs. 1 MAR) verpflichtet, die unwahre Ad-hoc-Mitteilung zu berichtigen. Es ist daher unschädlich, dass Art. 17 MAR (ebenso wie Art. 6 der Marktmissbrauchsrichtlinie 2003) anders als § 15 Abs. 2 Satz 2 WpHG eine solche Berichtigungspflicht nicht mehr ausdrücklich vorsieht. § 15 Abs. 2 Satz 2 WpHG hat lediglich klarstellende Bedeutung. Sieht man dagegen in dieser Regelung eine eigenständige Ad-hoc-Publizitätspflicht[234], fällt die Berichtigungspflicht mit Inkrafttreten von Art. 17 MAR weg, da wegen des Prinzips der Vollharmonisierung, das der MAR zugrunde liegt, strengere nationale Vorschriften ausgeschlossen sind[235]. **394**

c) Entstehungszeitpunkt der Veröffentlichungspflicht

Die Veröffentlichung einer Insiderinformation hat nach § 15 Abs. 1 Satz 1 WpHG **unverzüglich** bzw nach Art. 17 Abs. 1 Unterabs. 1 MAR „so bald wie möglich" zu erfolgen. Der Emittent muss seinen Pflichten ohne schuldhaftes Zögern (§ 121 Abs. 1 Satz 1 BGB) nachkommen[236]. Die Veröffentlichungspflicht besteht nicht erst nach Börsenzulassung oder nach Zulassung zum Handel an einem multilateralen oder organisierten Handelssystem (so jetzt Art. 17 Abs. 1 Unterabs. 3 MAR), sondern gemäß § 15 Abs. 1 Satz 2 WpHG bereits **mit dem Antrag** auf Börsenzulassung oder auf Zu- **395**

234 KölnerKommWpHG/*Klöhn*, § 15 WpHG Rn 401.

235 *Veil*, ZBB 2014, 85, 92; *Seibt/Wollenschläger*, AG 2014, 593, 600.

236 *Assmann*, in: Assmann/U.H. Schneider, § 15 WpHG Rn 248; aA *Möllers*, FS Horn, 2006, S. 473 ff; KölnerKommWpHG/*Versteegen*, § 15 WpHG Rn 115 ff; vgl auch *Mülbert/Steup*, in: Habersack/Mülbert/Schlitt, Unternehmensfinanzierung, § 33 Rn 178 mwN; *Geibel/Schäfer*, in: Schäfer/Hamann, § 15 WpHG Rn 121 ff („gewisser Prüfungszeitraum").

lassung zum Handel an einem multilateralen oder organisierten Handelssystem (Art. 17 Abs. 1 Unterabs. 3 MAR). Dieser Antrag erfolgt, bevor der Emissionsprospekt veröffentlicht ist. Das bedeutet, dass es noch keinen Kurs, aber schon eine Pflicht zur Veröffentlichung kursrelevanter Informationen gibt[237]. Kritisiert wird an dieser Regelung, dass es in diesem Stadium noch kein Bedürfnis für einen Anlegerschutz gebe[238].

396 **Umstritten** ist der Zeitpunkt der Veröffentlichungspflicht nach Börsenzulassung (bzw nach Zulassung zum Handel an einem multilateralen oder organisierten Handelssystem), wenn die kursrelevanten Informationen nicht auf einem einmaligen Ereignis beruhen (Großfeuer, Aufdeckung wesentlicher Bilanzfälschungen), sondern auf einem **mehrstufigen Entscheidungsprozess** (Entscheidung des Geschäftsorgans, Zustimmung des Aufsichtsrats)[239] oder gleichbedeutend auf einem „zeitlich gestreckten Vorgang" (so Art. 7 Abs. 2 Satz 2 MAR). Viele betriebliche Vorhaben sind mehrstufigen Prüfungen und Entscheidungsprozessen unterworfen, bis sie sich zu publizitätspflichtigen Insiderinformationen iS des § 15 Abs. 1 WpHG (Art. 17 Abs. 1 MAR) herauskristallisieren. Ein kursrelevanter Umsatzrückgang etwa tritt nicht zu einem bestimmten Zeitpunkt ein, sondern geschieht über einen längeren Zeitraum hinweg[240]. Zwar ist inzwischen durch den EuGH sowie den BGH geklärt, dass auch Zwischenschritte veröffentlichungspflichtige Insiderinformationen darstellen können[241], dennoch bleibt die Feststellung, wann genau im Falle eines Zwischenschritts eine Ad-hoc-Mitteilung erforderlich ist, in der Praxis schwierig[242]. Die Frage, wie solche mehrstufigen Entscheidungsprozesse zu behandeln sind, ist auch eng damit verbunden, ob ein Befreiungssachverhalt nach § 15 Abs. 3 WpHG (Art. 17 Abs. 4 Unterabs. 2 MAR) vorliegt[243].

397 Im Zusammenhang damit ist auch **umstritten**, wann im Rahmen der Verhandlungen über eine **Unternehmensübernahme** eine veröffentlichungspflichtige Insiderinformation iS des § 15 Abs. 1 WpHG (Art. 17 Abs. 1 MAR) vorliegt. Eine Ad-hoc-Publizitätspflicht kann sich hier sowohl für die Ziel- als auch für die Bietergesellschaft ergeben. Ein solches Vorhaben kann vor einer tatsächlichen Übernahme bereits ein Verhandlungsstadium erreicht haben, in dem dieses nicht nur eine Insiderinformation iS des § 13 WpHG (Art. 7 Abs. 1 MAR) darstellt, sondern auch aufgrund der Auswirkungen auf die Vermögens-, Ertrags- und Finanzlage oder auf den allgemeinen Geschäftsverlauf ein für § 15 Abs. 1 WpHG (Art. 17 Abs. 1 MAR) erforderliches hinreichendes Kursbeeinflussungspotenzial entwickelt haben kann. Letztendlich geht es darum, wie weit Übernahmegespräche gediehen sein müssen, um die Pflicht des § 15 Abs. 1 WpHG (Art. 17 Abs. 1 MAR) auszulösen.

---

237 Näher *Parmentier*, NZG 2007, 407, 412 ff.

238 Vgl FAZ vom 8. Februar 2005, S. 19.

239 Vgl *Assmann*, ZHR 172 (2008), 635, 643 ff; siehe auch Rn 294 f.

240 Art. 7 der Richtlinie 79/279/EWG und Art. 81 Abs. 1 der Richtlinie 2001/34/EG vom 28. Mai 2001, ABl. EG Nr L 184 vom 6. Juli 2001, S. 1, ber. ABl. EG Nr L 217 vom 11. August 2001, S. 18.

241 Siehe Rn 294 f.

242 Vgl *Herfs*, DB 2013, 1650 ff.

243 Siehe Rn 404 ff.

Reine Vorbereitungsmaßnahmen des Bieters, wie die interne Entscheidung zur Aufnahme von Übernahmeverhandlungen mit der Zielgesellschaft oder die Beauftragung von Beratern (Anwälte, Banken, Unternehmensberater usw), sind noch keine Insiderinformation iS des § 15 Abs. 1 WpHG (Art. 17 Abs. 1 MAR)[244]. Hinsichtlich deren Vorliegens stellt die BaFin darauf ab, von welchem Zeitpunkt an aus der Sicht eines verständigen Anlegers eine hinreichende Wahrscheinlichkeit für das Zustandekommen der Transaktion besteht und das ein erhebliches Preisbeeinflussungspotenzial begründen könnte[245]. Dabei ist eine Gesamtwürdigung der bisherigen Entscheidungsstufen vorzunehmen. Alles in allem soll eine Insiderinformation iS des § 15 Abs. 1 WpHG (Art. 17 Abs. 1 MAR) dann vorliegen, wenn erstens die Eckpunkte der Transaktion (insbesondere die Vertragspartner) sowie die Beschaffenheit des Vertragsgegenstands (etwa nach Abschluss einer Due Diligence[246]) feststehen[247] und zweitens die Erbringung der Gegenleistung, dh die Finanzierung des Übernahmevorhabens sichergestellt ist[248]. Die damit einhergehende weitreichende Publizitätspflicht wird allerdings durch die Möglichkeit eines Aufschubs der Veröffentlichung nach § 15 Abs. 3 WpHG (Art. 17 Abs. 4 MAR) korrigiert[249]. **398**

d) Inhalt und Form der Veröffentlichung

In § 15 Abs. 4 Satz 1 Nr 1–3 WpHG ist lediglich geregelt, dass das Verfahren mit der Vorabmitteilung der zu veröffentlichenden Information, u. a. an die BaFin, beginnt. Im Anschluss daran hat die Veröffentlichung der relevanten Insiderinformation zu erfolgen[250]. **399**

Der Mindestinhalt, die Art, der Umfang und die Form der Veröffentlichung sind durch die §§ 4 ff WpAIV[251] festgelegt. Die Mitteilung ist ausdrücklich als Ad-hoc-Meldung nach § 15 WpHG zu bezeichnen (§ 4 Abs. 1 Satz 1 Nr 1a WpAIV)[252]. In § 5 Satz 1 Nr 1 WpAIV wird die Veröffentlichung über ein elektronisch betriebenes Informationsverbreitungssystem vorgeschrieben, das etwa bei Kreditinstituten weit verbreitet ist. Damit soll eine zeitliche Nähe zwischen Informationsentstehung und deren Öffentlichkeit ermöglicht werden. Außerdem ist die Information im Internet unter der Adresse des Emittenten zu veröffentlichen (§ 5 Satz 1 Nr 2 WpAIV) und Medien zur **400**

244 Emittentenleitfaden der BaFin, Stand: 28. April 2009, Ziff. IV.2.2.14.

245 Emittentenleitfaden der BaFin, Stand: 28. April 2009, Ziff. IV.2.2.14; vgl Art. 7 Abs. 4 MAR, wonach allgemein für das Vorliegen einer Insiderinformation darauf abzustellen ist, dass ein verständiger Anleger sie wahrscheinlich als Teil der Grundlage seiner Anlageentscheidung nutzen würde.

246 Zur „Due Diligence" vgl Rn 301.

247 Zur Frage der Ad-hoc-Publizitätspflicht bei einer Due Diligence siehe auch *Hemeling*, ZHR 169 (2005), 274, 285 f.

248 So *Merkner/Sustmann*, NZG 2005, 729, 736.

249 Siehe Rn 404 ff.

250 *Assmann*, in: Assmann/U.H. Schneider, § 15 WpHG Rn 247 sowie Rn 273 und der Emittentenleitfaden der BaFin, Stand: 28. April 2009, Ziff. IV.5.1. nennen hier als Richtwert einen Zeitraum von 30 Minuten; dagegen *Zimmer/Kruse*, in: Schwark/Zimmer, KMRK, § 15 WpHG Rn 97 (sei ein Verstoß gegen Art. 103 Abs. 2 GG).

251 Wertpapierhandelsanzeige- und InsiderverzeichnisVO vom 13. Dezember 2004, BGBl. I, S. 3376, zuletzt geändert durch Art. 11 des Gesetzes vom 20. November 2015, BGBl. I, S. 2029.

252 Damit handelt es sich bei einer „Pressemitteilung" nicht um eine Ad-hoc-Mitteilung iS des WpHG, vgl BGHZ 192, 90 ff („IKB"); siehe auch OLG Braunschweig 12. Januar 2016 – 7 U 59/14, juris, Rn 41.

Veröffentlichung zuzuleiten (§ 3a Abs. 1 WpAIV). Sichergestellt muss sein, dass sie in der gesamten Europäischen Union und in den übrigen Vertragsstaaten des EWR verbreitet wird.

401 Nach § 3b Abs. 2 WpAIV hat die Information in deutscher Sprache zu erfolgen. In bestimmten Fällen kommt eine Veröffentlichung in deutscher oder englischer (§ 3b Abs. 3 WpAIV) bzw ausschließlich in englischer Sprache (§ 3b Abs. 1 und 4 WpAIV) in Betracht.

402 Ziel der Ad-hoc-Publizität ist mindestens die Herstellung einer **„Bereichsöffentlichkeit"**[253]. Diese liegt vor, wenn es einer unbestimmten Anzahl von Personen aus dem Kreis der Marktteilnehmer möglich ist, von Informationen Kenntnis zu nehmen[254]. Das wird regelmäßig bei einer Kenntnisnahmemöglichkeit durch professionelle Handelsteilnehmer in ihrer Gesamtheit der Fall sein[255]. Hat die Bereichsöffentlichkeit Kenntnis von den Insiderinformationen, werden diese bei den geschäftlichen Überlegungen berücksichtigt, so dass sich die kursrelevanten Sachverhalte im Börsenpreis niederschlagen. Eine andere Frage ist, ob damit nicht eine Benachteiligung der Privatanleger einhergeht, da die relevanten Informationsverbreitungssysteme noch nicht überall etabliert sind[256]. Eine solche Benachteiligung wird überwiegend v.a. deshalb als gerechtfertigt angesehen, weil jeder Versuch, die Informierung eines breiten Publikums zu erreichen, den Zeitraum potenzieller Insidergeschäfte verlängert[257].

403 Auch Art. 17 Abs. 1 Unterabs. 2 Satz 1 MAR formuliert nur allgemein, dass der Emittent sicherzustellen hat, dass die Insiderinformation in einer Art und Weise veröffentlicht wird, die es der Öffentlichkeit ermöglicht, schnell auf sie zuzugreifen und sie vollständig, korrekt und rechtzeitig zu bewerten. Jedenfalls hat der Emittent die Insiderinformation auf seiner Website zu veröffentlichen und dort für mindestens fünf Jahre (bisher ein Monat, § 5 Satz 1 Nr 2 WpAIV) der Öffentlichkeit zugänglich zu machen (Art. 17 Abs. 1 Unterabs. 2 Satz 3 MAR). Die technischen Mittel für die angemessene Bekanntgabe (Art. 17 Abs. 10 Unterabs. 1 lit. a MAR) werden noch in einem technischen Durchführungsstandard geregelt (Art. 17 Abs. 10 Unterabs. 2 MAR)[258].

3. Selbstbefreiung (§ 15 Abs. 3 WpHG) bzw Aufschub der Offenlegung (Art. 17 Abs. 4-7 MAR)

a) Einführung

404 § 15 Abs. 3 WpHG (Art. 17 Abs. 4 MAR) relativiert den weitreichenden § 15 Abs. 1 Satz 1 WpHG (Art. 17 Abs. 1 Unterabs. 1 MAR). Danach ist der Emittent so lange von der Veröffentlichungspflicht befreit, wie es der Schutz seiner berechtigten Inte-

253 Vgl oben Rn 297.

254 *Assmann*, in: Assmann/U.H. Schneider, § 13 WpHG Rn 34.

255 Begr. RegE 2. FMFG, BT-Drucks. 12/6679, S. 48; Beschlussempfehlung und Bericht des Finanzausschusses des Deutschen Bundestags, BT-Drucks. 12/7918, S. 101.

256 *Hopt*, ZGR 1997, 1, 24 f (zu § 15 Abs. 3 WpHG aF).

257 *Assmann*, in: Assmann/U.H. Schneider, § 13 WpHG Rn 35 f.

258 Vgl ESMA, Final Report vom 28. September 2015, ESMA/2015/1455, S. 42–50.

ressen erfordert, keine Irreführung der Öffentlichkeit zu befürchten und Vertraulichkeit gewährleistet ist **(Kumulation)**[259]. Dem Emittenten obliegt die eigenverantwortliche Prüfung der Voraussetzungen für eine Befreiung. Kommt er zum Ergebnis, dass die Voraussetzungen für eine Befreiung vorliegen und wurde ein entsprechender **Beschluss** gefasst[260], ist die Publizitätspflicht nach hM **aufgeschoben**[261]. Teilweise wird dagegen davon ausgegangen, es handle sich bei § 15 Abs. 3 WpHG um eine Legalausnahme, die bei Vorliegen der Befreiungsvoraussetzungen automatisch eintrete und keine konkrete Befreiungsentscheidung des Emittenten erfordere[262]. Diese Ansicht verkennt, dass auch die zugrunde liegende Richtlinie auf ein Aufschieben und damit auf eine aktive Handlung abstellt[263].

Der BGH ließ für § 15 Abs. 3 WpHG bislang offen, ob eine Selbstbefreiungsentscheidung erforderlich ist. Er hebt jedoch in einer Entscheidung von 2013 auf das Argument des rechtmäßigen Alternativverhaltens ab und sieht einen fehlenden Beschluss als unerheblich an, wenn dargetan wird, dass sich die Emittentin für einen Aufschub entschieden hätte und die Voraussetzungen des § 15 Abs. 3 Satz 1 WpHG im Übrigen vorliegen. Dann seien die Schutzzwecke der Pflicht zur unverzüglichen Veröffentlichung nicht unmittelbar berührt[264]. **405**

Zuständig für die Selbstbefreiungsentscheidung ist nach § 15 Abs. 3 WpHG der Emittent, dh regelmäßig der diesen vertretende Vorstand[265]. Für bestimmte Fälle sieht ein Teil des Schrifttums den Aufsichtsrat als zuständig an. Das soll nach einer Ansicht dann gegeben sein, wenn die Insiderinformation im Zuständigkeitsbereich des Aufsichtsrats entsteht (zB Abberufung eines Vorstandsmitglieds)[266]. Andere nehmen das dann an, wenn der Vorstand keine Kenntnis von der Insiderinformation hat, der **406**

---

259 *Sven H. Schneider*, BB 2005, 897 ff; *Veith*, NZG 2005, 254 ff; *Möllers*, WM 2005, 1393 ff; siehe auch *Cahn/Götz*, AG 2007, 221 ff. Zum Aufschub der Offenlegung siehe Art. 17 Abs. 4 MAR; dazu *Veil/Koch*, WM 2011, 2297, 2302 f; *Veil*, ZBB 2014, 85, 92 f.

260 Eine Beschlussfassung eines sog. Ad-hoc-Komitees als ausreichend ansehend *Groß*, FS U.H. Schneider, 2011, S. 385, 392; *Pattberg/Bredol*, NZG 2013, 87, 88 m. Nachw. zur aA; mit der hM eine rein vorsorgliche Selbstbefreiungsentscheidung bejahend *Pattberg/Bredol*, NZG 2013, 87, 88 f.

261 *Pfüller*, in: Fuchs, § 15 WpHG Rn 345 f; *Mülbert*, in: FS Stilz, 2014, S. 411, 413 f; *Pattberg/Bredol*, NZG 2013, 87 f; *U.H. Schneider/Gilfrich*, BB 2007, 53, 54 f; *Pfüller*, in: Fuchs, § 15 WpHG Rn 345; siehe auch Emittentenleitfaden der BaFin, Stand: 28. April 2009, Ziff. IV. 3; OLG Frankfurt NZG 2009, 391; *Frowein*, in: Habersack/Mülbert/Schlitt, Unternehmensfinanzierung, § 10 Rn 74; ; siehe auch *Krämer/Heinrich*, ZIP 2009, 1737, 1741; *Mennicke*, NZG 2009, 1059 ff.

262 *Assmann*, in: Assmann/U.H. Schneider, § 15 WpHG Rn 165a ff; *Hopt*, in: Schimansky/Bunte/Lwowski, Bankrechts-Handbuch, 4. Aufl., 2011, § 107 Rn 96; *Klöhn*, ZHR 178 (2014), 55, 94 ff; KölnerKommWpHG/*Klöhn*, § 15 WpHG Rn 315 ff; *Zimmer/Kruse*, in: Schwark/Zimmer, KMRK, § 15 Rn 54; *Ihrig/Kranz*, BB 2013, 451, 452 ff; so auch OLG Stuttgart WM 2009, 1233, 1247, Rn 155 („DaimlerChrysler").

263 Zur Diskussion auch *Voß*, in: Just/Voß/Ritz/Becker, § 15 WpHG Rn 237 ff; *Mülbert*, FS Stilz, 2014, S. 411, 412 ff.

264 BGH NJW 2013, 2114 Rn 33 („Geltl/Daimler"); kritisch dazu *Herfs*, DB 2013, 1650 ff; *Ihrig/Kranz*, AG 2013, 515 ff.

265 Siehe nur etwa *Mülbert*, FS Stilz, 2014, S. 411, 416; *Leyendecker-Langner/Kleinhenz*, AG 2015, 72; *Kocher/S. Schneider*, ZIP 2013, 1607; siehe auch den Emittentenleitfaden der BaFin, Stand: 28. April 2009, Ziff. IV. 3.

266 *Mülbert*, FS Stilz, 2014, S. 411, 416 sowie 420 ff (Annexkompetenz des Aufsichtsrats); *Ihrig/Kranz*, BB 2013, 451, 456; *Pfüller*, in: Fuchs, § 15 Rn 225; vgl auch *Leyendecker-Langner/Kleinhenz*, AG 2015, 72 ff.

Aufsichtsrat aber ein berechtigtes Interesse an deren vertraulichen Behandlung gegenüber dem Vorstand[267].

407 Nach **Art. 17 Abs. 4 MAR** kann ein Emittent **„auf eigene Verantwortung“** die Offenlegung aufschieben. Nach Ansicht der ESMA setzt dies eine aktive Entscheidung des Emittenten voraus[268]. Eine automatische Befreiungswirkung tritt also nicht ein[269]. Dabei kommt es nicht darauf an, wer die Entscheidung innerhalb des Emittenten (in welcher Position) trifft, sofern es nur derjenige ist, der nach den unternehmensinternen Regelungen unmissverständlich zuständig ist[270]. Diese entscheidungsbefugte Person muss dabei stets erreichbar sein[271].

408 Sobald die Voraussetzungen für die Befreiung wegfallen, etwa weil die Vertraulichkeit nicht mehr gewährleistet werden kann, muss die Veröffentlichung unverzüglich **nachgeholt** werden (§ 15 Abs. 3 Satz 2 WpHG, Art. 17 Abs. 7 Unterabs. 1 MAR). Nach § 15 Abs. 3 Satz 4 WpHG muss der Emittent die Selbstbefreiung der BaFin mitteilen und eine Begründung für das Zurückhalten der Information abgeben. Im Gegensatz dazu hat der Emittent nach Art. 17 Abs. 4 Unterabs. 3 MAR erst unmittelbar **nach** Offenlegung der Insiderinformation die zuständige Behörde über den Aufschub zu informieren und schriftlich zu erläutern („ex post notification“), inwieweit die Bedingungen für einen Aufschub erfüllt waren[272].

b) Berechtigte Interessen des Emittenten

409 **aa) Grundsatz.** Der Schutz der berechtigten Interessen[273] des Emittenten ist in Abwägung der Interessen des Kapitalmarkts[274] an einer zeitnahen Veröffentlichung einerseits und des Emittenten an der Geheimhaltung der Information andererseits festzustellen (§ 6 Satz 1 WpAIV). Ein berechtigtes Interesse liegt daher vor, wenn durch eine Veröffentlichung der Information unternehmerische Ziele oder Entwicklungen vereitelt, gefährdet oder erheblich beeinträchtigt würden[275].

410 § 6 Satz 2 WpAIV enthält zwei Regelbeispiele, bei denen „insbesondere“ eine Selbstbefreiung in Betracht kommt. Zum einen ist das der Fall, wenn das Ergebnis oder der Gang laufender Verhandlungen über kursrelevante Geschäftsinhalte von der Veröffentlichung wahrscheinlich erheblich beeinträchtigt würde (§ 6 Satz 2 Nr 1 WpAIV)[276]. Zum anderen ist eine Selbstbefreiung möglich, wenn durch das Geschäftsführungsorgan des Emittenten abgeschlossene Verträge oder Entscheidungen angekündigt werden müssten, obwohl die für die Wirksamkeit der Maßnahme erforderliche Zustimmung eines anderen Organs des Emittenten respektive des Aufsichtsrats noch aussteht (§ 6 Satz 2 Nr 2 WpAIV)[277].

267 *Groß*, FS U.H. Schneider, 2011, S. 385, 392; *Kocher/S. Schneider*, ZIP 2013, 1607, 1611.
268 ESMA, Consultation Paper vom 15. Juli 2014, ESMA/2014/809, S. 61 Rn 293.
269 *Graßl*, DB 2015, 2066, 2069; *Seibt/Wollenschläger*, AG 2014, 593, 600 (abgeleitet aus „auf eigene Verantwortung“).
270 *Graßl*, DB 2015, 2066, 2069.
271 ESMA, Final Report vom 28. September 2015, ESMA/2015/1455, S. 41 Rn 176.
272 *Krause*, CCZ 2014, 248, 255.
273 Zum Begriff *Klöhn*, ZHR 178 (2014), 55, 73 ff.
274 Dazu *Klöhn*, ZHR 178 (2014), 55, 89 ff.
275 *Simon*, Der Konzern 2005, 13, 19; *Langenbucher*, § 17 Rn 34 ff.
276 Siehe Rn 412 ff.
277 Siehe Rn 416 f.

411 Als „nicht erschöpfende Fallbeispiele“ für ein berechtigtes Interesse des Emittenten an einem Aufschub der Veröffentlichung nennt in ähnlicher Weise der Erwägungsgrund (50) MAR 1) laufende Verhandlungen, deren Ergebnis oder normale Ablauf von der Veröffentlichung wahrscheinlich beeinträchtigt würde (insbesondere wenn die finanzielle Überlebensfähigkeit des Emittenten stark und unmittelbar gefährdet ist) sowie 2) Entscheidungen oder geschlossene Verträge, die zu ihrer Wirksamkeit noch der ausstehenden Zustimmung durch ein anderes Organ des Emittenten (zB Aufsichtsrat) bedürfen (dazu sogleich).

412 **bb) Gefahr der Beeinträchtigung laufender Verhandlungen.** Ein berechtigtes Interesse iS des § 15 Abs. 3 WpHG (Art. 17 Abs. 4 MAR) liegt etwa bei laufenden Verhandlungen über eine Unternehmensübernahme vor (§ 6 Satz 2 Nr 1 WpAIV)[278]. Hier kann eine verfrühte Bekanntgabe negative Auswirkungen haben, da diese wahrscheinlich den normalen Ablauf der Verhandlungen und ggf die Übernahme des Unternehmens beeinträchtigen[279]. Ein berechtigtes Emittenteninteresse wird auch bestehen, wenn Sanierungsgespräche im Hinblick auf eine drohende Zahlungsunfähigkeit geführt werden (siehe Erwägungsgrund (50) MAR). Diese können durch eine vorzeitige Ad-hoc-Veröffentlichung gefährdet werden, weil dann erfahrungsgemäß mit Kreditkündigungen der Banken sowie mit Vollstreckungsmaßnahmen anderer Gläubiger zu rechnen ist. Eine Selbstbefreiung (bzw ein Aufschub der Offenlegung) ist hier insofern erforderlich, als ansonsten das unternehmerische Handeln durch die Veröffentlichungspflicht des § 15 Abs. 1 WpHG (Art. 17 Abs. 1 Unterabs. 1 MAR) faktisch zum Erliegen gebracht würde.

413 Zu unterscheiden sind in Bezug auf laufende Verhandlungen etwa bei geplanten Unternehmensübernahmen **zwei Fragen**: Zum einen, wann in Übernahmesituationen eine veröffentlichungspflichtige **Insiderinformation** vorliegt, dh wie weit die Gespräche hierfür gediehen sein müssen; zum anderen, unter welchen Umständen von der Möglichkeit der **Selbstbefreiung** nach § 15 Abs. 3 WpHG (Art. 17 Abs. 4 MAR) Gebrauch gemacht werden kann. Eine Selbstbefreiung (bzw ein Aufschub) kommt hierbei sowohl für die Zielgesellschaft als auch für den Bieter in Betracht. Auf die erste Frage wurde bereits oben eingegangen[280]. Eine Selbstbefreiungsmöglichkeit ist nach Ansicht der BaFin bei laufenden Vertragsverhandlungen in Erwägung zu ziehen[281]. Kritisiert wird hieran, dass damit das Verhältnis zu den Regelungen des WpÜG nicht hinreichend berücksichtigt ist. Nach § 10 Abs. 6 WpÜG soll § 15 WpHG für die Entscheidung zur Abgabe eines Übernahmeangebots nicht gelten. § 10 Abs. 6 WpÜG bezieht sich jedoch lediglich auf den Bieter und lässt die Zielgesellschaft unerwähnt. Daraus wird im Schrifttum hergeleitet, dass für den Bieter und auch für die Zielgesellschaft (!) eine Selbstbefreiung nach § 15 Abs. 3 WpHG möglich sein muss, sofern der Bieter seine Entscheidung zur Abgabe eines Angebots noch nicht nach § 10 Abs. 1 Satz 1 WpÜG veröffentlicht hat[282].

278 Siehe auch Rn 397 f.
279 Begr. RegE AnSVG, BT-Drucks. 15/3174, S. 35; siehe auch Erwägungsgrund (50) MAR.
280 Siehe Rn 397 f.
281 Emittentenleitfaden der BaFin, Stand: 28. April 2009, Ziff. IV.3.1.
282 *Merkner/Sustmann*, NZG 2005, 729, 736 f.

414 **Unklar** ist zudem, **wie lange** die Voraussetzungen für eine Befreiung bzw einen Aufschub vorliegen. Sobald diese wegfallen, ist die Veröffentlichung nach § 15 Abs. 3 Satz 2 WpHG (Art. 17 Abs. 4 Unterabs. 3 Satz 1 MAR) nachzuholen. Fraglich ist, was gelten soll, wenn grundsätzlich ad-hoc-pflichtige, aber von der Selbstbefreiung umfasste Übernahmegespräche **abgebrochen** werden. Ein dann noch bestehendes Informationsinteresse des Anlegers wird regelmäßig zu verneinen sein. Sobald sich ein ursprünglich kursrelevanter Umstand nicht konkretisiert hat, ist die Insiderinformation überholt und eine Veröffentlichungspflicht nach Sinn und Zweck des § 15 Abs. 1 WpHG (Art. 17 Abs. 1 Unterabs. 1 MAR) abzulehnen[283].

415 **Unklar** ist auch, wie sich der Vorstand der Zielgesellschaft zu verhalten hat, wenn sich ein freundliches Übernahmeangebot nach Abbruch der Gespräche in ein feindliches Übernahmeangebot verwandelt. Durch eine **unverzügliche Nachholung** der Ad-hoc-Mitteilung könnte der Vorstand das Übernahmeangebot vereiteln. Allerdings kann der Schutz der berechtigten Interessen des Emittenten eine Veröffentlichung erforderlich machen. Im Schrifttum wird diesbezüglich nur darauf hingewiesen, dass der Vorstand hier sein Handeln an den an einen ordentlichen und gewissenhaften Geschäftsleiter zu stellenden Anforderungen (§ 93 Abs. 1 Satz 1 AktG) auszurichten hat. Fest steht jedenfalls, dass die Beschränkungen des § 33 WpÜG erst dann eintreten, wenn der Bieter die Entscheidung zur Abgabe des Angebots veröffentlicht hat[284].

416 **cc) Mehrstufiger Entscheidungsprozess.** Ein berechtigtes Interesse iS des § 15 Abs. 3 WpHG kann nach § 6 Satz 2 Nr 2 WpAIV dann vorliegen, wenn durch das Geschäftsführungsorgan des Emittenten Verträge oder Entscheidungen angekündigt werden müssten, bei denen für die Wirksamkeit noch die Zustimmung eines anderen Organs respektive des Aufsichtsrats fehlt. Aus § 15 Abs. 3 WpHG lässt sich folgern, dass bereits die vom Vorstand eines Emittenten getroffene Entscheidung eine grundsätzlich ad-hoc-publizitätspflichtige Insiderinformation iS des § 15 Abs. 1 WpHG ist, auch wenn sie zu ihrer Wirksamkeit noch der Zustimmung des Aufsichtsrats bedarf (vgl Art. 17 Abs. 4 Unterabs. 2 MAR, Erwägungsgrund (50) MAR)[285]. Eine Veröffentlichung kann damit nicht allein durch den Verweis auf die noch erforderliche Zustimmung des Aufsichtsrats unterbleiben[286]. Jeder Zwischenschritt ist selbstständig im Hinblick auf seine Eignung als Insiderinformation zu untersuchen (so ausdrücklich Art. 7 Abs. 2 Satz 2 MAR)[287].

417 Der Emittent kann aber den Weg der Selbstbefreiung nach § 15 Abs. 3 WpHG beschreiten bzw die Offenlegung der Insiderinformation aufschieben (Art. 17 Abs. 4 Unterabs. 2 MAR). Ohne diese Möglichkeit bestünde die Gefahr, dass sich die Anleger zu früh auf solche Informationen verlassen. Außerdem würde es auf eine schwindende Relevanz des Aufsichtsrats hinauslaufen, wenn Vorstandsbeschlüsse veröffent-

283 *Diekmann/Sustmann*, NZG 2004, 929, 935; *Assmann*, in: Assmann/U.H. Schneider, § 15 WpHG Rn 173.
284 *Diekmann/Sustmann*, NZG 2004, 929, 935.
285 Begr. RegE AnSVG, BT-Drucks. 15/3174, S. 35; *Staake*, BB 2007, 1573 ff; kritisch in Bezug auf übernahmerechtliche Vorbereitungsmaßnahmen *Widder/Bedkowski*, BKR 2007, 405, 407 ff.
286 *Merkner/Sustmann*, NZG 2005, 729, 737; *Geibel/Schäfer*, in: Schäfer/Hamann, § 15 WpHG Rn 66 ff.
287 Siehe Rn 294; BGH NJW 2013, 2114 Rn 15; siehe auch *Mennicke*, ZBB 2013, 244, 250 f.

licht werden, ohne dass das Kontrollgremium darüber informiert wurde. Das würde auch die Regeln des Corporate Governance-Kodex[288] konterkarieren. Daher wird in Anbetracht der dem Aufsichtsrat nach dem AktG zugewiesenen Aufgaben zur Überwachung des Vorstands eine Selbstbefreiung nach § 15 Abs. 3 WpHG regelmäßig als zulässig angesehen (siehe auch Erwägungsgrund (50) MAR)[289].

c) Irreführung der Öffentlichkeit

Eine Befreiung von der Ad-hoc-Publizitätspflicht besteht nach § 15 Abs. 3 Satz 1 WpHG nur, wenn keine Irreführung der Öffentlichkeit zu befürchten ist. Nach Art. 17 Abs. 4 Unterabs. 1 lit. b MAR darf der Aufschub der Offenlegung hierzu nicht „geeignet" sein. Das bedeutet, dass der Emittent während des Befreiungszeitraums aktiv keine Signale setzen darf, die zur noch nicht veröffentlichten Insiderinformation in Widerspruch stehen[290]. Verneint der Vorstand etwa Gespräche mit einem potenziellen Übernahmekandidaten, dann liegt eine Irreführung der Öffentlichkeit vor, wenn die Gespräche wieder aufgenommen wurden und eine so weitgehende Konkretisierung eingetreten ist, dass eine Insiderinformation iS der §§ 15 Abs. 1, 13 Abs. 1 WpHG vorliegt. Kursieren am Markt Gerüchte, sollten diese zur Vermeidung des Vorwurfs einer Irreführung regelmäßig weder bestätigt noch dementiert werden[291]. **418**

Teilweise wird im Schrifttum vertreten, die „Irreführung" iS des § 15 Abs. 3 WpHG betreffe vorrangig die Veröffentlichung negativer Meldungen, bei positiven Meldungen sei dagegen eine Irreführung in der Regel ausgeschlossen[292]. Dem kann jedoch schon deshalb nicht gefolgt werden, weil auch die Verzögerung einer positiven Meldung irreführend sein kann. Die Ad-hoc-Publizitätspflicht schützt die Anleger auch davor, mangels Kenntnis einer positiven Nachricht ihre Wertpapiere unter Wert zu verkaufen[293]. **419**

d) Gewährleistung der Vertraulichkeit

Aus § 15 Abs. 3 Satz 1 WpHG (Art. 17 Abs. 7 Unterabs. 1 MAR) ergibt sich, dass die Veröffentlichung auch dann unverzüglich (bzw „so schnell wie möglich") nachzuholen ist, wenn der Emittent die Vertraulichkeit der Insiderinformation nicht mehr gewährleisten kann. Eine Gewährleistung von Vertraulichkeit liegt nach § 7 WpAIV vor, wenn das Unternehmen (Emittent) während der Befreiung den Zugang zur Insiderinformation kontrolliert. Der Emittent sollte daher für die Selbstbefreiung den Zugang zu Insiderinformationen und den Informationsfluss genau dokumentieren, um erforderlichenfalls nachweisen zu können, dass die Vertraulichkeit der Insiderinformation stets gewährleistet war[294]. Solange die Vertraulichkeit gewahrt ist, besteht nach § 15 Abs. 3 Satz 1 WpHG auch dann keine Ad-hoc-Publizitätspflicht, wenn Marktgerüchte auftauchen. **420**

---

288 Dazu näher Rn 61 ff.

289 Emittentenleitfaden der BaFin, Stand: 28. April 2009, Ziff. IV.3.1.; *Merkner/Sustmann*, NZG 2005, 729, 737.

290 Emittentenleitfaden der BaFin, Stand: 28. April 2009, Ziff. IV.3.2.; *Hopt*, in: Schimansky/Bunte/Lwowski, Bankrechts-Handbuch, 4. Aufl., 2011, § 107 Rn 104.

291 *Veith*, NZG 2005, 254, 257; siehe auch *Fleischer/Schmolke*, AG 2007, 841, 850 f.

292 *Brandi/Süßmann*, AG 2004, 642, 650; *Sven H. Schneider*, BB 2005, 897, 899 f.

293 So auch *Veith*, NZG 2005, 254, 257.

294 Vgl BGH NJW 2013, 2114 Rn 34.

421 Das ändert sich mit Art. 17 Abs. 7 Unterabs. 2 MAR. Hiernach reicht es, dass ein Gerücht auf eine Insiderinformation Bezug nimmt und so ausreichend präzise ist, dass vermutet werden kann, dass eine Vertraulichkeit nicht mehr gewährleistet ist. Es kommt deshalb nicht mehr wie bisher darauf an, dass das Gerücht auf eine Vertraulichkeitslücke beim Emittenten zurückzuführen ist[295]. Selbst wenn das nicht der Fall ist und daher ein Marktgerücht vorliegt, endet die selbstbefreiende Wirkung automatisch. Der Emittent muss die Öffentlichkeit so schnell wie möglich über die Insiderinformation unterrichten (Art. 17 Abs. 7 MAR).

e) Rechtsfolgen bei fehlerhafter Selbstbefreiung

422 Hat der Emittent rechtswidrig eine Selbstbefreiung iS des § 15 Abs. 3 WpHG (Art. 17 Abs. 4 oder 5 MAR) vorgenommen, ohne dass deren Voraussetzungen vorliegen, besteht die Veröffentlichungspflicht des § 15 Abs. 1 WpHG (Art. 17 Abs. 1 MAR) nach wie vor. Das gilt jedenfalls, solange nicht die Voraussetzungen für die Veröffentlichungspflicht selbst weggefallen sind. Da diese Pflicht durch die Nichtveröffentlichung verletzt wird, treten die Rechtsfolgen einer Publizitätspflichtverletzung ein[296]. Dasselbe gilt auch, wenn sich der Emittent zwar rechtmäßig selbst befreit hat, die Voraussetzungen hierfür mittlerweile aber nicht mehr gegeben sind. Der Emittent trägt nach den allgemeinen Beweisregeln die Beweislast für das Vorliegen der Befreiungsvoraussetzungen[297]. **Umstritten** ist, ob eine ausführliche Dokumentation des Befreiungsvorgangs zu einem Verschuldensausschluss führen kann[298]. Abhängig ist das davon, ob man in Bezug auf die zugrunde liegende Ordnungswidrigkeit einen unvermeidbaren Rechtsirrtum bejahen kann.

f) Aufschub im öffentlichen Interesse

423 Handelt es sich beim Emittenten um ein Kredit- oder Finanzinstitut, kann der Emittent nicht nur im eigenen (Art. 17 Abs. 4 MAR), sondern auch im öffentlichen Interesse die Offenlegung von Insiderinformationen aufschieben (Art. 17 Abs. 5 MAR). Hierfür muss 1) die Offenlegung das Risiko in sich bergen, die finanzielle Stabilität des Emittenten und des Finanzsystems zu untergraben (zB Liquiditätshilfen einer Zentralbank[299]), 2) der Aufschub im öffentlichen Interesse liegen, 3) die Geheimhaltung der Insiderinformation gewährleistet sein und 4) die zuständige Behörde dem Aufschub **vorher** zugestimmt haben **(„ex-ante-notification")**[300]. Zu diesem Zweck hat der Emittent die zuständige Behörde zuvor über seine Absicht, die Offenlegung der Insiderinformation aufzuschieben, in Kenntnis zu setzen und nachzuweisen, dass die Voraussetzungen für einen Aufschub vorliegen (Art. 17 Abs. 6 Unterabs. 1

295 Siehe *Krause*, CCZ 2014, 248, 256.
296 Dazu sogleich unter 4.
297 *S. H. Schneider*, BB 2005, 897, 902; *Nietsch*, BB 2005, 785, 786.
298 Bejahend *S. H. Schneider*, BB 2005, 897, 902; wohl zweifelnd *Nietsch*, BB 2005, 785, 788; siehe auch *Simon*, Der Konzern, 2005, 13, 21; *Assmann*, in: Assmann/U.H. Schneider, § 15 WpHG Rn 165 (Dokumentation zu Beweiszwecken); aA *Brandi/Süßmann*, AG 2004, 642, 650 (Dokumentation sei Pflicht).
299 So *Mülbert*, in: FS Stilz, 2014, S. 411, 426.
300 ESMA, Final Report vom 28. September 2015, ESMA/2015/1455, S. 41 Rn 176; siehe auch *Krause*, CCZ 2014, 248, 255.

MAR). Stimmt die Behörde dem Aufschub nicht zu, muss der Emittent die Information unverzüglich offenlegen (Art. 17 Abs. 5 Unterabs. 3 MAR). Der Emittent kann sich in diesem Fall jedoch entschließen, die Veröffentlichung der Information im eigenen Interesse aufzuschieben (vgl Art. 17 Abs. 6 Unterabs. 4 MAR). Stimmt die Behörde dem Aufschub im öffentlichen Interesse zu, hat sie sicherzustellen, dass die Offenlegung nur so lange unterbleibt, wie es das öffentliche Interesse erfordert (Art. 17 Abs. 6 Unterabs. 2 Satz 1 MAR). Hierfür muss sie mindestens wöchentlich bewerten, ob die Voraussetzungen noch vorliegen (Art. 17 Abs. 6 Unterabs. 2 Satz 2 MAR).

4. Rechtsfolgen bei Publizitätspflichtverletzung

Als Haftungsadressat bzgl § 15 Abs. 1 WpHG (Art. 17 Abs. 1 MAR) kommt zunächst der **Emittent**, dh die entsprechende Gesellschaft als juristische Person, in Betracht. Haftungsadressaten können aber im Einzelfall auch **Organmitglieder** respektive Vorstandsmitglieder der Gesellschaft sein[301]. Dagegen scheidet eine Haftung der **BaFin** aufgrund eines Versäumnisses bei der Überwachung der Ad-hoc-Mitteilungspflicht aus. Es liegt keine Amtspflichtverletzung iS des § 839 BGB vor, die eine Staatshaftung begründen könnte (Art. 34 GG), da die BaFin ihre Aufgaben nur im öffentlichen Interesse wahrnimmt (vgl § 4 Abs. 4 FinDAG). 424

a) Schadensersatz nach §§ 37b, 37c WpHG (Emittentenhaftung)[302]

§ 15 Abs. 6 WpHG lässt eine Schadensersatzpflicht des Emittenten für fehlende oder fehlerhafte Ad-hoc-Meldungen nur unter den Voraussetzungen der §§ 37b und 37c WpHG zu. Daraus wird abgeleitet, dass **§ 15 Abs. 1 WpHG kein Schutzgesetz** iS des § 823 Abs. 2 BGB ist, sondern die §§ 37b und 37c WpHG spezielle Regelungen darstellen. Bei § 15 Abs. 1 WpHG erfolgt ein Individualschutz der durch falsche Preise geschädigten Anleger lediglich als Rechtsreflex[303]. Die §§ 37b, 37c WpHG sollen die berechtigten Erwartungen des Rechtsverkehrs, dass Emittenten ihrer Pflicht zur unverzüglichen und zutreffenden Veröffentlichung von Insiderinformationen (§ 15 WpHG) nachkommen, schützen. 425

Geschützt wird nach den §§ 37b und 37c WpHG also der Anleger, der im Vertrauen auf ein ordnungsgemäßes Publizitätsverhalten des Emittenten eine Wertpapiertransaktion ausführt und wegen der unterlassenen oder verspäteten Veröffentlichung „zu teuer" gekauft oder „zu billig" verkauft hat[304]. Die Haftung nach §§ 37b, 37c WpHG ergänzt für den Sekundärmarkt die Prospekthaftung des Primärmarkts (§§ 21 ff WpPG)[305]. 426

301 Siehe Rn 431 f.

302 Dazu etwa BGH WM 2012, 303 ff; hierzu *von Bernuth/Wagner/Kremer*, WM 2012, 831, 833 ff. Nach dem Referentenentwurf des FimanoG sollte die Emittentenhaftung künftig in den §§ 85, 86 WpHG-E geregelt sein; der RegE des 1. FimanoG behält die bisherigen Regelungen nun mit Bezug auf Art. 17 MAR bei.

303 Vgl Beschlussempfehlung und Bericht des Finanzausschusses, BT-Drucks. 12/7918, S. 102.

304 Begr. RegE 4. FMFG, BT-Drucks. 14/8017, S. 93.

305 Begr. RegE 4. FMFG, BT-Drucks. 14/8017, S. 93 f. Siehe Rn 220 ff.

427 Da eine Haftungsvoraussetzung das Vorliegen von Finanzinstrumenten ist, die zum Handel an einer inländischen Börse zugelassen sind, sind im **Freiverkehr** gehandelte Finanzinstrumente nicht erfasst. Eine analoge Anwendung von § 37c WpHG scheidet mangels Vergleichbarkeit aus[306]. Für den Freiverkehr besteht keine Ad-hoc-Mitteilungspflicht nach § 15 Abs. 1 WpHG. Auch eine allgemeine gesetzliche Vertrauenshaftung für das Inverkehrbringen fehlerhafter Kapitalmarktinformationen (§§ 37b, 37c WpHG, § 21 WpPG, § 12 WpÜG analog) gibt es nicht[307].

428 Das ändert sich jedoch nach Art. 17 Abs. 1 Unterabs. 3 MAR, wonach die Ad-hoc-Mitteilungspflicht des Art. 17 Abs. 1 Unterabs. 1 MAR auch für einen Emittenten gilt, dessen Finanzinstrumente auf seine Initiative hin im Freiverkehr gehandelt werden. Ein solcher Emittent wird deshalb künftig ebenfalls nach §§ 37b, c WpHG für fehlende oder fehlerhafte Ad-hoc-Meldungen haften, sofern der deutsche Gesetzgeber diese Erweiterung der Ad-hoc-Mitteilungspflicht auf die zivilrechtliche Haftung des Emittenten erstreckt. Weil die MAR für das Zivilrecht keine Vorgaben macht, kann dies der deutsche Gesetzgeber autonom entscheiden[308]. Im Folgenden wird daher ausschließlich die bisherige Rechtslage vor Inkrafttreten der MAR beschrieben.

429 **aa) Rechtsnatur der Emittentenhaftung.** Nach wie vor umstritten ist die Rechtsnatur der Emittentenhaftung. Die Feststellung der Rechtsnatur ist **klausurrelevant**, v.a. im Hinblick auf die Möglichkeit einer Haftung als Mittäter oder Beteiligter nach § 830 Abs. 1 Satz 1 BGB. § 830 BGB ist nur dann im Rahmen der §§ 37b, 37c WpHG grundsätzlich anwendbar, wenn man Letztere als deliktische Regelungen sieht. Praktisch relevant ist die Frage nach der Rechtsnatur darüber hinaus, wenn Regelungslücken geschlossen werden sollen.

430 Im Wesentlichen stehen sich **zwei Ansichten** gegenüber: Die einen sehen in den §§ 37b, 37c WpHG eine besondere Deliktshaftung[309], die anderen einen Fall der gesetzlichen Vertrauenshaftung[310]. Für eine Deliktshaftung spricht insbesondere, dass die §§ 37b, 37c WpHG als Ersatz für die ausdrücklich in das Gesetz aufgenommene mangelnde Schutzgesetzqualität des § 15 WpHG (siehe § 15 Abs. 6 Satz 1 WpHG) fungieren sollen. An die Stelle einer möglichen deliktischen Haftung nach § 823 Abs. 2 BGB tritt eine sonderdeliktische Haftung über spezielle Regelungen im WpHG[311]. Damit ist § 830 BGB hinsichtlich der §§ 37b, 37c WpHG grundsätzlich anwendbar. Allerdings richtet sich die Verjährung dann nach den speziellen Regelungen der §§ 37b Abs. 4, 37c Abs. 4 WpHG[312], da ein Schadensersatzanspruch aus

306 So auch *Sethe*, in: Assmann/U.H. Schneider, §§ 37b, 37c WpHG Rn 39; *Zimmer/Grotheer*, in: Schwark/Zimmer, KMRK, §§ 37b, 37c WpHG Rn 20e; aA KölnerKommWpHG/*Möllers/Leisch*, §§ 37b, 37c WpHG Rn 92; *dies.*, NZG 2003, 112, 113.

307 Siehe aber *Seibt*, ZGR 2006, 501, 532.

308 Vgl *Veil/Ph. Koch*, WM 2011, 2297, 2305.

309 *Sethe*, in: Assmann/U.H. Schneider, §§ 37b, 37c WpHG Rn 23 mwN.

310 *Zimmer/Grotheer*, in: Schwark/Zimmer, KMRK, §§ 37b, 37c WpHG Rn 8; *Veil*, BKR 2005, 91, 93; *Mülbert/Steup*, WM 2005, 1633, 1638.

311 Zur aA *Zimmer/Grotheer*, in: Schwark/Zimmer, KMRK, §§ 37b, 37c WpHG Rn 7 ff.

312 Mit dem Kleinanlegerschutzgesetz von 2015 (BGBl. I, 1114, 1125) wurde diese Regelung gestrichen, so dass fortan Verjährung nach den §§ 195, 199 BGB eintritt. Siehe dazu *Druckenbrodt*, NJW 2015, 3749 ff.

§ 830 BGB keine längere Verjährungsfrist haben kann als die der Haftung zugrunde liegende unerlaubte Handlung[313].

bb) Haftungsadressaten. Nach den §§ 37b, 37c WpHG haftet grundsätzlich nur der Emittent. Zwar müssen der Gesellschaft die Handlungen der Vorstandsmitglieder nach § 31 BGB analog zugerechnet werden, da die Gesellschaft selbst nicht handlungsfähig ist. Das vermag jedoch noch keine Haftung der Verwaltungsmitglieder gegenüber den Anlegern zu begründen. Auch eine analoge Anwendung der §§ 37b, 37c WpHG auf Verwaltungsmitglieder kommt nicht in Betracht. Eine Haftung der Verwaltungsmitglieder wird v.a. dann relevant sein, wenn der Emittent insolvent ist[314]. Aufgrund der rechtspolitischen Diskussion, die zu einem inzwischen zurückgestellten Entwurf einer direkten Haftung von Organmitgliedern gegenüber Anlegern geführt hatte, ist das Vorliegen einer – für eine Analogiebildung erforderlichen – planwidrigen Regelungslücke zu verneinen[315]. **431**

Im Schrifttum wird vorgeschlagen, die Schadensersatzhaftung der §§ 37b, 37c WpHG über **§ 830 Abs. 1 Satz 1 BGB** auf die **Organmitglieder** zu erstrecken, indem diese als Mittäter eingestuft werden[316]. Selbst wenn man diese Normen nicht als Ausprägung der Vertrauenshaftung, sondern als besondere Deliktshaftung sieht[317], lässt sich gegen eine Haftung nach § 830 Abs. 1 BGB einwenden, dass die Verwaltungsmitglieder nicht Adressaten der Emittentenhaftungsregelungen sind[318]. Außerdem mangelt es an einem bewussten und gewollten Zusammenwirken mit dem Emittenten zur Herbeiführung des Verletzungserfolgs[319]. Fraglich ist, ob eine **Anstiftung** (§ 830 Abs. 2, 1. Alt. BGB) oder eine **Beihilfe** (§ 830 Abs. 2, 2. Alt. BGB) in Betracht kommen. Aber auch das wird regelmäßig ausscheiden. Der Emittent kann als juristische Person seinen Willen nur durch die Verwaltungsmitglieder als Organ bilden. Daher können diese weder einen selbstständigen Tatentschluss der Gesellschaft wecken noch ihn unterhalten. Sie setzen lediglich ihren eigenen Tatentschluss als den des Emittenten um[320]. **432**

cc) Allgemeine Voraussetzungen. Unterlässt der Emittent eine notwendige Ad-hoc-Mitteilung[321], so ist er einem Dritten zum Schadensersatz verpflichtet, wenn jener die Finanzinstrumente nach der Unterlassung erwirbt (sog. Transaktionserforder- **433**

313 *Zimmer/Grotheer*, in: Schwark/Zimmer, KMRK, §§ 37b, 37c WpHG Rn 130.

314 Zur Haftung von Organmitgliedern auch Rn 465 ff.

315 So auch *Sethe*, in: Assmann/U.H. Schneider, §§ 37b, 37c WpHG Rn 30; anders *Mülbert/Steup*, in: Habersack/Mülbert/Schlitt, Unternehmensfinanzierung, § 33 Rn 249; *dies.*, WM 2005, 1633, 1651 f.

316 Vgl die Nachweise bei *Zimmer/Grotheer*, in: Schwark/Zimmer, KMRK, §§ 37b, 37c WpHG Rn 130, 133; siehe auch *Fleischer*, AG 2008, 265, 271 ff.

317 Siehe Rn 429 f.

318 *Zimmer/Grotheer*, in: Schwark/Zimmer, KMRK, §§ 37b, 37c WpHG Rn 130, 133; *Buck-Heeb/Dieckmann*, AG 2008, 681, 690 f; *Sethe*, in: Assmann/U.H. Schneider, §§ 37b, 37c WpHG Rn 162.

319 *Maier-Reimer/Webering*, WM 2002, 1857, 1864; *Zimmer/Grotheer*, in: Schwark/Zimmer, KMRK, §§ 37b, 37c WpHG Rn 133.

320 *Maier-Reimer/Webering*, WM 2002, 1857, 1864 („Überstrapazierung der juristischen Konstruktion"); *Zimmer/Grotheer*, in: Schwark/Zimmer, KMRK, §§ 37b, 37c WpHG Rn 133; aA *Siebel/Gebauer*, WM 2001, 173, 189.

321 Eine analoge Anwendung von § 37c WpHG bei anderen Informationen scheidet mangels planwidriger Regelungslücke aus, vgl BGHZ 192, 90 ff („IKB").

nis) und bei Bekanntwerden der Insiderinformation noch Inhaber der Finanzinstrumente ist (§ 37b Abs. 1 Nr 1 WpHG). Eine Schadensersatzverpflichtung besteht auch, wenn der Dritte die Finanzinstrumente vor dem Entstehen der Insiderinformation erwirbt und nach der Unterlassung der Veröffentlichung veräußert (§ 37b Abs. 1 Nr 2 WpHG). Unerheblich ist, ob die Mitteilung vollständig unterlassen wird oder nur eine verspätete Mitteilung erfolgt, denn die Ad-hoc-Publizitätspflicht ist unverzüglich zu erfüllen. Die für ein Unterlassen erforderliche Rechtspflicht zum Handeln ergibt sich aus § 15 Abs. 1 WpHG. Daher kann jemand, der von der Veröffentlichungspflicht befreit ist, mangels Pflichtverletzung nicht nach § 37b WpHG haften müssen[322].

434 **§ 37c WpHG** betrifft dagegen die Irreführung des Publikums durch **aktives Tun**. Nach § 37c Abs. 1 WpHG ist der Emittent zum Ersatz des Schadens verpflichtet, der dadurch entsteht, dass der Dritte auf die Richtigkeit der Insiderinformation vertraut.

435 Tatbestandsvoraussetzung für eine Haftung nach § 37c WpHG ist, dass ein Emittent von Finanzinstrumenten, die zum Handel an einer inländischen Börse zugelassen sind, in einer Ad-hoc-Mitteilung eine unwahre Insiderinformation iS des § 13 Abs. 1 Satz 1 WpHG veröffentlicht, die ihn unmittelbar betrifft. Unwahr ist eine Ad-hoc-Mitteilung, wenn sie inhaltlich unrichtig oder unvollständig ist. Voraussetzung ist nach § 37c Abs. 1 WpHG des Weiteren, dass der Anleger die Finanzinstrumente nach der Veröffentlichung der Mitteilung erwirbt und bei Bekanntwerden der Unrichtigkeit der Tatsache noch deren Inhaber ist (§ 37c Abs. 1 Nr 1 WpHG) oder die Wertpapiere vor der Veröffentlichung erwirbt und vor dem Bekanntwerden der Unrichtigkeit veräußert (§ 37c Abs. 1 Nr 2 WpHG)[323].

436 **dd) Kausalität.** Ob für die Erfüllung von § 37b Abs. 1 bzw § 37c Abs. 1 WpHG Kausalität zwischen der unwahren bzw unterlassenen Ad-hoc-Mitteilung und der Anlageentscheidung erforderlich ist, ist **umstritten**. Teilweise wird darauf abgestellt, der Gesetzgeber habe vermeiden wollen, dass der Anleger zu teuer kauft oder zu billig verkauft. Ausreichend sei daher der Nachweis, dass die **Preisbildung** fehlerhaft war, weil nicht alle relevanten Informationen zur Verfügung standen bzw die veröffentlichten Informationen unzutreffend waren[324]. Der Anleger soll nicht seine positive Kenntnis von der unwahren Ad-hoc-Mitteilung (§ 37c WpHG) oder, dass er bei rechtzeitiger Veröffentlichung von seiner Transaktion Abstand genommen hätte (§ 37b WpHG), nachweisen müssen. Gegen diese Auslegung wird der eindeutige Wortlaut der §§ 37b, 37c WpHG angeführt[325]. Nach § 37b Abs. 1 WpHG ist der „durch die Unterlassung" entstandene Schaden zu ersetzen. § 37c Abs. 1 WpHG hebt darauf ab, dass der Dritte auf die Richtigkeit der Insiderinformation vertraut. Das spricht dafür, einen Kausalzusammenhang zwischen der (unterlassenen oder unwahren) Ad-hoc-Mitteilung und dem Kaufentschluss des Anlegers zu verlangen.

322 *Möllers/Leisch*, NZG 2003, 112, 114.

323 Ausführlich zu §§ 37b, 37c WpHG *Maier-Reimer/Webering*, WM 2002, 1857 ff; *Rössner/Bolkart*, ZIP 2002, 1471 ff; *dies.*, WM 2003, 953 ff; vgl auch *Möllers/Leisch*, NZG 2003, 112, 114.

324 *Sethe*, in: Assmann/U.H. Schneider, §§ 37b, 37c WpHG Rn 97; *Langenbucher*, § 17 Rn 151 ff, insbes. Rn 156-158; *Wackerbarth/Eisenhardt*, Gesellschaftsrecht II, 2013, Rn 844.

325 *Longino*, DStR 2008, 2068, 2071; KölnerKommWpHG/*Möllers/Leisch*, §§ 37b, c WpHG Rn 240, 247; *Möllers*, JZ 2005, 75, 78; *Buck-Heeb/Dieckmann*, AG 2008, 681, 691.

Sofern man das Erfordernis der Kausalität bejaht, obliegt grundsätzlich dem Anleger der Beweis dieses Tatbestandsmerkmals. Eine Beweiserleichterung analog § 45 Abs. 2 Nr 1 BörsG aF kommt nicht in Betracht. Der Gesetzgeber hat sich bei den §§ 37b, 37c WpHG eng an die §§ 44 ff BörsG aF angelehnt. Falls eine Beweiserleichterung gewollt gewesen wäre, hätte er diese in die WpHG-Regelung aufnehmen können. Da das nicht erfolgt ist, ist eine solche vom Gesetzgeber nicht gewollt, so dass keine planwidrige Regelungslücke vorliegt. **437**

Eine **„Vermutung aufklärungsrichtigen Verhaltens“**, wie bei Aufklärungspflichtverletzungen oder der zivilrechtlichen Prospekthaftung ieS, scheidet hier aus. Der Ad-hoc-Mitteilung mangelt es an der dafür erforderlichen Konkretisierung auf eine bestimmte Anlageentscheidung[326]. Teilweise wird versucht, mit der Figur der **Anlagestimmung** wenigstens im Einzelfall zu einer Beweiserleichterung zu gelangen[327]. Diskutabel ist das jedoch allenfalls für § 37c Abs. 1 Nr 1 WpHG, da durch die Unterlassung einer Pflichtmitteilung (§ 37b Abs. 1 WpHG) ebenso wenig eine Anlagestimmung entstehen kann wie in Bezug auf § 37c Abs. 1 Nr 2 WpHG (Erwerb vor der Veröffentlichung der unrichtigen Ad-hoc-Mitteilung, Veräußerung vor Bekanntwerden der Unrichtigkeit)[328].

ee) Verschulden. Liegen die genannten Voraussetzungen der Emittentenhaftung vor, wird das Verschulden des Emittenten vermutet. Er kann sich aber nach § 37b Abs. 2 WpHG bzw § 37c Abs. 2 WpHG entlasten. Dazu muss er den Nachweis führen, dass die Unterlassung der Veröffentlichung nicht auf Vorsatz oder grober Fahrlässigkeit beruht (§ 37b Abs. 2 WpHG) bzw er die Unrichtigkeit der Insiderinformation nicht gekannt hat und die Unkenntnis nicht grob fahrlässig war (§ 37c Abs. 2 WpHG), dh sich die Unrichtigkeit der Tatsachenlage für den Emittenten nicht aufdrängen musste[329]. **438**

ff) Ausschluss der Haftung. Die Schadensersatzpflicht des Emittenten entfällt, wenn der Dritte nicht schutzwürdig ist. Das ist der Fall, wenn er die Insiderinformation bei Erwerb/Veräußerung der Finanzinstrumente kannte (§ 37b Abs. 3 WpHG), oder wenn er die Unrichtigkeit der Insiderinformation bei deren Erwerb bzw Veräußerung kannte (§ 37c Abs. 3 WpHG)[330]. **439**

gg) Schaden. Die §§ 37b, 37c WpHG enthalten keine Regelung hinsichtlich des zu ersetzenden Schadens[331]. Einhellig wird angenommen, dass lediglich das negative **440**

326 BGHZ 192, 90 ff, Rn 59 („IKB“).

327 *Langenbucher*, FS K. Schmidt, 2009, S. 1053, 1056 f; *Möllers*, JZ 2005, 75, 78; aA *Veith*, ZGR 2003, 365, 383; unklar *Wilhelm*, Kapitalgesellschaftsrecht, 3. Aufl., 2009, Rn 819 (Anscheinsbeweis).

328 Abgelehnt mangels positiver Signale bei BGHZ 192, 90 ff, Rn 61 („IKB“).

329 *Nietsch*, BB 2005, 785, 789 mN zur (abzulehnenden) aA, die generell bei Unkenntnis von Tatsachen, die im Tätigkeitsbereich des Emittenten eingetreten sind, von grober Fahrlässigkeit ausgehen will. Damit würde aber die Vermutung des § 37c Abs. 2 WpHG auf leichte Fahrlässigkeit ausgedehnt.

330 Diese Regelungen sind an die Prospekthaftungsregelungen der §§ 45 BörsG aF, 20 KAGG aF, 12 AuslInvestmG aF angelehnt; siehe Begr. RegE 4. FMFG, BT-Drucks. 14/8017, S. 94.

331 *Maier-Reimer/Webering*, WM 2002, 1857, 1860 f; *Rössner/Bolkart*, ZIP 2002, 1471, 1475 f; *Sethe*, in: Assmann/U.H. Schneider, §§ 37b, 37c WpHG Rn 83 ff.

Interesse zu ersetzen ist[332]. Der Anleger muss damit nicht so gestellt werden, als sei die Tatsache rechtzeitig veröffentlicht worden (§ 37b WpHG) oder als entspreche die unwahre Tatsache der Wahrheit (§ 37c WpHG) (positives Interesse). Die konkrete Art der Schadensberechnung war lange **umstritten**. Teilweise wurde dem Anleger **Naturalrestitution** durch Rückgängigmachung des Wertpapiergeschäfts zugestanden (Erstattung des Kaufpreises als Vertragsabschlussschaden)[333]. Nach bislang hM war dagegen nur der sog. Kursdifferenzschaden, dh der Unterschied zwischen dem tatsächlichen und dem hypothetisch angemessenen, „wahren" Wert des Wertpapiers am selben Tag, zu ersetzen[334]. Der BGH hat in Bezug auf die Haftung nach § 826 BGB den Aktienerwerbern Schadensersatz in Form der Naturalrestitution zugesprochen[335]. Im Hinblick auf § 37b WpHG hat er inzwischen ebenfalls die Geltendmachung des Vertragsabschlussschadens (Naturalrestitution) bejaht. Im Ergebnis gesteht der BGH dem Anleger im Ergebnis ein **Wahlrecht** zu. Kann dieser die für eine Naturalrestitution erforderliche Kausalität zwischen unterbliebener Ad-hoc-Mitteilung und Kaufentschluss nicht beweisen, soll er den Kursdifferenzschaden geltend machen können. Beweisen muss er dann lediglich, dass der Kurs zum Zeitpunkt des Kaufs niedriger gewesen wäre, wenn die Ad-hoc-Mitteilung rechtzeitig erfolgt wäre[336].

441 Die Gewährung von Naturalrestitution liegt in Anbetracht des § 249 Abs. 1 BGB, der den Vorrang der Naturalrestitution vorsieht, nahe. Außerdem können Anleger auch nach § 21 WpPG (Prospekthaftung) verlangen, dass die Prospektverantwortlichen die betreffenden Wertpapiere gegen Erstattung des Erwerbspreises übernehmen[337]. Entsprechendes sehen auch die §§ 20 Abs. 1 und 21 Abs. 1 VermAnlG vor.

442 **Kritisiert** wird, dass mit einem Anspruch auf Naturalrestitution dem zur Rückabwicklung Verpflichteten einseitig das Risiko fallender Kurse aufgebürdet wird[338]. Zur Rechtfertigung des Ersatzes allein des Kursdifferenzschadens wird angeführt, das allgemeine Kursrisiko könne nicht mehr vom Schutzbereich der §§ 37b, 37c WpHG umfasst sein. Eine Vergleichbarkeit zu § 826 BGB scheidet nach dieser Ansicht aus. Da bei § 826 BGB eine vorsätzliche sittenwidrige Handlung erforderlich sei[339], sei es

---

332 *Möllers/Leisch*, BKR 2002, 1071, 1072 ff; *Rössner/Bolkart*, ZIP 2002, 1471, 1475; *Sethe*, in: Assmann/U.H. Schneider, §§ 37b, 37c WpHG Rn 84.

333 *Möllers/Leisch*, BKR 2002, 1071, 1072 ff; *Leisch*, ZIP 2004, 1573, 1578 f; *Möllers*, JZ 2005, 75, 78 f.

334 *Maier-Reimer/Webering*, WM 2002, 1857, 1861; *Zimmer/Grotheer*, in: Schwark/Zimmer, KMRK, §§ 37b, 37c WpHG Rn 86 ff; *Hutter/Leppert*, NZG 2002, 649, 654 f; *Fuchs/Dühn*, BKR 2002, 1063, 1069; *Fleischer*, DB 2004, 2031, 2035; siehe aber noch *ders.*, BB 2002, 1869, 1872 (Naturalrestitution, wenn Wertpapiere unmittelbar vom Emittenten erworben); *Kümpel/Veil*, WpHG, S. 228; zum Ganzen *Wagner*, ZGR 2008, 495, 507 ff, 520 ff.

335 BGHZ 160, 149, 153 = NJW 2004, 2971, 2972 („Infomatec III"); BGH NJW 2004, 2668, 2669 („Infomatec II"); BGH NJW 2005, 2450, 2451 („EM.TV").

336 BGHZ 192, 90 ff, Rn 64 (obiter dictum; „IKB"); dazu *von Bernuth/Wagner/Kremer*, WM 2012, 831 ff; *Schmolke*, ZBB 2012, 165 ff; *Hellgardt*, DB 2012, 673 ff; *Klöhn*, ZIP 2015, 53, 56 ff; *Klöhn/Rothermund*, ZBB 2015, 73 ff.

337 *Fleischer*, BB 2002, 1869, 1870.

338 *Baums*, ZHR 167 (2003), 139, 185 ff; *Fleischer*, BB 2002, 1869, 1871; *ders.*, DB 2004, 2031, 2035; *Klöhn*, AG 2012, 345, 352 ff; vgl auch *Bachmann*, JZ 2012, 578, 580 f; siehe aber *Sethe*, in: Assmann/U.H. Schneider, §§ 37b, 37c WpHG Rn 91, der eine ungünstige Marktentwicklung im Wege der Vorteilsausgleichung berücksichtigen will; siehe aber KölnerKommWpHG/*Möllers/Leisch*, §§ 37b, c WpHG Rn 267 f; dieses Argument ablehnend nun auch BGHZ 192, 90 ff („IKB").

339 Dies gilt unabhängig davon, wie die Rechtsprechung dieses Erfordernis in § 826 BGB herabstuft.

vertretbar, den Ersatzverpflichteten das Risiko schwankender Kurse tragen zu lassen. Dagegen tritt nach den §§ 37b, 37c WpHG eine Haftung schon bei grober Fahrlässigkeit ein, was gegen die Zuweisung des Kursrisikos an den Schädiger und damit für eine Differenzhaftung spreche.

Der BGH hat diesen Einwänden gegen die Naturalrestitution eine Absage erteilt[340]. **443** Insbesondere die Annahme, der Emittent habe lediglich das Risiko der Irreführung und nicht das der allgemeinen (ungünstigen) Marktentwicklung zu tragen, sei unzutreffend. Der entstandene Schaden sei auch Folge der durch die unrichtige oder unterbliebene Ad-hoc-Mitteilung bedingten Investitionsentscheidung des Anlegers.

hh) Verjährung, Erlass. Der Schadensersatzanspruch verjährte bis zum Kleinanle- **444** gerschutzgesetz von 2015 nach § 37b Abs. 4 bzw § 37c Abs. 4 WpHG in einem Jahr von dem Zeitpunkt an, zu dem der Dritte Kenntnis von der Unterlassung bzw Kenntnis von der Unwahrheit der Insiderinformation erlangt hat, spätestens in drei Jahren seit der Unterlassung der Veröffentlichung bzw der Veröffentlichung der unwahren Insiderinformation. Mit der absoluten Verjährung in drei Jahren sollte der Schnelllebigkeit des Geschäftsverkehrs im Wertpapierbereich und der Rechtssicherheit entsprochen werden[341]. Nach der Streichung dieser Regelungen durch das Kleinanlegerschutzgesetz gelten nunmehr die allgemeinen Verjährungsregeln der §§ 195, 199 BGB[342].

Eventuelle Ansprüche des Emittenten gegen Vorstandsmitglieder wegen der Inan- **445** spruchnahme des Emittenten nach §§ 37b Abs. 1, 37c Abs. 1 WpHG – etwa nach § 93 Abs. 2 Satz 1 AktG – können nicht wirksam im Voraus ermäßigt oder erlassen werden (§§ 37b Abs. 6, 37c Abs. 6 WpHG). Allerdings ist ein **Erlass** nach Entstehen des Anspruchs im Rahmen des nach Aktienrecht Erlaubten möglich.

Lösung Fall 6 (Rn 375): Ein Anspruch des A gegen die X-AG gemäß § 37c Abs. 1 WpHG **446** setzt zunächst voraus, dass es sich bei der X-AG um eine Emittentin von Finanzinstrumenten handelt, die zum Handel an einer inländischen Börse zugelassen sind. Dies ist der Fall, da die Aktien der X-AG an der Frankfurter Wertpapierbörse notiert sind. Die X-AG müsste des Weiteren in einer Ad-hoc-Mitteilung eine unwahre Insiderinformation veröffentlicht haben, die sie unmittelbar betrifft. Als solche Ad-hoc-Mitteilung kommt hier die Meldung vom 15. April 2015 in Betracht. Bei dem Umstand, dass die X-AG angeblich für das erste Quartal eine erhebliche Erhöhung von Umsatz und Gewinn gegenüber dem vorangegangenen Quartal erzielt hat, müsste es sich um eine Insiderinformation iS des § 13 Abs. 1 Satz 1 WpHG gehandelt haben. Die Steigerung von Umsatz und Gewinn war ein konkreter Umstand, der sich auf die X-AG als Emittentin von Aktien und damit von Insiderpapieren iS des § 12 Satz 1 Nr 1 WpHG bezog. Wie die Kurssteigerung unmittelbar nach Veröffentlichung dieser Meldung deutlich macht, war dieser Umstand geeignet, den Börsenpreis der Aktien der X-AG erheblich zu beeinflussen. Zum Zeitpunkt der Ad-hoc-Mitteilung war dieser Umstand auch noch nicht öffentlich bekannt, so dass eine Insiderinformation iS des § 13 Abs. 1 Satz 1 WpHG vorliegt.

340 BGHZ 192, 90 ff („IKB") m. Anm. *Buck-Heeb*, WuB I G 6. § 37b WpHG 1.12.
341 Begr. RegE 4. FMFG, BT-Drucks. 14/8017, S. 94.
342 Siehe *Druckenbrodt*, NJW 2015, 3749 ff.

Diese Insiderinformation müsste die X-AG unmittelbar betroffen haben. Unmittelbarkeit ist gemäß § 15 Abs. 1 Satz 3 WpHG insbesondere dann zu bejahen, wenn es sich um Umstände handelt, die im Tätigkeitsbereich des Emittenten eingetreten sind. Das ist bei der angeblichen Steigerung von Umsatz und Gewinn der X-AG der Fall, so dass die Insiderinformation die X-AG unmittelbar iS des § 15 Abs. 1 Satz 1 WpHG betroffen hat. Die Umsatz- und Gewinnsteigerung entsprach zudem nicht den Tatsachen. Folglich veröffentlichte die X-AG in der Ad-hoc-Mitteilung vom 15. April 2015 eine unwahre Insiderinformation.

Der A hat die Aktien der X-AG nach der Veröffentlichung dieser Ad-hoc-Mitteilung erworben und war auch noch bei Bekanntgabe der Unrichtigkeit der Insiderinformation am 30. November 2015 Inhaber der Aktien (§ 37c Abs. 1 Nr 1 WpHG). Gemäß § 37c Abs. 1 WpHG muss A zudem auf die Richtigkeit der Insiderinformation, also der Umsatz- und Gewinnsteigerung, vertraut haben. Diesbezüglich werden im Schrifttum zwei Auffassungen vertreten. Nach einer Ansicht folgt aus der Formulierung „auf die Richtigkeit der Insiderinformation vertraut", dass eine Kausalität zwischen Ad-hoc-Mitteilung und Anlageentscheidung bestehen muss[343]. Die Gegenansicht lässt es ausreichen, dass die Mitteilung den Aktienkurs kausal beeinflusst hat[344]. Nach der Rechtsprechung des BGH zu § 826 BGB ist der konkrete Nachweis der Kausalität erbracht, wenn die Ad-hoc-Mitteilung geeignet war, den Aktienkurs positiv zu beeinflussen, der Anleger Kenntnis von der Mitteilung hatte und die Aktien kurze Zeit nach der Veröffentlichung erworben hat[345]. Im vorliegenden Fall kann eine Streitentscheidung unterbleiben, da die Ad-hoc-Mitteilung zu einer Kursbeeinflussung geführt hat. Zudem hatte A Kenntnis von der Ad-hoc-Mitteilung und hat die Aktien nur wenige Tage nach der Veröffentlichung vom 15. April 2015 erworben. A hat dementsprechend auf die Richtigkeit der Umsatz- und Gewinnsteigerung vertraut und deshalb die Aktien der X-AG gekauft. Da V als Mitglied des Leitungsorgans der X-AG von der Unrichtigkeit der Ad-hoc-Mitteilung wusste, kann sich die X-AG nicht nach § 37c Abs. 2 WpHG entlasten. A hat somit dem Grunde nach einen Anspruch gegen die X-AG gemäß § 37c Abs. 1 WpHG.

Fraglich ist, ob A von der X-AG die Erstattung seines Bruttoaufwands für den Erwerb der Aktien Zug um Zug gegen deren Übertragung verlangen (Naturalrestitution) oder lediglich den Kursdifferenzschaden geltend machen kann. Nach Auffassung des BGH kann der Anleger grundsätzlich zwischen beiden Formen des Schadensersatzes wählen. Eine Naturalrestitution setzt jedoch voraus, dass die unrichtige oder unterbliebene Ad-hoc-Mitteilung auch kausal für die Anlageentscheidung (hier: den Kaufentschluss des A) war. Andernfalls kann der Anleger nur den Kursdifferenzschaden verlangen. Dabei muss er zumindest beweisen, dass er das jeweilige Finanzinstrument zu teuer gekauft hat, dh der Kurs müsste niedriger gewesen sein, wenn der Emittent seine Ad-hoc-Pflicht ordnungsgemäß erfüllt hätte. A hat in Kenntnis der unrichtigen Ad-hoc-Mitteilung und nur wenige Tage nach deren Veröffentlichung vom 15. April 2015 die Aktien gekauft. Demnach war die unrichtige Ad-hoc-Mitteilung kausal für den Kaufentschluss des A. Entsprechend der Ansicht des BGH kann A deshalb die Erstattung des Erwerbspreises in Höhe von 9000 Euro Zug um Zug gegen Übertragung der Aktien auf die X-AG sowie Ersatz der üblichen mit dem Aktienerwerb verbundenen Kosten verlangen.

Nach der Gegenansicht im Schrifttum hat der Anleger nur einen Anspruch auf Ersatz seines Kursdifferenzschadens. Hierbei kommt es auf den „wahren" Wert der Aktien am Tag des Geschäftsabschlusses an. Als Hilfsgröße ist dabei auf die Kursveränderung unmittelbar

343 *Möllers*, JZ 2005, 75, 78; *Buck-Heeb/Dieckmann*, AG 2008, 681, 691.

344 *Sethe*, in: Assmann/U.H. Schneider, §§ 37b, 37c WpHG Rn 97.

345 BGH NJW 2008, 76, 78 f („ComROAD IV"); ähnlich bereits BGHZ 160, 134, 147 f = NJW 2004, 2664, 2667 („Infomatec I"); vgl dazu *Buck-Heeb/Dieckmann*, AG 2008, 681, 687 ff.

nach Bekanntwerden der wahren Sachlage abzustellen. Als die X-AG die fehlerhafte Ad-hoc-Mitteilung am 30. November 2015 korrigierte, fiel der Kurs von 15 Euro auf 5 Euro, so dass zunächst von einem Kursdifferenzschaden in Höhe von 10 Euro und damit von einem „wahren" Wert der Aktie in Höhe von 20 Euro am Tag des Geschäftsabschlusses auszugehen ist. Da dem Anleger nicht das allgemeine Kursrisiko abgenommen werden darf, ist der Kursrückgang von allgemeinen Markteinflüssen zu bereinigen. Nach dem Grundsatz einer Beweislastverteilung nach Gefahren- und Verantwortungsbereichen hat die X-AG zu beweisen, dass der Kursrückgang lediglich aufgrund allgemeiner Markteinflüsse erfolgte. Anhaltspunkte für solche allgemeinen Markteinflüsse auf den Rückgang des Aktienkurses der X-AG bestehen nicht, so dass gemäß § 287 ZPO von einem „wahren" Wert der Aktie in Höhe von 20 Euro und damit von einem Kursdifferenzschaden in Höhe von 10 Euro ausgegangen werden kann. A kann einen Schaden in Höhe von 3000 Euro geltend machen.

Gutachtenaufbau **447**

§§ 37b, 37c WpHG (Emittentenhaftung)

1. Emittent von an inländischer Börse zugelassenen Finanzinstrumenten
2. Unterlassene/unwahre Ad-hoc-Mitteilung
3. Unmittelbarkeit der Insiderinformation
4. Ersatzberechtigung des Anspruchstellers
5. Haftungsbegründende Kausalität
   - zwischen unterlassener/unwahrer Ad-hoc-Mitteilung und Erwerb/Veräußerung der Finanzinstrumente
   - str., ob erforderlich
6. Verschulden
   - Kenntnis oder grob fahrlässige Unkenntnis
   - wird vermutet (§ 37b Abs. 2, § 37c Abs. 2 WpHG)
7. Kein Haftungsausschluss (§ 37b Abs. 3, § 37c Abs. 3 WpHG)
8. Rechtsfolge: Schadensersatz (§§ 249 ff BGB)
   - Naturalrestitution oder Kursdifferenzschaden

b) Schadensersatz aufgrund anderer Haftungsnormen

Die §§ 37b und 37c WpHG setzen ein vorsätzliches oder grob fahrlässiges Verhalten des Emittenten voraus (§§ 37b Abs. 2, 37c Abs. 2 WpHG). Weitere Schadensersatzansprüche gegen den Emittenten sind nach §§ 15 Abs. 6 Satz 2, 37b Abs. 5, 37c Abs. 5 WpHG ausdrücklich nicht ausgeschlossen[346]. **448**

aa) Schadensersatz nach § 823 Abs. 2 BGB. Eine Schadensersatzpflicht nach § 823 Abs. 2 BGB kommt in Betracht, wenn ein Emittent bei der Verletzung der Ad-hoc-Publizitätspflicht zugleich gegen eine Regelung verstößt, die Schutzgesetz iS des § 823 Abs. 2 BGB ist. Ein solches Schutzgesetz kann in Bezug auf strafrechtliche **449**

346 *Assmann*, in: Assmann/U.H. Schneider, § 15 WpHG Rn 308.

(§ 263 StGB oder § 264a StGB)[347] oder aktienrechtliche Regelungen (zB § 400 Abs. 1 Nr 1 AktG) vorliegen[348]. § 15 Abs. 1 WpHG soll kein Schutzgesetz sein[349]. Von ihrer Zielsetzung her soll diese Regelung nur der Sicherung der Funktionsfähigkeit des Kapitalmarkts und damit lediglich dem Schutz der Anlegerschaft als solcher dienen[350].

450 Das muss auch für Art. 17 Abs. 1 Unterabs. 1 MAR gelten. Eine Schutzgesetzeigenschaft iS des § 823 Abs. 2 BGB lässt sich auch nicht daraus herleiten, dass es sich hier um eine Norm des EU-Rechts handelt[351]. Zwar soll die öffentliche Bekanntgabe von Insiderinformationen durch Emittenten dazu dienen, „der Irreführung von Anlegern vorzubeugen" (Erwägungsgrund (49) MAR), das soll aber nicht zu einem Individualschutz, sondern zum Schutz der Anlegerschaft als solcher führen[352]. Zudem ist ein Verstoß gegen die Ad-hoc-Mitteilungspflicht bereits ausreichend verwaltungs- und strafrechtlich sanktioniert[353]. Darüber hinaus sehen die §§ 37b, c WpHG schon einen zivilrechtlichen Schadensersatzanspruch für fehlende oder fehlerhafte Ad-hoc-Meldungen vor[354].

451 **Lösung Fall 7 (Rn 376):** Ein Schadensersatzanspruch aus **§ 823 Abs. 2 BGB iVm § 15 Abs. 1 WpHG** iVm § 31 BGB analog scheidet aus, da die hM die Schutzgesetzeigenschaft des § 15 WpHG verneint. Diese Norm soll lediglich die Funktionsfähigkeit des Kapitalmarkts sichern und nicht auch dazu dienen, den Einzelnen vor Verletzung seiner Rechte und Interessen zu schützen. Daher sieht § 15 Abs. 6 WpHG vor, dass bei Pflichtverletzungen nach § 15 Abs. 1–4 WpHG nur ein Schadensersatzanspruch nach den §§ 37b und 37c WpHG in Betracht kommt.

Ein Anspruch des A aus **§ 823 Abs. 2 BGB iVm § 20a WpHG** iVm § 31 BGB analog ist ebenfalls nicht gegeben. § 20a WpHG wird ganz überwiegend der Schutzgesetzcharakter abgesprochen, da dieser allein die Zuverlässigkeit und Wahrheit der Preisbildung gewährleisten soll und der Individualschutz des Anlegers lediglich Rechtsreflex ist[355].

Auch ein Anspruch aus **§ 823 Abs. 2 BGB iVm § 3 UWG** iVm § 31 BGB analog scheitert an der fehlenden Schutzgesetzeigenschaft, da § 3 UWG eine kollektive Schutznorm zugunsten der Marktgegenseite darstellt und damit keine individualschützende Norm ist[356].

---

347 Vgl OLG München ZIP 2002, 1727 f; *Möllers/Leisch*, WM 2001, 1648 ff; *dies.*, BKR 2001, 78 ff; *Thümmel*, DB 2001, 2331 ff; *Rodewald/Siems*, BB 2001, 2437 ff; *Groß*, WM 2002, 477, 478 ff; *Sethe*, in: Assmann/U.H. Schneider, §§ 37b, 37c WpHG Rn 127 ff.

348 Vgl *Zimmer/Grotheer*, in: Schwark/Zimmer, KMRK, §§ 37b, 37c WpHG Rn 110; zu den Einzelheiten siehe Lösung Fall 7 bei Rn 451.

349 Zur fehlenden Schutzgesetzeigenschaft von § 15 WpHG und § 88 BörsG aF vgl BVerfG ZIP 2002, 1986, 1988 f; OLG München WM 2003, 70, 72; *Krause*, ZGR 2002, 799, 814 f; dagegen aber *Möllers/Leisch*, ZIP 2002, 1995 ff.

350 Begr. RegE 4. FMFG, BT-Drucks. 14/8017, S. 87; siehe auch Rn 425.

351 So aber *Hellgardt*, AG 2012, 154, 165; offen lassend *Krause*, CCZ 2014, 248, 260.

352 AA *Seibt*, ZHR 177 (2013), 388, 424 f.

353 Vgl BGHZ 188, 326 Rn 24; MünchKommBGB/*Wagner*, 6. Aufl., 2013, § 823 BGB Rn 391.

354 Der Referentenentwurf des FimanoG hielt mit den §§ 85, 86 WpHG-E an einer zivilrechtlichen Emittentenhaftung fest; der RegE des 1. FimanoG behält nunmehr die §§ 37b, c WpHG bei.

355 BGHZ 192, 90 ff („IKB") m. Anm. *Buck-Heeb*, WuB I G 6. § 37b WpHG 1.12; *Göres*, in: Habersack/Mülbert/Schlitt, Kapitalmarktinformation, § 32 Rn 89 ff; *Sethe*, in: Assmann/U.H. Schneider, §§ 37b, 37c WpHG Rn 130.

356 Vgl BGH GRUR 1975, 150 f („Prüfzeichen"; noch zu §§ 3, 4 UWG aF); siehe auch OLG München NJW 2003, 144, 147 („Infomatec"); MünchKommBGB/*Wagner*, § 823 BGB Rn 365.

Es könnte ein Anspruch aus **§ 823 Abs. 2 BGB iVm § 264a Abs. 1 StGB** iVm § 31 BGB analog (Kapitalanlagebetrug) gegeben sein. § 264a StGB kommt generell Schutzgesetzeigenschaft zu[357]. Fraglich ist jedoch, ob eine Ad-hoc-Mitteilung ein Prospekt, eine Darstellung oder Übersicht über den Vermögensgegenstand iS des § 264a StGB ist. Das Vorliegen eines Prospekts ist bei einer Ad-hoc-Mitteilung abzulehnen, da diese keine vollständige Unternehmensdarstellung, sondern lediglich anlassbezogen einzelne, neue, bislang nicht veröffentlichte, aber wichtige Einzeltatsachen enthalten soll. Voraussetzung für eine Darstellung oder Übersicht ist, dass beim Betrachter der Eindruck einer gewissen Vollständigkeit erweckt wird. Das ist aber bei einer Ad-hoc-Mitteilung gerade nicht der Fall. Diese bezieht sich schon grundsätzlich nur auf einzelne Tatsachen. Diese Information soll erkennbar nicht eine das Publikum umfassend informierende Beschreibung darstellen[358]. Abgesehen davon mangelt es im vorliegenden Fall an dem in § 264a StGB vorgesehenen Zusammenhang der Tathandlung mit dem „Vertrieb von Anteilen“ (Nr 1) oder einem Erhöhungsangebot (Nr 2).

In Betracht kommt ein Anspruch aus **§ 823 Abs. 2 BGB iVm § 400 Abs. 1 Nr 1 AktG** iVm § 31 BGB analog (unrichtige Darstellung). § 400 AktG ist als Schutzgesetz anerkannt[359]. Voraussetzung des § 400 Abs. 1 Nr 1 AktG ist eine unrichtige Wiedergabe oder Verschleierung der Verhältnisse der Gesellschaft in Darstellungen oder Übersichten über deren Vermögensstand. Dabei muss der Eindruck der Vollständigkeit erweckt werden. Die teilweise vertretene Auffassung, der Zusatz „über den Vermögensstand“ beziehe sich lediglich auf die Übersichten[360], ist wenig überzeugend. Der Zusatz, der insoweit mit dem Wortlaut in § 264a Abs. 1 StGB übereinstimmt, bezieht sich vielmehr auch auf den Begriff der Darstellungen. Damit werden solche Darstellungen nicht als ausreichend angesehen, die lediglich einen Aspekt des Vermögensstands betreffen[361]. Eine Ad-hoc-Mitteilung gibt regelmäßig nur ausschnittsartig wesentliche neue Tatsachen aus dem Unternehmensbereich des Emittenten wieder, so dass es zumeist am Eindruck der Vollständigkeit mangelt. Enthält die Ad-hoc-Mitteilung jedoch Halbjahreszahlen in Gestalt einer Gewinn- und Verlustrechnung, lässt sich die Ertragskraft der betreffenden Gesellschaft ohne Weiteres bestimmen[362]. In diesem Fall kann die Ad-hoc-Mitteilung ausnahmsweise eine Darstellung oder Übersicht über den Vermögensstand iS des § 400 Abs. 1 Nr 1 AktG sein. Mangels anderweitiger Sachverhaltsangaben ist hier davon auszugehen, dass die von der X-AG veröffentlichte Ad-hoc-Mitteilung keinen Eindruck der Vollständigkeit erweckte. Ein Anspruch des A aus § 823 Abs. 2 BGB iVm § 400 Abs. 1 Nr 1 AktG ist daher zu verneinen.

Ein Anspruch des A gegen die X-AG aus **§ 823 Abs. 2 BGB iVm § 263 StGB** iVm § 31 BGB analog scheidet ebenfalls aus. Zwar handelt es sich bei § 263 StGB um ein Schutzgesetz[363], doch ist der Tatbestand des § 263 StGB nicht verwirklicht. Es fehlt zumindest an der erforderlichen Stoffgleichheit zwischen erstrebtem Vermögensvorteil und eingetretenem Schaden. Zudem scheidet eine Drittbereicherungsabsicht zugunsten des Verkäufers der Wertpapiere aus. Beim Wertpapierhandel an der Börse handelt es sich um einen Sekundärmarkt, so dass der Anleger die Wertpapiere nicht vom Emittenten oder dem täuschenden

357 Erman/*Schiemann*, 14. Aufl., 2014, § 823 BGB Rn 160 mwN; BGHZ 160, 134, 141 = NJW 2004, 2664, 2666 („Infomatec I“).

358 *Zimmer/Grotheer*, in: Schwark/Zimmer, KMRK, §§ 37b, 37c WpHG Rn 111.

359 BGH WM 2004, 1721, 1723; Erman/*Schiemann*, 14. Aufl., 2014, § 823 BGB Rn 162 mwN.

360 Vgl die Nachweise bei *Zimmer/Grotheer*, in: Schwark/Zimmer, KMRK, §§ 37b, 37c WpHG Rn 110.

361 BGHZ 160, 149 = NJW 2004, 2971, 2972 („Infomatec III“); aA *Baums*, ZHR 167 (2003), 139, 159; vgl auch *Gottschalk*, DStR 2005, 1648, 1649 mwN.

362 BGH NJW 2005, 445, 447 f („EM.TV“); siehe auch *Zimmer/Grotheer*, in: Schwark/Zimmer, KMRK, §§ 37b, 37c WpHG Rn 110.

363 Erman/*Schiemann*, 14. Aufl., 2014, § 823 BGB Rn 160 mwN.

Vorstand erwirbt, sondern von außenstehenden Dritten. Auch im vorliegenden Fall hat A die Aktien der X-AG nicht von V, sondern von einem ihm und dem V unbekannten Dritten erworben. Eine Eigen- oder Drittbereicherungsabsicht des V ist somit abzulehnen.

452 **bb) Schadensersatz nach § 826 BGB.** Ein Schadensersatzanspruch kann sich aus § 826 BGB ergeben, wenn durch die unterlassene oder wahrheitswidrige Ad-hoc-Publizität eine sittenwidrige vorsätzliche Schädigung erfolgt[364]. Der BGH hat sich erstmals in den sog. Infomatec-Urteilen[365] und sodann präzisierend in der sog. EM.TV-Entscheidung[366] und den ComROAD-Entscheidungen[367] zu den Voraussetzungen einer Haftung nach § 826 BGB geäußert. In den Infomatec-Urteilen hat der BGH einen Schadensersatzanspruch gegen die Vorstandsmitglieder anerkannt, da die vorsätzliche Veröffentlichung der bewusst unwahren Ad-hoc-Mitteilung verwerflich und damit sittenwidrig sei. In der EM.TV-Entscheidung bejahte der BGH einen Schadensersatzanspruch nach §§ 826, 31 BGB.

453 Tatbestandsvoraussetzung ist zunächst das Vorliegen einer **Schädigung**. Der Schadensbegriff umfasst auch die Belastung mit einer ungewollten Verpflichtung[368]. Wird die Publikationspflicht nach § 15 Abs. 1 WpHG durch ein Tun oder Unterlassen verletzt, hat der Anleger keine selbstverantwortliche Entscheidung treffen können, so dass eine schädigende Handlung iS des § 826 BGB zu bejahen ist[369].

454 Sodann muss ein **vorsätzliches sittenwidriges Handeln** vorliegen. Eventualvorsatz reicht aus. Vorsatz iS des § 826 BGB liegt nach der Rechtsprechung bereits dann vor, wenn der Betreffende die schädigende Wirkung der sittenwidrigen Handlung entweder positiv kannte oder sich dieser Kenntnis bewusst verschlossen hat[370]. Wann welche Anleger geschädigt werden, muss der Schädiger nicht wissen. Er muss sich nur dessen bewusst sein, dass die Ad-hoc-Mitteilung auf Anlageentscheidungen der Anleger Einfluss nimmt und daher Aktienkäufe auf fehlerhafter Tatsachengrundlage getätigt werden. Sittenwidrigkeit ist gegeben, wenn das konkrete Verhalten gegen das Anstandsgefühl aller billig und gerecht Denkenden verstößt[371]. Es ist eine Gesamtbe-

---

364 Beschlussempfehlung und Bericht des Finanzausschusses des Deutschen Bundestages, BT-Drucks. 12/7918, S. 102; vgl weiter *Krause*, ZGR 2002, 799, 820 ff.

365 BGHZ 160, 134 = NJW 2004, 2664 („Infomatec I"), sowie BGH NJW 2004, 2668 („Infomatec II") und BGHZ 160, 149 = NJW 2004, 2971 („Infomatec III").

366 BGH NJW 2005, 2450 („EM.TV"); siehe auch die strafrechtliche Entscheidung des BGH NJW 2005, 445.

367 BGH WM 2007, 486 („ComROAD III") m. Anm. *Buck-Heeb*, WuB I G 7. – 1.07; BGH WM 2007, 683 und 684 („ComROAD I" und „II"); BGH WM 2007, 1557 („ComROAD IV") und BGH WM 2007, 1560 („ComROAD V") m. Anm. *Buck-Heeb*, WuB I G 7.-4.07; BGH WM 2008, 395 („ComROAD VI"), BGH WM 2008, 398 („ComROAD VII") und BGH WM 2008, 790 („ComROAD VIII") m. Anm. *Buck-Heeb*, WuB I G 7.-2.08; siehe auch BGHZ 192, 90 ff, Rn 27 ff („IKB").

368 Siehe *Buck-Heeb*, Examens-Repetitorium Besonderes Schuldrecht 2, Gesetzliche Schuldverhältnisse, 5. Aufl., 2015, Rn 245.

369 Vgl BGH NJW 2004, 2668, 2669 („Infomatec II").

370 *Sester*, ZGR 2006, 1, 21 ff; *Grechenig*, ZBB 2010, 232 ff; siehe auch *Buck-Heeb*, Examens-Repetitorium Besonderes Schuldrecht 2, Gesetzliche Schuldverhältnisse, 5. Aufl., 2015, Rn 251 m. Nachw. zur Rspr.

371 *Buck-Heeb*, Examens-Repetitorium Besonderes Schuldrecht 2, Gesetzliche Schuldverhältnisse, 5. Aufl., 2015, Rn 245a.

trachtung anzustellen, in die auch die angestrebten Ziele des Täters einfließen[372]. Eine vorsätzliche Veröffentlichung bewusst unwahrer Ad-hoc-Meldungen wird als sittenwidrig iS des § 826 BGB angesehen[373]. Dabei stellt der BGH darauf ab, dass eigennütziges Verhalten nicht das vorrangige Ziel der Veröffentlichung sein muss.

Fraglich ist, wann für ein **Unterlassen** gehaftet wird. Teilweise wird eine solche Fallkonstellation für unmöglich gehalten[374]. Von der hM wird sie jedoch als möglich angesehen und jedenfalls dann eine Haftung bejaht, wenn die Notwendigkeit einer Veröffentlichung offensichtlich ist[375].

Des Weiteren ist Voraussetzung für eine Haftung nach § 826 BGB, dass zwischen der fehlerhaften Ad-hoc-Mitteilung und der Anlageentscheidung (haftungsbegründende) **Kausalität** vorliegt[376]. Der Wille des Anlegers muss durch die fehlerhafte Mitteilung beeinflusst worden sein. Der BGH lehnt Beweiserleichterungen hinsichtlich der Kausalität ab[377]. Ein **Anscheinsbeweis** aufgrund eines typischen Geschehensablaufs soll auch nicht auf die von der Rechtsprechung zur Prospekthaftung nach dem BörsG aF entwickelte Figur der **Anlagestimmung** zurückgeführt werden können[378]. Zwar kann sich im Einzelfall aus positiven Signalen einer Ad-hoc-Mitteilung eine solche Stimmung für den Erwerb von Aktien einstellen, allerdings gibt es keine verlässlichen, verallgemeinerungsfähigen Erfahrungssätze wie für den Bereich der Emissionsprospekte, wo in § 23 Abs. 2 Nr 1 WpPG eine Beweiserleichterung existiert. **455**

Der BGH verlangt den Nachweis der Kausalität selbst dann, wenn an sich kein Zweifel an der Kausalität bestehen kann[379]. Andernfalls liefe dies auf eine Anknüpfung an das enttäuschte allgemeine Anlegervertrauen in die Integrität der Marktpreisbildung in Anlehnung an die sog. **„fraud-on-the-market-theory"** des US-amerikanischen Kapitalmarktrechts[380] hinaus. Dieser Denkansatz wird vom BGH mit Verweis auf die uferlose Ausweitung des ohnehin offenen Haftungstatbestands abgelehnt[381]. **456**

Daher muss der Anleger nach Ansicht des BGH die haftungsbegründende Kausalität anhand der konkreten Umstände nachweisen[382]. Zu beweisen ist die Ursächlichkeit der unrichtigen Ad-hoc-Publizität für die getroffene Anlageentscheidung und der Umstand, dass Kursverluste der Anleger gewollt oder zumindest billigend in Kauf genommen wurden[383]. Liegt zwischen der Ad-hoc-Mitteilung und dem Aktienkauf ein **457**

372 § 826 BGB daher abgelehnt bei BGHZ 192, 90 ff, Rn 25 ff („IKB").
373 Siehe auch OLG München NZG 2005, 404, 405.
374 *Rützel*, AG 2003, 69, 73.
375 *Möllers*, WM 2003, 2393, 2394; *ders.*, JZ 2005, 75, 76; *Longino*, DStR 2008, 2068, 2073.
376 Dazu ausführlich *Findeisen/Backhaus*, WM 2007, 100 ff; *Buck-Heeb/Dieckmann*, AG 2008, 681 ff.
377 BGH NJW 2005, 2450, 2453 („EM.TV"); vgl auch BGHZ 160, 134, 143 = NJW 2004, 2664, 2666 („Infomatec I"); BGH NZG 2007, 269.
378 Vgl OLG München NZG 2005, 404 f; BGH NZG 2007, 269.
379 BGH WM 2007, 486 („ComROAD III") m. Anm. *Buck-Heeb*, WuB I G 7.–1.07; siehe auch BGH WM 2007, 683 f und 684 f („ComROAD I" und „II").
380 Zur Entscheidung des US-Supreme Court von 2014 siehe den Hinweis von *Klöhn*, ZIP 2014, 945; *ders.*, ZHR 178 (2014) 671, 679 ff; siehe auch *ders.*, AG 2014, 807 ff.
381 Vgl *Buck-Heeb*, WuB I G 7.-1.07 auch m. Nachw. zu den Befürwortern dieser Theorie.
382 Zu den einzelnen Voraussetzungen vgl Lösung zu Fall 8 Rn 460; zur Kritik im Schrifttum *Kümpel/Veil*, WpHG, S. 107; *Sethe*, in: Assmann/U.H. Schneider, §§ 37b, 37c WpHG Rn 148 f.
383 *Rodewald/Tüxen*, BB 2004, 2249, 2251; *Ekkenga*, ZIP 2004, 781, 784; ausführlich *Escher-Weingart/Lägeler/Eppinger*, WM 2004, 1845, 1847 ff.

erheblicher Zeitraum (sechs Monate und mehr), kann es offen sein, wie die Anlageentscheidung konkret getroffen wurde[384].

458 **Umstritten** ist, wie sich der Schaden bemisst. Teilweise wird auf den sog. **Kursdifferenzschaden** abgestellt, dh den Unterschiedsbetrag zwischen dem tatsächlichen Transaktionspreis und dem Preis, der sich bei pflichtgemäßem Publizitätsverhalten gebildet hätte. Der BGH hat sich für eine **Naturalrestitution** ausgesprochen, dh Erstattung des gezahlten Kaufpreises gegen Übertragung der erworbenen Aktien[385]. Wurden die Aktien zwischenzeitlich verkauft, kann im Wege der Naturalrestitution Erstattung des Kaufpreises gegen Anrechnung des an die Stelle der Aktien getretenen Veräußerungspreises geltend gemacht werden. Das wird im Schrifttum kritisiert, da dem Anleger nicht das gesamte Anlagerisiko abgenommen und dem Schädiger aufgebürdet werden sollte[386]. Daher wird teilweise eine abgewandelte Naturalrestitutionslösung vorgeschlagen, nach der in bar abgerechnet und eine Schadenspauschalierung vorgenommen wird[387].

459 Der BGH stellt auch klar, dass eine Naturalrestitution nicht durch die besonderen aktienrechtlichen Gläubigerschutzvorschriften über das **Verbot der Einlagenrückgewähr** (§ 57 AktG) und das **Verbot des Erwerbs eigener Aktien** (§ 71 AktG) begrenzt oder ausgeschlossen wird[388]. In Bezug auf das Verbot der Einlagenrückgewähr ist zu beachten, dass die Ersatzforderungen des Geschädigten gegen die Gesellschaft nicht in erster Linie auf der mitgliedschaftlichen Sonderrechtsbeziehung als Aktionär beruhen, die ja erst durch die unerlaubte Handlung begründet wird, sondern auf der Stellung als Drittgläubiger. Bzgl des Verbots des Erwerbs eigener Aktien ist es letztendlich vom Zufall abhängig, ob der geschädigte Anleger die erworbenen Wertpapiere im Zeitpunkt der Geltendmachung des Schadens noch hält oder bereits veräußert hat. Eine unterschiedliche Behandlung dieser beiden Möglichkeiten erscheint jedoch nicht geboten. Ansonsten würde man, wenn der Aktionär die Aktien noch hält, einen Schadensersatzanspruch ausschließen, aber dann, wenn er sie bereits verkauft hat, einen Schadensersatzanspruch unter wertmäßiger Anrechnung des aus dem Verkauf erzielten Erlöses bejahen. Damit kann ein Schadensersatzanspruch wegen des Verbots des Erwerbs eigener Aktien nicht ausscheiden. Dafür spricht auch, dass die §§ 37b, 37c WpHG als lex specialis vor dem aktienrechtlichen Gläubigerschutz in das Gesetz aufgenommen wurden[389].

460 **Lösung Fall 8 (Rn 377):** Wie § 37c Abs. 5 WpHG deutlich macht, ist ein Anspruch des A gegen die X-AG gemäß **§ 826 BGB** nicht durch § 37c WpHG von vornherein ausgeschlossen. Bei einem Anspruch aus § 826 BGB handelt es sich um „einen weitergehenden An-

---

384 Vgl BGHZ 160, 134, 145 = NJW 2004, 2664, 2667 („Infomatec I"); anders OLG München NZG 2005, 404.

385 Vgl nur etwa BGH NJW 2005, 2450 („EM.TV"); *Wagner*, ZGR 2008, 495, 507 ff; *Hopt*, WM 2013, 101, 106 („Vertragsabschlussschaden").

386 *Hutter/Stürwald*, NJW 2005, 2428, 2430 mwN.

387 *Baums*, ZHR 167 (2003), 139, 185 f.

388 BGH NJW 2005, 2450, 2452 („EM.TV"); dazu etwa *Kort*, NZG 2005, 708, 709; siehe auch *Fleischer*, ZIP 2005, 1805, 1808 ff; bestätigt in BGH WM 2007, 486 ff („ComROAD III"), WM 2007, 683 f und WM 2007, 684 f („ComROAD I" und „II"); siehe auch *Bayer*, WM 2013, 961, 965 f.

389 *Zimmer/Grotheer*, in: Schwark/Zimmer, KMRK, §§ 37b, 37c WpHG Rn 11 f; *Maier-Reimer/Webering*, WM 2002, 1857, 1863; *Hutter/Stürwald*, NJW 2005, 2428, 2431.

spruch, der nach den Vorschriften des bürgerlichen Rechts aufgrund einer vorsätzlichen unerlaubten Handlung“ erhoben werden kann.

Ein Anspruch des A aus § 826 BGB setzt voraus, dass die X-AG dem A durch eine vorsätzlich sittenwidrige Handlung einen Schaden zugefügt hat. Hierbei wird der X-AG das Handeln ihres Vorstandsmitglieds V über § 31 BGB analog zugerechnet. Somit müsste V durch die Veröffentlichung der falschen Umsatz- und Gewinnzahlen dem A in **sittenwidriger Weise** einen Schaden zugefügt haben. Das Veröffentlichen einer grob unrichtigen Ad-hoc-Mitteilung in Kenntnis ihrer Unrichtigkeit stellt nach ständiger Rechtsprechung[390] und einhelliger Ansicht im Schrifttum[391] eine sittenwidrige Handlung dar. Die X-AG hatte gerade nicht erhebliche Umsatz- und Gewinnsteigerungen, sondern sogar einen Umsatz- und Gewinneinbruch zu verzeichnen. Damit war die Ad-hoc-Mitteilung am 15. April 2015 grob unrichtig. Dies wusste V, so dass ein sittenwidriges Handeln zu bejahen ist.

Dem A müsste durch diese Ad-hoc-Mitteilung ein **Schaden** entstanden sein. Unter den Schadensbegriff des § 826 BGB fallen Vermögens- und Nichtvermögensschäden. Schaden ist daher jede Beeinträchtigung eines rechtlich anerkannten Interesses und jede Belastung mit einer ungewollten Verpflichtung. Demgemäß stellen bereits die Beeinträchtigung der Willensbildung des Anlegers A durch die fehlerhafte Ad-hoc-Mitteilung sowie die ex post betrachtet ungewollte Verpflichtung des Anlegers, den Kaufpreis für die Aktien an einen Dritten zu zahlen, einen ersatzfähigen Nichtvermögensschaden dar[392]. Zudem liegt ein Vermögensschaden darin, dass der Anleger die Wertpapiere zu teuer erworben hat (Kursdifferenzschaden)[393]. Ein Schaden des A ist demnach gegeben.

Dieser Schaden müsste auf der fehlerhaften Ad-hoc-Mitteilung beruhen, dh zwischen der Veröffentlichung der falschen Zahlen und der Anlageentscheidung des A müsste ein **Kausalzusammenhang** bestehen. Bei der Anlageentscheidung handelt es sich um einen durch vielfältige rationale und irrationale Faktoren, insbesondere teils spekulative Elemente, beeinflussten, sinnlich nicht wahrnehmbaren Willensentschluss[394]. Dementsprechend fällt es dem Anleger regelmäßig schwer, die erforderliche Kausalität zwischen der fehlerhaften Ad-hoc-Mitteilung und der getroffenen Anlageentscheidung nachzuweisen. Aus diesem Grund spricht sich ein Teil des Schrifttums für eine Beweiserleichterung in Form der Anlagestimmung aus[395]. Hierbei handelt es sich um einen Anscheinsbeweis, aufgrund dessen die Kenntnis des Anlegers von der fehlerhaften Ad-hoc-Mitteilung vermutet wird. Dies setzt voraus, dass die Ad-hoc-Mitteilung die Einschätzung des Wertpapiers in Fachkreisen mitbestimmt und damit beim Publikum eine Anlagestimmung erzeugt[396]. Der BGH lehnt eine Übertragung der Figur der Anlagestimmung aus dem Bereich der Prospekthaftung auf fehlerhafte Ad-hoc-Mitteilungen ab. Während ein Prospekt die maßgebliche Grundlage für die Bewertung eines Wertpapiers ist, gibt eine Ad-hoc-Mitteilung regelmäßig nur ausschnittsartig wesentliche aktuelle, neue Tatsachen aus dem Unternehmensbereich des Emittenten wieder. Ebenso hat der BGH eine Anwendung der aus dem US-amerikanischen Recht entlehnten „fraud-on-the-market-theory“ verneint. Hiernach darf der Anleger auf einem entwickelten Kapitalmarkt darauf vertrauen, dass der Börsenkurs alle vorhandenen Informationen

390 BGHZ 160, 149, 157 = NJW 2004, 2971, 2973 f („Infomatec III“).

391 *Stoppel*, in: Grunewald/Schlitt, § 14 III 1 a bb; KölnerKommWpHG/*Möllers/Leisch*, §§ 37b, c WpHG Rn 411 ff.

392 BGH NJW 2005, 2450, 2451 („EM.TV“).

393 BGH NJW 2005, 2450, 2451 („EM.TV“).

394 BGHZ 160, 134, 144 = NJW 2004, 2664, 2666 („Infomatec I“).

395 *Findeisen/Backhaus*, WM 2007, 100, 104 ff; *Spindler*, AcP 208 (2008), 283, 332 ff; ablehnend *Unzicker*, WM 2007, 1596, 1598 f; *Buck-Heeb*, WuB I G 7.-4.07 (Anm. zu „ComROAD IV“ und „ComROAD V“).

396 BGHZ 160, 134, 144 f = NJW 2004, 2664, 2666 f („Infomatec I“).

verarbeitet hat[397]. Danach führt auch eine Falschinformation zu einem fehlerhaften, und zwar zu hohen Börsenkurs.

Der BGH verlangt daher vom Anleger den konkreten Nachweis der Kausalität zwischen Falschinformation und Anlageentscheidung. Dieser Nachweis soll erbracht sein, wenn die Ad-hoc-Mitteilung geeignet war, den Aktienkurs positiv zu beeinflussen, der Anleger Kenntnis von der Ad-hoc-Mitteilung hatte und dieser die Aktien kurze Zeit nach der Veröffentlichung erworben hat[398]. Die Meldung der gestiegenen Umsatz- und Gewinnzahlen hat zu einem Kursanstieg von 20 Euro auf 30 Euro geführt und war damit geeignet, den Kursverlauf positiv zu beeinflussen. A hatte des Weiteren Kenntnis von der Ad-hoc-Mitteilung und erwarb die Aktien nur wenige Tage nach der Veröffentlichung vom 15. April 2015. Somit bestand zwischen der fehlerhaften Ad-hoc-Mitteilung und der Anlageentscheidung des A ein Kausalzusammenhang.

V müsste auch **vorsätzlich** gehandelt haben. Vorsatz iS des § 826 BGB liegt vor, wenn der Betreffende die schädigende Wirkung seiner sittenwidrigen Handlung positiv kannte oder sich der Kenntnis bewusst verschlossen hat[399]. Im Fall einer fehlerhaften Ad-hoc-Mitteilung muss das Vorstandsmitglied Kenntnis von der Unrichtigkeit der Ad-hoc-Mitteilung haben und zumindest billigend in Kauf nehmen, dass die Mitteilung Einfluss auf die Anlageentscheidung potenzieller Anleger nimmt[400]. V wusste positiv, dass es zu einem Umsatz- und Gewinneinbruch gekommen und damit die Ad-hoc-Mitteilung unrichtig war. V müsste zudem davon ausgegangen sein, dass die falschen Umsatz- und Gewinnzahlen potenzielle Anleger veranlassen, Aktien der X-AG zu erwerben. Das Veröffentlichen einer Ad-hoc-Mitteilung setzt nach § 13 Abs. 1 Satz 1 WpHG voraus, dass die Insiderinformation geeignet ist, den Börsenpreis erheblich zu beeinflussen. Eine Veränderung des Börsenpreises wiederum bedingt, dass Marktteilnehmer die Aktie kaufen oder verkaufen. Wenn die Vorstände von solchen Anlageentscheidungen als Reaktion auf die Veröffentlichung der Ad-hoc-Mitteilung ausgehen, wissen sie auch, dass potenzielle Anleger die Ad-hoc-Mitteilung zur Grundlage ihrer Anlageentscheidung machen. Somit ging V davon aus, dass die falschen Umsatz- und Gewinnzahlen potenzielle Anleger veranlassen würden, Aktien der X-AG zu erwerben. Demnach ist eine vorsätzliche sittenwidrige Schädigung des A durch V zu bejahen. Da sich die X-AG über § 31 BGB analog dieses Verhalten des V zurechnen lassen muss, hat A dem Grunde nach einen Schadensersatzanspruch gegen die X-AG aus § 826 BGB.

Nach der Rechtsprechung des BGH kann der geschädigte Anleger wahlweise die Erstattung des an den Dritten gezahlten Kaufpreises sowie die üblichen mit dem Aktienerwerb verbundenen Kosten oder den Kursdifferenzschaden als **Schadensersatz** verlangen. Im ersten Fall ist der Anleger verpflichtet, im Gegenzug die Aktien an den Schädiger – hier die X-AG – zu übertragen. Nach einer Gegenauffassung im Schrifttum kann der Anleger nur den Kursdifferenzschaden geltend machen, da anderenfalls dem Schädiger das Risiko schwankender Kurse aufgebürdet würde. Nach der BGH-Rechtsprechung könnte A von der X-AG Zahlung von 9000 Euro sowie der üblichen ihm entstandenen Erwerbskosten gegen Übertragung der 300 Aktien verlangen. Nach aA könnte er nur 3000 Euro als Kursdifferenzschaden geltend machen.

397 *Findeisen*, NZG 2007, 692, 694; *Findeisen/Backhaus*, WM 2007, 100, 106 f; *Klöhn*, LMK 2007, 240021 (Anm. zu „ComROAD IV" und „ComROAD V"); *Leuschner*, ZIP 2008, 1050, 1053.

398 BGH NJW 2008, 76, 78 f („ComROAD IV"); ähnlich bereits BGHZ 160, 134, 147 f = NJW 2004, 2664, 2667 („Infomatec I"); vgl dazu *Buck-Heeb/Dieckmann*, AG 2008, 681, 687 ff.

399 Hierzu ausführlich *Buck-Heeb*, Examens-Repetitorium Besonderes Schuldrecht 2, Gesetzliche Schuldverhältnisse, 5. Aufl., 2015, Rn 251.

400 BGHZ 160, 149, 155 = NJW 2004, 2971, 2973 („Infomatec III").

Eine Anspruchskürzung wegen eines **Mitverschuldens** des A ist hier abzulehnen. Dem A kann im Hinblick auf die vorliegende sittenwidrige vorsätzliche Schädigung eine Kursbeobachtungs- und Verkaufspflicht bei sinkenden Kursen unter dem Aspekt des § 254 Abs. 2 Satz 1 BGB nicht auferlegt werden[401].

c) Bußgeld

Nach § 39 Abs. 2 Nr 5a WpHG handelt ordnungswidrig, wer vorsätzlich oder leichtfertig entgegen der Pflicht zur Ad-hoc-Publizität eine Veröffentlichung nicht, nicht richtig, nicht vollständig, nicht in der vorgeschriebenen Weise oder nicht rechtzeitig vornimmt. Auch der Verstoß gegen Art. 17 Abs. 1 Unterabs. 1 MAR stellt nach Art. 30 Abs. 1 Unterabs. 1 MAR eine Ordnungswidrigkeit dar, die von der zuständigen Behörde (in Deutschland: BaFin) mit einer angemessenen verwaltungsrechtlichen Sanktion oder **Maßnahme** zu ahnden ist. Demgemäß ist die BaFin auch bei einem solchen Verstoß ermächtigt, Untersagungsverfügungen zu erlassen, die infolge der unterlassenen oder fehlerhaften Ad-hoc-Meldung erzielten Gewinne oder vermiedenen Verluste einzuziehen, die Zulassung des Emittenten als Wertpapierfirma auszusetzen oder zu widerrufen, bestimmten Personen vorübergehend oder dauerhaft die Übernahme von Führungsaufgaben innerhalb des ad-hoc-publizitätspflichtigen Emittenten zu untersagen und ihnen vorübergehend Eigengeschäfte zu verbieten (Art. 30 Abs. 2 Unterabs. 1 lit. a-h MAR). **461**

Daneben sieht die **MAR** die Verhängung von **Geldbußen** vor („verwaltungsrechtliche finanzielle Sanktionen"). Handelt es sich bei der Person, welche die Ad-hoc-Mitteilungspflicht verletzt hat, um eine natürliche Person, kann ein Bußgeld bis zu 1 Mio. Euro verhängt werden (Art. 30 Abs. 2 Unterabs. 1 lit. i Ziff. ii MAR). Bei einer juristischen Person beträgt das maximale Bußgeld mindestens 2,5 Mio. Euro oder 2 % des jährlichen Gesamtumsatzes (Art. 30 Abs. 2 Unterabs. 1 lit. j Ziff. ii MAR), wobei der Gesamtumsatz des Konzerns maßgeblich ist, zu dem die juristische Person gehört (Art. 30 Abs. 2 Unterabs. 3 MAR). Dieser sog. Mindesthöchstbetrag kann jedoch sowohl für natürliche als auch juristische Personen überschritten werden, indem die Behörde ein Bußgeld in Höhe des durch die unterlassene oder fehlerhafte Ad-hoc-Mitteilung erzielten Gewinns (bzw des vermiedenen Verlusts) multipliziert mit dem Faktor drei verhängt (Art. 30 Abs. 2 Unterabs. 1 lit. h MAR). **462**

Die Ordnungswidrigkeit wegen Verletzung einer dem Unternehmen obliegenden Pflicht kann nach deutschem Recht derzeit nur von dessen **Vorstandsmitgliedern** begangen werden, nicht von der Gesellschaft selbst, da diese als juristische Person nicht handlungs- und daher auch nicht schuldfähig ist[402]. Nach § 30 OWiG kann aber bei einer Ordnungswidrigkeit des Vorstandsmitglieds auch gegen die **Gesellschaft** eine Geldbuße verhängt werden[403]. Eine Ordnungswidrigkeit ist auch durch die Angestellten des emissionsbegleitenden **Kreditinstituts** denkbar, die an einem pflichtwidrigen **463**

401 Vgl dazu BGHZ 160, 149, 159 = NJW 2004, 2971, 2974 („Infomatec III"); siehe auch *Fleischer/Kalss*, AG 2002, 329, 334 f (zum Mitverschulden bei §§ 37b, 37c WpHG).

402 *Rogall*, in: Karlsruher Kommentar, Ordnungswidrigkeitengesetz, 4. Aufl., 2014, § 30 Rn 63.

403 *Rogall*, in: Karlsruher Kommentar, Ordnungswidrigkeitengesetz, 4. Aufl., 2014, § 30 Rn 1.

Unterlassen der Ad-hoc-Meldung mitgewirkt haben[404]. Bei dieser Beratung kann zB der Gesprächspartner der emissionsbegleitenden Bank eine Ordnungswidrigkeit begehen, wenn er an einem pflichtwidrigen Unterlassen der Ad-hoc-Publizität vorsätzlich mitwirkt[405].

464 Das europäische Recht scheint demgegenüber der juristischen Person direkt das Verhalten der für sie handelnden Personen zuzurechnen. Die MAR spricht gleichermaßen natürliche und juristische Personen als Verpflichtete an (Art. 3 Abs. 1 Nr 13 MAR) und sieht in Art. 30 Abs. 2 Unterabs. 1 lit. j MAR ausdrücklich in der juristischen Person den Adressaten der Geldbuße. Für eine solche Vorstellung des europäischen Gesetzgebers sprechen auch Art. 8 und 9 CRIM-MAD, die von einer strafrechtlichen Verantwortlichkeit der juristischen Person für die Personen ausgehen, die dort eine leitende Stellung (als Vorstandmitglied) innehaben.

d) Haftung der Organmitglieder gegenüber den Anlegern

465 Ein Anspruch der Anleger gegen die Organmitglieder aus §§ 37b, 37c WpHG besteht nicht, da die Organmitglieder keine Haftungsadressaten der Norm sind. Auch eine Haftung aus §§ 37b, 37c WpHG analog ist abzulehnen[406]. Das setzt voraus, dass die §§ 37b, 37c WpHG insofern nicht abschließend sind. Dafür ergeben sich weder aus dem Gesetzeswortlaut noch den Gesetzesmaterialien oder dem Sinn und Zweck der Normen Anhaltspunkte[407].

466 Eine deliktische Haftung für fehlerhafte Ad-hoc-Mitteilungen scheitert daran, dass eine Mitteilungspflicht iS des § 15 Abs. 1 WpHG nur den Emittenten, nicht die Organmitglieder trifft. Auch die Heranziehung des § 830 BGB ist abzulehnen[408], da die Organmitglieder keine eigenständige Pflicht gegenüber den Anlegern haben. Eine eigene Haftung des Organmitglieds gegenüber den Anlegern kann daher nur bestehen, wenn es ein über den Verstoß gegen § 15 Abs. 1 WpHG hinausgehendes Delikt verwirklicht hat. In Betracht kommt ein Schadensersatzanspruch aus § 823 Abs. 2 BGB iVm einem Schutzgesetz (zB Straftat aus dem StGB) oder aus § 826 BGB, wobei der Geschädigte ein vorsätzliches sittenwidriges Verhalten sowie den Schädigungsvorsatz zu beweisen hat[409].

467 Einen Schadensersatzanspruch aus **§ 117 Abs. 1, 2 oder 3 AktG** (Schadensersatzpflicht bei Nutzung des Einflusses auf die Gesellschaft) kann nicht geltend machen, wer die Aktien aufgrund der fehlerhaften Ad-hoc-Mitteilung erstmals zu teuer erwirbt. Voraussetzung des § 117 AktG ist nämlich u. a., dass der Geschädigte bereits zum Kreis der Aktionäre gehört. Außerdem dürfte der Vorsatznachweis schwierig sein[410].

---

404 Der Emittent hat sich bei mangelnder Sachkunde zur Beurteilung des Gebots zur Ad-hoc-Publizität des Rats des emissionsbegleitenden Kreditinstituts oder einer mit den Verhältnissen am Kapitalmarkt vertrauten Person zu bedienen; siehe Begr. RegE 2. FMFG, BT-Drucks. 12/6679, S. 48.

405 *Assmann*, in: Assmann/U.H. Schneider, § 15 WpHG Rn 303.

406 Siehe Rn 431.

407 So auch *Sethe*, in: Assmann/U.H. Schneider, §§ 37b, 37c WpHG Rn 160 ff.

408 Vgl Rn 432.

409 Vgl hierzu *Kiethe*, NZG 2005, 333, 334.

410 *Zimmer/Grotheer*, in: Schwark/Zimmer, KMRK, §§ 37b, 37c WpHG Rn 134.

Lösung Fall 9 (Rn 378): Ein Schadensersatzanspruch aus § 37c WpHG gegenüber V scheidet aus, da diese Norm nur einen Anspruch gegen den Emittenten, nicht aber gegen dessen Organe gewährt. Eine analoge Anwendung des § 37c WpHG kommt bereits deshalb nicht in Betracht, weil es an einer Regelungslücke fehlt. Der Gesetzgeber hat sich mit der Frage der Haftung der Leitungsorganmitglieder im Rahmen der Diskussion um ein Kapitalmarktinformationshaftungsgesetz befasst und dieses Vorhaben bewusst nicht umgesetzt[411]. **468**

In Betracht könnte eine Haftung des V aus § 37c Abs. 1 WpHG iVm § 830 Abs. 1 Satz 1 BGB kommen. Fraglich ist, ob die §§ 37b und 37c WpHG dem Deliktsrecht zuzuordnen sind[412] oder ob sie einen Fall der Vertrauenshaftung darstellen[413]. Nur in ersterem Fall wäre § 830 BGB überhaupt im Grundsatz anwendbar, so dass bei Vorliegen der Voraussetzungen eine Haftung des V zu bejahen wäre. Selbst wenn man diese Regelungen dem Deliktsrecht zuordnet, liegt keine Mittäterschaft iS des § 830 Abs. 1 Satz 1 BGB vor. Die Anwendung des § 830 Abs. 1 Satz 1 BGB setzt zwingend voraus, dass der Mittäter zunächst selbst aus der fraglichen Vorschrift haftet. Sodann hat der Mittäter darüber hinaus auch für die Schadensfolgen einzustehen, die er nicht selbst herbeigeführt hat. Die Organmitglieder des Emittenten sind nicht Adressaten der §§ 37b, 37c WpHG und können diese daher nicht in Mittäterschaft verwirklichen. Eine Haftung aufgrund von Anstiftung oder Beihilfe iS des § 830 Abs. 2 BGB kommt ebenfalls nicht in Betracht, da es an einem geistig kommunikativen Kontakt zwischen Emittent und Vorstandsmitglied mangelt. Der Emittent als juristische Person kann seinen Willen gerade nur durch die Vorstandsmitglieder bilden.

5. Spezielle Veröffentlichungspflicht nach § 15 Abs. 1 Satz 4 WpHG (Art. 17 Abs. 8 MAR)

Ein Emittent, der im Rahmen seiner Befugnisse einem Dritten Insiderinformationen mitteilt oder zugänglich macht (bzw offenlegt), hat diese Informationen ad hoc zu veröffentlichen und dem Unternehmensregister bzw dem „amtlich bestellten System gemäß Richtlinie 2004/109/EG" (Art. 17 Abs. 1 Unterabs. 2 MAR)[414] zu übermitteln (Art. 17 Abs. 8 Satz 1 MAR). Diese Pflicht besteht nicht, wenn der Empfänger der Insiderinformation rechtlich zur Vertraulichkeit verpflichtet ist (§ 15 Abs. 1 Satz 4 WpHG, Art. 17 Abs. 8 Satz 2 MAR). Die Veröffentlichungspflicht gilt auch für Personen, die im Auftrag oder für Rechnung des Emittenten handeln. Die Veröffentlichung muss gleichzeitig mit der Weitergabe der Insiderinformation an den Dritten erfolgen. Bei unwissentlicher Weitergabe ist die Ad-hoc-Mitteilung unverzüglich nachzuholen (§ 15 Abs. 1 Satz 5 WpHG, Art. 17 Abs. 8 Satz 1 MAR). **469**

Voraussetzung ist damit zunächst, dass der eine **Emittent** bzw eine Person, die in dessen Auftrag oder auf dessen Rechnung handelt, und der andere **Dritter** iS des § 15 **470**

411 Siehe den Referentenentwurf eines Kapitalmarktinformationshaftungsgesetzes vom 7. Oktober 2004; dazu *Semler/Gittermann*, NZG 2004, 1081, 1083; *Schäfer*, NZG 2005, 985 ff; *Möllers*, JZ 2005, 75, 79; *Duve/Basak*, BB 2005, 2645 ff; *Hopt*, WM 2013, 101, 109; *Hannich*, WM 2013, 449 ff; zur Frage der kumulativen Organaußenhaftung *Casper*, Der Konzern 2006, 32, 38 f.

412 KölnerKommWpHG/*Möllers/Leisch*, §§ 37b, c WpHG Rn 13 f; *Sethe*, in: Assmann/U.H. Schneider, §§ 37b, c WpHG Rn 17 ff; *Baums*, ZHR 167 (2003), 139, 165 f.

413 *Bröcker*, in: Claussen, Bank- und Börsenrecht, § 6 Rn 119; *Zimmer/Grotheer*, in: Schwark/Zimmer, KMRK, §§ 37b, 37c WpHG Rn 6 ff; so auch *Veil*, BKR 2005, 91, 93.

414 Nach *Hopt*, in: Baumbach/Hopt, HGB, 36. Aufl., 2014, § 8b HGB, Rn 1, erfüllt das zentrale elektronische Unternehmensregister (§ 8b HGB) die europarechtlichen Anforderungen von Art. 21 Abs. 2 der Transparenzrichtlinie (2004/109/EG).

Abs. 1 Satz 4 WpHG (Art. 17 Abs. 8 Satz 1 MAR) ist. Dritte können hierbei nicht nur Rechtsanwälte oder Steuerberater des Emittenten sein, sondern bspw auch die Druckerei, welche die Unternehmensbroschüren herstellt[415]. Weitere Voraussetzung ist die (ausdrückliche) **Mitteilung** oder Zugänglichmachung von Insiderinformationen. Ein Wille zur Weitergabe ist dabei nicht erforderlich (Arg. e § 15 Abs. 1 Satz 5 WpHG, Art. 17 Abs. 8 Satz 1 MAR). Damit erfüllt auch ein versehentliches oder unbewusstes Weitergeben den Tatbestand. Ausreichend ist also, wenn der Emittent bzw eine im Auftrag oder für dessen Rechnung handelnde Person versehentlich Unterlagen mit Insiderinformationen liegen lässt, die ein Dritter zur Kenntnis nimmt. Es genügt auch, wenn dieser die Unterlagen verliert oder ein Gespräch bzgl Insiderinformationen gewollt oder ungewollt von einem Dritten mitgehört wird.

471 Die spezielle Veröffentlichungspflicht nach § 15 Abs. 1 Satz 4 WpHG (Art. 17 Abs. 8 MAR) **unterscheidet** sich von der allgemeinen Veröffentlichungspflicht nach § 15 Abs. 1 Satz 1 WpHG (Art. 17 Abs. 1 Unterabs. 1 MAR) dadurch, dass bei Ersterer auch solche an einen Dritten weitergegebenen Insiderinformationen zu veröffentlichen sind, die den Emittenten nur mittelbar betreffen[416]. Der Unterschied wiegt jedoch deshalb nicht schwer, weil Insiderinformationen, die den Emittenten lediglich mittelbar betreffen und dennoch nicht öffentlich bekannt sind, selten vorliegen werden[417].

472 Weiteres Tatbestandsmerkmal ist, dass die Mitteilung oder das Zugänglichmachen (bzw das Offenlegen) der Insiderinformation durch den Emittenten oder eine sonstige von § 15 Abs. 1 Satz 4 WpHG (Art. 17 Abs. 8 MAR) erfasste Person **„im Rahmen seiner Befugnis“** bzw “im Zuge der normalen Ausübung ihrer Arbeit oder ihres Berufs oder der normalen Erfüllung ihrer Aufgaben“ (Art. 10 Abs. 1 Unterabs. 1 MAR) erfolgt[418]. Dies ist das Gegenstück zur „unbefugten“ Weitergabe iS des § 14 Abs. 1 Nr 2 WpHG. Das bedeutet, dass, sofern ein Verbot nach § 14 Abs. 1 Nr 2 WpHG (Art. 14 lit. c, 10 Abs. 1 MAR) für die unbefugte Weitergabe von Insiderinformationen besteht, die spezielle Ad-hoc-Publizität nach § 15 Abs. 1 Satz 4 WpHG (Art. 17 Abs. 8 MAR) nicht eingreift, so dass die weitergegebene Information gerade nicht der Bereichsöffentlichkeit bekannt gegeben zu werden braucht und umgekehrt. Damit greift die Ad-hoc-Publizität nach § 15 Abs. 1 Satz 4 WpHG (Art. 17 Abs. 8 MAR) nur dort ein, wo kein Insiderverstoß iS des § 14 WpHG (Art. 14 MAR) vorliegt[419].

473 Weitere Voraussetzung des § 15 Abs. 1 Satz 4 WpHG (Art. 17 Abs. 8 MAR) ist, dass der Empfänger der Insiderinformation nicht aus rechtlichen Gründen zur **Vertraulichkeit** verpflichtet ist, und zwar weder aus Rechts- oder Verwaltungsvorschriften noch aus Satzung oder Vertrag (Art. 17 Abs. 8 Satz 2 MAR). Ansonsten greift die spezielle Ad-hoc-Publizitätspflicht nicht. Die genannten Tatbestandsvoraussetzungen

---

415 *Simon*, Der Konzern 2005, 13, 18.

416 Das gilt auch für Art. 17 Abs. 8 MAR, da hier anders als bei Art. 17 Abs. 1 Unterabs. 1 MAR nur von „Insiderinformation“ ohne Einschränkung auf solche, „die unmittelbar den Emittenten betreffen“, die Rede ist.

417 *Simon*, Der Konzern 2005, 13, 18.

418 *Leuering*, NZG 2005, 12, 14; *Simon*, Der Konzern 2005, 13, 18.

419 *Assmann*, in: Assmann/U.H. Schneider, § 15 WpHG Rn 116; *Bachmann*, FS Schwark, 2009, S. 331, 341; aA *Klöhn*, WM 2010, 1869, 1879 mwN.

führen zu der **praktischen Konsequenz**, dass kaum ein Anwendungsfall für diese spezielle Ad-hoc-Publizität vorstellbar ist. Voraussetzung ist letztendlich ja, dass eine befugte Informationsweitergabe vorliegt, bei welcher den Empfänger keine Pflicht zur Vertraulichkeit trifft[420].

6. Mitteilungspflicht nach § 15 Abs. 4 WpHG (Art. 17 Abs. 4 Unterabs. 3 MAR)

Sind die tatbestandsmäßigen Voraussetzungen für die Ad-hoc-Publizität erfüllt, muss der Emittent die ad-hoc-publizitätspflichtigen Informationen noch vor deren Veröffentlichung der **BaFin** und der Geschäftsführung der zuständigen inländischen **Börsen** mitteilen (§ 15 Abs. 4 Satz 1 Nr 1–3 WpHG). Dadurch wird es der BaFin erleichtert, die Ad-hoc-Publizität zu überwachen[421]. Sie kann erforderlichenfalls eine Kursaussetzung (vorläufige Unterbrechung des Börsenhandels) vornehmen[422]. Eine Aussetzung hat dann zu erfolgen, wenn ein ordnungsgemäßer Börsenhandel zeitweilig gefährdet oder dies zum Schutz des Publikums geboten erscheint (vgl §§ 33 Abs. 4, 25 BörsG). **474**

Nach Art. 17 Abs. 4 Unterabs. 3 Satz 1 MAR hat der Emittent demgegenüber erst nach der Offenlegung der Insiderinformation die zuständige Behörde (in Deutschland: die BaFin) über den Aufschub der Offenlegung zu informieren **(„ex-post-notification")** und schriftlich zu erläutern, inwieweit die Bedingungen für einen solchen Aufschub erfüllt waren[423]. Von der Verpflichtung, die Gründe für den Aufschub der Behörde ohne Aufforderung schriftlich nachzuweisen, können die Mitgliedstaaten die Emittenten befreien und stattdessen festlegen, dass der Emittent lediglich die Gründe für sich aufzeichnet und erst auf Ersuchen der Behörde übermittelt (Art. 17 Abs. 4 Unterabs. 3 Satz 2 MAR). **475**

Die **Rechtsfolge** einer unterlassenen Mitteilung ist in § 39 WpHG geregelt. Nach § 39 Abs. 2 Nr 2c, Abs. 4 WpHG stellt ein Verstoß gegen die Mitteilungspflicht eine Ordnungswidrigkeit dar und kann mit einem Bußgeld geahndet werden. Nach Art. 30 Abs. 1 Unterabs. 1 lit. a MAR ist nicht nur eine unterlassene, sondern auch eine **fehlerhafte Mitteilung** an die zuständige Behörde eine Ordnungswidrigkeit. In Art. 30 Abs. 1 Unterabs. 1 lit. a MAR ist pauschal von Verstößen gegen Art. 17 Abs. 4 MAR die Rede, wobei auch eine fehlerhafte Mitteilung ein Verstoß ist. Einen Verstoß gegen die Mitteilungspflicht nach Art. 17 Abs. 4 Unterabs. 3 MAR kann die Behörde in gleicher Weise ahnden wie die Verletzung der Ad-hoc-Publizitätspflicht[424]. Vor allem kann das Bußgeld gegenüber natürlichen Personen ebenfalls bis zu 1 Mio. Euro und gegenüber einer juristischen Person bis zu 2,5 Mio. Euro oder 2 % des jährlichen Gesamtumsatzes betragen (Art. 30 Abs. 2 Unterabs. 1 lit. i Ziff. ii bzw Unterabs. 2 lit. j Ziff. ii MAR). **476**

---

420 *Simon*, Der Konzern 2005, 13, 19.

421 Begr. RegE 2. FMFG, BT-Drucks. 12/6679, S. 49; Beschlussempfehlung und Bericht des Finanzausschusses des Deutschen Bundestages, BT-Drucks. 12/7918, S. 101.

422 Begr. RegE 2. FMFG, BT-Drucks. 12/6679, S. 48.

423 Vgl § 20 Abs. 1 WpHG-E (Referentenentwurf des FimanoG); nach dem RegE des 1. FimanoG soll die in § 15 Abs. 1 Satz 1 WpHG bestehende Regelung beibehalten werden (BR-Drucks 19/16, S. 67).

424 Siehe Rn 461.

III. Pflicht zur Offenlegung der Geschäfte von Führungskräften (§ 15a WpHG, Art. 19 MAR)

Ausgewählte Literatur: *Von Buttlar*, Directors' Dealings: Änderungsbedarf aufgrund der Marktmissbrauchsrichtlinie, BB 2003, 2133; *Diekmann/Sustmann*, Gesetz zur Verbesserung des Anlegerschutzes (Anlegerschutzverbesserungsgesetz – ASVG), NZG 2004, 929; *Erkens*, Directors' Dealings nach neuem WpHG, Der Konzern 2005, 29; *Escher-Weingart/Hannich*, Gesetz zur Neuordnung des Pfandbriefrechts bestimmt den Kreis der Mitteilungspflichtigen gem. § 15a WpHG („Directors' Dealings") neu, NZG 2005, 922; *Graßl*, Die neue Marktmissbrauchsverordnung der EU – Neuregelung des gesamten europäischen Marktmissbrauchsrechts, DB 2015, 2066; *Hagen-Eck/Wirsch*, Gestaltung von Directors' Dealings und die Pflichten nach § 15a WpHG – Einschließlich der gesteigerten Anforderungen nach dem Transparenzrichtlinie-Umsetzungsgesetz (TUG) –, DB 2007, 504; *Krause*, Kapitalmarktrechtliche Compliance: neue Pflichten und drastisch verschärfte Sanktionen nach dder EU-Marktmissbrauchsverordnung, CCZ 2014, 248; *Kuthe*, Änderungen des Kapitalmarktrechts durch das Anlegerschutzverbesserungsgesetz, ZIP 2004, 883; *Pluskat*, Die Neuregelung der Directors' Dealings in der Fassung des Anlegerschutzverbesserungsgesetzes, DB 2005, 1097; *Seibt/Wollenschläger*, Revision des Marktmissbrauchsrechts durch Marktmissbrauchsverordnung und Richtlinie über strafrechtliche Sanktionen für Marktmanipulation, AG 2014, 593; *Veil*, Europäisches Insiderrecht 2.0 – Konzeption und Grundsatzfragen der Reform durch MAR und CRIM-MAD, ZBB 2014, 85.

477 **Fall 10:** Vorstandsvorsitzender V der X-AG kauft im Januar 2016 Aktien seines Unternehmens im Wert von 50 000 Euro und verkauft diese drei Monate später wieder. Da er von einer Pflicht zur Offenlegung noch nie etwas gehört hat, meldet er diese Transaktionen auch nicht. Anleger A meint, durch dieses Vorgehen des V einen Schaden erlitten zu haben. Könnte A gegen V vorgehen? **Rn 502**

1. Hintergrund

478 § 15a WpHG (Art. 19 MAR) enthält eine Regelung der sog. **Directors' Dealings** (Eigengeschäfte von Führungskräften", jetzt offiziell **„Managers' transactions"**)[425]. Diese Norm verfolgt verschiedene **Ziele**[426]: Die Förderung der Kapitalmarkttransparenz sowie der informierten Transaktionsentscheidungen der Anleger (Indikatorwirkung)[427], die Anlegergleichbehandlung (kein Informationsvorsprung bestimmter Gruppen)[428] und die Marktintegrität (Bildung „realistischer" Wertpapierpreise) bzw die Insiderhandelsprävention[429]. Ergänzt wird § 15a WpHG durch die Wertpapierhandelsanzeige- und Insiderverzeichnisverordnung (**WpAIV**)[430], die nähere Bestimmun-

425 Im Jahre 2014 wurden 1 800 Geschäfte nach § 15a WpHG mitgeteilt, siehe BaFin, Jahresbericht 2014 vom 12. Mai 2015, S. 224; dazu auch ESMA, Final Report vom 28. September 2015, ESMA/2015/1455, S. 64 ff.

426 Vgl *Zimmer/Osterloh*, in: Schwark/Zimmer, KMRK, § 15a WpHG Rn 8 ff.

427 Erwägungsgrund (26) Marktmissbrauchsrichtlinie 2003.

428 *von Buttlar*, BB 2003, 2133, 2134.

429 *Hagen-Eck/Wirsch*, DB 2007, 504, 507.

430 VO zur Konkretisierung von Anzeige-, Mitteilungs- und Veröffentlichungspflichten sowie der Pflicht zur Führung von Insiderverzeichnissen nach dem Wertpapierhandelsgesetz, BGBl. I 2004, S. 3376, zuletzt geändert durch Art. 11 des Gesetzes vom 20. November 2015, BGBl. I, S. 2029.

gen zur Mitteilungs- und Veröffentlichungspflicht enthält. An deren Stelle treten zum 3. Juli 2016 technische Standards der Kommission (Art. 19 Abs. 15 MAR). Daneben enthält bereits Art. 19 Abs. 6 MAR die Anforderungen an eine Meldung von Eigengeschäften.

2. Sachlicher Anwendungsbereich

Von § 15a WpHG erfasst ist nur der regulierte Markt[431], nicht der Freiverkehr/Open Market[432]. Es reicht auch nicht aus, wenn die Wertpapiere in den regulierten Markt lediglich einbezogen sind (§ 33 Abs. 1 BörsG), sondern sie müssen „an einer inländischen Börse zum Handel **zugelassen**" sein (§ 15a Abs. 1 Satz 3 Nr 1 WpHG)[433]. Dagegen gelten nach Art. 19 Abs. 4 MAR die Vorschriften über Eigengeschäfte von Führungskräften gleichermaßen für Emittenten, deren Finanzinstrumente an einem geregelten (dh regulierten) Markt gehandelt werden bzw auf einem multilateralen oder organisierten Handelssystem zugelassen sind oder bei denen die Zulassung zum Handel zumindest beantragt ist (Art. 19 Abs. 4 MAR). **479**

§ 15a WpHG bezieht sich zudem nur auf **Aktien**. Danach werden Emittenten von Schuldverschreibungen oder Genussscheinen vom Wortlaut der Norm nicht erfasst. Dagegen spricht Art. 6 Abs. 4 der Marktmissbrauchsrichtlinie von 2003 von Emittenten von **Finanzinstrumenten**, dh es sind hier alle Gesellschaften erfasst, die eine Börsenzulassung besitzen, wobei keine Beschränkung auf Aktien vorgenommen wird. Überwiegend wird davon ausgegangen, dass es sich bei der engeren Fassung des § 15a WpHG um ein Redaktionsversehen handelt[434]. Teilweise wird eine richtlinienkonforme Auslegung des § 15a WpHG aufgrund des Wortlauts abgelehnt[435]. Andere wiederum bejahen eine Ausdehnung auf andere Finanzinstrumente mit der Einschränkung, dass der Bußgeldtatbestand nicht anzuwenden sei, da hier die strafrechtlich relevante Wortlautgrenze eingreife. Allerdings soll dies nicht zu einer Einschränkung des Aufsichtsrechts führen (gespaltene Auslegung)[436]. **480**

Dieses Problem erledigt sich zum 3. Juli 2016 mit der Geltung der MAR, da nach Art. 19 Abs. 4 MAR die Meldepflicht ausdrücklich für alle Emittenten von Finanzinstrumenten gilt. Gleichwohl müssen die Führungskräfte und ihnen nahestehende Personen lediglich Eigengeschäfte mit Anteilen (in der Regel Aktien) oder Schuldtitel des Emittenten sowie damit verbundene Finanzinstrumente melden (Art. 19 Abs. 1 Unterabs. 1 lit. a MAR). **481**

---

431 Zu diesem Begriff siehe Rn 108 f.

432 Dazu näher Rn 120 ff.

433 Kritisch *Zimmer/Osterloh*, in: Schwark/Zimmer, KMRK, § 15a WpHG Rn 29.

434 *Erkens*, Der Konzern 2005, 29, 31; KölnerKommWpHG/*Heinrich*, § 15a WpHG Rn 28; *Sethe*, in: Assmann/U.H. Schneider, § 15a WpHG Rn 28.

435 *Erkens*, Der Konzern 2005, 29, 31.

436 *Sethe*, in: Assmann/U.H. Schneider, § 15a WpHG Rn 29; zur gespaltenen Auslegung siehe auch Rn 44.

3. Mitteilungs- und Veröffentlichungspflicht

a) Mitteilungspflichtige Personen

482 Meldepflichtig sind nach § 15a WpHG (Art. 19 MAR) Personen, die bei einem Emittenten Führungsaufgaben wahrnehmen (§ 15a Abs. 1 Satz 1 WpHG; Art. 19 Abs. 1 Unterabs. 1 MAR), und Personen, die mit einer solchen (Führungs-)Person in einer engen Beziehung stehen (§ 15a Abs. 1 Satz 2 WpHG; Art. 19 Abs. 1 Unterabs. 1 MAR). Insofern ist die gebräuchliche Bezeichnung als „Directors' Dealings" bzw „Managers' transactions"[437] missverständlich. Die Geschäfte der in § 15a Abs. 2 WpHG (Art. 3 Abs. 1 Nr 25 MAR) genannten Führungspersonen sind für das Anlegerpublikum von besonderem Interesse, da diese gegenüber anderen Anlegern regelmäßig über einen erheblichen Informationsvorsprung verfügen[438]. Aus diesem Grund können deren eigene Geschäfte mit Aktien des Emittenten (nach der MAR auch mit dessen Schuldtiteln) geeignet sein, **Rückschlüsse auf die Markteinschätzung** der Unternehmensgeschäftslage durch die Führungskräfte der Gesellschaft zuzulassen. Abgesehen davon kann sich dieser Personenkreis bei Geschäften mit Aktien des Emittenten mit dem Vorwurf des Insiderhandels konfrontiert sehen[439].

483 Um die Vorgänge für das Anlegerpublikum transparenter zu gestalten, aber dennoch den Führungspersonen Geschäfte in Wertpapieren der eigenen Gesellschaft nicht untersagen zu müssen[440], haben die genannten Personen den Erwerb und die Veräußerung von Aktien (bzw Anteilen) des Emittenten (bzw nach der MAR auch von Schuldtiteln) diesem und der BaFin innerhalb von fünf Werktagen mitzuteilen. Ab 3. Juli 2016 hat eine Mitteilung unverzüglich, spätestens innerhalb von drei Geschäftstagen nach dem Geschäft zu erfolgen (Art. 19 Abs. 1 Unterabs. 1 lit. a MAR). Der Emittent wiederum hat die Information unverzüglich (nach Art. 19 Abs. 3 Unterabs. 1 MAR spätestens drei Geschäftstage nach dem Geschäft) zu veröffentlichen und an das Unternehmensregister (§ 8b HGB) zu übermitteln (§ 15a Abs. 4 Satz 1, 2. HS WpHG; Art. 19 Abs. 3 Unterabs. 2 MAR[441]). Nach § 15a Abs. 4 WpHG hat der Emittent die Veröffentlichung der BaFin unverzüglich zu übersenden. In Art. 19 MAR fehlt eine solche Verpflichtung.

484 Personen, die bei einem Emittenten von Aktien **Führungsaufgaben** wahrnehmen, sind nach § 15a Abs. 2 WpHG persönlich haftende Gesellschafter[442] oder Mitglieder eines Leitungs-, Verwaltungs- oder Aufsichtsorgans des Emittenten. Darüber hinaus besteht eine Meldepflicht für Personen, die regelmäßig Zugang zu Insiderinformationen haben und zu wesentlichen unternehmerischen Entscheidungen ermächtigt sind

437 ESMA, Final Report vom 28. September 2015, ESMA/2015/1455, S. 64.

438 Begr. RegE 4. FMFG, BT-Drucks. 14/8017, S. 87 f; Erwägungsgrund (58) MAR.

439 Begr. RegE 4. FMFG, BT-Drucks. 14/8017, S. 63.

440 Begr. RegE 4. FMFG, BT-Drucks. 14/8017, S. 87 f.

441 Danach ist „gegebenenfalls … das in Artikel 21 der Richtlinie 2004/109/EG amtlich bestellte System", dh in Deutschland das Unternehmensregister, zu nutzen; vgl *Hopt*, in: Baumbach/Hopt, HGB, 36. Aufl., 2014, § 8b HGB Rn 1; siehe auch den durch den Referentenentwurf des FimanoG ursprünglich vorgesehenen § 20 Abs. 2 WpHG-E; das ist nach dem RegE des 1. FimanoG nun im neu zu fassenden § 15 Abs. 2 WpHG-E vorgesehen.

442 Bei einer KGaA nehmen die persönlich haftenden Gesellschafter die Geschäftsführung und Vertretung wahr (§ 278 Abs. 2 AktG iVm §§ 161 Abs. 2, 114 ff, 125 ff HGB, § 283 AktG).

(§ 15a Abs. 2 Satz 2 WpHG). Das gilt im Kern auch nach Art. 3 Abs. 1 Nr 25 MAR, obgleich die Norm im Wortlaut von § 15a Abs. 2 WpHG abweicht. In Art. 3 Abs. 1 Nr 25 MAR ist von Personen die Rede, die einem Verwaltungs-, Leitungs- oder Aufsichtsorgan angehören. Es fehlt hier also der persönlich haftende Gesellschafter. Ebenso ist eine „Person, die Führungsaufgaben wahrnimmt", eine Person, die, ohne einem solchen Organ anzugehören, als höhere Führungskraft (!) regelmäßig Zugang zu Insiderinformationen hat und befugt ist, unternehmerische Entscheidungen für die Zukunft des Unternehmens zu treffen.

Damit hat sich zugleich die Diskussion über den erfassten Personenkreis erledigt. **485** Wie der von § 15a WpHG erfasste Personenkreis **einzugrenzen** ist, ist nämlich **umstritten**. Teilweise wird hier eine Beschränkung der Mitteilungspflicht auf Personen der ersten Führungsebene angenommen[443]. Neben der Entscheidungsbefugnis ist auch der **regelmäßige Zugang**[444] der betreffenden Person zu Insiderinformationen zu berücksichtigen. Ein solcher wird zumeist allein für Mitglieder der ersten Führungsebene zu bejahen sein. Daher verweist der Emittentenleitfaden der BaFin zutreffend außer auf den Vorstand und den Aufsichtsrat lediglich auf Generalbevollmächtigte oder Mitglieder eines sog. erweiterten Vorstands[445]. Das bestätigt nun Art. 3 Abs. 1 Nr 25 MAR, wenn er ausdrücklich von einer „höheren Führungskraft" spricht.

Eine Meldepflicht besteht auch für solche Personen, dic in einer **engen Beziehung** zu **486** einer meldepflichtigen Person stehen. Nach § 15a Abs. 3 WpHG (Art. 3 Abs. 1 Nr 26 MAR) gehören dazu die Ehepartner, eingetragenen Lebenspartner, unterhaltsberechtigten Kinder und andere Verwandte, die seit mindestens einem Jahr in demselben Haushalt leben[446]. Außerdem stellt § 15a Abs. 3 Satz 2 WpHG klar, dass auch juristische Personen als Personen gelten, die in einer engen Beziehung zur Person mit Führungsaufgaben stehen. Das gilt auch bzgl Art. 3 Abs. 1 Nr 26 MAR, der dies noch auf Treuhand und Personengesellschaft erweitert.

Außerdem sind auch diejenigen juristischen Personen, Gesellschaften oder Einrich- **487** tungen erfasst, die direkt oder indirekt von einer in einer engen Beziehung stehenden Person **kontrolliert** werden, die zugunsten einer solchen Person gegründet wurden, oder deren wirtschaftliche Interessen weitgehend denen einer solchen Person entsprechen (Art. 3 Abs. 1 Nr 26 MAR). Durch diese umfassende Regelung sollen Umgehungsversuche so weit wie möglich ausgeschaltet werden. Eine **Ausnahme** gilt dagegen für alle Organe und persönlich haftenden Gesellschafter von Mutterunternehmen. Diese sind nicht veröffentlichungs- bzw mitteilungspflichtig.

b) Mitteilungspflichtige Geschäfte

Mitteilungspflichtig sind alle eigenen Geschäfte in Aktien des Emittenten oder in sich **488** darauf beziehenden Finanzinstrumenten, insbesondere Derivaten (§ 15a Abs. 1 Satz 1 WpHG). Auch Geschäfte in Finanzinstrumenten, die sich nur mittelbar auf die Aktie

---

443 *von Buttlar*, BB 2003, 2133, 2135 (zur Marktmissbrauchsrichtlinie); aA (sämtliche Führungskräfte) *Kuthe*, ZIP 2004, 883, 886.

444 Anders als bei § 15b WpHG (Führung von Insiderverzeichnissen) wird bei § 15a WpHG nicht auf den **bestimmungsgemäßen**, sondern den **regelmäßigen** Zugang zu Insiderinformationen abgestellt; vgl *Pluskat*, DB 2005, 1097, 1098.

445 Emittentenleitfaden der BaFin, Stand: 28. April 2009, Ziff. V.1.2.1.

446 Emittentenleitfaden der BaFin, Stand: 28. April 2009, Ziff. V.1.2.2.

des Emittenten beziehen, sollen hiervon erfasst sein[447]. Nicht von § 15a WpHG erfasst sind Geschäfte in Finanzinstrumenten, die sich nicht auf Aktien beziehen (zB Genussscheine)[448]. Das ändert sich mit der MAR. Hiernach sind auch Eigengeschäfte mit Schuldtiteln des Emittenten (etwa Anleihen) oder damit verbundenen Finanzinstrumenten mitteilungspflichtig (Art. 19 Abs. 1 Unterabs. 1 lit. a MAR). Außerdem braucht der bei Übernahme einer Führungsposition gehaltene Bestand nicht mitgeteilt zu werden[449].

489 **Umstritten** ist, ob bereits der Abschluss des schuldrechtlichen Wertpapiergeschäfts oder erst der dingliche Erwerb oder die Veräußerung der Wertpapiere die Veröffentlichungs- und Mitteilungspflicht auslöst. Nach hM ist grundsätzlich auf das **schuldrechtliche** Geschäft abzustellen[450]. Bei der Zeichnung von Aktien kommt es auf die Kenntnis der Annahme des Zeichnungsauftrags an[451]. Nur ausnahmsweise kann sich zusätzlich eine Mitteilungspflicht hinsichtlich des dinglichen Geschäfts ergeben. Das ist etwa bei aufschiebend oder auflösend bedingten Wertpapiergeschäften der Fall[452]. Geschäfte, die unter einer auflösenden Bedingung abgeschlossen werden, sind ebenso meldepflichtig wie der Eintritt der Bedingung[453]. Die Leihe und die Schenkung sind ebenfalls mitteilungspflichtige Geschäfte[454]. Alle rechtsgeschäftlichen Verfügungen sind erfasst[455], sofern sie gewillkürte Vorgänge darstellen. Nicht unter § 15a WpHG fällt der Erwerb von Gesetzes wegen oder aufgrund Hoheitsakts. Daher werden Erbschaften nicht von § 15a WpHG umfasst.

490 Während sich § 15a WpHG noch nicht auf Verpfändungen oder Sicherungsübereignungen erstreckt, da diese grundsätzlich eine lediglich vorübergehende Überlassung darstellen[456], gehören zu den mitzuteilenden Eigengeschäften ab 3. Juli 2016 im Grundsatz auch das Verpfänden und Verleihen von Finanzinstrumenten (Art. 19 Abs. 7 Unterabs. 1 lit. a MAR). Das gilt auch für Geschäfte, die ein Vermögensverwalter für die Führungskraft oder für eine ihr nahestehende Person tätigt, und das selbst dann, wenn der Vermögensverwalter nach eigenem Ermessen vorgeht (Art. 19 Abs. 7 Unterabs. 1 lit. b MAR). Selbst Geschäfte im Rahmen von Lebensversicherungen sind mitteilungspflichtig, wenn die Führungskraft oder eine ihr nahestehende Person das Investitionsrisiko trägt und dabei die Investitionsentscheidungen selbst treffen kann (Art. 19 Abs. 7 Unterabs. 1 lit. c MAR).

---

447 Emittentenleitfaden der BaFin, Stand: 28. April 2009, Ziff. V.2.1.

448 *von Buttlar*, BB 2003, 2133, 2136; *Erkens*, Der Konzern 2005, 29, 35; zur Ausweitung des Transparenzregimes durch die MAR *Veil*, ZBB 2014, 85, 94.

449 *von Buttlar*, BB 2003, 2133, 2137.

450 *Sethe*, in: Assmann/U.H. Schneider, § 15a WpHG Rn 71; *Zimmer/Osterloh*, in: Schwark/Zimmer, KMRK, § 15a WpHG Rn 39; *U.H. Schneider*, BB 2002, 1817, 1818; *Erkens*, Der Konzern 2005, 29, 35; *Pluskat*, DB 2005, 1097, 1099; aA *Fleischer*, ZIP 2002, 1217, 1226.

451 Emittentenleitfaden der BaFin, Stand: 28. April 2009, Ziff. V.3.7.6.

452 *Erkens*, Der Konzern 2005, 29, 35.

453 Emittentenleitfaden der BaFin, Stand: 28. April 2009, Ziff. V.3.7.7.1.

454 Kritisch *Erkens*, Der Konzern 2005, 29, 35; wie hier *Sethe*, in: Assmann/U.H. Schneider, § 15a WpHG Rn 78; anders aber Emittentenleitfaden der BaFin, Stand: 28. April 2009, Ziff. V.2.2 (Schenkung sei nicht erfasst, Leihe sei mitteilungspflichtig); vgl auch *Zimmer/Osterloh*, in: Schwark/Zimmer, KMRK, § 15a WpHG Rn 47.

455 Emittentenleitfaden der BaFin, Stand: 28. April 2009, Ziff. V.2.2.

456 *Claussen/Florian*, AG 2005, 745, 760.

c) Inhalt und Form der Mitteilung

Die Mitteilung und Veröffentlichung von Directors' Dealings ist in den §§ 10–13a WpAIV geregelt. Die Mitteilungsfrist beträgt fünf Werktage nach Abschluss des (schuldrechtlichen) Geschäfts[457]. Nach Art. 19 Abs. 1 Satz 2 MAR ist das Geschäft dagegen unverzüglich, spätestens innerhalb von drei Geschäftstagen zu melden. Ein Mindestinhalt der Erklärung wird bereits durch Art. 6 Abs. 3 der Durchführungsrichtlinie zur Marktmissbrauchsrichtlinie 2003 festgelegt. Die WpAIV geht über die Durchführungsrichtlinie hinaus. Nach § 11 Abs. 1 WpAIV hat die Mitteilung schriftlich zu erfolgen[458]. Die BaFin hat eine Internet-Plattform eingerichtet, auf der die Directors' Dealings veröffentlicht werden (vgl § 13 WpAIV). **491**

Den Inhalt der Meldung legt ab 3. Juli 2016 der Art. 19 Abs. 6 MAR fest. Hiernach muss die Meldung den Namen der Führungskraft oder der ihr nahestehenden Person enthalten, die das Eigengeschäft vorgenommen hat, den Grund der Meldung, die Bezeichnung des Emittenten, das Finanzinstrument, welches Gegenstand des Eigengeschäfts ist, die Art des Geschäfts (dh Erwerb, Veräußerung, Verpfänden oder Verleihen), Datum und Ort des Geschäfts sowie dessen Kurs und Volumen[459]. Nach Ansicht der ESMA hat die Meldung durch den Einsatz elektronischer Mittel zu erfolgen, welche die Vertraulichkeit der Meldung gewährleisten[460]. **492**

4. Ausnahme von der Mitteilungspflicht

Die Pflicht zur Veröffentlichung und Mitteilung entfällt, wenn die Gesamtsumme der Geschäfte bis zum Ende des Kalenderjahres die Meldeschwelle von insgesamt 5000 Euro nicht überschreitet (§ 15a Abs. 1 Satz 5 WpHG; Art. 19 Abs. 8 MAR). Im Schrifttum wird diese Grenze häufig zu Recht kritisiert. Sie wird als zu niedrig angesehen und die Bildung eines Gesamtbetrags wird als administrative Hürde bezeichnet[461]. Sie sei unangemessen, weil sich daraus keine Hinweise auf die tatsächliche Markteinschätzung von Führungskräften ergeben[462]. Nach Art. 19 Abs. 9 MAR kann die zuständige Behörde (BaFin) den Schwellenwert auf 20 000 Euro anheben, muss dies aber der ESMA mitteilen und begründen. Entscheidend ist, dass sich dieser Schwellenwert nicht nur auf die Geschäfte der jeweiligen Führungsperson, sondern auch auf den **Gesamtbetrag** der Geschäfte dieser Person und der mit ihr in enger Beziehung stehenden Personen bezieht. Der Schwellenwert wird dabei durch Addition aller Eigengeschäfte berechnet. Es findet keine Verrechnung mit gegenläufigen Ansprüchen eines Vertragspartners bzw keine Saldierung statt (kein Netting)[463]. Die Veröffentlichungspflicht gilt nur für diejenigen Transaktionen, welche die Führungskraft oder die ihr nahestehende Person nach Überschreiten des Schwellenwerts vorge- **493**

457 Zur Änderung durch die MAR *Veil*, ZBB 2014, 85, 93.
458 Siehe die Allgemeinverfügung zu § 15a WpHG vom 13. Juli 2005, wonach auch eine Veröffentlichung ausschließlich in englischer Sprache zulässig ist.
459 Detailliert ESMA, Final Report vom 28. September 2015, ESMA/2015/1455, S. 68 Rn 367.
460 ESMA, Final Report vom 28. September 2015, ESMA/2015/1455, S. 65 Rn 335.
461 Vgl *Erkens*, Der Konzern 2005, 29, 35.
462 *Diekmann/Sustmann*, NZG 2004, 929, 936.
463 *Seibt/Wollenschläger*, AG 2014, 593, 601; *Krause*, CCZ 2014, 248, 257; *Graßl*, DB 2015, 2066, 2070.

nommen hat. Davor erfolgte Geschäfte müssen nicht gemeldet und veröffentlicht werden[464].

494 Da in § 15a WpHG anders als früher keine Ausnahme im Gesetz mehr vorgesehen ist, ist **fraglich**, ob auch ein Erwerb auf arbeitsvertraglicher Grundlage oder als Vergütungsbestandteil (zB Belegschaftsaktien und **Aktienoptionen**) meldepflichtig ist. Teilweise wird davon ausgegangen, dass eine Mitteilungspflicht entfällt, wenn die Geschäfte alle Aktionäre gleichermaßen betreffen (Umwandlungen, Aktiensplitt, Sachdividende etc). Dagegen sollen Aktienoptionen mangels Ausnahmebestimmung grundsätzlich mitteilungspflichtig sein. Dieser Ansicht kann nicht gefolgt werden. Da der Zeitpunkt, zu dem die Zuteilung der Aktien oder Optionen erfolgt, nicht von einer eigenen Entscheidung des Vorstands abhängt, ist der Erwerb kein „eigenes Geschäft" iS des § 15a Abs. 1 WpHG[465]. Auf der Grundlage der MAR scheint sich das nunmehr wieder zu ändern. Denn nach Art. 19 Abs. 6 lit. e MAR hat die Meldung von Eigengeschäften auch die Angabe zu enthalten, ob „ein Zusammenhang mit der Teilnahme an Belegschaftsaktienprogrammen" besteht.

5. Rechtsfolgen

495 Werden die Pflichten des § 15a WpHG vorsätzlich oder leichtfertig verletzt, handelt die mitteilungsbedürftige Person bzw der Emittent nach § 39 Abs. 2 Nr 2d und Nr 5b WpHG **ordnungswidrig**. Verstöße können mit einer Geldbuße geahndet werden (§ 39 Abs. 4 WpHG). Außerdem kann nach § 39 Abs. 2 Nr 6, Abs. 4 WpHG ein nicht oder nicht rechtzeitig übersandter Veröffentlichungsbeleg (§ 15a Abs. 4 Satz 1 WpHG) mit einer Geldbuße belegt werden. Eine Gewinnabschöpfung ist nicht möglich, da der wirtschaftliche Vorteil nicht aus der Ordnungswidrigkeit, sondern aus der Transaktion gezogen wird[466].

496 Nach Art. 30 Abs. 1 Unterabs. 1 lit. a MAR stellt ein Verstoß gegen die Mitteilungs-, Veröffentlichungs- und Übersendungspflichten des Art. 19 MAR eine Ordnungswidrigkeit dar, die von der zuständigen Behörde (BaFin) mit einer angemessenen verwaltungsrechtlichen Sanktion oder anderen Maßnahme zu ahnden ist (Art. 30 Abs. 2 Unterabs. 1 lit. a–h MAR). Als Geldbuße vorgesehen ist für natürliche Personen ein Betrag von 500 000 Euro (Art. 30 Abs. 2 Unterabs. 1 lit. i Ziff. iii MAR) und für juristische Personen von 1 Mio. Euro (Art. 30 Abs. 2 Unterabs. 1 lit. j Ziff. iii MAR). Ob eine **Gewinnabschöpfung** bei einem Verstoß gegen Art. 19 MAR von vornherein ausscheidet, erscheint fraglich. Auch nach Art. 30 Abs. 2 Unterabs. 1 lit. h MAR muss der Gewinn „durch" den Verstoß erzielt oder der Verlust vermieden worden sein, damit erzielter Gewinn oder vermiedener Verlust bis zur dreifachen Höhe abgeschöpft werden kann. Gleichwohl ist Art. 19 MAR in Art. 30 Abs. 1 und damit auch in Abs. 2 MAR erwähnt, so dass der europäische Gesetzgeber anscheinend davon ausgeht, dass eine Kausalität zwischen dem Verstoß gegen Art. 19 MAR und dem wirtschaftlichen Vorteil zumindest möglich ist.

464 *Seibt/Wollenschläger*, AG 2014, 593, 601
465 So auch Emittentenleitfaden der BaFin, Stand: 28. April 2009, Ziff. V.2.2.
466 Vgl *Veil*, ZGR 2005, 155, 168.

Zu einer **zivilrechtlichen Haftung** bei Verletzung der Pflichten des § 15a WpHG (Art. 19 MAR) äußert sich das WpHG ebenso wenig wie die MAR. Es fehlt eine Haftungsregelung wie diejenige bei Verletzung der Ad-hoc-Mitteilungspflichten durch Emittenten (§ 15 Abs. 6 Satz 1 iVm §§ 37b, 37c WpHG). Fraglich ist, ob der einzelne Anleger einen Schadensersatzanspruch nach § 823 Abs. 2 BGB iVm § 15a WpHG (Art. 19 MAR) geltend machen kann. Dazu müsste § 15a WpHG individualschützenden Charakter haben. Da diese Regelung bezweckt, schon den bloßen Verdacht einer unerlaubten Ausnutzung von Insiderinformationen auszuschalten, geht es hier um den Schutz der Funktionsfähigkeit des Kapitalmarkts. Konkreten Individualschutz für den einzelnen Anleger gewährt § 15a WpHG nicht. Diese Vorschrift ist damit **kein Schutzgesetz** iS des § 823 Abs. 2 BGB[467]. Das gilt auch für Art. 19 MAR. Allein aus der Tatsache, dass es sich dabei um eine Norm des EU-Rechts handelt, folgt noch nicht zwingend, dass ein Verstoß zivilrechtliche Folgen haben muss[468]. Ein Verstoß gegen Art. 19 MAR ist bereits hinreichend verwaltungs- und strafrechtlich sanktioniert, so dass daneben ein zivilrechtlicher Schadensersatzanspruch nicht erforderlich erscheint[469]. **497**

6. Handelsverbot

In der MAR ist neben einer verschärften Transparenzpflicht in Bezug auf Directors' Dealings bzw Managers', transactions eine Verschärfung dahingehend vorgesehen, dass für sog. Führungskräfte, nicht aber für ihnen nahestehende Personen[470], ein Handelsverbot besteht[471]. Danach ist es Führungskräften untersagt, Eigengeschäfte im Zusammenhang mit Anteilen und Schuldtiteln des Emittenten oder mit Derivaten für einen geschlossenen Zeitraum von 30 Kalendertagen vor Ankündigung eines Zwischen- oder Jahresabschlussberichts vorzunehmen, zu deren Veröffentlichung der Emittent verpflichtet ist (Art. 19 Abs. 11 MAR, **„Closed Period"**)[472]. Besteht für den Emittenten eine Pflicht zur Quartalsberichterstattung[473], kann das dazu führen, dass es einer Führungskraft in einem Zeitraum von bis zu vier Monaten verboten ist, Eigengeschäfte mit Anteilen oder Schuldtiteln des Emittenten zu tätigen[474]. **498**

Eine **Ausnahme** gilt, wenn der Emittent seinen Führungskräften die Vornahme solcher Eigengeschäfte innerhalb eines geschlossenen Zeitraums erlaubt hat. Eine solche Erlaubnis setzt allerdings voraus, dass die betreffenden Geschäfte im Einzelfall aufgrund außergewöhnliche Umstände bedingt sind (zB schwerwiegende finanzielle **499**

---

467 HM siehe nur *Zimmer/Osterloh*, in: Schwark/Zimmer, KMRK, § 15a WpHG Rn 110; *Sethe*, in: Assmann/U.H. Schneider, § 15a WpHG Rn 140; *Schuster*, ZHR 167 (2003), 193, 215.

468 So aber *Hellgardt*, AG 2012, 154, 155.

469 Vgl BGHZ 188, 326 ff Rn 24; MünchKommBGB/*Wagner*, 6. Aufl., 2013, § 823 BGB Rn 391.

470 AA *Krause*, CCZ 2014, 248, 257, was aber mit dem Wortlaut des Art. 19 Abs. 11 MAR nicht zu vereinbaren ist.

471 *Bachmann*, Das Europäische Insiderhandelsverbot, S. 16 („absolutes Handelsverbot").

472 Näher *Veil*, ZBB 2014, 85, 94 ff; zur schon früher bestehenden Diskussion in Deutschland befürwortend *Baums*, ZHR 166 (2002), 375, 378 f; *Rudolph*, BB 2002, 1036, 1040; ablehnend dagegen *Schuster*, ZHR 167 (2003), 193, 211; *Fleischer*, Gutachten F zum 64. DJT, 2002, S. F 123 f.

473 Zur neuen Rechtslage siehe unten Rn 684 f.

474 *Graßl*, DB 2015, 2066, 2070; *Seibt/Wollenschläger*, AG 2014, 593, 602; anders *Krause*, CCZ 2014, 248, 257 (bis zu fünf Monate).

Schwierigkeiten), die einen unverzüglichen Verkauf von Anteilen erforderlich machen (Art. 19 Abs. 11 lit. a MAR). Ebenso kann der Emittent unter bestimmten Voraussetzungen Geschäfte im Rahmen von Belegschaftsaktienprogrammen oder Arbeitnehmersparplänen zulassen (Art. 19 Abs. 11 lit. b MAR). Die EU-Kommission kann durch delegierte Rechtsakte Voraussetzungen für eine solche Erlaubnis durch den Emittenten näher spezifizieren. Insbesondere kann sie festlegen, welche Umstände als außergewöhnlich anzusehen sind und welche Arten von Geschäften eine Erlaubnis zum Handel in Closed Periods rechtfertigen (Art. 19 Abs. 13 MAR).

7. Pflichten des Emittenten

500 Neben der Pflicht, die ihm gemeldeten Eigengeschäfte unverzüglich (§ 15a Abs. 4 Satz 1 WpHG), spätestens aber innerhalb von drei Geschäftstagen nach dem Geschäft (!) zu veröffentlichen (Art. 19 Abs. 3 Unterabs. 1 MAR), hat der Emittent auch eine **Liste** der Führungskräfte und der zu ihnen in enger Beziehung stehenden Personen zu führen (Art. 19 Abs. 5 Unterabs. 1 Satz 2 MAR). Zudem muss er die erfassten Personen schriftlich über ihre Verpflichtung in Bezug auf Eigengeschäfte in Kenntnis setzen (Art. 19 Abs. 5 Unterabs. 1 Satz 1 MAR). Diese Verpflichtung erstreckt Art. 19 Abs. 5 Unterabs. 2 MAR auf die Führungskräfte, die deshalb die ihnen nahestehenden Personen darüber ebenfalls schriftlich aufzuklären und eine Kopie des entsprechenden Dokuments aufzubewahren haben.

501 Auch Verstöße gegen die Pflicht, eine Liste der Führungskräfte und der ihnen nahestehenden Personen zu führen, sowie gegen die Pflicht, diese schriftlich zu belehren, stellt nunmehr eine Ordnungswidrigkeit dar (Art. 30 Abs. 1 Unterabs. 1 lit. a MAR), die in der gleichen Weise von der zuständigen Behörde (BaFin) geahndet werden kann wie die Verletzung der Mitteilungs-, Veröffentlichungs- und Übersendungspflichten nach Art. 19 MAR[475]. Demgemäß können auch hier Verstöße mit Bußgeldern bis zu 500 000 Euro bei natürlichen Personen und bis zu 1 Mio. Euro bei juristischen Personen belegt werden (Art. 30 Abs. 2 Unterabs. 1 lit. i Ziff. iii und lit. j Ziff. iii MAR). Eine zivilrechtliche Haftung scheidet mangels Schutzgesetzeigenschaft des Art. 19 Abs. 5 MAR aus.

502 **Lösung Fall 10 (Rn 477):** Da V die Aktien im Januar 2016 gekauft hat, findet noch § 15a WpHG Anwendung. Demgemäß könnte A einen Anspruch gegen V aus § 823 Abs. 2 BGB iVm § 15a WpHG haben, wenn § 15a WpHG als Schutzgesetz einzustufen ist. Schutzgesetz iS des § 823 Abs. 2 BGB ist nach ständiger Rechtsprechung eine Norm, die nach Zweck und Inhalt wenigstens auch auf den Schutz von Individualinteressen vor einer näher bestimmten Art ihrer Verletzung ausgerichtet ist[476]. Der Individualschutz muss demnach im Aufgabenbereich der Norm und nicht bloßer Rechtsreflex sein. Schutzziel des § 15a WpHG ist allein die Funktionsfähigkeit des Kapitalmarkts. Ein Schutz der Individualinteressen der Anleger – hier des A – ist von § 15a WpHG nicht bezweckt, so dass es sich hierbei nicht um ein Schutzgesetz iS des § 823 Abs. 2 BGB handelt. Damit scheidet ein Schadensersatzanspruch des A gegen V aus. Das gilt entsprechend für den Verkauf der Aktien drei Monate später.

---

475 Siehe oben Rn 495.

476 So BGHZ 122, 1, 3; siehe *Buck-Heeb*, Examens-Repetitorium Besonderes Schuldrecht 2, Gesetzliche Schuldverhältnisse, 5. Aufl., 2015, Rn 226.

IV. Pflicht zur Führung von Insiderverzeichnissen (§ 15b WpHG) bzw Insiderlisten (Art. 18 MAR)

Ausgewählte Literatur: *Claussen/Florian*, Der Emittentenleitfaden, AG 2005, 745; *Graßl*, Die neue Marktmissbrauchsverordnung der EU – Neuregelung des gesamten europäischen Marktmissbrauchsrechts, DB 2015, 2066; *Kirschhöfer*, Führung von Insiderverzeichnissen bei Emittenten und externen Dienstleistern, Der Konzern 2005, 22; *Krause*, Kapitalmarktrechtliche Compliance: neue Pflichten und drastisch verschärfte Sanktionen nach der EU-Marktmissbrauchsverordnung, CCZ 2014, 248; *Lührs/Korff*, Der Zeitpunkt für das Führen von Insiderverzeichnissen, ZIP 2008, 2159; *U.H. Schneider/von Buttlar*, Die Führung von Insider-Verzeichnissen: Neue Compliance-Pflichten für Emittenten, ZIP 2004, 1621; *Seibt/Wollenschläger*, Revision des Marktmissbrauchsrechts durch Marktmissbrauchsverordnung und Richtlinie über strafrechtliche Sanktionen für Marktmanipulation, AG 2014, 593; *Steidle/Waldeck*, Die Pflicht zur Führung von Insiderverzeichnissen unter dem Blickwinkel der informationellen Selbstbestimmung, WM 2005, 868.

Zweck des § 15b WpHG ist die erleichterte Überwachung von Insidergeschäften sowie **503** die Verschaffung eines Überblicks der Staatsanwaltschaft über mögliche Verdächtige[477]. Aufzulisten sind alle Personen, die bestimmungsgemäß Insiderkenntnisse haben können[478]. Nach § 15b Abs. 1 Satz 1 WpHG besteht die Verpflichtung zur Führung von Insiderverzeichnissen für alle Emittenten von Finanzinstrumenten und deren Berater (zB Rechtsanwälte oder Steuerberater als „die in ihrem Auftrag oder für ihre Rechnung handelnden Personen")[479]. Die Emittenten von Freiverkehrswerten sind danach in die Verpflichtung nicht einbezogen[480]. Auch Personen, die nicht im Vertraulichkeitsbereich des Emittenten tätig sind (zB Druckerei), müssen ein solches Verzeichnis nicht führen[481]. Ausgenommen von der Pflicht zur Führung von Insiderverzeichnissen sind zudem Abschlussprüfer und deren Gehilfen (§ 15b Abs. 1 Satz 4 WpHG)[482].

Das gilt im Ausgangspunkt auch nach Art. 18 MAR. Der **Anwendungsbereich** ist je- **504** doch erweitert. Von der Pflicht, eine Insiderliste zu führen, sind nicht nur die Emittenten erfasst, deren Finanzinstrumente an einem geregelten Markt zugelassen sind oder die eine Zulassung dort beantragt haben (so auch die bisherige Rechtslage), sondern auch die Emittenten, deren Finanzinstrumente nur auf einem multilateralen oder organisierten Handelssystem gehandelt werden und dort zugelassen sind, oder für die sie eine Zulassung beantragt haben (Art. 18 Abs. 7 MAR). Anders als bislang sind also auch Emittenten, deren Finanzinstrumente im Freiverkehr gehandelt werden, sowie alle in ihrem Auftrag oder für ihre Rechnung handelnden Personen verpflichtet, Insiderlisten zu führen, sofern die Finanzinstrumente dort auf Initiative des Emittenten (der die Zulassung beantragt haben muss, Art. 18 Abs. 7 MAR) gehandelt werden[483]. Eine Einbeziehung in den Freiverkehr ausschließlich auf Betreiben Dritter reicht nicht aus.

477 Begr. RegE AnSVG, BT-Drucks. 15/3174, S. 36.

478 Zur Frage der Verfassungswidrigkeit wegen Verstoßes gegen das Recht auf informationelle Selbstbestimmung *Steidle/Waldeck*, WM 2005, 868, 872.

479 *U.H. Schneider/von Buttlar*, ZIP 2004, 1621 ff.

480 *U.H. Schneider/von Buttlar*, ZIP 2004, 1621, 1623.

481 *Claussen/Florian*, AG 2005, 745, 763.

482 Dazu etwa *Rodewald/Tüxen*, BB 2004, 2249, 2250.

483 *Krause*, CCZ 2014, 248, 256; *Graßl*, DB 2015, 2066, 2067, mit Verweis auf Erwägungsgrund (8) MAR.

505 Von der Pflicht, eine Insiderliste zu führen, sind Emittenten befreit, deren Finanzinstrumente zum Handel an KMU-Wachstumsmärkten[484] zugelassen sind (Art. 18 Abs. 6 MAR). Das setzt jedoch voraus, dass der Emittent alle erforderlichen Vorkehrungen ergreift, damit alle Personen mit Zugang zu Insiderinformationen ihre insiderrechtlichen Pflichten anerkennen und sich der Sanktionen bewusst sind, die sich aus dem Tätigen von Insidergeschäften, dem unrechtmäßigen Offenlegen von Insiderinformationen und einer Marktmanipulation für sie ergeben können (Art. 18 Abs. 6 lit. a MAR). Zudem muss der Emittent (als kleines oder mittleres Unternehmen) nicht ständig eine Insiderliste führen und aktualisieren[485], vielmehr reicht es aus, dass er der zuständigen Behörde (BaFin) auf Anfrage eine „reduzierte" Insiderliste („with a reduced content")[486] bereitstellen kann (Art. 18 Abs. 6 lit. b MAR)[487].

506 **Aufzunehmen** sind in das Insiderverzeichnis iS des § 15b WpHG Personen, die für einen Emittenten tätig sind und **bestimmungsgemäß Zugang** zu Insiderinformationen haben. Das gilt auch für die Insiderliste nach Art. 18 MAR, der von Personen spricht, die für den Emittenten (oder für die in dessen Auftrag oder für dessen Rechnung handelnde Personen) auf Grundlage eines Arbeitsvertrags, oder weil sie anderweitig Aufgaben für ihn wahrnehmen, Zugang zu Insiderinformationen haben, „wie Berater, Buchhalter oder Ratingagenturen" (Art. 18 Abs. 1 lit. a MAR). Auf jeden Fall sind Primärinsider iS des § 38 Abs. 1 WpHG in die Liste aufzunehmen[488], da sie regelmäßig bestimmungsgemäß Zugang haben. Fraglich ist, ob auch Sekretärinnen und sonstige Hilfspersonen in der Liste aufzuführen sind. Nicht gestattet ist es nämlich, zur Vermeidung von Fehlern bei der Beurteilung ohne Weiteres alle Personen eines Unternehmens in das Insiderverzeichnis aufzunehmen[489]. Abgrenzungskriterium kann sein, ob jemand regelmäßig und anlassbezogen Insiderinformationen erhält[490], indem die Aufgabenbeschreibung für die Person eine potenzielle Befassung mit Insiderinformationen vorsieht[491].

507 Nach Ansicht der ESMA ist es dem Emittenten erlaubt, die Insiderliste in zwei Bereiche („sections") aufzuteilen, indem zwischen zwei Arten von Insidern differenziert wird. In einem Bereich sind die Personen aufzunehmen, die nur anlassbezogen und deshalb nur zu speziellen Insiderinformationen Zugang haben („deal-specific/event based section"), im anderen Bereich sind die Personen zu erfassen, die aufgrund der Natur ihrer Funktion oder Position innerhalb des Emittenten ständig und demgemäß zu sämtlichen Insiderinformationen Zugang haben („permanent insider section")[492].

---

484 Zum Begriff des Wachstumsmarkts für kleinere und mittlere Unternehmen („SME growth market") ESMA, Final Report vom 28. September 2015, ESMA/2015/1455, S. 62 Rn 316.

485 So ausdrücklich ESMA, Final Report vom 28. September 2015, ESMA/2015/1455, S. 62 Rn 313.

486 ESMA, Final Report vom 28. September 2015, ESMA/2015/1455, S. 62 Rn 292–295.

487 Vgl auch Erwägungsgrund (56) MAR; nach *Graßl*, DB 2015, 2066, 2069 und *Seibt/Wollenschläger*, AG 2014, 593, 601, ist der Anwendungsbereich dieser Ausnahmeregelung angesichts der engen Voraussetzungen jedoch gering.

488 *Holzborn/Israel*, WM 2004, 1948, 1952; *Steidle/Waldeck*, WM 2005, 868, 869.

489 Emittentenleitfaden der BaFin, Stand: 28. April 2009, Ziff. VII.4.1.2.

490 *U.H. Schneider/von Buttlar*, ZIP 2004, 1621, 1627.

491 Emittentenleitfaden der BaFin, Stand: 28. April 2009, Ziff. VII.3. aE.

492 ESMA, Final Report vom 28. September 2015, ESMA/2015/1455, S. 61 Rn 283-286.

Die Verzeichnisse sind regelmäßig zu **aktualisieren** und der BaFin auf Anfrage zu übermitteln (§ 15b Abs. 1 Satz 2 WpHG). Das gilt auch nach Art. 18 Abs. 1 MAR. Hiernach ist die Insiderliste „rasch" (so Art. 18 Abs. 1 lit. b MAR), dh unverzüglich, zu aktualisieren und der zuständigen Behörde (BaFin) auf deren Ersuchen „möglichst rasch" (Art. 18 Abs. 1 lit. c MAR) zur Verfügung zu stellen. Eine Aktualisierung ist immer dann erforderlich, wenn sich der Grund ändert, weshalb eine bereits erfasste Person auf der Insiderliste steht, oder eine Person neu Zugang zu Insiderinformationen erhält (und daher erst jetzt in die Liste aufgenommen werden muss) oder eine erfasste Person keinen Zugang mehr zu Insiderinformationen hat (Art. 18 Abs. 4 Unterabs. 1 MAR). Auch wenn der Emittent die Insiderliste nicht selbst erstellen und aktualisieren muss, bleibt er „voll verantwortlich" (Art. 18 Abs. 2 Unterabs. 2 MAR) dafür, dass die Anforderungen des Art. 18 MAR erfüllt werden. Wie die Liste genau zu aktualisieren ist und welches Format diese haben muss, legen technische Durchführungsstandards fest, welche die ESMA ausarbeitet und die Kommission erlässt (Art. 18 Abs. 9 MAR)[493]. **508**

Der Umfang und die Form des Verzeichnisses, die Aktualisierung und Datenpflege, der Aufbewahrungszeitraum sowie die Frist zur Vernichtung sind für § 15b WpHG in den §§ 14–16 WpAIV konkretisiert[494]. Die Mindestanforderungen an den Inhalt, die Erstellung und Aufbewahrung des Insiderverzeichnisses sind in Art. 5 der Durchführungsrichtlinie 2004/72/EG[495] vorgegeben. An diesen orientiert sich die WpAIV. Nach § 15b Abs. 1 Satz 3 WpHG muss der Emittent die erfassten Personen über ihre Aufnahme in das Insiderverzeichnis in Kenntnis setzen und sie im Hinblick auf die aus der Aufnahme in das Verzeichnis erwachsenden Pflichten und die Rechtsfolgen möglicher Verstöße aufklären. Der Verzeichnisführungspflichtige ist auch zur Belehrung befugt, die regelmäßig durch Unterschrift unter ein Standardformular der BaFin erfolgt. **509**

Nach Art. 18 Abs. 2 Unterabs. 1 MAR haben der Emittent und die in seinem Auftrag oder für seine Rechnung handelnden Personen dafür zu sorgen, dass die auf der Insiderliste erfassten Personen die insiderrechtlichen Pflichten **schriftlich anerkennen** und sich der einschlägigen Sanktionen bei einem verbotenen Insidergeschäft oder der unrechtmäßigen Offenlegung von Insiderinformationen bewusst sind. Die Liste muss mindestens die Identität der erfassten Personen enthalten, den Grund der Aufnahme in die Insiderliste, Datum und Uhrzeit, zu denen die erfasste Person Zugang zu Insiderinformationen erlangt hat, sowie das Datum, an dem die Insiderliste erstellt worden ist (Art. 18 Abs. 3 MAR). Die Liste ist mindestens fünf Jahre nach der Erstellung oder Aktualisierung vom Emittenten aufzubewahren (Art. 18 Abs. 5 MAR). **510**

Verstößt der Emittent zumindest leichtfertig gegen die Pflicht zur Führung von richtigen und vollständigen Insiderverzeichnissen[496], wird nach § 39 Abs. 2 Nr 8, 9 WpHG (Ordnungswidrigkeit) ein Bußgeld verhängt. Das gilt auch nach Art. 30 Abs. 2 Unter- **511**

493 ESMA, Final Report vom 28. September 2015, ESMA/2015/1455, S. 58-60 Rn 270-282.

494 WpAIV vom 13. Dezember 2004, BGBl. I, S. 3376, zuletzt geändert durch Art. 11 des Gesetzes vom 20. November 2015, BGBl. I, S. 2029.

495 ABl. EG Nr L 162 vom 30. April 2004, S. 70.

496 *Eggers*, in: Park, Kapitalmarktstrafrecht, 3. Aufl., 2013, § 15b Abs. 1 S. 1, Abs. 2 Nr 1 WpHG, Rn 7.

abs. 1 lit. i Ziff. iii MAR, wobei hier Fahrlässigkeit ausreicht[497]. Auch hier sind Bußgelder vorgesehen, deren Höhe bei natürlichen Personen bis zu 500 000 Euro und bei juristischen Personen bis zu 1 Mio. Euro betragen kann (Art. 30 Abs. 2 Unterabs. 1 lit. i Ziff. iii und lit. j Ziff. iii MAR). Zivilrechtliche Haftungsansprüche von Anlegern bestehen nicht, da es sich bei § 15b WpHG bzw Art. 18 MAR nicht um eine individualschützende Norm iS des § 823 Abs. 2 BGB handelt.

V. Anzeigepflicht (§ 10 Abs. 1 WpHG)

Ausgewählte Literatur: *Schwintek*, Die Anzeigepflicht bei Verdacht von Insidergeschäften und Marktmanipulation nach § 10 WpHG, WM 2005, 861.

512 Nach § 10 Abs. 1 WpHG haben Wertpapierdienstleistungsunternehmen, andere Kreditinstitute und Betreiber außerbörslicher Märkte, an denen Finanzinstrumente gehandelt werden, bzw nach Art. 16 Abs. 1 Unterabs. 2 MAR Betreiber von Märkten und Wertpapierfirmen, die einen Handelsplatz betreiben, Tatsachen, die den Verdacht begründen, dass mit einem Geschäft gegen ein Verbot oder Gebot nach **§ 14 WpHG** bzw Art. 14 lit. a und b MAR (Verbot von Insidergeschäften) verstoßen wird, unverzüglich der BaFin mitzuteilen[498].

513 Die für eine Anzeigepflicht erforderliche **Voraussetzung** des „Geschäfts" iS des § 10 WpHG liegt nicht bereits bei einem Kauf- oder Verkaufsauftrag des Kunden, sondern erst bei einem ausgeführten Geschäft vor[499]. Nach Art. 16 Abs. 1 Unterabs. 2 MAR sind im Gegensatz dazu ausdrücklich auch der Auftrag einschließlich seiner Stornierung und Änderung erfasst. Außerdem müssen Tatsachen festgestellt werden, die den Verdacht eines Verstoßes gegen § 14 WpHG (Art. 14 MAR) begründen. Bloße Vermutungen lösen noch keine Anzeigepflicht aus. In Bezug auf den Verdachtsgrad kann darauf abgestellt werden, dass konkrete tatsächliche Anhaltspunkte genügen, die aus der Sicht des Handelnden ohne Weiteres, dh v.a. ohne Heranziehung weiterer unternehmensinterner Informationen, die Vermutung aufkommen lassen müssen, dass ein verbotenes Insidergeschäft (oder der Versuch dazu) vorliegt[500].

514 Es besteht keine Pflicht zur Verdachtsermittlung. Nach Art. 16 Abs. 1 Unterabs. 1 MAR sind die „Betreiber von Märkten und Wertpapierfirmen, die einen Handelsplatz betreiben", jedoch verpflichtet, wirksame Regelungen, Systeme und Verfahren einzurichten, um Insidergeschäfte und Versuchen dazu vorzubeugen und diese aufzudecken[501]. Eine ähnliche Verpflichtung trifft auch diejenigen, die gewerbsmäßig Ge-

497 Zwar ist in der MAR nicht einmal Fahrlässigkeit gefordert, sondern lediglich ein Verstoß. Da aber eine Ordnungswidrigkeit nach § 1 OWiG eine rechtswidrige und vorwerfbare, dh schuldhafte Handlung voraussetzt, verlangt die Ahndung einer Ordnungswidrigkeit zumindest fahrlässiges Verhalten, siehe § 10 OWiG. Siehe auch den schon durch den Referentenentwurf des FimanoG vorgesehenen § 109 Abs. 11 Nr 11 WpHG-E, wonach auch Fahrlässigkeit ausreicht; das soll nun auch nach § 39 Abs. 3d Nr. 12 WpHG-E (RegE des 1. FimanoG) gelten.

498 Zur Anzeigepflicht nach § 10 WpHG siehe auch Rn 546 ff.

499 Vgl Art. 6 Abs. 9 der Marktmissbrauchsrichtlinie 2003; näher *Schwintek*, WM 2005, 861 f.

500 *Schwintek*, WM 2005, 861, 862 f; siehe auch *Vogel*, in: Assmann/U.H. Schneider, § 10 WpHG Rn 14 ff.

501 Eingehend ESMA, Final Report vom 28. September 2015, ESMA/2015/1455, S. 36-38 Rn 148–161.

schäfte vermitteln oder ausführen (Art. 16 Abs. 2 MAR). Wer zu Unrecht einen Verdacht der zuständigen Behörde anzeigt, ist dafür nach § 10 Abs. 3 WpHG nur verantwortlich, wenn er vorsätzlich oder grob fahrlässig gehandelt hat.

Liegen diese Voraussetzungen vor, besteht eine Anzeigepflicht. **Inhalt** und **Form** der Anzeige regeln die §§ 2 f WpAIV (vgl § 10 Abs. 4 WpHG) bzw die technischen Durchführungsstandards, welche die ESMA ausarbeitet und die Kommission erlässt (Art. 16 Abs. 5 MAR)[502]. Darüber hinaus sind die Anzeigepflichtigen zur **Verschwiegenheit** über die Meldung des betreffenden Vorgangs an die BaFin verpflichtet (§ 10 Abs. 1 Satz 2 WpHG). Diese Verpflichtung besteht nach Ansicht der ESMA auch unter Geltung der MAR[503]. Die Beteiligten des potenziellen Verstoßes sollen nicht von bevorstehenden Ermittlungen wissen (Verdunkelungsgefahr). Wird vorsätzlich oder leichtfertig gegen das Verbot des In-Kenntnis-setzens verstoßen, kann dies nach § 39 Abs. 2 Nr 1, Abs. 4 WpHG mit einem **Bußgeld** geahndet werden[504]. **515**

Nach Art. 30 Abs. 1 Unterabs. 1 lit. a MAR stellt „nur" der Verstoß gegen die Anzeigepflicht sowie gegen die Verpflichtung, Vorkehrungen zu treffen, um Marktmissbrauch vorbeugen und aufdecken zu können, eine Ordnungswidrigkeit dar[505], die mit einem Bußgeld von bis zu 1 Mio. Euro bei natürlichen Personen und bis zu 2,5 Mio. Euro oder 2 % des jährlichen Gesamtumsatzes bei juristischen Personen belegt werden kann (Art. 30 Abs. 2 Unterabs. 1 lit. i Ziff. ii und lit. j Ziff. ii MAR). **516**

Vom WpHG oder von der MAR nicht beantwortet wird die Frage, ob ein verdächtiges und nach § 10 Abs. 1 WpHG (Art. 16 Abs. 1 MAR) anzeigepflichtiges Geschäft **ausgeführt** werden darf. Dies ist nach hM zu bejahen[506]. Anders ist das allerdings, wenn das Dienstleistungsunternehmen sicher davon ausgeht, dass mit dem jeweiligen Geschäft eine strafbare Marktmanipulation oder ein strafbares Insiderdelikt begangen werden soll. Besteht diese Sicherheit, weil der Kunde das etwa offenbart hat, würde bei einer Ausführung regelmäßig eine strafbare **Beihilfe** iS des § 27 StGB gegeben sein. Eine solche kann aber mangels Beihilfevorsatzes nicht vorliegen, wenn zumindest geringfügige Zweifel an der Verwirklichung eines Straftatbestands nach § 38 WpHG durch den Kunden bestehen und sich das Dienstleistungsunternehmen an die Regeln seiner Berufsausübung hält[507]. **517**

502 Siehe ESMA, Final Report vom 28. September 2015, ESMA/2015/1455, S. 39 Rn 163–168.

503 ESMA, Final Report vom 28. September 2015, ESMA/2015/1455, S. 39 Rn 165.

504 Zur Anhebung des Höchstmaßes der Geldbuße Begr. RegE AnsFuG, BT-Drucks. 17/3628, S. 25.

505 So auch der im Referentenentwurf des FimanoG vorgesehene § 109 Abs. 11 Nr 2, 3 WpHG-E; jetzt in § 39 Abs. 3d Nr. 3, 4 WpHG-E (RegE des 1. FimanoG) enthalten.

506 KölnerKommWpHG/*Heinrich*, § 10 WpHG Rn 55; *v. Hein*, in: Schwark/Zimmer, KMRK, § 10 WpHG Rn 23; *Schlette/v. Bouchon*, in: Fuchs, § 10 WpHG Rn 17; aA *Vogel*, in: Assmann/U.H. Schneider, § 10 WpHG Rn 46 f.

507 *Schwintek*, WM 2005, 861, 866 f.

§ 7 Verbot der Marktmanipulation

Ausgewählte Literatur: *Eichelberger*, Manipulation ohne Absicht? – Die subjektive Komponente bei dem Verbot der Marktmanipulation (§ 20a WpHG), WM 2007, 2046; *Ekkenga*, Kurspflege und Kursmanipulation nach geltendem und künftigem Recht, WM 2002, 317; *Grüger*, Kurspflegemaßnahmen durch Banken – Zulässige Marktpraxis oder Verstoß gegen das Verbot der Marktmanipulation nach § 20a Abs. 1 WpHG?, BKR 2007, 437; *ders.*, Kurspflegemaßnahmen durch den Erwerb eigener Aktien – Verstoß gegen das Verbot der Marktmanipulation nach § 20a WpHG?, BKR 2010, 221; *Hellgardt*, Europarechtliche Vorgaben für die Kapitalmarktinformationshaftung de lege lata und nach Inkrafttreten der Marktmissbrauchsverordnung, AG 2012, 154; *Kiesewetter/Parmentier*, Verschärfung des Marktmissbrauchsrechts – ein Überblick über die neue EU-Verordnung über Insidergeschäfte und Marktmanipulation, BB 2013, 2371; *Klöhn*, Marktmanipulation auch bei kurzfristiger Kursbeeinflussung – das „IMC Securities"-Urteil des EuGH, NZG 2011, 934; *Teigelack*, Insiderhandel und Marktmanipulation im Kommissionsentwurf einer Marktmissbrauchsverordnung, BB 2012, 1361; *Veil/Ph. Koch*, Auf dem Weg zu einem Europäischen Kapitalmarktrecht: die Vorschläge der Kommission zur Neuregelung des Marktmissbrauchs, WM 2011, 2297; *Trüg*, Neue Konturen der Rechtsprechung zur strafbaren Marktmanipulation, NJW 2014, 1346; *Vogel*, Kurspflege: Zulässige Kurs- und Marktpreisstabilisierung oder straf- bzw ahndbare Kurs- und Marktpreismanipulation?, WM 2003, 2437.

518 **Fall 11**[1]**:** R ist Redakteur eines Börsenfachblatts und genießt auch aufgrund von Fernsehauftritten den Ruf eines Spezialisten. Er hat mit einem Aktienfonds A einen Beratervertrag. Seine Empfehlungen werden vom Fonds ohne Prüfung umgesetzt. Um dies auszunutzen, gründet R einen eigenen Aktienfonds F. Dieser erwirbt im Jahre 2015 Aktien, die R sodann A empfiehlt. A kauft, wie erwartet, die Aktien, der Kurs steigt und F verkauft seine Aktien mit Gewinn. R möchte wissen, ob er gegen das Verbot der Marktmanipulation verstoßen hat. **Rn 570**

I. Einführung

1. Entwicklung

519 § 20a WpHG gilt noch bis 2. Juli 2016 und wird ab dem 3. Juli 2016 von der EU-Marktmissbrauchsverordnung (Market Abuse Regulation, MAR[2]) sowie der Richtlinie über strafrechtliche Sanktionen bei Marktmanipulation (Directive on criminal sanctions for market abuse, CRIM-MAD) abgelöst[3]. In § 20a WpHG ist das Verbot der Marktmanipulation geregelt. Danach ist es verboten, unrichtige oder irreführende Angaben zu machen sowie Umstände entgegen bestehenden Rechtsvorschriften zu verschweigen, wenn diese Angaben bzw das Verschweigen geeignet sind, auf den

1 Nach BGH NJW 2004, 302 ff („Prior"); siehe auch **Fall 3** Rn 274.
2 Verordnung (EU) Nr. 596/2014 ABl. EU Nr. L 173, vom 12. Juni 2014 S. 1.
3 Richtlinie 2014/57/EU vom 16. April 2014, ABl. EU Nr L 173 vom 12. Juni 2014, S. 179; siehe unten Rn 549 ff. Das Verbot der Marktmanipulation sollte nach dem Referentenentwurf des FimanoG in § 21 WpHG-E geregelt werden, welcher Art. 12, 15 MAR entspricht; nach dem RegE des 1. FimanoG wird § 20a WpHG ersatzlos gestrichen, da sich das Verbot der Marktmanipulation schon aus Art. 15 MAR ergibt (BR-Drucks. 19/16, S. 69).

Börsen- oder Marktpreis eines Finanzinstruments einzuwirken. Mit dem Manipulationsverbot soll die Funktionsfähigkeit der staatlich überwachten Märkte geschützt werden[4]. Es soll das Vertrauen der Marktteilnehmer (Anleger sowie unmittelbar am Markt agierende Handelsteilnehmer) in die Integrität des Kapitalmarkts schützen[5]. Erfasst ist neben dem regulierten Markt auch der Freiverkehr/Open Market (§ 20a Abs. 1 Satz 2 Nr 1 WpHG)[6].

§ 20a WpHG wurde mit dem Anlegerschutzverbesserungsgesetz von 2004 in Umset- **520**
zung der Marktmissbrauchsrichtlinie 2003 weiterentwickelt[7]. Eine vergleichbare Regelung war vor der Schaffung des WpHG bereits in § 88 BörsG aF enthalten. § 20a WpHG stellt eine Verhaltensnorm dar, die entweder zusammen mit § 39 WpHG einen Bußgeldtatbestand oder zusammen mit § 38 WpHG einen **Straftatbestand** bildet. Das zweistufige Sanktionssystem soll eine effizientere Verfolgung der Täter ermöglichen[8].

Angesichts der großen Zahl an möglichen Manipulationstechniken[9] schied eine um- **521**
fassende gesetzliche Regelung aus. Nähere Bestimmungen zu § 20a WpHG sind in der Marktmanipulations-Konkretisierungs-Verordnung (**MaKonV**) enthalten[10]. Eine Regelung auf der Ebene einer Rechtsverordnung wurde als flexibler angesehen als eine gesetzliche Festschreibung, so dass eine rasche Reaktion auf neue Manipulationspraktiken erfolgen kann[11]. Zur Prüfung einer Marktmanipulation sind sowohl § 20a WpHG und die MaKonV als auch die relevante europäische Verordnung[12] heranzuziehen.

2. Verhältnis zur Ad-hoc-Mitteilungspflicht

Bei der Frage, ob und wie eine Gesellschaft bzw ihr Organ Informationen an Dritte **522**
weitergibt, ist nicht nur das Verbot der Marktmanipulation, sondern auch das Verbot einer Weitergabe von Insiderinformationen (§ 14 WpHG) sowie die eventuelle Pflicht zur Ad-hoc-Veröffentlichung (§ 15 WpHG) zu beachten. Zumeist wird ein

---

4 Begr. RegE 4. FMFG, BR-Drucks. 936/01 (neu), S. 249.

5 Im Jahre 2014 hat die BaFin 224 Verdachtsfälle untersucht. 311 Personen wurden angezeigt. 2014 wurden insgesamt drei Personen wegen Marktmanipulation verurteilt und gegen drei Personen erließen die Gerichte Strafbefehle, siehe BaFin, Jahresbericht 2014 vom 12. Mai 2015, S. 217 f.

6 Art. 2 Abs. 1 lit. b und c MAR erstreckt das Verbot auf multilaterale und sog. organisierte Handelssysteme; dazu *Veil/Ph. Koch*, WM 2011, 2297, 2299, 2301.

7 Marktmissbrauchsrichtlinie vom 28. Januar 2003, ABl. EG Nr L 96 vom 12. April 2003, S. 16, präzisiert durch die Durchführungsrichtlinien 2003/124/EG vom 22. Dezember 2003, ABl. EU Nr L 339 vom 24. Dezember 2003, S. 70, 2003/125/EG vom 22. Dezember 2003, ABl. EU Nr L 339 vom 24. Dezember 2003, S. 73, und 2004/72/EG vom 29. April 2004, ABl. EU Nr L 162 vom 30. April 2004, S. 70. Eine weitere Vereinheitlichung erfolgte durch die VO (EG) Nr 2273/2003 betreffend Ausnahmeregelungen für Rückkaufprogramme und Kursstabilisierungsmaßnahmen, ABl. EU Nr L 336 vom 23. Dezember 2003, S. 33.

8 Begr. RegE 4. FMFG, BR-Drucks. 936/01 (neu), S. 176.

9 Zur Erfüllung des Tatbestands der Marktmanipulation bei der Libor-Manipulation *Fleischer/Bueren*, DB 2012, 2561 ff.

10 VO zur Konkretisierung des Verbotes der Marktpreismanipulation vom 1. März 2005, BGBl. I 2005, S. 515; siehe dazu *Bisson/Kunz*, BKR 2005, 186 ff.

11 Begr. RegE 4. FMFG, BR-Drucks. 936/01 (neu), S. 251; *Möller*, WM 2002, 309, 310.

12 VO Nr 2273/2003 betreffend Ausnahmeregelungen für Rückkaufprogramme und Kursstabilisierungsmaßnahmen, ABl. EG Nr L 336 vom 23. Dezember 2003, S. 33; vgl Rn 519.

Verstoß gegen § 15 WpHG auch einen solchen gegen § 20a WpHG darstellen[13]. Das macht auch § 2 Abs. 2 MaKonV deutlich, wonach Insiderinformationen regelmäßig bewertungserheblich iS des § 20a Abs. 1 Nr 1 WpHG sind. Allerdings geht das Verbot der Marktmanipulation nach § 20a WpHG weiter und erfasst über die Verletzung der Ad-hoc-Publizitätspflicht hinaus jede fehlerhafte bzw unvollständige Angabe in Prospekten, Bilanzen, Lageberichten usw sowie unrichtige bzw irreführende Informationen, die über Medien wie die Presse, den Rundfunk, das Fernsehen, das Internet oder Pressekonferenzen verbreitet werden[14].

II. Marktmanipulation nach § 20a Abs. 1 WpHG

523 § 20a Abs. 1 WpHG enthält **drei Varianten** des Manipulationsverbots[15], die sich verknappt folgendermaßen darstellen: Erstens dürfen keine unrichtigen oder irreführenden Angaben gemacht werden (§ 20a Abs. 1 Nr 1 WpHG), zweitens dürfen nicht falsche oder irreführende Signale gesetzt werden (§ 20a Abs. 1 Nr 2 WpHG) und drittens dürfen nicht sonstige Täuschungshandlungen vorgenommen werden (§ 20a Abs. 1 Nr 3 WpHG). Die Tatbestandsvarianten des § 20a Abs. 1 WpHG knüpfen allesamt an den Begriff des Finanzinstruments an[16]. **Adressat** des Manipulationsverbots ist grundsätzlich jedermann[17].

1. § 20a Abs. 1 Nr 1 WpHG (unrichtige oder irreführende Angaben)

524 Verboten sind unrichtige oder irreführende Angaben über Umstände, die für die Bewertung bestimmter Vermögenswerte erheblich sind, oder das pflichtwidrige Verschweigen solcher Umstände[18], wenn dieses Verhalten zur Einwirkung auf den Börsenpreis[19] oder Marktpreis[20] geeignet ist (§ 20a Abs. 1 Nr 1 WpHG)[21]. **Voraussetzung** für einen Verstoß gegen § 20a Abs. 1 Nr 1 WpHG ist zunächst, dass es sich um ein **Finanzinstrument** handelt[22].

525 Es müssen zudem **Angaben** vorliegen. Das sind Erklärungen über das Vorliegen oder Nichtvorliegen von schriftlich, mündlich oder elektronisch verbreiteten Umständen[23]. Die Erklärung muss nicht öffentlich oder gegenüber einem großen Personenkreis er-

13 Siehe zur Parallele zwischen § 15 WpHG und § 20a WpHG auch den Emittentenleitfaden der BaFin, Stand: 28. April 2009, Ziff. VI.1; *Vogel*, in: Assmann/U.H. Schneider, § 20a WpHG Rn 9.
14 *Hellgardt*, ZIP 2005, 2000, 2001.
15 Siehe Art. 12 MAR; siehe auch *Veil/Ph. Koch*, WM 2011, 2297, 2301; *Teigelack*, BB 2012, 1361, 1364 f.
16 Zur Einordnung von Leerverkäufen unter den Begriff des Finanzinstruments *Schwark*, in: Schwark/Zimmer, KMRK, § 20a WpHG Rn 8; siehe auch *Zimmer/Beisken*, WM 2010, 485 ff; *Mittermeier*, BB 2010, 139 ff.
17 *Vogel*, in: Assmann/U.H. Schneider, § 20a WpHG Rn 55 f; BGHSt 59, 105 ff LS 1 und Rn 26 f.
18 *Hohn*, in: Momsen/Grützner, Wirtschaftsstrafrecht, 1. Aufl., 2013, Kap. 6, B, Rn 85 (Unterlassungsdelikt).
19 Börsenpreis meint denjenigen des § 24 Abs. 1 BörsG, siehe BGH NJW 2014, 1399 Rn 17.
20 Marktpreis ist der sich auf inländischen außerbörslichen Märkten ergebende Preis.
21 Siehe etwa BGHZ 192, 90 ff („IKB“).
22 Siehe § 2 Abs. 2b WpHG.
23 *Vogel*, in: Assmann/U.H. Schneider, § 20a WpHG Rn 59.

folgen. Ausreichend ist, dass sie nach außen dringt und mindestens eine weitere Person davon Kenntnis nehmen kann. Angaben iS des § 20a Abs. 1 Nr 1 WpHG können daher bei der Erfüllung gesetzlicher Publizitätspflichten (zB Ad-hoc-Mitteilung, Entsprechenserklärung iS des § 161 Abs. 1 AktG)[24], bei Pressekonferenzen, Analystenveranstaltungen oder Einzelgesprächen mit Investoren[25] erfolgen. Auch Prognosen und Bewertungen können unter den Begriff der Angabe fallen[26], ebenso sog. Stock Spams, bei denen Mails mit einer vermeintlichen Insiderinformation versandt werden, die zum Kauf von Aktien „verführen" soll, mit denen sich der Versender zuvor eingedeckt hatte[27]. Allerdings stellen bloße Gerüchte als unverbürgte Nachrichten nach hM keine Angabe iS des § 20a Abs. 1 Nr 1 WpHG dar[28].

Die Angaben müssen unrichtig oder irreführend sein. **Unrichtig** sind sie, wenn sie 526 nicht den objektiven Gegebenheiten entsprechen[29]. Dabei ist zunächst deren Inhalt nach dem objektiven Empfängerhorizont festzustellen und sodann mit den Gegebenheiten zu vergleichen. Bei Angaben von Tatsachen müssen die Angaben unwahr sein. Bei Angaben, die Werturteile, Prognosen etc darstellen, liegt Unrichtigkeit vor, wenn sie auf einer bewusst falschen Grundlage erstellt wurden oder sonst nicht vertretbar sind[30]. Angaben sind auch dann unrichtig, wenn sie wichtige Teilaspekte auslassen und dadurch ein falsches Gesamtbild entsteht. **Irreführend** ist eine Angabe, wenn sie zwar inhaltlich richtig ist, aber beim Empfänger der Information aufgrund der Darstellung eine falsche Vorstellung über den geschilderten Sachverhalt nahelegt[31]. Auch hier kommt es auf den Gesamteindruck an[32].

Außerdem ist zur Erfüllung des objektiven Tatbestands erforderlich, dass bzgl der 527 Angaben eine **Eignung zur Einwirkung** auf den inländischen Börsen- oder Marktpreis[33] eines Finanzinstruments oder auf den Preis eines Finanzinstruments an einem organisierten Markt in einem anderen Mitgliedstaat der EU oder einem anderen EWR-Staat vorliegt. Voraussetzung ist, dass bereits ein Börsen- oder Marktpreis existiert[34]. Da sowohl Börsen- als auch Marktpreise eines Finanzinstruments erfasst sind, ist es unerheblich, ob das Geschäft an der Börse oder außerbörslich abgeschlossen wurde, da auch in letzterem Fall die Funktionsfähigkeit des Kapitalmarkts beeinträchtigt werden kann[35]. Eine Einwirkung auf den Börsenpreis liegt laut BGH vor, wenn

24 Vgl *Leuering/Rubner*, NJW-Spezial 2010, 79 f.

25 Emittentenleitfaden der BaFin, Stand: 28. April 2009, Ziff. VI.3.2.1.1.

26 Einschränkend auch *Schwark*, in: Schwark/Zimmer, KMRK, § 20a WpHG Rn 13; *Vogel*, in: Assmann/U.H. Schneider, § 20a WpHG Rn 70.

27 *Fleischer*, ZBB 2008, 137 ff.

28 Begr. RegE 4. FMFG, BT-Drucks. 14/8017, S. 90; *Schwark*, in: Schwark/Zimmer, KMRK, § 20a WpHG Rn 15 (einschränkend); aA *Fleischer/Schmolke*, AG 2007, 841, 852 f.

29 *Vogel*, in: Assmann/U.H. Schneider, § 20a WpHG Rn 60.

30 *Eichelberger*, WM 2003, 2121, 2125; *Möller*, WM 2002, 309, 311; *Vogel*, in: Assmann/U.H. Schneider, § 20a WpHG Rn 60.

31 Siehe Begr. RegE AnSVG, BT-Drucks. 15/3174, S. 37; Emittentenleitfaden der BaFin, Stand: 28. April 2009, Ziff. VI.3.2.1.4.

32 Siehe den 3. Strafsenat in BGH NZG 2011, 1075 („IKB").

33 Dieser Begriff entspricht dem Börsenpreis des § 24 Abs. 1 BörsG, siehe BGH NJW 2014, 1399 Rn 17; siehe auch *Trüg*, NJW 2014, 1346, 1347 f.

34 BGH NJW 2014, 1399 Rn 17.

35 Begr. RegE 4. FMFG, BR-Drucks. 936/01 (neu), S. 249.

dieser künstlich erhöht, abgesenkt oder stabilisiert wird. Nicht ausreichend ist, dass aufgrund des manipulativen Geschäfts erstmals ein Börsenpreis gebildet wird[36].

528 Anders als beim Insiderhandelsverbot des § 14 Abs. 1 WpHG oder der Ad-hoc-Publizitätspflicht nach § 15 Abs. 1 WpHG kommt es beim Manipulationsverbot **nicht** auf eine **erhebliche** Kursbeeinflussung an. Hintergrund ist der divergierende Schutzzweck. Durch § 20a WpHG soll eine Manipulation des Preisbildungsprozesses verhindert werden. Dabei reicht es, wenn das unzulässige Verhalten nur einen geringen Einfluss auf das Anlegerverhalten ausüben kann. Der Preisbildungsprozess nach § 20a Abs. 1 Satz 1 Nr 1 WpHG muss nicht tatsächlich beeinflusst worden sein[37]. Ausreichend ist die vollendete Anwendung der Mittel, die zur Preisbeeinflussung **geeignet** sind[38]. Eine entsprechende Absicht auf diese einzuwirken, braucht nicht zu bestehen. Es genügt die potenzielle Möglichkeit der Einflussnahme auf die Anlageentscheidung eines Anlegers.

529 Die Angaben oder das Verschweigen müssen vor dem Hintergrund der konkreten Umstände und der Marktverhältnisse generell zur Preiseinwirkung tauglich sein. Abgestellt wird hierbei auf die Sichtweise eines verständigen Anlegers[39]. Die Angaben müssen auch nicht gegenüber den Marktteilnehmern gemacht bzw verschwiegen werden. Ausreichen soll es etwa, dass der Vorstand eines Emittenten in einer Unterhaltungszeitschrift falsche Angaben über sein Unternehmen macht[40].

530 § 20a Abs. 1 Nr 1 WpHG bezieht sich auf unrichtige oder irreführende Angaben über **bewertungserhebliche Umstände**[41]. Bagatellfälle sollen schon mangels Vorliegens des objektiven Tatbestands von der Strafbarkeit ausgenommen sein. Für die Frage, ob bewertungserhebliche Umstände vorliegen, kommt es auf die Verkehrsauffassung an[42].

531 Eine genauere Bestimmung der bewertungserheblichen Umstände findet sich in der MaKonV. Nach § 2 Abs. 1 Satz 1 MaKonV sind dies Tatsachen und Werturteile, die ein verständiger Anleger bei seiner Anlageentscheidung berücksichtigen würde. Auch künftige Umstände können hierunter fallen, sofern ihr Eintreffen mit hinreichender Wahrscheinlichkeit feststeht (§ 2 Abs. 1 Satz 2 MaKonV). § 2 Abs. 3 MaKonV enthält einen Beispielkatalog hinsichtlich stets bewertungserheblicher und § 2 Abs. 4 MaKonV hinsichtlich möglicherweise bewertungserheblicher Umstände. Bei der Beurteilung, ob eine Gegebenheit ein bewertungserheblicher Umstand ist, ist ein

---

36 BGH NJW 2014, 1399 Rn 17.

37 Allerdings ist bei § 38 Abs. 2 WpHG gemäß dessen Wortlaut eine tatsächliche Preiseinwirkung erforderlich, siehe Rn 541; siehe auch *Vogel*, in: Assmann/U.H. Schneider, § 20a WpHG Rn 112.

38 Begr. RegE 4. FMFG, BR-Drucks. 936/01 (neu), S. 251; *Ekkenga*, WM 2002, 317, 319; *Möller*, WM 2002, 309, 314; zu den strafrechtlichen Beweisanforderungen hinsichtlich der tatsächlichen Einwirkung auf den Kurs BGHSt 48, 375, 384; siehe auch *Hellgardt*, ZIP 2005, 2000, 2003; konsequent daher EuGH WM 2011, 1694 ff („IMC Securities") Rn 30 (Kurs muss nicht über einen gewissen Zeitraum auf anormalem oder künstlichem Kursniveau bleiben); dazu *Klöhn*, NZG 2011, 934 ff.

39 Emittentenleitfaden der BaFin, Stand: 28. April 2009, Ziff. VI.3.2.5.

40 Emittentenleitfaden der BaFin, Stand: 28. April 2009, Ziff. VI.3.2.5.

41 Zur verfassungsmäßigen Zulässigkeit im Hinblick auf das gesetzliche Bestimmtheitsgebot *Schröder*, Kapitalmarktstrafrecht, Rn 397 ff; *Schwark*, in: Schwark/Zimmer, KMRK, § 20a WpHG Rn 5 ff; *Hohn*, in: Momsen/Grützner, Wirtschaftsstrafrecht, 1. Aufl., 2013, Kap. 6, B, Rn 77 ff.

42 BT-Drucks. 10/318, S. 46.

objektiver Maßstab anzulegen. Die Sichtweise des Handelnden oder bestimmter Anleger ist unerheblich. Neben dem **„Machen“** unrichtiger oder irreführender Angaben ist auch das **Verschweigen** bewertungserheblicher Umstände von § 20a WpHG erfasst, sofern eine Rechtspflicht zu deren Offenbarung[43] bestand[44].

2. § 20a Abs. 1 Nr 2 WpHG (falsche oder irreführende Signale)

a) Voraussetzungen

Es ist verboten, Geschäfte vorzunehmen bzw Kauf- oder Verkaufsaufträge zu erteilen, die geeignet sind, falsche oder irreführende Signale für das Angebot, die Nachfrage oder den Börsen- oder Marktpreis von **Finanzinstrumenten** zu geben bzw ein künstliches Preisniveau herbeizuführen (§ 20a Abs. 1 Nr 2 WpHG)[45]. Als falsch gilt ein Signal dann, wenn es in seinem Aussagegehalt von der Wirklichkeit abweicht. Irreführend ist ein Signal, wenn es beim relevanten Betrachter eine Fehlvorstellung hervorruft[46]. Wann Anzeichen für **falsche oder irreführende** Signale oder **künstliches Preisniveau** vorliegen, ist in § 3 Abs. 1 MaKonV näher ausgeführt. Diese Regelung soll eine Abgrenzung von verbotenem zu legalem Verhalten erleichtern. Allerdings führt das Vorliegen eines der Anzeichen nicht zwingend zur Annahme, dass auch eine Marktmanipulation vorliegt. Vielmehr ist eine Einzelfallbetrachtung erforderlich, bei der auch überwiegende Gründe für ein gesetzeskonformes Verhalten sprechen können[47]. 532

b) Zulässige Marktpraxis

Nach § 20a Abs. 2 WpHG ist eine Handlung ausnahmsweise **erlaubt**, sofern sie mit der zulässigen Marktpraxis auf dem betreffenden organisierten Markt oder im betreffenden Freiverkehr/Open Market vereinbar ist und der Handelnde hierfür legitime Gründe hat. Sobald die BaFin im Rahmen ihrer Aufsichtstätigkeit von einer möglichen Gepflogenheit iS des **§ 20a Abs. 2 WpHG** erfahren hat, entscheidet sie über die Anerkennung dieser Marktpraxis. Das Vorliegen einer Marktmanipulation iS des § 20a Abs. 1 Satz 1 Nr 2 WpHG kann erst festgestellt werden, wenn die BaFin über die Zulässigkeit der Marktpraxis entschieden hat. Dabei ist eine Marktpraxis nicht schon deshalb unzulässig, weil sie zuvor nicht ausdrücklich von der BaFin anerkannt worden ist (§ 20a Abs. 2 Satz 3 WpHG). Allein auf diese Weise kann die Verfolgung der Marktmanipulation mit der hohen Veränderungs- und Modernisierungsgeschwindigkeit des Handels mit Finanzinstrumenten Schritt halten[48]. 533

---

43 Diese kann sich etwa ergeben aus § 15 WpHG, §§ 10, 27, 35 WpÜG, § 92 Abs. 2 AktG, § 40 BörsG iVm §§ 53 ff BörsZulV oder aus §§ 325 ff iVm 264 ff HGB.

44 Emittentenleitfaden der BaFin, Stand: 28. April 2009, Ziff. VI.3.2.4.

45 Vgl *Grüger*, BKR 2010, 221 ff zum Verstoß gegen § 20a WpHG beim **Erwerb eigener Aktien**; hierzu auch *Schwark*, in: Schwark/Zimmer, KMRK, § 20a WpHG Rn 97; *Seibt/Bremkamp*, AG 2008, 469 ff; zur Verfassungsmäßigkeit BGH NJW 2014, 1399 Rn 6 ff.

46 *Eichelberger*, WM 2007, 2046, 2048, 2050, der, obwohl in § 20a WpHG gerade keine Manipulationsabsicht vorausgesetzt wird, eine subjektivierende Auslegung des § 20a Abs. 1 Satz 1 Nr 2 WpHG fordert.

47 Begr. MaKonV, S. 4.

48 Begr. MaKonV, S. 10.

534 Das **Verfahren zur Anerkennung** einer zulässigen Marktpraxis ist in §§ 7–10 MaKonV geregelt. Die BaFin hat zulässige Marktpraktiken regelmäßig daraufhin zu untersuchen, ob sie noch den Bedingungen entsprechen, die auf den betreffenden Märkten herrschen (§ 7 Abs. 1 Satz 2 MaKonV). Insbesondere ist dabei auf neu entstehende Praktiken zu achten.

Nach § 7 Abs. 2 Satz 3 MaKonV bleiben die Befugnisse der Staatsanwaltschaft von einem Anerkennungsverfahren unberührt. Sobald sie Ermittlungen einleitet, ist sie Herrin des Ermittlungsverfahrens. Die BaFin wird von der Staatsanwaltschaft nach § 40a Abs. 1 Satz 1 WpHG über die Verfahrenseinleitung informiert, so dass sie unabhängig vom Ermittlungsverfahren in eigener Verantwortung über die Anerkennung der Marktpraxis entscheiden kann. Die Kriterien, die die BaFin bei der Frage der Anerkennung zu berücksichtigen hat, sind in § 8 MaKonV aufgeführt. Eventuell sind auch Marktteilnehmer, Behörden oder ausländische Stellen zu beteiligen (§ 9 MaKonV). Die Anerkennung einer zulässigen Marktpraxis wird im elektronischen Bundesanzeiger und auf der Website der BaFin veröffentlicht. Bislang hat die BaFin noch keine Gepflogenheit als zulässige Marktpraxis anerkannt[49].

3. § 20a Abs. 1 Nr 3 WpHG (sonstige Täuschungshandlungen)

535 Verboten ist auch die Vornahme sonstiger Täuschungshandlungen, die zu einer unerwünschten Einflussnahme auf die Preisbildungsprozesse bei Finanzinstrumenten geeignet sind (§ 20a Abs. 1 Nr 3 WpHG). Als „sonstige Täuschungshandlungen" kommen **drei Tatvarianten** in Betracht: Die Vorspiegelung falscher, die Entstellung oder Unterdrückung wahrer Tatsachen bzw sonstiger Umstände, soweit diese geeignet sind, auf den inländischen Börsen- oder Marktpreis einzuwirken. Nach § 4 Abs. 1 MaKonV ist eine sonstige Täuschungshandlung eine Handlung oder Unterlassung, die geeignet ist, den verständigen Anleger über die wahren wirtschaftlichen Verhältnisse an einer Börse oder einem Markt in die Irre zu führen und den inländischen Börsen- oder Marktpreis eines Finanzinstruments hoch- oder herunterzutreiben oder beizubehalten[50]. Der Täuschungshandlung muss kein kommunikativer Erklärungswert zukommen.

536 **Vorgespiegelt** wird eine Tatsache, wenn dem Anleger ein nicht gegebener Umstand als bestehend suggeriert wird; zB wird unzutreffend behauptet, es sei ein bewertungserheblicher Großauftrag an das Unternehmen erfolgt. Einen Fall der „sonstigen Täuschungshandlung" stellen damit etwa frei erfundene Gerüchte, Empfehlungen oder sachlich nicht begründete Warnungen dar, die in Bezug auf Finanzinstrumente abgegeben werden[51]. **Entstellt** wird eine Tatsache, wenn das Gesamtbild dadurch verfälscht wird, dass einzelne Punkte hinzugefügt oder weggelassen werden. **Unterdrückt** wird eine Tatsache, wenn sie nicht zur Kenntnis gebracht wird. Ein Täuschungserfolg iS eines Irrtums des Marktteilnehmers ist nicht erforderlich. Das Handeln oder Unterlassen muss nur geeignet sein, bei einem verständigen Anleger eine

49 *Schwark*, in: Schwark/Zimmer, KMRK, § 20a WpHG Rn 60.

50 Siehe aber *Eichelberger*, WM 2007, 2046, 2051 ff (Einbeziehung einer subjektiven Komponente bei der Täuschungshandlung verlangt).

51 Emittentenleitfaden der BaFin, Stand: 28. April 2009, Ziff. VI.3.2.6.

Fehlvorstellung über die wirklichen wirtschaftlichen Verhältnisse an einer Börse oder einem Markt (zB Angebot und Nachfrage bzgl eines Finanzinstruments) hervorzurufen[52].

§ 4 Abs. 2 MaKonV nennt **Anzeichen für sonstige Täuschungshandlungen**. Als Anzeichen ist insbesondere ein Geschäft zu sehen, bei dem die Vertragspartner oder mit diesen in enger Beziehung stehende Personen vorab oder im Nachhinein unrichtige oder irreführende Informationen weitergeben (§ 4 Abs. 2 Nr 1 MaKonV). Ein Anzeichen soll auch sein, dass diese vorab oder im Nachhinein unrichtige, fehlerhafte, verzerrende oder von wirtschaftlichen Interessen beeinflusste Finanzanalysen oder Anlageempfehlungen erstellen oder weitergeben (§ 4 Abs. 2 Nr 2 MaKonV). 537

Klargestellt wird in § 4 Abs. 3 MaKonV, dass bestimmte als **Regelbeispiele** aufgeführte Vorgehensweisen auf alle Fälle als „sonstige Täuschungshandlungen" zu sehen sind. Darunter fällt zum einen die Sicherung einer marktbeherrschenden Stellung über das Angebot von Finanzinstrumenten oder die Nachfrage nach Finanzinstrumenten durch eine Person mit der Folge, dass unmittelbar oder mittelbar Ankaufs- oder Verkaufspreise dieser Finanzinstrumente bestimmt oder nicht marktgerechte Handelsbedingungen geschaffen werden (§ 4 Abs. 3 Nr 1 MaKonV)[53]. Auf das Ausnutzen einer marktbeherrschenden Stellung kommt es nicht an. 538

Unter die Regelbeispiele fällt auch die Nutzung eines gelegentlichen oder regelmäßigen Zugangs zu traditionellen oder elektronischen Medien durch Kundgabe einer Stellungnahme oder eines Gerüchts zu einem Finanzinstrument oder dessen Emittenten, nachdem Positionen bzgl dieses Finanzinstruments eingegangen worden sind, ohne dass dieser Interessenkonflikt zugleich mit der Kundgabe in angemessener und wirksamer Weise offenbart wird (§ 4 Abs. 3 Nr 2 MaKonV, sog. **„Scalping"**)[54]. Ob die Gerüchte zutreffend sind oder die Stellungnahme sachlich begründet ist, spielt für die Erfüllung dieses Regelbeispiels keine Rolle. Allerdings muss die handelnde Person Positionen im betreffenden Finanzinstrument innehaben. Wird der Interessenkonflikt bei der Stellungnahme oder Äußerung des Gerüchts angemessen und wirksam offenbart, liegt kein Regelbeispiel iS des § 4 Abs. 3 Nr 2 MaKonV vor[55]. 539

4. Tatbestandsausschlussgründe

Nicht vom Tatbestand des § 20a WpHG erfasst sind bestimmte Handlungen, die in keinem Fall gegen das Verbot der Marktmanipulation verstoßen. Nach § 20a Abs. 3 WpHG sind, vergleichbar dem § 14 Abs. 2 WpHG, der **Handel mit eigenen Aktien** im Rahmen von Rückkaufprogrammen sowie Stabilisierungsmaßnahmen bei Finanzinstrumenten erlaubt, soweit die Maßgaben der Verordnung (EG) Nr 2273/2003 betreffend Ausnahmeregelungen[56] eingehalten werden[57]. Eine Präzisierung der erlaub- 540

52 Begr. MaKonV, S. 7.
53 Vgl *Bisson/Kunz*, BKR 2005, 186, 188 f.
54 Vgl *Trüg*, NStZ 2014, 558 ff; zur Verfassungsmäßigkeit BGHSt 59, 105 ff Rn 19 mwN.
55 Begr. MaKonV, S. 8.
56 ABl. EG Nr L 336 vom 23. Dezember 2003, S. 33.
57 Zu zulässigen Stabilisierungsmaßnahmen *Grüger*, BKR 2007, 437, 442 ff; *Schwark*, in: Schwark/Zimmer, KMRK, § 20a WpHG Rn 77 ff; zum Erwerb eigener Aktien *Grüger*, BKR 2010, 221 ff.

ten Handlungen findet sich in § 5 MaKonV (vgl die Ermächtigung des § 20a Abs. 5 Satz 1 Nr 4 WpHG), sog. **„safe harbour“**-Regelung. Da die EU-Verordnung unmittelbar gilt, dh eine Umsetzung in nationales Recht nicht erforderlich ist, bestand für den deutschen Gesetzgeber kein Spielraum für eine präzisere Regelung. In § 6 MaKonV findet sich lediglich noch eine Bestimmung zur Anerkennung ausländischer Stabilisierungsregeln.

5. Rechtsfolgen eines Verstoßes gegen § 20a WpHG

541 Ein vorsätzlicher Verstoß gegen § 20a WpHG ist nach § 38 Abs. 2 WpHG eine **Straftat**, die mit Freiheitsstrafe bis zu fünf Jahren oder mit Geldstrafe geahndet werden kann (§§ 38 Abs. 1 und 2 iVm 39 Abs. 1 Nr 1, Nr 2 sowie Abs. 2 Nr 11, 20a Abs. 1 Satz 1 WpHG). Während ein Verstoß gegen § 20a WpHG nur voraussetzt, dass das Verhalten des Täters geeignet ist, auf den Preis des Finanzinstruments einzuwirken, verlangt § 38 Abs. 2 WpHG darüber hinaus eine tatsächliche Kursbeeinflussung[58]. § 38 Abs. 2 WpHG wird deshalb als Erfolgsdelikt eingeordnet[59]. Durch die Tathandlung muss zudem nicht nur tatsächlich auf den Börsen- und Marktpreis eingewirkt worden (Manipulationserfolg)[60], sondern auch die Begehung **vorsätzlich** erfolgt sein (mindestens dolus eventualis). Eine Absicht zur Kursbeeinflussung ist nicht erforderlich[61]. Da es sich um ein Jedermannsdelikt handelt, gelten die allgemeinen Regeln zu Täterschaft und Teilnahme[62].

542 **Tatsächliche Einwirkung** auf den Preis bedeutet, dass der Kurs bei ordnungsgemäßem Informationsverhalten anders ausgefallen wäre, als er aufgrund der Fehlinformation war. Verglichen wird der tatsächliche Kurs zum relevanten Zeitpunkt mit dem hypothetischen Kurs bei pflichtgemäßer Information durch den Emittenten. Nur bei einer Abweichung dieser beiden Kurse liegt eine vollendete Kursmanipulation vor[63]. § 39 Abs. 2 Nr 2 WpHG (Vornahme einer Täuschungshandlung) sowie Nr 11 WpHG (Angabe machen oder Umstand verschweigen) sehen ein **Bußgeld** vor. Wurde durch die Tathandlung nicht auf den Börsen- und Marktpreis eingewirkt oder handelte die verantwortliche Person nach § 39 Abs. 2 Nr 11 WpHG **leichtfertig**, ist der Verstoß gegen das Manipulationsverbot eine Ordnungswidrigkeit, die mit einer Geldbuße geahndet werden kann (§§ 39 Abs. 4 iVm Abs. 1 Nr 1, Nr 2 sowie Abs. 2 Nr 11, 20a Abs. 1 Satz 1 WpHG)[64].

543 Wird der Tatbestand einer „sonstigen Täuschung“ erfüllt, ist ein Verstoß gegen § 20a Abs. 1 Nr 3 WpHG zunächst lediglich eine Ordnungswidrigkeit (§ 39 Abs. 1 Nr 2 WpHG) und wird mit der Erfüllung des Tatbestandsmerkmals der tatsächlichen Ein-

---

58 KölnerKommWpHG/*Altenhain*, § 38 WpHG Rn 113.

59 Vgl Begr. RegE 4. FMFG, BT-Drucks. 14/8017, S. 90, 98 f; LG München I NJW 2003, 2328, 2329; kritisch zur Einordnung als Gefährdungsdelikt Leipziger Kommentar/*Tiedemann*, StGB, 12. Aufl., 2012, § 264a StGB Rn 28.

60 *Hohn*, in: Momsen/Grützner, Wirtschaftsstrafrecht, 1. Aufl., 2013, Kap. 6, B, Rn 73.

61 BGH NJW 2014, 1399 Rn 23; *Schwark*, in: Schwark/Zimmer, KMRK, § 20a WpHG Rn 98.

62 BGHSt 59, 105 ff Rn 27.

63 *Hellgardt*, ZIP 2005, 2000, 2002.

64 Zur Beihilfe nach § 27 StGB *Schröder*, Kapitalmarktstrafrecht, Rn 611 ff; zur Erfassung durch § 263 StGB *ders.*, Rn 621 ff.

wirkung auf den Börsen- oder Marktpreis strafbar (§ 38 Abs. 2 WpHG). In den Fällen des § 20a WpHG ist die Anordnung des Wertersatzverfalls bzgl der erzielten Sondervorteile[65] möglich (§ 73 Abs. 1 StGB)[66].

Umstritten ist, ob § 20a WpHG ein Schutzgesetz iS des **§ 823 Abs. 2 BGB** darstellt. **544**
Voraussetzung dafür wäre, dass diese Regelung über den Schutz der Funktionsfähigkeit der Wertpapiermärkte hinaus auch die individuellen Vermögensinteressen einzelner Anleger schützen soll. Marktmanipulationen können das Vertrauen der Anleger in die Integrität des Kapitalmarkts zerstören. Schutzgut ist daher jedenfalls der **Funktionsschutz** des Kapitalmarkts. Ob § 20a WpHG daneben auch die **individuellen** Vermögensinteressen des einzelnen Anlegers schützen soll, wird in der Gesetzesbegründung nicht eindeutig beantwortet. Für die Vorgängerregelung in § 88 BörsG aF (Kursbetrug) wurde das nahezu einhellig verneint und ein entsprechender Schutz lediglich als mittelbare Folge des Funktionsschutzes („Rechtsreflex") gesehen[67]. Durch die Verlagerung in das WpHG hat sich daran nichts geändert. Damit ist § 20a WpHG kein Schutzgesetz iS des § 823 Abs. 2 BGB[68].

In Betracht kommt eine Haftung nach **§ 826 BGB**. Eine vorsätzliche Verletzung des **545**
§ 20a WpHG reicht für die Annahme eines sittenwidrigen Verhaltens nicht ohne Weiteres. Es müssen regelmäßig zusätzliche Umstände vorliegen. Das Verhalten des Schädigers muss gegen die Mindestanforderungen des lauteren Rechtsverkehrs auf dem Kapitalmarkt verstoßen haben[69].

III. Anzeigepflicht (§ 10 Abs. 1 WpHG)

Ausgewählte Literatur: *Schwintek*, Die Anzeigepflicht bei Verdacht von Insidergeschäften und Marktmanipulation nach § 10 WpHG, WM 2005, 861.

Nach § 10 WpHG besteht gegenüber der BaFin eine Mitteilungspflicht bei Ver- **546**
dachtsfällen[70] hinsichtlich Verstößen gegen das Marktmissbrauchsverbot. Diese Norm wurde in Umsetzung von Art. 6 Abs. 9 Marktmissbrauchsrichtlinie 2003 in das Gesetz aufgenommen. Die Anzeigepflicht besteht für Wertpapierdienstleistungsunternehmen und andere Kreditinstitute sowie für Betreiber von außerbörslichen Märkten, an denen Finanzinstrumente gehandelt werden.

Fraglich ist, wann ein solcher **Verdacht** vorliegt[71]. Bloße Vermutungen können je- **547**
denfalls noch keine Anzeigepflicht auslösen. Nach § 10 Abs. 3 WpHG soll ein Anreiz

65 Dazu OLG Stuttgart, 3. September 2015 – 4 Ws 283/15, LS sowie Rn 12 f.

66 Dazu BGH NJW 2014, 1399 Rn 24 ff; siehe auch *Trüg*, NJW 2014, 1346, 1348.

67 BVerfG ZIP 2002, 1986; OLG München ZIP 2002, 1989; *Groß*, WM 2002, 477, 484; aA LG Augsburg BKR 2001, 99.

68 BGHZ 192, 90 ff („IKB") m. Anm. *Buck-Heeb*, WuB I G 6. § 37b WpHG 1.12; OLG Stuttgart, WM 2015, 875 ff; *Maier-Reimer/Webering*, WM 2002, 1857, 1864; *Balzer*, ZBB 2000, 258, 260; *Schwark*, in: Schwark/Zimmer, KMRK, § 20a WpHG Rn 7; *Göres*, in: Habersack/Mülbert/Schlitt, Kapitalmarktinformation, § 32 Rn 89 ff; *Sethe*, in: Assmann/U.H. Schneider, §§ 37b, 37c WpHG Rn 130; aA *Altenhain*, BB 2002, 1874, 1875; *Lenzen*, ZBB 2002, 279, 284; *Henze*, FS Schwark, 2009, S. 425, 429. Zum Streitstand auch *Möllers/Leisch*, ZIP 2002, 1995 ff.

69 OLG Düsseldorf AG 2011, 31 ff Rn 103 f; OLG Düsseldorf AG 2011, 706 ff.

70 Siehe auch oben Rn 512 ff.

71 *Vogel*, in: Assmann/U.H. Schneider, § 10 WpHG Rn 14 ff. Vgl auch oben Rn 512 ff zur Anzeigepflicht bzgl eines Verdachts hinsichtlich § 14 WpHG.

für eine Anzeige dadurch geschaffen werden, dass bei einer leicht fahrlässigen Falschinformation eine Haftungsbefreiung eintritt. Form und Inhalt der Anzeige sind in §§ 2 und 3 WpAIV geregelt. Erfolgt die Anzeige nicht, nicht richtig, nicht vollständig, nicht in der vorgeschriebenen Weise oder nicht rechtzeitig, wird dies als Ordnungswidrigkeit mit einem Bußgeld geahndet (§ 39 Abs. 2 Nr 2b, Abs. 4 WpHG).

548 § 10 Abs. 1 Satz 2 WpHG enthält das **Verbot**, Dritte von der Anzeigeerstattung **in Kenntnis zu setzen**. Vermieden werden soll dadurch, dass diejenigen, die an einem angezeigten Verstoß beteiligt sind, von den ihnen bevorstehenden Ermittlungen Kenntnis erlangen und möglicherweise Verdunkelungen vornehmen. Vorsätzliche oder leichtfertige Verstöße gegen das Weitergabeverbot des § 10 Abs. 1 Satz 2 WpHG können als Ordnungswidrigkeit mit einem Bußgeld geahndet werden (§ 39 Abs. 2 Nr 1, Abs. 4 WpHG).

IV. EU-Marktmissbrauchsverordnung

Ausgewählte Literatur: *Graßl*, Die neue Marktmissbrauchsverordnung der EU, DB 2015, 2066; *Kiesewetter/Parmentier*, Verschärfung des Marktmissbrauchsrechts – ein Überblick über die neue EU-Verordnung über Insidergeschäfte und Marktmanipulation, BB 2013, 2371; *Krause*, Kapitalmarktrechtliche Compliance: neue Pflichten und drastisch verschärfte Sanktionen nach der EU-Marktmissbrauchsverordnung, CCZ 2014, 248; *Seibt/Wollenschläger*, Revision des Marktmissbrauchsrechts durch Marktmissbrauchsverordnung und Richtlinie über strafrechtliche Sanktionen für Marktmanipulationen, AG 2014, 593.

549 Die EU-Marktmissbrauchsverordnung (Market Abuse Regulation), die in Anlehnung an den englischen Wortlaut überwiegend mit „MAR“ abgekürzt wird, tritt als unmittelbar geltendes nationales Recht im Wesentlichen zum 3. Juli 2016 in Kraft und ersetzt den § 20a WpHG (Art. 29 Abs. 2 MAR). Sie hebt auch die MaKonV auf[72]. Inhaltlich sieht die MAR Änderungen gegenüber der bisherigen Marktmanipulationsrichtlinie bzw § 20a WpHG vor[73]. Die Kommission ist zum Erlass von DurchführungsVO ermächtigt. Die ESMA erarbeitet technische Standards zu den Verbotstatbeständen[74].

1. Voraussetzungen

a) Begriffsbestimmung

550 Nach Art. 15 MAR ist eine Marktmanipulation verboten. Den Begriff „Marktmanipulation“ definiert Art. 12 MAR als Handlung, die falsche oder irreführende Signale setzt, die potenziell geeignet sind, den Kurs eines Finanzinstruments künstlich zu beeinflussen (vgl Art. 12 Abs. 1 lit. a Ziff. ii und lit. b MAR). In Art. 12 Abs. 2 MAR sind, ebenso wie bei § 20a WpHG[75], als Regelbeispiele Handlungen aufgezählt, die

72 KölnerKommWpHG/*Mock*, § 20a WpHG Rn 26. Siehe aber den Referentenentwurf des FimanoG in § 21 WpHG-E; nach dem RegE des 1. FimanoG wird nunmehr aber § 20a WpHG ersatzlos gestrichen.

73 Zur Entwicklung der Verordnung KölnerKommWpHG/*Mock*, § 20a WpHG Rn 48.

74 *Kiesewetter/Parmentier*, BB 2013, 2371, 2372.

75 Siehe oben Rn 523.

als Marktmanipulation angesehen werden können. Der Anwendungsbereich der MAR ist gegenüber dem bisherigen europäischen Recht erweitert[76]. So ist etwa, wie im deutschen Recht bislang schon vorgesehen, auch der Handel an multilateralen und organisierten Handelssystemen (Art. 2 Abs. 1, 3 MAR) und damit auch der Freiverkehr iS des § 48 BörsG von der Verordnung erfasst. Neu in den Beispielskatalog ist der manipulative Hochfrequenzhandel aufgenommen[77].

Die Verbotstatbestände lassen sich in handels- und in informationsgestützte Marktmanipulationen einteilen[78]. Eine **handelsgestützte** Marktmanipulation erfolgt durch den Abschluss eines Geschäfts. Möglich ist dies aber auch bereits durch die Erteilung eines Handelsauftrags oder durch eine sonstige Handlung an den Finanzmärkten (Art. 12 Abs. 1 lit. b MAR). Eine **informationsgestützte** Marktmanipulation geschieht außerhalb der Finanzmärkte und beeinflusst mittelbar durch die Verbreitung von Informationen über Medien den Kurs eines Finanzinstruments oder ist zumindest hierzu geeignet (Art. 12 Abs. 1 lit. c MAR). Stets muss es sich dabei um „falsche oder irreführende Signale" handeln (vgl Art. 12 Abs. 1 lit. a Ziff. i und lit. c MAR). Zu den Medien gehören auch Websites sozialer Medien (zB Facebook) und anonyme Blogs (Erwägungsgrund (48) MAR). **551**

Werden die Informationen zu **journalistischen** Zwecken oder in sonstiger Weise im Rahmen der Pressefreiheit und der Freiheit der Meinungsäußerung in den Medien verbreitet, kann eine informationsgestützte Marktmanipulation zu verneinen sein (Art. 21 Abs. 1 MAR). Eine Manipulation ist hier aber dennoch zu bejahen, wenn der Handelnde oder eine mit ihm in enger Beziehung stehende Person unmittelbar oder mittelbar einen Vorteil oder Gewinn aus der Offenlegung oder Verbreitung der betreffenden Information hat, oder wenn Weitergabe oder Verbreitung der Information in der „Absicht" erfolgt, den Kurs oder die Nachfrage eines Finanzinstruments „irrezuführen" (Art. 21 Abs. 2 MAR). **552**

Fehlt der Handlung objektiv bereits die **Eignung**, den Kurs des Finanzinstruments zu beeinflussen (auf eine tatsächliche Kursbeeinflussung kommt es für die Marktmanipulation als Tätigkeitsdelikt nicht an[79]), scheidet eine vollendete Marktmanipulation aus. Das ist etwa der Fall, wenn die Handlung zwar begonnen wurde, aufgrund einer technischen Fehlfunktion aber erfolglos bleibt oder der Handelsauftrag nicht ausgeführt wird (Erwägungsgrund (41) MAR). Es liegt dann ein **Versuch** vor, der nach Art. 15 MAR ebenfalls verboten ist. Das gilt auch für den Versuch, falsche oder irreführende Informationen zu verbreiten (Erwägungsgrund (47) MAR). **553**

b) Anwendungsbereich

aa) Geregelter Markt und Handelssysteme. Nach Art. 2 Abs. 1 lit. b und c MAR kann sich eine Marktmanipulation nicht nur auf Finanzinstrumente beziehen, die auf geregelten Märkten (in Deutschland: dem **regulierten Markt**[80]) zugelassen sind oder für die ein Zulassungsantrag gestellt ist, sondern auch auf solche, die in multilateralen **554**

76 *Seibt/Wollenschläger*, AG 2014, 593, 602.
77 Siehe *Seibt/Wollenschläger*, AG 2014, 593, 602.
78 *Seibt/Wollenschläger*, AG 2014, 593, 602; *Krause*, CCZ 2014, 248, 258.
79 *Seibt/Wollenschläger*, AG 2014, 593, 602.
80 *Graßl*, DB 2015, 2066.

Handelssystemen (Multilateral Trading Facilities – MTF) gehandelt werden, dort zum Handel zugelassen sind oder für die ein Antrag auf Zulassung gestellt ist, sowie auf Finanzinstrumente, die in organisierten Handelssystemen (Organised Trading Facilities – OTF) gehandelt werden.

555 Selbst wenn das nicht der Fall ist, der Kurs oder Wert eines Finanzinstruments aber von einem Finanzinstrument abhängt oder sich auf ein solches auswirkt, das erstens auf einem geregelten Markt zugelassen oder für das ein Zulassungsantrag gestellt ist, oder zweitens in einem multilateralen Handelssystem gehandelt wird, dort zugelassen oder ein Antrag auf Zulassung gestellt ist, oder drittens in einem organisierten Handelssystem gehandelt wird, ist auch hier eine Marktmanipulation verboten (Art. 2 Abs. 1 lit. d MAR). Obwohl zu den organisierten Handelssystemen auch der (private) **Freiverkehr** zählt, ist eine Einbeziehung in den Freiverkehr nicht ausreichend, wenn die Einbeziehung ausschließlich auf Betreiben Dritter erfolgt ist[81].

556 **bb) Sachlicher und örtlicher Anwendungsbereich.** In Art. 2 Abs. 2 MAR ist der Anwendungsbereich zudem über Finanzinstrumente hinaus auf Waren-Spot-Kontrakte, auf Finanzinstrumente, die auf den Kurs oder Wert eines solchen Kontrakts Auswirkung haben oder voraussichtlich haben werden, sowie auf Referenzwerte erweitert (Art. 3 Abs. 1 Nr 15, 29 MAR). Eine Marktmanipulation kann deshalb auch in der Übermittlung falscher oder irreführender Angaben oder in der Bereitstellung falscher oder irreführender Ausgangsdaten, aus denen ein Referenzwert gebildet wird (zB Libor), bestehen (Art. 12 Abs. 1 lit. d MAR)[82]. Die Marktmanipulation muss nicht auf dem Handelsplatz selbst getätigt werden. Sie kann auch unabhängig davon geschehen (Art. 2 Abs. 3 MAR). Ebenso muss die Handlung oder Unterlassung nicht unbedingt vom Gebiet der EU aus erfolgen. Sie kann auch in einem **Drittland** stattfinden.

c) Ausnahmen vom Verbot der Marktmanipulation

557 Ausgenommen vom Marktmanipulationsverbot sind unter bestimmten Voraussetzungen der Handel mit **eigenen Aktien** im Rahmen von Rückkaufprogrammen (Art. 5 Abs. 1, 2 MAR) sowie Maßnahmen zur Stabilisierung von Wertpapieren (Art. 5 Abs. 4 MAR)[83]. Auch wenn für eine Handlung, die an sich unter das Verbot fällt, legitime Gründe bestehen und sie im Einklang mit einer **zulässigen Marktpraxis** steht (Art. 13 Abs. 1 MAR), kann sie vom Verbot der Marktmanipulation ausgenommen sein (Art. 12 Abs. 1 lit. a Ziff. ii MAR)[84]. Ob eine Marktpraxis zulässig ist, legen die Aufsichtsbehörden der Mitgliedstaaten fest. Eine nationale Behörde (zB BaFin) ist nicht an die Entscheidung einer Aufsichtsbehörde in einem anderen Mitgliedstaat gebunden. Eine Marktpraxis, die in einem Mitgliedstaat als zulässig eingestuft ist, gilt nicht automatisch in den anderen Mitgliedstaaten, sondern muss dort jeweils als zulässige Marktpraxis anerkannt werden (Art. 13 Abs. 2 MAR)[85].

---

81 So *Seibt/Wollenschläger*, AG 2014, 593, 595.
82 *Seibt/Wollenschläger*, AG 2014, 593, 602.
83 Vgl ESMA, Final Report vom 28. September 2015, S. 12–20, 228–238 („Annex VII").
84 ESMA, Final Report vom 28. September 2015, S. 30–33 („Accepted Market Practices"), S. 257–273 („Annex X").
85 *Krause*, CCZ 2014, 248, 258.

2. Rechtsfolge

Rechtsfolge einer Verletzung des Marktmanipulationsverbots des Art. 15 MAR sind **aufsichtsrechtliche** und **strafrechtliche** Sanktionen. Letztere sind in der Marktmissbrauchsrichtlinie vom 16. April 2014 (CRIM-MAD) geregelt[86]. Zudem stellt sich die Frage nach zivilrechtlichen Ersatzansprüchen. **558**

a) Aufsichtsrechtliche Maßnahmen und Sanktionen

Die aufsichtsrechtlichen Folgen einer Marktmanipulation sind in Art. 30, 31 und 34 MAR geregelt. Obwohl die Marktmissbrauchsverordnung von 2014 eine EU-Verordnung ist, sind die dort aufgeführten verwaltungsrechtlichen Maßnahmen und Sanktionen nicht unmittelbar geltendes Recht, sondern lediglich Mindestvorgaben, die erst noch in nationales Recht umzusetzen sind (vgl Art. 30 Abs. 2 und 3 MAR). Materiell handelt es sich hier um eine Richtlinie. **559**

Nach Art. 30 Abs. 3 MAR müssen die zuständigen nationalen Aufsichtsbehörden insbesondere die Befugnis haben, dem für die Manipulation Verantwortlichen diese Handlung und deren Wiederholung zu untersagen **(Untersagungsverfügung)** und die durch den Verstoß erzielten Gewinne oder vermiedenen Verluste einzuziehen **(Gewinnabschöpfung)**. Zu den verwaltungsrechtlichen Sanktionen gehören neben einer öffentlichen Warnung, dem Entzug oder der Aussetzung der Zulassung als Wertpapierfirma und dem vorübergehenden oder dauerhaften Verbot, Führungsaufgaben in einer Wertpapierfirma wahrzunehmen, v.a. „verwaltungsrechtliche finanzielle Sanktionen“, dh die Verhängung von **Bußgeldern**. **560**

Die Behörde kann gegen natürliche Personen ein Bußgeld von bis zu 5 Mio. Euro festsetzen (Art. 30 Abs. 2 lit. i Ziff. i MAR), bei juristischen Personen bis zu 15 Mio. Euro oder 15 % des jährlichen Gesamtumsatzes (Art. 30 Abs. 2 lit. j Ziff. i MAR). Gehört die juristische Person als Mutter- oder Tochtergesellschaft zu einem Konzern, bemisst sich der jährliche Gesamtumsatz nach dem Konzernumsatz (Art. 30 Abs. 2 MAR). Die **Umsatzbezogenheit** der Bußgelder für juristische Personen ist für das Marktmissbrauchsrecht neu, aber aus dem Kartellrecht bereits bekannt[87]. Die genannten Mindesthöchstbeträge können überschritten werden, indem ein Bußgeld verhängt wird, das bis zur dreifachen Höhe dessen gehen kann, was der Verantwortliche durch die Marktmanipulation an Gewinn erzielt oder an Verlust vermieden hat (Art. 30 Abs. 2 lit. h MAR)[88]. **561**

b) „Naming and shaming"

Die zuständige Behörde ist **verpflichtet**, jede Entscheidung über die Verhängung einer verwaltungsrechtlichen Maßnahme oder Sanktion auf ihrer offiziellen Internetseite unverzüglich für fünf Jahre zu veröffentlichen[89], nachdem sie die von der Ent- **562**

---

86 Richtlinie 2014/57/EU über strafrechtliche Sanktionen bei Marktmanipulation (Marktmissbrauchsrichtlinie), ABl. EU Nr L 173 vom 12. Juni 2014, S. 179.

87 Vgl Leitlinien für die Bußgeldzumessung in Kartellordnungswidrigkeitenverfahren vom 25. Juni 2013, S. 2 ff; *Dannecker/Biermann*, in: Immenga/Mestmäcker, Wettbewerbsrecht, 5. Aufl., 2014, § 81 GWB Rn 6; *Graßl*, DB 2015, 2066, 2071.

88 *Seibt/Wollenschläger*, AG 2014, 593, 602 f.

89 Siehe auch den nach dem Referentenentwurf des FimanoG vorgesehenen § 18 Abs. 5 WpHG-E; nunmehr nach dem RegE des 1. FimanoG wird das in § 40d WpHG-E geregelt.

scheidung betroffenen Personen vorab über die Entscheidung informiert hat (Art. 34 Abs. 1, 3 MAR)[90]. Die Veröffentlichung hat mindestens Art und Charakter des Verstoßes (hier: Marktmanipulation) sowie die Identität der verantwortlichen Person zu beinhalten. Die Entscheidung muss dabei noch nicht rechts- oder bestandskräftig sein. Denn auch Informationen über eingelegte Rechtsbehelfe gegen die veröffentlichte Entscheidung sind auf der Internetseite bekanntzumachen (Art. 34 Abs. 2 MAR). Ist es angesichts der (fehlenden) Schwere der konkreten Marktmanipulation unverhältnismäßig, die Identität der dafür verantwortlichen Person bekanntzumachen („Persönlichkeitsrecht"), oder werden laufende Ermittlungen oder die Stabilität der Finanzmärkte durch eine Veröffentlichung gefährdet, kann die zuständige Behörde die Veröffentlichung aufschieben, in anonymisierter Weise vornehmen oder ganz darauf verzichten (Art. 34 Abs. 1 Unterabs. 2 MAR)[91].

c) Strafrechtliche Sanktionen

563 **aa) Natürliche Personen.** Die strafrechtlichen Folgen einer Marktmanipulation sind in der Marktmissbrauchsrichtlinie 2014 geregelt. Die Mindestvorgaben der Richtlinie sind noch in nationales Recht umzusetzen, wobei die Mitgliedstaaten sicherzustellen haben, dass die strafrechtlichen Sanktionen gegen eine natürliche Person wirksam, verhältnismäßig und abschreckend sind (Art. 7 Abs. 1 CRIM-MAD). Weil es sich hier lediglich um Mindestvorgaben handelt, steht es den Mitgliedstaaten frei, strengere strafrechtliche Bestimmungen zum Marktmissbrauch einzuführen oder beizubehalten (Erwägungsgrund (20) CRIM-MAD).

564 Insbesondere kann auf das Vorsatzerfordernis verzichtet werden, so dass bereits eine rücksichtslos oder grob fahrlässig begangene Marktmanipulation als Straftat eingestuft wird (Art. 5 CRIM-MAD, Erwägungsgrund (21) CRIM-MAD)[92]. Für einen Marktmissbrauch darf nicht nur dem Täter eine Strafe drohen, sondern muss auch Anstiftern und Gehilfen vorgesehen sein. Ebenso muss bereits der Versuch einer Marktmanipulation strafbar sein (Art. 6 Abs. 1 und 2 CRIM-MAD)[93]. Ein Marktmissbrauch muss zudem im Höchstmaß mit einer Freiheitsstrafe von mindestens vier Jahren bewehrt sein (Art. 7 Abs. 2 CRIM-MAD)[94].

565 **bb) Juristische Personen.** Verübt eine natürliche Person allein oder als Teil eines Organs der juristischen Person zu deren Gunsten eine Manipulation, ist dafür auch die juristische Person zur Verantwortung zu ziehen. Das setzt jedoch voraus, dass die natürliche Person eine leitende Stellung innerhalb der juristischen Person innehat. Um ein solcher Entscheidungsträger des Unternehmens zu sein, muss die Person **Vertre-**

---

90 *Seibt/Wollenschläger*, AG 2014, 593, 605, wonach der Betroffene über die Veröffentlichung vorab zu informieren sein soll.

91 *Seibt/Wollenschläger*, AG 2014, 593, 605.

92 Kritisch *Bator*, BKR 2016, 1 ff.

93 Siehe den nach dem Referentenentwurf des FimanoG vorgesehenen § 108 Abs. 2 WpHG-E; dies ist nun nach dem RegE des 1. FimanoG der § 38 Abs. 4 WpHG-E.

94 Siehe den nach dem Referentenentwurf des FimanoG vorgesehenen § 108 Abs. 1 WpHG-E, wonach die Freiheitsstrafe bis zu fünf Jahre und in einem besonders schweren Fall sogar bis zu zehn Jahre betragen soll (§ 108 Abs. 3 WpHG-E); daran hält nun der RegE des 1. FimanoG in § 38 Abs. 1 und 6 WpHG-E fest.

tungsmacht für die juristische Person haben (zB Vorstandsmitglied einer AG, § 78 Abs. 1 Satz 1 AktG, Geschäftsführer einer GmbH, § 35 Abs. 1 Satz 1 GmbHG), die Befugnis besitzen, Entscheidungen im Namen der juristischen Person zu treffen, oder eine Kontrollbefugnis innerhalb des Unternehmens ausüben (zB Aufsichtsratsmitglied, § 111 Abs. 1 AktG) (Art. 8 Abs. 1 CRIM-MAD)[95]. Die Verantwortung der juristischen Person erstreckt sich jedoch nicht nur auf einen Marktmissbrauch, den ihre Entscheidungsträger unmittelbar begangen haben. Hat ein Entscheidungsträger die ihm unterstellten Personen **unzureichend überwacht** oder kontrolliert und so einen Marktmissbrauch erst ermöglicht, ist die juristische Person auch hierfür verantwortlich (Art. 8 Abs. 2 CRIM-MAD).

Ebenso wie bei der Marktmanipulation einer natürlichen Person müssen die Sanktionen gegen eine juristische Person effektiv, angemessen und abschreckend sein. Sie müssen zumindest „Geldstrafen und nichtstrafrechtliche Geldbußen“ umfassen (Art. 9 CRIM-MAD). Eine Marktmanipulation, für die eine juristische Person verantwortlich ist, kann demnach an sich nicht nur eine Ordnungswidrigkeit sein, vielmehr muss es auch möglich sein, sie als Straftat einzustufen. Nach deutschem Recht gibt es bisher aber kein echtes Unternehmensstrafrecht. Ein Unternehmen ist ausschließlich im Bereich der **Ordnungswidrigkeiten** verantwortlich (vgl § 30 OWiG). Auch wenn in Art. 9 CRIM-MAD von einer „Geldstrafe“ die Rede ist, relativiert Erwägungsgrund (18) den scheinbar eindeutigen Wortlaut, wonach die Mitgliedstaaten nur „gegebenenfalls“ und nur „soweit ihr nationales Recht eine strafrechtliche Verantwortlichkeit von juristischen Personen vorsieht“ (was in Deutschland nicht der Fall ist), den Marktmissbrauch, für den eine juristische Person verantwortlich ist, strafrechtlich ahnden müssen[96]. Demgemäß reicht in Deutschland (auch weiterhin) die Verhängung eines **Bußgelds** aus, um die Vorgaben der Marktmissbrauchsrichtlinie 2014 (CRIM-MAD) zu erfüllen. Ein echtes Unternehmensstrafrecht ist dadurch nicht zwingend gefordert[97]. 566

Neben Bußgeldern (und Geldstrafen) können die Mitgliedstaaten als Sanktion vorsehen, dass die juristische Person von öffentlichen Subventionen ausgeschlossen, ihr vorübergehend oder ständig untersagt wird, eine Handelstätigkeit auszuüben, sie unter richterliche Aufsicht gestellt wird, die für die Marktmanipulation genutzten Einrichtungen vorübergehend oder endgültig geschlossen werden oder die juristische Person aufgelöst wird (Art. 9 CRIM-MAD). Neben der juristischen Person bleibt die natürliche Person, welche die Marktmanipulation als Täter, Anstifter oder Gehilfe verübt hat, strafrechtlich verantwortlich (Art. 8 Abs. 3 CRIM-MAD). 567

d) Zivilrechtliche Rechtsfolgen

Weder die MAR noch die CRIM-MAD sehen eine zivilrechtliche Sanktion als Folge einer Marktmanipulation vor. Gleichwohl können im Grundsatz Vorschriften der MAR Schutzgesetze iS des § 823 Abs. 2 BGB sein, da eine EU-Verordnung eine Rechtsnorm iS des Art. 2 EGBGB (unmittelbar geltendes Recht) ist[98]. Generell könn- 568

95 *Krause*, CCZ 2014, 248, 259.
96 Siehe auch *Seibt/Wollenschläger*, AG 2014, 593, 606.
97 *Seibt/Wollenschläger*, AG 2014, 593, 606.
98 BGHZ 188, 326 Rn 16.

te daher ein Geschädigter von der Person, die für den Marktmissbrauch verantwortlich ist, zivilrechtlich Schadensersatz verlangen. Damit eine Norm Schutzgesetz ist, muss sie aber „nach Inhalt und Zweck zumindest auch dazu dienen, einen Einzelnen oder einzelne Personenkreise gegen die Verletzung eines bestimmten Rechtsguts zu schützen"[99]. Die Vorschriften der MAR sind nach Inhalt und Zweck nicht einmal „zumindest auch" individualschützend. Nach Erwägungsgrund (2) soll durch die MAR die Marktintegrität und das Vertrauen der Öffentlichkeit in die Märkte geschützt werden. Es geht hier ausschließlich um die Allgemeinheit, nicht um den einzelnen Anleger, der eventuell durch eine Marktmanipulation geschädigt wird. Auch knüpft die MAR keine zivilrechtlichen Rechtsfolgen an eine Marktmanipulation[100].

569 Eine **Schutzgesetzeigenschaft** der Vorschriften der MAR folgt auch nicht aus dem Grundsatz, dass EU-Recht von den Mitgliedstaaten effektiv durchgesetzt werden muss („effet utile")[101]. Damit ein Verstoß gegen die MAR mit Sanktionen versehen ist, die „wirksam, verhältnismäßig und abschreckend" sind[102], ist es nicht notwendig, dass die durch eine Marktmanipulation geschädigten Anleger einen zivilrechtlichen Schadensersatzanspruch haben („private enforcement"). Durch die Vorgaben der MAR sowie der CRIM-MAD wird eine Marktmanipulation bereits ausreichend verwaltungs- und strafrechtlich sanktioniert, zumal die Sanktionen hier drastisch verschärft worden sind. Ein privatrechtlicher Schadensersatzanspruch ist aber nur dann erforderlich, wenn ein Verstoß gegen eine Norm des EU-Rechts andernfalls „regelmäßig sanktionslos bliebe"[103]. Das ist bei einer Marktmanipulation gerade nicht der Fall. Die Normen der MAR kommen daher nicht als Schutzgesetze iS des § 823 Abs. 2 BGB in Betracht.

570 **Lösung Fall 11 (Rn 518):** R könnte durch den Erwerb der Aktien in der Absicht, diese anschließend dem A zum Erwerb zu empfehlen, um sie dann bei (aufgrund der Empfehlung) steigendem Kurs wieder zu verkaufen (Scalping) gegen das Verbot der Marktmanipulation verstoßen haben und daher nach **§§ 38 Abs. 2, 39 Abs. 2 Nr 11, 20a Abs. 1 Satz 1 Nr 1 WpHG** (unrichtige oder irreführende Angabe) strafbar sein[104]. Da die MAR erst ab dem 3. Juli 2016 gilt, findet hier noch § 20a WpHG Anwendung. R müsste zunächst unrichtige oder irreführende Angaben gemacht haben, die geeignet sind, auf den Börsen- oder Marktpreis einzuwirken. Die Empfehlung des R an A müsste eine Angabe iS des § 20a Abs. 1 Satz 1 Nr 1 WpHG darstellen. Zwar beinhaltet der Begriff „Angabe" zunächst nur Tatsachen und damit dem Beweis zugängliche Geschehnisse der Gegenwart oder Vergangenheit, doch werden vom Begriff der Angabe auch Prognosen und Werturteile erfasst, sofern diese einen Tatsachenkern enthalten. Daher ist grundsätzlich auch eine Empfehlung eine Angabe.

99 So ausdrücklich BGHZ 188, 326 Rn 17.

100 KölnerKommWpHG/*Mock*, § 20a WpHG Rn 58.

101 AA *Hellgardt*, AG 2012, 154, 155 (Drittschutz bejaht, da die Durchsetzung des EU-Rechts verstärkt werde). In der zitierten Rechtsprechung des EuGH (17. September 2002, C-253/00, Slg. 2002, I-7289, Rn 30, „Munoz") ist aber nur von der „vollen Wirksamkeit der Regelung", dh des EU-Rechts, die Rede, die aber bereits dann erreicht sein kann, wenn ein Verstoß gegen das EU-Recht verwaltungs- und strafrechtlich sanktioniert ist. BGHZ 190, 145 Rn 24 („ORWI") lässt es daher in einem Urteil zum Kartellrecht zu Recht offen, ob eine Eigenschaft als Schutzgesetz iS des § 823 Abs. 2 BGB zwingend aus EU-Recht folgt.

102 Vgl MünchKommBGB/*Wagner*, 6. Aufl., 2013, § 823 BGB Rn 391.

103 BGHZ 188, 326 Rn 24; MünchKommBGB/*Wagner*, 6. Aufl., 2013, § 823 BGB Rn 391.

104 Vgl auch *Langenbucher*, § 16 Rn 26 f.

Auch wenn aber die Empfehlung des R eine Angabe iS des § 20a Abs. 1 Satz 1 Nr 1 WpHG darstellt, ist diese nicht unrichtig. Der Sachverhalt enthält keine Anhaltspunkte, dass die Empfehlung des R auf einer bewusst falschen Grundlage erfolgte, also von keinem redlichen Analysten abgegeben worden wäre, und damit als völlig unvertretbar erscheint[105]. Die Empfehlung des R ist auch nicht irreführend, da R die Empfehlung nicht so darstellte, dass der Empfänger – hier A – einer falschen Vorstellung über den Sachverhalt unterlag. Es wurde vielmehr deutlich, dass es sich hierbei um eine Einschätzung der weiteren Kursentwicklung handelte.

R könnte sich nach **§§ 38 Abs. 2, 39 Abs. 1 Nr 2, 20a Abs. 1 Satz 1 Nr 3 WpHG** (sonstige Täuschung) strafbar gemacht haben. Im **objektiven Tatbestand** muss R eine sonstige Täuschungshandlung vorgenommen haben. Als solche Täuschungshandlung kommt hier die Kaufempfehlung an A in Betracht. Täuschung ist das Hervorrufen einer Fehlvorstellung über Tatsachen. Indem R dem A den Kauf der Aktien empfohlen hat, ohne offenzulegen, dass er die Empfehlung (auch) zur Kursbeeinflussung und zum persönlichen Gewinn abgegeben hat, hat R bei A durch aktives Tun eine Fehlvorstellung hervorgerufen. Dies gilt unabhängig davon, dass die Empfehlung berechtigt war; denn dadurch, dass die Empfehlung mit dem Ziel der Kursbeeinflussung abgegeben wurde, hat R über sein eigentliches Motiv für seine Empfehlung getäuscht. Auf das den Aktien innewohnende Potenzial kommt es dabei nicht an[106]. Die Empfehlung des R ist daher als sonstige Täuschungshandlung iS des § 20a Abs. 1 Satz 1 Nr 3 WpHG anzusehen. Auch § 20a Abs. 6 WpHG ändert hieran nichts, da dieser sich zum einen nur auf § 20a Abs. 1 Satz 1 Nr 1 WpHG bezieht und zum anderen R einen Nutzen aus der Kaufempfehlung an A gezogen hat. Als weitere Voraussetzung muss die Kaufempfehlung an A auch tatsächlich auf den Börsen- oder Marktpreis der empfohlenen Aktien eingewirkt haben. Die Eignung zur Kursbeeinflussung allein reicht für die Strafbarkeit nach § 38 Abs. 2 WpHG im Gegensatz zum bloßen Verstoß gegen § 20a WpHG nicht aus. Im vorliegenden Fall ist es zu einem Kursanstieg gekommen, der über die Aktienkäufe des A auch auf die Empfehlung des R zurückzuführen ist. Die Kaufempfehlung des R hat demnach tatsächlich auf den Börsenpreis der empfohlenen Aktien eingewirkt.

Im **subjektiven Tatbestand** ist erforderlich, dass R vorsätzlich (§ 15 StGB) bzgl aller objektiven Tatbestandsmerkmale handelte. Er muss es zumindest für möglich gehalten haben, dass bei den Anlegern – hier A – falsche Vorstellungen über die wahren Umstände hervorgerufen wurden. R wusste, dass er A über sein wahres Motiv täuschte, indem er die Kaufempfehlung abgab, ohne gleichzeitig seinen Interessenkonflikt zu offenbaren. Er wollte zudem durch seine Empfehlung an A den Kurs der Wertpapiere auch tatsächlich beeinflussen. Das war gerade seine Absicht. Die Tat des R ist auch rechtswidrig und schuldhaft, so dass sich R nach §§ 38 Abs. 2, 39 Abs. 1 Nr 2, 20a Abs. 1 Satz 1 Nr 3 WpHG strafbar gemacht hat.

105 *Eichelberger*, WM 2003, 2121, 2125.
106 BGH NJW 2004, 302, 304; siehe auch *Fleischer*, DB 2004, 51, 53 f.

§ 8 Mitteilungs- und Veröffentlichungspflichten bei Veränderung des Stimmrechtsanteils (§§ 21 ff WpHG)

Ausgewählte Literatur: *Brandt*, Stimmrechtsmitteilungen nach §§ 21, 25, 25a, 27a WpHG im Aktienemissionsgeschäft, WM 2014, 543; *Brouwer*, Stimmrechtsverlust de lege ferenda bei unterlassener Meldung potentieller Stimmrechte (§§ 25, 25a WpHG), AG 2012, 78; *von Bülow/Stephanblome*, Acting in Concert und neue Offenlegungspflichten nach dem Risikobegrenzungsgesetz, ZIP 2008, 1797; *Burgard/Heimann*, Beteiligungspublizität nach dem Regierungsentwurf eines Gesetzes zur Umsetzung der Transparenzrichtlinie-Änderungsrichtlinie, WM 2015, 1445; *Fleischer*, Rechtsverlust nach § 28 WpHG und entschuldbarer Rechtsirrtum des Meldepflichtigen, DB 2009, 1335; *Fleischer/Schmolke*, Kapitalmarktrechtliche Beteiligungstransparenz nach §§ 21 ff WpHG und „Hidden Ownership", ZIP 2008, 1501; *dies.*, Das Anschleichen an eine börsennotierte Aktiengesellschaft – Überlegungen zur Beteiligungstransparenz de lege lata und de lege ferenda, NZG 2009, 401; *Habersack*, Beteiligungstransparenz adieu? Lehren aus dem Fall Continental/Schaeffler, AG 2008, 817; *Nartowska/Walla*, Das Sanktionsregime für Verstöße gegen die Beteiligungstransparenz nach der Transparenzrichtlinie 2013, AG 2014, 891; *Parmentier*, Die Revision der EU-Transparenzrichtlinie für börsennotierte Unternehmen, AG 2014, 15; *Schilha*, Umsetzung der EU-Transparenzrichtlinie 2013: Neuregelung zur Beteiligungspublizität und periodischen Finanzberichterstattung, DB 2015, 1821; *Seibt*, Der (Stimm-)Rechtsverlust als Sanktion für die Nichterfüllung kapitalmarktrechtlicher Mitteilungspflichten im Lichte des Vorschlags der Europäischen Kommission zur Reform der Transparenzrichtlinie, ZIP 2012, 797; *Seibt/Wollenschläger*, Revision des Europäischen Transparenzregimes: Regelungsinhalte der TRL 2013 und Umsetzungsbedarf, ZIP 2014, 545; *Veil*, Wie viel „Enforcement" ist notwendig? Zur Reform des Instrumentenmix bei der Sanktionierung kapitalmarktrechtlicher Mitteilungspflichten gemäß §§ 21 ff WpHG, ZHR 175 (2011), 83; *ders.*, Auf dem Weg zu einem Europäischen Kapitalmarktrecht: die Vorschläge der Kommission zur Neuregelung der Transparenzregime, WM 2012, 53; *ders.*, Stimmrechtsverlust nach dem Kommissionsvorschlag zur Neuregelung kapitalmarktrechtlicher Beteiligungstransparenz, BB 2012, 1374; *Veil/Dolff*, Kapitalmarktrechtliche Mitteilungspflichten des Treuhänders: Grundsätze und Grenzen der Zurechnung von Stimmrechtsanteilen nach § 22 WpHG, AG 2010, 385.

571 **Fall 12:** Die X-AG mit Sitz in Hannover war ursprünglich nur im Schiffsbau tätig. Später erweiterte sie ihren Unternehmensgegenstand auf die Schifffahrtssparte und die Logistikbranche. In den letzten Jahren brachte nur das Logistikgeschäft erhebliche Gewinne. Die Großaktionäre A, B und C beschließen deshalb, auf der nächsten Hauptversammlung den Unternehmensgegenstand auf die Logistiksparte zu begrenzen. Das Grundkapital der X-AG beträgt 1 Mio. Euro. Es ist eingeteilt in 1 Mio. Stückaktien mit einem rechnerischen Anteil am Grundkapital von 1,00 Euro. A verfügt derzeit über 190 000 Aktien (19 %), B über 250 000 Aktien (25 %) und C über 255 000 Aktien (25,5 %), die restlichen Aktien befinden sich im Streubesitz von Kleinaktionären. Da für eine Satzungsänderung eine Mehrheit von mindestens drei Vierteln des bei der Beschlussfassung vertretenen Grundkapitals erforderlich ist und A, B und C sicherstellen wollen, dass sie in jedem Fall gemeinsam über die notwendige Mehrheit verfügen, entschließen sie sich zu folgendem Vorgehen: A soll weitere 60 000 Aktien erwerben, so dass alle gemeinsam 75,5 % der Stimmrechte besitzen. Die Kleinaktionäre sind überwiegend Beschäftigte auf den Werften der X-AG, so dass A, B und C organisierte Proteste der Kleinaktionäre und eine negative Pressekampagne befürchten. Um dies möglichst auszuschließen, soll A erst kurz vor der Hauptversammlung den Er-

werb der zusätzlichen 60 000 Aktien der X-AG und der BaFin mitteilen. Absprachegemäß erwirbt A die 60 000 Aktien bereits Monate vor der Hauptversammlung, gegenüber der X-AG und der BaFin teilt er den Erwerb und das Erreichen der 25 %-Schwelle erst kurz vor der Hauptversammlung mit.

Mit den Stimmen von A, B und C und gegen die Stimmen der restlichen Aktionäre fasst die Hauptversammlung den Beschluss, den Unternehmensgegenstand der X-AG auf den Logistikbereich zu beschränken. In der Hauptversammlung erklärt der Kleinaktionär K Widerspruch gegen diesen Beschluss zur Niederschrift und erhebt wenige Tage später Anfechtungsklage vor dem Landgericht Hannover. Hat die Klage Aussicht auf Erfolg? **Rn 656**

Fall 13: Wie **Fall 12**, aber A teilt der X-AG und der BaFin unverzüglich, doch bewusst in falscher Höhe, den Aktienerwerb mit. So meldet A nur den Erwerb von 40 000 Aktien und damit das Überschreiten der 20 %-Schwelle. Erst kurz vor der Hauptversammlung korrigiert A die unrichtige Mitteilung und gibt gegenüber der X-AG und der BaFin den Erwerb von 60 000 Aktien und das Erreichen der 25 %-Schwelle an. Hat die Klage Aussicht auf Erfolg? **Rn 657** **572**

I. Einführung

Das Recht der Stimmrechtsmitteilungen in den §§ 21 ff WpHG hat zuletzt mit der am 20. November 2015 erfolgten Umsetzung der Transparenzrichtlinie-Änderungsrichtlinie Erweiterungen erfahren[1]. Einzelheiten bzgl der Offenlegung regelt die Wertpapierhandelsanzeige- und Insiderverzeichnisverordnung (WpAIV). **573**

Wer durch Erwerb, Veräußerung oder auf sonstige Weise 3, 5, 10, 15, 20, 25, 30, 50 oder 75 % der Stimmrechte[2] an einem Emittenten, für den Herkunftsstaat die Bundesrepublik Deutschland ist (§ 2 Abs. 6 WpHG), erreicht, überschreitet oder unterschreitet (Meldepflichtiger), hat dies nach § 21 Abs. 1 Satz 1 WpHG der Gesellschaft und der BaFin[3] unverzüglich, spätestens innerhalb von vier Handelstagen[4], unter Angabe der Höhe seines Stimmrechtsanteils schriftlich mitzuteilen **(Transparenzgebot)**. Ziel der Regelung ist es, den Kapitalmarkt schnell über wesentliche Veränderungen der Stimmrechtsverhältnisse einer börsennotierten Gesellschaft zu informieren[5]. Es geht um eine Stärkung des Anlegervertrauens und damit um die Funktionsfähigkeit des Kapitalmarkts. Die Zusammensetzung des Aktionärskreises hat wesentlichen Ein- **574**

---

1 Siehe BGBl. I, S. 2029; ursprünglich war mit dem Referentenentwurf des FimanoG geplant gewesen, dies in den §§ 29 ff WpHG-E zu regeln, der RegE des 1. FimanoG behält aber die alte Nummerierung bei.

2 Zur Möglichkeit der Einführung zusätzlicher Meldeschwellen durch die Transparenzrichtlinie 2013 *Seibt/Wollenschläger*, ZIP 2014, 545, 548; kritisch bzgl eines Nichtaufgreifens durch den deutschen Gesetzgeber *Burgard/Heimann*, WM 2015, 1445, 1446.

3 Siehe die Stimmrechtsdatenbank der BaFin, abrufbar über www.bafin.de, unter „Datenbanken und Listen"; kritisch *Wackerbarth/Eisenhardt*, Gesellschaftsrecht II, 2013, Rn 871.

4 Nach § 30 Abs. 1 WpHG gelten als Handelstage alle Kalendertage, die nicht Sonnabende, Sonntage oder zumindest in einem Land landeseinheitlich gesetzlich anerkannte Feiertage sind. Nach § 30 Abs. 2 WpHG stellt die BaFin einen Kalender der Handelstage auf ihrer Webseite zur Verfügung.

5 Im Jahre 2014 wurden von Aktionären börsennotierter Gesellschaften insgesamt 6111 Veränderungen von Stimmrechtsanteilen, siehe BaFin, Jahresbericht 2014 vom 12. Mai 2015, S. 227.

fluss auf die Kursentwicklung einer Aktie, da daraus Rückschlüsse auf die weitere Entwicklung des Emittenten gezogen werden können[6]. Außerdem kann durch die Information von Handelsteilnehmern und Anlegern dem Missbrauch von Insiderwissen entgegengewirkt werden[7].

575 Die Pflicht zur Offenlegung erstreckt sich im Wesentlichen auf zwei Bereiche[8]: In § 21 WpHG ist die Meldepflicht bei Stimmrechten aus Aktien, in § 25 WpHG bei sonstigen Instrumenten geregelt und § 25a WpHG sieht eine Meldepflicht für die Summe der nach §§ 21 und 25 WpHG bestehenden Stimmrechte vor. Außerhalb dieses Mitteilungssystems verlangt § 27a WpHG zudem eine gesonderte Mitteilung des Investors bei Erreichen von 10 % der Stimmrechte. Nunmehr sind sämtliche Stimmrechtsmeldungen nach §§ 21, 25 oder 25a WpHG der BaFin zwingend und in einem einzigen Meldeformular zu melden (§ 17 Abs. 1 WpAIV). Die Mitteilungs- und Veröffentlichungspflichten bestehen unabhängig von möglichen Ad-hoc-Mitteilungspflichten nach § 15 Abs. 1 WpHG[9] oder von „Wasserstandsmeldungen“ nach § 23 Abs. 1 WpHG[10].

576 Die §§ 21 ff WpHG stellen eine Umsetzung der Transparenzrichtlinien von 1988[11], 2004[12] und 2013[13] dar. Es hat eine richtlinienkonforme **Auslegung** zu erfolgen, dh die Zielsetzungen und der Inhalt der Richtlinien sind zu berücksichtigen[14]. Insbesondere die Umsetzung der Transparenzrichtlinie von 2013 zum November 2015[15] brachte erhebliche Verschärfungen mit sich. Allerdings wurden die Mitteilungs- und Veröffentlichungspflichten insgesamt nicht – wie von manchen gefordert – verkürzt[16]. Andere Fortentwicklungen der §§ 21 ff WpHG beruhen auf rein nationalen Regelungen wie dem Risikobegrenzungsgesetz (RBG)[17] oder dem Anlegerschutz- und Funktionsverbesserungsgesetz (AnsFuG)[18]. Die §§ 21 ff WpHG sind überdies im Zusammenhang mit den Offenlegungs- und Meldepflichten in anderen Gesetzen zu sehen[19].

---

6 Begr. RegE 2. FMFG, BT-Drucks. 12/6679, S. 33, 52.

7 Begr. RegE 2. FMFG, BT-Drucks. 12/6679, S. 52; zu empirischen Befunden *Veil/Ruckes/Limbach/Doumet*, ZGR 2015, 709 ff.

8 *U.H. Schneider*, AG 2011, 645, 646.

9 KölnerKommWpHG/*Hirte*, § 21 WpHG Rn 56 f.

10 KölnerKommWpHG/*Hirte*, § 21 WpHG Rn 58.

11 ABl. EG Nr L 348 vom 17. Dezember 1988, S. 62, aufgegangen in der Richtlinie 2001/34/EG vom 25. Mai 2001, ABl. EG Nr L 184 vom 6. Juli 2001, S. 1, ber. ABl. EG Nr L 217 vom 11. August 2001, S. 18.

12 Richtlinie 2004/109/EG, ABl. EU Nr L 390 vom 31. Dezember 2004, S. 38; siehe Transparenzrichtlinie-Umsetzungsgesetz vom 5. Januar 2007, BGBl. I, S. 10.

13 Richtlinie 2013/50/EU vom 22. Oktober 2013, ABl. EU Nr L 294 vom 6. November 2013, S. 13.

14 *Opitz*, in: Schäfer/Hamann, Vor § 21 WpHG Rn 10.

15 BGBl. I, S. 2029.

16 Kritisch hierzu *Burgard/Heimann*, WM 2015, 1445, 1447 f.

17 Gesetz vom 12. August 2008 (BGBl. I, S. 1666).

18 Gesetz zur Stärkung des Anlegerschutzes und Verbesserung der Funktionsfähigkeit des Kapitalmarktes vom 5. April 2011, BGBl. I, S. 538.

19 Ausführlich hierzu *U.H. Schneider*, in: Assmann/U.H. Schneider, Vor § 21 WpHG Rn 60 ff; zu den aktienrechtlichen Mitteilungspflichten *Langenbucher*, § 17 Rn 90 ff.

II. Mitteilungspflichten des Anlegers

1. Mitteilungspflicht nach § 21 WpHG

Nach § 21 Abs. 1 WpHG hat ein Anleger unter bestimmten Voraussetzungen Abweichungen des Stimmrechtsanteils der Gesellschaft und der BaFin unverzüglich, spätestens innerhalb von vier Handelstagen[20], mitzuteilen. Die Mitteilungspflicht beginnt mit Kenntnis oder fahrlässiger Unkenntnis des Meldepflichtigen vom Berühren einer der in § 21 Abs. 1 Satz 1 WpHG genannten Schwellen (§ 21 Abs. 1 Satz 3 WpHG). Gemäß § 21 Abs. 1 Satz 4 WpHG wird dabei seit der Umsetzung der Transparenzrichtlinie von 2013 zum November 2015 **unwiderleglich** vermutet, dass der Meldepflichtige innerhalb von zwei Handelstagen Kenntnis vom Erreichen, Über- oder Unterschreiten des Schwellenwerts hat. Hat sich der prozentuale Stimmrechtsanteil des Meldepflichtigen jedoch nicht deshalb verändert, weil sich sein Anteil an der Gesamtzahl der Stimmrechte durch eigene Aktivität erhöht oder verringert hat (aktive Schwellenberührung), sondern weil sich die Gesamtzahl der Stimmrechte beim Emittenten etwa aufgrund von **Kapitalmaßnahmen** der Gesellschaft zu- oder abgenommen hat (passive Schwellenberührung), beginnt die Frist abweichend von § 21 Abs. 1 Satz 3 WpHG erst mit positiver Kenntnis des Meldepflichtigen (§ 21 Abs. 1 Satz 5 WpHG). Liegt keine positive Kenntnis vor, orientiert sich der Fristbeginn am Zeitpunkt der Veröffentlichung der Gesamtzahl der Stimmrechte durch den Emittenten nach § 26a WpHG[21]. 577

Voraussetzung für eine Mitteilungspflicht nach § 21 WpHG ist, dass es sich um einen Emittenten handelt, dessen Herkunftsstaat die Bundesrepublik Deutschland (§ 2 Abs. 6 WpHG) ist. Außerdem sind nach § 21 Abs. 2 WpHG nur Emittenten erfasst, deren Aktien zum Handel an einem organisierten Markt (§ 2 Abs. 5 WpHG)[22] zugelassen sind. Daher wird der **Freiverkehr/Open Market nicht** erfasst. **Normadressat**, dh Meldepflichtiger, kann jeder Anleger sein[23]. 578

Die Meldepflicht setzt schon bei Erreichen von **3 % der Stimmrechte** ein und ist damit strenger als die Mindestregelung in der Transparenzrichtlinie (5 %). Es hat grundsätzlich eine **schriftliche** Mitteilung oder eine solche per Telefax[24] in deutscher oder englischer Sprache an den Emittenten und die BaFin zu erfolgen (§ 18 Satz 1 WpAIV). Alternativ kann der Meldepflichtige die Mitteilung an die BaFin auch über ein von ihr bereitgestelltes elektronisches Verfahren übersenden (§ 18 Satz 2 WpAIV). Für sämtliche Mitteilungen an die BaFin und den Emittenten muss der Meldepflichtige inzwischen ein **Formular** verwenden, das der WpAIV als Anlage beigefügt ist (§ 17 Abs. 1 WpAIV)[25]. Hierin sind v.a. der Schwellenwert, das Datum der Schwellenberührung, die Höhe des jetzt gehaltenen Stimmrechtsanteils (§ 17 Abs. 1 Nr 5 WpAIV) und die verwirklichten Zurechnungstatbestände anzugeben. 579

20 Siehe Rn 573; *Hutter/Kaulamo*, NJW 2007, 471, 476.

21 Begr. RegE zur Umsetzung der Transparenzrichtlinie-Änderungsrichtlinie, BT-Drucks. 18/5010, S. 44; *Schilha*, DB 2015, 1821, 1824; siehe Rn 649 f.

22 Siehe Rn 74 ff.

23 Zur Nichterfassung des Legitimationsaktionärs *Nartowska*, NZG 2013, 124 ff.

24 Vgl Emittentenleitfaden der BaFin, Stand: 22. Juli 2013, Ziff. VIII.2.3.9.3.

25 Das Formular ist ausschließlich in deutscher Sprache abgefasst, so dass eine Mitteilung in englischer Sprache nunmehr auszuscheiden scheint.

580 Bei der **Stimmrechtsberechnung** darf der Anleger hinsichtlich seiner Stimmrechtsquote auf die Veröffentlichung des Emittenten zurückgreifen[26]. Nach § 26a Abs. 1 WpHG hat letzterer die Gesamtzahl der Stimmrechte[27] unverzüglich, spätestens innerhalb von zwei Handelstagen, nachdem es zu einer Zu- oder Abnahme von Stimmrechten gekommen ist, gemäß den Vorgaben der WpAIV zu veröffentlichen[28]. Es sind grundsätzlich nur **Stammaktien** zu berücksichtigen. Stimmrechtslose Vorzugsaktien (§§ 12 Abs. 1 Satz 2, 139 Abs. 1 AktG) bleiben regelmäßig außer Betracht, wenn nicht den Vorzugsaktionären aus § 140 Abs. 2 AktG (Rechte der Vorzugsaktionäre) ein Stimmrecht zusteht[29].

581 Die Anzahl der Stimmrechte („Zähler") ist in Verhältnis zur Gesamtstimmrechtszahl (Gesamtzahl der ausgegebenen Stimmrechtsaktien, „Nenner") zu setzen, die sich etwa durch eine Kapitalerhöhung oder -herabsetzung verändern kann. Auch wenn sich der Anleger zur Bestimmung der Gesamtstimmrechtszahl auf die Mitteilungen nach § 26a WpHG beziehen kann, wird teilweise dennoch eine Nachforschungspflicht des Anlegers bzw Mitteilungspflichtigen angenommen[30]. **Eigene Aktien** sind bei der Berechnung der Gesamtstimmrechte („Nenner") nicht einzubeziehen[31]. War dies zeitweise umstritten, findet sich nun in § 17 Abs. 1 Nr 5 WpAIV eine Klarstellung. Ob eigene Aktien im „Zähler" (Stimmrechtsanzahl) eine Rolle spielen, war lange umstritten. Die BaFin hatte dies bejaht und die Stimmrechte aus eigenen Aktien dem kontrollierenden Aktionär zugerechnet. Nach der neuen Verwaltungspraxis der BaFin soll das nunmehr nicht mehr der Fall sein[32]

582 Die jeweilige Stimmrechtsquote muss im Falle einer aktiven Schwellenberührung nach § 21 Abs. 1 Satz 1 WpHG durch „Erwerb, Veräußerung oder auf sonstige Weise" erreicht werden. Im Hinblick auf das Erfordernis **„Erwerb"** und „Veräußerung" war bisher fraglich, ob von der Meldepflicht auch solche Aktienanteile erfasst sind, für die zwar ein Kaufvertrag abgeschlossen wurde, deren Übereignung aber noch nicht erfolgt ist. Die hM sah einen Erwerb iS des § 21 WpHG erst nach einer dinglichen Übertragung der Aktien (Einbuchung in das Depot) als gegeben an[33]. Nach dem mit der Richtlinienumsetzung im Jahre 2015 eingefügten § 21 Abs. 1 Satz 1b WpHG „gehören" dem Erwerber nunmehr Aktien schon dann, wenn er einen unbedingten und ohne zeitliche Verzögerung zu erfüllenden Anspruch auf deren Übertragung hat. Es kommt also nicht auf die sachenrechtliche Übereignung an, sondern es genügt bereits der Abschluss des schuldrechtlichen **Kaufvertrags** für einen „Erwerb" oder eine „Veräußerung" iS des § 21 Abs. 1 Satz 1 WpHG.[34]

---

26 *Krämer/Heinrich*, ZIP 2009, 1737, 1742 f.

27 Dazu *Nodoushani*, WM 2008, 1671, 1672 f.

28 Siehe Rn 649 f.

29 *U.H. Schneider*, in: Assmann/U.H. Schneider, § 21 WpHG Rn 45 ff; *Opitz*, in: Schäfer/Hamann, § 21 WpHG Rn 16; *Michel*, in: Just/Voß/Ritz/Becker, § 21 WpHG Rn 49.

30 *Michel*, in: Just/Voß/Ritz/Becker, § 21 WpHG Rn 44.

31 Emittentenleitfaden der BaFin, Stand: 22. Juli 2013, Ziff. VIII.2.3.2.; *U.H. Schneider*, in: Assmann/U.H. Schneider, § 21 WpHG Rn 56 ff; *Michel*, in: Just/Voß/Ritz/Becker, § 21 WpHG Rn 45; KölnerKommWpHG/*Hirte*, § 21 WpHG Rn 76; aA *Schwark*, in: Schwark/Zimmer, KMRK, § 21 WpHG Rn 14.

32 Siehe BaFin Journal 12/2014, S. 5; siehe auch unter www.bafin.de unter Daten und Dokumente vom 1. Dezember 2014; dazu *Krause*, AG 2015, 553 ff.

33 *Schwark*, in: Schwark/Zimmer, KMRK, § 21 WpHG, Rn 17.

34 Begr. RegE zur Umsetzung der Transparenzrichtlinie-Änderungsrichtlinie, BT-Drucks. 18/5010, S. 44; *Schilha*, DB 2015, 1821, 1824 f.

Damit wird die Meldeschwelle zeitlich nach vorn verlagert. Grund hierfür ist u. a. das Bestreben einer Harmonisierung, da andere Mitgliedstaaten keine Differenzierung zwischen Verpflichtungs- und Verfügungsgeschäft kennen. Erfasst werden aber nur Kaufverträge, bei denen die Aktien „ohne zeitliche Verzögerung" übertragen werden. Eine solche sofortige Lieferung liegt in Abgrenzung zum Termingeschäft (§ 2 Abs. 2 Nr 1 WpHG) auch dann noch vor, wenn das Wertpapiergeschäft innerhalb einer Frist abgewickelt werden soll, die im jeweiligen Markt üblicherweise als sofortige Lieferung akzeptiert wird. Das ist in der Regel der Fall, wenn die sachenrechtliche Übertragung spätestens am zweiten Handelstag nach Abschluss des Kaufvertrags erfolgen soll[35]. **583**

Damit, dass die kritischen Schwellen **„auf sonstige Weise"** erreicht werden, sind insbesondere die Fälle gemeint, in denen eine Meldepflicht durch Stimmrechtszurechnung (§ 22 WpHG) entsteht[36]. Dazu gehören auch Kapitalerhöhungen oder -herabsetzungen und Gesamtrechtsnachfolgen im Erbfall[37]. **584**

2. Zurechnung von Stimmrechten (§ 22 WpHG)

In der Mitteilung an die Gesellschaft und an die BaFin ist die **Höhe des Stimmrechtsanteils** (prozentualer Anteil und Zahl der Stimmrechte[38]) anzugeben (§ 21 Abs. 1 Satz 1 WpHG). Für die Bestimmung der Höhe sind nicht allein die vom Anleger selbst gehaltenen Aktien maßgeblich, sondern auch diejenigen, die ihm **zugerechnet** werden. Auch für diese besteht eine Meldepflicht. In **§ 22 WpHG**[39] sind Fälle aufgezählt, in denen eine solche Zurechnung stattfindet, ohne dass der Anleger Eigentümer der Aktienurkunden, dh Inhaber der darin verbrieften Rechte (u. a. auch Stimmrechte) ist[40]. Damit werden auch bloße Einflussnahmemöglichkeiten auf (andere) Stimmrechte bei der Meldepflicht berücksichtigt. Dadurch soll eine Umgehung der Meldepflicht ausgeschlossen werden. Außerdem wird eine umfassende Information der Marktteilnehmer erreicht. **585**

Im Zweifel kann eine **mehrfache Meldepflicht** bestehen. Findet eine Zurechnung statt, bleibt es bei der Meldepflicht des Aktionärs, dessen Stimmrechte einem anderen zugerechnet werden. Hinzu tritt die (doppelte) Meldepflicht dessen, dem die Stimmrechte zugerechnet werden[41]. Zu berücksichtigen ist auch, dass es keine „automati- **586**

---

35 Begr. RegE zur Umsetzung der Transparenzrichtlinie-Änderungsrichtlinie, BT-Drucks. 18/5010, S. 44; *Burgard/Heimann*, WM 2015, 1445, 1446 f (auch zu den Gründen).

36 Begr. RegE 2. FMFG, BT-Drucks. 12/6679, S. 53.

37 Emittentenleitfaden der BaFin, Stand: 22. Juli 2013, Ziff. VIII.2.3.4.

38 *U.H. Schneider*, in: Assmann/U.H. Schneider, § 21 WpHG Rn 114.

39 § 22 WpHG ist vom Wortlaut her gleich wie § 30 WpÜG (vgl Rn 821). Nach dem Willen des Gesetzgebers sind beide Normen einheitlich auszulegen, siehe Begr. RegE WpÜG, BT-Drucks. 14/7034, S. 53 und 70; siehe auch *Lange*, ZBB 2004, 22, 24; *Liebscher*, ZIP 2002, 1006; abweichend *Casper*, ZIP 2003, 1469, 1472 f; *Drinkuth*, ZIP 2008, 676 ff. Siehe auch die vergleichbaren Zurechnungsnormen des § 20 Abs. 1 iVm § 16 Abs. 4, Abs. 2 AktG, § 134 Abs. 1 Satz 2 und 3 AktG sowie § 290 Abs. 3 Satz 1 und 2 HGB; anders *U.H. Schneider*, in: Assmann/U.H. Schneider, Vor § 21 WpHG Rn 40 mwN.

40 *Dehlinger/Zimmermann*, in: Fuchs, § 22 WpHG Rn 1 f.

41 *U.H. Schneider*, in: Assmann/U.H. Schneider, § 22 WpHG Rn 16; BGH WM 2011, 1853 ff; siehe aber § 24 WpHG mit Erleichterungen für Tochtergesellschaften.

sche" Stimmrechtszurechnung bzgl **Familienangehörigen**, Ehegatten etc gibt, sondern dass auch bei diesen einer der nachfolgend aufgeführten Zurechnungstatbestände vorliegen muss[42].

a) Stimmrechte eines Tochterunternehmens

587 Nach **§ 22 Abs. 1 Satz 1 Nr 1 WpHG** werden die Stimmrechte aus Aktien, die einem Tochterunternehmen des Meldepflichtigen gehören, zugerechnet[43]. „Gehören" meint auch hier nicht mehr zivilrechtliches Eigentum[44], sondern dem Meldepflichtigen „gehören" die Aktien bereits mit Abschluss des schuldrechtlichen Kausalgeschäfts (§ 21 Abs. 1b WpHG)[45]. Der Begriff „Tochterunternehmen"[46] wurde bis zur Umsetzung der Transparenzrichtlinie-Änderungsrichtlinie in § 22 Abs. 3 WpHG definiert[47] als Unternehmen, die als Tochterunternehmen iS des § 290 HGB gelten oder auf die ein beherrschender Einfluss ausgeübt werden kann, ohne dass es auf die Rechtsform oder den Sitz ankommt. Nach § 290 Abs. 2 Nr 1 HGB handelt es sich insbesondere um Mutter- und Tochterunternehmen, wenn der Mutter die Mehrheit der Gesellschafterstimmrechte an der Tochter zusteht. Seit November 2015 enthält § 22a Abs 1 WpHG eine vergleichbare Definition.

588 Zwar liegt eine Tochtergesellschaft auch vor, wenn auf die Gesellschaft ein beherrschender **Einfluss** ausgeübt werden kann[48], die Möglichkeit der Einflussnahme muss aber beständig, umfassend und gesellschaftsrechtlich fundiert sein (vgl die zu § 17 Abs. 1 AktG entwickelten Grundsätze)[49]. **Ausnahmen**, wonach keine Tochtergesellschaft vorliegt, regelt § 22a Abs. 2–4 WpHG, wobei auch eine Rückausnahme vorgesehen ist (§ 22a Abs. 5 WpHG). Nach § 22 Abs. 2 WpHG gelten bspw Wertpapierdienstleistungsunternehmen, die Finanzportfolioverwaltung betreiben, nicht als Tochterunternehmen, wenn sie die Stimmrechte aus den verwalteten Aktien unabhängig vom meldepflichtigen Mutterunternehmen (Nr 1) oder lediglich weisungsgebunden (Nr 2a) ausüben.

b) Halten für Rechnung des Meldepflichtigen

589 **§ 22 Abs. 1 Satz 1 Nr 2 WpHG** bezieht sich v.a. auf die Fälle, in denen rechtsformale und wirtschaftliche Eigentümerstellung auseinanderfallen, indem formaler Eigentümer ein Dritter ist, der die in den Wertpapieren verbrieften Aktienrechte für Rechnung des Meldepflichtigen hält. Weil aber auch hier dem Meldepflichtigen die Aktien bereits „gehören", wenn er einen unbedingten und ohne zeitliche Verzögerung zu erfüllenden Anspruch auf Übertragung der Aktien hat (§ 21 Abs. 1b WpHG)[50], fallen

---

42 *U.H. Schneider*, in: Assmann/U.H. Schneider, § 22 WpHG Rn 204 ff; *Pentz*, ZIP 2003, 1478, 1485.
43 Zu den Mitteilungen durch das Mutterunternehmen siehe § 24 WpHG.
44 So noch Begr. RegE WpÜG, BT-Drucks. 14/7034, S. 53; siehe auch BR-Drucks. 574/01, S. 131.
45 Begr. RegE zur Umsetzung der Transparenzrichtlinie-Änderungsrichtlinie, BT-Drucks. 18/5010, S. 44.
46 Vgl inhaltlich übereinstimmend § 30 Abs. 1 Satz 1 Nr 1 WpÜG.
47 Vgl auch § 2 Abs. 6 WpÜG und § 1 Abs. 7 KWG.
48 Begr. RegE WpÜG, BR-Drucks. 574/01, S. 82, 131.
49 Begr. RegE WpÜG, BR-Drucks. 574/01, S. 82; *Hüffer/Koch*, § 17 AktG Rn 4 ff.
50 Begr. RegE zur Umsetzung der Transparenzrichtlinie-Änderungsrichtlinie, BT-Drucks. 18/5010, S. 44.

rechtsformale und wirtschaftliche Stellung als Rechtsinhaber der Aktien schon mit Abschluss des schuldrechtlichen Verpflichtungsgeschäfts auseinander. Erfasst sind von diesem Zurechnungstatbestand die Treuhand[51] und die mittelbare Stellvertretung.

Umstritten ist, ob § 22 Abs. 1 Satz 1 Nr 2 WpHG auch auf **Vermögensverwaltungsgesellschaften** anwendbar ist. Fungieren diese als Verwaltungstreuhänder, findet nach hM eine Zurechnung statt. Anders ist das, wenn die Vermögensverwaltungsgesellschaft für eigene Rechnung tätig wird und keine Abhängigkeit vom Treugeber besteht bzw kein abgestimmtes Verhalten vorliegt[52]. Auch sog. Cash Settled Equity Swaps[53] fallen nach hM nicht unter § 22 Abs. 1 Nr 2 WpHG[54]. **590**

c) Sicherungsübereignete Aktien

§ 22 Abs. 1 Satz 1 Nr 3 WpHG betrifft sicherungsübereignete Aktien. Hintergrund dieser Regelung ist, dass der Sicherungsnehmer Aktieninhaber wird (anders bei Verpfändung). Allerdings bleibt das Eigentum wirtschaftlich gesehen beim Sicherungsgeber, der zumeist auch Weisungen hinsichtlich der Stimmrechtsausübung erteilen kann. Nach Erfüllung der der Sicherungsübereignung zugrunde liegenden Verbindlichkeit fallen dem Sicherungsgeber die Aktien und damit die Stimmrechte wieder zu[55]. Daher werden die Stimmrechte nach § 22 Abs. 1 Satz 1 Nr 3, 1. HS WpHG grundsätzlich dem Sicherungsgeber zugerechnet. Eine Ausnahme gilt für den Fall, dass der Sicherungsnehmer zur Ausübung der Stimmrechte befugt ist und bekundet, er werde eine Stimmrechtsausübung unabhängig von den Weisungen des Meldepflichtigen vornehmen (§ 22 Abs. 1 Satz 1 Nr 3, 2. HS WpHG). Da der Sicherungsnehmer als Eigentümer Inhaber der Aktien wird, ist er stets als „befugt" iS des Gesetzes anzusehen, dh er kann das Stimmrecht trotz möglicherweise entgegenstehender Abrede wirksam ausüben[56]. Die Stimmrechte aus den zur Sicherheit übereigneten Aktien können deshalb dem Sicherungsgeber über § 22 Abs. 1 Satz 1 Nr 3 WpHG und dem Sicherungsnehmer über § 21 Abs. 1 WpHG zuzurechnen sein, so dass eine „alternative Stimmrechtszurechnung nicht mehr stattfindet[57]. **591**

d) Nießbrauch

Eine Zurechnung erfolgt auch von Stimmrechten aus Aktien, an denen zugunsten des Meldepflichtigen ein Nießbrauch bestellt ist **(§ 22 Abs. 1 Satz 1 Nr 4 WpHG)**. Damit soll jedoch nicht die im Aktienrecht umstrittene Frage entschieden werden, ob **592**

---

51 Ausdrücklich Begr. RegE 2. FMFG, BT-Drucks. 12/6679, S. 53; zur Frage, ob einem Treuhänder sämtliche dem Treugeber zuzurechnende Stimmrechte gleichfalls zuzurechnen sind, verneinend BGH WM 2011, 1853 ff; *Brellochs*, ZIP 2011, 2225 ff; *Schröder/Schöfer*, Der Konzern 2010, 72 f; *Widder/Koch*, ZIP 2010, 457 ff; aA *Ostermeier*, EWiR 2010, 197 f.

52 *U.H. Schneider*, in: Assmann/U.H. Schneider, § 22 WpHG Rn 51 ff.

53 Termingeschäfte, bei denen der Stillhalter seine Leistungspflicht wahlweise durch Lieferung von Aktien oder durch Barausgleich erfüllen kann, vgl *U.H. Schneider*, in: Assmann/U.H. Schneider, § 25 WpHG Rn 42.

54 *Fleischer/Schmolke*, NZG 2009, 401, 404. Zum Meinungsstand *Weber/Meckbach*, BB 2008, 2022, 2027 ff; anders *Habersack*, AG 2008, 817, 818 f.

55 Vgl auch die Begründung in Begr. RegE 2. FMFG, BT-Drucks. 12/6679, S. 53.

56 Vgl *Schwark*, in: Schwark/Zimmer, KMRK, § 22 WpHG Rn 7.

57 Begr. RegE zur Umsetzung der Transparenzrichtlinie-Änderungsrichtlinie, BT-Drucks. 18/5010, S. 45; anders noch KölnerKommWpHG/*von Bülow*, § 22 WpHG Rn 132.

dem Nießbraucher allein oder nur gemeinsam mit dem Aktionär ein Stimmrecht oder überhaupt kein Stimmrecht zusteht[58].

e) Erwerb durch Willenserklärung

593 Zuzurechnen sind auch Stimmrechte, die der Meldepflichtige durch eine Willenserklärung erwerben kann (**§ 22 Abs. 1 Satz 1 Nr 5 WpHG**). **Umstritten** war bisher, ob darunter auch der Fall zu fassen ist, dass für Aktien bereits ein Kaufvertrag besteht, aber die Übereignung der Aktien noch nicht stattgefunden hat, oder ob ein Übereignungsangebot an den Meldepflichtigen (dingliche Ebene) vorliegen muss, welches der Meldepflichtige lediglich noch anzunehmen braucht[59]. In anderen Mitgliedstaaten ist hier mangels Abstraktionsprinzips ein Kaufvertrag ausreichend[60]. Nach neuer, aufgrund der zum November 2015 erfolgten Umsetzung der Transparenzrichtlinie-Änderungsrichtlinie geltenden Rechtslage gehören dem Meldepflichtigen Aktien schon mit wirksamem Abschluss des **schuldrechtlichen Geschäfts**, sofern dem Meldepflichtigen ein unbedingter und ohne zeitliche Verzögerung zu erfüllender Anspruch auf Übertragung der Aktien eingeräumt wird (§ 21 Abs. 1b WpHG). Demgemäß sind zwar Kaufverträge, die eine sofortige Lieferung der verkauften Aktien beinhalten, von § 21 Abs. 1 WpHG erfasst, nicht aber Termingeschäfte.

594 Bei **Termingeschäften** ist auch weiterhin auf die dingliche Ebene abzustellen[61], so dass § 22 Abs. 1 Satz 1 Nr 5 WpHG erst erfüllt ist, wenn ein Angebot auf sachenrechtliche Übertragung der Aktien an den Meldepflichtigen vorliegt und dieser nur noch die Annahme zu erklären braucht[62]. Hiernach fallen Kauf- bzw Aktienoptionen, da sie lediglich schuldrechtliche Übereignungsansprüche begründen, die erst mit zeitlicher Verzögerung zu erfüllen sind, nicht unter § 22 Abs. 1 Satz 1 Nr 5 WpHG[63]. Weil der Meldepflichtige bei einem Kaufvertrag mit sofortiger Lieferung der Aktien diese bereits mit dem schuldrechtlichen Geschäft „erwirbt", kann er die Aktien auch schon durch eine Willens- bzw Annahmeerklärung erwerben (§ 22 Abs. 1 Satz 1 Nr 5 WpHG), wenn sein potenzieller Vertragspartner ihm ein bindendes Angebot zum Abschluss eines solchen Kaufvertrags gemacht hat.

f) Stimmrechte aus anvertrauten Aktien

595 Auch Stimmrechte aus Aktien, die dem Meldepflichtigen „anvertraut" sind, muss er sich zurechnen lassen (**§ 22 Abs. 1 Satz 1 Nr 6, 1. Alt. WpHG; Treuhänder**). Das setzt das Bestehen eines besonderen Vertrauensverhältnisses voraus[64]. Erfasst sind hiervon auch gesetzliche Verwahrverhältnisse (elterliches Sorgerecht, Testamentsvollstreckung, Insolvenzverwaltung). Der Meldepflichtige muss die Stimmrechte aus diesen Aktien nach eigenem Ermessen ausüben können. Ist die Stimmrechtsausübung von der Zustimmung des Aktionärs abhängig oder ist dieser weisungsbefugt, scheidet

58 Letzteres vertritt die wohl hM, siehe *Hüffer/Koch*, § 16 AktG Rn 7.
59 *Buck-Heeb*, Kapitalmarktrecht, 7. Aufl., 2014, Rn 485 ff.
60 *Bosse*, BB 2015, 746, 749.
61 Vgl zur bisherigen Rechtslage Emittentenleitfaden der BaFin, Stand: 22. Juli 2013, Ziff. VIII.2.5.5.; *Fleischer/Schmolke*, ZIP 2008, 1501, 1503; *Weber-Rey/Benzler*, in: Habersack/Mülbert/Schlitt, Kapitalmarktinformation, § 20 Rn 87 f.
62 Kritisch *Hutter/Kaulamo*, NJW 2007, 471, 476.
63 Vgl *Weber/Meckbach*, BB 2008, 2022, 2024.
64 *U.H. Schneider*, in: Assmann/U.H. Schneider, § 22 WpHG Rn 116 ff; *Veil/Dolff*, AG 2010, 385 ff.

eine Zurechnung nach § 22 Abs. 1 Satz 1 Nr 6 WpHG aus. Unerheblich ist, ob der Meldepflichtige den Entscheidungsspielraum auch ausnutzt[65]. Nach hM fallen die Vollmachtsstimmrechte der Kreditinstitute (§ 135 AktG) nicht unter diese Variante[66].

Von der Zurechnung erfasst werden nach § 22 Abs. 1 Satz 1 Nr 6, 2. Alt. WpHG auch Aktien, aus denen der Meldepflichtige die Stimmrechte als **Bevollmächtigter** ausüben kann[67]. Wird eine Vollmacht iS des § 22 Abs. 1 Satz 1 Nr 6 WpHG nur zur Stimmrechtsausübung in einer Hauptversammlung erteilt, braucht nach § 22 Abs. 4 WpHG eine Mitteilung lediglich bei Erteilung der Vollmacht zu erfolgen. **596**

g) Isolierte Übertragung der Stimmrechte

Nach deutschem Recht kann ein Aktionär die Stimmrechte aus seinen Aktien nur dadurch übertragen, dass er die Aktien übereignet. Eine isolierte Übertragung allein der Stimmrechte ist ausgeschlossen (aktienrechtliches Abspaltungsverbot)[68]. Weil im europäischen Ausland zum Teil eine isolierte Übertragung von Stimmrechten möglich ist, erfasst der durch die Richtlinienumsetzung von 2015 eingefügte **§ 22 Abs. 1 Satz 1 Nr 7 WpHG** lediglich diese Auslandsfälle[69]. Ein Meldepflichtiger muss sich deshalb auch diejenigen Stimmrechte zurechnen lassen, die ihm der Inhaber der Aktien nur separat (ohne Eigentum) und zeitweilig gegen Entgelt übertragen hat[70]. **597**

h) Sicherungsverwahrte Aktien

Während § 22 Abs. 1 Satz 1 Nr 3 WpHG die Sicherungsübereignung erfasst, regelt der mit der Umsetzung der Transparenzrichtlinie im Jahre 2015 neu eingefügte **§ 22 Abs. 1 Satz 1 Nr 8 WpHG** den Fall, dass der Sicherungsnehmer die Aktien nicht zu Eigentum erhält, sondern lediglich „verwahrt", um – wie auch bei einer Sicherungsübereignung – die Erfüllung einer Forderung, die er gegen den Sicherungsgeber hat, abzusichern[71]. Als Inhaber der Aktien (Eigentümer) behält hier der Sicherungsgeber an sich seine Stimmrechte. Kann der Sicherungsnehmer aber nach der Sicherungsabrede die Stimmrechte aus den verwahrten Aktien ausüben und bekundet er die Absicht, das auch tun zu wollen, werden ihm die Stimmrechte über § 22 Abs. 1 Satz 1 Nr 8 WpHG zugerechnet[72], obgleich sie ihm nicht iS des § 21 Abs. 1b WpHG „gehören"[73]. Damit muss nunmehr sowohl der Sicherungsgeber als auch der Sicherungsnehmer ggf eine Stimmrechtsmeldung abgeben **(kumulative Zurechnung)**. Bei einer Sicherungsübereignung gilt aber nach wie vor § 22 Abs. 1 Nr 3 WpHG als speziellere Regelung[74]. **598**

---

65 *Schwark*, in: Schwark/Zimmer, KMRK, § 22 WpHG Rn 13.

66 *U.H. Schneider*, in: Assmann/U.H. Schneider, § 22 WpHG Rn 116 ff; *Opitz*, in: Schäfer/Hamann, § 22 WpHG Rn 69 ff; aA *Hopt*, ZHR 166 (2002), 383, 411. Auch die Gesetzesbegründung lehnt eine Erfassung von Nr 6 ab, Begr. RegE 2. FMFG, BT-Drucks. 12/6679, S. 54.

67 Vgl Begr. RegE TUG, BT-Drucks. 16/2498, S. 81.

68 *Hüffer/Koch*, § 133 AktG Rn 17; siehe auch BGH NJW 1987, 780 f.

69 Begr. RegE zur Umsetzung der Transparenzrichtlinie-Änderungsrichtlinie, BT-Drucks. 18/5010, S. 45.

70 So bereits Art. 10 lit. b der Transparenzrichtlinie 2004.

71 Vgl Begr. RegE zur Umsetzung der Transparenzrichtlinie-Änderungsrichtlinie, BT-Drucks. 18/5010, S. 45.

72 So bereits Art. 10 lit. c der Transparenzrichtlinie 2004.

73 Siehe *Schilha*, DB 2015, 1821, 1823 f.

74 *Bosse*, BB 2015, 746, 749.

i) Abgestimmtes Verhalten

599 Nach § 22 Abs. 2 WpHG erfolgt eine Zurechnung der Stimmrechte aus Aktien eines Dritten, mit welchem der Meldepflichtige oder sein Tochterunternehmen sein Verhalten in Bezug auf die fragliche Gesellschaft aufgrund einer Vereinbarung oder in sonstiger Weise abstimmt **(acting in concert)**[75], in voller Höhe. Grundsätzlich werden dabei die Stimmrechte wechselseitig zugerechnet[76].

600 Ein abgestimmtes Verhalten durch **Vereinbarung** besteht regelmäßig bei Stimmrechtsbindungs-, Stimmrechtsüberlassungs- und Poolverträgen[77], wobei keine Formvorschriften zu beachten sind[78]. Ein abgestimmtes Verhalten **„in sonstiger Weise"** kann durch ein gleichgerichtetes Abstimmungsverhalten erfolgen[79]. Ein bloßes Parallelverhalten reicht nicht. Es ist ein kommunikativer Akt zwischen den Beteiligten erforderlich[80].

601 Die auf eine **Drohung** zurückzuführende Abstimmung ist ebenfalls unter den Wortlaut des § 22 Abs. 2 Satz 1 WpHG zu subsumieren, sei es, dass man darin trotz des Zwangs eine Vereinbarung, sei es, dass man darin eine Abstimmung „in sonstiger Weise" sieht[81]. Selbst eine rechtlich **unverbindliche** Absprache („Gentlemen's Agreement") kann eine Abstimmung iS des § 22 Abs. 2 Satz 1 WpHG darstellen[82]. Teilweise wird hierbei trotz der Unverbindlichkeit von einer Vereinbarung ausgegangen, andere sehen darin eine Abstimmung „in sonstiger Weise"[83].

602 Ein **abgestimmtes Verhalten** liegt vor, wenn sich die Beteiligten über die Ausübung von Stimmrechten verständigen (§ 22 Abs. 2 Satz 2, 1. Alt. WpHG). Es muss um Stimmrechte in der Hauptversammlung gehen, diejenigen in Aufsichtsratssitzungen sind hiervon nicht erfasst[84]. Nach hM führt eine Abstimmung über die Ausübung von Stimmrechten nur dann zu einer Zurechnung nach § 22 Abs. 2 Satz 2, 1. Alt. WpHG, wenn die Beteiligten auf eine nachhaltige Einflussnahme auf die Gesellschaft (Gesamtplan) abzielen und die Abstimmung für die Gesellschaft wesentliche Sachverhalte betrifft[85].

---

75 Begr. RegE WpÜG, BR-Drucks. 574/01, S. 133. Ausführlich *Casper*, ZIP 2003, 1469 ff; *Pentz*, ZIP 2003, 1478 ff; *Drinkuth*, ZIP 2008, 676 ff; siehe auch die sog. white list der ESMA vom 12. November 2013 zum acting in concert im WpÜG als Orientierungshilfe; kritisch bzgl einer Beibehaltung der Regelung trotz der Transparenzrichtlinie von 2013 *Burgard/Heimann*, WM 2015, 1445, 1448 f.

76 BGHZ 169, 98, 103 Rn 11 ff („WMF"); *U.H. Schneider*, in: Assmann/U.H. Schneider, § 22 WpHG Rn 193; *Schwark*, in: Schwark/Zimmer, KMRK, § 22 WpHG Rn 18; aA *Lange*, ZBB 2004, 26 f.

77 Begr. RegE 2. FMFG, BT-Drucks. 12/6679, S. 53; *U.H. Schneider*, in: Assmann/U.H. Schneider, § 22 WpHG Rn 200 ff; *Lenz/Linke*, AG 2002, 361, 368.

78 *Casper*, ZIP 2003, 1469, 1475.

79 Begr. RegE WpÜG, BR-Drucks. 574/01, S. 1, 81.

80 *Drinkuth*, ZIP 2008, 676 mwN; zur Frage, ob Empfehlungen eines institutionellen Stimmrechtsberaters „abgestimmtes Verhalten" sind, *Kocher/Heydel*, AG 2011, 543 ff.

81 *Pentz*, ZIP 2003, 1478, 1487; siehe hierzu auch BGHZ 169, 98, 104 Rn 14 f („WMF").

82 *Von Bülow/Stephanblome*, ZIP 2008, 1797, 1799.

83 Siehe *Schwark*, in: Schwark/Zimmer, KMRK, § 22 WpHG Rn 23; *Casper*, ZIP 2003, 1469, 1475.

84 BGHZ 169, 98 ff („WMF").

85 OLG Frankfurt NJW 2004, 3716, 3718 („Pixelpark"); LG Hamburg AG 2007, 177, 179 („Beiersdorf"); *U.H. Schneider*, in: Assmann/U.H. Schneider, § 22 WpHG Rn 178a; *von Bülow/Stephanblome*, ZIP 2008, 1797, 1798 mwN; kritisch *Wackerbarth*, ZIP 2007, 2340, 2341.

Nach § 22 Abs. 2 Satz 2, 2. Alt. WpHG können auch andere Vereinbarungen zwischen den Aktionären zu einer Zurechnung führen. Ein solches **„Zusammenwirken in sonstiger Weise"** setzt voraus, dass die Beteiligten eine dauerhafte und erhebliche **Änderung der unternehmerischen Ausrichtung** des Emittenten beabsichtigen. Der Abstimmungsgegenstand muss hierfür von großer Bedeutung und von einer gewissen Nachhaltigkeit geprägt sein[86]. Es reicht nicht, wenn der Einfluss der Aktionäre zwar zeitlich länger andauert, geschäftlich aber geringfügig ist. Auch ein koordiniertes Verhalten der Aktionäre dahingehend, die bisherige Ausrichtung der Gesellschaft beizubehalten, löst keine Zurechnung nach § 22 Abs. 2 WpHG aus. Dementsprechend ist es den Aktionären erlaubt, sich abgestimmt gegen eine Umgestaltung der unternehmerischen Ausrichtung auszusprechen und dabei bspw die Ausnutzung des genehmigten Kapitals ebenso abzulehnen wie den Rückkauf eigener Aktien[87]. **603**

Irrelevant ist, ob die Maßnahmen der Beteiligten objektiv geeignet sind, die unternehmerische Ausrichtung des Emittenten dauerhaft und erheblich zu ändern. Entscheidend ist als **subjektives** Tatbestandsmerkmal vielmehr, dass die Aktionäre mit ihrem abgestimmten Verhalten dieses Ziel verfolgen[88]. Die objektive Eignung und die äußeren Umstände des Zusammenwirkens werden aber in der Regel Indizwirkung für eine solche Zielsetzung der Beteiligten haben[89]. **604**

Aufgrund der unabhängigen Rechtsstellung der Aufsichtsratsmitglieder sind Koalitionen innerhalb des Aufsichtsrats kein „Zusammenwirken in sonstiger Weise"[90]. Dies gilt grundsätzlich auch für den Parallelkauf von Aktien[91]. Bei der Vorabstimmung über die Nominierung von Kandidaten für die Besetzung des Aufsichtsrats handelt es sich zwar um ein abgestimmtes Verhalten der Beteiligten, doch greift hier regelmäßig die **Ausnahme** des § 22 Abs. 2 Satz 1, 2. HS WpHG[92]. **605**

Vereinbarungen in Einzelfällen sind ausdrücklich von der Zurechnung ausgenommen (§ 22 Abs. 2 Satz 1, 2. HS WpHG)[93]. Das Vorliegen eines Einzelfalls ist nach hM **formal**, dh bezogen auf die Häufigkeit des Abstimmungsverhaltens, festzustellen[94]. Andere befürworten dagegen eine materiellrechtliche Betrachtungsweise, wonach ein Einzelfall trotz einmaliger Abstimmung nicht mehr vorliegen soll, wenn da- **606**

86 *Von Bülow/Stephanblome*, ZIP 2008, 1797, 1798 f; *Weber-Rey*, DStR 2008, 1967, 1968; kritisch *König*, BB 2008, 1910, 1912; *Korff*, AG 2008, 692, 693 f; zur Zulässigkeit dieser über die Transparenzrichtlinie hinausgehenden Regelungen *Seibt/Wollenschläger*, ZIP 2014, 545, 548.

87 Bericht des Finanzausschusses des Deutschen Bundestages, BT-Drucks. 16/9821, S. 1, 11; *von Bülow/Stephanblome*, ZIP 2008, 1797, 1798 f; *Korff*, AG 2008, 692, 693.

88 Bericht des Finanzausschusses des Deutschen Bundestages, BT-Drucks. 16/9821, S. 1, 12; *Korff*, AG 2008, 692, 694; *von Bülow/Stephanblome*, ZIP 2008, 1797, 1799; *Weber-Rey*, DStR 2008, 1967 f.

89 *Korff*, AG 2008, 692, 694.

90 Bericht des Finanzausschusses des Deutschen Bundestages, BT-Drucks. 16/9821, S. 1, 12; siehe auch BGHZ 169, 98, 106 Rn 17 („WMF").

91 Bericht des Finanzausschusses des Deutschen Bundestages, BT-Drucks. 16/9821, S. 1, 12; hierzu näher *Korff*, AG 2008, 692, 694.

92 Bericht des Finanzausschusses des Deutschen Bundestages, BT-Drucks. 16/9821, S. 1, 12; siehe aber *Korff*, AG 2008, 692, 694 f.

93 Bericht des Finanzausschusses des Deutschen Bundestages, BT-Drucks. 16/9821, S. 1, 12; hierzu kritisch *König*, BB 2008, 1910, 1911.

94 BGHZ 169, 98, 107 f („WMF"); Bericht des Finanzausschusses des Deutschen Bundestages, BT-Drucks. 16/9821, S. 1, 12; *von Bülow/Stephanblome*, ZIP 2008, 1797, 1799.

mit eine weitreichende Zielvereinbarung verbunden ist[95]. Für eine formale Bestimmung sprechen aber sowohl der Wortlaut der Vorschrift als auch der Aspekt der Rechtssicherheit. Ansonsten wäre unklar, welche Abstimmungsgegenstände letztendlich zu einer Zurechnung führen[96]. Die Einzelfallausnahme des § 22 Abs. 2 Satz 1, 2. HS WpHG erfasst trotz ihres missverständlichen Wortlauts nicht nur Vereinbarungen, sondern auch abgestimmtes Verhalten „in sonstiger Weise“[97].

j) Kettenzurechnung

607 **Ungeklärt** ist, ob dem Meldepflichtigen auch die Stimmrechte zugerechnet werden, die sich der Dritte seinerseits zurechnen lassen muss **(Kettenzurechnung)**[98]. Durch die in § 22a Abs. 1 Nr 1 WpHG enthaltene Verweisung auf § 290 HGB erfolgt eine Kettenzurechnung bzgl einer anderen Person zustehenden Stimmrechten, auf die das Tochterunternehmen oder für dieses handelnde Personen Einfluss haben (§§ 22 Abs. 1 Nr 1, 22a Abs. 1 Nr 1 WpHG iVm § 290 Abs. 3 HGB). Wenn nach § 22 Abs. 1 Nr 2 WpHG dem Meldepflichtigen die Stimmrechte des Treuhänders zugerechnet werden, sind auch die dem Treuhänder zuzurechnenden Stimmrechte eines anderen Aktionärs zuzurechnen[99].

608 Bei abgestimmten Verhaltensweisen ist § 22 Abs. 1 WpHG entsprechend anzuwenden (§ 22 Abs. 2 Satz 2 WpHG), so dass dem Meldepflichtigen auch dem Dritten zurechenbare Stimmrechtsanteile zugerechnet werden. Sind dem Dritten jedoch Stimmrechte nach § 22 Abs. 2 Satz 1 WpHG zuzurechnen, finden diese bei der Berechnung der Stimmrechte des Meldepflichtigen keine Berücksichtigung (arg. e § 22 Abs. 2 Satz 2 WpHG). Ansonsten würde gegen das Analogieverbot nach Art. 103 Abs. 2 GG iVm § 3 OWiG verstoßen[100]. In den Fällen des § 22 Abs. 1 Satz 1 Nr 3–8 WpHG soll eine Zurechnung nur erfolgen, wenn der Meldepflichtige Einfluss auf die dem Dritten zurechenbaren Stimmrechte hat, da durch den Einfluss des Dritten bei diesen Fällen nicht automatisch eine (mittelbare) Einflussnahme des Meldepflichtigen vorliegt[101].

3. Nichtberücksichtigung von Stimmrechten nach § 23 WpHG

609 Stimmrechte aus Aktien eines Emittenten, für den die Bundesrepublik Deutschland der Herkunftsstaat ist (§ 2 Abs. 6 WpHG), können **ausnahmsweise** bei der Berechnung des Stimmrechtsanteils unberücksichtigt bleiben, wenn ein EU- oder EWR-Wertpapierdienstleistungsunternehmen die Aktien im Handelsbestand hält (höchstens 5 %) und sicherstellt, dass die Stimmrechte aus den Aktien nicht ausgeübt oder anderweitig genutzt werden, um auf die Geschäftsführung des Emittenten Einfluss zu nehmen (§ 23 Abs. 1 Nr 1–3 WpHG). Auch Aktien, die ausschließlich zur Abrechnung und Abwicklung oder zur Verwahrung gehalten werden, sind für höchstens drei Han-

95 *Casper/Bracht*, NZG 2005, 839 f; *König*, BB 2008, 1910, 1912.
96 So auch BGHZ 169, 98, 107 („WMF“).
97 *von Bülow/Stephanblome*, ZIP 2008, 1797, 1799 mwN.
98 KölnerKommWpHG/*von Bülow*, § 22 WpHG Rn 31 ff; *U.H. Schneider*, in: Assmann/U.H. Schneider, § 22 WpHG Rn 18 ff; *Lange*, ZBB 2004, 22, 25 f.
99 Vgl etwa *U.H. Schneider*, in: Assmann/U.H. Schneider, § 22 WpHG Rn 22.
100 *Liebscher*, ZIP 2002, 1005, 1010; vgl auch *Pentz*, ZIP 2003, 1478, 1483.
101 *Schwark*, in: Schwark/Zimmer, KMRK, § 22 WpHG Rn 45.

delstage von der Mitteilungspflicht befreit (§ 23 Abs. 2 Nr 1 WpHG). Das gilt auch, wenn eine mit der Verwahrung von Aktien betraute Stelle die Stimmrechte nur aufgrund von schriftlich oder elektronisch erteilten Weisungen ausüben darf (§ 23 Abs. 2 Nr 2 WpHG). Es ist kein Befreiungsantrag bei der BaFin erforderlich, sondern es erfolgt eine **Selbstbefreiung**.

Stimmrechte, die bei der Berechnung des Stimmrechtsanteils unberücksichtigt blei- **610**
ben, dürfen grundsätzlich **nicht ausgeübt** werden (§ 23 Abs. 5 WpHG). **Umstritten** ist, ob durch das Ausübungsverbot alle Stimmrechte erfasst sind (sog. große Lösung)[102] oder lediglich diejenigen, mit denen jeweils eine Meldeschwelle berührt wird (sog. kleine Lösung)[103]. Die Unterschiede sind erheblich[104]. Sowohl der Wortlaut des § 23 Abs. 5 WpHG als auch der Rückgriff auf die Transparenzrichtlinie vermögen hier nicht weiterzuhelfen. Allerdings sprechen die Systematik und der Sinn und Zweck der Norm eher für die sog. **kleine Lösung**. § 23 Abs. 5 WpHG soll lediglich dem Umgehungsschutz dienen. Abgesehen davon würde eine Erstreckung des Ausübungsverbots auf alle Stimmrechte dazu führen, dass ein entsprechendes Absinken des Handelsbestands unter die relevante Grenze zu einem Mehr an Stimmrecht führen kann als bei hohem Handelsbestand.

4. Mitteilungspflicht nach § 25 WpHG

Durch die Richtlinienumsetzung von 2015 wurde das Transparenzsystem dadurch **611**
vereinfacht, dass die §§ 25 und 25a WpHG aF nunmehr in § 25 WpHG zusammengefasst sind. Während § 21 WpHG mit § 22 WpHG ausschließlich die mit Stimmrechten verbundenen Aktien erfasst, geht es in § 25 Abs. 1 Satz 1 WpHG um **Instrumente**, die sich auf derartige Aktien beziehen und ihrem Inhaber ermöglichen, diese Aktien und die damit verbundenen Stimmrechte zu erwerben. Obgleich die Transparenzrichtlinie von 2013 von „Finanzinstrument" spricht und sich die §§ 25, 25a WpHG aF noch auf „Finanzinstrumente und sonstige Instrumente" bezogen, hat der deutsche Gesetzgeber für § 25 WpHG nF die „neutrale" Bezeichnung „Instrument" als Oberbegriff gewählt, ohne dass hiermit eine inhaltliche Änderung einhergeht[105].

Die Aktien, auf die sich die Instrumente beziehen, müssen mit Stimmrechten verbun- **612**
den und bereits ausgegeben sein. Zudem muss es sich um Aktien eines Emittenten handeln, für den die Bundesrepublik Deutschland Herkunftsstaat ist (§ 2 Abs. 6 WpHG). § 25 Abs. 1 WpHG soll sich auch auf das mittelbare Halten von Finanzinstrumenten, etwa über Tochterunternehmen oder Verwaltungstreuhänder[106], beziehen. Die Mitteilungspflicht besteht nach § 25 Abs. 1 Satz 1 WpHG erst ab der Schwelle von 5 %. Dadurch soll die Belastung der Beteiligten auf das für die Transparenz Notwendige begrenzt werden[107].

---

102 KölnerKommWpHG/*Hirte*, § 23 WpHG Rn 72 f.
103 *U.H. Schneider*, in: Assmann/U.H. Schneider, § 23 WpHG Rn 74 f.
104 Näher *Schwark*, in: Schwark/Zimmer, KMRK, § 23 WpHG Rn 24.
105 Begr. RegE zur Umsetzung der Transparenzrichtlinie-Änderungsrichtlinie, BT-Drucks. 18/5010, S. 46; *Burgard/Heimann*, WM 2015, 1445, 1450.
106 Begr. RegE zur Umsetzung der Transparenzrichtlinie-Änderungsrichtlinie, BT-Drucks. 18/5010, S. 46.
107 *Hutter/Kaulamo*, NJW 2007, 471, 475 f.

613 Nach § 25 Abs. 1 Satz 1 Nr 1 WpHG, der inhaltlich der Regelung des § 25 Abs. 1 WpHG aF entspricht, sind zunächst solche Instrumente meldepflichtig, bei denen der Inhaber die Aktien **später** tatsächlich **erwirbt** und dabei die physische Abwicklung nur noch vom Zeitablauf abhängt (Nr 1a) oder es im Ermessen des Inhabers steht, ob er die Aktien später erwirbt (Nr 1b). Diese Meldepflicht erweitert § 25 Abs. 1 Satz 1 Nr 2 WpHG um die Instrumente, die „eine vergleichbare wirtschaftliche Wirkung" haben[108]. Dabei kommt es nicht darauf an, ob ihr Inhaber einen Anspruch auf physische Lieferung der in Bezug genommenen Aktien hat oder nur auf einen Barausgleich[109]. Wie schon § 25a Abs. 1 WpHG aF ist daher auch § 25 Abs. 1 Satz 1 Nr 2 WpHG ein **Auffangtatbestand**, um sämtliche Instrumente zu erfassen, die ihrem Inhaber ermöglichen, mit Stimmrechten verbundene Aktien zu erwerben[110]. Als solche Instrumente kommen nach § 25 Abs. 2 WpHG v.a. übertragbare Wertpapiere, Optionen, Terminkontrakte, Swaps, Zinsausgleichsvereinbarungen und Differenzgeschäfte in Betracht. Da es sich hierbei um eine beispielhafte Aufzählung handelt („insbesondere"), werden die ESMA bzw die BaFin weitere meldepflichtige Instrumente benennen[111].

614 Anders als bisher sind für die Beantwortung der Frage, ob der Anleger eine Meldeschwelle des § 25 Abs. 1 Satz 1 WpHG erreicht oder überschritten hat, die Stimmrechte aus Aktien (§§ 21, 22 WpHG) mit den Finanzinstrumenten iS des § 25 Abs. 1 Satz 1 WpHG nicht mehr zusammenzurechnen (so noch § 25 Abs. 1 Satz 3 WpHG aF)[112]. Kann der Meldepflichtige Aktien durch eine Willenserklärung erwerben und werden die damit verbundenen Stimmrechte ihm deshalb bereits über § 22 Satz 1 Nr 5 WpHG zugerechnet, werden diese nicht noch zusätzlich bei § 25 Abs. 1 Satz 1 WpHG berücksichtigt. Es findet **keine Kumulation** der Stimmrechte statt. Es gilt der Grundsatz, dass ein und dieselben Stimmrechte, die gleichzeitig mehrere Zurechnungs- oder Meldetatbestände erfüllen, nicht zusammengerechnet werden[113]. Wenn Finanzinstrumente später zu Stimmrechten „erstarken", ist eine daraus folgende Schwellenberührung bei den Stimmrechten aber auch dann zu melden, wenn die Finanzinstrumente ihrerseits bereits offengelegt waren[114]. Die Berechnung der Stimmrechte bei Finanzinstrumenten ist in § 25 Abs. 3 WpHG geregelt.

5. Mitteilungspflicht nach § 25a WpHG

615 § 25a WpHG aF ist mit der Richtlinienumsetzung von 2015 im neuen § 25 WpHG aufgegangen. Der jetzige § 25a WpHG enthält eine neue Meldepflicht. Danach sind die Stimmrechte aus Aktien (§§ 21, 22 WpHG) und die aus Instrumenten (§ 25 Abs. 1

108 Kritisch zum Begriff „vergleichbare wirtschaftliche Wirkung" *Schilha*, DB 2015, 1821, 1822.

109 Begr. RegE zur Umsetzung der Transparenzrichtlinie-Änderungsrichtlinie, BT-Drucks. 18/5010, S. 46.

110 Begr. RegE zur Umsetzung der Transparenzrichtlinie-Änderungsrichtlinie, BT-Drucks. 18/5010, S. 46.

111 *Schilha*, DB 2015, 1821, 1823; *Seibt/Wollenschläger*, ZIP 2014, 545, 550 f.

112 Zur bisherigen Rechtslage *von Bülow/Stephanblome*, ZIP 2008, 1797, 1800 f; siehe auch Emittentenleitfaden der BaFin, Stand: 22. Juli 2013, Ziff. VIII.2.8.1.2.

113 Begr. RegE zur Umsetzung der Transparenzrichtlinie-Änderungsrichtlinie, BT-Drucks. 18/5010, S. 47; *Burgard/Heimann*, WM 2015, 1445, 1451.

114 *Parmentier*, AG 2014, 15, 22.

Satz 1 WpHG) zu **addieren**. Berührt diese Summe eine der in § 21 WpHG genannten Schwellen (außer derjenigen von 3 %), besteht neben den Meldepflichten nach § 21 Abs. 1 und Abs. 1a WpHG sowie § 25 Abs. 1 Satz 1 WpHG zusätzlich eine Mitteilungspflicht nach § 25a Abs. 1 WpHG. Die Meldung sämtlicher Schwellenwerte hat in einem einzigen Formular zu erfolgen (§ 17 Abs. 1 WpHG).

6. Mitteilungspflicht nach § 27a WpHG

§ 27a WpHG erweitert für Inhaber wesentlicher Beteiligungen die nach §§ 21 ff WpHG bestehenden Meldepflichten[115]. Erreicht oder überschreitet ein Anleger die Schwelle von **10 %** der Stimmrechte aus Aktien oder eine höhere der in § 21 Abs. 1 Satz 1 WpHG genannten Schwellen, ist er über die Meldepflicht iS des § 21 Abs. 1 Satz 1 WpHG hinaus verpflichtet, dem Emittenten, für den die Bundesrepublik der Herkunftsstaat ist (§ 2 Abs. 6 WpHG), die mit dem Erwerb der Stimmrechte verfolgten Ziele und die Herkunft der für den Erwerb verwendeten Finanzmittel mitzuteilen (Strategie- und Mittelherkunftsbericht). Die Mitteilungspflicht des Anlegers iS des § 27a Abs. 1 WpHG gilt auch dann als nicht erfüllt, wenn die Mitteilung unvollständige oder falsche Angaben enthält[116]. Die Meldepflicht in Bezug auf die Ziele konkretisiert § 27a Abs. 1 Satz 3 WpHG. Hierbei handelt es sich um eine abschließende Aufzählung[117]. 616

Der Anleger muss nach § 27a Abs. 1 Satz 3 Nr 1 WpHG nur dem Emittenten mitteilen, ob die Investition der Umsetzung strategischer Ziele oder der Erzielung von Handelsgewinnen dient (**Investitionsziel**). Der Anleger hat hiernach anzugeben, ob er ein langfristiges Engagement beim Emittenten anstrebt oder lediglich die kurzfristige Erzielung von Handelsgewinnen im Vordergrund steht[118]. Er muss zudem mitteilen, ob er beabsichtigt, innerhalb der zwölf Monate nach Erreichen oder Überschreiten der Meldeschwelle weitere Stimmrechte zu erlangen (§ 27a Abs. 1 Satz 3 Nr 2 WpHG; **Aufstockungsabsicht**)[119]. Der Meldepflichtige hat anzugeben, ob er eine Einflussnahme auf die Besetzung von Verwaltungs-, Leitungs- und Aufsichtsorganen des Emittenten anstrebt (§ 27a Abs. 1 Satz 3 Nr 3 WpHG; **personelle Einflussnahme**). Er muss schließlich offenbaren, ob eine wesentliche Änderung der **Kapitalstruktur** oder der Dividendenpolitik der Gesellschaft erreicht werden soll (§ 27a Abs. 1 Satz 3 Nr 4 WpHG). 617

Die Mitteilung nach § 27a Abs. 1 Satz 3 WpHG bindet den Anleger nicht. Er kann jederzeit seine Ziele ändern oder aufgeben[120]. In diesem Fall trifft ihn eine **Aktualisierungspflicht** (§ 27a Abs. 1 Satz 2 WpHG). Eine Mitteilung iS des § 27a Abs. 1 Satz 3 Nr 2 WpHG entfällt bei Änderung der Aufstockungsabsicht, wenn bereits mehr als zwölf Monate nach Erreichen oder Überschreiten der Meldeschwelle ver- 618

115 Begr. RegE RBG, BT-Drucks. 16/7438, S. 12; dazu *Querfurth*, WM 2008, 1957 ff.

116 Begr. RegE RBG, BT-Drucks. 16/7438, S. 13.

117 Begr. RegE RBG, BT-Drucks. 16/7438, S. 12; vgl Emittentenleitfaden der BaFin, Stand: 22. Juli 2013, Ziff. VIII.2.10.

118 Begr. RegE RBG, BT-Drucks. 16/7438, S. 12.

119 Siehe *Greven/Fahrenholz*, BB 2009, 1487, 1491 f; zur Kollision mit einem potenziellen Übernahmeangebot *Leyendecker-Langner/Huthmacher*, AG 2015, 560 ff.

120 *Von Bülow/Stephanblome*, ZIP 2008, 1797, 1803; zweifelnd *Wilsing/Goslar*, DB 2007, 2467, 2470.

gangen sind[121]. Zudem setzt die Aktualisierungspflicht voraus, dass der Anleger bei Änderung der Zielsetzung noch über mindestens 10 % der Stimmrechte am Emittenten verfügt[122].

619 Die Mitteilungspflicht des Anlegers in Bezug auf die für den Erwerb der Stimmrechte verwendeten Mittel konkretisiert § 27a Abs. 1 Satz 4 WpHG. Hiernach hat der Meldepflichtige anzugeben, ob es sich um Eigen- oder Fremdmittel handelt, die er zur Finanzierung des Erwerbs der Stimmrechte aufgenommen hat. Bei gemischter Finanzierung hat er den jeweiligen Anteil der Finanzierungsformen anzugeben[123]. Eine vollständige Offenlegung der Finanzierung und deren Konditionen sowie der beteiligten Institute ist zur Vermeidung von Wettbewerbsnachteilen nicht erforderlich[124].

620 Die **Frist** für Mitteilungen des Anlegers nach § 27a Abs. 1 Satz 1 WpHG beträgt 20 Handelstage[125] (zur Berechnung siehe § 30 WpHG). Das gilt auch, wenn sich die Ziele des Anlegers nach Erreichen oder Überschreiten der Meldeschwelle geändert haben (§ 27a Abs. 1 Satz 2 WpHG). Da es sich bei der Mitteilungspflicht des § 27a WpHG um eine Erweiterung der Meldepflichten des § 21 WpHG handelt[126], beginnt auch diese entsprechend § 21 Abs. 1 Satz 3 WpHG mit dem Zeitpunkt, zu dem der Anleger Kenntnis vom Erreichen oder Überschreiten der Meldeschwelle iS des § 27a Abs. 1 Satz 1 WpHG hat oder haben musste. Ebenso gilt die Vermutung des § 21 Abs. 1 Satz 4 WpHG, dass der Meldepflichtige zwei Handelstage nach Erreichen, Über- oder Unterschreiten der maßgeblichen Schwellen hiervon Kenntnis hat[127].

621 Nach § 27a Abs. 1 Satz 5 WpHG **entfällt** die Mitteilungspflicht, wenn der Schwellenwert aufgrund eines öffentlichen Erwerbs- oder Übernahmeangebots (§ 2 Abs. 1 WpÜG) erreicht oder überschritten wurde. In diesem Fall sind der Emittent und die Aktionäre bereits durch die vom Bieter nach § 11 Abs. 1 WpÜG zu veröffentlichende Angebotsunterlage informiert[128]. Gemäß § 27a Abs. 1 Satz 6 WpHG sind Kapitalverwaltungsgesellschaften (§ 17 KAGB) von den Mitteilungspflichten des § 27a Abs. 1 WpHG ausgenommen.

622 Der Anleger ist auch dann zur Mitteilung iS des § 27a Abs. 1 WpHG verpflichtet, wenn er bereits bei der erstmaligen Zulassung der Aktien zum Handel an einem organisierten Markt Inhaber von 10 % oder mehr der Stimmrechte ist (§ 21 Abs. 1a WpHG analog)[129]. Aus dem Bezug auf §§ 21 und 22 WpHG folgt, dass nicht nur das Erreichen oder Überschreiten der Meldeschwelle durch Erwerb, sondern auch auf sonstige Weise (zB durch Verschmelzung, Gesamtrechtsnachfolge oder Zurechnung nach § 22 WpHG) eine Mitteilungspflicht iS des § 27a Abs. 1 WpHG auslösen kann.

121 *Von Bülow/Stephanblome*, ZIP 2008, 1797, 1803.
122 *Von Bülow/Stephanblome*, ZIP 2008, 1797, 1803.
123 Begr. RegE RBG, BT-Drucks. 16/7438, S. 12.
124 Begr. RegE RBG, BT-Drucks. 16/7438, S. 12.
125 Kritisch *U.H. Schneider*, in: Assmann/U.H. Schneider, § 27a WpHG Rn 26 (Frist sei zu lang).
126 Begr. RegE RBG, BT-Drucks. 16/7438, S. 12. Das wird bereits durch den Wortlaut des § 27a Abs. 1 Satz 1 WpHG („Meldepflichtiger im Sinne der §§ 21 und 22“) deutlich.
127 AA *von Bülow/Stephanblome*, ZIP 2008, 1797, 1802.
128 *Von Bülow/Stephanblome*, ZIP 2008, 1797, 1802; Begr. RegE RBG, BT-Drucks. 16/7438, S. 12 f.
129 Vgl Begr. RegE RBG, BT-Drucks. 16/7438, S. 12; aA *von Bülow/Stephanblome*, ZIP 2008, 1797, 1801.

Beim Erreichen oder Überschreiten des Schwellenwerts von 10 % in sonstiger Weise entfällt die Mitteilung nach § 27a Abs. 1 Satz 4 WpHG über die verwendeten Finanzierungsmittel[130]. Die Angaben über die vom Anleger verfolgten Ziele sind demgegenüber stets erforderlich (§ 27a Abs. 1 Satz 3 WpHG)[131].

Umstritten war bisher, ob bei der Berechnung der Meldeschwellen des § 27a Abs. 1 Satz 1 WpHG auch die Finanzinstrumente iS des § 25 WpHG zu berücksichtigen waren[132]. Da § 25 Abs. 3 WpHG nF inhaltlich lediglich § 25 und § 25a Abs. 1 WpHG aF zusammenfasst, sind die Stimmrechte aus Instrumenten iS des § 25 Abs. 1 Satz 1 WpHG nF bei § 27a Abs. 1 Satz 1 WpHG nicht zu berücksichtigen. **623**

Nach § 27a Abs. 3 WpHG kann ein Emittent mit Sitz im Inland in seiner Satzung auf eine Mitteilung gemäß § 27a Abs. 1 WpHG verzichten **(Opting-out)**. Ein entsprechender Beschluss ist von der Hauptversammlung mit satzungsändernder Mehrheit zu fassen (§ 179 AktG)[133]. Eine solche Abbedingung ist nur für die Gesamtheit der Angaben zulässig. Im Ergebnis kann so systemwidrig eine aufsichtsrechtliche Pflicht durch eine gesellschaftsrechtliche Regelung abbedungen werden[134]. § 27a Abs. 1 WpHG findet auch auf Emittenten mit Sitz im Ausland keine Anwendung, wenn deren Satzung oder sonstige Bestimmungen dies vorsehen (§ 27a Abs. 3 Satz 2 WpHG). Von einer Konkretisierung durch Rechtsverordnung nach § 27a Abs. 4 WpHG wurde bislang abgesehen. **624**

7. Rechtsfolgen bei Verstoß gegen § 21 WpHG

Die Rechtsfolgen bei einem Verstoß gegen die Mitteilungs- und Veröffentlichungspflichten der §§ 21 ff WpHG wurden mit dem Transparenzrichtlinie-Umsetzungsgesetz von 2015 aufgrund der Richtlinienvorgaben drastisch verschärft. An einzelnen Stellen ist der deutsche Gesetzgeber zudem noch über diese hinausgegangen. **625**

a) Bußgeld

Verstößt der Meldepflichtige vorsätzlich oder leichtfertig gegen die Pflicht aus § 21 WpHG, droht ihm ein **Bußgeld** (§ 39 Abs. 2 Nr 2e, Abs. 4 WpHG)[135]. Durch das Transparenzrichtlinie-Umsetzungsgesetz von 2015 erfolgt eine Erhöhung des Bußgelds für natürliche Personen auf bis zu 2 Mio. Euro und für juristische Personen auf mindestens bis 10 Mio. Euro oder 5 % des jährlichen (Konzern-)Umsatzes bzw bis zum Doppelten des erlangten Vorteils. Mit der umsatzbezogenen Geldbuße geht der deutsche Gesetzgeber über die Transparenzrichtlinie 2013 hinaus[136]. Außerdem sol- **626**

130 *Korff*, AG 2008, 692, 696; *von Bülow/Stephanblome*, ZIP 2008, 1797, 1802 und 1803.

131 So wohl auch *Korff*, AG 2008, 692, 696; aA *von Bülow/Stephanblome*, ZIP 2008, 1797, 1802, ohne dies jedoch zu begründen.

132 Für eine solche Hinzurechnung entsprechend § 25 Abs. 1 Satz 3 aF WpHG *König*, BB 2008, 1910, 1912 f; dagegen *Korff*, AG 2008, 692, 696; *Weber-Rey*, DStR 2008, 1967, 1968.

133 *Von Bülow/Stephanblome*, ZIP 2008, 1797, 1804.

134 *U.H. Schneider*, in: Assmann/U.H. Schneider, § 27a WpHG Rn 31; *Schwark*, in: Schwark/Zimmer, KMRK, § 27a WpHG Rn 13.

135 Nach dem Referentenentwurf des FimanoG sollte dies in § 109 Abs. 3 Nr 4c WpHG-E geregelt sein; der RegE des 1. FimanoG will diesen Bußgeldtatbestand aufheben (BR-Drucks. 19/16, S. 15, 73).

136 *Schilha*, DB 2015, 1821, 1826; zum Sanktionsregime *Nartowska/Walla*, AG 2014, 891, 899 f.

len bei einem Transparenzpflichtverstoß von juristischen Personen auch gegen die Mitglieder des Verwaltungs-, Leitungs- oder Aufsichtsorgans Sanktionen verhängt werden können.

b) „Naming and shaming"

627 Nach § 40c WpHG muss die BaFin bei Verstößen gegen die §§ 21 ff WpHG **zwingend** von ihr getroffene Maßnahmen und Sanktionen unter namentlicher Nennung des Betroffenen unverzüglich auf ihrer Internetseite veröffentlichen[137]. Das gilt sogar schon dann, wenn die Entscheidung der BaFin noch nicht bestands- oder rechtskräftig ist, wobei auf diesen Umstand dann hinzuweisen ist. Bis zur Richtlinienumsetzung im Jahre 2015 hatte die BaFin zwar schon die Möglichkeit eines solchen Vorgehens, davon jedoch keinen Gebrauch gemacht[138].

628 In **Ausnahmefällen** kann die Bekanntmachung aufgeschoben bzw anonymisiert werden (§ 40c Abs. 3 WpHG), wenn die Nennung einer natürlichen Person unverhältnismäßig wäre, oder wenn die Veröffentlichung die Stabilität des Finanzsystems oder laufende Ermittlungen ernsthaft gefährden würde. Außerdem ist ein Aufschub denkbar, wenn den Beteiligten andernfalls ein unverhältnismäßiger und ernsthafter Schaden droht[139]. Nach überwiegender Ansicht handelt es sich beim Aufschub bzw der Anonymisierung um eine gebundene Entscheidung[140]. Eine Benennung („naming") kann einen rechtswidrigen Eingriff in die Grundrechte (Persönlichkeitsrecht, Berufsfreiheit) darstellen.

c) Stimmrechtsverlust

629 **aa) Voraussetzungen.** Der Stimmrechtsverlust war bis zur Umsetzung der Transparenzrichtlinie-Änderungsrichtlinie zum November 2015 in § 28 Satz 1–4 WpHG geregelt. Dieser ist inhaltlich teilweise beibehalten, ist aber nun in der **Paragrafenzählung** § 28 **Abs. 1** Satz 1–4 WpHG[141]. **§ 28 Abs. 1 Satz 1 WpHG**[142] wurde durch das Transparenzrichtlinie-Umsetzungsgesetz von 2015 erheblich verschärft[143]. Die Regelung sieht vor, dass für sämtliche Aktien, die dem Meldepflichtigen gehören (§ 21 Abs. 1b WpHG) oder aus denen ihm Stimmrechte nach § 22 WpHG zugerechnet werden, in der Zeit ein **Rechtsverlust** eintritt, in welcher der Meldepflichtige seine Mitteilungspflichten nach § 21 Abs. 1 oder 1a WpHG nicht erfüllt[144]. Bei Melde-

---

137 *Bosse*, BB 2015, 746, 749; *Nartowska/Walla*, AG 2014, 891, 898.

138 *Burgard/Heimann*, WM 2015, 1445, 1452 f.

139 Vgl *Schilha*, DB 2015 1821, 1826.

140 *Burgard/Heimann*, WM 2015, 1445, 1453.

141 Siehe Gesetz zur Umsetzung der Transparenzrichtlinie-Änderungsrichtlinie vom 20. November 2015, BGBl. I, S. 2029, 2034.

142 Zur Analogiefähigkeit, wenn eine Mitteilungspflicht nicht besteht, sie aber dennoch – fehlerhaft – erfolgt, *Tautges*, BB 2010, 1291, 1294 f („MAN – Invesco").

143 Vgl *Parmentier*, AG 2014, 15, 23; *Seibt/Wollenschläger*, ZIP 2014, 545, 553 f; *Nartowska/Walla*, AG 2014, 891, 900 ff.

144 *U.H. Schneider*, in: Assmann/U.H. Schneider, § 28 WpHG Rn 26; zum möglichen Missbrauch des § 28 WpHG im Rahmen der Anfechtung von Hauptversammlungsbeschlüssen *Merkner*, AG 2012, 199 ff; zur ordnungspolitischen Legitimation *Seibt*, ZIP 2012, 797 ff; *Seibt/Wollenschläger*, AG 2012, 305, 313 f mwN; *Brouwer*, AG 2012, 78; *Merkner*, AG 2012, 199; *Veil*, ZHR 175 (2011), 83, 86 f, 93.

verstößen bzgl § 25 Abs. 1 oder § 25a Abs. 1 WpHG erfolgt ein Rechtsverlust nach § 28 Abs. 2 WpHG.

Die Aktien müssen dem Meldepflichtigen gehören[145]. Erfasst wird ausschließlich der Meldepflichtige und nicht auch der Inhaber der Stimmrechte[146]. Verletzt der Meldepflichtige seine Mitteilungspflicht nach § 25 Abs. 1 Satz 1 WpHG, ist er zu diesem Zeitpunkt zwar noch nicht Inhaber der Aktien, sondern hat nur die Möglichkeit, diese zu erwerben. Erwirbt er dann später die Aktien, kann er die Rechte aus den ihm jetzt gehörenden Aktien nach § 28 Abs. 2, Abs. 1 Satz 1 WpHG gleichwohl nicht ausüben. Die Pflichtverletzung, die zum Rechtsverlust nach § 28 WpHG führt, kann demzufolge auch **vor dem Erwerb** der Aktien liegen, so dass es für den Rechtsverlust nicht auf den Zeitpunkt des Erwerbs der Aktien ankommt[147]. **630**

Hat der Meldepflichtige zwar seine Mitteilungspflicht nach § 21 Abs. 1 WpHG erfüllt, nicht aber nach § 25a Abs. 1 WpHG, bestehen aus den Aktien, die ihm bereits jetzt gehören, sofort und für die Aktien, die er später über Instrumente iS des § 25 Abs. 1 Satz 1 WpHG erwirbt, ab dem Zeitpunkt des Erwerbs, keine Rechte. Der Verstoß „infiziert" die erst zu einem späteren Zeitpunkt erworbenen Stimmrechte[148]. Der Rechtsverlust erfasst hier sämtliche Stimmrechte, weil nach § 25a Abs. 1 WpHG die Summe der Stimmrechte aus Aktien (§ 21 Abs. 1, 1a WpHG) und aus Instrumenten (§ 25 Abs. 1 WpHG) meldepflichtig ist und es den Inhaber der Aktien deshalb nicht entlasten kann, wenn er lediglich seiner Mitteilungspflicht nach § 21 Abs. 1, 1a WpHG nachgekommen ist. **631**

Umstritten ist, ob der Rechtsverlust nach § 28 Abs. 1 Satz 1 WpHG nur eintritt, wenn die Mitteilungspflicht vollständig unterlassen wurde, oder auch dann, wenn sie **unvollständig** erfüllt wurde. Ein Teil des Schrifttums vertritt die Ansicht, § 28 WpHG greife nur ein, wenn die Meldung völlig unterbleibt. § 39 Abs. 2 Nr 2e WpHG beziehe sich ausdrücklich auf die unrichtige oder unvollständige Meldung, wohingegen § 28 WpHG nur eine „Nichterfüllung" der Mitteilungspflichten voraussetze[149]. **632**

Die ganz **hM** geht dagegen zutreffend davon aus, dass schon die bloße Unrichtigkeit oder **Unvollständigkeit** der Mitteilung zur Rechtsfolge des § 28 WpHG führt[150]. Eine Erfüllung der Meldepflicht liege schon dann nicht vor, wenn die Pflicht mangelhaft, dh nicht den gesetzlichen Vorgaben entsprechend, erfüllt wird. Ansonsten bestünde die Gefahr einer Umgehung des § 28 WpHG, indem der Meldepflichtige bewusst eine fehlerhafte, nur einen Teil der Stimmrechte angebende Mitteilung macht und sich so der Sanktion des § 28 WpHG entzieht. Der Meldeverstoß muss aber **erheblich** sein (zB nicht korrekte Angabe der Höhe der Stimmrechtsanteile). Abzuheben soll darauf **633**

145 *Schilha*, DB 2015, 1821, 1826.

146 Begr. RegE zur Umsetzung der Transparenzrichtlinie-Änderungsrichtlinie, BT-Drucks. 18/5010, S. 48; für eine doppelte Richtung des Stimmrechtsverlusts *Seibt/Wollenschläger*, ZIP 2014, 545, 554.

147 Begr. RegE zur Umsetzung der Transparenzrichtlinie-Änderungsrichtlinie, BT-Drucks. 18/5010, S. 48.

148 So *Bosse*, BB 2015, 746, 749.

149 Vgl *Hüffer*, AktG, 8. Aufl., Anh. § 22, § 28 WpHG Rn 3.

150 *U.H. Schneider*, in: Assmann/U.H. Schneider, § 28 WpHG Rn 16; KölnerKommWpHG/*Kremer/Oesterhaus*, § 28 WpHG Rn 30; *Opitz*, in: Schäfer/Hamann, § 28 WpHG Rn 5.

sein, ob die nur schlecht erfüllte Mitteilungspflicht bei der Gesellschaft oder der BaFin eine falsche Vorstellung über die Zusammensetzung der Stimmrechte erwecken kann[151]. Damit führen lediglich geringe formale Mängel oder inhaltliche Ungenauigkeiten nicht zu einem Rechtsverlust nach § 28 WpHG[152].

634 Ein Rechtsverlust setzt nach deutschem Recht nicht zwingend Vorsatz voraus, sondern lässt ein Verschulden des Meldepflichtigen genügen[153]. **Umstritten** ist, ob auf den allgemeinen zivilrechtlichen[154] oder einen spezifisch kapitalmarktrechtlichen **Verschuldens- bzw Vorsatzbegriff**[155] abzustellen ist. Wer auf Ersteren abstellt, verneint ein vorsätzliches Handeln, wenn dem Betroffenen die Mitteilungspflicht fahrlässig unbekannt ist. Da der zivilrechtliche Verschuldensbegriff das Bewusstsein der Pflichtwidrigkeit voraussetzt, entfällt er bei unverschuldeten Rechts- oder Tatsachenirrtümern[156]. Sofern ein eigenständiger Verschuldensbegriff bejaht wird, muss sich der Vorsatz nicht auf das Bewusstsein der Rechtswidrigkeit erstrecken, und es kann bei einem unvermeidbaren Verbotsirrtum nicht erst die Schuld, sondern schon der Vorsatz entfallen[157]. Da allerdings in § 28 Abs. 1 Satz 3 WpHG von „grob fahrlässiger“ Mitteilungspflichtverletzung die Rede ist, ist es überzeugender, auf ein zivilrechtliches Verständnis des Verschuldens abzustellen. Auch der Sinn und Zweck der Vorschrift sprechen hierfür.

635 **Streitig** ist zudem, ob sich der Meldepflichtige ein fahrlässiges Verhalten seines Rechtsanwalts nach § 278 BGB zurechnen lassen muss[158] oder ob der Rechtsgedanke des § 831 Abs. 1 Satz 2 BGB heranzuziehen ist, so dass der Meldepflichtige, was überzeugender erscheint, lediglich für die sorgfältige Auswahl und Überwachung des Anwalts haftet[159]. Jedenfalls darf sich der Betroffene nach wohl überwiegender Ansicht regelmäßig auf die Auskünfte der BaFin verlassen, sofern er nicht Anlass zu weiteren Nachforschungen hat. Daher schützen ihn diese Auskünfte vor einem Rechtsverlust[160].

---

151 *Heinrich/Kiesewetter*, Der Konzern 2009, 137, 138; *U.H. Schneider*, in: Assmann/U.H. Schneider, § 28 WpHG Rn 17 ff; *Dehlinger/Zimmermann*, in: Fuchs, § 28 WpHG Rn 12; *Scholz*, AG 2009, 313, 316.

152 *Schwark*, in: Schwark/Zimmer, KMRK, § 28 WpHG Rn 5.

153 Bericht des Finanzausschusses des Deutschen Bundestages, BT-Drucks. 16/9821, S. 17; Kölner-KommWpHG/*Kremer/Oesterhaus*, § 28 WpHG Rn 34 ff.

154 *Dehlinger/Zimmermann*, in: Fuchs, § 28 WpHG Rn 42; *Fleischer*, DB 2009, 1335, 1340; *Heinrich/Kiesewetter*, Der Konzern 2009, 137, 140; *Mülbert*, FS K. Schmidt, 2009, S. 1219, 1233 ff; *Riegger*, FS H.P. Westermann, 2008, S. 1331, 1336 (auch zum strafrechtlichen Verschuldensbegriff).

155 *U.H. Schneider*, in: Assmann/U.H. Schneider, § 28 WpHG Rn 63 f; *Götze*, in: Habersack/Mülbert/Schlitt, Kapitalmarktinformation, § 28 Rn 39; *Scholz/Weiß*, BKR 2013, 324 ff.

156 *Heinrich/Kiesewetter*, Der Konzern 2009, 137, 140.

157 *Fleischer*, DB 2009, 1335, 1340.

158 *Mülbert*, FS K. Schmidt, 2009, S. 1219, 1237; dagegen *Fleischer*, DB 2009, 1335, 1340.

159 *Heinrich/Kiesewetter*, Der Konzern 2009, 137, 140; *Opitz*, in: Schäfer/Hamann, § 28 WpHG Rn 7; *S. H. Schneider*, NZG 2009, 121, 125.

160 *Von Bülow/Petersen*, NZG 2009, 481, 483; *Dehlinger/Zimmermann*, in: Fuchs, § 28 WpHG Rn 18, Fn 37; *Opitz*, in: Schäfer/Hamann, § 28 WpHG Rn 9a; *S. H. Schneider*, NZG 2009, 121, 124; *Scholz*, AG 2009, 313, 321; *Segna*, AG 2009, 311, 315; vgl auch *U.H. Schneider*, in: Assmann/U.H. Schneider, § 28 WpHG Rn 67.

bb) Folgen. Folge des Rechtsverlusts ist, dass die Rechte des Anlegers[161] aus den Aktien nach § 28 WpHG (zeitweilig) ausgeschlossen sind. Der Rechtsverlust tritt automatisch mit Vorliegen der Voraussetzungen des § 28 WpHG ein[162]. Die Pflichtverletzung und damit der Rechtsverlust enden in dem Zeitpunkt, in dem der Meldepflichtige die ordnungsgemäße Mitteilung nachholt[163] oder der meldepflichtige Umstand nachträglich entfällt, etwa weil er durch Verkauf, Verfall oder Ausübung die fraglichen Instrumente nicht mehr in seinem Bestand hat. **§ 28 Abs. 1 Satz 2 WpHG** regelt den Fall, dass die Mitteilung nicht vorsätzlich unterlassen und nachgeholt wurde. Dann soll für die Ansprüche aus § 58 Abs. 4 AktG (Anspruch der Aktionäre auf Bilanzgewinn, dh Dividendenzahlung) und § 271 AktG (Verteilung des Vermögens unter den Aktionären) kein Rechtsverlust eintreten. 636

Ein wegen § 28 WpHG zu Unrecht ausgeübtes Stimmrecht führt zur **Anfechtbarkeit** des Hauptversammlungsbeschlusses. **Umstritten** ist, ob dieser (Verfahrens-)Fehler durch einen Bestätigungsbeschluss nach § 244 AktG geheilt werden kann[164]. Streitig ist zudem, ob der Meldepflichtige während des Rechtsverlusts gefasste Hauptversammlungsbeschlüsse anfechten kann. Überwiegend wird das zutreffend abgelehnt, da es an einer Anfechtungsbefugnis des Meldepflichtigen fehlt[165]. Die verbotswidrige Rechtsausübung stellt keine Ordnungswidrigkeit im Rahmen des WpHG dar. 637

Allerdings sind auf gesellschaftsrechtlicher Ebene zu Unrecht erhobene Dividenden der Gesellschaft zurückzuzahlen. Eine dem Aktionär trotz § 28 WpHG geleistete Dividende stellt zugleich einen Verstoß gegen § 57 AktG (Verbot der Einlagenrückgewähr) dar[166]. Anspruchsgrundlage der Gesellschaft ist hierbei § 62 Abs. 1 AktG, wonach Aktionäre der Gesellschaft Leistungen, die sie entgegen den Vorschriften des Aktiengesetzes von ihr empfangen haben, zurück zu gewähren haben. Diese Spezialnorm geht anderen Ansprüchen, wie etwa solchen aus §§ 812 ff BGB, vor[167]. 638

Bei **vorsätzlicher** oder grob fahrlässiger Verletzung der Meldepflicht[168] besteht der Rechtsverlust iS des § 28 Abs. 1 Satz 1 WpHG nicht nur bis zur ordnungsgemäßen Erfüllung der Mitteilungspflicht, sondern verlängert sich um weitere sechs Monate (§ 28 Abs. 1 Satz 3 WpHG)[169]. Dieser **nachwirkende Rechtsverlust** erfasst jedoch nur die Verwaltungsrechte, v.a. das Stimmrecht, nicht aber die Vermögensrechte des Aktionärs, insbesondere nicht den Dividendenanspruch[170]. Mit § 28 Abs. 1 Satz 3 WpHG soll dem Versuch vorgebeugt werden, unbemerkt zwischen zwei Hauptver- 639

---

161 Zum Begriff *Habersack*, FS Säcker, 2011, S. 355, 356 ff.

162 Zu den Risiken für Hauptversammlungsbeschlüsse *Schilha*, DB 2015, 1821, 1826.

163 *U.H. Schneider*, in: Assmann/U.H. Schneider, § 28 WpHG Rn 27.

164 Bejahend LG Köln ZIP 2009, 1818 f; siehe auch *Bozenhardt*, FS Mailänder, 2006, S. 301, 307 f; aA OLG Stuttgart AG 2004, 457, 458.

165 *U.H. Schneider*, in: Assmann/U.H. Schneider, § 28 WpHG Rn 30; siehe auch *Opitz*, in: Schäfer/Hamann, § 28 WpHG Rn 28; differenzierend *Vocke*, BB 2009, 1600, 1603.

166 *Opitz*, in: Schäfer/Hamann, § 28 WpHG Rn 47.

167 *Hüffer/Koch*, § 62 AktG Rn 2.

168 Ausführlich hierzu *Korff*, AG 2008, 692, 697 f; *von Bülow/Stephanblome*, ZIP 2008, 1797, 1804.

169 Kritisch hierzu *Timmann/Birkholz*, BB 2007, 2749, 2752; *Chachulski*, BKR 2010, 281 ff.

170 Begr. RegE RBG, BT-Drucks. 16/7438, S. 13; Beschlussempfehlung des Finanzausschusses des Deutschen Bundestages, BT-Drucks. 16/9778, S. 3; *von Bülow/Stephanblome*, ZIP 2008, 1797, 1805; *Süßmann/M. Meder*, WM 2009, 976, 977 f; *Weber-Rey*, DStR 2008, 1967, 1969; *Timmann/Birkholz*, BB 2007, 2749, 2752.

sammlungen Aktien zu erwerben und erst kurz vor der Hauptversammlung die Meldepflicht zu erfüllen, um dadurch für den Emittenten und die übrigen Aktionäre überraschend einen erheblichen Einfluss in der Hauptversammlung ausüben zu können (**Verhindern des Anschleichens**)[171]. Ein erweiterter Rechtsverlust nach § 28 Abs. 1 Satz 3 WpHG besteht nicht, wenn der gemeldete Stimmrechtsanteil weniger als 10 % vom tatsächlichen Stimmrechtsanteil abweicht und der Meldepflichtige keine Mitteilung über das Erreichen, Überschreiten oder Unterschreiten einer der in § 21 WpHG genannten Schwellen unterlassen hat (§ 28 Abs. 1 Satz 4 WpHG)[172]. Der Meldepflichtige darf also durch die falsche Angabe nicht eine Meldeschwelle „unterschlagen" haben[173].

d) Zivilrechtliche Sanktionen

640 **Umstritten** ist, ob die §§ 21 ff WpHG auch zivilrechtliche Sanktionen auslösen können, dh ob sie Schutzgesetz iS des **§ 823 Abs. 2 BGB** sind. Ob sich aus § 21 Abs. 1, 1a WpHG auch ein Individualschutz der Anleger[174] ableiten lässt, hängt von dessen Schutzrichtung ab. Die wohl **hM** sieht in den §§ 21 ff WpHG Schutzgesetze[175]. Eine **aA** argumentiert dahin, dass die §§ 21 ff WpHG aufgrund der Schaffung von Transparenz zwar auch die Interessen der Marktteilnehmer betreffen[176], dadurch aber noch kein individualschützendes Schutzgesetz vorliegt[177]. § 21 WpHG bezwecke die Bekämpfung des Missbrauchs von Insiderinformationen und diene daher dem öffentlichen Interesse[178]. Ein individualschützender Charakter liege nur vor, wenn der Prospektbegriff iS der allgemeinen zivilrechtlichen Prospekthaftung erfüllt ist und sich ein individualschützender Charakter aus dem Gesetz (zB §§ 37b, 37c WpHG) oder aus der Entstehungsgeschichte, dem Sinn und Zweck bzw der Gesetzessystematik ergibt. Da die Mitteilung nach § 21 WpHG und die Veröffentlichungspflichten der §§ 26, 26a WpHG keinen Prospekt darstellen[179], in § 21 WpHG kein Schadensersatzanspruch der Anleger vorgesehen ist und auch aus den sonstigen Punkten keine über einen mittelbaren Anlegerschutz hinausgehenden Hinweise folgen, scheidet ein Individualschutz aus. Anders soll das nur sein, wenn die falsche Mitteilung betrügerischen Charakter hat. Dann aber, so lässt sich einwenden, ist die Schutzgesetzeigenschaft des § 21 WpHG insofern nicht mehr erheblich, als sich für den Geschädigten bereits Ansprüche aus § 823 Abs. 2 BGB iVm § 263 StGB und eventuell aus § 826 BGB ergeben.

171 RegE, BT-Drucks. 16/7438, S. 13.

172 Ausführlich hierzu *von Bülow/Stephanblome*, ZIP 2008, 1797, 1804.

173 Vgl dazu Lösung zu Fall 12, Rn 656.

174 Bejahend *U.H. Schneider*, in: Assmann/U.H. Schneider, Vor § 21 WpHG Rn 24; *ders.*, AG 1997, 81; MünchKommAktG/*Bayer*, AktG, 3. Aufl., 2008, Anh. § 22, § 21 WpHG Rn 2; aA *Opitz*, in: Schäfer/Hamann, § 21 WpHG Rn 42 f.

175 *U.H. Schneider*, in: Assmann/U.H. Schneider, § 28 WpHG Rn 79 ff; *Holzborn/Foelsch*, NJW 2003, 932, 937 f; KölnerKommWpHG/*Hirte*, § 21 WpHG Rn 4.

176 Begr. RegE 2. FMFG, BT-Drucks. 12/6679, S. 52.

177 *Michel*, in: Just/Voß/Ritz/Becker, § 21 WpHG Rn 90; *Schwark*, in: Schwark/Zimmer, KMRK, § 21 WpHG Rn 21.

178 *Opitz*, in: Schäfer/Hamann, § 21 WpHG Rn 42.

179 Zum Prospektbegriff siehe oben Rn 17.

Vorzugswürdig ist daher die **hM**, die von einer **Schutzgesetzeigenschaft des § 21 WpHG** ausgeht. Dafür spricht auch der Gesamtzusammenhang der §§ 21 ff WpHG[180]. Außerdem ist die Mitteilungspflicht, anders als die Pflicht zur Ad-hoc-Mitteilung nach § 15 Abs. 1 WpHG, hinreichend bestimmt, so dass der Gesetzgeber, hätte er Schadensersatzansprüche ausschließen wollen, eine dem § 15 Abs. 6 WpHG vergleichbare Regelung hätte schaffen können[181]. Neben einem Schadensersatzanspruch aus § 823 Abs. 2 BGB iVm § 21 Abs. 1 WpHG kommen auch Ansprüche aus **§ 826 BGB** bei gezielter Falschveröffentlichung und **§ 823 Abs. 2 BGB iVm § 263 StGB** bei betrügerischem Handeln in Betracht. **641**

Ein **Anspruch der Gesellschaft** auf Offenlegung der Stimmrechte und ggf ein Schadensersatzanspruch gegenüber dem meldepflichtigen Aktionär ist **abzulehnen**. Zwar soll auch die Gesellschaft durch die Mitteilungspflichten in § 21 WpHG die Aktionärsstruktur besser überschauen können[182], daraus kann aber kein Erfüllungsanspruch der Gesellschaft und in der Folge kein Schadensersatzanspruch gegenüber dem Meldepflichtigen abgeleitet werden. Dies geht über die gesetzgeberische Intention hinaus[183]. **642**

8. Rechtsfolgen bei Verstoß gegen §§ 25, 25a und 27a WpHG

Da § 28 Abs. 2 WpHG nunmehr für einen Verstoß gegen die **§§ 25** und **25a WpHG** ausdrücklich auf § 28 Abs. 1 WpHG verweist, tritt bei Verletzung dieser Meldepflichten ebenfalls ein Stimmrechtsverlust ein[184]. Ein Verstoß stellt zudem eine Ordnungswidrigkeit nach § 39 Abs. 2 Nr 2f WpHG dar. **643**

Kommt der Anleger seiner Mitteilungspflicht iS des **§ 27a Abs. 1 WpHG** nicht nach, ist der Emittent nach § 27a Abs. 2 WpHG lediglich verpflichtet, dies entsprechend § 26 Abs. 1 Satz 1 WpHG zu veröffentlichen und an das Unternehmensregister zu übermitteln. Von einer weitergehenden Sanktionierung hat der Gesetzgeber bewusst abgesehen[185]. Verstöße gegen die Meldepflicht des § 27a Abs. 1 WpHG führen weder zu einem Rechtsverlust nach § 28 WpHG noch sind sie straf- oder bußgeldbewehrt[186]. Eine vorsätzliche Verletzung der Meldepflicht kann aber einen Verstoß gegen das Verbot der Marktmanipulation nach § 20a WpHG (Art. 15 MAR) darstellen[187]. **644**

Zivilrechtliche Ansprüche der Gesellschaft und der anderen Aktionäre können sich aus § 826 BGB und § 823 Abs. 2 BGB iVm § 263 StGB ergeben. Wegen der Beweisschwierigkeiten werden diese Schadensersatzansprüche jedoch in der Praxis nur sel- **645**

180 Vgl *U.H. Schneider*, in: Assmann/U.H. Schneider, Vor § 21 WpHG Rn 24.
181 Siehe *U.H. Schneider*, in: Assmann/U.H. Schneider, § 28 WpHG Rn 79.
182 Begr. RegE 2. FMFG, BT-Drucks. 12/6679, S. 52.
183 Einen Schadensersatzanspruch verneinend *Michel*, in: Just/Voß/Ritz/Becker, § 21 WpHG Rn 13; *Schwark*, in: Schwark/Zimmer, KMRK, § 21 WpHG Rn 22; *U.H. Schneider*, in: Assmann/U.H. Schneider, § 21 WpHG Rn 145 (Anspruch auf Offenlegung, aber kein Schadensersatz).
184 *Seibt/Wollenschläger*, AG 2012, 305, 314; zur bisherigen Rechtslage *Heinrich/Kiesewetter*, Der Konzern 2009, 137, 143; *Cascante/Bingel*, NZG 2011, 1086, 1088.
185 Begr. RegE RBG, BT-Drucks. 16/7438, S. 13.
186 *Fleischer*, ZGR 2008, 184, 210; *von Bülow/Stephanblome*, ZIP 2008, 1797, 1803 f.
187 *Korff*, AG 2008, 692, 697; *von Bülow/Stephanblome*, ZIP 2008, 1797, 1804; kritisch KölnerKommWpHG/*Heinrich*, § 27a WpHG Rn 52; dazu Rn 524 ff.

ten relevant sein[188]. Ein Anspruch aus § 823 Abs. 2 BGB iVm § 27a Abs. 1 WpHG setzt voraus, dass es sich bei § 27a Abs. 1 WpHG um ein Schutzgesetz iS des § 823 Abs. 2 BGB handelt. Das ist zu verneinen[189]. Der Gesetzgeber hat sich bewusst dafür entschieden, einen Verstoß gegen diese Mitteilungspflicht nur durch die Veröffentlichung gemäß § 27a Abs. 2 WpHG zu sanktionieren. Dadurch soll es dem Kapitalmarkt ermöglicht werden, auf entsprechende Mitteilungen zu reagieren[190].

III. Veröffentlichungspflichten des Emittenten (§§ 26, 26a, 27a Abs. 2 WpHG)

1. Pflicht zur Veröffentlichung nach § 26 WpHG

646 Ein Inlandsemittent (§ 2 Abs. 7 WpHG) hat, nachdem ihm die Anzeige des Meldepflichtigen zugegangen ist, die Mitteilung unverzüglich (spätestens innerhalb von drei Handelstagen nach Zugang) zu veröffentlichen sowie dem Unternehmensregister (§ 8b HGB) zu übermitteln (§ 26 Abs. 1 Satz 1 WpHG). In Bezug auf eigene Aktien, zu denen auch solche von Tochterunternehmen zählen[191], hat der Emittent das Erreichen der 5 %- und der 10 %-Schwelle unverzüglich, spätestens innerhalb von vier Handelstagen zu veröffentlichen (§ 26 Abs. 1 Satz 2 WpHG). Zudem ist die BaFin in Kenntnis zu setzen (§ 26 Abs. 2 WpHG). Sie wird damit nicht nur durch den Inhaber der Aktien oder sonstigen Finanzinstrumente informiert, sondern auch durch den Inlandsemittenten[192]. Die Mitteilung an die BaFin hat gleichzeitig mit der Veröffentlichung zu erfolgen, wobei ein unmittelbares Versenden hintereinander diese Anforderungen noch erfüllt[193]. Ein Emittent mit Deutschland als Herkunftsstaat muss auch das Erreichen der 3 %-Schwelle melden (§ 26 Abs. 1 Satz 2, 2. HS WpHG). Emittenten mit Sitz in einem Drittstaat, deren Aktien auch in Deutschland zum Handel an einem organisierten Markt zugelassen sind, müssen nur nach den Regelungen ihres Sitzstaats veröffentlichen[194].

647 Die Art der Veröffentlichung sowie die Sprache sind in § 20 iVm §§ 3a, 3b WpAIV geregelt. Der Emittent kann die Mitteilung in englischer statt in deutscher Sprache veröffentlichen, wenn er diese selbst in englischer Sprache erhalten hat (§ 20, 2. HS WpAIV). Inlandsemittenten mit Sitz in einem Drittstaat können nach § 29a Abs. 1 WpHG durch die BaFin von der Pflicht nach § 26 WpHG sowie nach § 26a WpHG freigestellt werden. Voraussetzung ist, dass die Emittenten gleichwertigen Regeln eines Drittstaats unterliegen oder sich solchen Regeln unterwerfen.

188 *Fleischer*, ZGR 2008, 184, 210; *von Bülow/Stephanblome*, ZIP 2008, 1797, 1804; *Möllers/Holzner*, NZG 2008, 166, 170; *Diekmann/Merkner*, NZG 2007, 921, 925.

189 Eine Schutzgesetzqualität ebenfalls verneinend *Greven/Fahrenholz*, BB 2009, 1487, 1493; *von Bülow/Stephanblome*, ZIP 2008, 1797, 1804; *Diekmann/Merkner*, NZG 2007, 921, 925, Fn 38; KölnerKommWpHG/*Heinrich*, § 27a WpHG Rn 51; unentschieden *Möllers/Holzner*, NZG 2008, 166, 170; *Fleischer*, ZGR 2008, 184, 210, Fn 174.

190 So ausdrücklich Begr. RegE RBG, BT-Drucks. 16/7438, S. 13.

191 Begr. RegE zur Umsetzung der Transparenzrichtlinie-Änderungsrichtlinie, BT-Drucks. 18/5010, S. 47.

192 *Nießen*, NZG 2007, 41, 44.

193 Begr. RegE TUG, BT-Drucks. 16/2498, S. 38.

194 *Nießen*, NZG 2007, 41, 43.

Wird bzgl des Erwerbs **eigener Aktien**[195] die Schwelle von 5 % oder 10 % erreicht, überschritten oder unterschritten, muss der Emittent dies nach § 26 Abs. 1 Satz 1 WpHG veröffentlichen und eine entsprechende Erklärung abgeben (§ 26 Abs. 1 Satz 2 WpHG). Für Emittenten, für die Deutschland der Herkunftsstaat ist (§ 2 Abs. 6 WpHG), gilt die Meldepflicht bereits ab einer Schwelle von 3 % (§ 26 Abs. 1 Satz 2, 2. HS WpHG). Auch die Einziehung bereits erworbener eigener Aktien kann darunter fallen[196]. **Umstritten** ist, ob für Aktien, die von einer Tochtergesellschaft des Emittenten erworben wurden, aufgrund des Gesetzeswortlauts keine Veröffentlichungspflicht besteht[197]. **648**

2. Pflicht zur Meldung der Stimmrechtsanzahl (§ 26a WpHG)

Inlandsemittenten (§ 2 Abs. 7 WpHG) sind nunmehr verpflichtet, nicht erst am Ende eines jeden Kalendermonats, sondern unverzüglich, spätestens innerhalb von zwei Handelstagen, nachdem die Gesamtzahl der Stimmrechte zu- oder abgenommen hat, dies in zur Verbreitung in der EU und dem EWR geeigneten Medien[198] (§§ 26a, 26 Abs. 1 Satz 1, Abs. 3 Nr 1 WpHG iVm §§ 20, 3a WpAIV) zu veröffentlichen, der BaFin mitzuteilen und dem Unternehmensregister zuzuleiten[199]. Aufgrund dieser Regelung brauchen die Stimmrechtsinhaber als Meldepflichtige iS des § 21 WpHG nicht selbst die Gesamtzahl der Aktien zu ermitteln, sondern können sich auf die Veröffentlichung nach § 26a WpHG beziehen[200]. **649**

Bei der Veröffentlichung ist auch das Datum anzugeben, zu dem die Zu- oder Abnahme der Gesamtstimmrechtszahl wirksam geworden ist. Gleichzeitig mit der Veröffentlichung ist die BaFin zu unterrichten. Außerdem sind die Informationen unverzüglich mit oder nach der Veröffentlichung dem Unternehmensregister (§ 8b HGB) mitzuteilen (§ 26a Abs. 2 WpHG). **650**

3. Pflicht zur Veröffentlichung nach § 27a Abs. 2 WpHG

Der Emittent, dessen Herkunftsstaat die Bundesrepublik Deutschland ist (§ 2 Abs. 6 WpHG), hat die vom Anleger nach § 27a Abs. 1 WpHG erhaltenen Informationen oder die Tatsache, dass der Anleger seine Mitteilungspflicht nach § 27a Abs. 1 WpHG nicht erfüllt hat, unverzüglich, spätestens innerhalb von drei Handelstagen zu veröffentlichen (§ 27a Abs. 2 iVm § 26 Abs. 1 Satz 1 WpHG). Er muss diese Information unverzüglich, nicht aber vor ihrer Veröffentlichung dem Unternehmensregister übermitteln (§ 27a Abs. 2 WpHG). Problematisch ist die Pflicht des Emittenten zur Veröffentlichung der Tatsache, dass der Anleger die Änderung seiner Ziele nicht mitgeteilt hat. Bei der Änderung der Ziele und Absichten des Anlegers handelt es sich **651**

195 Aufgrund des § 71b AktG stehen einer Gesellschaft aus eigenen Aktien keine Rechte zu.
196 KölnerKommWpHG/*Hirte*, § 26 WpHG Rn 39.
197 So *Michel*, in: Just/Voß/Ritz/Becker, § 26 WpHG Rn 29; aA KölnerKommWpHG/*Hirte*, § 26 WpHG Rn 43.
198 Kritisch zum Begriff „Medien“, der völlig offen sei, *Noack*, WM 2007, 377, 380.
199 Ausführlich dazu Begr. RegE zur Umsetzung der Transparenzrichtlinie-Änderungsrichtlinie, BT-Drucks. 18/5010, S. 47 f.
200 *Schlitt/Schäfer*, AG 2007, 227, 229.

um eine innere Tatsache, so dass der Emittent regelmäßig erst dann diese Veröffentlichungspflicht erfüllen kann, wenn der Anleger seine Ziele bereits umgesetzt hat[201]. Wenn der Emittent in seiner Satzung die Nichtanwendung des § 27a Abs. 1 WpHG vorsieht (§ 27a Abs. 3 WpHG), entfällt neben der Mitteilungspflicht des Anlegers zugleich die Veröffentlichungspflicht des Emittenten nach § 27a Abs. 2 WpHG[202].

4. Rechtsfolgen bei Pflichtverletzung

652 Wird eine Veröffentlichung vorsätzlich oder leichtfertig nicht, nicht richtig, nicht vollständig, nicht wie vorgeschrieben oder nicht rechtzeitig vorgenommen bzw nachgeholt, stellt das eine bußgeldbewehrte **Ordnungswidrigkeit** nach § 39 Abs. 2 Nr 5c WpHG dar. Nicht vollständig ist eine Mitteilung nur dann, wenn sie nicht zumindest den für die Veröffentlichung hinreichenden kapitalmarktrechtlichen Informationskern enthält (Meldeschwelle erreicht, über- oder unterschritten). Sofern auch dieser Informationskern fehlt, liegt eine Nichtmitteilung vor[203].

653 **Umstritten** ist, ob Aktionäre oder Dritte **zivilrechtliche** Schadensersatzansprüche gegen das Unternehmen bei Unterlassen der vorgeschriebenen Veröffentlichungen geltend machen können. Hierbei kommt es darauf an, ob § 26 WpHG als **Schutzgesetz** iS des § 823 Abs. 2 BGB zu sehen ist[204]. Das würde voraussetzen, dass das Transparenzgebot auch dem Schutz der Individualinteressen der Anleger dient. Nach einer Ansicht dienen die §§ 21 ff WpHG lediglich mittelbar dem Individualschutz, ihr eigentliches Ziel sei die Markttransparenz und die Bekämpfung des Missbrauchs von Insiderinformationen. Schutzgut der Transparenznormen soll die Funktionsfähigkeit des Kapitalmarkts und damit nur ein überindividuelles Interesse des Anlegerpublikums sein[205]. Auch die Tatsache, dass in § 26 WpHG kein dem § 15 Abs. 6 WpHG entsprechender Ausschluss enthalten ist, vermag nicht für den Schutzgesetzcharakter der Vorschrift zu sprechen; ein solcher Umkehrschluss kann nicht gezogen werden. Sofern man der Ansicht ist, dass die §§ 21 ff WpHG nicht dem individuellen Anlegerschutz dienen, wird man auch die Schutzgesetzeigenschaft des § 26 WpHG ablehnen müssen. Sofern man die §§ 21 ff WpHG als individualschützend ansieht, wird das auch für § 26 WpHG zu bejahen sein.

654 Jedenfalls handelt es sich bei § 27a Abs. 2 WpHG nicht um ein Schutzgesetz iS des § 823 Abs. 2 BGB. Der Gesetzgeber hat sich bewusst gegen eine Sanktionierung des Anlegers im Fall eines Meldepflichtverstoßes iS des § 27a Abs. 1 WpHG entschieden. Konsequenterweise ist damit auch eine Schutzgesetzqualität der Veröffentlichungspflicht des Emittenten nach § 27a Abs. 2 WpHG abzulehnen. Ein Schadensersatzanspruch der Aktionäre oder Dritter gegen das Unternehmen gemäß § 823 Abs. 2 BGB iVm § 27a Abs. 2 WpHG scheidet aus.

---

201 *Korff*, AG 2008, 692, 696.

202 *Korff*, AG 2008, 692, 697.

203 *U.H. Schneider*, in: Assmann/U.H. Schneider, § 25 WpHG Rn 10.

204 Bejahend etwa *U.H. Schneider*, in: Assmann/U.H. Schneider, § 26 WpHG Rn 70; aA *Opitz*, in: Schäfer/Hamann, § 25 WpHG Rn 16.

205 Siehe oben Rn 640 ff.

Schadensersatzansprüche der Anleger können sich auch aus anderen Anspruchsgrundlagen ergeben. Bei einer gezielten Falschveröffentlichung kann etwa eine vorsätzliche sittenwidrige Schädigung iS des **§ 826 BGB** vorliegen. Zudem ist ein Anspruch aus **§ 823 Abs. 2 BGB iVm § 263 StGB** denkbar[206]. Darüber hinaus soll ein Emittent auch nach § 1004 BGB iVm § 26 WpHG auf Erfüllung der Veröffentlichungspflichten verklagt werden können[207]. **655**

Lösung Fall 12 (Rn 571): Die Anfechtungsklage des K müsste zulässig sein[208]. Mit seiner Klage geht K gegen einen seiner Ansicht nach rechtswidrigen Hauptversammlungsbeschluss vor. Die Anfechtungsklage ist statthafte Klageart (§ 243 Abs. 1 AktG). Die X-AG hat ihren Sitz in Hannover, so dass das Landgericht Hannover gemäß § 246 Abs. 3 Satz 1 AktG zuständig ist[209]. Da K einen möglicherweise gesetzes- oder satzungswidrigen Beschluss der Hauptversammlung anficht, ist auch das Rechtsschutzinteresse gegeben. Eine persönliche Betroffenheit oder eine Mindestaktienquote ist nicht erforderlich (vgl § 245 Nr 1 AktG). Somit ist die Anfechtungsklage zulässig. **656**

Die Klage müsste auch begründet sein. Der von K angefochtene Hauptversammlungsbeschluss ist gemäß § 243 Abs. 1 AktG tauglicher Anfechtungsgegenstand. K hat in der Hauptversammlung Widerspruch gegen den Beschluss zur Niederschrift erklärt, so dass er gemäß § 245 Nr 1 AktG anfechtungsbefugt ist. Zudem hat K die Anfechtungsklage wenige Tage nach der Hauptversammlung und damit innerhalb der Monatsfrist gemäß § 246 Abs. 1 AktG erhoben.

K müsste auch einen Anfechtungsgrund gemäß § 243 AktG haben. Als Gesetzesverstoß iS des § 243 Abs. 1 AktG kommt eine Verletzung des § 179 Abs. 2 Satz 1 AktG in Betracht. Hiernach setzt eine Satzungsänderung einen Beschluss von mindestens 75 % des bei der Beschlussfassung vertretenen Grundkapitals voraus. Diese Voraussetzung ist an sich durch die abgegebenen Stimmen von A, B und C erfüllt, es sei denn, die Stimmen eines oder mehrerer der drei Großaktionäre hätten bei der Beschlussfassung nicht berücksichtigt werden dürfen. Eine Nichtberücksichtigung der Stimmen von A, B oder C könnte sich aus § 28 Abs. 1 Satz 1 WpHG ergeben. Ein solcher Rechtsverlust setzt voraus, dass A, B oder C ihre Mitteilungspflicht nach § 21 Abs. 1 oder 1a WpHG nicht erfüllt haben. A, B oder C müssten also verpflichtet gewesen sein, die X-AG und die BaFin über das Berühren einer der in § 21 Abs. 1 Satz 1 WpHG genannten Meldeschwellen zu informieren. Indem A, B und C sich darüber verständigt haben, in der Hauptversammlung gemeinsam für eine Beschränkung des Unternehmensgegenstands auf den Logistikbereich zu stimmen, könnten sie die Meldeschwelle von 75 % der Stimmrechte überschritten haben. Die Stimmrechte der drei Großaktionäre könnten gemäß § 22 Abs. 2 WpHG zusammenzurechnen sein. Hier haben A, B und C sich zwar iS des § 22 Abs. 2 Satz 2 WpHG über die gemeinsame Ausübung von Stimmrechten in der Hauptversammlung verständigt (acting in concert), doch handelte es sich nach der formalen Betrachtungsweise der hM insoweit um eine Vereinbarung im Ein-

206 Vgl *Opitz*, in: Schäfer/Hamann, § 25 WpHG Rn 16.
207 *U.H. Schneider*, in: Assmann/U.H. Schneider, § 26 WpHG Rn 70.
208 Zum **Gutachtenaufbau** einer Anfechtungsklage *Langenbucher*, § 6 Rn 301 ff.
209 Nach § 246 Abs. 2 Satz 3 iVm § 142 Abs. 5 Satz 5 und 6 AktG kann die Landesregierung durch Rechtsverordnung bestimmen, dass ein Landgericht für mehrere Bezirke – auch in anderen OLG-Bezirken – zuständig ist. Von dieser Verordnungsermächtigung hat das Land Niedersachsen Gebrauch gemacht. Hiernach ist das **Landgericht Hannover** für alle AG mit Sitz in Niedersachsen zuständig (§ 1 Nr 35 der Verordnung zur Übertragung von Ermächtigungen auf den Gebieten der Rechtspflege und der Justizverwaltung [Subdelegationsverordnung-Justiz] vom 6. Juli 2007 iVm § 2 Nr 7 der Verordnung zur Regelung von Zuständigkeiten in der Gerichtsbarkeit und der Justizverwaltung [Zust-VO-Justiz] vom 18. Dezember 2009).

zelfall. Demnach scheidet eine Zusammenrechnung der Stimmrechte gemäß § 22 Abs. 1 Satz 1 WpHG und damit eine Meldepflicht nach § 21 Abs. 1 Satz 1 WpHG aus. Ein Stimmrechtsverlust von B und C nach § 28 Abs. 1 Satz 1 WpHG lag also nicht vor, so dass deren Stimmen auch beim Beschluss der Satzungsänderung zu berücksichtigen waren.

A hat im Gegensatz zu B und C zudem noch 60 000 Aktien erworben und dies erst kurz vor der Hauptversammlung der X-AG und der BaFin mitgeteilt. Hierdurch könnte A seine Stimmrechte gemäß § 28 Abs. 1 Satz 1 WpHG verloren haben. A hat durch den Erwerb der zusätzlichen Aktien die Meldeschwelle von 25 % erreicht und war daher gemäß § 21 Abs. 1 Satz 1 WpHG verpflichtet, dies der X-AG und der BaFin unverzüglich, spätestens innerhalb von vier Handelstagen mitzuteilen. Das hat A nicht getan, sondern erst Monate später eine entsprechende Meldung abgegeben. Gemäß § 28 Abs. 1 Satz 1 WpHG tritt der Rechtsverlust aber nur für die Zeit ein, für die der Mitteilungspflichtige – hier A – seine Meldepflicht nicht erfüllt hat. Nun hat A die Mitteilung noch vor der Hauptversammlung nachgeholt, so dass seine Stimmen bei der Beschlussfassung an sich zu berücksichtigen waren.

Etwas anderes könnte sich aus § 28 Abs. 1 Satz 3 WpHG ergeben. Hiernach besteht der Stimmrechtsentzug auch innerhalb von sechs Monaten ab dem Zeitpunkt der Heilung. Das setzt voraus, dass A seine Mitteilungspflicht – kurz nach dem Erwerb der zusätzlichen Aktien – vorsätzlich oder grob fahrlässig verletzt hat. A hat absprachegemäß und damit bewusst zunächst eine Mitteilung des Aktienerwerbs unterlassen und diese erst kurz vor der Hauptversammlung nachgeholt. A wusste daher auch, dass er eigentlich zur sofortigen Mitteilung verpflichtet war. Damit handelte A vorsätzlich. Die Ausnahmevorschrift des § 28 Abs. 1 Satz 4 WpHG greift hier nicht ein. A hat das Erreichen der 20 %- und 25 %-Meldeschwellen verschwiegen. Somit bestand der Stimmrechtsentzug auch zur Zeit der Hauptversammlung. Die Stimmen des A hätten also bei der Beschlussfassung über die Beschränkung des Unternehmensgegenstands nicht berücksichtigt werden dürfen. Die Satzungsänderung ist demnach mangels erforderlicher Mehrheit unwirksam. K hat einen Anfechtungsgrund iS des § 243 Abs. 1 AktG, so dass seine Klage begründet ist. Die Anfechtungsklage des K hat dementsprechend Aussicht auf Erfolg.

657 **Lösung Fall 13 (Rn 572):** Ein abweichendes Ergebnis von **Fall 12** kann sich nur im Hinblick auf den Anfechtungsgrund iS des § 243 Abs. 1 AktG ergeben. Eine Zusammenrechnung der Stimmenanteile von A, B und C gemäß § 22 Abs. 2 WpHG scheidet auch in dieser Fallkonstellation aus, da sich die drei Großaktionäre nur für diesen besonderen Fall über die gemeinsame Ausübung ihrer Stimmrechte geeinigt hatten. Ein Rechtsverlust gemäß § 28 Abs. 1 Satz 1 WpHG kommt unter diesem Gesichtspunkt also nicht in Betracht. Anders als im Ausgangsfall hat A die nach § 21 Abs. 1 Satz 1 WpHG erforderliche Mitteilung über den Aktienerwerb nicht unterlassen, sondern „nur" eine unrichtige Mitteilung gegenüber der X-AG und der BaFin abgegeben. Nach hM führt jedoch bereits die Unrichtigkeit oder Unvollständigkeit der Mitteilung zum Rechtsverlust iS des § 28 WpHG. Durch das Nachholen der Meldung kurz vor der Hauptversammlung hat A an sich gemäß § 28 Abs. 1 Satz 1 WpHG die ursprüngliche Verletzung seiner Mitteilungspflicht mit sofortiger Wirkung geheilt. Nach § 28 Abs. 1 Satz 3 WpHG verlängert sich die Sperrfrist jedoch um weitere sechs Monate. Hiernach hatte A auf der Hauptversammlung kein Stimmrecht.

Eine andere Lösung könnte sich indes aus § 28 Abs. 1 Satz 4 WpHG ergeben. Dies setzt zunächst voraus, dass A in seiner ersten Mitteilung an die X-AG und die BaFin seinen Stimmrechtsanteil zwar niedriger angegeben hat, die Differenz zwischen dem tatsächlichen und dem gemeldeten Stimmrechtsanteil aber weniger als 10 % beträgt. A hat in seiner ersten Mitteilung statt der tatsächlichen 250 000 Aktien nur 230 000 Aktien und damit 20 000 Aktien zu wenig gemeldet. Die Differenz zwischen der tatsächlichen und der angegebenen

Stimmrechtszahl beträgt weniger als 25 000 Aktien und ist somit geringer als 10 %. Weitere Voraussetzung nach § 28 Abs. 1 Satz 4 WpHG ist, dass A keine Mitteilung über das Erreichen, Überschreiten oder Unterschreiten einer der in § 21 WpHG genannten Schwellen unterlassen hat. A hat in seiner ersten Mitteilung zwar das Überschreiten der 20 %-Schwelle, jedoch nicht das Erreichen der 25 %-Schwelle der X-AG und der BaFin mitgeteilt. Damit hat A eine Mitteilung über das Erreichen einer in § 21 WpHG genannten Schwelle unterlassen. Dementsprechend kommt A nicht in den Genuss der Bagatellklausel des § 28 Abs. 1 Satz 4 WpHG, so dass die Stimmen des A auf der Hauptversammlung hätten unberücksichtigt bleiben müssen. Der Beschluss über die Beschränkung des Unternehmensgegenstands auf die Logistikbranche ist also mangels Dreiviertelmehrheit gemäß § 179 Abs. 2 Satz 1 AktG unwirksam. Ein Anfechtungsgrund iS des § 243 Abs. 1 AktG ist gegeben, so dass die Klage des K Aussicht auf Erfolg hat.

§ 9 Zulassungsfolge- und Finanzberichtspflichten (§§ 30a ff, 37v ff WpHG, §§ 23 ff VermAnlG)

I. Zulassungsfolgepflichten

Ausgewählte Literatur: *Bosse*, Wesentliche Neuregelungen ab 2007 aufgrund des Transparenzrichtlinie-Umsetzungsgesetzes für börsennotierte Unternehmen, Änderung der Veröffentlichungs-, Melde- und Rechnungslegungspflichten, DB 2007, 39; *Hutter/Kaulamo*, Das Transparenzrichtlinie-Umsetzungsgesetz: Änderungen der anlassabhängigen Publizität, NJW 2007, 471; *Nießen*, Die Harmonisierung der kapitalmarktrechtlichen Transparenzregeln durch das TUG, NZG 2007, 41; *Süßmann*, Die richtlinienkonforme Auslegung der Mitteilungspflichten nach § 30b I WpHG, NZG 2015, 467.

Zulassungsfolgepflichten des Emittenten sind Pflichten, die unmittelbar aus der Zulassung zum Börsenhandel resultieren. Die in Umsetzung der Transparenzrichtlinie von 2004[1] geschaffenen §§ 30a ff WpHG beziehen sich auf „notwendige Informationen für die Wahrnehmung von Rechten aus Wertpapieren“ (Titel des Abschnitts 5a des WpHG). § 30f WpHG enthält die Möglichkeit der Befreiung von den Pflichten nach §§ 30a, 30b und 30e Abs. 1 Nr 1 und 2 WpHG[2]. Überwiegend werden die Pflichten nach §§ 30a ff WpHG als öffentlich-rechtliche Pflichten gesehen[3]. Erfasst sind davon grundsätzlich alle an einem organisierten Markt zugelassenen Wertpapiere. Lediglich § 30b WpHG bezieht sich nur auf Aktien. Auch die Pflicht zur Ad-hoc-Publizität ist eine Börsenzulassungsfolgepflicht. In Bezug auf diese sei auf das entsprechende Kapitel verwiesen[4]. **658**

Aufgrund der durch die Überschneidung zwischen WpHG und AktG resultierenden Rechtsunsicherheit[5] wird in **§ 30g WpHG** klargestellt, dass ein Hauptversammlungs- **659**

1 Gesetz zur Umsetzung der Richtlinie 2004/109/EG vom 5. Januar 2007, BGBl. I, S. 10; siehe auch die Richtlinie 2007/14/EG vom 8. März 2007 mit Durchführungsbestimmungen, ABl. EU Nr L 69 vom 9. März 2007, S. 27.

2 Siehe Rn 673.

3 Zur Rechtsnatur *Mülbert*, in: Assmann/U.H. Schneider, Vor § 30a WpHG Rn 11 ff.

4 Rn 384 ff.

5 *Bosse*, DB 2007, 39, 43.

beschluss nicht aufgrund einer der in den §§ 30a–30f WpHG genannten Regelungen angefochten werden kann (**Anfechtungsausschluss**). Da es sich hierbei um eine gesellschaftsrechtliche Regelung handelt, ist sie im Grunde im WpHG falsch verortet[6].

1. Pflichten gegenüber den Wertpapierinhabern

660 Die Verhaltenspflichten des § 30a Abs. 1 WpHG erfassen alle Emittenten mit Herkunftsstaat Bundesrepublik Deutschland (§ 2 Abs. 6 WpHG). Auch Emittenten, deren Wertpapiere in Deutschland an einer Börse zum Handel zugelassen sind, unterliegen den Pflichten der §§ 30a–30e WpHG (§ 30d WpHG). Das gilt auch, wenn für sie ein anderer Staat der Herkunftsstaat ist und dieser keine vergleichbaren Pflichten für Emittenten, deren Wertpapiere an einem organisierten Markt in Deutschland zugelassen sind, vorsieht[7].

661 **§ 30a Abs. 1 Nr 1 WpHG** enthält ein **Gleichbehandlungsgebot**. Der Emittent hat danach die Wertpapierinhaber unter gleichen Voraussetzungen gleich zu behandeln. Das gilt nicht allein zwischen den Inhabern von Aktien, sondern auch zwischen Aktieninhabern und Inhabern von Aktien vertretenden Zertifikaten (§ 30a Abs. 3 WpHG)[8]. Das Gleichbehandlungsgebot wird als mit dem aktienrechtlichen Gleichbehandlungsgebot (§ 53a AktG) inhaltsgleich angesehen[9]. Ein Verstoß gegen dieses wird allerdings nicht als Ordnungswidrigkeit iS des § 39 WpHG sanktioniert. § 30a Abs. 1 Nr 1 WpHG stellt zudem kein Schutzgesetz iS des § 823 Abs. 2 BGB dar[10], da auch die Parallelregelung in § 53a AktG nicht als Schutzgesetz gilt[11]. Bejaht wird teilweise ein Schadensersatzanspruch aus §§ 280 Abs. 1, 31 BGB sowie ein aus dem Gesetz kaum herleitbarer und praktisch nur selten relevanter Anspruch auf „Nachinformation“[12].

662 **§ 30a Abs. 1 Nr 2 WpHG** regelt das Ermöglichen der Rechtsausübung. Danach muss der Emittent die Voraussetzungen dafür schaffen, dass den Wertpapierinhabern alle zur Ausübung ihrer Rechte notwendigen Einrichtungen und Informationen im Inland öffentlich zur Verfügung gestellt werden. Daten sind vor der Kenntnis durch Unbefugte zu schützen (**§ 30a Abs. 1 Nr 3 WpHG**). Es ist eine bei Vorlegung der Wertpapiere kostenlose Zahlstelle im Inland einzurichten (**§ 30a Abs. 1 Nr 4 WpHG**). Da die Urkunde in Papierform heute kaum mehr vorgelegt werden kann, ist es ausreichend, wenn die Wertpapiere auf einem Wertpapierdepotkonto bei der Zahlstelle geführt werden[13]. Außerdem muss der Emittent den Stimmberechtigten mit der Einladung oder auf Verlangen ein Formular für die Erteilung einer Vollmacht für die Hauptversammlung bzw Gläubigerversammlung übermitteln (**§ 30a Abs. 1 Nr 5 und 6 WpHG**).

---

6 Siehe auch *Mülbert*, in: Assmann/U.H. Schneider, § 30g WpHG Rn 2; *Zimmermann*, in: Fuchs, § 30g WpHG Rn 2.

7 Begr. RegE TUG, BT-Drucks. 16/2498, S. 41.

8 Begr. RegE TUG, BT-Drucks. 16/2498, S. 40.

9 *Mülbert*, in: Assmann/U.H. Schneider, § 30a WpHG Rn 7; *Heidelbach*, in: Schwark/Zimmer, KMRK, § 30a WpHG Rn 9; *Zimmermann*, in: Fuchs, § 30a WpHG Rn 8.

10 *Bachmann*, FS Schwark, 2009, S. 331, 333 mwN.

11 *Hüffer/Koch*, AktG, § 53a AktG Rn 12.

12 Vgl *Zimmermann*, in: Fuchs, § 30a WpHG Rn 6.

13 *Mülbert*, in: Assmann/U.H. Schneider, § 30a WpHG Rn 23.

Ein **Verstoß** gegen § 30a Abs. 1 Nr 2–4 WpHG wird nach § 39 Abs. 2 Nr 12–14 WpHG als Ordnungswidrigkeit geahndet. § 30a Abs. 1 Nr 2–6 WpHG stellen nach einhelliger Ansicht keine Schutzgesetze iS des § 823 Abs. 2 BGB dar. **663**

2. Pflichten bzgl der Hauptversammlung

Die Folgepflichten des Emittenten von zugelassenen **Aktien** bzgl der Hauptversammlung sind in § 30b Abs. 1 WpHG geregelt. Nach **§ 30b Abs. 2 WpHG** gilt Vergleichbares für Emittenten zugelassener **Schuldtitel** im Hinblick auf die Ausübung entsprechender Rechte sowie auf die Gläubigerversammlung. Der Emittent, für den die Bundesrepublik Deutschland der Herkunftsstaat ist (§ 2 Abs. 6 WpHG), muss die Einberufung der **Hauptversammlung**, deren Tagesordnung, die Gesamtzahl der Aktien und Stimmrechte im Zeitpunkt der Einberufung der Hauptversammlung[14] und die Rechte der Aktionäre bzgl der Teilnahme an der Hauptversammlung[15] unverzüglich im elektronischen Bundesanzeiger veröffentlichen **(§ 30b Abs. 1 Satz 1 Nr 1 WpHG)**. **664**

§ 30b WpHG geht insofern über die aktienrechtlichen Vorgaben zur Einberufung der Hauptversammlung hinaus als auch die Gesamtzahl der Aktien und Stimmrechte anzugeben ist. Nach § 121 Abs. 3 AktG muss die Einberufung der Hauptversammlung, die in den Gesellschaftsblättern bekannt zu machen ist, die Firma, den Sitz der Gesellschaft, Zeit und Ort der Hauptversammlung und die Bedingungen angeben, von denen die Teilnahme an der Hauptversammlung und die Ausübung des Stimmrechts abhängen. Sofern eine Veröffentlichung nach dem Aktiengesetz die Anforderungen nach § 30b Abs. 1 WpHG erfüllt, braucht eine nochmalige Veröffentlichung nicht zu erfolgen[16]. **665**

Unverzüglich im elektronischen Bundesanzeiger zu veröffentlichen sind auch Mitteilungen über die Ausschüttung und Auszahlung von Dividenden, die Ausgabe neuer Aktien und die Vereinbarung[17] oder Ausübung[18] von Umtausch-, Bezugs-, Einziehungs- und Zeichnungsrechten **(§ 30b Abs. 1 Satz 1 Nr 2 WpHG)**. Als Beispiel nennt der Emittentenleitfaden der BaFin u. a. den Beschluss nach § 71 Abs. 1 Nr 8 AktG zum Erwerb eigener Aktien (Ziff. IX. 3.4.1). **666**

Möglich ist auch eine elektronische Übermittlung von Informationen an die Aktionäre **(§ 30b Abs. 3 WpHG)**, wobei hierfür v.a. die Zustimmung der Hauptversammlung (Gläubigerversammlung) sowie die Einwilligung des Aktionärs (Schuldtitelinhabers) erforderlich sind. Eine nach § 30b Abs. 1 und 2 WpHG vorgeschriebene Veröffentlichung im Bundesanzeiger kann jedoch nicht durch eine direkte elektronische Übermittlung an die Wertpapierinhaber ersetzt werden. **667**

---

14 Zu den damit verbundenen Problemen *Mutter/Arnold/Stehle*, AG 2007, R 109, 111 f.

15 Darunter sollen lediglich die Teilnahmevoraussetzungen zu verstehen sein, die ohnehin in die Tagesordnung aufgenommen werden (§ 121 Abs. 3 Satz 2 AktG); siehe *Bosse*, DB 2007, 39, 43; *Mutter/Arnold/Stehle*, AG 2007, R 109.

16 Begr. RegE TUG, BT-Drucks. 16/2498, S. 40; kritisch bzgl des Umgangs der BaFin damit *Süßmann*, NZG 2015, 467 ff.

17 Nach Ziff. IX.3.3.3.1 des Emittentenleitfadens, Stand: 22. Juli 2013, sind hiervon auch Beschlüsse des Vorstands oder der Hauptversammlung umfasst.

18 Hierzu soll auch die Einziehung von Aktien zählen; vgl Begr. RegE TUG, BT-Drucks. 16/2498, S. 40.

668 Ein **Verstoß** gegen § 30b Abs. 1 oder 2 WpHG stellt eine Ordnungswidrigkeit nach § 39 Abs. 2 Nr 5 lit. d WpHG dar. § 30b WpHG ist nach hM kein Schutzgesetz iS des § 823 Abs. 2 BGB[19].

3. Pflichten bei Satzungsänderungen

669 § 30c WpHG ist mit dem Gesetz zur Umsetzung der Transparenzrichtlinie-Änderungsrichtlinie vom November 2015 weggefallen. Hintergrund ist die Streichung der entsprechenden Vorgabe in der Transparenzrichtlinie[20]. Nach **§ 30c WpHG** hatte der Emittent beabsichtigte Änderungen der Satzung der BaFin und den Zulassungsstellen der organisierten Märkte unverzüglich nach der Entscheidung, eine solche Änderung dem zuständigen Beschlussorgan vorzulegen, zu melden[21]. Gemeint war damit der nach § 124 Abs. 3 Satz 1 AktG an die Hauptversammlung zu richtende Vorschlag[22]. Ein **Verstoß** gegen § 30c WpHG war nach § 39 Abs. 2 Nr 2 lit. j WpHG eine Ordnungswidrigkeit.

670 Eine geplante Satzungsänderung kann im Einzelfall eine Insiderinformation iS des § 13 WpHG darstellen, so dass grundsätzlich die Pflicht zur Ad-hoc-Veröffentlichung nach § 15 Abs. 1 WpHG besteht. Diesbezüglich kommt eine **Selbstbefreiung** iS des § 15 Abs. 3 WpHG in Betracht. Dagegen sah § 30c WpHG keine Möglichkeit zur Selbstbefreiung vor, so dass eine zwingende Mitteilungspflicht besteht[23].

4. Pflichten bzgl zusätzlicher Angaben

671 Nach **§ 30e WpHG** haben Inlandsemittenten (§ 2 Abs. 7 WpHG)[24] zusätzliche Angaben zu veröffentlichen und an das Unternehmensregister zu übermitteln. Das bezieht sich insbesondere auf die Änderung der mit den zugelassenen Wertpapieren verbundenen Rechte. Zudem hat der Inlandsemittent Informationen zu veröffentlichen, die er in einem Drittstaat publiziert hat und die für die Öffentlichkeit in der EU oder dem EWR Bedeutung haben können (§ 30e Abs. 1 Satz 1 Nr 2 WpHG)[25]. Mit § 30e Abs. 1 Satz 1 Nr 2 WpHG soll sichergestellt werden, dass der Emittent nicht dadurch ein Informationsgefälle herbeiführt, dass er bestimmte Informationen freiwillig oder aufgrund ausländischen Rechts nur in Drittstaaten veröffentlicht[26]. Die Veröffentlichung hat der Inlandsemittent der BaFin mitzuteilen sowie dem Unternehmensregister (§ 8b Abs. 2 Nr 9 iVm Abs. 3 Satz 1 Nr 2 HGB) weiterzuleiten. Die Art und Sprache der Veröffentlichung sowie die Art der Mitteilung an die BaFin sind in § 27 iVm §§ 3a–3c WpAIV geregelt.

---

19 *Paschos*, in: Habersack/Mülbert/Schlitt, Kapitalmarktinformation, § 30 Rn 336; *Mülbert*, in: Assmann/U.H. Schneider, § 30b WpHG Rn 34; *Michel*, in: Just/Voß/Ritz/Becker, § 30c WpHG Rn 47; aA *Zimmermann*, in: Fuchs, § 30b WpHG Rn 25.

20 Siehe BT-Drucks. 18/5010, S. 49.

21 Zu Zweifelsfragen *Mutter*, AG-Report 2007, R 34.

22 *Bosse*, DB 2007, 39, 43.

23 Kritisch daher *Mülbert*, in: Assmann/U.H. Schneider, § 30c WpHG Rn 13.

24 Kritisch *Mülbert*, in: Assmann/U.H. Schneider, § 30e WpHG Rn 2 ff (richtlinienkonform sei allein die Auslegung, dass Emittenten, für die die Bundesrepublik Herkunftsstaat iS des § 2 Abs. 5 WpHG ist, publizitätspflichtig sind).

25 Zur Frage, welche Informationen hiervon erfasst sein können, *Hutter/Kaulamo*, NJW 2007, 471, 477.

26 Begr. RegE TUG, BT-Drucks. 16/2498, S. 42.

Ein **Verstoß** gegen § 30e Abs. 1 Satz 1 oder 2 WpHG kann eine Ordnungswidrigkeit nach § 39 Abs. 2 Nr 2 lit. k, Nr 5 lit. e oder Nr 6 WpHG darstellen. § 30e WpHG ist nach überwiegender Ansicht kein Schutzgesetz iS des § 823 Abs. 2 BGB[27]. 672

5. Befreiung durch die BaFin

Die BaFin kann Inlandsemittenten mit Sitz in einem Drittstaat von den Pflichten der §§ 30a, 30b (Veröffentlichung von Mitteilungen) und 30e Abs. 1 Satz 1 Nr 1 und 2 WpHG (Veröffentlichung zusätzlicher Angaben) befreien **(§ 30f Abs. 1 WpHG)**. Voraussetzung hierfür ist, dass die Emittenten gleichwertigen Regeln eines Drittstaates unterliegen oder sich solchen Regeln unterwerfen. Trotz dieser Befreiung müssen die Emittenten für eine Unterrichtung der Öffentlichkeit in der EU bzw dem EWR über die betreffenden Sachverhalte sorgen (§ 30f Abs. 2 WpHG) sowie diese dem Unternehmensregister zuleiten (§ 8b Abs. 2 Nr 9 iVm Abs. 3 Satz 1 Nr 2 HGB). 673

II. Finanzberichtspflicht

Ausgewählte Literatur: *Abendroth*, Der Bilanzeid – sinnvolle Neuerung oder systematischer Fremdkörper?, WM 2008, 1147; *Altenhain*, Der strafbare falsche Bilanzeid, WM 2008, 1141; *Blöink/Kumm*, Erleichterungen und neue Pflichten – ein Überblick über die Regelpublizität nach der neuen EU-Transparenzrichtlinie, BB 2013, 1963; *dies.*, Überblick über die Regelpublizität nach dem RegE eines Gesetzes zur Umsetzung der Transparenzrichtlinie-Änderungsrichtlinie, BB 2015, 1515; *Bosse*, Referentenentwurf zur Umsetzung der EU-Transparenzrichtlinie-Änderungsrichtlinie: Änderungen bei periodischer Finanzberichterstattung und Beteiligungstransparenz, BB 2015, 746; *Bruchwitz/Voß*, Der Regierungsentwurf für ein Gesetz zur Novellierung des Finanzanlagenvermittler- und Vermögensanlagenrechts, BB 2011, 1226; *Hutter/Kaulamo*, Das Transparenzrichtlinie-Umsetzungsgesetz: Änderungen der Regelpublizität und das neue Veröffentlichungsregime für Kapitalmarktinformationen, NJW 2007, 550; *Matyschok*, Finanzberichterstattung bei Aufnahme und Beendigung der Börsennotierung, BB 2009, 1494; *Mülbert/Steup*, Das zweispurige Regime der Regelpublizität nach Inkrafttreten des TUG – Nachbesserungsbedarf aus Sicht von EU- und nationalem Recht –, NZG 2007, 761; *Nießen*, Die Harmonisierung der kapitalmarktrechtlichen Transparenzregeln durch das TUG, NZG 2007, 41; *Oser/Staß*, Gesetz zur Umsetzung der Transparenzrichtlinie-Änderungsrichtlinie, DB 2015, 2825; *Schellhorn*, Der Bilanzeid nach § 264 Abs. 2 Satz 3 HGB – Anwendungsfragen und Bedeutung, DB 2009, 2363; *Schilha*, Umsetzung der EU-Transparenzrichtlinie 2013: Neuregelungen zur Beteiligungspublizität und periodischen Finanzberichterstattung, DB 2015, 1821.

Finanzberichte sind für den (potenziellen) Anleger eine wichtige Informationsquelle in Bezug auf die Vermögens-, Finanz- und Ertragslage eines Emittenten[28]. Daher sind in den §§ 37v ff WpHG zum Schutz der Anleger hohe Transparenzstandards formuliert. Ergänzt werden diese Regelungen durch die WpAIV und die Transparenzrichtlinie-DurchführungsVO (TransRLDV[29]). 674

27 *Mülbert*, in: Assmann/U.H. Schneider, § 30e WpHG Rn 21; aA *Paschos*, in: Habersack/Mülbert/Schlitt, Kapitalmarktinformation, § 30 Rn 338 f.

28 Vgl auch das Gesetz über die Rechnungslegung von bestimmten Unternehmen und Konzernen (Publizitätsgesetz), BGBl I, S. 1189, zuletzt geändert durch Art. 3 des Gesetzes vom 17. Juli 2015, BGBl I, S. 1245.

29 VO vom 13. März 2008, BGBl. I, S. 408.

675 Anknüpfungspunkt der Finanzberichtspflichten nach §§ 37v ff WpHG[30] ist der sog. **Inlandsemittent**. Das ist grundsätzlich ein Unternehmen, das Aktien oder Schuldtitel[31] emittiert, einen organisierten Markt in Anspruch nimmt und die Kriterien des § 2 Abs. 7 WpHG erfüllt. Damit gelten diese Pflichten erstens für Emittenten, für die Deutschland der Herkunftsstaat ist, und deren Wertpapiere zumindest auch im Inland zum Handel an einem organisierten Markt zugelassen sind, sowie zweitens für Emittenten, deren Herkunftsstaat ein anderer EU-Staat ist, und deren Wertpapiere lediglich in Deutschland zum Handel an einem organisierten Markt zugelassen sind[32].

1. Veröffentlichung des Jahresfinanzberichts (§ 37v WpHG)

676 Nach §§ 37v und 37y Nr 1 WpHG müssen Inlandsemittenten von Wertpapieren (§ 2 Abs. 1 Satz 1 WpHG)[33] innerhalb von vier Monaten nach Ablauf des Geschäftsjahres (Bilanzstichtag) einen Jahresfinanzbericht[34] und ggf einen Konzernbericht nach § 37y Nr. 1 WpHG erstellen (§ 37v Abs. 1 Satz 1, 1. HS WpHG). Zumindest der Konzernabschluss ist nach den von der EU mit der sog. IAS-Verordnung übernommenen IFRS zu erstellen[35]. Da die Finanzberichtspflichten des WpHG die handelsrechtlichen Rechnungslegungspflichten nur ergänzen, werden sie verdrängt, sofern handelsrechtliche Vorschriften zur Offenlegung von Jahresabschlüssen vorhanden sind (§ 37v Abs. 1 Satz 1, 2. HS WpHG iVm § 325 Abs. 4 HGB)[36]. Dadurch soll eine Doppelbelastung der betroffenen Unternehmen vermieden werden[37]. Da sich die Regelung auf Inlandsemittenten bezieht, müssen auch Emittenten aus Drittstaaten, die nicht den HGB-Regelungen unterfallen, einen Jahresfinanzbericht in Deutschland veröffentlichen. Nach Art. 4 Abs. 7 der Transparenzrichtlinie von 2013 haben die dieser Richtlinie unterfallenden Emittenten ab dem 1. Januar 2020 ein **einheitliches elektronisches Format** zu verwenden[38].

677 **Inhalt** des Jahresfinanzberichts nach § 37v Abs. 2 WpHG sind mindestens der Jahresabschluss, der Lagebericht und der sog. Bilanzeid[39] durch die gesetzlichen Vertreter des Emittenten nach §§ 264 Abs. 2 Satz 3, 289 Abs. 1 Satz 5 HGB (Gesamtverantwortung). Hat das Unternehmen seinen Sitz in einem EU-Mitgliedstaat oder einem EWR-Staat müssen Jahres- und Lagebericht gemäß den Regeln des Sitzstaats des Un-

30 Siehe Emittentenleitfaden der BaFin, Stand: 28. April 2009, Ziff. XIV.

31 Inhaberschuldverschreibungen einschließlich Genussscheine, Optionsscheine und Zertifikate, die Schuldtitel vertreten, vgl § 2 Abs. 1 Satz 1 Nr 3 WpHG.

32 Zu den Ausnahmen siehe § 37z Abs. 4, 5 WpHG; näher zum Herkunftsstaatsprinzip *Oser/Staß*, DB 2015, 2825, 2827 f.

33 Zu den Ausnahmen siehe § 37z WpHG.

34 Dazu *Bosse*, BB 2015, 746, 747.

35 Siehe KölnerKommWpHG/*Mock*, § 37v WpHG Rn 47.

36 Zum Vorrang des Handelsrechts *Hönsch*, in: Assmann/U.H. Schneider, § 37v WpHG Rn 13 ff; siehe auch OLG Frankfurt AG 2012, 719 ff (zur Richtlinienkonformität der Regelung).

37 Begr. RegE TUG, BT-Drucks. 16/2498, S. 43.

38 Siehe ESMA, Consultation Paper on the Regulatory Technical Standards on the European Single Electronic Format (ESEF) vom 25. September 2015, 2015/ESMA/1463; siehe auch *Blöink/Kumm*, BB 2013, 1963, 1964.

39 Dieser gilt nicht nur für Vorstände börsennotierter Unternehmen, sondern nach § 264 Abs. 2 Satz 3 HGB für alle deutschen Kapitalgesellschaften; diese Versicherung hat ihr Vorbild im Sarbanes-Oxley-Act, siehe *Rodewald/Unger*, BB 2006, 1917, 1919.

ternehmens aufgestellt und geprüft worden sein (§ 37v Abs. 2 Nr 1a und Nr 2a). Bei einem Unternehmen, das seinen Sitz in einem Drittstaat hat, müssen Jahres- und Lagebericht stattdessen nach HGB aufgestellt und geprüft worden sowie der Jahresbericht mit einem Bestätigungsvermerk versehen sein (§ 37v Abs. 2 Nr 1b und Nr 2b). Besteht eine Pflicht zur Aufstellung eines Konzernabschlusses sowie eines Konzernlageberichts, müssen auch diese nebst Bilanzeid im Jahresfinanzbericht enthalten sein.

Aufgrund der §§ 264 Abs. 2, 289 Abs. 1 HGB (Jahresabschluss) bzw der §§ 297 **678**
Abs. 2, 315 Abs. 1 HGB (Konzernabschluss) müssen alle gesetzlichen Vertreter von Inlandsemittenten (idR die Vorstandsmitglieder) bei der Aufstellung die Richtigkeit des Jahres- bzw Konzernabschlusses sowie des Lage- bzw Konzernberichts versichern (als sog. **Bilanzeid** vorgesehene Entsprechenserklärung[40]). Es ist schriftlich zu bestätigen, dass der Abschluss nach bestem Wissen ein den tatsächlichen Verhältnissen entsprechendes Bild iS des § 264 Abs. 2 Satz 1 HGB vermittelt und der Anhang Angaben nach § 264 Abs. 2 Satz 2 HGB enthält. In Bezug auf den Lagebericht muss versichert werden, dass dieser den Geschäftsverlauf einschließlich des Geschäftsergebnisses und die Lage der Kapitalgesellschaft nach bestem Wissen so darstellt, dass ein den tatsächlichen Verhältnissen entsprechendes Bild vermittelt wird und die wesentlichen Chancen und Risiken iS des § 289 Abs. 1 Satz 4 HGB beschrieben sind[41]. Erfasst wird aufgrund der Eingrenzung „nach bestem Wissen“ allein vorsätzliches Handeln hinsichtlich der Richtigkeit der Angaben[42].

Nach der Veröffentlichung[43] sind die Unterlagen des Jahresfinanzberichts dem Unter- **679**
nehmensregister zu übermitteln. Inlandsemittenten sind zudem zu einer europaweiten **Hinweisbekanntmachung** verpflichtet, deren Inhalt, Umfang und Form in der WpAIV näher geregelt ist (vgl § 37v Abs. 3 WpHG)[44]. Dort hat ein Hinweis zu erfolgen, ab wann und unter welcher Internetadresse (genauer Pfad) die in § 37v WpHG genannten Unterlagen öffentlich zugänglich sind. Die Bekanntmachung ist gleichzeitig mit der Veröffentlichung der BaFin zuzuleiten und unverzüglich, allerdings nicht vor ihrer Veröffentlichung, dem Unternehmensregister (§ 8b HGB) zu übermitteln[45].

Wird die (gesamte) Finanzberichterstattung unterlassen oder nicht rechtzeitig zur **680**
Verfügung gestellt, ist dies eine **Ordnungswidrigkeit** nach § 39 Abs. 2 Nr 24 (Vorsatz, Leichtfertigkeit) bzw § 39 Abs. 3 Nr 12 WpHG (Vorsatz, Fahrlässigkeit). Dagegen wird die falsche Abgabe des Bilanzeids nach § 331 Nr 3a HGB mit einer Freiheitsstrafe bis zu drei Jahren oder Geldstrafe geahndet. Die Nichtabgabe des Bilanz-

---

40 Begr. RegE TUG, BT-Drucks. 16/2498, S. 43; kritisch *Hutter/Kaulamo*, NJW 2007, 550, 553; *Abendroth*, WM 2008, 1147 ff; *Schellhorn*, DB 2009, 2363 ff; zur Strafbarkeit *Altenhain*, WM 2008, 1141 ff.

41 Näher zu dieser Wissenserklärung *Bosse*, DB 2007, 39, 45.

42 Vgl *Nießen*, NZG 2007, 41, 44, Fn 24, der auf die vergleichbaren Regelungen in § 5 Abs. 4 Satz 2, 2. HS WpPG, und § 11 Abs. 3, 2. HS WpÜG hinweist.

43 Vgl §§ 3a–c, 22–24 WpAIV.

44 Bzgl der Art und Sprache der Bekanntmachung gelten nach § 22 WpAIV die §§ 3a, 3b WpAIV, bzgl der Mitteilung der Veröffentlichung nach § 23 WpAIV gilt § 3c WpAIV.

45 Bei Unternehmen, die den HGB-Offenlegungsvorschriften unterliegen, wird die Übermittlung vom Betreiber des elektronischen Bundesanzeigers übernommen (§ 8b Abs. 2 Nr 4, Abs. 3 Satz 1 Nr 2 HGB).

eids ist jedoch nicht strafbewehrt[46]. Eine zivilrechtliche Haftung für die Finanzberichterstattung ist im WpHG nicht vorgesehen[47].

2. Veröffentlichung des Halbjahresfinanzberichts (§ 37w WpHG)

681 Inlandsemittenten, die Aktien oder Schuldtitel iS des § 2 Abs. 1 Nr 1 WpHG ausgegeben haben, müssen nach § 37w Abs. 1 Satz 1 WpHG unverzüglich, spätestens innerhalb von drei Monaten nach dem jeweiligen Berichtszeitraum einen Halbjahresfinanzbericht für die ersten sechs Monate eines jeden Geschäftsjahres veröffentlichen (§§ 3a–c, 22–24 WpAIV)[48]. Der Halbjahresfinanzbericht muss **mindestens** einen verkürzten Abschluss (verkürzte Bilanz, verkürzte Gewinn- und Verlustrechnung und Anhang, § 37w Abs. 3 Satz 1 WpHG), einen Zwischenlagebericht sowie den Bilanzeid enthalten. Der zwingend vorgeschriebene Zwischenlagebericht hat mindestens die wichtigsten Ereignisse des Berichtszeitraums sowie die Auswirkungen auf den verkürzten Abschluss darzulegen und die wesentlichen Chancen und Risiken für die dem Berichtszeitraum folgenden sechs Monate des Geschäftsjahres zu beschreiben[49]. Nach § 37w Abs. 4 WpHG ist zudem im Anhang oder im Lagebericht über Geschäfte mit nahestehenden Personen (sowohl natürlichen Personen als auch Unternehmen) zu berichten. Zu berücksichtigen sind zudem § 37w Abs. 6 Nr 1 WpHG, die §§ 10 und 11 der TransRLDV[50] (vgl § 37w Abs. 6 Nr 1 WpHG) sowie die Wertpapierhandelsanzeige- und Insiderverzeichnisverordnung (WpAIV) (vgl § 37w Abs. 2–4 WpHG).

682 Wie beim Jahresfinanzbericht ist auch beim Halbjahresfinanzbericht vorweg eine europaweite **Hinweisbekanntmachung** zu veröffentlichen, ab wann und unter welcher Internetadresse der Bericht zugänglich ist. Das ist gleichzeitig der BaFin mitzuteilen. Außerdem ist die Bekanntmachung zusammen mit dem Halbjahresfinanzbericht unverzüglich, aber nicht vor der Bekanntmachung dem Unternehmensregister zur Speicherung zu übermitteln. Sowohl der Halbjahresbericht als auch der Zwischenlagebericht unterliegen keiner zwingenden prüferischen Durchsicht durch einen Abschlussprüfer[51]. Eine freiwillige prüferische Durchsicht ist möglich (§ 37w Abs. 5 Satz 1 WpHG: „kann"). Bei dieser gelangt der Abschlussprüfer im positiven Fall zu der negativ formulierten Aussage, es könne ausgeschlossen werden, dass der verkürzte Abschluss und der Zwischenlagebericht in wesentlichen Belangen den anzuwendenden Rechnungslegungsgrundsätzen widersprechen (§ 37w Abs. 5 Satz 3 WpHG). Unterbleibt eine freiwillige Prüfung, ist im Halbjahresbericht ausdrücklich darauf hinzuweisen (§ 37w Abs. 5 Satz 6 WpHG). Da sowohl der verkürzte Abschluss als auch der Zwischenlagebericht in § 37n WpHG sowie § 342b Abs. 1 HGB aufgenommen wurden, erstreckt sich die Enforcement-Prüfung durch die Deutsche Prüfstelle für Rechnungslegung bzw die BaFin grundsätzlich auch auf diese[52]. Das Durchsetzungs-

46 *Nießen*, NZG 2007, 41, 44, Fn 27.
47 Sehr kritisch KölnerKommWpHG/*Mock*, § 37v WpHG Rn 18 und 28.
48 *Kumm*, BB 2009, 1118, 1120 f.
49 Vgl *Bosse*, DB 2007, 39, 44; *Hutter/Kaulamo*, NJW 2007, 550, 552.
50 DurchführungsVO vom 13. März 2008, BGBl. I, S. 408.
51 Kritisch *Hutter/Kaulamo*, NJW 2007, 550, 552.
52 *Nießen*, NZG 2007, 41, 45; zum seit der Richtlinienumsetzung von 2015 geltenden Herkunftsstaatsprinzip *Blöink/Kumm*, BB 2015, 1515 f.

element des Enforcementverfahrens ist die Fehlerbekanntmachung (§ 37q Abs. 2 WpHG).

Unterbleibt die Veröffentlichung eines Halbjahresfinanzberichts oder erfolgt diese verspätet und fehlt eine Übermittlung an das Unternehmensregister, stellt dies eine **Ordnungswidrigkeit** nach § 39 Abs. 2 Nr 24 WpHG (Vorsatz, Leichtfertigkeit), § 39 Abs. 2 Nr 2 lit. n und Nr 6 WpHG, § 104a Abs. 1 HGB bzw § 39 Abs. 3 Nr 12 WpHG (Vorsatz, Fahrlässigkeit) dar[53]. **683**

3. Veröffentlichung eines Zahlungsberichts (§ 37x WpHG)

Nach § 37x WpHG aF musste die Geschäftsführung von Inlandsemittenten, die Aktien ausgegeben hatten, Quartalsfinanzberichte erstellen und veröffentlichen. Auch wenn durch die Umsetzung der Transparenzrichtlinie von 2013 zum November 2015 eine solche quartalsweise Berichterstattung vom nationalen Gesetzgeber abzuschaffen war[54], und der deutsche Gesetzgeber dies auch umgesetzt hat[55], dürfen die Börsenträger nach wie vor verlangen, dass Emittenten in bestimmten Marktsegmenten zusätzliche regelmäßige Finanzinformationen veröffentlichen[56]. Im Prime Standard der Frankfurter Wertpapierbörse waren die notierten Unternehmen bisher nach § 51 BörsO Ffm aF zur Veröffentlichung von Quartalsabschlüssen verpflichtet. Der Börsenrat der Frankfurter Wertpapierbörse hat am 12. November 2015 diese Vorgabe abgelöst durch eine nunmehr bestehende Pflicht zur Erstellung und Übermittlung von sog. Quartalsmitteilungen (nicht mehr Quartalsfinanzberichten; siehe § 51a BörsO Ffm)[57]. **684**

Der neue § 37x WpHG legt stattdessen bestimmten Unternehmen des Rohstoffsektors (mineralgewinnende Industrie und Holzwirtschaft), die als Inlandsemittenten Wertpapiere begeben, **Berichtspflichten** darüber auf, welche Zahlungen sie an staatliche Stellen leisten[58]. Die Ausgestaltung der Berichtspflicht richtet sich nach §§ 341s–341w HGB. Hat das Unternehmen seinen Sitz in einem anderen EU-Mitgliedstaat, finden die dortigen Vorschriften Anwendung. Eine Hinweisbekanntmachung ist auch hier erforderlich (§ 37x Abs. 2 Satz 1 WpHG), ebenso eine Übermittlung an die BaFin und an das Unternehmensregister (§ 37x Abs. 2 Satz 2 WpHG). **685**

---

53 Näher *Mülbert/Steup*, NZG 2007, 761, 769 f.

54 Art. 3 Abs. 1 der Transparenzrichtlinie-Änderungsrichtlinie von 2013; siehe *Parmentier*, AG 2014, 15, 16; *Blöink/Kumm*, BB 2013, 1963 ff; *dies.*, BB 2015, 1515, 1516 f; *Bosse*, BB 2015, 746.

55 Art. 1 Nr 27 des Gesetzes zur Umsetzung der Transparenzrichtlinie-Änderungsrichtlinie, BT-Drucks. 18/5010, S. 17 f.

56 *Seibt/Wollenschläger*, ZIP 2014, 545, 546; *Bosse*, BB 2015, 746.

57 Dazu *Oser/Staß*, DB 2015, 2825 f. Siehe auch BörsO für die Frankfurter Wertpapierbörse, Stand: 3. Dezember 2015.

58 Begr. RegE zur Umsetzung der Transparenzrichtlinie-Änderungsrichtlinie, BT-Drucks. 18/5010, S. 51; *Bosse*, BB 2015, 746, 747; *Blöink/Kumm*, BB 2015, 1515, 1517 ff; *Schilha*, DB 2015, 1821, 1827 f; *Oser/Staß*, DB 2015, 2825, 2826 f.

4. Jahresbericht nach §§ 23 ff VermAnlG

686 Nach den §§ 23 ff VermAnlG gelten für alle Vermögensanlagen, die nach dem 1. Juni 2012 (Inkrafttreten des VermAnlG) öffentlich angeboten werden, bestimmte Rechnungslegungspflichten. Seit 2014 gelten sie auch für die Alt-Emittenten, für welche ein Verkaufsprospekt iS des § 8i VerkProspG aF hinterlegt wurde und deren Anteile nach diesem Datum noch öffentlich angeboten werden[59].

687 Nach § 23 Abs. 1 VermAnlG iVm den §§ 10 ff VermVerkProspV muss ein Emittent von Vermögensanlagen, der nicht schon nach HGB eines Jahresabschlusses bedarf, einen Jahresbericht erstellen (vgl § 37v WpHG)[60]. Dieser hat einen nach dem nationalen Recht des Unternehmens aufgestellten und geprüften Jahresabschluss, einen Lagebericht, einen Bilanzeid der gesetzlichen Vertreter des Emittenten sowie die Bestätigung des Abschlussprüfers (§ 25 VermAnlG) zu enthalten (§ 23 Abs. 2 VermAnlG)[61]. Er ist spätestens sechs Monate nach Ablauf des Geschäftsjahres beim elektronischen Bundesanzeiger einzureichen. Den Anlegern ist der Jahresbericht auf Verlangen zur Verfügung zu stellen.

688 Fehlt dem Jahresbericht einer der verlangten Bestandteile, ist dies bußgeldbewehrt (§ 31 VermAnlG). Der Jahresbericht ist nach elektronischer Einreichung unverzüglich im elektronischen Bundesanzeiger bekanntzumachen (§ 23 Abs. 3 VermAnlG). Es gilt eine gegenüber den HGB-Regelungen verkürzte Einreichungspflicht beim Handelsregister (§ 26 VermAnlG).

§ 10 Leerverkäufe

Ausgewählte Literatur: *Krüger/Ludewig*, Leerverkaufsregulierung, WM 2012, 1942; *Ludewig/Geilfus*, EU-Leerverkaufsregulierung: ESMA-Guidelines bestimmen neuen Rahmen der Ausnahmeregelungen für Market Maker und Primärhändler, WM 2013, 1533; *Mülbert/Sajnovits*, Das künftige Regime für Leerverkäufe und bestimmte Aspekte von Credit Default Swaps nach der Verordnung (EU) Nr. 236/2012, ZBB 2012, 266; *Weick-Ludewig/Sajnovits*, Der Leerverkaufsbegriff nach der Verordnung (EU) Nr. 236/2012 (EU-LVVO), WM 2014, 1521; *Zimmer/Beisken*, Die Regulierung von Leerverkäufen de lege lata und de lege ferenda, WM 2010, 485.

I. Einführung

689 Leerverkäufe sind spätestens seit der Finanzmarktkrise von 2008 in Verruf geraten. Durch Leerverkäufe kann die Gefahr einer künstlichen Preisbeeinflussung und damit einer Manipulation des Marktes bestehen[1]. Gleichzeitig können sie auch positive Auswirkungen auf die Marktliquidität und eine effiziente Kursbildung haben[2].

59 *Friedrichsen/Weisner*, ZIP 2012, 756, 759.
60 *Bruchwitz/Voß*, BB 2011, 1226, 1233; *Mattil*, BB 2011, 2533, 2536.
61 Siehe Begr. RegE FinVermAnlG, BT-Drucks. 17/6051, S. 65; näher *Bußalb/Vogel*, WM 2012, 1416, 1423 ff; *Beck/Maier*, WM 2012, 1898, 1906 f.

1 *von Buttlar/Petersen*, in: Just/Voß/Ritz/Becker, § 30h WpHG Rn 1.
2 So ausdrücklich Erwägungsgrund (5) EU-LVVO.

Die seit dem 1. November 2012 geltende EU-Leerverkaufsverordnung (EU-LVVO)[3], die unmittelbar geltendes nationales Recht darstellt, schafft innerhalb der EU einheitlich geltende Vorgaben zur Transparenz und zur Beschränkung von Leerverkäufen. **Ziel** ist die Verbesserung der Bedingungen für das Funktionieren des Marktes, die Gewährleistung eines hohen Anlegerschutzniveaus und die Vermeidung eines uneinheitlichen Vorgehens der nationalen Aufsichtsbehörden. Der europäischen Regelung voraus gingen in Deutschland zunächst durch Allgemeinverfügungen der BaFin erlassene Leerverkaufsverbote sowie später deren gesetzliche Regelung in §§ 30h ff WpHG aF[4]. Diese Bestimmungen wurden aufgrund der EU-LVVO aufgehoben bzw modifiziert[5]. Nun enthält **§ 30h WpHG** nur noch **Zuständigkeits- und Verfahrensvorschriften** zur Ausführung der LVVO durch die BaFin als zuständige Behörde (§ 30h Abs. 1 WpHG). **690**

Gegenstand der LeerverkaufsVO ist der Leerverkauf von zum Handel zugelassenen Aktien[6] sowie von öffentlichen, dh von der EU oder ihren Mitgliedstaaten ausgegebenen Schuldtiteln. Daneben werden auch Positionen in einem Credit Default Swap (CDS, Kreditausfallversicherung) geregelt. Eine **Definition** des Begriffs „Leerverkauf" enthält Art. 2 Abs. 1 lit. b EU-LVVO. Ein Leerverkauf liegt vor, wenn Finanzinstrumente verkauft werden, die im Zeitpunkt des Verkaufs nicht im Eigentum des Verkäufers stehen und deshalb erst noch beschafft werden müssen, um die Verpflichtung aus dem Kaufvertrag später erfüllen zu können[7]. Der Verkäufer hofft, sich die verkauften Finanzinstrumente vor der Abwicklung des Geschäfts zu einem Preis beschaffen zu können, der unter dem liegt, zu dem er die Finanzinstrumente (leer) verkauft hat. So kann er an fallenden Kursen verdienen[8]. Ein Grund für Leerverkäufe kann die Absicherung anderer Geschäfte bzw von Verlusten sein (hedging) oder eine Spekulation auf fallende Kurse. **691**

Für die Anwendbarkeit der EU-LVVO ausreichend ist, dass das Finanzinstrument zum Handel an einem Handelsplatz in der Union zugelassen ist (Art. 1 Abs. 1 lit. a EU-LVVO). Unerheblich ist, wo Käufer oder Verkäufer ihren (Wohn-)Sitz haben, wo sie den Kaufvertrag abgeschlossen haben und wo der Kaufvertrag ausgeführt wird[9]. Auch multilaterale Handelssysteme, insbesondere der Freiverkehr, gelten als Handelsplatz iS der Verordnung[10]. Zu den Finanzinstrumenten zählen neben Aktien und **692**

3 VO (EU) Nr 236/2012 vom 14. März 2012 über Leerverkäufe und bestimmte Aspekte von Credit Default Swaps (EU-LeerverkaufsVO), ABl. EU Nr L 86, S. 1.

4 Eingefügt durch das Gesetz zur Vorbeugung gegen missbräuchliche Wertpapier- und Derivategeschäfte vom 21. Juli 2010, BGBl. I, S. 945

5 Gesetz zur Ausführung der VO (EU) Nr 236/2012 vom 14. März 2012 über Leerverkäufe und bestimmte Aspekte von Credit Default Swaps (EU-Leerverkaufs-Ausführungsgesetz) vom 6. November 2012, BGBl. I, S. 2286.

6 Noch nicht emittierte Aktien sind nicht erfasst.

7 Siehe dazu *Weick-Ludewig/Sajnovits*, WM 2015, 1521 ff; kritisch *Walla*, in: Veil, § 15 Rn 2.

8 *Ruffert*, JuS 2014, 279, 280; *von Buttlar/Petersen*, in: Just/Voß/Ritz/Becker, § 30h WpHG Rn 1.

9 *Krüger/Ludewig*, WM 2012, 1942, 1946; *von Buttlar/Petersen*, in: Just/Voß/Ritz/Becker, § 30h WpHG Rn 38.

10 BaFin, Häufige Fragen zum Verbot ungedeckter Leerverkäufe in Aktien und öffentlichen Schuldtiteln gemäß Art. 12 f der Verordnung (EU) Nr 236/2012 über Leerverkäufe und bestimmte Aspekte von Credit Default Swaps (EU-LeerverkaufsVO), 10. August 2015, zu 5., abrufbar unter www.bafin.de; *von Buttlar/Petersen*, in: Just/Voß/Ritz/Becker, § 30h WpHG Rn 33; *Krüger/Ludewig*, WM 2012, 1942, 1946; aA *Mülbert/Sajnovits*, ZBB 2012, 266, 269; *Walla*, in: Veil, § 15 Rn 13.

öffentlichen Schuldtiteln auch Derivate, die sich auf jene beziehen (Art. 1 Abs. 1 lit. b, c EU-LVVO).

II. Beschränkungen ungedeckter Leerverkäufe

693 Ungedeckte Leerverkäufe („naked short sales") waren nach § 30h WpHG aF generell verboten. Da bei diesen keine Wertpapierleihe o. Ä. erfolgt, liegt deren **Gefährlichkeit** darin, dass der Verkäufer eine bereits bestehende Abwärtsspirale von Aktienkursen verstärkt, indem Aktien verkauft werden, ohne sie zu besitzen[11]. Da unbegrenzt viele Wertpapiere leer verkauft werden können, können mehr Verkaufsorders in Umlauf sein, als es tatsächlich existierende Aktien gibt. Dadurch kann der Kurs unter Druck geraten. Ungedeckte Leerverkäufe haben daher das Potenzial, die Preise künstlich zu beeinflussen und als Mittel zur Marktmanipulation missbraucht zu werden[12].

694 Nach der EU-LeerverkaufsVO bestehen nunmehr vom Wortlaut her „nur" noch Beschränkungen für ungedeckte Leerverkäufe (Art. 12 f EU-LVVO). Allerdings sind die Voraussetzungen, unter denen diese zulässig sind, so formuliert, dass sie den gedeckten Leerverkäufen entsprechen. Insbesondere wird als Voraussetzung eine Wertpapierleihe oder eine sonstige vergleichbare Vorkehrung verlangt. Insofern verwendet die BaFin bzgl der Art. 12 und 13 EU-LVVO zutreffend den Begriff **„Verbotsregelungen"**[13].

III. Gedeckte Leerverkäufe

695 Bei gedeckten Leerverkäufen von Aktien und öffentlichen Schuldtiteln („covered short sales") muss der Verkäufer bereits zum Zeitpunkt des Verkaufs sichergestellt haben, dass er die Finanzinstrumente bei Fälligkeit liefern kann. Er muss eine **Wertpapierleihe** vorgenommen haben. Alternativ kann er auch eine Vereinbarung zur Leihe von Aktien oder öffentlichen Schuldtiteln getroffen haben, einen unbedingt durchsetzbaren Anspruch auf ihre Übertragung haben oder über einen Dritten gewährleisten, das Geschäft bei Fälligkeit auch tatsächlich abwickeln zu können (vgl Art. 12 Abs. 1, 13 Abs. 1 EU-LVVO). Da die Wertpapierleihe ein Sachdarlehen ist[14], werden hierbei die Eigentumsrechte übertragen. Die geliehene Aktie wird dann regelmäßig verkauft. Zum Rückgabezeitpunkt an den Aktienbesitzer, von dem geliehen wurde, wird die Aktie in der Hoffnung auf einen niedrigeren Preis über die Börse gekauft.

696 Bei einem (gedeckten) Leerverkauf bestehen bestimmte **Transparenz- und Veröffentlichungspflichten**. Der Verkäufer muss seine sog. **Netto-Leerverkaufsposition**

11 Erwägungsgrund (1) EU-LVVO.
12 *von Buttlar/Petersen*, in: Just/Voß/Ritz/Becker, § 30h WpHG Rn 1; *Walla*, in: Veil, § 15 Rn 9.
13 BaFin, Häufige Fragen zum Verbot ungedeckter Leerverkäufe in Aktien und öffentlichen Schuldtiteln gemäß Art. 12 f der Verordnung (EU) Nr 236/2012 über Leerverkäufe und bestimmte Aspekte von Credit Default Swaps (EU-LeerverkaufsVO), 10. August 2015, abrufbar unter www.bafin.de; so auch *Walla*, in: Veil, § 15 Rn 16 ff; siehe auch *Weick-Ludewig/Geilfus*, BaFinJournal Juni 2015, 23 ff.
14 *Freitag*, in: Staudinger, 2015, § 607 BGB Rn 21.

an die BaFin als zuständige Behörde melden. Netto-Leerverkaufsposition bedeutet, dass der Verkäufer nicht sämtliche Aktien oder öffentlichen Schuldtitel leer verkaufen muss, die er am Markt anbietet, sondern einen Teil der verkauften Aktien oder öffentlichen Schuldtitel selbst besitzen kann. Die Differenz wird dann als Netto-Leerverkaufsposition bezeichnet. Die BaFin hat aufgrund der Verordnungsermächtigung in § 30h Abs. 4 WpHG die Netto-Leerverkaufspositionsverordnung[15] sowie die Leerverkaufs-Anzeigeverordnung[16] erlassen. Dort wird näher geregelt, in welcher Art und Form sowie in welchem Umfang Netto-Leerverkaufspositionen mitzuteilen und zu veröffentlichen sind. Zudem sind die vier von der EU-Kommission erlassenen, die EU-LeerverkaufsVO konkretisierenden Verordnungen zu beachten[17].

Die Meldeschwelle beträgt bei Aktien zunächst 0,2 % des ausgegebenen Aktienkapitals des betreffenden Unternehmens und steigert sich jeweils in Intervallen um 0,1 % (Art. 5 Abs. 2 EU-LVVO). Bei öffentlichen Schuldtiteln legt die Kommission die Meldeschwellen fest, die anschließend von der ESMA veröffentlicht werden (Art. 7 Abs. 2 EU-LVVO). Bei Aktien gilt eine **zweistufige Transparenz**, so dass der Verkäufer gegenüber der Öffentlichkeit offenlegen muss, wenn die Netto-Leerverkaufsposition den Prozentsatz von 0,5 % und danach die Intervalle von jeweils 0,1 % erreicht (Art. 6 Abs. 2 EU-LVVO). 697

IV. Ausnahmen

Sowohl die Transparenzpflichten als auch die Beschränkungen gelten nicht, wenn sich der Haupthandelsplatz der Aktien außerhalb der EU befindet (Art. 16 EU-LVVO). Eine Ausnahme besteht auch für Aktiengeschäfte, die aufgrund einer Market Maker-Tätigkeit erfolgen (Art. 17 Abs. 1 EU-LVVO) und für Tätigkeiten der Primärhändler, die als Eigenhändler in Finanzinstrumenten auftreten, welche auf dem Markt für öffentliche Schuldtitel gehandelt werden (Art. 17 Abs. 3 EU-LVVO). Wer eine dieser beiden Ausnahmen beanspruchen will, muss dies der BaFin spätestens 30 Kalendertage vorher schriftlich mitteilen (Art. 17 Abs. 5 und 6 EU-LVVO)[18]. Die ESMA veröffentlicht eine Liste der Market Maker und Primärhändler (Art. 17 Abs. 13 EU-LVVO). 698

15 Verordnung zur Konkretisierung der Mitteilungs- und Veröffentlichungspflichten für Netto-Leerverkaufspositionen (Netto-Leerverkaufspositionsverordnung – NLPosV) vom 17. Dezember 2012, BGBl. I S. 2699, geändert durch Art. 193 der Verordnung vom 31. August 2015, BGBl. I S. 1474.

16 Verordnung zur Konkretisierung von Art, Umfang und Form der Mitteilungen und Benachrichtigungen gemäß Artikel 17 Absatz 5, 6, 9 und 10 der Verordnung (EU) Nr 236/2012 (Leerverkaufs-Anzeigeverordnung – LAnzV) vom 16. April 2014, BGBl. I S. 386.

17 VO 826/2012/EU, VO 827/2012/EU, VO 918/2012/EU und VO 919/2012/EU; dazu KölnerKommWpHG/*Mock*, § 30h WpHG Rn 19; *von Buttlar/Petersen*, in: Just/Voß/Ritz/Becker, § 30h WpHG Rn 29 ff; siehe auch *Weick-Ludewig/Geilfus*, BaFinJournal Juni 2015, 23 ff.

18 Siehe dazu BaFin, Ausnahmen für Market-Maker und Primärhändler, 10. September 2015, abrufbar unter www.bafin.de; siehe auch BaFin, Merkblatt – Anzeigen von Market-Making und Primärhändlertätigkeiten vom 18. September 2013, WA 25-Wp 5700-2012/0006, abrufbar unter www.bafin.de sowie die ESMA-Leitlinien vom 2. April 2013, ESMA/2013/74.

V. Rechtsfolgen von Verstößen

699 Die Maßnahmen der BaFin zur Überwachung und Durchsetzung der Melde- und Offenlegungspflichten sowie des Verbots ungedeckter Leerverkäufe sind auf § 30h Abs. 2 WpHG gestützt. Widerspruch und Anfechtungsklage haben keine aufschiebende Wirkung (§ 30h Abs. 3 WpHG). Verstößt der Adressat gegen eine solche sofort vollziehbare Maßnahme, stellt das eine Ordnungswidrigkeit dar (§ 39 Abs. 3a WpHG), unabhängig davon, ob der Verwaltungsakt tatsächlich rechtmäßig ist[19].

700 Verstößt der Verkäufer gegen die Melde- und Offenlegungspflichten, ist das **bußgeldbewehrt** (§ 39 Abs. 2d Nr 1 und 2 WpHG), ebenso, wenn er Aktien oder öffentliche Schuldtitel ohne Absicherung, dh „ungedeckt" leer verkauft (§ 39 Abs. 2d Nr 3 WpHG). Strafbarkeit besteht nur, wenn die Verstöße gegen die LeerverkaufsVO die Voraussetzungen einer verbotenen Marktmanipulation erfüllen (§§ 38 Abs. 2, 39 Abs. 1 Nr 1, 2 iVm § 20a WpHG)[20]. Die Finanzdienstleistungsunternehmen haben gegenüber der BaFin eine unverzügliche **Mitteilungspflicht** bzgl Tatsachen, die den Verdacht auf einen Verstoß gegen die EU-LeerverkaufsVO begründen (§ 10 Abs. 1 WpHG).

701 In Ausnahmefällen kommt eine Eingriffsbefugnis der **ESMA** in Betracht (Art. 28 EU-LVVO), wenn „die ordnungsgemäße Funktionsweise und Integrität der Finanzmärkte oder die Stabilität des gesamten oder eines Teils des Finanzsystems in der Union" bedroht ist, die Auswirkungen grenzübergreifend sind und die zuständige Behörde keine hinreichenden Maßnahmen ergriffen hat[21]. Die Maßnahmen richten sich **unmittelbar** an Personen in den Mitgliedstaaten und haben Vorrang vor getroffenen Maßnahmen nationaler Behörden (Art. 28 Abs. 11 EU-LVVO).

702 Eine **zivilrechtliche Haftung** sieht die LeerverkaufsVO nicht vor. Sie kommt deshalb nur in Betracht, wenn man insbesondere die Transparenz- und Veröffentlichungspflichten als Schutzgesetze iS des § 823 Abs. 2 BGB einordnet. Voraussetzung ist deren individualschützender Charakter. Auch wenn Ziel der EU-LeerverkaufsVO die Gewährleistung eines hohen Verbraucher- und Anlegerschutzes ist, ist damit nicht der einzelne Anleger, sondern das Anlegerpublikum gemeint. Letztendlich soll das Funktionieren des Binnenmarkts sichergestellt werden[22]. Insofern ist die Schutzgesetzqualität der einzelnen Regelungen zu verneinen[23].

703 Ansprüche können sich jedoch aus § 826 BGB oder § 823 Abs. 2 BGB iVm § 263 StGB ergeben. Umstritten ist, ob auch ein Rechtsverlust nach § 28 WpHG analog eintreten kann. Überwiegend wird das jedoch zu Recht abgelehnt[24]. Auch wenn ungedeckte Leerverkäufe verboten sind und daher bei einem beiderseitigen Verstoß eine

---

19 *von Buttlar/Petersen*, in: Just/Voß/Ritz/Becker, § 30h WpHG Rn 21.

20 *von Buttlar/Petersen*, in: Just/Voß/Ritz/Becker, § 30h WpHG Rn 11.

21 Zur Rechtmäßigkeit dieser Regelung EuGH NJW 2014, 1359 ff; dazu *Skowron*, EuZW 2014, 349 ff; *Ruffert*, JuS 2014, 279 ff; *Kohtamäki*, EuR 2014, 249 ff; zu den Befugnissen der ESMA auch *Walla*, in: Veil, § 15 Rn 31 ff.

22 Erwägungsgrund (2) EU-LVVO.

23 So auch *Mülbert/Sajnovits*, ZBB 2012, 266, 284; offen dagegen *von Buttlar/Petersen*, in: Just/Voß/Ritz/Becker, § 30h WpHG Rn 15.

24 Vgl KölnerKommWpHG/*Mock*, § 30h WpHG Rn 29.

Nichtigkeit des Kaufvertrags nach § 134 BGB in Betracht kommt, wird eine solche Rechtsfolge mit Verweis auf den Normzweck der Art. 12, 13 EU-LVVO allgemein abgelehnt[25].

25 KölnerKommWpHG/*Mock*, § 30h WpHG Rn 30; *Mülbert/Sajnovits*, ZBB 2012, 266, 283; *Cahn/Müchler*, BKR 2013, 45, 54 f.

Teil IV

Verhaltenspflichten für Wertpapierdienstleistungsunternehmen

Ausgewählte Literatur: *Assmann*, Interessenkonflikte auf Grund von Zuwendungen, ZBB 2008, 21; *Birnbaum/Kütemeier*, In der Diskussion – die MaComp, WM 2011, 293; *Buck-Heeb*, Insiderwissen, Interessenkonflikte und Chinese Walls bei Banken, in: FS Hopt, 2010, S. 1647; *dies.*, Verhaltenspflichten beim Vertrieb, ZHR 177 (2013), 310; *dies.*, Vom Kapitalanleger- zum Verbraucherschutz, ZHR 176 (2012), 66; *dies.*, Die „Flucht" aus dem Anlageberatungsvertrag, ZIP 2013, 1401; *dies.*, Vertrieb von Finanzmarktprodukten: Zwischen Outsourcing und beratungsfreiem Geschäft, WM 2014, 385; *dies.*, Der Product-Governance-Prozess, ZHR 179 (2015), 782; *dies.*, Compliance bei vertriebsbezogener Product Governance – Neuerungen durch die MiFID II bzw. das Kleinanlegerschutzgesetz, CCZ 2016, 2; *Grundmann*, Wohlverhaltenspflichten, interessenkonfliktfreie Aufklärung und MiFID II, WM 2012, 1745; *Halbleib*, Der Einsatz von Mitarbeitern in der Anlageberatung nach der Neuregelung des § 34d WpHG, WM 2011, 673; *Harnos*, Die Reichweite und zivilrechtliche Bedeutung des § 31d WpHG, BKR 2014, 1; *Jaskulla*, Das deutsche Hochfrequenzhandelsgesetz – eine Herausforderung für Handelsteilnehmer, Börsen und Multilaterale Handelssysteme (MTF), BKR 2013, 221; *Kobbach*, Regulierung des algorithmischen Handels durch das neue Hochfrequenzhandelsgesetz: Praktische Auswirkungen und offene rechtliche Fragen, BKR 2013, 233; *Kurz*, MiFID II – Auswirkungen auf den Vertrieb von Finanzinstrumenten, DB 2014, 1182; *Loff/Hahne*, Vermögensverwaltung und Anlageberatung unter MIFID II, WM 2012, 1512; *Möllers/Wenninger*, Das Anlegerschutz- und Funktionsverbesserungsgesetz, NJW 2011, 1697; *Müller-Christmann*, Das Gesetz zur Stärkung des Anlegerschutzes und Verbesserung der Funktionsfähigkeit des Kapitalmarktes, DB 2011, 749; *Niermann*, Die Compliance-Organisation im Zeitalter der MaComp – eine Analyse ausgewählter Fragen, ZBB 2010, 400; *Podewils*, Beipackzettel für Finanzprodukte – Verbesserte Anlegerinformation durch Informationsblätter und Key Investor Information Documents?, ZBB 2011, 169; *F.A. Schäfer*, Sind die §§ 31 ff WpHG nF Schutzgesetze iSv § 823 Abs. 2 BGB?, WM 2007, 1872; *F.A. Schäfer/U. Schäfer*, Anforderungen und Haftungsfragen bei PIBs, VIBs und KIIDs, ZBB 2013, 23; *H. Schäfer*, Die MaComp und das Erfordernis der Unabhängigkeit, Wirksamkeit und Dauerhaftigkeit von Compliance, BKR 2011, 45; *ders.*, Die MaComp und die Aufgaben von Compliance, BKR 2011, 187; *ders.*, Beschwerde, Beschwerdebearbeitung und Beschwerdeanzeigen – ein Beitrag zur Auslegung der §§ 33 Abs. 1 Satz 2 Nr. 3 und § 34d Abs. 1 Satz 4 und Abs. 5 WpHG, WM 2012, 1157; *Veil/Lerch*, Auf dem Weg zu einem Europäischen Finanzmarktrecht: die Vorschläge der Kommission zur Neuregelung der Märkte für Finanzinstrumente, WM 2012, 1557 (Teil I), 1605 (Teil II); *Zingel*, Stellung und Aufgaben von Compliance nach dem MaComp, BKR 2010, 500.

704 **Fall 14**[1]**:** Anleger A hat bisher seine Ersparnisse bei seiner Hausbank in festverzinslichen Wertpapieren angelegt. Mit der dort erzielten Rendite ist er unzufrieden. Er möchte daher zukünftig sein Geld in Aktien investieren. Da er selbst nicht über die nötigen Erfahrungen und Kenntnisse verfügt, wendet er sich an die Vermögensverwaltungsgesellschaft V. Mit dieser schließt er einen Vermögensverwaltungsvertrag ab. Sein Anlageziel sowie seine Risi-

1 Zur zivilrechtlichen Haftung bzgl fehlerhafter Anlageberatung siehe den **Übungsfall** von *Duchstein*, JA 2015, 693 ff.

kobereitschaft beschreibt A gegenüber dem Geschäftsführer G der V mit „renditeorientiert". Hiernach sollen langfristig gesehen hohen Ertragschancen hohe Risiken gegenüberstehen. Die vereinbarten Anlagerichtlinien beschränken den Ermessensspielraum der V lediglich dahin, dass ausschließlich Aktien deutscher Unternehmen erworben werden sollen. Einen Teil des von A anvertrauten Kapitals investiert V daraufhin in die Aktien der deutschen X-AG. Der G ist nicht nur Geschäftsführer und damit vertretungsberechtigtes Organ der V, sondern auch Aufsichtsratsvorsitzender der X-AG. Die X-AG gerät in der Folgezeit derart in wirtschaftliche Schwierigkeiten, dass der Kurs ihrer Aktien ins Bodenlose stürzt. A erleidet hierdurch einen Verlust von 30 000 Euro. Nachdem A von der personellen Verflechtung mit der X-AG erfährt, verlangt er von der V Ersatz der 30 000 Euro. **Rn 800**

Fall 15: Durch Berichte aus seinem Freundeskreis erfährt Anleger A, dass sich derzeit mit (selbstständigen) Kaufoptionsscheinen in Bezug auf Aktien der X-AG erhebliche Renditen erzielen lassen. So sei mit einem Kursanstieg der Aktien der X-AG in den nächsten Wochen zu rechnen. A hat seine Ersparnisse bisher ausschließlich in festverzinslichen Wertpapieren angelegt und verfügt über keine Kenntnisse und Erfahrungen in Bezug auf Optionsscheingeschäfte. Dennoch entschließt er sich, 20 000 Euro hierin zu investieren. A kauft über seine Hausbank, die B-Bank, Optionsscheine in Bezug auf Aktien der X-AG. Mitarbeiter M der B-Bank geht irrtümlich davon aus, dass zwischen A und der B-Bank ein Rahmenvertrag über solche Termingeschäfte besteht. Entgegen den Erwartungen des A fällt der Aktienkurs der X-AG dramatisch, so dass die Optionsscheine faktisch wertlos sind. A verlangt daraufhin von der B-Bank Schadensersatz in Höhe von 20 000 Euro. Er ist der Auffassung, die B-Bank hätte seine Kauforder nicht ausführen dürfen bzw ihn zumindest vorher über die allgemeinen Risiken von Termingeschäften aufklären müssen. Kann A von der B-Bank den begehrten Schadensersatz verlangen? **Rn 801** **705**

§ 11 Grundlagen

I. Einführung

Durch das Finanzmarktrichtlinie-Umsetzungsgesetz (FRUG) von 2007[1] sowie durch die EU-DurchführungsVO[2] wurden die in den §§ 31 ff WpHG geregelten Verhaltenspflichten für Wertpapierdienstleistungsunternehmen (WpDU) erheblich verschärft[3]. Das FRUG diente der Umsetzung der EU-Richtlinie über Märkte für Finanzinstrumente vom 21. April 2004, der sog. MiFID I (Markets in Financial Instruments Directive)[4]. Nunmehr ist die **MiFID II** von 2014 in nationales Recht umzusetzen, was **706**

1 Gesetz zur Umsetzung der Richtlinie über Märkte für Finanzinstrumente und der Durchführungsrichtlinie der Kommission vom 16. Juli 2007, BGBl. I, S. 1330.

2 VO (EG) Nr 1287/2006 vom 10. August 2006 zur Durchführung der Richtlinie 2004/39/EG betreffend die Aufzeichnungspflichten für Wertpapierfirmen, die Meldung von Geschäften, die Markttransparenz, die Zulassung von Finanzinstrumenten zum Handel und bestimmte Begriffe im Sinne dieser Richtlinie, ABl. EU Nr L 241 vom 2. September 2006, S. 1.

3 Zum alten Recht *Buck-Heeb*, Kapitalmarktrecht, 1. Aufl., 2006, Rn 335 ff.

4 Richtlinie 2004/39/EG vom 21. April 2004 über Märkte für Finanzinstrumente, ABl. EU Nr L 145 vom 30. April 2004, S. 1; siehe auch die Durchführungsrichtlinie 2006/73/EG vom 10. August 2006.

mit dem Kleinanlegerschutzgesetz von 2015 schon teilweise geschehen ist und v.a. mit dem im Oktober 2015 vorgeschlagenen Finanzmarktnovellierungsgesetz (FinmanoG) erfolgen soll. Daneben besteht die unmittelbar anwendbare Verordnung (MiFIR)[5].

707 Weitere Änderungen der §§ 31 ff WpHG erfolgten in der Vergangenheit durch das Gesetz u. a. zur verbesserten Durchsetzbarkeit von Ansprüchen von Anlegern aus Falschberatung von 2010[6] und das Anlegerschutz- und Funktionsverbesserungsgesetz von 2011[7]. Zu beachten ist auch die Wertpapierdienstleistungs-Verhaltens- und -Organisationsverordnung **(WpDVerOV)**[8], welche die Detailvorschriften der EU-Durchführungsrichtlinie umsetzt. Zu berücksichtigen ist darüber hinaus das am 7. Januar 2014 teilweise neu gefasste Rundschreiben der BaFin zu den Mindestanforderungen an die Compliance **(MaComp)**, welches die Verhaltens-, Organisations- und Transparenzpflichten der §§ 31 ff WpHG präzisiert (vgl AT 6 Nr 3 Satz 1 MaComp)[9]. In diesem Rundschreiben sind sämtliche Veröffentlichungen der BaFin zu den §§ 31 ff WpHG gebündelt. Es stellt kein materielles Recht dar, sondern ist eine Auslegung gesetzlicher Bestimmungen durch die BaFin als Aufsichtsbehörde[10].

708 Die Pflichten der §§ 31 ff WpHG gelten nur für Wertpapierdienstleistungsunternehmen **(WpDU)**[11]. Das sind nicht alle, die Wertpapierdienstleistungen oder -nebendienstleistungen erbringen, sondern nur Kreditinstitute iS des § 1 Abs. 1 KWG, Finanzdienstleistungsinstitute iS des § 1 Abs. 1a KWG sowie die Zweigstellen von Unternehmen mit Sitz im Ausland, welche nach § 53 Abs. 1 S. 1 KWG als Kredit- oder Finanzdienstleistungsinstitut gelten (§ 2 Abs. 4 WpHG). Die Wertpapierdienstleistungen dürfen nicht nur gelegentlich, sondern müssen gewerbsmäßig oder in einem Umfang erbracht werden, der einen in kaufmännischer Weise eingerichteten Geschäftsbetrieb erfordert. Eine **Überwachung** hinsichtlich der Einhaltung der Verhaltensregeln der §§ 31 ff WpHG durch die BaFin bzw eine jährliche Prüfung durch einen „geeigneten Prüfer" (zB Wirtschaftsprüfer, vereidigter Buchprüfer) erfolgt nach den §§ 35, 36 WpHG.

709 **Freie Finanzanlagenvermittler** fallen nicht unter den Begriff des WpDU, so dass sie von den Verhaltenspflichten nach §§ 31 ff WpHG ausgenommen sind[12]. Sie müssen

5 Richtlinie 2014/65/EU vom 15. Mai 2014, ABl. EU Nr L 173 vom 12. Juni 2014, S. 349 (MiFID II); Verordnung (EU) Nr 600/2014 vom 15. Mai 2014, ABl. EU Nr L 173 vom 12. Juni 2014, S. 84 (MiFIR).

6 BGBl. I, 2009, S. 2512.

7 BGBl. I, 2011, S. 538.

8 VO zur Konkretisierung der Verhaltensregeln und Organisationsanforderungen für Wertpapierdienstleistungsunternehmen vom 20. Juli 2007, BGBl. I, S. 1432, zuletzt geändert durch Art. 12 des Gesetzes vom 20. November 2015, BGBl. I, S. 2029; siehe dazu *Preuße/Zingel*, WpDVerOV, 2015.

9 Rundschreiben 4/2010 (WA) – Mindestanforderungen an die Compliance-Funktion und die weiteren Verhaltens-, Organisations- und Transparenzpflichten nach §§ 31 ff WpHG für Wertpapierdienstleistungsunternehmen (MaComp) vom 7. Juni 2010 (WA 31-Wp 2002-2009/0010), Stand: 7. Januar 2014; zur Umsetzung von ESMA-Leitlinien *Becker*, BKR 2014, 151 ff.

10 *Zingel*, BKR 2010, 500, 501; *Niermann*, ZBB 2010, 400, 404 ff.

11 In der Finanzmarktrichtlinie wird der Begriff „Wertpapierfirma" verwendet, siehe Richtlinie 2004/39/EG, ABl. EU Nr L 145 vom 30. April 2004, S. 1.

12 Begr. RegE FinVermAnlG, BT-Drucks. 17/6051, S. 28 f; vgl *Bruchwitz/Voß*, BB 2011, 1226, 1230; *Friedrichsen/Weisner*, ZIP 2012, 756, 761.

sich aber in das bei den Industrie- und Handelskammern geführte Vermittlerregister eintragen lassen (§ 34f GewO). Durch die Finanzanlagenvermittlungsverordnung[13] wurde ein den WpHG-Regelungen vergleichbarer Anlegerschutz geschaffen[14].

II. Anlegerkategorisierung

In den §§ 31 ff WpHG sind Verhaltens- und Informationspflichten für WpDU festgelegt, die dem Kunden eine Anlageentscheidung auf informierter Grundlage ermöglichen sollen. Ausgangspunkt für den Umfang der Informationspflichten ist eine Einteilung der Kunden in verschiedene Kategorien[15]. Je nach Kundenklassifizierung werden die konkreten Pflichten durch die (typisierte) **Schutzbedürftigkeit** des Kunden bestimmt[16]. Durch die MiFID II ergeben sich hier keine wesentlichen Änderungen. Solche sind lediglich im Hinblick auf geeignete Gegenparteien vorgesehen[17]. **710**

Unterschieden wird zwischen professionellen Kunden und Privatkunden[18]. Als **professionelle Kunden** gelten diejenigen, „bei denen das Wertpapierdienstleistungsunternehmen davon ausgehen kann, dass sie über ausreichende Erfahrungen, Kenntnisse und Sachverstand verfügen, um ihre Anlageentscheidungen zu treffen und die damit verbundenen Risiken angemessen beurteilen zu können" (§ 31a Abs. 2 Satz 1 WpHG)[19]. Damit fallen unter den Begriff der professionellen Kunden alle, die zugelassen sind oder der Aufsicht unterliegen, um an den Finanzmärkten tätig zu sein[20]. Dies sind v.a. die institutionellen Anleger, Kreditinstitute, Wertpapierfirmen und sonstige zugelassene oder beaufsichtigte Finanzinstitute (§ 31a Abs. 2 Satz 2 Nr 1–5 WpHG). Der professionelle Kunde kann jedoch nach § 31a Abs. 6 WpHG mit dem WpDU schriftlich eine Einstufung als Privatkunde vereinbaren (sog. opt-out)[21]. **711**

Als **Privatkunde** gilt, wer kein professioneller Kunde ist (§ 31a Abs. 3 WpHG). Allerdings kann dieser auf Antrag oder durch Festlegung des WpDU als professioneller Kunde eingestuft werden (§ 31a Abs. 7 WpHG). Sog. **fakultativer („gekorener"[22]) professioneller Kunde** kann aber nur sein, wer mit hoher Wahrscheinlichkeit nicht des Schutzes durch § 31 WpHG bedarf. Er muss nach § 31 Abs. 7 Satz 3 WpHG mindestens zwei der drei dort genannten Kriterien erfüllen[23]: Er muss binnen Jahresfrist mindestens zehn Wertpapiergeschäfte von erheblichem Umfang getätigt haben (Nr 1), sein Wertpapierdepot muss einen Bestand in Höhe von mindestens 500 000 Euro aufweisen (Nr 2), er muss mindestens ein Jahr in einem einschlägigen **712**

13 Finanzanlagenvermittlungsverordnung (FinVermV) vom 2. Mai 2012, BGBl. S. 1006.
14 Begr. RegE FinVermAnlG, BT-Drucks. 17/6051, S. 28 f.
15 Dazu *Kasten*, BKR 2007, 261 ff.
16 *Fleischer*, BKR 2006, 389, 394; zur Verbraucherstellung *Buck-Heeb*, ZHR 176 (2012), 66 ff; kritisch auch *dies.*, ZHR 177 (2013), 310, 333 ff.
17 Vgl *Kurz*, DB 2014, 1182, 1185.
18 Dazu *Kühne*, BKR 2005, 275, 277 f; *Veil*, ZBB 2006, 162, 170; *Duve/Keller*, BB 2006, 2425, 2427 ff.
19 Nach dem Referentenentwurf des FimanoG sollte dies in § 58 WpHG-E geregelt sein; der RegE des 1. FimanoG sieht dagegen keine Paragraphenänderung vor.
20 *Duve/Keller*, BB 2006, 2425, 2427.
21 *Weichert/Wenninger*, WM 2007, 627, 629.
22 *Seyfried*, WM 2006, 1375, 1376.
23 Ausführlich dazu *Duve/Keller*, BB 2006, 2425, 2428 ff.

Beruf tätig gewesen sein (Nr 3). Ein freiwilliger Verzicht des Privatkunden auf den Schutz des § 31 WpHG ist nicht möglich[24]. Für die Praxis ist die Kategorie der Privatkunden von großer Relevanz, denn diese genießen das Höchstmaß an gesetzlich vorgesehenem Schutz.

713 In bestimmten Fällen, in denen es an der für eine Kundenbeziehung typischen Unterordnung fehlt, findet § 31 WpHG **keine Anwendung**. Dies gilt, sofern WpDU ihre Dienste gegenüber „geeigneten Gegenparteien" erbringen (§ 31b Abs. 1 Satz 1 WpHG). Was „geeignete Gegenparteien" sind, wird in § 31a Abs. 4 WpHG erklärt. Im Wesentlichen handelt es sich hierbei um einen Sonderfall von professionellen Kunden[25].

§ 12 Verhaltens- und Organisationsregeln nach §§ 31 ff WpHG[1]

I. Verhaltensregeln nach § 31 WpHG

714 In § 31 WpHG iVm der WpDVerOV[2] sind allgemeine Verhaltensregeln für die Wertpapiergeschäfte von WpDU mit ihren Kunden enthalten. Das sind insbesondere Interessenwahrungspflichten (§ 31 Abs. 1 Nr 1 WpHG), Interessenkonfliktvermeidungspflichten (§ 31 Abs. 1 Nr 2 WpHG) und Informationspflichten (§ 31 Abs. 2, 3 WpHG). Hinzu kommen bestimmte Erkundigungspflichten (§ 31 Abs. 4, 5 WpHG) und weitere Pflichten.

1. Interessenwahrungspflicht (§ 31 Abs. 1 Nr 1 WpHG)

715 Nach **§ 31 Abs. 1 Nr 1 WpHG** ist ein WpDU verpflichtet, Wertpapier(neben)dienstleistungen mit der erforderlichen Sachkenntnis, Sorgfalt und Gewissenhaftigkeit im (bestmöglichen)[3] Interesse seiner Kunden zu erbringen. Diese Regelung entspricht weitgehend der in § 384 Abs. 1 HGB festgeschriebenen handelsgesetzlichen Pflicht des Kommissionärs, das übernommene Geschäft mit der Sorgfalt eines ordentlichen

24 *Weichert/Wenninger*, WM 2007, 627, 629.
25 *Duve/Keller*, BB 2006, 2425, 2427 und 2428.

1 Nach dem Referentenentwurf des FimanoG sollte dies in den §§ 57 ff WpHG-E geregelt sein; der RegE des 1. FimanoG behält dagegen die alte Zählung bei.
2 VO zur Konkretisierung der Verhaltensregeln und Organisationsanforderungen für Wertpapierdienstleistungsunternehmen vom 20. April 2007, BGBl. I, S. 1432, zuletzt geändert durch Art. 12 des Gesetzes vom 20. November 2015, BGBl. I, S. 2029.
3 Auch wenn der Wortlaut der Norm nur von „im Interesse" spricht, ist sie richtlinienkonform dahingehend auszulegen, vgl auch *Koller*, in: Assmann/U.H. Schneider, § 31 Rn 17; siehe die Klarstellung durch § 57 Abs. 1 Satz 1 Nr 1 WpHG-E im Rahmen des Referentenentwurfs des FimanoG vom Oktober 2015; der RegE des 1. FimanoG enthält eine solche Regelung nicht, da die MiFID-II-Änderungen erst in einem 2. FimanoG erfolgen sollen.

Kaufmanns auszuführen und dabei die Interessen des Kommittenten wahrzunehmen[4]. Die Sachkenntnis muss sich der Mitarbeiter des WpDU durch die Lektüre der nationalen Börsenpflichtblätter, der Tagespresse sowie der Fachliteratur verschaffen. Ob auch sog. Brancheninformationsdienste heranzuziehen sind, ist streitig, wird aber im Einzelfall – etwa im Hinblick auf Anlagen auf dem ehemals grauen Kapitalmarkt – zu bejahen sein[5].

Das in § 31 Abs. 1 Nr 1 WpHG erwähnte Interesse der Kunden bedeutet nach hM, **716**
dass eine Ausrichtung an den ersichtlichen individuellen Interessen des Kunden zu erfolgen hat, nicht am objektiven Interesse. Letzteres würde auf eine Bevormundung hinauslaufen[6]. Um das Kundeninteresse bestimmen zu können, muss sich das WpDU durch Befragung des Kunden über diesen informieren („know your customer"-Prinzip, siehe auch § 31 Abs. 4 WpHG).

Umstritten ist, ob das WpDU die Durchführung des vom Kunden gewünschten Ge- **717**
schäfts **ablehnen** muss, wenn das Geschäft den Erfahrungshorizont oder die finanziellen Verhältnisse extrem übersteigt, oder ob der auf jeden Fall erforderliche ausdrückliche Hinweis auf die Risiken ausreicht[7]. Letzteres wird zur Vermeidung einer Kundenbevormundung zu bejahen sein[8]. Allerdings darf auch keine Verleitung zur Selbstschädigung erfolgen. Im Zusammenhang mit der Anlageberatung oder der Finanzportfolioverwaltung ist § 31 Abs. 4a Satz 1 WpHG zu beachten, wonach das WpDU in diesen Fällen keine Empfehlung abgeben darf. Eine Ausprägung der Interessenwahrungspflicht ist die Pflicht zur bestmöglichen Auftragsausführung („best execution"). Diesbezüglich sind auch Ausführungsgrundsätze aufzustellen (§ 33a WpHG).

2. Pflicht zur Vermeidung von Interessenkonflikten (§ 31 Abs. 1 Nr 2 WpHG)

Das WpDU muss sich um die Vermeidung von Interessenkonflikten bemühen[9]. Dabei **718**
kommt den präventiven organisatorischen Maßnahmen nach § 33 Abs. 1 Satz 2 Nr 3 WpHG Vorrang zu. Sind Interessenkonflikte unvermeidbar, ist der Kundenauftrag unter der gebotenen Wahrung des Kundeninteresses auszuführen **(§ 31 Abs. 1 Nr 2**

---

4 Vgl Beschlussempfehlung und Bericht des Finanzausschusses des Deutschen Bundestages, BT-Drucks. 12/7918, S. 103.

5 Vgl *Fuchs*, in: Fuchs, § 31 WpHG Rn 25; zur zivilrechtlichen Diskussion BGH NJW-RR 2009, 687 m. Anm. *Buck-Heeb*, jurisPR-BKR 9/2009 Anm. 1; BGH NJW 2008, 3700; siehe auch schon BGHZ 123, 126 ff („Bond").

6 So *Rothenhöfer*, in: Schwark/Zimmer, KMRK, § 31 WpHG Rn 35; *Fuchs*, in: Fuchs, § 31 WpHG Rn 34; aA *Cahn*, ZHR 162 (1998), 1, 39 f; *Köndgen*, ZBB 1996, 361, 365 (ausgehend vom sog. wohlverstandenen Interesse).

7 Eine Ablehnung bejahend: *Schwark*, in: Das Zweite Finanzmarktförderungsgesetz in der praktischen Umsetzung, Bankrechtstag 1995, 1996, S. 109, 116; verneinend: *Fuchs*, in: Fuchs, § 31 WpHG Rn 40; *Rothenhöfer*, in: Schwark/Zimmer, KMRK, § 31 WpHG Rn 35 f.

8 Auf der zivilrechtlichen Ebene wird eine Bevormundung ebenfalls abgelehnt, vgl BGHZ 147, 343, 349; BGH ZIP 2004, 111, 114.

9 Siehe aber § 57 Abs. 1 Satz 1 Nr 2 WpHG nach dem FimanoG-Referentenentwurf vom Oktober 2015, wo die Pflicht zur Vermeidung betont wird; der RegE des 1. FimanoG enthält eine solche Regelung nicht mehr.

WpHG). Das entspricht der kommissionsrechtlichen **Pflicht zur interessenwahrenden Auftragsausführung**, nach der schon im Vorfeld mögliche Beeinträchtigungen des Kundeninteresses durch Interessenkonflikte vermieden werden müssen. Damit sind sowohl das sog. Scalping als auch das sog. Churning, bei dem der Vermögensverwalter nicht durch das Interesse des Kunden gerechtfertigte, allzu häufige Transaktionen tätigt, verboten.

719 Ob sich diese Konflikte aus unterschiedlichen Interessen zwischen dem Kunden und einem anderen Effektenkunden oder zwischen dem Kunden und dem WpDU ergeben, ist unerheblich. Ein potenzieller Interessenkonflikt liegt vor, wenn sich für das WpDU oder mit ihm verbundenen Personen ein Vorteil bietet, der für den Kunden nachteilig ist[10]. Außerdem muss dem Kunden gegenüber vor der Durchführung von Geschäften eine **Offenlegung** der Art und Herkunft eines Interessenkonflikts erfolgen, wenn die organisatorischen Vorkehrungen (§ 33 Abs. 1 Satz 2 Nr 3 WpHG) nicht ausreichen, um nach vernünftigem Ermessen die Gefahr einer Beeinträchtigung der Kundeninteressen abzuwehren. Dabei soll dem Kunden grundsätzlich ermöglicht werden, das Risiko einer Interessenbeeinträchtigung zu erkennen[11].

3. Informationspflicht (§ 31 Abs. 2, 3, 4b WpHG)

720 Nach § 31 Abs. 2 Satz 1 WpHG müssen die vom WpDU erteilten Informationen an die Kunden **redlich, eindeutig** und **nicht irreführend** sein[12]. Irreführend ist die Information, wenn sie objektiv zur Irreführung geeignet ist. Das gilt auch für Informationen, zu denen das WpDU nicht verpflichtet ist[13]. Unerheblich ist die subjektive Einschätzung des WpDU. Auf eine Irreführungsabsicht kommt es ebenfalls nicht an[14]. Eine Irreführung wird nur vermieden, wenn **Werbung** ausdrücklich als solche erkennbar ist (§ 31 Abs. 2 Satz 2 WpHG)[15]. Enthält eine Werbung Informationen über Finanzinstrumente oder Emittenten in Verbindung mit einer (direkten oder indirekten) Anlageempfehlung, die auch Gegenstand einer Finanzanalyse sein könnte, ist § 31 Abs. 2 Satz 4 WpHG zu beachten. Danach müssen die WpDU entweder den Anforderungen von § 33b Abs. 5, 6 und § 34b Abs. 5 WpHG zur Finanzanalyse nachkommen (Nr 1) oder die Information muss deutlich mit dem Hinweis versehen sein, dass sie nicht allen gesetzlichen Vorgaben hinsichtlich Finanzanalysen genügt und nicht dem Verbot des Handels vor der Veröffentlichung von Finanzanalysen (Front running) unterliegt (Nr 2)[16].

---

10 Vgl Erwägungsgrund 24 der Durchführungsrichtlinie.

11 *Fuchs*, in: Fuchs, § 31 WpHG Rn 71; siehe auch *Spindler*, in: Langenbucher/Bliesener/Spindler, 33. Kap. Rn 84 ff.

12 *Lenenbach*, KMR, Rn 5.162 ff; siehe auch Ziff. BT 3 der MaComp der BaFin, Stand: 7. Januar 2014.

13 Siehe Begr. RegE FRUG, BT-Drucks. 16/4028, S. 63 f.

14 *Duve/Keller*, BB 2006, 2425, 2431.

15 Vgl dazu Ziff. BT 3 der MaComp der BaFin, Stand: 7. Januar 2014.

16 In § 33b Abs. 5 und § 34b WpHG-E des RegE zum 1. FimanoG wird der Begriff Finanzanalyse durch die dem europäischen Recht entsprechenden Begriffe „Anlageempfehlung" und „Anlagestrategieempfehlung" ersetzt (BR-Drucks. 19/16, S. 70).

721 Die Kunden müssen **rechtzeitig** und in **verständlicher Form** informiert werden (§ 31 Abs. 3 Satz 1 WpHG), so dass sie nach vernünftigem Ermessen die Art und die Risiken der Finanzinstrumente oder Wertpapierdienstleistungen verstehen und auf dieser Grundlage ihre Anlageentscheidung treffen können[17]. Die Rechtzeitigkeit der Information bemisst sich nach der Einstufung des Kunden und der Art des Finanzinstruments. Jedenfalls hat die Information vor Vertragsschluss zu erfolgen[18].

722 **Inhaltlich** hat sich die Information auf das WpDU und dessen Dienstleistungen, auf die Art und Risiken der Finanzinstrumente und vorgeschlagenen Anlagestrategien sowie auf die Ausführungsplätze, Kosten und Nebenkosten zu beziehen (§ 31 Abs. 3 Satz 3 Nr 1–4 WpHG). Die Informationen sollen insbesondere dazu dienen, dass die Kunden die Risiken des speziellen Typs von Finanzinstrument verstehen. Ausreichend ist damit eine Aufklärung über die jeweilige Anlageform. Eine Aufklärung über das konkrete Anlageobjekt ist nicht erforderlich[19]. Eine **standardisierte** Informationserteilung in einer Broschüre ist möglich, da die Informationen nicht auf den individuellen Kunden bezogen sein müssen[20]. Vorgaben zum Inhalt der Pflichten sind in §§ 4 und 5 WpDVerOV enthalten (vgl § 31 Abs. 11 WpHG)[21].

723 In **§ 31 Abs. 4b WpHG** ist nunmehr vorgesehen, dass ein Anlageberater seinen Kunden vor Beginn der Beratung und vor Abschluss des Beratungsvertrags darüber informiert, ob die Anlageberatung als **Honorar-Anlageberatung**[22] oder als Provision-Beratung erbracht wird. In letzterem Fall ist der Kunde zudem darüber zu informieren, ob das WpDU im Zusammenhang mit der Anlageberatung Zuwendungen Dritter annehmen und behalten darf (§ 31 Abs. 4b Satz 2 WpHG).

4. Erkundigungspflicht (§ 31 Abs. 4, 5 WpHG)

724 In § 31 Abs. 4 und 5 WpHG sind spezielle Verhaltens- respektive Erkundigungspflichten (Explorationspflichten) für besondere Wertpapierdienstleistungen vorgesehen. Zu unterscheiden ist zwischen der Anlageberatung und der Finanzportfolioverwaltung (§ 31 Abs. 4 WpHG) auf der einen sowie sonstigen Wertpapierdienstleistungen (§ 31 Abs. 5 WpHG) auf der anderen Seite. Die **Intensität** der Verhaltenspflichten nach § 31 Abs. 4 WpHG hängt davon ab, ob es sich bei den Kunden um Privatkunden iS des § 31a WpHG oder professionelle Kunden handelt (§ 31 Abs. 9 WpHG).

---

17 Zum Produktinformationsblatt Rn 736 f.

18 Siehe Begr. RegE FRUG, BT-Drucks. 16/4028, S. 64.

19 *Veil*, ZBB 2008, 34, 38; *Weichert/Wenninger*, WM 2007, 627, 634 (auch zu den Ausnahmen); vgl aber *Mülbert*, WM 2007, 1149, 1156.

20 *Weichert/Wenninger*, WM 2007, 627, 633.

21 Siehe auch die Erläuterungen zu § 31 Abs. 2 WpHG und § 4 WpDVerOV in Ziff. BT 3 der MaComp der BaFin, Stand: 7. Januar 2014.

22 Siehe hierzu auch die Vorschläge in einem § 57 Abs. 7 Nr 1 und Abs. 14 WpHG-E durch den Referentenentwurf eines FimanoG vom Oktober 2015; eine solche Regelung ist im RegE des 1. FimanoG nicht mehr enthalten und bleibt einem 2. FimanoG vorbehalten.

a) Anlageberatung und Finanzportfolioverwaltung

725 Betreibt ein WpDU Anlageberatung (§ 2 Abs. 3 Satz 1 Nr 9 WpHG)[23] oder Finanzportfolioverwaltung (§ 2 Abs. 3 Satz 1 Nr 7 WpHG)[24], muss es den Kunden nach dessen Kenntnissen und Erfahrungen mit der Art der in Betracht kommenden Finanzinstrumente oder Wertpapierdienstleistungen fragen (**§ 31 Abs. 4 Satz 1 WpHG**). Außerdem hat es sich nach den Anlagezielen des Kunden sowie den finanziellen Verhältnissen zu erkundigen (vgl § 6 WpDVerOV). Anlageberatung meint hierbei die Abgabe einer persönlichen Empfehlung an einen Kunden, die sich auf ein Geschäft mit bestimmten Finanzinstrumenten[25] bezieht (§ 2 Abs. 3 Satz 1 Nr 9 WpHG).

726 Eine „persönliche Empfehlung" liegt vor, wenn eine Empfehlung an eine Person in ihrer Eigenschaft als (potenzieller) Anleger oder dessen Beauftragter gerichtet wird[26]. Das bedeutet, dass die Empfehlung zum einen auf eine Prüfung der persönlichen Umstände des Anlegers gestützt oder als für ihn geeignet dargestellt sein muss und zum anderen nicht ausschließlich über Informationsverbreitungskanäle oder für die Öffentlichkeit bekannt gegeben sein darf (§ 2 Abs. 3 Satz 1 Nr 9, 2. HS WpHG). Inhaltlich deckt sich das weitgehend mit dem, was der BGH an zivilrechtlichen Pflichten aus dem Beratungsvertrag folgert[27]. Finanzportfolioverwaltung meint nach § 2 Abs. 3 Satz 1 Nr 7 WpHG die Verwaltung eines oder mehrerer in Finanzinstrumenten angelegter Vermögen für andere mit Entscheidungsspielraum.

727 Die Erkundigungspflicht bezieht sich nur auf diejenigen Informationen, die **erforderlich** sind, um dem Kunden ein für ihn geeignetes Finanzinstrument oder eine für ihn geeignete Wertpapierdienstleistung empfehlen zu können (§ 31 Abs. 4 Satz 1, 2. HS WpHG). Kernelement ist hierbei die **Geeignetheit**[28]. Das WpDU hat zu prüfen, ob ein bestimmtes Anlageprodukt bzw eine bestimmte Wertpapierdienstleistung für den Kunden geeignet ist und ihm daher empfohlen werden kann[29]. Die Geeignetheit beurteilt sich gemäß § 31 Abs. 4 Satz 2 WpHG nach drei Kriterien: Erstens danach, ob das konkrete empfohlene Geschäft bzw die konkrete Wertpapierdienstleistung innerhalb

23 Siehe „Gemeinsames Informationsblatt der Bundesanstalt für Finanzdienstleistungsaufsicht und der Deutschen Bundesbank zum Tatbestand der Anlageberatung", Stand Mai 2011, abrufbar unter www.bundesbank.de/download/bankenaufsicht/pdf/110519-anlageberatung.pdf. Die Anlageberatung in **Vermögensanlagen** unterfällt nach § 34f GewO der Aufsicht der zuständigen Gewerbeaufsichtsbehörden, nicht der BaFin. Da Vermögensanlagen iS des § 1 Abs. 2 VermAnlG Finanzinstrumente iS des § 2 Abs. 2b WpHG sind, gelten die §§ 31 ff WpHG auch für diese, vgl *Zingel/Varadinek*, BKR 2012, 177 ff. Nach § 2a Abs. 1 Nr 7 lit. e) WpHG gilt nicht als WpDU, wer ausschließlich die Anlageberatung und die Anlagevermittlung zwischen Kunden und Anbietern oder Emittenten von Vermögensanlagen erbringt („freier Vermittler"); kritisch *Hanten/Reinholz*, ZBB 2012, 36, 48.

24 Vgl *Möslein*, in: Langenbucher/Bliesener/Spindler, 34. Kap. Rn 1 ff; der Finanzportfolioverwaltung weitgehend gleichgestellt ist die **Anlageverwaltung** (§ 2 Abs. 3 Satz 3 WpHG), vgl hierzu *von Livonius/Bernau*, WM 2009, 1216 ff; *Schönemann*, BKR 2010, 130 ff.

25 Hierunter sollen auch Vermögensanlagen iS des § 1 Abs. 2 VermAnlG fallen, siehe Begr. RegE FinVermAnlG, BT-Drucks. 17/6051, S. 41.

26 Siehe Art. 52 Durchführungsrichtlinie.

27 *Weichert/Wenninger*, WM 2007, 627, 630; *Spindler*, in: Langenbucher/Bliesener/Spindler, 33. Kap. Rn 88 ff; *Buck-Heeb/Lang*, OGK BGB, Stand: 15. Juli 2015, § 675 BGB, Anlageberatung und Vermögensverwaltung, Rn 191 f.

28 Angelehnt ist diese Regelung an die anglo-amerikanische Suitability-Doktrin, wonach das WpDU den Kunden vor ungeeigneten Anlageformen warnen muss, vgl *Fleischer*, BKR 2006, 389, 395.

29 *Teuber*, BKR 2006, 429, 431 ff.

der Finanzportfolioverwaltung den Anlagezielen des Kunden entspricht, zweitens, ob die daraus resultierenden Anlagerisiken für den Kunden seinen Anlagezielen entsprechend finanziell tragbar sind und drittens, ob der Kunde die Anlagerisiken mit seinen Kenntnissen und Erfahrungen verstehen kann.

Zur **Konkretisierung** dieser Kriterien sollen das Kundeninteresse sowie die Art und der Umfang des Geschäfts herangezogen werden können. Damit verringert sich die Erkundigungspflicht etwa dann, wenn der Kunde aufgrund seiner persönlichen Situation oder aufgrund seines Anlageziels keines hohen Schutzstandards bedarf[30]. Bei professionellen Kunden iS des § 31a Abs. 2 WpHG kann das WpDU davon ausgehen, dass diese die erforderlichen Kenntnisse und Erfahrungen haben, um die mit den Geschäften oder der Finanzportfolioverwaltung verbundenen Risiken zu verstehen. Außerdem wird davon ausgegangen, dass für die professionellen Kunden mit dem Geschäft oder der Finanzportfolioverwaltung verbundene Anlagerisiken entsprechend ihren Anlagezielen finanziell tragbar sind (§ 31 Abs. 9 WpHG). Erlangt das WpDU die erforderlichen Informationen nicht, darf es mangels der Beurteilungsmöglichkeit der Geeignetheit **keine Empfehlung** abgeben (§ 31 Abs. 4 Satz 3 WpHG). **728**

In **§ 31 Abs. 4a WpHG** findet sich nunmehr eine Verpflichtung zur **anlegergerechten Beratung**. Es dürfen nur solche Finanzinstrumente und Wertpapierdienstleistungen empfohlen werden, die unter Zugrundelegung der eingeholten Informationen für den Kunden geeignet sind. Damit kann die BaFin eine Qualitätskontrolle über Anlageempfehlungen vornehmen. Außerdem hat das WpDU den Kunden darüber aufzuklären, wenn bei der Anlageberatung bestimmte Finanzprodukte bevorzugt werden (§ 5 Abs. 2 Satz 1 Nr 2a WpDVerOV), so dass etwa die Bevorzugung **hauseigener Produkte** offengelegt werden muss. Erteilt der Kunde dem WpDU fehlerhafte oder unvollständige Informationen, so hat dieses die Fehlerhaftigkeit oder Unvollständigkeit nicht zu vertreten (§ 31 Abs. 6 WpHG). Anders ist das nur, wenn dem WpDU die Unvollständigkeit oder Unrichtigkeit der Kundenangaben bekannt oder infolge grober Fahrlässigkeit unbekannt ist. **729**

In der **MiFID II** sind weitere Pflichten bei der Anlageberatung enthalten. Der Berater hat im Vorfeld eines Beratungsgesprächs darzulegen, ob er eine unabhängige oder eine abhängige Beratung erbringt. Für eine unabhängige Beratung (Honoraranlageberatung) gelten strengere Anforderungen in Bezug auf die Auswahl der angebotenen Finanzprodukte[31]. Zudem wird der Begriff der „Unabhängigkeit" an bestimmte Voraussetzungen geknüpft. Außerdem gibt es neue Anforderungen zur laufenden Überprüfung der Eignung der Anlage nach Vertragsschluss[32]. Diesen Pflichten wurde im deutschen Recht schon im Vorfeld durch das sog. **Honoraranlageberatungsgesetz** genüge getan[33]. **730**

30 BGHZ 123, 126 ff („Bond"); vgl *Weichert/Wenninger*, WM 2007, 627, 630.
31 *Loff/Hahne*, WM 2012, 1512, 1519; *Veil/Lerch*, WM 2012, 1605, 1608 f.
32 Siehe MiFID II vom 15. Mai 2014, ABl. EU Nr L 173 vom 12. Juni 2014, S. 349.
33 Siehe unten Rn 780 ff.

b) Sonstige Wertpapierdienstleistungen

731 Eine reduzierte Erkundigungspflicht haben die WpDU für andere Finanzdienstleistungen als die Anlageberatung und die Finanzportfolioverwaltung. Teilweise wird diesbezüglich von „beratungslosen Finanzdienstleistungen"[34] gesprochen. Hier hat das WpDU von den Kunden lediglich Informationen über dessen Kenntnisse und Erfahrungen in Bezug auf die fraglichen Geschäfte oder Wertpapierdienstleistungen einzuholen (**§ 31 Abs. 5 Satz 1 WpHG**)[35]. Die Anlageziele und finanziellen Verhältnisse des Kunden müssen nicht erfragt werden.

732 Die genannten Informationen sind jedoch nur soweit einzuholen, als sie bzgl einer Beurteilung der **Angemessenheit** der Finanzinstrumente oder Wertpapierdienstleistungen für die Kunden erforderlich sind. Nach § 31 Abs. 5 Satz 2 WpHG beurteilt sich die Angemessenheit danach, inwiefern der Kunde über die erforderlichen Kenntnisse und Erfahrungen verfügt, um die Risiken im Zusammenhang mit der Art der Finanzinstrumente bzw Wertpapierdienstleistungen angemessen beurteilen zu können. Daraus folgt, dass eine anlageobjektbezogene Eignungsprüfung nicht zu erfolgen hat, sondern eine auf den Typus des Produkts oder der Wertpapierdienstleistung bezogene Prüfung ausreichend ist[36]. Sofern das WpDU das Geschäft oder die Wertpapierdienstleistung als nicht angemessen ansieht, muss es den Kunden darauf hinweisen (§ 31 Abs. 5 Satz 3 WpHG). Von einer Durchführung des Geschäfts braucht nicht abgesehen zu werden.

733 Werden dem WpDU die erforderlichen Informationen nicht erteilt, muss es den Kunden darüber informieren, dass eine Angemessenheitsbeurteilung nicht möglich ist (§ 31 Abs. 5 Satz 4 WpHG). Sowohl die Information nach § 31 Abs. 5 Satz 3 WpHG als auch diejenige nach Satz 4 kann in standardisierter Form erfolgen. Auch hier hat das WpDU die Fehlerhaftigkeit oder Unvollständigkeit der Kundenangaben grundsätzlich nicht zu vertreten, außer diese sind ihm bekannt oder aufgrund grober Fahrlässigkeit unbekannt (§ 31 Abs. 6 WpHG).

c) Dienstleistungen ohne Erkundigungspflichten

734 Für die „sonstigen Wertpapierdienstleistungen", die nicht Anlageberatung oder Finanzportfolioverwaltung sind, entfällt unter bestimmten Voraussetzungen die Erkundigungspflicht (§ 31 Abs. 7 WpHG)[37]. Das ist der Fall, wenn erstens das Geschäft bzw die Dienstleistung auf Veranlassung des Kunden geschieht, wenn zweitens ein (beratungsloses) Finanzkommissionsgeschäft, Eigenhandel bzw eine Abschluss- oder Anlagevermittlung vorliegt, wenn es sich drittens um sog. nicht komplexe Finanzinstrumente handelt (§ 31 Abs. 7 Nr 1 WpHG)[38] und wenn viertens der Kunde darüber informiert wird, dass eine Angemessenheitsprüfung iS des § 31 Abs. 5 WpHG entfällt (§ 31 Abs. 7 Nr 2 WpHG). Bzgl Derivaten kommt keine Befreiung von der Erkundigungspflicht in Betracht (§ 31 Abs. 7 Nr 1 WpHG).

---

34 *Weichert/Wenninger*, WM 2007, 627, 630.

35 Siehe *Buck-Heeb*, WM 2014, 385, 392 f; *Spindler*, in: Langenbucher/Bliesener/Spindler, 33. Kap. Rn 132 ff.

36 *Weichert/Wenninger*, WM 2007, 627, 631.

37 Zu den Pflichten *Buck-Heeb*, WM 2013, 385, 391 f.

38 Die Kriterien für die Einstufung weiterer als der in § 31 Abs. 7 Nr 1 WpHG genannten Finanzinstrumente als nicht komplex sind in § 7 WpDVerOV festgelegt.

Eine **Veranlassung** des Kunden scheidet aus, wenn er durch eine an ihn persönlich gerichtete Mitteilung zum Abschluss eines bestimmten Geschäfts aufgefordert wurde. Hingegen gilt Werbung nicht als persönliche Mitteilung, sofern sie sich an eine Vielzahl nicht weiter spezifizierter Anleger richtet[39]. Damit ist bei sog. **execution-only**-Geschäften[40] über nicht komplexe Finanzinstrumente des sog. Discount Brokers weder eine Geeignetheits- noch eine Angemessenheitsprüfung erforderlich. Regelmäßig werden dem WpDU bei solchen Geschäften auch die erforderlichen Kenntnisse über den Kunden fehlen. Kritisiert wird an § 31 Abs. 7 WpHG, dass sich dessen Anwendungsbereich nur schwer von dem des § 31 Abs. 5 WpHG (beratungslose Wertpapierdienstleistungen) abgrenzen lässt[41]. In der **MiFID II** ist aufgrund der Ausweitung des Bereichs der komplexen Instrumente der beratungsfreie „Verkauf" nur noch bei wenigen Finanzinstrumenten zugelassen[42]. 735

5. Produktinformationsblatt (§ 31 Abs. 3a WpHG)

Nach § 31 Abs. 3a WpHG ist dem nicht professionellen Anleger (§ 31 Abs. 9 WpHG) rechtzeitig vor Abschluss eines Geschäfts[43] über Finanzinstrumente ein kurzes und leicht verständliches Dokument über das jeweilige Finanzinstrument zur Verfügung zu stellen („Beipackzettel")[44]. Diese Verpflichtung[45] besteht nur bei einer Kaufempfehlung gegenüber dem Kunden[46]. Eine Informationspflicht bzgl der nachgefragten Arten von Finanzinstrumenten oder Wertpapierdienstleistungen gibt es schon seit geraumer Zeit (§ 31 Abs. 3 WpHG). Sie wird nun durch die Informationspflicht in Bezug auf das konkrete Finanzinstrument ergänzt bzw konkretisiert (§ 31 Abs. 3a WpHG)[47]. 736

---

39 Begr. RegE FRUG, BT-Drucks. 16/4028, S. 65.

40 *Duve/Keller*, BB 2006, 2477, 2479.

41 *Weichert/Wenninger*, WM 2007, 627, 632.

42 Siehe die MiFID II vom 15. Mai 2014, ABl. EU Nr L 173 vom 12. Juni 2014, S. 349; *Buck-Heeb*, ZHR 177 (2013), 310, 330 f.

43 Zur Rechtzeitigkeit näher Ziff. 2 des Rundschreibens 4/2013 der BaFin zur Auslegung gesetzlicher Anforderungen an die Erstellung von Informationsblättern gemäß § 31 Abs. 3a WpHG/§ 5a WpDVerOV vom 26. September 2013; siehe auch *Göres*, in: Schäfer/Hamann, § 31 Abs. 3a WpHG Rn 29 ff; zum Rundschreiben näher *Preuße/Seitz/Lesser*, BKR 2014, 70 ff.

44 *Buck-Heeb*, ZHR 176 (2012), 66, 77 ff; *Müller-Christmann*, DB 2011, 749, 750 ff; *Möllers/Wenninger*, NJW 2011, 1697 f; *Podewils*, ZBB 2011, 169 ff; *Wagner*, NZG 2011, 609, 610; *Müchler*, WM 2012, 974, 975 f. Zu den künftigen europäischen Vorgaben für Produktinformationspflichten für sog. „verpackte" Anlagen, die durch einen indirekten Besitz von Vermögenswerten gekennzeichnet sind, siehe die Verordnung über Basisinformationsblätter für verpackte Anlageprodukte für Kleinanleger und Versicherungsanlageprodukte, die sog. **PRIIP-VO** (Packaged Retail Investment Products) vom 9. Dezember 2014, ABl. EU Nr L 352, S. 1 ff; vgl dazu *Podewils*, ZBB 2011, 169, 177 f; *Luttermann*, ZIP 2015, 805 ff.

45 *Rinas/Pobortscha*, BB 2012, 1615, 1616 sehen darin, anders als bei den Informationsblättern nach § 13 VermAnlG, bei denen die Initiatoren bzw Anbieter der Anlage zur Erstellung verpflichtet sind, eine Verpflichtung der Wertpapierdienstleistungsunternehmen; aA zu Recht *Zingel/Varadinek*, BKR 2012, 177, 182; so auch Ziff. 1 des Rundschreibens 4/2013 zur Auslegung gesetzlicher Anforderungen an die Erstellung von Informationsblättern gemäß § 31 Abs. 3a WpHG/§ 5a WpDVerOV vom 26. September 2013.

46 *Preuße/Schmidt*, BKR 2011, 265, 266; *Schlee/Maywald*, BKR 2012, 320, 321.

47 Vgl das Rundschreiben 4/2013 (WA) der BaFin zur „Auslegung gesetzlicher Anforderungen an die Erstellung von Informationsblättern gemäß § 31 Abs. 3a/§ 5a WpDVerOV".

737 Schon bislang gab es vereinzelt freiwillig erstellte Muster-Informationsblätter verschiedener Banken. Nunmehr sind Umfang und Inhalt des Produktinformationsblatts in § 5a WpDVerOV genau umrissen[48]. So sind etwa Chancen, Risiken und Kosten der Geldanlage übersichtlich und verständlich darzulegen. Es soll u. a. auch deutlich werden, wie viel Geld vom Investitionsvolumen in die Geldanlage fließt und wie hoch die Kosten und Provisionen sind[49]. Gleichzeitig darf das Informationsblatt nicht mehr als zwei DIN-A4-Seiten umfassen[50]. Es kann gemäß § 5a Abs. 2 WpDVerOV auch als elektronisches Dokument zur Verfügung gestellt werden. In § 31 Abs. 3a Satz 3 WpHG wird klargestellt, dass für Vermögensanlagen ein Vermögensanlagen-Informationsblatt iS des § 13 VermAnlG zur Verfügung zu stellen ist.

6. Pflichten bzgl der Bearbeitung von Kundenaufträgen (§ 31c WpHG)

738 Durch die in § 31c Abs. 1 Nr 1–6 WpHG normierten Pflichten hinsichtlich der Bearbeitung von Kundenaufträgen erfolgt eine **Konkretisierung** der in § 31 WpHG geregelten Verhaltenspflichten. Danach müssen Kundenaufträge unverzüglich und redlich im Verhältnis zu anderen Kunden und den Handelsinteressen des WpDU ausgeführt werden (Nr 1). Vergleichbare Kundenaufträge sind nach der Reihenfolge des Eingangs auszuführen (Nr 2). Es ist eine korrekte Verbuchung sicherzustellen (Nr 3). Bei einer Zusammenlegung von Kundenaufträgen sind die Interessen aller beteiligten Kunden zu wahren (Nr 4). Die missbräuchliche Verwendung von Kundeninformationen (Front running) ist verboten (Nr 5)[51]. Das WpDU ist verpflichtet, Privatkunden unverzüglich über wesentliche Probleme der Auftragsausführung zu informieren (Nr 6).

7. Pflicht zum Bericht über die Auftragsausführung (§ 31 Abs. 8 WpHG)

739 Das WpDU muss dem Kunden in geeigneter Form über die ausgeführten Geschäfte berichten (§ 31 Abs. 8 WpHG). Die Information ist auf einem dauerhaften Datenträger festzuhalten (§ 8 Abs. 1 WpDVerOV). Abgesehen davon ist die Bestätigung der Auftragsausführung unverzüglich, spätestens am ersten Geschäftstag nach der Orderausführung, zu übermitteln. Erhält das WpDU die Bestätigung der Ausführung von einem Dritten, muss eine Übermittlung spätestens am ersten Geschäftstag nach Eingang der Bestätigung an den Kunden erfolgen (§ 8 Abs. 2 Satz 1 WpDVerOV).

48 Näher *Preuße/Schmidt*, BKR 2011, 265, 266; *Göres*, in: Schäfer/Hamann, § 31 WpHG Abs. 3a Rn 37 ff; siehe auch das Rundschreiben 4/2013 der BaFin „zur Auslegung gesetzlicher Anforderungen an die Erstellung von Informationsblättern gem. § 31 Abs. 3a WpHG/§ 5a WpDVerOV" vom 26. September 2013.

49 *Voß*, BB 2010, 3099, 3100.

50 Kritisch hierzu *Rothenhöfer*, in: Schwark/Zimmer, KMRK, § 31 WpHG Rn 226a.

51 Begr. RegE FRUG, BT-Drucks. 16/4028, S. 69.

8. Pflichten bei Finanztermingeschäften

Nach der Legaldefinition des § 37e Satz 2 WpHG sind Finanztermingeschäfte Derivate iS des § 2 Abs. 2 WpHG und Optionsscheine[52]. Ursprünglich war der Terminhandel in den §§ 50–70 BörsG aF geregelt[53], die jedoch zahlreiche Defizite aufwiesen. Da die Aufklärungspflichten bei Termingeschäften auch den außerbörslichen Handel umfassen und eine sachliche Nähe zu den Aufklärungspflichten nach den §§ 31 ff WpHG besteht[54], verankerte das Vierte Finanzmarktförderungsgesetz vom 21. Juni 2002[55] diese als spezielle Aufklärungspflichten in den §§ 37d–g WpHG aF[56]. Mit dem Finanzmarktrichtlinie-Umsetzungsgesetz von 2007 wurden § 37d und § 37f WpHG aF aufgehoben, da die Anforderungen an eine ordnungsgemäße Beratung in diesem Bereich inzwischen aufsichtsrechtlich durch die **§§ 31 ff WpHG** hinreichend festgelegt waren[57]. Damit resultiert ein zivilrechtlicher Schadensersatzanspruch gegen das WpDU aufgrund der Verletzung seiner Informationspflicht nicht mehr aus einer Sonderregelung (§ 37d Abs. 4 WpHG aF[58]), sondern aus § 280 Abs. 1 BGB bzw § 823 Abs. 2 BGB iVm § 31 Abs. 1–3 WpHG, sofern man diese als Schutzgesetz sieht[59]. Sondervorschriften für Finanztermingeschäfte sind dementsprechend nur noch § 37e und § 37g WpHG. **740**

Nach **§ 762 Abs. 1 BGB** wird durch ein Spiel oder eine Wette keine Verbindlichkeit begründet. Deshalb hat der Gläubiger keinen Anspruch auf Erfüllung, Schadensersatz wegen Nichterfüllung oder Verzug. Das Geleistete kann zudem nicht deshalb zurückgefordert werden, weil keine Verbindlichkeit bestand. **§ 37e WpHG** schließt die Erhebung des Spieleinwands nach § 762 BGB gegen Ansprüche aus Finanztermingeschäften aus, wenn mindestens eine Vertragspartei ein Unternehmen ist, das gewerbsmäßig oder in einem Umfang, der einen kaufmännisch eingerichteten Geschäftsbetrieb erfordert, Finanztermingeschäfte abschließt, vermittelt oder den Handel in solchen Geschäften betreibt. **741**

Finanztermingeschäfte können allerdings gegen **§ 37g WpHG** verstoßen. Nach § 37g Abs. 2 Satz 1 WpHG sind diejenigen Finanztermingeschäfte **nichtig**, die einer Rechtsverordnung nach § 37g Abs. 1 WpHG widersprechen (verbotenes Finanztermingeschäft). Der Erlass einer solchen Rechtsverordnung steht im Ermessen des Bundesministeriums der Finanzen[60]. Leistungen, die aufgrund des nichtigen Geschäfts erbracht wurden, können nach **§ 812 Abs. 1 Satz 1, 1. Alt. BGB** zurückgefordert werden[61]. Nach § 37g Abs. 2 Satz 2 WpHG gilt die Rechtsfolge der Nichtigkeit auch bei weiteren Tatbeständen: Die Bestellung von Sicherheiten für ein verbotenes **742**

52 Kritisch zum Begriff des Finanztermingeschäfts *Casper*, WM 2003, 161 ff (zu § 2 Abs. 2a WpHG aF); siehe auch *Einsele*, Bank- und Kapitalmarktrecht, 3. Aufl., 2014, § 8 Rn 85 ff.

53 Zum alten Recht *Heeb*, Börsentermingeschäftsfähigkeit und Aufklärungspflichten, 2. Aufl., 1999.

54 *Möllers*, WM 2001, 2405, 2409.

55 BGBl. I 2002, S. 2010.

56 Ausführlich zu den §§ 37d ff WpHG aF *Buck-Heeb*, Kapitalmarktrecht, 2. Aufl., 2007, § 9.

57 Begr. RegE FRUG, BT-Drucks. 16/4028, S. 78; *Jordans*, WM 2007, 1827 ff.

58 Dazu *Buck-Heeb*, Kapitalmarktrecht, 2. Aufl., 2007, Rn 411 ff.

59 Siehe Rn 746.

60 *Mülbert/Assmann*, in: Assmann/U.H. Schneider, § 37g WpHG Rn 4; von der Verordnungsermächtigung hat das Bundesministerium der Finanzen bisher keinen Gebrauch gemacht.

61 Vgl Begr. RegE 4. FMFG, BT-Drucks. 14/8017, S. 96.

Finanztermingeschäft (§ 37g Abs. 2 Satz 2 Nr 1 WpHG), Vereinbarungen, durch die der eine Teil zum Zweck der Erfüllung der Schuld aus einem verbotenen Finanztermingeschäft dem anderen Teil gegenüber eine Verbindlichkeit eingeht, insbesondere ein Schuldanerkenntnis (§ 37g Abs. 2 Satz 2 Nr 2 WpHG), aber auch zB eine Schuldübernahme, Schuldumwandlung sowie die Eingehung von Wechselverbindlichkeiten. Nach § 37g Abs. 2 Satz 2 Nr 3 WpHG ist zudem die Erteilung und Übernahme von Aufträgen zum Zwecke des Abschlusses von verbotenen Finanztermingeschäften nichtig. Vereinigungen zum Zwecke des Abschlusses von Finanztermingeschäften sind ebenfalls unwirksam (§ 37g Abs. 2 Satz 2 Nr 4 WpHG).

9. Rechtsfolgen eines Verstoßes

743 **Ordnungswidrig** handelt, wer einen Interessenkonflikt nicht, nicht richtig, nicht vollständig oder nicht rechtzeitig darlegt und damit gegen § 31 Abs. 1 Nr 2 WpHG verstößt (§ 39 Abs. 2 Nr 15 WpHG), oder wer ein Finanzinstrument empfiehlt oder im Zusammenhang mit einer Finanzportfolioverwaltung eine Empfehlung abgibt und damit gegen § 31 Abs. 4 Satz 3 WpHG (Anlageberatung trotz Verbots) verstößt (§ 39 Abs. 2 Nr 16 WpHG). Eine Ordnungswidrigkeit ist es auch, wenn eine Empfehlung entgegen § 31 Abs. 4a Satz 1 WpHG erfolgt (§ 39 Abs. 2 Nr 16a WpHG) und wenn entgegen § 31 Abs. 5 Satz 3, 4 WpHG ein Hinweis oder eine Information nicht oder nicht rechtzeitig gegeben wird (§ 39 Abs. 2 Nr 17 WpHG). Dagegen wird etwa ein Verstoß gegen § 31 Abs. 3 WpHG oder § 31 Abs. 8 WpHG nicht nach § 39 WpHG geahndet. Allerdings erfolgt eine Überwachung nach § 35 Abs. 1 und § 36 WpHG[62]. Ein Verstoß gegen die Pflicht, ein Informationsblatt zur Verfügung zu stellen (§ 31 Abs. 3a WpHG), ist nach § 39 Abs. 2 Nr 15a WpHG eine Ordnungswidrigkeit[63].

744 In **zivilrechtlicher** Hinsicht kann den Verhaltenspflichten des § 31 WpHG in zweifacher Weise Bedeutung zukommen: als Konkretisierung der Pflichtverletzung iS des § 280 Abs. 1 BGB und als Schutzgesetz iS des § 823 Abs. 2 BGB[64]. Sowohl die vertraglichen als auch die deliktsrechtlichen Folgen sind jedoch **umstritten**. Bejaht man mit einer Ansicht eine Ausstrahlungs- oder mit einer anderen Ansicht eine Konkretisierungswirkung der entsprechenden aufsichtsrechtlichen Normen auf die zivilrechtlichen Pflichten[65], kann die Verletzung der Informationspflicht nach § 31 Abs. 3 WpHG, der Explorationspflicht nach § 31 Abs. 4 WpHG oder der Verpflichtung zur anlegergerechten Beratung nach § 31 Abs. 4a WpHG zu einer vertraglichen Haftung

62 Siehe hierzu die Wertpapierdienstleistungs-PrüfungsVO vom 16. Dezember 2004, zuletzt geändert durch Art. 27 Abs. 4 des Gesetzes vom 4. Juli 2013 (BGBl. I S. 1981) sowie die Prüfungsstandards des IDW (IDW PS 521 vom 6. März 2009).

63 Näher *Preuße/Schmidt*, BKR 2011, 265, 266.

64 *Buck-Heeb/Lang*, OGK-BGB, Stand: 15. Juli 2015, § 675 BGB, Anlageberatung und Vermögensverwaltung, Rn 150 ff, 161 f.

65 *Assmann*, ZBB 2008, 21, 30; siehe aber *ders.*, FS U.H. Schneider, 2011, S. 37 ff (keine Ausstrahlungswirkung, sondern Vorrang des Zivilrechts vor dem Aufsichtsrecht); *Veil*, WM 2007, 1821, 1826; dazu auch *Buck-Heeb*, in: Albrecht/Karahan/Lenenbach, Fachanwaltshandbuch Bank- und Kapitalmarktrecht, 2010, § 43 Rn 74 ff; *dies.*, ZHR 177 (2013), 310, 316 ff; *Buck-Heeb/Lang*, OGK-BGB, Stand: 15. Juli 2015, § 675 BGB, Anlageberatung und Vermögensverwaltung, Rn 150 f; vgl auch *Weichert/Wenninger*, WM 2007, 627, 635; aA *Mülbert*, WM 2007, 1149, 1156 f, 1161.

nach **§ 280 Abs. 1 BGB** führen[66]. Der Berater ist nach ständiger Rechtsprechung zu einer anleger- und anlagegerechten Beratung verpflichtet[67]. Sofern ein Beratungsvertrag als Schuldverhältnis iS des § 280 Abs. 1 BGB nicht besteht, kann eine vorvertragliche Haftung (§§ 311 Abs. 2, 280 Abs. 1 iVm § 241 Abs. 2 BGB) gegeben sein.

Der BGH hat angedeutet, dass die §§ 31 ff WpHG aF, wenn ihnen eine anlegerschützende Funktion zukommt, für den Inhalt und die Reichweite (vor-)vertraglicher Aufklärungs- und Beratungspflichten von Bedeutung sein können. Eine eigenständige, darüber hinausgehende schadensersatzrechtliche Bedeutung soll ihnen dagegen nicht zukommen[68]. Dennoch hat der BGH regelmäßig auf die §§ 31 ff WpHG zurückgegriffen, um den Umfang der Pflichten eines WpDU aus dem (zivilrechtlichen) Beratungsvertrag zu bestimmen[69]. Die §§ 31 ff WpHG sollen nach einem neueren Urteil des BGH als aufsichtsrechtliche Vorschriften die zivilrechtlich zu beurteilenden vertraglichen Pflichten regelmäßig weder begrenzen noch erweitern[70]. **745**

Ob einzelnen Regelungen des § 31 WpHG Schutzgesetzeigenschaft iS des **§ 823 Abs. 2 BGB** zukommt, ist **umstritten**. In Bezug auf § 31 Abs. 3 WpHG wird das teilweise bejaht. Da die Neufassung des § 31 WpHG durch das FRUG zu einer inhaltlich klar bestimmten Festlegung der Informationspflichten geführt habe, die zumindest auch den Schutz des Einzelnen bezwecken[71], sei die Schutzgesetzqualität gegeben. Ob es eines solchen deliktischen Schutzes angesichts des vertraglichen Schutzes überhaupt bedarf, ist eine andere Frage[72]. Überwiegend wird deswegen sowie mit der Begründung, auf die anlegerschützende Qualität der Norm komme es nicht an, weil eine solche Haftung nicht in das deliktische Haftungssystem passe, die Schutzgesetzeigenschaft von § 31 WpHG verneint[73]. **746**

Im Hinblick auf § 31 Abs. 8 WpHG bestehen nach einhelliger Ansicht mangels individualschützender Wirkung keine zivilrechtlichen Schadensersatzansprüche. Ob ein Verstoß gegen § 31 Abs. 8 WpHG eine Pflichtverletzung iS des § 280 Abs. 1 BGB sein kann, wird teilweise aufgrund der Ausstrahlungswirkung des WpHG auf das Zivilrecht bejaht[74]. Dagegen spricht jedoch, dass auch eine Pflicht iS des § 280 BGB individualschützend sein muss. **747**

Laut Gesetzesbegründung soll § 31 Abs. 3a WpHG Schutzgesetz iS des **§ 823 Abs. 2 BGB** sein[75]. Das wird im Schrifttum als Widerspruch zur bisherigen Rechtsprechung **748**

---

66 Siehe *Buck-Heeb*, WM 2012, 625 ff; *dies.*, ZIP 2013, 1401 ff; siehe auch den **Übungsfall** bei *Heusel*, JuS 2013, 109 ff.

67 Siehe als Grundsatzentscheidung nur etwa BGHZ 123, 126 ff („Bond").

68 Vgl BGHZ 170, 226, 232 Rn 18; BGH NZG 2013, 1226 Rn 19 (bzgl § 31d WpHG); siehe auch *Wiechers*, WM 2013, 341, 344 f; *ders.*, WM 2014, 145, 146; *Buck-Heeb*, ZHR 177 (2013), 310, 318 ff.

69 BGHZ 175, 276 ff, für § 32 Abs. 2 Nr 1 WpHG aF (mit Anm. *Buck-Heeb*, jurisPR-BKR 2/2008, Anm. 2); BGHZ 170, 226, 232 Rn 18, für §§ 31 ff WpHG aF; BGHZ 142, 345, 356, für § 31 Abs. 2 Nr 2 WpHG aF; BGHZ 147, 343, 348, für § 31 Abs. 1 Nr 1 WpHG aF.

70 BGH NJW 2012, 66, 71 Rn 46; eine Vorlagepflicht an den EuGH wird vom BGH verneint, siehe nun auch BGH, WM 2014, 1382 ff; bejahend aber etwa *Grundmann*, WM 2012, 1745, 1751.

71 *Veil*, WM 2007, 1821, 1826.

72 *Schäfer*, WM 2007, 1872, 1875; *Veil*, WM 2007, 1821, 1826.

73 BGHZ 175, 276 ff; *Schäfer*, WM 2007, 1872, 1875; *Buck-Heeb*, Ad Legendum 2011, 185, 187 ff.

74 Vgl *Rothenhöfer*, in: Schwark/Zimmer, KMRK, § 31 WpHG Rn 337.

75 Begr. RegE AnsFuG, BT-Drucks. 17/3628, S. 21; zustimmend *Günther*, GWR 2013, 55; *Rosenblum*, DB 2012, 1105, 1109.

des BGH bzgl der Schutzgesetzeigenschaft des § 31 WpHG und als Eingriff in das zivilrechtliche Haftungssystem abgelehnt. Damit würde auch eine Haftung des konkret handelnden, angestellten Anlageberaters ermöglicht[76]. Überwiegend wird § 31 Abs. 3a WpHG daher nicht als Schutzgesetz iS des § 823 Abs. 2 BGB gesehen[77]. Es ist aber eine Haftung des Beraters aus **§ 826 BGB** denkbar. Der Anleger muss hier aber nachweisen, dass der Berater etwa Risiken verharmlost oder verschwiegen hat, die zu einem Schaden des Anlegers geführt haben. Die Sittenwidrigkeit kann sich dabei aus der Ausnutzung eines Informationsvorsprungs gegenüber dem Anleger ergeben.

II. Pflicht zur bestmöglichen Auftragsausführung (§ 33a WpHG)

749 Nach § 33a WpHG sind die WpDU zur bestmöglichen bzw kundengünstigsten Ausführung von Kundenaufträgen in Bezug auf den Kauf oder Verkauf von Finanzinstrumenten verpflichtet **(best execution)**[78]. Diese Pflicht gilt sowohl gegenüber professionellen Kunden als auch Privatanlegern.

750 Konkretisiert wird die „bestmögliche Ausführung" im Gesetz insbesondere durch die Festlegung von **Grundsätzen zur Auftragsausführung**[79], die mindestens ein Mal im Jahr zu überprüfen sind (§ 31a Abs. 1 Nr 1 WpHG). Relevante Positionen sollen hierbei der Kurs, die Kosten, die Schnelligkeit, der Umfang, die Art sowie die Wahrscheinlichkeit der Ausführung und Abwicklung sein (vgl § 33a Abs. 2 WpHG)[80]. In § 33a Abs. 5 WpHG ist der zwingende Mindestinhalt der Grundsätze zur Auftragsausführung geregelt. Die WpDU sind verpflichtet sicherzustellen, dass jede einzelne Auftragsausführung nach diesen Grundsätzen vorgenommen wird (§ 33a Abs. 1 Nr 2 WpHG). Sofern Aufträge von Privatkunden ausgeführt werden, müssen die Ausführungsgrundsätze des WpDU Vorkehrungen dafür vorsehen, dass sich das bestmögliche Ergebnis am Gesamtentgelt orientiert (§ 33a Abs. 3 Satz 1 WpHG). Dieses ergibt sich aus dem Preis für das Finanzinstrument und allen mit der Auftragsausführung verbundenen Kosten (§ 33a Abs. 3 Satz 2 WpHG).

751 Regelmäßig wird die Pflicht zur kundengünstigsten Auftragsausführung auf eine Pflicht zur kostengünstigsten Auftragsausführung hinauslaufen[81]. Allerdings braucht kein Vergleich mit den Gebühren und Provisionen anderer WpDU vorgenommen zu werden[82]. Die Pflicht zur kundengünstigsten Ausführung endet dort, wo eine abwei-

---

76 *Müller-Christmann*, DB 2011, 749, 751; *Schlee/Maywald*, BKR 2012, 320, 326.

77 *Müller-Christmann*, DB 2011, 749, 752; *Preuße/Schmidt*, BKR 2011, 265, 271; *Schlee/Maywald*, BKR 2012, 320, 326; *F.A. Schäfer/U. Schäfer*, ZBB 2013, 23, 28 (auch zur Haftung nach **§§ 311, 280 BGB** aus dem Beratungsvertrag); zu einer möglichen **Prospekthaftung** *Schlee/Maywald*, BKR 2012, 320, 322 ff; *F.A. Schäfer/U. Schäfer*, ZBB 2013, 23, 28 f; vgl auch *Lenenbach*, KMR, Rn 11.116.

78 Näher dazu *Hirschberg*, AG 2006, 398, 402 ff; *Zingel*, BKR 2007, 173 ff; siehe auch Ziff. BT 4 der MaComp der BaFin, Stand: 7. Januar 2014.

79 Näher zu deren Inhalt *Duve/Keller*, BB 2006, 2477, 2480.

80 Zur Konkretisierung der Kriterien, die bei der Auswahl des geeigneten Ausführungsplatzes für die Kundenorder herangezogen werden können, siehe Ziff. BT 4.1 der MaComp der BaFin, Stand: 7. Januar 2014.

81 Vgl Ziff. BT 4.1.3. der MaComp der BaFin, Stand: 7. Januar 2014.

82 *Duve/Keller*, BB 2006, 2477, 2480.

chende ausdrückliche **Weisung** des Kunden existiert. Bei Vorliegen einer solchen Weisung gilt die Pflicht, das bestmögliche Ergebnis zu erzielen, gemäß dem Umfang der Weisung als erfüllt (§ 31a Abs. 4 WpHG). Hierauf ist der Privatkunde nach § 33a Abs. 6 Nr 2 WpHG ausdrücklich hinzuweisen.

Ein **Verstoß** gegen § 33a Abs. 5 Nr 2 WpHG (Mindestinhalt der Ausführungsgrund- **752** sätze) sowie gegen § 33a Abs. 6 Nr 1 WpHG (Information der Kunden über die Ausführungsgrundsätze), § 33a Abs. 6 Nr 2 WpHG (Hinweis bzgl Kundenweisung) oder § 33a Abs. 6 Nr 3 WpHG (unverzügliche Mitteilung von Änderungen) wird als **Ordnungswidrigkeit** geahndet (§ 39 Abs. 2 Nr 18 und 19 WpHG). Fraglich ist, welche **zivilrechtlichen** Folgen sich bei einer Verletzung der Pflicht zur kundengünstigsten Auftragsausführung ergeben. Denkbar ist eine vertragliche Haftung aus § 280 Abs. 1 BGB, wenn § 33a WpHG eine Ausstrahlungs- oder eine Konkretisierungswirkung hinsichtlich der vertraglichen Pflichten des WpDU zugesprochen wird. Daneben stellt sich die Frage, ob § 33a WpHG individualschützenden Charakter hat und als Schutzgesetz iS des § 823 Abs. 2 BGB in Betracht kommt. § 33a WpHG stellt zwar auf den einzelnen Anleger ab, allerdings lässt der BGH allein die anlegerschützende Funktion einer Regelung für die Annahme eines Schutzgesetzes nicht ausreichen[83]. Die Schutzgesetzqualität des § 33a WpHG wird daher im Ergebnis abzulehnen sein.

III. Verbot der Annahme von Zuwendungen (§ 31d WpHG)

Als rechtspolitisch brisant hat sich die Frage der Zulässigkeit von Zuwendungen er- **753** wiesen. Abgesehen von der zivilrechtlichen Rechtsprechung im Zusammenhang mit Aufklärungspflichtverletzungen von Banken und Sparkassen und einer daraus resultierenden Haftung aus § 280 Abs. 1 BGB[84] sieht § 31d WpHG eine aufsichtsrechtliche Regelung vor. Die dort enthaltenen Vorgaben in Bezug auf Zuwendungen Dritter werden durch die **MiFID II** insofern verschärft, als bei einer unabhängigen Anlageberatung eine Zuwendung selbst bei Offenlegung durch das beratende WpDU nicht (mehr) gestattet ist[85]. Das soll auch für die Portfolioverwaltung gelten. Letztendlich geht es um eine Hinwendung zur sog. Honorarberatung[86].

Nach § 31d Abs. 1 WpHG ist es verboten, im Zusammenhang mit der Erbringung von **754** Wertpapier(neben)dienstleistungen[87] Zuwendungen von Dritten anzunehmen. Zuwendungen sind nach § 31d Abs. 2 WpHG Provisionen, Gebühren oder sonstige Geldleistungen sowie alle geldwerten Vorteile, die ein WpDU im Zusammenhang mit seiner Dienstleistung von einem Dritten erhält[88]. Dazu zählen auch sog. Rückvergü-

83 BGHZ 175, 276, 281.

84 *Buck-Heeb*, BKR 2010, 309 ff; *dies.*, WM 2012, 625 ff.

85 Siehe Art. 24 der MiFID II vom 15. Mai 2014; zum Richtlinienvorschlag noch *Veil/Lerch*, WM 2012, 1605, 1608 f.

86 Siehe das Gesetz zur Förderung und Regulierung einer Honorarberatung über Finanzinstrumente vom 15. Juli 2013, BGBl. I, S. 2390; siehe *Müchler/Trafkowski*, ZBB 2013, 101 ff; *Kuhlen/Tiefensee*, VuR 2013, 49 ff; *Baur*, jurisPR-BKR 4/2013 Anm. 1.

87 Eine parallele Regelung für Finanzanlagenvermittler sieht § **17 FinVermV** vor. Dort ist aber nicht das Erfordernis der Qualitätsverbesserung enthalten. Zudem ist eine Offenlegung nicht, wie bei § 31d Abs. 3 WpHG, durch eine Zusammenfassung möglich.

88 Näher zu den Voraussetzungen *Assmann*, ZBB 2008, 21, 24 ff; siehe auch *Spindler*, in: Langenbucher/Bliesener/Spindler, 33. Kap. Rn 156 ff.

tungen[89], nicht aber die Gewinnmargen eines WpDU[90]. Dabei handelt es sich um einen speziellen Fall des **Interessenkonflikts**. Bei einer Geldzahlung oder Sachleistung Dritter ist nämlich zu befürchten, dass der Dritte Einfluss auf die Erbringung der Dienstleistung gegenüber dem Kunden nimmt. Keine Zuwendungen iS des § 31d WpHG sind Gebühren und Entgelte, welche die Erbringung der Dienstleistung erst ermöglichen und ihrer Art nach nicht geeignet sind, das Kundeninteresse zu gefährden (zB Depotgebühren, Transaktionsgebühren, gesetzliche Gebühren).

755 In § 31d Abs. 1 ist eine **Ausnahme** vom Zuwendungsgebot aufgeführt. Dafür muss erstens die Zuwendung an das WpDU darauf ausgelegt sein, eine **Qualitätsverbesserung** der Dienstleistung des Vermögensverwalters zu erreichen, und sie darf den Pflichten gegenüber dem Kunden nicht entgegenstehen (§ 31d Abs. 1 Nr 1 WpHG). Eine gesetzliche Vermutung für eine Qualitätsverbesserung (§ 31d Abs. 4 WpHG aF)[91] ist inzwischen gestrichen worden, da diese in der Praxis kaum widerlegt werden konnte[92]. Damit müssen nunmehr die WpDU eine Verbesserung der Dienstleistungsqualität darlegen, was eine Überprüfung der Einhaltung des Zuwendungsverbots durch die BaFin erleichtert[93]. Als Qualitätsverbesserung soll auch die Qualitätssicherung gelten[94].

756 Zweitens muss dem Kunden die Existenz, die Art und der Umfang der Zuwendung bzw die Art und Weise von deren Berechnung vor der Erbringung der Wertpapier(neben)dienstleistung in umfassender, zutreffender und verständlicher Weise deutlich offengelegt werden (**Transparenz**). Die Offenlegung kann auch durch Zusammenfassung der wesentlichen Bestandteile der Vereinbarungen über Zuwendungen erfolgen, sofern das Unternehmen dem Kunden die Offenlegung näherer Einzelheiten anbietet und auf Nachfrage gewährt (§ 31d Abs. 3 WpHG). Regelmäßig werden entsprechende Formulierungen in den Anlageberatungsvertrag aufgenommen. Dem Kunden müssen aber auf Nachfrage nähere Einzelheiten zu den jeweiligen Zuwendungen offengelegt werden.

757 Ein **Verstoß** gegen das Verbot des § 31d WpHG führte lange zu keiner aufsichtsrechtlichen Sanktion. Inzwischen ist ein Verstoß **bußgeldbewehrt** (§ 39 Abs. 2 Nr 17a WpHG). Gesteht man dem § 31d WpHG eine **Ausstrahlungswirkung** auf das Zivilrecht oder eine Konkretisierungswirkung zu, kann dessen Verletzung zu einer Haftung nach § 280 Abs. 1 BGB führen. Der BGH verneint dies[95]. Nach Ansicht des BGH ist § 31d WpHG auch kein **Schutzgesetz** iS des § 823 Abs. 2 BGB, da für die Einordnung

89 *Koch*, in: Schwark/Zimmer, KMRK, § 31d WpHG Rn 14; zur zivilrechtlichen Diskussion *Buck-Heeb*, BKR 2010, 309 ff.

90 *Koch*, in: Schwark/Zimmer, KMRK, § 31d WpHG Rn 19; aA *Lenenbach*, KMR, Rn 11.336 ff; *Schumacher*, WM 2011, 678 ff; zur zivilrechtlichen Diskussion *Buck-Heeb*, BKR 2010, 1 ff.

91 *Assmann*, ÖBA 2007, 40, 51 (de-facto-Bereichsausnahme).

92 Begr. RegE AnsFuG, BT-Drucks. 17/3628, S. 22; siehe aber *Pellens/Grunwald*, WM 2012, 778 ff (aufgrund europarechtlicher Vorgaben sei durch die Streichung keine materielle Änderung eingetreten).

93 *Müller-Christmann*, DB 2011, 749, 752; aA *Pellens/Grunwald*, WM 2012, 778 ff, wonach aufgrund des Erfordernisses richtlinienkonformer Auslegung des § 31d WpHG die Vermutung der Qualitätsverbesserung im Zusammenhang mit der Anlageberatung noch immer gelte; zur diesbezüglichen Aufzeichnungspflicht siehe unten Rn 760.

94 Siehe Ziff. AT 8.2.3 der MaComp der BaFin, Stand: 7. Januar 2014.

95 BGH BKR 2014, 32 Rn 19; kritisch *Harnos*, BKR 2014, 1, 5 f.

als Schutzgesetz kein Bedürfnis besteht[96]. Andere bejahen die Schutzgesetzqualität des § 31d WpHG damit, dass diese Regelung einen über die zivilrechtliche Haftung für Aufklärungspflichtverletzungen hinausgehenden Anwendungsbereich habe. Es gehe hier um ein Zuwendungsverbot und nicht lediglich um Aufklärungspflichten. Zudem sei auch die individualschützende Ausrichtung der Regelung gegeben[97].

Ein Verstoß gegen § 31d WpHG führt nicht zur Nichtigkeit des Vertragsschlusses gemäß § 138 BGB[98]. Umstritten ist, ob § 31d WpHG im Verhältnis zwischen WpDU und Drittem (= Zuwendenden) ein Verbotsgesetz iS des **§ 134 BGB** ist[99]. Da sich das Verbot lediglich an das WpDU richtet, muss dieser Vertrag richtigerweise wirksam bleiben. Die Nichtigkeit würde dem Kunden nichts nützen, da er von einem Rückabwicklungsanspruch zwischen WpDU und Zuwendendem nicht unmittelbar profitiert. **758**

IV. Aufzeichnungs- und Aufbewahrungspflichten (§ 34 WpHG)

1. Aufzeichnungspflicht nach § 34 Abs. 1, 2 WpHG

Eine Aufzeichnungspflicht besteht sowohl in Bezug auf Wertpapierdienstleistungen als auch Wertpapiernebendienstleistungen und Eigengeschäfte[100]. Eine abschließende Aufzählung von Aufzeichnungspflichten im Hinblick auf Kundenaufträge und die Ausführung von Geschäften findet sich in Art. 7f der EU-DurchführungsVO. Die WpDU müssen ihre Aufzeichnungen so führen, dass die BaFin die Einhaltung der in den §§ 31 ff WpHG geregelten Pflichten prüfen kann. Außerdem findet nach § 36 WpHG eine Überwachung durch einen Prüfer, der einen Prüfungsbericht erstellt, statt[101]. **759**

Konkretisiert wird die allgemeine Aufzeichnungspflicht des § 34 Abs. 1 WpHG in § 34 Abs. 2 WpHG und § 14 WpDVerOV. Danach hat das WpDU die Rechte und Pflichten der Vertragsparteien sowie die sonstigen Bedingungen für das Geschäft festzulegen. Wird eine Wertpapierdienstleistung für einen Privatkunden erstmals erbracht und liegt keine Anlageberatung vor, sind Aufzeichnungen zu erstellen, die mindestens den Abschluss einer schriftlichen Rahmenvereinbarung mit dem Kunden dokumentieren, in der die wesentlichen Rechte und Pflichten der Parteien niedergelegt sind (§ 34 Abs. 2 Satz 2 WpHG). Nach § 14 Abs. 2 Nr 5 WpDVerOV sind auch die Umstände aufzuzeichnen, aus denen sich bei Zuwendungen iS des § 31d WpHG die Ausrichtung auf eine Qualitätsverbesserung ergibt. Hierzu sind ein Zuwendungs- sowie ein Verwendungsverzeichnis zu führen[102]. **760**

---

96 BGH BKR 2014, 32 Rn 22 f; *Schäfer*, WM 2007, 1872, 1878; vgl auch *Assmann*, ZBB 2008, 21, 30 f, 32; kritisch *Harnos*, BKR 2014, 1, 4 f.

97 *Koch*, in: Schwark/Zimmer, KMRK, § 31d WpHG Rn 106; *Fuchs*, in: Fuchs, § 31d WpHG Rn 60; *Koller*, ZBB 2007, 197, 200; *Lang/Balzer*, ZIP 2009, 456, 459 f.

98 OLG Karlsruhe WM 2012, 2333, 2335 f Rn 43.

99 Ablehnend *Just*, in: Just/Voß/Ritz/Becker, Vor §§ 31–37a WpHG Rn 36; KölnerKommWpHG/*Möllers/Wenninger*, § 31d WpHG Rn 67; *Fuchs*, in: Fuchs, § 31d WpHG Rn 58; *Koch*, in: Schwark/Zimmer, KMRK, § 31d WpHG Rn 114 f; anders *Mülbert*, ZHR 172 (2008), 170, 201; *ders*., WM 2009, 481, 486.

100 Begr. RegE FRUG, BT-Drucks. 16/4028, S. 75; näher *Spindler/Kasten*, WM 2007, 1245, 1248 f.

101 *Böhm*, BKR 2009, 221, 222; siehe dazu die Wertpapierdienstleistungs-PrüfungsVO vom 24. Oktober 2007, zuletzt geändert durch Art. 27 Abs. 4 des Gesetzes vom 4. Juli 2013, BGBl. I, S. 1981, sowie die IDW-Prüfungsstandards (IDW PS 521 vom 6. März 2009).

102 Siehe Ziff. AT 8.2 der MaComp der BaFin, Stand: 7. Januar 2014.

2. Beratungsprotokoll nach § 34 Abs. 2a, b WpHG

761 In § 34 Abs. 2a WpHG[103] wird die allgemeine Aufzeichnungspflicht für die **Anlageberatung** iS des § 2 Abs. 3 Nr 9 WpHG[104] über Geschäfte und Dienstleistungen in Bezug auf Finanzinstrumente iS des § 2 Abs. 2b, 3 WpHG[105] konkretisiert. Diese Regelung soll nach dem Entwurf des Finanzmarktnovellierungsgesetzes vom Oktober 2015 durch eine Geeignetheitserklärung ersetzt werden (vgl § 57 Abs. 12 des Entwurfs). Bei Privatkunden iS des § 31a Abs. 3 WpHG ist bislang noch nach § 34 Abs. 2a WpHG ein schriftliches **Protokoll** über das Anlageberatungsgespräch zu erstellen[106]. Dies soll eine Kontrolle des Gesprächshergangs durch die BaFin ermöglichen. Das Protokoll muss vom jeweiligen Berater unterzeichnet und dem Anleger vor einem auf der Beratung beruhenden Geschäftsabschluss ausgehändigt werden[107].

762 Die inhaltlichen **Mindestanforderungen** an das Protokoll sind in § 14 Abs. 6 WpDVerOV geregelt[108]. Zu dokumentieren sind danach v.a. der Anlass der Anlageberatung, die Dauer des Beratungsgesprächs, die Informationen über die persönliche Situation des Kunden, welche der Beratung zugrunde gelegen haben. Des Weiteren müssen Informationen über die beratenen Finanzinstrumente und Wertpapierdienstleistungen[109] sowie die vom Kunden geäußerten Anliegen nebst deren Gewichtung enthalten sein. Auch die Empfehlungen und die dafür maßgeblichen Gründe müssen festgehalten werden[110]. Inzwischen ist die Protokollpflicht hinsichtlich ihrer Wirkungen in die Kritik geraten. Zum einen wurden erhebliche Mängel bzgl des Inhalts der Protokolle festgestellt. Zum anderen verlangen die WpDU häufig eine Unterschrift des Kunden unter das Protokoll, um es als Beweis auch gegen den Kunden verwenden zu können[111].

763 § 34 Abs. 2b WpHG enthält parallel zur aufsichtsrechtlichen Überreichungspflicht einen **zivilrechtlichen Anspruch** des Kunden gegen das WpDU auf Herausgabe des Beratungsprotokolls[112]. Damit soll eine Verbesserung der Beweissituation des Kunden erreicht werden[113], da diesem nun das Protokoll auf jeden Fall als Beweismittel zur Verfügung steht[114].

764 Für die **telefonische Anlageberatung** gibt es in § 34 Abs. 2a Satz 3 WpHG eine Sonderregelung, wonach der Kunde einen Geschäftsabschluss zwar vor Erhalt des Protokolls tätigen kann, diesem ist aber unverzüglich nach Abschluss der Beratung eine

103 Eingefügt durch das Anlegerschutz- und Funktionsverbesserungsgesetz, BGBl. I 2009, S. 2512; zur Unionsrechtskonformität *Franck*, BKR 2012, 1, 2 ff.

104 Damit ist die bloße Anlagevermittlung nicht von der Protokollpflicht erfasst.

105 Kritisch noch zur Nichterstreckung auf Produkte des sog. grauen Kapitalmarkts *Podewils*, DStR 2009, 1914, 1920; zur Erfassung durch das VermAnlG *Bruchwitz/Voß*, BB 2011, 1266, 1230.

106 *Buck-Heeb*, ZHR 176 (2012), 66, 79 ff.

107 Kritisch hierzu *Böhm*, BKR 2009, 221, 223.

108 Zu Anwendungsbereich und Inhalt des Beratungsprotokolls siehe auch Ziff. BT 6 der MaComp der BaFin, Stand: 7. Januar 2014; vgl auch *Rosenblum*, DB 2012, 1105, 1106 ff.

109 Kritisch zum Erfordernis der „vollständigen" Informationen *Böhm*, BKR 2009, 221, 223.

110 Vgl auch *Pfeifer*, BKR 2009, 485, 488 f.

111 Zu einer lediglich indiziellen Bedeutung des Protokolls *Möllers/Wenninger*, NJW 2011, 1697, 1700.

112 BR-Drucks. 180/09, S. 15, 42.

113 *Podewils*, DStR 2009, 1914, 1918.

114 Kritisch dazu, dass der Fall der Unmöglichkeit der Herausgabe wegen Nichterstellens oder Untergangs des Protokolls nicht geregelt ist, *Strohmeyer*, ZBB 2009, 197, 201.

Ausfertigung des Protokolls zuzusenden[115]. Ihm wird zudem ausdrücklich ein einwöchiges Rücktrittsrecht nach Zugang des Protokolls zugestanden. Sowohl auf das Rücktrittsrecht als auch die Frist muss er hingewiesen werden[116].

3. Aufbewahrungspflicht

Nach § 34 Abs. 3 WpHG gibt es eine fünfjährige Aufbewahrungsfrist für die Bera- 765
tungsprotokolle und sonstige Aufzeichnungen. Aufzeichnungen, die sich auf das Vertragsverhältnis zwischen WpDU und Kunden beziehen, sind mindestens für die Dauer der Geschäftsbeziehung aufzubewahren. Allerdings sollten die Unterlagen in der Praxis aufgrund der Verlängerung der Verjährungsfrist mittels Streichung des § 37a WpHG aF[117] und die damit einhergehende Geltung der allgemeinen Verjährungsfrist nach §§ 195, 199 BGB insgesamt mindestens zehn Jahre aufbewahrt werden[118].

4. Rechtsfolgen eines Verstoßes

Ein Verstoß gegen die **Aufzeichnungspflicht** des § 34 Abs. 1, 2 WpHG stellt keine 766
Ordnungswidrigkeit iS des § 39 WpHG dar. Dagegen ist ein Verstoß gegen die Protokollaufzeichnungspflicht des § 34 Abs. 2a WpHG nach § 39 Abs. 2 Nr 19a, 19b, Abs. 4 WpHG bußgeldbewehrt. Ein Verzicht des Kunden auf das Protokoll ist zwar grundsätzlich zivilrechtlich möglich, ändert aber an der aufsichtsrechtlichen Erstellungs- und Aushändigungspflicht nichts[119]. Ein Verstoß gegen die Aufbewahrungspflicht nach § 34 Abs. 3 WpHG stellt nach § 39 Abs. 2 Nr 20, Abs. 4 WpHG eine Ordnungswidrigkeit dar, die mit einer Geldbuße geahndet werden kann[120].

Eine andere Frage ist, ob eine Verletzung der Aufzeichnungs- oder Aufbewahrungs- 767
pflicht **zivilrechtliche** Folgen haben kann. Im Schrifttum wird das teilweise unter Berufung auf die doppelte Schutzrichtung des § 34 WpHG bejaht[121]. Dem kann nicht gefolgt werden. Zum einen hat der BGH ausdrücklich hervorgehoben, dass zivilrechtliche Aufzeichnungspflichten nicht bestehen[122]. Damit kann ein entsprechender Verstoß gegen § 34 WpHG auch keine Pflichtverletzung iS des § 280 Abs. 1 BGB darstellen. Bezüglich einer möglichen Schutzgesetzeigenschaft des § 34 WpHG im Hinblick auf § 823 Abs. 2 BGB ist zu berücksichtigen, dass die Aufzeichnungspflichten

115 Zu den Änderungsvorschlägen durch den Referentenentwurf des FimanoG vom Oktober 2015 siehe § 71 Abs. 3 und 4 WpHG-E; von diesem sieht der RegE zum 1. FimanoG nun aber ab, da die Umsetzung der MiFID II einem 2. FimanoG vorbehalten ist.

116 Kritisch zur einwöchigen Rücktrittsmöglichkeit *Podewils*, DStR 2009, 1914, 1919.

117 Dazu etwa *Fest*, ZIP 2012, 1373 ff; zur telefonischen Anlageberatung ausführlich *Schulz*, Der telefonische Vertrieb von Finanzinstrumenten, 2014.

118 Nach § 195 BGB gilt eine dreijährige Verjährungsfrist, die nach § 199 Abs. 1 BGB erst mit dem Schluss des Jahres beginnt, in dem der Anspruch entstanden ist (Nr 1) und der Gläubiger von den den Anspruch begründenden Umständen und der Person des Schuldners Kenntnis erlangt oder ohne grobe Fahrlässigkeit erlangen müsste. Unabhängig von diesen subjektiven Merkmalen verjährt der Anspruch gemäß § 199 Abs. 3 BGB nach zehn Jahren.

119 *Böhm*, BKR 2009, 221, 227.

120 Nach dem Referentenentwurf des FimanoG ist ein solcher Verstoß nicht mehr bußgeldbewehrt; der RegE des 1. FimanoG sieht von der Übernahme dieses Voschlags aber derzeit ab.

121 KölnerKommWpHG/*Möllers*, § 34 WpHG Rn 61.

122 BGHZ 166, 56 ff.

ausdrücklich allein dem Zweck der Überprüfung durch die BaFin dienen sollen und nicht dem Individualschutz des Anlegers. Damit stellt § 34 WpHG kein Schutzgesetz iS des § 823 Abs. 2 BGB dar[123]. Nach überwiegender Ansicht berührt ein Verstoß gegen die Protokollerstellungs- und -herausgabepflicht nicht die zivilrechtliche Wirksamkeit des Geschäfts, so dass dieses nicht allein unter Hinweis auf die fehlende Dokumentation rückabgewickelt werden kann[124].

768 Anders wird das in Bezug auf § 34 Abs. 2a, b WpHG gesehen, der dem Anleger die Durchsetzung zivilrechtlicher Ansprüche gegen das WpDU erleichtern soll[125]. Daher wird eine individualschützende Wirkung teilweise bejaht[126].

769 **Umstritten** ist, ob sich aus einem Verstoß gegen § 34 WpHG eine **Beweislastumkehr** ergibt. Teilweise wird davon ausgegangen, dass das WpDU die vorgeschriebenen Aufzeichnungen im Prozess vorzulegen hat. Unterlässt es dies, soll eine Pflichtverletzung iS des § 280 Abs. 1 zu vermuten sein[127]. Andere wiederum lehnen aufgrund des Zwecks des § 34 WpHG, welcher der BaFin eine leichtere Überprüfung ermöglichen soll, eine Dokumentation auch im Interesse des Kunden ab. Allein eine solche könne aber eine Beweiserleichterung rechtfertigen[128]. Teilweise wird eine überzeugende vermittelnde Ansicht vertreten, die eine Beweiserleichterung in Ausnahmefällen, insbesondere bei einer Beweisvereitelung, annimmt[129].

V. Organisationspflichten (§ 33 WpHG)

1. Die Pflichten nach § 33 Abs. 1 WpHG

770 Die WpDU haben die organisatorischen Pflichten nach § 25a Abs. 1 und 4 KWG einzuhalten **(§ 33 Abs. 1 Satz 1 WpHG)**[130]. Abgesehen davon haben sie die in § 33 Abs. 1 Satz 2 Nr 1–6 WpHG genannten Organisationspflichten zu erfüllen. Es sind angemessene organisatorische Vorkehrungen zu treffen, um sicherzustellen, dass sie selbst und ihre Mitarbeiter (§ 33b Abs. 1 WpHG) den Pflichten des WpHG genügen (§ 33 Abs. 1 Satz 2 Nr 1 WpHG). Erfasst sind hiervon das Aufstellen von **internen Grundsätzen** und das Bereitstellen hinreichender Mittel. Die Grundsätze müssen v.a. Maßnahmen zur Konfliktbewältigung enthalten[131]. Gehört das WpDU zu einer Unter-

123 *Schäfer*, WM 2007, 1872, 1879; *Koller*, in: Assmann/U.H. Schneider, § 34 WpHG Rn 4.
124 *Böhm*, BKR 2009, 221, 225.
125 Begr. RegE, BT-Drucks. 16/12814, S. 28.
126 *Einsele*, Bank- und Kapitalmarktrecht, 3. Aufl., 2014, § 8 Rn 40; ablehnend aufgrund der dennoch öffentlich-rechtlichen Zwecksetzung *Fett*, in: Schwark/Zimmer, KMRK, § 34 WpHG Rn 1 (allerdings noch m. Nachw. zum alten Recht).
127 *Podewils*, NJW 2009, 116, 120 f; *Kumpan/Hellgardt*, DB 2006, 1714, 1719; *Teuber*, BKR 2006, 429, 436.
128 *Balzer*, ZBB 2007, 333, 344 f; *Spindler/Kasten*, WM 2007, 1245, 1249; *Strohmeyer*, ZBB 2009, 197, 199; *Koller*, in: Assmann/U.H. Schneider, § 34 WpHG Rn 5; *Fuchs*, in: Fuchs, § 34 WpHG Rn 3; zur Ablehnung einer zivilrechtlichen Dokumentationspflicht BGHZ 166, 56, 61 f; *Einsele*, JZ 2006, 1082, 1084.
129 KölnerKommWpHG/*Möllers*, § 34 WpHG Rn 63 ff.
130 Zur Verantwortung der Geschäftsleitung *Schäfer*, BKR 2011, 45, 47; zu den Pflichten der Compliance-Funktion *Zingel*, BKR 2010, 500, 504.
131 *Duve/Keller*, BB 2006, 2537, 2541.

nehmensgruppe, sind im Rahmen der internen Grundsätze auch interessenkonfliktträchtige Umstände innerhalb dieser zu berücksichtigen, von denen das Unternehmen weiß oder wissen müsste[132].

Erfasst ist von § 33 Abs. 1 Satz 2 Nr 1 WpHG insbesondere die Einrichtung einer dauerhaften und wirksamen[133] **Compliance-Organisation** als Kontrolle[134]. Zuständig für die Wertpapier-Compliance ist der sog. Compliance-Beauftragte (§ 34d Abs. 3 WpHG, § 12 Abs. 3 Satz 2 WpDVerOV)[135]. Zu berücksichtigen haben die WpDU hierbei die Art, den Umfang, die Komplexität und den Risikogehalt ihrer Geschäfte sowie Art und Spektrum der von ihnen angebotenen Wertpapierdienstleistungen (§ 33 Abs. 1 Satz 3 WpHG). Die wichtigste Maßnahme ist dabei die Schaffung voneinander unabhängiger Vertraulichkeitsbereiche (**Chinese Walls**)[136]. Dadurch sollen sensible Informationen nicht unkontrolliert in andere Vertraulichkeitsbereiche gelangen können. Damit soll zum einen die Weiterleitung von Insiderinformationen innerhalb des Unternehmens verhindert und zum anderen das Entstehen von Interessenkonflikten vermieden werden. Realisiert werden Chinese Walls in der Regel durch die organisatorische und räumliche Trennung bestimmter Abteilungen. Insbesondere werden die für den Kundenhandel und die für den Eigenhandel zuständige Abteilung sowie die Emissions- und die Analyseabteilung zu trennen sein[137]. **771**

Aus den einzelnen Vertraulichkeitsbereichen dürfen v.a. keine Insiderinformationen (§ 13 WpHG) und Informationen, die einer Ad-hoc-Mitteilung unterliegen (§ 15 WpHG), nach außen dringen. Da die Einstufung einer Information als sensibel im Einzelfall schwierig sein kann, werden den Mitarbeitern häufig Richtlinien zur Identifizierung solcher Informationen an die Hand gegeben (Compliance-Handbuch)[138]. Die unabhängige Compliance-Abteilung soll den Informationsaustausch über Chinese Walls hinweg steuern, überwachen und dokumentieren[139]. Auf einige Anforderungen an die Compliance-Funktion soll verzichtet werden können, sollten diese unverhältnismäßig sein und sollte die Funktion dennoch ordnungsgemäß ausgefüllt werden[140]. Eine **Konkretisierung** erfolgt nach § 33 Abs. 4 WpHG durch §§ 12 f WpDVerOV. **772**

---

132 Siehe Art. 22 der EU-Durchführungsrichtlinie.

133 *Zingel*, BKR 2010, 500, 503 f.

134 Vgl BT 1.2 Tz 6 Satz 1 der MaComp (Rundschreiben 4/2010 der BaFin), Stand: 7. Januar 2014; zur Compliance-Organisation *Birnbaum/Russo*, BaFinJournal Oktober 2015, 24 ff; *Gebauer/Niermann*, in: Hauschka, Corporate Compliance, 2. Aufl., 2010, § 36 Rn 1 ff; zur Anordnungskompetenz von Compliance *Schäfer*, BKR 2011, 187, 190 f.

135 *Rößler/Yoo*, BKR 2011, 377, 379.

136 Vgl Ziff. AT 6.2 Tz 3 der MaComp der BaFin, Stand: 7. Januar 2014. In den USA werden diese aus Gründen der political correctness inzwischen screens oder information barriers genannt, vgl *Hopt*, FS Doralt, 2004, S. 213, 214; bzgl „ethical screens" zur Vermeidung von Insiderdelikten nach der MAR *Seibt/Wollenschläger*, AG 2014, 593, 597; *Krause*, CCZ 2014, 248, 252; zu Chinese Walls siehe *Buck-Heeb*, FS Hopt, 2010, S. 1647 ff; *Göres*, in: Schäfer/Hamann, § 33 WpHG Rn 201 ff.

137 *Koller*, in: Assmann/U.H. Schneider, § 34b WpHG Rn 53 f.

138 *Kümpel*, Bank- und KMR, Rn 16.710.

139 Vgl Ziff. AT 6.2 der MaComp der BaFin, Stand: 7. Januar 2014. Zur Organisation und Unabhängigkeit der Compliance-Abteilung *Lösler*, WM 2008, 1098 ff; *Veil*, WM 2008, 1093, 1096; zum Interessenkonfliktmanagement *Schäfer*, BKR 2011, 187, 193 ff.

140 Begr. RegE FRUG, BT-Drucks. 16/4028, S. 71.

773 Neben der Formulierung interner Grundsätze und der Einrichtung einer Compliance-Organisation haben die WpDU nach **§ 33 Abs. 1 Satz 2 Nr 2 WpHG** angemessene Vorkehrungen zur Gewährleistung der **Kontinuität** und Regelmäßigkeit der Wertpapier(neben)dienstleistungen zu treffen. Es ist sicherzustellen, dass bei einer Unterbrechung der Systeme bzw Verfahren der WpDU wesentliche Daten und Funktionen erhalten bleiben und Wertpapierdienstleistungen und Anlagetätigkeiten fortgeführt werden. Sollte ein Erhalt nicht möglich sein, muss sichergestellt werden, dass die relevanten Daten und Funktionen rechtzeitig zurückgenommen und die Wertpapierdienstleistungen und Anlagetätigkeiten rechtzeitig wieder aufgenommen werden (vgl Art. 5 Abs. 3 der EU-Durchführungsrichtlinie).

774 Nach **§ 33 Abs. 1 Satz 2 Nr 3 WpHG** muss durch organisatorische Vorkehrungen sichergestellt sein, dass **Interessenkonflikte** mit dem Kunden oder zwischen Kunden untereinander erkannt werden und durch angemessene Maßnahmen eine Beeinträchtigung der Kundeninteressen vermieden wird[141]. Eine Konkretisierung findet sich in § 13 Abs. 1 und 2 WpDVerOV. Darüber hinaus sind die WpDU verpflichtet, sicherzustellen, dass Kunden durch Vertriebsvorgaben und -interessen nicht in ihren Interessen beeinträchtigt oder gefährdet werden (§ 33 Abs. 1 Satz 2 Nr 3a WpHG). Vertriebsvorgaben müssen entsprechend ausgestaltet, umgesetzt und überwacht werden. Absatzvorgaben oder Anreiz- und **Bonussysteme** für Mitarbeiter dürften damit nur noch sehr eingeschränkt möglich sein[142].

775 Außerdem besteht die Pflicht zur Installierung eines funktionierenden Beschwerdemanagements zugunsten der Privatkunden (§ 33 Abs. 1 Satz 2 Nr 4 WpHG)[143]. Es muss auch sichergestellt werden, dass Geschäftsleitung und Aufsichtsrat mindestens ein Mal jährlich einen Compliance-Bericht erhalten (§ 33 Abs. 1 Satz 2 Nr 5 WpHG). Die Angemessenheit und Wirksamkeit der in Bezug auf die genannten Pflichten getroffenen Maßnahmen sind zu überwachen, zu bewerten und Unzulänglichkeiten zu beseitigen (§ 33 Abs. 1 Satz 2 Nr 6 WpHG).

776 Die **MiFID II** enthält eine Aktualisierung der Organisationsanforderungen. Das betrifft v.a. die Eignung der Geschäftsführung, die Bereiche Compliance, Risikomanagement und interne Revision. Außerdem gibt es neue Auflagen bei der Einführung neuer Produkte und Dienstleistungen[144].

2. Die Rechtsfolgen

777 Nachdem lange Zeit Organisationspflichtverletzungen iS des § 33 Abs. 1 WpHG im Wesentlichen weder strafrechtlich sanktioniert wurden (§ 38 WpHG) noch zu einer **Geldbuße** führten (§ 39 WpHG), ist nunmehr die Nichteinrichtung einer Compliance-Funktion nach § 39 Abs. 2 Nr 17b WpHG und das Nichtvorhalten eines entsprechenden Verfahrens oder die Nichtvornahme der Dokumentation nach § 39 Abs. 2

141 Zum Informationsfluss *Buck-Heeb*, CCZ 2009, 18 ff; *Niermann*, ZBB 2010, 400, 414; *Schäfer*, BKR 2011, 45, 54.
142 Vgl Begr. RegE AnsFuG, BT-Drucks. 17/3628, S. 22.
143 Ausführlich *Schäfer*, WM 2012, 1157 ff.
144 Siehe die MiFID II vom 15. Mai 2014; siehe auch Rn 779.

Nr 17a WpHG bußgeldbewehrt[145]. Zudem stellt eine Auslagerung der Portfolioverwaltung entgegen § 33 Abs. 3 Satz 1 Nr 2 WpHG nach § 39 Abs. 3 Nr 3 WpHG eine Ordnungswidrigkeit dar. Bei nachhaltigen Verstößen kann die BaFin auf der Grundlage von § 35 Abs. 2 Nr 6 KWG[146] die Erlaubnis, Bankgeschäfte zu betreiben (§ 32 Abs. 1 KWG), entziehen. **Strafrechtlich** kann dem Compliance-Beauftragten eine Garantenstellung zukommen[147].

Den Organisationspflichten des § 33 WpHG kommt nach ganz hM **keine Schutzgesetzqualität** iS des § 823 Abs. 2 BGB zu[148]. Hier sind lediglich allgemeine Vorgaben für die innere Organisation des WpDU enthalten, die inhaltlich zu unbestimmt sind, um daraus Rechte eines Anlegers auf Erfüllung und Schadensersatz herleiten zu können. 778

3. Product Governance

Durch das Kleinanlegerschutzgesetz von 2015 wurde der § 33 Abs. 3b–d WpHG in das WpHG aufgenommen, der ab dem 3. Januar 2018 gelten soll[149]. Danach haben sowohl die Hersteller als auch die Vertreiber eines Finanzprodukts ein sog. Produktgenehmigungsverfahren durchzuführen und regelmäßig zu überprüfen. Im Rahmen eines Produktfreigabeverfahrens muss der Hersteller einen bestimmten Zielmarkt von Endkunden festlegen, für den das Produkt bestimmt ist. Dem Vertreiber sind sämtliche sachgerechten Informationen sowohl zum Produkt als auch zum Freigabeverfahren zur Verfügung zu stellen. Nach § 33 Abs. 3d Satz 2 WpHG muss der Vertreiber über angemessene Vorkehrungen verfügen, um sich die o.g. Informationen vom konzipierenden Unternehmen oder vom Emittenten zu verschaffen. Außerdem wird verlangt, dass er die Merkmale und den Zielmarkt versteht (§ 33 Abs. 3d Satz 2, 2. HS WpHG). 779

VI. Pflichten bzgl Honoraranlageberatung

Seit dem 1. August 2014 gelten für Honoraranlageberater die mit dem Honoraranlageberatungsgesetz eingefügten WpHG-Regelungen für diejenigen, welche die Anlageberatung als Honorarberatung erbringen wollen[150]. Nach § 36c Abs. 1 WpHG führt 780

145 Begr. RegE AnsFuG, BT-Drucks. 17/3628, S. 24 f.

146 § 35 Abs. 2 Nr 6 KWG lautet: „Die Bundesanstalt kann die Erlaubnis außer nach den Vorschriften des Verwaltungsverfahrensgesetzes aufheben, wenn das Institut nachhaltig gegen Bestimmungen dieses Gesetzes, des Wertpapierhandelsgesetzes oder die zur Durchführung dieser Gesetze erlassenen Verordnungen oder Anordnungen verstoßen hat."

147 BGHSt 54, 44; ausführlich dazu *Göres*, in: Schäfer/Hamann, § 33 WpHG Rn 373 ff.

148 Vgl zum alten Recht BGH WM 2001, 1758, 1761; zum neuen Recht *Göres*, in: Schäfer/Hamann, § 33 WpHG Rn 408 f.

149 Zur Verschiebung der Umsetzungsfrist von 2017 auf 2018 siehe Europäische Kommission, Pressemitteilung vom 10. Februar 2016; Zur Product Governance siehe *Buck-Heeb*, ZHR 179 (2015), 782 ff; *dies.*, CCZ 2016, 2 ff; zu vorgeschlagenen Änderungen im Wortlaut siehe § 68 Abs. 8–10 WpHG-E des Referentenentwurfs des FimanoG vom Oktober 2015; der RegE des 1. FimanoG greift dies nicht auf, da die Umsetzung der MiFID II erst in einem 2. FimanoG erfolgen soll.

150 Hierzu *Kuhlen/Tiefensee*, VuR 2013, 49 ff; *Müchler/Trafkowski*, ZBB 2013, 101 ff; zu den vertragsrechtlichen Folgen *Herresthal*, WM 2014, 773.

die BaFin ein entsprechendes Register auf ihrer Internetseite. Die Bezeichnung darf nach § 36d WpHG nur führen, wer die gesetzlich festgelegten Voraussetzungen für eine Honorarberatung erfüllt und daher in das Register eingetragen ist.

781 Für Honorar-Anlageberater sieht das Gesetz besondere **Verhaltenspflichten** vor. Nach § 31 Abs. 4b Satz 1 WpHG ist der Kunde darüber zu informieren, ob die Anlageberatung als Honorarberatung erfolgt oder nicht. Zudem existieren besondere Pflichten in Bezug auf den materiellen Inhalt der Anlageempfehlung (§ 31 Abs. 4c Nr 1 WpHG). Es besteht ein Annahmeverbot von nicht monetären Zuwendungen (§ 31 Abs. 4c Nr 2 Satz 2 WpHG). Monetäre Zuwendungen darf er nur annehmen, wenn das empfohlene Finanzinstrument nicht ohne Zuwendung erhältlich ist. Selbst dann muss er aber die erhaltene Zuwendung unverzüglich an den Kunden weiterleiten. Nur so ist gewährleistet, dass die Honoraranlageberatung allein durch den Kunden vergütet wird (§ 31 Abs. 4c Nr 2 Satz 1 WpHG). Der Berater hat Informationspflichten, sofern ein Verdacht eines Interessenkonflikts gegeben ist (§ 31 Abs. 4d Satz 1 WpHG). Besondere Pflichten obliegen ihm auch im Zusammenhang mit der Art des Geschäftsabschlusses (§ 31 Abs. 4d Satz 2 WpHG).

782 Daneben hat der Honorar-Anlageberater auch besondere **Organisationspflichten** zu beachten. So hat er die Pflicht zur organisatorischen, funktionalen und personellen Trennung zwischen den Bereichen der Provisions- und der Honorar-Anlageberatung innerhalb eines Unternehmens (§ 33 Abs. 3a Satz 1 WpHG). Außerdem sind zusätzliche Pflichten in Bezug auf die Vertriebsvorgaben (§ 33 Abs. 3a Satz 2 WpHG) sowie die Abgabepflichten in Bezug auf den Internetauftritt (§ 33 Abs. 3a Satz 3 WpHG) vorgesehen.

VII. Pflichten in Bezug auf Mitarbeitergeschäfte (§ 33b WpHG)

783 Nach § 33b Abs. 3 WpHG[151] haben die WpDU die Pflicht, angemessene Vorkehrungen zur Verhinderung von bestimmten Mitarbeitergeschäften (§ 33b Abs. 2 WpHG) zu treffen[152]. Dies bezieht sich zum einen auf Mitarbeiter, deren Tätigkeit Anlass zu einem Interessenkonflikt geben könnte, zum anderen auf Mitarbeiter, die Zugang zu Insiderinformationen (§ 13 WpHG) oder anderen vergleichbaren, vertraulichen Informationen haben. Die betreffenden Mitarbeiter müssen daran gehindert werden, selbst ein solches Geschäft zu tätigen, ein solches zu empfehlen oder zu einem solchen zu verleiten (§ 33b Abs. 3 Nr 1–3 WpHG).

784 Die organisatorischen Vorkehrungen müssen zumindest darauf abzielen, sicherzustellen, dass den Mitarbeitern die Beschränkungen und Verfahren bei Mitarbeitergeschäften bekannt sind, das WpDU von den Mitarbeitergeschäften Kenntnis erlangt, eine Dokumentation aller Erlaubnisse und Verbote von Mitarbeitergeschäften vorge-

151 Nach dem Referentenentwurf des FimanoG vom Oktober 2015 (S. 228) sollte der § 33b WpHG vor dem Hintergrund der Aufhebung der Richtlinie 2006/73/EG (zu organisatorischen Anforderungen an Wertpapierfirmen und die Bedingungen für die Ausübung ihrer Tätigkeit) gestrichen werden; der RegE des 1. FimanoG greift dies aber nicht auf und belässt es zunächst bei der derzeitigen Regelung.

152 Zur Konkretisierung des § 33b WpHG siehe BT 2 der MaComp der BaFin, Stand: 7. Januar 2014; zum Begriff des Mitarbeitergeschäfts *Göres*, in: Schäfer/Hamann, § 33b WpHG Rn 24 ff.

nommen wird und die Mitarbeitergeschäfte ggf durch das Auslagerungsunternehmen dokumentiert und dem WpDU vorgelegt werden (§ 33b Abs. 4 Nr 1–4 WpHG)[153]. In § 33b Abs. 7 WpHG sind Ausnahmen vorgesehen. Insbesondere sind Mitarbeitergeschäfte möglich, wenn vor dem Geschäftsabschluss kein Kontakt zwischen dem Mitarbeiter und dem Portfolioverwalter bestand (§ 33b Abs. 7 Nr 1 WpHG).

VIII. Weitere Pflichten

Ausgewählte Literatur: *Begner*, Die Verordnung über den Einsatz von Mitarbeitern in der Anlageberatung, als Vertriebsbeauftragte oder als Compliance-Beauftragte und über die Anzeigepflichten nach § 34d des Wertpapierhandelsgesetzes (WpHG-Mitarbeiteranzeigeverordnung – WpHGMaAnzV), BKR 2012, 95; *Cetin*, Einsatzverbote der BaFin gem. § 34d WpHG und arbeitsrechtliche Konsequenzen, BKR 2014, 236; *du Buisson*, Kundengeldverwahrung nach § 34a Abs. 1 WpHG nF, WM 2009, 834; *Günther*, Qualitätskontrolle bei Anlageberatern, WM 2012, 2267; *Kämmerer/Veil*, Analyse von Finanzinstrumenten (§ 34b WpHG) und journalistische Selbstregulierung, BKR 2005, 379; *Möllers*, Selbstregulierung der Presse und fehlerhafte Finanzanalysen von Journalisten, AfP 2010, 107; *Möllers/Lebherz*, Fehlerhafte Finanzanalysen – Die Konkretisierung inhaltlicher Standards, BKR 2007, 349; *Ohler*, Wirtschafts- und Finanzmarktberichterstattung zwischen Medienfreiheit und Regulierung, AfP 2010, 101; *Renz/Sartowski*, Anlageberater, Vertriebsbeauftragte und Compliance-Beauftragte, CCZ 2012, 67; *Rößler/Yoo*, Die Einführung des § 34d WpHG durch das AnsFuG aus aufsichts- und arbeitsrechtlicher Sicht – Berufsverbot oder Papiertiger?, BKR 2011, 377; *Seibt*, Finanzanalysten im Blickfeld von Aktien- und Kapitalmarktrecht, ZGR 2006, 501; *Sturm*, Die kapitalmarktrechtlichen Grenzen journalistischer Arbeit, ZBB 2010, 20; *Wolf*, Getrennte Verwahrung von Kundengeldern, BKR 2002, 892.

1. Getrennte Vermögensverwahrung

§ 34a WpHG ergänzt die allgemeine Organisationspflicht des § 33 WpHG[154]. Ein **785**
WpDU, das kein Einlagenkreditinstitut iS des § 1 Abs. 3d KWG ist, hat Kundengelder, die es im Zusammenhang mit einer Wertpapierdienstleistung entgegennimmt und in eigenem Namen auf Rechnung des Kunden verwendet, unverzüglich getrennt von den Geldern des Unternehmens und von anderen Kundengeldern auf Treuhandkonten bei einem Kreditinstitut zu verwahren (§ 34a Abs. 1 Satz 1 WpHG)[155]. Durch diese Regelung soll dem Risiko begegnet werden, dass das WpDU die Treuhandgelder für eigene Zwecke verwendet[156] oder diese bei dessen Insolvenz verwertet werden[157].

---

153 Vgl die Bekanntmachung über Anforderungen an **Verhaltensregeln für Mitarbeiter** der Kreditinstitute und Finanzdienstleistungsinstitute in Bezug auf Mitarbeitergeschäfte vom 7. Juni 2000, die nach der Gesetzesbegründung nach wie vor gelten sollten (Begr. RegE FRUG, BT-Drucks. 16/4028, S. 75), die jedoch mit der Auslegungsentscheidung der BaFin vom 23. Oktober 2007 zum 1. November 2007 (Inkrafttreten des FRUG) **aufgehoben** wurden.

154 *Wolf*, BKR 2002, 892; siehe auch Rn 770 ff.

155 Siehe hierzu auch § 16 WpDVerOV.

156 BVerwG WM 2002, 1919, 1923; *Koller*, in: Assmann/U.H. Schneider, § 34a WpHG Rn 1; *Wolf*, BKR 2002, 892.

157 BT-Drucks. 13/7142, S. 110; kritisch bzgl der Effektivität des Schutzes *du Buisson*, WM 2009, 834, 841 ff.

786 Ein **Verstoß** gegen § 34a WpHG kann als Ordnungswidrigkeit geahndet (§ 39 Abs. 2 Nr 13 WpHG bzw § 39 Abs. 3 Nr 4 ff WpHG) und mit einem Bußgeld belegt werden (§ 39 Abs. 4 WpHG). Teilweise wird eine zivilrechtliche Schadensersatzpflicht bejaht, da § 34a WpHG ein **Schutzgesetz** iS des § 823 Abs. 2 BGB darstelle[158]. Überwiegend wird dagegen dessen Schutzgesetzeigenschaft verneint, sei es, weil diese Regelung lediglich öffentlichen Interessen diene[159], sei es, weil eine Haftung im Lichte des haftungsrechtlichen Gesamtsystems nicht tragbar sei[160].

2. Pflichten bzgl der Analyse von Finanzinstrumenten

a) Die Pflichten nach §§ 34b, 34c WpHG

787 Nach §§ 34b, 34c WpHG in der bis zum 2. Juli 2016 geltenden Fassung müssen Finanzanalysten[161] ihre Tätigkeit der BaFin anzeigen (§ 34c WpHG) und bestimmte Verhaltensstandards einhalten (§ 34b WpHG). Betroffen von §§ 34b, 34c WpHG sind damit Personen, die systematisch Informationen über Finanzinstrumente oder deren Emittenten erstellen oder weitergeben, welche direkt oder indirekt[162] eine Empfehlung für eine bestimmte Anlageentscheidung enthält und einem unbestimmten Personenkreis zugänglich gemacht werden soll[163]. **Zweck** des § 34b Abs. 1 WpHG ist es u. a., den potenziellen Anlegern lediglich verantwortlich erstellte und transparente Informationen zukommen zu lassen. Daher sind Finanzanalysen mit der erforderlichen Sachkenntnis, Sorgfalt und Gewissenhaftigkeit zu erbringen (§ 34b Abs. 1 WpHG)[164]. Außerdem dürfen sie nur weitergegeben oder öffentlich verbreitet werden, wenn sie sachgerecht erstellt und dargeboten werden (§ 34b Abs. 1 Satz 2 WpHG). Zudem müssen Unternehmen, die Finanzanalysen erstellen oder weitergeben, so organisiert sein, dass Interessenkonflikte möglichst gering sind (§ 34b Abs. 5 WpHG).

788 Fraglich ist, ob auch lediglich für den **internen Gebrauch** erstellte Analysen, die später für einen anderen Zweck verwendet werden, von § 34b Abs. 1 WpHG erfasst sind. Das ist aufgrund des Regelungsziels des § 34b WpHG zu bejahen, wenn das äußere Erscheinungsbild einer Analyse den Anschein erweckt, dass es sich hierbei um das Produkt einer entsprechenden Analysetätigkeit handelt[165]. Da eine Weitergabe iS des § 34b Abs. 1 WpHG voraussetzt, dass sie an einen unbestimmten Personenkreis erfolgt, wird eine interne Weiterleitung einer Analyse im **Konzern** regelmäßig nicht von § 34b WpHG erfasst sein. Anders wird das nur gesehen, wenn die Analyse durch die Art der Weitergabe, etwa in einem öffentlich zugänglichen Newsletter oder einer Mitarbeiterinformation, an eine unbestimmte Personenzahl gelangt[166].

158 *Fuchs*, in: Fuchs, § 34a WpHG Rn 1; *Koller*, in: Assmann/U.H. Schneider, vor § 31 WpHG Rn 7.
159 Vgl *M. Weber*, NJW 2000, 2061, 2074; *Buck-Heeb*, Kapitalmarktrecht, 4. Aufl., 2010, Rn 543.
160 BGH NJW 2010, 3651, 3652 f („Phoenix") m. Anm. *Buck-Heeb*, WuB I G 6 § 34a WpHG 1.10; *Fett*, in: Schwark/Zimmer, KMRK, § 34a WpHG Rn 1.
161 Zu den unterschiedlichen Finanzanalysebegriffen im WpHG und in der FinAnV, siehe Ziff. BT 5.1 der MaComp der BaFin, Stand: 7. Januar 2014.
162 Beispiele hierfür in Ziff. BT 5.2 Nr 8 der MaComp der BaFin, Stand: 7. Januar 2014.
163 *Kämmerer/Veil*, BKR 2005, 379, 380; *Möllers*, BKR 2007, 349 ff; siehe auch die FinanzanalyseVO (FinAnV) vom 20. Juli 2007, BGBl. I, S. 1430.
164 Vgl § 1 Abs. 2 Nr 2 FinAnV.
165 Begr. RegE AnSVG, BT-Drucks. 15/3174, S. 38.
166 *Holzborn/Israel*, WM 2004, 1948, 1954.

Bislang nicht geklärt ist zudem die Frage, ob § 34b Abs. 1 WpHG sich auch auf **Ratingagenturen** bezieht. Deren Analysen enthalten zumeist keine ausdrücklichen Empfehlungen für eine bestimmte Anlageentscheidung. Allerdings spricht für eine Erfassung, dass auch indirekte Empfehlungen den Tatbestand des § 34b Abs. 1 WpHG erfüllen. Dass das Rating eines Emittenten Einfluss auf eine Anlageentscheidung haben kann, ist nicht ausgeschlossen[167]. **789**

§ 34b Abs. 1 Satz 2 Nr 2 WpHG sieht vor, dass zusammen mit der Finanzanalyse Umstände oder Beziehungen, die bei den Erstellern, den für die Erstellung verantwortlichen juristischen Personen oder mit diesen verbundenen Unternehmen **Interessenkonflikte** begründen können, offengelegt werden müssen. Die BaFin nimmt eine endgültige Bewertung hinsichtlich eines möglichen Interessenkonflikts vor[168]. Was im Einzelfall einen solchen Interessenkonflikt bewirken kann, wird in der **FinanzanalyseVO**[169] (vgl § 34b Abs. 8 Satz 1 WpHG) klargestellt. **790**

In der FinanzanalyseVO finden sich noch weitere Klarstellungen zur Anwendung des § 34b WpHG[170]. Diese beziehen sich v.a. auf die sachgerechte Erstellung und Darbietung von Finanzanalysen nach § 34b Abs. 1 WpHG sowie die ordnungsgemäße Offenlegung von Umständen oder Beziehungen nach § 34b Abs. 1 Satz 2 WpHG und die angemessene Organisation nach § 34b Abs. 5 WpHG. Schon die Auslegung des § 34b Abs. 1 Satz 1 WpHG aF bereitete zahlreiche Schwierigkeiten[171], dies setzt sich beim neuen § 34b WpHG fort. **791**

§ 34b Abs. 2 WpHG erfasst den praktisch häufigen Fall der **Weitergabe** einer Zusammenfassung einer Finanzanalyse, die von einem Dritten erstellt wurde. Danach ist eine Weitergabe nur zulässig, wenn die Zusammenfassung die Finanzanalyse klar und nicht irreführend wiedergibt und auf die Anfangsdokumentation und die Fundstelle der Analyse verweist[172]. Nach **§ 34b Abs. 4 WpHG** sind eigene Finanzanalysen erstellende **Journalisten** vom Anwendungsbereich des § 34b WpHG ausgeschlossen. Voraussetzung ist, dass sie einer vergleichbaren wirksamen Selbstregulierung einschließlich wirksamer Kontrollmechanismen unterliegen[173]. Mit dieser Ausnahme soll der Pressefreiheit iS des Art. 5 Abs. 1 Satz 2 GG, die nur unter strengen Voraussetzungen Eingriffen zugänglich ist, genüge getan werden[174]. **792**

§ 34b Abs. 5 WpHG enthält eine **Organisationspflicht**. Danach müssen Unternehmen, die Finanzanalysen erstellen oder weitergeben, so organisiert sein, dass Interessenkonflikte möglichst gering sind[175]. Es muss ein angemessenes Interessenkonflikt- **793**

167 *Holzborn/Israel*, WM 2004, 1948, 1955.

168 Begr. RegE AnSVG, BT-Drucks. 15/3174, S. 38.

169 VO über die Analyse von Finanzinstrumenten vom 17. Dezember 2004, BGBl. I, S. 3522, geändert am 20. Juli 2007, BGBl. I, S. 1430; siehe auch Ziff. BT 5.7 der MaComp der BaFin, Stand: 7. Januar 2014; vgl auch *Kämmerer/Veil*, BKR 2005, 379.

170 Zu den Auslegungsschwierigkeiten siehe das Schreiben der BaFin zur Auslegung einzelner Begriffe der §§ 34 Abs. 2 Satz 4, 34b WpHG iVm der FinAnV vom 21. Dezember 2007, WA 36-Wp-2002-2007/0006; siehe auch Begr. RegE AnSVG, BT-Drucks. 15/3174, S. 38 f.

171 Siehe *Buck-Heeb*, Kapitalmarktrecht, 2. Aufl., 2007, Rn 403.

172 Begr. RegE AnSVG, BT-Drucks. 15/3174, S. 38 f .

173 *Buck-Heeb/Dieckmann*, Selbstregulierung im Privatrecht, 2010, S. 104 ff; *Kämmerer/Veil*, BKR 2005, 379 ff; *Sturm*, ZBB 2010, 20 ff; vgl auch *Schröder*, NJW 2009, 465 ff.

174 Begr. RegE AnSVG, BT-Drucks. 15/3174, S. 39.

175 Zur Erweiterung siehe § 34b Abs. 5 Satz 3 WpHG.

management zur Sicherung der Unabhängigkeit und Unvoreingenommenheit der Finanzanalysten eingerichtet werden[176]. Ein Mittel zur Erreichung dieses Ziels ist die Schaffung sog. Chinese Walls. Außerdem besteht nach **§ 34c WpHG** eine **Anzeigepflicht**. Andere Personen als WpDU, Kapitalanlagegesellschaften oder Investmentaktiengesellschaften müssen der BaFin mitteilen, wenn sie für die Herstellung oder Weitergabe von Finanzanalysen verantwortlich sind. Anzuzeigen ist außerdem, ob bei mit dem Anzeigepflichtigen verbundenen Unternehmen Tatsachen vorliegen, die Interessenkonflikte begründen können (§ 34c Satz 4 WpHG). Es geht hier also um Interessenkonflikte, die aufgrund einer Verflechtung mit einem anderen Unternehmen bestehen und nicht vom Einzelfall abhängig sind.

b) Rechtsfolgen einer Pflichtverletzung

794 Verletzt ein WpDU die Offenlegungspflichten des § 34b Abs. 1 Satz 2 WpHG bzw eine Pflicht nach § 34b Abs. 2 oder Abs. 6 Satz 1 WpHG, stellt dies eine **Ordnungswidrigkeit** dar (§ 39 Abs. 1 Nr 5–6 WpHG) und führt bei Verletzung der Pflicht nach § 34b Abs. 2 WpHG zu einem Bußgeld (§ 39 Abs. 4 WpHG)[177]. Ordnungswidrig handelt auch, wer der Anzeigepflicht nach § 34c WpHG nicht (ordnungsgemäß) nachkommt (§ 39 Abs. 2 Nr 14, Abs. 4 WpHG)[178].

795 Fraglich ist, ob auch der einzelne Geschädigte vom Finanzanalysten bzw WpDU **Schadensersatz** verlangen kann[179]. In Betracht kommt zunächst eine Haftung des Wertpapieranalysten aufgrund der Verletzung vertraglicher Pflichten (§ 280 Abs. 1 BGB) bzw aufgrund von §§ 311 Abs. 2, 241 Abs. 2, 280 Abs. 1 BGB **(cic)**[180]. Wird eine solche Haftung mit der hM ebenso abgelehnt wie auch die Existenz einer allgemeinen **Expertenhaftung**[181], kommt lediglich ein deliktsrechtlicher Schutz in Betracht[182]. Dabei wird Schadensersatz aufgrund von **§ 826 BGB** in der Praxis nur selten gegeben sein[183].

796 **Umstritten** ist, ob ein Schadensersatz über **§ 823 Abs. 2 BGB** möglich ist. Im Schrifttum wird die Schutzgesetzeigenschaft des § 34b WpHG teilweise bejaht[184]. Andere differenzieren zwischen den dort verlangten Sorgfalts- und Offenlegungspflichten. Schutzgesetzcharakter soll § 34b WpHG bzgl der Sorgfaltspflichten zukommen[185]. Nach ganz hM ist eine solche Differenzierung ebenso abzulehnen[186] wie

---

176 Begr. RegE FRUG, BT-Drucks. 16/4028, S. 78.

177 Nach dem laut Referentenentwurf des FimanoG vom Oktober 2015 vorzusehenden § 109 WpHG-E soll ein Verstoß dagegen keine Ordnungswidrigkeit mehr sein.

178 Nach dem laut Referentenentwurf des FimanoG vom Oktober 2015 vorzusehenden § 109 WpHG-E ist ein Verstoß gegen die Anzeigepflicht (§ 74 WpHG-E) künftig nicht mehr bußgeldbewehrt.

179 Die MAR (EU-Marktmissbrauchsverordnung) vom 16. April 2014 sieht keine Regelung der zivilrechtlichen Haftung vor; siehe dazu *Veil/Koch*, WM 2011, 2297, 2305.

180 Vgl *Fleischer*, Gutachten F zum 64. DJT, F. 131; *Fett*, in: Schwark/Zimmer, KMRK, § 34b WpHG Rn 49 aE.

181 Dafür *Hopt*, AcP 183 (1983), 608, 657 ff; siehe auch *Bosch*, ZHR 163 (1999), 247 ff; *Canaris*, ZHR 163 (1999), 206 ff.

182 Siehe aber *Seibt*, ZGR 2006, 501, 531, 532 (Gesamtanalogie); dagegen mit guten Gründen *Veil*, ZBB 2006, 162, 166.

183 *Möllers/Leisch*, WM 2001, 1648, 1652 ff.

184 *Spindler*, DStR 2002, 1576, 1581; *ders.*, NZG 2004, 1138, 1147; *ders.*, NJW 2004, 3449, 3454; zurückhaltend *Fleischer*, NJW 2002, Beil. 23, S. 37, 41; ablehnend *Veil*, ZBB 2006, 162, 166.

185 *Mülbert*, JZ 2002, 826, 836 f; dazu *Koller*, in: Assmann/U.H. Schneider, § 34b WpHG Rn 186.

186 *Seibt*, ZGR 2006, 501, 530 f; *Fett*, in: Schwark/Zimmer, KMRK, § 34b WpHG Rn 49.

eine Unterscheidung nach der Art der Bekanntmachung der Analyse. Begründen lässt sich das v.a. damit, dass der Gesetzgeber mit Einfügung der §§ 37b und 37c WpHG (Schadensersatzpflicht bei unterlassener bzw fehlerhafter Ad-hoc-Mitteilung) klar zu erkennen gegeben hat, dass die Verletzung kapitalmarktrechtlicher Pflichten, die gegenüber einer nicht abgrenzbaren Anlegerschaft bestehen, nur bei ausdrücklicher gesetzlicher Regelung zu einer Schadensersatzpflicht führen soll. Im Übrigen ist der individualschützende Charakter der Regelung abzulehnen[187].

c) Die Pflichten nach der EU-Marktmissbrauchsverordnung

Nach der Marktmissbrauchsverordnung von 2014, die zum 3. Juli 2016 gilt, werden Finanzanalysen „Anlageempfehlungen“ und „Informationen, durch die eine Anlagestrategie empfohlen oder vorgeschlagen wird“ genannt (**§ 20 Abs. 1 MAR**). Wie bereits bislang sind in einer Finanzanalyse auch in Zukunft die Informationen objektiv darzustellen und bestehende Interessenkonflikte des Informationserstellers offenzulegen. Ausnahmen für Journalisten sind in Art. 20 Abs. 3 Unterabs. 4 MAR vorgesehen und entsprechen dem, was bislang geltendes Recht war. Art. 21 MAR bezieht sich auf die Weitergabe oder Verbreitung von Informationen in den Medien und berücksichtigt die Pressefreiheit sowie die Berufs- und Standesregeln. Den § 20 MAR ausfüllende technische Regulierungsstandards werden von der ESMA erarbeitet und der EU-Kommission erlassen (Art. 20 Abs. 3 MAR). Ob es hierdurch nochmals zu einer Verschärfung der Anforderungen an die Finanzanalysten kommt, ist bislang offen. **796a**

Im 1. FimanoG-Entwurf vom 6. Januar 2016 ist in Anlehnung an diese Regelungen der **§ 34b WpHG** umformuliert worden und bezieht sich nun auf „Anlageempfehlungen“ und „Anlagestrategieempfehlungen“. Diese Regelung geht über § 20 MAR, welcher ab dem 3. Juli 2016 unmittelbar anwendbares Recht sein wird, hinaus. Zusätzlich vorgesehen ist in § 34b WpHG-E, dass **Interessenkonflikte** möglichst gering gehalten werden müssen. Um dies zu gewährleisten, haben die Ersteller Kontrollverfahren einzurichten, um möglichen Verstößen entgegenzuwirken. Dies soll laut Gesetzesbegründung dem bisherigen § 34b Abs. 5 WpHG entsprechen[188]. § 34c WpHG-E enthält die Pflicht, dass Finanzanalysen erstellende Personen dies der BaFin anzeigen.

3. Qualifikation der Mitarbeiter (§ 34d WpHG)

§ 34d WpHG enthält bestimmte Qualifikationsanforderungen[189] an die Mitarbeiter in der Anlageberatung (§ 34d Abs. 1 WpHG), die Vertriebsbeauftragten (zB Filialleiter; § 34d Abs. 2 WpHG)[190] sowie die Compliance-Beauftragten (§ 34d Abs. 3 WpHG)[191]. Diese müssen sachkundig sein und über die für die Tätigkeit erforderliche Zuverlässigkeit verfügen[192]. Wie das nachzuweisen ist, wird in der WpHG-Mitarbei- **797**

187 So auch *Seibt*, ZGR 2006, 501, 529; *Fett*, in: Schwark/Zimmer, KMRK, § 34b WpHG Rn 49.

188 BR-Drucks 19/16, S. 70.

189 Zur dadurch erfolgenden Konkretisierung der §§ 31 Abs. 1 Nr 1 und 33 Abs. 1 Satz 2 Nr 1 WpHG, *Halbleib*, WM 2011, 673; siehe auch *Cetin*, BKR 2014, 236 ff.

190 Nach *Forst*, AG 2013, 279, 281 ff können auch Organmitglieder erfasst sein.

191 Begr. RegE AnsFuG, BT-Drucks. 17/3628, S. 22 f; siehe auch BT 1.3 der MaComp der BaFin, Stand: 7. Januar 2014; dazu *Birnbaum/Kütemeier*, WM 2011, 293, 297.

192 *Günther*, WM 2012, 2267, 2269 ff; zur „Alte Hasen“-Regel *Begner*, BKR 2012, 95, 98; *Göres*, in: Schäfer/Hamann, § 34d WpHG Rn 27.

teranzeigeVO näher dargelegt (vgl § 34d Abs. 6 Satz 1 Nr 2 WpHG)[193]. Vor Aufnahme der Tätigkeit besteht eine **Anzeigepflicht** gegenüber der BaFin (§ 34d Abs. 1 Satz 2, Abs. 2 Satz 2, Abs. 3 Satz 2 WpHG), ebenso bei Änderungen wie etwa der Beendigung der Tätigkeit[194]. Weiterzuleiten sind auch Beschwerden von Kunden (§ 33 Abs. 1 Satz 2 Nr 4 WpHG) über einen Mitarbeiter (§ 34d Abs. 1 Satz 4 WpHG)[195].

798 Über die Mitarbeiter und die Beschwerdeanzeigen führt die BaFin eine Datenbank (§ 34d Abs. 5 WpHG)[196]. Die **Registrierung** soll eine disziplinierende Wirkung bei der Mitarbeiterauswahl haben.

799 Rechtsfolge eines **Verstoßes** gegen § 34d WpHG ist die Verhängung eines Bußgelds (§ 39 Abs. 2 Nr 22 und 23 WpHG, Abs. 3 Nr 1b WpHG). Daneben kann die BaFin dem WpDU bei schwerwiegenden Verfehlungen für eine Dauer bis zu zwei Jahren untersagen, den Mitarbeiter weiter wie bisher einzusetzen[197]. Da ein zeitlich begrenztes Tätigkeitsverbot (Verwaltungsakt, § 34d Abs. 4 Satz 1 WpHG) letztendlich den einzelnen Kundenberater trifft, hat dieser „neue Aufsichtsansatz“[198] zu Kritik im Schrifttum geführt[199]. Ein Tätigkeitsverbot soll insbesondere bei einem sog. Churning in Betracht kommen, aber auch, wenn Kunden aus für sie günstigen Finanzinstrumenten „herausberaten“ werden oder wenn sie sichere Anlagen verlangen und ihnen eine risikounangemessene Empfehlung erteilt wird[200]. Ein Tätigkeitsverbot bzgl eines Vertriebsbeauftragten kommt v.a. in Betracht, wenn er großen Verkaufsdruck auf die Mitarbeiter ausübt. Nach § 34d Abs. 4 Satz 3 WpHG haben Widerspruch und Anfechtungsklage keine aufschiebende Wirkung (vgl § 80 Abs. 2 Satz 1 Nr 3 VwGO). Mangels individualschützenden Charakters ist die Schutzgesetzeigenschaft iS des § 823 Abs. 2 BGB zu verneinen[201]. Allerdings wird § 34d WpHG von manchen eine Ausstrahlungswirkung auf die zivilrechtliche Schadensersatzhaftung nach § 280 Abs. 1 BGB zugesprochen[202]. Dagegen spricht jedoch, dass auch eine Pflicht iS des § 280 BGB individualschützend sein muss.

---

193 Vgl § 1 der WpHG-Mitarbeiteranzeigeverordnung (WpHG-MaAnzV) vom 21. Dezember 2011, BGBl. I, S. 3116; dazu *Begner*, BKR 2012, 95 ff.

194 Siehe *BaFin*, Fachinformationsblatt zum Mitarbeiter- und Beschwerderegister nach § 34d WpHG, Stand: August 2013; siehe auch *Halbleib*, WM 2011, 673.

195 *Schäfer*, WM 2012, 1157, 1163 ff; siehe § 4b FinDAG zur Beschwerdemöglichkeit der Kunden direkt bei der BaFin, sofern das Aufsichtsgesetz kein spezielles Beschwerdeverfahren vorsieht.

196 *Rößler/Yoo*, BKR 2011, 377, 380; *Begner*, BKR 2012, 95, 99 f; zur Einreichung der Anzeigen bei der BaFin sowie deren Inhalt siehe §§ 7 f WpHG-MaAnzV; siehe auch *BaFin*, Fachinformationsblatt zum Mitarbeiter- und Beschwerderegister nach § 34d WpHG, Stand: August 2013.

197 *Möllers/Wenninger*, NJW 2011, 1697, 1699; zu den arbeitsrechtlichen Folgen *Rößler/Yoo*, BKR 2011, 377, 380 ff; zur Freistellung und Kündigung des Mitarbeiters *Forst*, ZBB 2013, 163.

198 So Begr. RegE AnsFuG, BT-Drucks. 17/3628, S. 23.

199 *Müller-Christmann*, DB 2011, 749, 753 f.

200 Begr. RegE AnsFuG, BT-Drucks. 17/3628, S. 23; *Rößler/Yoo*, BKR 2011, 377 ff; siehe auch die Parallele zur zivilrechtlichen Haftung, *Buck-Heeb*, in: Albrecht/Karahan/Lenenbach, Fachanwaltshandbuch Bank- und Kapitalmarktrecht, 2010, § 43 Rn 54 ff.

201 So auch *Göres*, in: Schäfer/Hamann, § 34d WpHG Rn 95.

202 *Halbleib*, WM 2011, 673, 674 ff.

Lösung Fall 14 (Rn 704): A könnte gegen V einen Anspruch auf Schadensersatz in Höhe von 30 000 Euro gemäß **§§ 280 Abs. 1 Satz 1, 241 Abs. 2 BGB** haben. Ein wirksames Schuldverhältnis liegt mit dem Vermögensverwaltungsvertrag zwischen A und V vor. Hierbei handelt es sich regelmäßig um einen Dienstvertrag in Form eines Geschäftsbesorgungsvertrags. Kennzeichen der Vermögensverwaltung ist, dass der Verwalter berechtigt und verpflichtet ist, fortlaufend über das Vermögen des Kunden zu verfügen, indem er die Anlageentscheidungen im Rahmen eines eigenen Entscheidungsspielraums trifft (vgl § 2 Abs. 3 Nr 7 WpHG). V müsste aus dem Vermögensverwaltungsvertrag eine Pflicht gegenüber A verletzt haben. Als Pflichtverletzung könnte hier ein Verstoß gegen **§ 31 Abs. 1 Nr 2 WpHG** (Vermeidung von Interessenkonflikten) in Betracht kommen. Bei den Verhaltenspflichten nach § 31 WpHG handelt es sich aber um aufsichtsrechtliche Pflichten. Während eine Ansicht im Schrifttum gleichwohl von einer Konkretisierungs- oder Ausstrahlungswirkung der Regelungen auf das Zivilrecht ausgeht[203], lehnt der BGH dies ausdrücklich ab[204]. 800

Nach Ansicht mancher im Schrifttum obliegt damit V auch zivilrechtlich die Pflicht zur Beachtung des § 31 Abs. 1 Nr 2 WpHG. Der BGH anerkennt lediglich, dass die aufsichtsrechtlichen Pflichten für Inhalt und Reichweite der zivilrechtlichen Pflichten durchaus von Bedeutung sein können. Danach könnte § 31 Abs. 1 Nr 2 WpHG lediglich als unverbindliche Auslegungshilfe zu berücksichtigen sein.

Diesbezüglich müsste es sich bei V um ein WpDU iS des § 2 Abs. 4 WpHG handeln. Das setzt zunächst voraus, dass V Wertpapierdienstleistungen iS des § 2 Abs. 3 WpHG gewerbsmäßig oder in einem Umfang erbringt, der einen in kaufmännischer Weise eingerichteten Geschäftsbetrieb erfordert. V verwaltet in Finanzinstrumenten angelegte Vermögen für andere mit Entscheidungsspielraum und erbringt somit eine Wertpapierdienstleistung iS des § 2 Abs. 3 Nr 7 WpHG (Finanzportfolioverwaltung). Mangels anderweitiger Angaben im Sachverhalt erbringt die V die Vermögensverwaltung auch gewerbsmäßig, dh selbstständig und auf Dauer mit Gewinnerzielungsabsicht. Da sämtliche Wertpapierdienstleistungen entweder Finanzdienstleistungen oder Bankgeschäfte sind und diese nach § 2 Abs. 4 WpHG gewerbsmäßig oder in einem Umfang erbracht werden müssen, der einen in kaufmännischer Weise eingerichteten Geschäftsbetrieb erfordert, sind alle Unternehmen, die im Übrigen den Tatbestand des § 2 Abs. 4 WpHG erfüllen, Kreditinstitute oder Finanzdienstleistungsinstitute (vgl § 1 Abs. 1, 1a KWG)[205]. Somit ist V ein WpDU iS des § 2 Abs. 4 WpHG.

V war gemäß § 31 Abs. 1 Nr 2 WpHG verpflichtet, dem A vor Durchführung von Geschäften die allgemeine Art und Herkunft von Interessenkonflikten eindeutig darzulegen. Als Interessenkonflikt kommt hier die personelle Verflechtung zwischen G und der X-AG in Betracht. Als Vermögensverwalterin war die V verpflichtet, vorrangig die Interessen des A wahrzunehmen, also entsprechend den „renditeorientierten" Vorgaben des A einen größtmöglichen Gewinn zu erzielen. Demgegenüber hat sich das Verhalten des Aufsichtsratsvorsitzenden an den Interessen seiner Gesellschaft, hier also der X-AG, auszurichten (§§ 111 ff AktG). So ist G u. a. einerseits gegenüber der X-AG gemäß § 116 Satz 2 AktG zur Verschwiegenheit verpflichtet, andererseits ist er durch den Vermögensverwaltungsvertrag gehalten, sein Wissen über die X-AG umfassend zugunsten des A zu nutzen, auch wenn das für die X-AG nachteilig ist (zB Verkauf der Aktien führt zu einem Absturz des Börsenkurses der X-AG). Damit besteht in der Person des G ein Interessenkonflikt. Da V für das Han-

203 *Koller*, in: Assmann/U.H. Schneider, Vor § 31 WpHG Rn 3; *Fuchs*, in: Fuchs, Vor § 31 WpHG Rn 60; für eine Konkretisierung KölnerKommWpHG/*Möllers*, § 31 WpHG Rn 6; ablehnend *Assmann*, FS U.H. Schneider, 2011, S. 37 ff (Vorrang des Zivilrechts vor dem Aufsichtsrecht).

204 BGHZ 191, 119 ff.

205 KölnerKommWpHG/*Versteegen*, § 2 WpHG Rn 174.

deln des G rechtsgeschäftlich gegenüber A einzustehen hat, liegt ein Interessenkonflikt der V iS des § 31 Abs. 1 Nr 2 WpHG vor[206].

Dieser war auch nicht durch organisatorische Vorkehrungen nach § 33 Abs. 1 Satz 2 Nr 3 WpHG zu vermeiden. Dementsprechend war die V vor dem Erwerb der Aktien der X-AG verpflichtet, den A über die personelle Verflechtung und den daraus resultierenden Interessenkonflikt zu informieren. Das hat die V nicht getan, so dass sie gegen § 31 Abs. 1 Nr 2 WpHG verstoßen und damit nach einer Ansicht im Schrifttum (s.o.) eine Pflicht aus dem Vermögensverwaltungsvertrag verletzt hat. Nach der Meinung des BGH ist diese Pflichtverletzung grundsätzlich unabhängig von den aufsichtsrechtlichen Pflichten zu bestimmen.

Gemäß § 280 Abs. 1 Satz 2 BGB wird vermutet, dass die V die Pflichtverletzung zu vertreten hat. Ein zumindest fahrlässiges Verhalten des G muss sich V gemäß § 278 BGB zurechnen lassen. Die unterlassene Information über die personelle Verflechtung mit der X-AG müsste zudem kausal für den Schaden sein (haftungsausfüllende Kausalität). Hier könnte dem A die Vermutung aufklärungsrichtigen Verhaltens als Beweislastumkehr[207] zugute kommen. Da die Verletzung der Aufklärungspflicht, hier die Pflicht der V, dem A den Interessenkonflikt offenzulegen, bereits feststeht, hat V zu beweisen, dass A den Schaden selbst bei gehöriger Information erlitten hätte. Die Loyalitätspflichten des G gegenüber A auf der einen und der X-AG auf der anderen Seite stehen derart miteinander in Widerspruch, dass davon auszugehen ist, dass ein Kunde in der Lage des A einen Kauf der Aktien der X-AG abgelehnt hätte. Daher wird es V auch nicht gelingen, das Gegenteil zu beweisen. Demnach ist die Pflichtverletzung der V kausal für den Schaden des A. A hat gegen V einen Anspruch auf Schadensersatz in Höhe von 30 000 Euro gemäß §§ 280 Abs. 1 Satz 1, 241 Abs. 2 BGB.

Daneben könnte A gegen V einen Schadensersatzanspruch aus § 823 Abs. 2 BGB iVm § 31 Abs. 1 Nr 2 WpHG haben, wenn man entgegen der wohl hM § 31 Abs. 1 Nr 2 WpHG als Schutzgesetz ansieht[208]. Vorausgesetzt, die organisatorischen Maßnahmen reichen hier nicht aus, um einen Interessenkonflikt zu vermeiden, hat V die aus § 31 Abs. 1 Nr 2 WpHG resultierende Informationspflicht verletzt. A kann dann nach dieser Ansicht von V Schadensersatz nach § 823 Abs. 2 BGB verlangen. Die wohl hM lehnt dagegen die Schutzgesetzeigenschaft von § 31 Abs. 1 Nr 2 WpHG und damit einen entsprechenden Schadensersatzanspruch ab.

801 **Lösung Fall 15 (Rn 705):** A könnte einen Anspruch gegen die B-Bank auf Schadensersatz in Höhe von 20 000 Euro gemäß **§§ 280 Abs. 1 Satz 1, 241 Abs. 2 BGB** haben. Das setzt zunächst ein wirksames Schuldverhältnis zwischen A und der B-Bank voraus. Als Schuldverhältnis kommt ein Beratungsvertrag iS eines Geschäftsbesorgungsvertrags in Betracht. Beim Kaufauftrag des A handelt es sich um einen Dienstvertrag, der eine entgeltliche Geschäftsbesorgung – hier den Erwerb von Kaufoptionsscheinen in Bezug auf die Aktien der X-AG – zum Gegenstand hat (§ 675 BGB)[209]. Ein wirksames Schuldverhältnis zwischen A und der B-Bank liegt somit vor.

Die B-Bank müsste des Weiteren eine Pflicht aus diesem Geschäftsbesorgungsvertrag verletzt haben. Als Pflichtverletzung kommt ein Verstoß gegen die Informationspflicht nach **§ 31 Abs. 3 Satz 1 WpHG** in Betracht. Auch wenn die Verhaltenspflichten nach § 31 WpHG an sich nur aufsichtsrechtlicher Natur sind, strahlen sie nach einer Ansicht auf den

206 Vgl *Nieding/Lang*, jurisPR-BKR 2/2008 Anm. 4.

207 Vgl nur etwa BGH NJW 2012, 2427, 2429 Rn 26 ff.

208 Vgl *Fuchs*, in: Fuchs, Vor § 31 WpHG Rn 82.

209 *Seiler/Kniehase*, in: Schimansky/Bunte/Lwowski, Bankrechts-Handbuch, 4. Aufl., 2011, § 104 Rn 106 ff.

vertraglichen Pflichtenrahmen zwischen Anleger und WpDU aus bzw konkretisieren diesen. Nach Ansicht des BGH können sie lediglich als unverbindliche Auslegungshilfe dienen, um die Pflichten aus dem Beratungsvertrag zu bestimmen. Die B-Bank ist ein WpDU iS des § 2 Abs. 4 WpHG und das Ausführen der Kauforder des A eine Wertpapierdienstleistung iS des § 2 Abs. 3 Nr 1 WpHG (Finanzkommissionsgeschäft). Die Optionsscheine sind zum einen Wertpapiere iS des § 2 Abs. 1 Satz 1 Nr 3b WpHG und zum anderen Derivate iS des § 2 Abs. 2 Nr 1a WpHG (Termingeschäft) und damit Finanzinstrumente nach § 2 Abs. 2b WpHG.

Dementsprechend war die B-Bank grundsätzlich verpflichtet, dem A rechtzeitig, also vor Vertragsabschluss, Informationen zur Verfügung zu stellen, die angemessen waren, damit A nach vernünftigem Ermessen die Art und die Risiken der von ihm nachgefragten Optionsscheine verstehen konnte. Diese Informationspflicht könnte jedoch gemäß § 31 Abs. 7 WpHG nicht gelten. Nach seinem Wortlaut ist das WpDU zwar nur von der Angemessenheitsprüfung und damit von der vorgelagerten Erkundigungspflicht hinsichtlich der Kenntnisse und Erfahrungen des Kunden befreit (vgl § 31 Abs. 5 WpHG). Wie das Tatbestandsmerkmal der angemessenen Information in § 31 Abs. 3 Satz 1 WpHG deutlich macht, scheidet aber bei sog. **execution-only**-Geschäften iS des § 31 Abs. 7 WpHG eine Informationspflicht nach § 31 Abs. 2 und 3 WpHG ebenfalls aus. Das setzt voraus, dass es sich bei der Anschaffung der Optionsscheine auf Rechnung des A um ein Finanzkommissionsgeschäft in Bezug auf nicht komplexe Finanzinstrumente gehandelt hat. Schon nach dem Wortlaut des § 31 Abs. 7 Nr 1 WpHG handelt es sich bei Derivaten um komplexe Finanzinstrumente, so dass die Kauforder des A nicht unter § 31 Abs. 7 WpHG fällt. Zudem fehlt es im vorliegenden Fall an der nach § 31 Abs. 7 Nr 2 WpHG erforderlichen Information der B-Bank an A, dass eine Angemessenheitsprüfung nicht vorgenommen wird. Die B-Bank war demnach zur Information über die Art und Risiken von Optionsscheingeschäften verpflichtet. Dieser Informationspflicht ist die B-Bank nicht nachgekommen. Eine Pflichtverletzung aus dem Geschäftsbesorgungsvertrag ist zu bejahen.

Die B-Bank könnte darüber hinaus eine Pflicht gegenüber A verletzt haben, indem sie den Kaufauftrag des A ausgeführt hat. Hierdurch könnte sie gegen **§ 31 Abs. 1 Nr 1 WpHG** verstoßen haben. Zu klären ist, ob die B-Bank durch das Ausführen der Kauforder die Interessenwahrungspflicht gegenüber A verletzt hat. Das setzt nämlich voraus, dass die B-Bank aufgrund des § 31 Abs. 1 Nr 1 WpHG verpflichtet war, eine Ausführung des Kaufauftrags abzulehnen. Im Schrifttum ist umstritten, ob ein WpDU die Durchführung eines vom Kunden gewünschten Geschäfts ablehnen muss, wenn das Geschäft den Erfahrungshorizont oder die finanziellen Verhältnisse des Kunden extrem übersteigt, oder ob es ausreicht, dass das WpDU den Kunden, wie stets erforderlich, auf die Risiken ausdrücklich hinweist[210]. Das Selbstbestimmungsrecht des Kunden spricht dafür, einen Hinweis ausreichen zu lassen. Der Kunde hat in diesem Fall die volle Verantwortung zu tragen, wenn er dennoch die Durchführung des gewünschten Geschäfts verlangt.

Der vorliegende Fall weicht insofern von der dargestellten Problematik ab, als nicht einmal ein Hinweis an A erfolgt ist. Dementsprechend war hier die B-Bank verpflichtet, die Kauforder des A nicht auszuführen, um eine eigenverantwortliche Anlageentscheidung des A zu gewährleisten. Indem die B-Bank den Kaufauftrag dennoch ausführte, hat sie gegen die Interessenwahrungspflicht iS des § 31 Abs. 1 Nr 1 WpHG verstoßen und eine weitere Pflicht aus dem Geschäftsbesorgungsvertrag gegenüber A verletzt.

Für das fahrlässige Verhalten des M hat die B-Bank gemäß § 278 BGB einzustehen, so dass sie die Pflichtverletzung zu vertreten hat. A ist durch den Erwerb der Optionsscheine ein

210 Siehe dazu Rn 717.

Schaden in Höhe von 20 000 Euro entstanden. Dieser müsste auf der Pflichtverletzung der B-Bank beruhen (haftungsausfüllende Kausalität). Stellt man bei der Pflichtverletzung auf das Ausführen der Kauforder ab (§ 31 Abs. 1 Nr 1 WpHG), so ist sie kausal für den eingetretenen Schaden. Fraglich ist die haftungsausfüllende Kausalität zwischen unterlassener Aufklärung nach § 31 Abs. 3 Satz 1 WpHG und dem Schaden in Höhe von 20 000 Euro. Bei der Anlageentscheidung – hier des A, die Optionsscheine zu erwerben – handelt es sich um einen durch vielfältige rationale und irrationale Faktoren, insbesondere teils spekulative Elemente beeinflussten, sinnlich nicht wahrnehmbaren Willensentschluss[211]. Dem A könnte hier jedoch die Vermutung aufklärungsrichtigen Verhaltens als Beweislastumkehr[212] zugute kommen. Hätte die B-Bank den A über die Verlustrisiken bei Optionsscheingeschäften aufgeklärt, hätte dieser höchstwahrscheinlich von den Termingeschäften Abstand genommen. Für dieses Ergebnis spricht, dass A bisher seine Ersparnisse ausschließlich in festverzinslichen Wertpapieren angelegt hatte und somit in seinem Anlageverhalten als „sicherheitsorientiert" einzuschätzen ist. Die B-Bank wird daher nicht beweisen können, dass A auch bei gehöriger Information die Optionsscheine gekauft hätte. Dementsprechend ist der Verstoß der B-Bank gegen § 31 Abs. 3 Satz 1 WpHG kausal für den Schaden des A. A kann von der B-Bank gemäß §§ 280 Abs. 1 Satz 1, 241 Abs. 2 BGB Schadensersatz in Höhe von 20 000 Euro verlangen.

Daneben könnte ein Schadensersatzanspruch aus **§ 823 Abs. 2 BGB iVm § 31 Abs. 3 Satz 1 WpHG** bestehen. Sofern man entgegen der wohl hM § 31 Abs. 3 Satz 1 WpHG als Schutzgesetz einordnet[213], steht A ein Schadensersatzanspruch zu. Wie bereits festgestellt, hat die B-Bank gegen die hieraus resultierende Informationspflicht verstoßen, so dass A nach dieser Ansicht ein Schadensersatzanspruch aus § 823 Abs. 2 BGB iVm § 31 Abs. 3 Satz 1 WpHG gegen die B-Bank zusteht. Nach hM besteht dagegen kein Anspruch.

Ein Schadensersatzanspruch des A gegen die B-Bank folgt auch aus **§ 823 Abs. 2 BGB iVm § 31 Abs. 1 Nr 1 WpHG**, wenn man entgegen der hM dessen Schutzgesetzqualität bejaht.

Unter der Voraussetzung, dass A die Optionsscheine vor dem 1. November 2007 erworben hat, kommt ein Schadensersatzanspruch des A aus **§ 37d Abs. 4 Satz 1 WpHG aF** in Betracht[214]. A ist Verbraucher iS des § 13 BGB und die B-Bank ein Unternehmen, das gewerbsmäßig Finanztermingeschäfte abschließt, anschafft, veräußert, vermittelt und nachweist (§ 37d Abs. 1 Satz 1 WpHG aF). Bei Optionsscheingeschäften handelt es sich um Finanztermingeschäfte (§ 37e Satz 2 WpHG). Eine schriftliche Unterrichtung nach § 37d Abs. 1 WpHG aF ist nicht erfolgt. Den Verstoß gegen diese Unterrichtungspflicht hat die B-Bank auch zu vertreten, so dass ein Anspruch aus § 37d Abs. 4 Satz 1 WpHG aF besteht.

211 Vgl BGHZ 160, 134, 144 = NJW 2004, 2664, 2666 („Infomatec I").

212 Vgl nur etwa BGH NJW 2012, 2427, 2429 Rn 26 ff.

213 Vgl Rn 746.

214 § 37d Abs. 4 WpHG aF lautet: „Hat das Unternehmen gegen die Informationspflicht nach Absatz 1 oder 3 Satz 1 verstoßen, ist es dem Verbraucher zum Ersatz des daraus entstehenden Schadens verpflichtet. Ist streitig, ob das Unternehmen seine Verpflichtung nach Absatz 1 oder 3 erfüllt hat oder ob es den Verstoß zu vertreten hat, trifft das Unternehmen die Beweislast. Der Anspruch des Verbrauchers auf Schadensersatz verjährt in drei Jahren von dem Zeitpunkt an, in dem der Anspruch entstanden ist." Vgl dazu *Buck-Heeb*, Kapitalmarktrecht, 2. Aufl., 2007, Rn 410 ff.

Teil V

Das Wertpapiererwerbs- und Übernahmegesetz (WpÜG)

§ 13 Einführung

Ausgewählte Literatur: *Baums*, „Low Balling", „Creeping in" und deutsches Übernahmerecht, ZIP 2010, 2374; *Borges*, Acting in Concert: Vom Schreckgespenst zur praxistauglichen Zurechnungsnorm, ZIP 2007, 357; *Cascante/Tyrolt*, 10 Jahre WpÜG – Reformbedarf im Übernahmerecht?, AG 2012, 97; *von Falkenhausen*, Reformbedarf beim Pflichtangebot gemäß § 35 WpÜG, ZHR 174 (2010), 293; *Hitzer/Düchting*, Flankierung des Übernahmerechts durch weitere Reformen der Beteiligungstransparenz im WpHG?, ZIP 2011, 1084; *Merkt*, „Creeping in" aus internationaler Sicht, NZG 2011, 561; *Merkt/Binder*, Änderungen im Übernahmerecht nach Umsetzung der EG-Übernahmerichtlinie: Das deutsche Umsetzungsgesetz und verbleibende Problemfelder, BB 2006, 1285; *Seibt*, Grenzen des übernahmerechtlichen Zurechnungstatbestandes in § 30 Abs. 2 WpÜG (Acting in Concert), ZIP 2004, 1829.

I. Grundlagen

Das WpÜG vom 20. Dezember 2001[1] steht an Stelle des seit 1995 existierenden und **802**
1998 geänderten Übernahmekodex der Börsensachverständigenkommission. Dieser hatte nur für diejenigen Verbindlichkeit, die ihn anerkannt hatten. Aufgrund der geringen Anerkennung in der Praxis sowie fehlender Sanktionsmöglichkeiten konnte sich der Übernahmekodex nicht als Kapitalmarktusance etablieren[2].

Auf europäischer Ebene gab es bereits seit 1974 Bemühungen, harmonisierte Regelungen für Unternehmensübernahmen zu schaffen. Am 30. März 2004 wurde die EU-Übernahmerichtlinie verabschiedet[3]. Im Juli 2006 erfolgte deren Umsetzung in deutsches Recht[4]. Aufgrund der Weite der europäischen Vorgaben waren nur wenige Änderungen erforderlich („Minimalreform"[5]). Der Gesetzgeber hat alle durch die Übernahmerichtlinie eröffneten Spielräume genutzt. Die EU-Richtlinie sollte bis 2011 evaluiert und ggf revidiert werden (Art. 20 der Richtlinie)[6]. In diesem Zuge veröffent-

---

1 BGBl. I, S. 3822. Im Jahre 2014 wurden insgesamt 26 Angebote gestattet, siehe BaFin, Jahresbericht 2014 vom 12. Mai 2015, S. 233. Inzwischen wurden mehr als 350 Angebotsverfahren nach den Regeln des WpÜG durchgeführt, zum Stand von 2013 *Buck-Heeb*, Kapitalmarktrecht, 7. Aufl., 2014, Rn 669 Fn 1.

2 *Buck-Heeb/Dieckmann*, Selbstregulierung im Privatrecht, 2010, S. 249 ff.

3 ABl. EU Nr L 142 vom 30. April 2004.

4 Übernahmerichtlinie-Umsetzungsgesetz, BGBl. I 2006, S. 1426; Änderungen erfolgten v.a. durch das Transparenzrichtlinie-Umsetzungsgesetz, BGBl. I 2007, S. 10 und das Risikobegrenzungsgesetz, BGBl. I 2008, S. 1666.

5 *Meyer*, WM 2006, 1135, 1136.

6 Kritisch im Vorfeld *Hopt*, WM 2009, 1873, 1876; *Bayer/J. Schmidt*, BB 2008, 454, 455; zur Experten-Umfrage *Seibt*, ZIP 2012, 1 ff.

lichte die EU-Kommission im Juni 2012 einen Bericht[7]. Eine revidierte Richtlinie existiert aber noch nicht.

803 **Ziel** des WpÜG ist weder die Förderung noch die Verhinderung von Übernahmen, sondern die Sicherstellung eines fairen und geordneten Verfahrens, das von der BaFin überwacht wird (§§ 3 ff, 40 ff WpÜG). Zudem soll es die Information und Transparenz für die betroffenen Wertpapierinhaber und Arbeitnehmer verbessern, die rechtliche Stellung von Minderheitsaktionären bei Unternehmensübernahmen stärken und sich an international üblichen Standards orientieren.

804 Im WpÜG finden sich einleitend Begriffsbestimmungen (§ 2 WpÜG) und die das Gesetz bestimmenden allgemeinen Grundsätze (§ 3 WpÜG). Nach § 3 WpÜG gelten insbesondere der Grundsatz der Gleichbehandlung aller Aktionäre der Zielgesellschaft[8], der Grundsatz der Transparenz (genügend Zeit und Informationen für die angesprochenen Aktionäre) und der Verpflichtung von Vorstand und Aufsichtsrat der Zielgesellschaft auf das Gesellschaftsinteresse. Diese Regelungsbereiche sind im Schnittfeld von Gesellschafts- und Kapitalmarktrecht angesiedelt.

805 Für den Bieter kann sowohl die **zivilrechtliche** als auch die öffentlich-rechtliche Ebene von Bedeutung sein. Für die Anleger ist insbesondere die zivilrechtliche Seite relevant, dh die Frage, welcher zivilrechtliche Rechtsschutz bei Nichteinhaltung von WpÜG-Regelungen besteht[9]. Die zivilrechtlichen Streitigkeiten werden dabei ohne Rücksicht auf den Streitwert grundsätzlich vor den Landgerichten ausgetragen (§ 66 Abs. 1 WpÜG). Die Regelungen zur Überwachung sind dagegen dem öffentlichen Recht zuzuordnen. Aufteilen lässt sich das WpÜG auch in formelle und materielle Regelungen. **Formelle Regelungen** sind:

- Zuständigkeit der BaFin, §§ 4–9 WpÜG (Aufgaben, Befugnisse, Ausschüsse u. a.)
- Aufsichtsbezogene Verfahrensregeln, §§ 40–47 WpÜG (Ermittlungs- und Eingriffsbefugnis der BaFin)
- Rechtsmittel, §§ 48–58 WpÜG (Beschwerde gegen Verfügungen der BaFin)
- Sanktionen, §§ 59–65 WpÜG (Folgen der Verletzung von Vorschriften des WpÜG)
- Gesetzliche Zuständigkeit, §§ 66, 67 WpÜG (Zuständigkeit der Landgerichte in zivilrechtlichen Streitigkeiten, Zuständigkeit des OLG Frankfurt a.M. für Beschwerde- und Bußgeldverfahren)

806 **Materielle Regelungen** sind:

- Allgemeine Vorschriften, §§ 1–3 WpÜG (Anwendungsbereich des WpÜG, Definitionen, Grundsätze, die bei Angeboten zum Erwerb von Wertpapieren zu beachten sind)
- Angebote zum Erwerb von Wertpapieren, §§ 10–28 WpÜG (Verhaltensanforderungen für sämtliche öffentliche Angebote)

7 Bericht vom 28. Juni 2012, COM (2012) 347 final.
8 Vgl dazu EuGH WM 2009, 2275 m. Anm. *Buck-Heeb*, WuB II Q. Art. 1 RL 2004/25/EG 1.10.
9 Zur Frage, wann Aktionäre der Zielgesellschaft durch Widerspruch und Beschwerde gegen Verfügungen der BaFin vorgehen können, *Pohlmann*, ZGR 2007, 1, 31 ff.

- Übernahmeangebote, §§ 29–34 WpÜG (zusätzliche Anforderungen für Angebote, die auf Kontrollerlangung gerichtet sind)
- Pflichtangebote, §§ 35–39 WpÜG (Anforderungen, wenn die Kontrolle nicht durch Übernahmeangebot erlangt wird)

Daneben sind die **Verordnungen** zu beachten, die auf der Grundlage des WpÜG erlassen worden sind (WpÜG-AngebotsVO, WpÜG-BeiratsVO, WpÜG-WiderspruchsausschussVO, WpÜG-GebührenVO). Für das Angebotsverfahren ist hierbei insbesondere die Angebotsverordnung zu beachten, die zusätzliche Anforderungen an den Inhalt der Angebotsunterlage, die Gegenleistung sowie Befreiungstatbestände für die Abgabe eines Pflichtangebots enthält. **807**

II. Anwendungsbereich

Das WpÜG bezieht sich auf Angebote zum Erwerb von Wertpapieren, die von einer Zielgesellschaft ausgegeben wurden und zum Handel an einem organisierten Markt zugelassen sind (§ 1 WpÜG). Der Begriff **„Angebote“** (§ 2 Abs. 1 WpÜG) meint alle öffentlichen Kauf- und Tauschangebote zum Erwerb von Wertpapieren einer Zielgesellschaft (freiwillige Angebote und Pflichtangebote). Das Gesetz gilt aber allein für **öffentliche** Angebote, dh für solche, die durch nicht individuelle Ansprache von Aktionären erfolgen. Nicht anwendbar ist das WpÜG, wenn das Erwerbsangebot nicht öffentlich erfolgt, wie dies beim privaten Erwerb eines Aktienpakets der Fall ist[10]. Durch den Bezug zum organisierten Markt sind die im Freiverkehr gehandelten Aktien ausgeschlossen[11]. **808**

„Zum Erwerb von Wertpapieren“ bedeutet, dass das Gesetz nur bzgl Aktien bzw mit Aktien vergleichbaren Wertpapieren gilt, dh solche, die ebenfalls die Mitgliedschaft in einer Aktiengesellschaft verbriefen (zB Zwischenscheine) sowie Zertifikate, die Aktien vertreten (zB ADR[12]), und Wertpapiere, die den Erwerb von Aktien, mit diesen vergleichbare Wertpapiere oder Zertifikate, die Aktien vertreten, zum Gegenstand haben (zB Optionsanleihen, die ein Bezugsrecht gewähren, Optionsrechte ohne Anleihe, Wandelschuldverschreibungen, Wandelgenussscheine). Das WpÜG findet damit für Schuldverschreibungen **keine Anwendung**. Unanwendbar ist es auch für den Erwerb von Aktien an nicht börsennotierten Gesellschaften, unabhängig davon, ob es sich dabei um eine Gesellschaft mit einer großen Zahl von Aktionären handelt und damit ein Erwerb nur durch ein Angebot an einen größeren Aktionärskreis erfolgen kann[13]. **809**

---

10 Näher KölnerKommWpÜG/*Versteegen*, § 2 WpÜG Rn 48 ff.

11 *Noack/Zetzsche*, in: Schwark/Zimmer, KMRK, Einl. WpÜG Rn 3; anders *van Kann/Just*, DStR 2006, 328 (die gesellschaftsrechtlichen Vorschriften des WpÜG finden Anwendung, die angebotsbezogenen Vorschriften nicht).

12 American Depositary Receipts bedeutet, dass von der Gesellschaft statt der Aktien ein oder mehrere Anteilsscheine in Umlauf gebracht werden.

13 Zum Unterschied zwischen dem Wertpapierbegriff nach dem WpÜG und dem WpHG *Kumpan*, in: Schwark/Zimmer, KMRK, § 2 WpHG Rn 5.

810 **„Zielgesellschaft“** sind zum einen Aktiengesellschaften iS der §§ 1 ff AktG und zum anderen Kommanditgesellschaften auf Aktien iS der §§ 278 ff AktG jeweils mit Sitz im Inland. Zielgesellschaft können aber auch Gesellschaften mit Sitz in einem anderen Staat des EWR sein (§ 2 Abs. 3 Nr 2 WpÜG[14]).

III. Angebotsarten

811 In § 2 Abs. 1 WpÜG wird zwischen **freiwilligen Angeboten** und **Pflichtangeboten** unterschieden. Außerdem ist zu differenzieren zwischen Angeboten, die auf **Kontrollerwerb** gerichtet sind, und solchen, bei denen die Kontrollerlangung keine Rolle spielt. Insgesamt gibt es damit drei (nicht vier) Angebotsarten: einfache öffentliche Erwerbsangebote (freiwilliges Angebot), Übernahmeangebote (freiwilliges Angebot, Kontrollerwerb) und Pflichtangebote (nicht freiwilliges Angebot, Kontrollerwerb)[15].

1. Einfaches öffentliches Erwerbsangebot

812 Einfache öffentliche Erwerbsangebote sind freiwillige Angebote zum Erwerb einer Beteiligung, die **unterhalb der Kontrollschwelle** bleibt, dh nicht auf den Erwerb der Kontrolle gerichtet ist. Darunter fallen auch solche freiwilligen Angebote zum Beteiligungserwerb, bei denen bereits eine Kontrollbeteiligung besteht, wenn die Beteiligung aufgestockt werden soll. Ein Mindestpreis ist nicht vorgeschrieben. **Kontrolle** bedeutet das Halten von mindestens 30 % der Stimmanteile an der Zielgesellschaft (§ 29 Abs. 2 WpÜG), unabhängig davon, was in der Satzung der Zielgesellschaft festgelegt ist. Es gelten lediglich die Regelungen des Abschnitts 3 (§§ 10–28 WpÜG).

2. Übernahmeangebot

813 Ein **Sonderfall** ist das freiwillige öffentliche Angebot, das auf **Kontrollerlangung** gerichtet ist (**Übernahmeangebot**). Diese kann vom Erreichen einer Erfolgsquote abhängig gemacht werden. Unerheblich ist, ob eine Kontrollausübung vom Bieter gewollt ist. Liegt ein Übernahmeangebot vor, sind neben den Regelungen des Abschnitts 3 (§§ 10–28 WpÜG) die speziellen Regelungen des Abschnitts 4 (§§ 29–34 WpÜG) zu beachten. Insbesondere ist den Aktionären der Zielgesellschaft eine angemessene Gegenleistung anzubieten (§ 31 Abs. 1 WpÜG iVm der WpÜG-Angebots-VO)[16].

14 Der in § 1 Abs. 1 WpÜG verwendete Begriff „organisierter Markt“ entspricht dem des „geregelten Marktes“ iS des Art. 1 Nr 13 der Wertpapierdienstleistungsrichtlinie.

15 Zum im WpÜG nicht geregelten Begriff der „feindlichen“ Übernahme siehe noch BaFin, Jahresbericht 2010 vom 6. Juni 2011, S. 223.

16 Siehe Rn 872 ff.

3. Pflichtangebot

a) Grundlagen

Ein **Pflichtangebot**[17] hat grundsätzlich abzugeben, wer unmittelbar oder mittelbar die Kontrolle über eine Zielgesellschaft erlangt hat, ohne dass dem ein Übernahmeangebot vorausgegangen ist (§§ 35 Abs. 1 Satz 1, Abs. 2 Satz 1, Abs. 3 WpÜG). Ein solches fehlt, wenn die 30 %-Kontrollschwelle durch außerbörslichen rechtsgeschäftlichen Erwerb oder Erbgang überschritten wurde. Für das Pflichtangebot gelten neben den Regeln der Abschnitte 3 (§§ 10–28 WpÜG) und 4 (§§ 29–34 WpÜG) die Sonderregeln des Abschnitts 5 (§§ 35–39 WpÜG). 814

Das Pflichtangebot kann als staatlich angeordneter Zwang bezeichnet werden, ein Vertragsangebot mit bestimmten Konditionen abzugeben[18]. Der dadurch begründete Kontrahierungszwang für den Bieter wird im Schrifttum als **Eingriff in die Privatautonomie** kritisch gesehen[19]. Gerechtfertigt wird das Pflichtangebot überwiegend damit, dass die Grundlagen der Investitionsentscheidung durch die Kontrollerlangung gestört sind[20]. Durch die Statuierung des Pflichtangebots sollen Minderheitsaktionäre ihre Anteile zu einem angemessenen Preis veräußern können. 815

b) Ausnahmen

Das Gesetz lässt Ausnahmen zu, bei denen ein Pflichtangebot nicht sachgerecht wäre. Auf schriftlichen Antrag des Bieters kann die BaFin die **Nichtberücksichtigung** bestimmter Stimmanteile für die Berechnung der Kontrollschwelle des § 35 Abs. 1 Satz 1 WpÜG zulassen (**§ 36 WpÜG**)[21]. Eine Nichtberücksichtigung kommt in Betracht, wenn die Aktien etwa durch Erbgang, Scheidung, Rechtsformwechsel oder Konzernumstrukturierung erlangt wurden. Bei der Erlaubnis handelt es sich um einen begünstigenden Verwaltungsakt[22]. 816

Nach **§ 35 Abs. 3 WpÜG** tritt eine Befreiung bzgl eines Pflichtangebots kraft Gesetzes ein, wenn die Kontrolle über die Zielgesellschaft aufgrund eines freiwilligen Übernahmeangebots erworben wurde. Diese Möglichkeit ist in den letzten Jahren durch die Strategie des „low balling“ oder „creeping in“ in Verruf geraten. Nach dem Erwerb von knapp unter 30 % der stimmberechtigten Anteile an der Zielgesellschaft wird zu einem günstigen Zeitpunkt die Entscheidung zur Abgabe eines freiwilligen Übernahmeangebots veröffentlicht, um damit die 30 %-Schwelle zu überschreiten[23]. 817

17 Siehe auch Rn 864 ff.
18 *Noack/Zetzsche*, in: Schwark/Zimmer, KMRK, § 35 WpÜG Rn 2.
19 *Altmeppen*, ZIP 2001, 1073, 1083; zur rechtspolitischen Diskussion auch *von Falkenhausen*, ZHR 174 (2010) 293, 295 f.
20 *Kleindiek*, ZGR 2002, 546, 558 f.
21 Zur Befreiung beim Erwerb zur Sanierung *Klepsch/Kiesewetter*, BB 2007, 1403 ff.
22 *U.H. Schneider/Rosengarten*, in: Assmann/Pötzsch/U.H. Schneider, § 36 WpÜG Rn 20; bei Ablehnung kann Widerspruch (§ 41 WpÜG) eingelegt werden.
23 So geschehen etwa bei ACS/Hochtief und Porsche/VW; vgl *Baums*, ZIP 2010, 2374, 2377; *Hitzer/Düchting*, ZIP 2011, 1084 ff; siehe auch den (verworfenen) Gesetzentwurf zur Änderung des WpÜG vom 27. Oktober 2010, BT-Drucks. 17/3481; dazu *Hitzer/Düchting*, ZIP 2011, 1084, 1085 ff; *Merkt*, NZG 2011, 561 ff; vgl auch die Reformüberlegungen bei *Cascante/Tyrolt*, AG 2012, 97, 104 ff.

818 Unter den Voraussetzungen des § 37 WpÜG ist eine **Befreiung** von der Pflicht zur Veröffentlichung und zur Angebotsabgabe möglich (Ermessensentscheidung). Flankiert wird diese Regelung von der WpÜG-AngebotsVO, die auf der Basis der Ermächtigung nach § 37 Abs. 2 WpÜG erlassen wurde. § 37 WpÜG soll den rigiden Ansatz des Gesetzes, jeden zu einem Zwangsankauf zu verpflichten, der die schematisch festgelegte Kontrollschwelle von 30 % der Stimmrechte erreicht, ausgleichen[24]. In § 37 Abs. 1 WpÜG sind die Befreiungssachverhalte recht allgemein formuliert. **Umstritten** ist, ob diese **abschließend** sind[25] oder nicht[26]. Da der Wortlaut der Regelung keine Formulierung wie etwa „insbesondere“ enthält, ist er insoweit trotz seiner weiten Fassung eindeutig. Überzeugender ist es daher, die Regelung als abschließend anzusehen.

IV. 30 %-Kontrollschwelle und Zurechnung von Stimmrechten

819 Nach § 29 Abs. 1 WpÜG sind Übernahmeangebote Angebote, die auf den Erwerb der Kontrolle gerichtet sind. Nach § 29 Abs. 2 WpÜG bedeutet Kontrolle das Halten von mindestens **30 % der Stimmrechte** an der Zielgesellschaft (formaler Beherrschungsbegriff)[27]. Bei der Frage, ob diese Stimmrechtsquote erreicht wird, sind nicht nur die Stimmrechte des Aktionärs zu berücksichtigen, sondern nach Maßgabe des § 30 WpÜG unter Umständen auch Stimmrechte eines Dritten[28]. Durch § 30 WpÜG findet also eine **Ausweitung des Kontrollbegriffs** statt. Dem Bieter werden alle Stimmrechte zugerechnet, auf deren Ausübung er – sei es von Rechts wegen, sei es tatsächlich – Einfluss nehmen kann bzw Einfluss hat[29].

820 Eine **Zurechnung**[30] erfolgt bei Aktien, die einem Tochterunternehmen des Bieters gehören (§ 30 Abs. 1 Nr 1 WpÜG)[31], die für Rechnung des Bieters gehalten werden (§ 30 Abs. 1 Nr 2 WpÜG)[32], oder die einem Dritten als Sicherheit übertragen worden sind (§ 30 Abs. 1 Nr 3 WpÜG). Zugerechnet wird auch, wenn zugunsten des Bieters ein Nießbrauch bestellt wurde (§ 30 Abs. 1 Nr 4 WpÜG), der Bieter die Aktien durch

24 *Noack/Zetzsche*, in: Schwark/Zimmer, KMRK, § 37 WpÜG Rn 1.

25 So *Lenz/Linke*, AG 2002, 361, 366; *Krause/Pötzsch/Seiler*, in: Assmann/Pötzsch/U.H. Schneider, § 37 WpÜG Rn 2, 20; *Hommelhoff/Witt*, in: Frankfurter Kommentar, § 37 WpÜG Rn 2.

26 *Noack/Zetzsche*, in: Schwark/Zimmer, KMRK, § 37 WpÜG Rn 2, 2a; *Bernau*, WM 2004, 809, 811.

27 Anders dagegen der konzernrechtliche Abhängigkeitsbegriff des § 17 AktG, der an die materielle Beherrschung anknüpft, vgl BGH, 15. Dezember 2011 – I ZR 129/10, juris, Rn 21.

28 Mit § 30 WpÜG wortgleich ist § 22 WpHG (siehe Rn 585). Nach dem Willen des Gesetzgebers sind beide Zurechnungsnormen einheitlich auszulegen; siehe Begr. RegE WpÜG, BT-Drucks. 14/7034, S. 53; siehe auch *Lange*, ZBB 2004, 22, 24; *Liebscher*, ZIP 2002, 1005, 1006; *Witt*, AG 2001, 233, 237; abweichend *Casper*, ZIP 2003, 1469, 1472 f; *Drinkuth*, ZIP 2008, 676 ff. Ob eine einheitliche Auslegung wirklich möglich ist, oder ob nicht der Sinn und Zweck der Regelungen teilweise eine unterschiedliche Auslegung bedingt, wird zu Recht hervorgehoben bei *U.H. Schneider*, in: Assmann/ Pötzsch/U.H. Schneider, § 30 WpÜG Rn 14. Aufgrund des Gleichlaufs wurde neben dem WpHG auch das WpÜG durch das Gesetz zur Umsetzung der Transparenzrichtlinie-Änderungsrichtlinie von 2015 geändert, siehe Begr. RegE, BT-Drucks. 18/5010, S. 56

29 Vgl OLG Frankfurt ZIP 2004, 1304, 1311 f.

30 Siehe auch *Ekkenga*, ZGR 2015, 485, 495 ff.

31 *Arnold*, AG 2006, 567 ff.

32 Zur Frage, ob sog. Cash Settled Equity Swaps (vgl Continental/Schaeffler) unter diesen Zurechnungstatbestand fallen, vgl Rn 590.

eine Willenserklärung erwerben kann (§ 30 Abs. 1 Nr 5 WpÜG) und sie dem Bieter anvertraut sind und er die Stimmrechte aus den Aktien nach eigenem Ermessen ausüben kann (§ 30 Abs. 1 Nr 6 WpÜG). Das gilt auch für Stimmrechte, die dem Bieter separat ohne die damit verbundenen Aktien aufgrund einer Vereinbarung gegen eine Gegenleistung zeitweilig übertragen sind (§ 30 Abs. 1 Nr 7 WpÜG), sowie für Aktien, die beim Bieter zur Sicherheit verwahrt sind, sofern er die Stimmrechte aus diesen Aktien hält und die Absicht bekundet, sie auszuüben (§ 30 Abs. 1 Nr 8 WpÜG).

Eine Zurechnung findet auch bei abgestimmtem Verhalten **(acting in concert)** statt **821** (§ 30 Abs. 2 Satz 1 WpÜG)[33]. Die Zurechnungsregeln in § 22 Abs. 2 WpHG und § 30 Abs. 2 WpÜG sind nach dem ausdrücklichen Willen des Gesetzgebers in derselben Weise auszulegen, um Irritationen am Kapitalmarkt zu vermeiden[34]. Daher sind die Ausführungen zu § 22 Abs. 2 WpHG auch auf § 30 Abs. 2 WpÜG zu übertragen[35]. Ein abgestimmtes Verhalten durch Vereinbarung oder „in sonstiger Weise" setzt stets einen kommunikativen Akt zwischen den Beteiligten voraus[36]. Die auf eine Drohung zurückzuführende Abstimmung ist dabei genauso von § 30 Abs. 2 Satz 1 WpÜG erfasst wie eine rechtlich unverbindliche Absprache („Gentlemen's Agreement")[37].

Ein abgestimmtes Verhalten liegt vor, wenn sich die Beteiligten über die Ausübung **822** von Stimmrechten in der Hauptversammlung der Zielgesellschaft verständigen (§ 30 Abs. 2 Satz 2, 1. Alt. WpÜG) oder mit dem Ziel einer dauerhaften und erheblichen Änderung der unternehmerischen Ausrichtung der Zielgesellschaft in sonstiger Weise zusammenwirken (2. Alt.)[38]. Demnach kann auch ein Verhalten außerhalb der Stimmrechtsausübung in der Hauptversammlung eine Abstimmung sein und zu einer Zurechnung nach § 30 Abs. 2 WpÜG führen[39]. Ein solches **„Zusammenwirken in sonstiger Weise"** muss einen Abstimmungsgegenstand betreffen, der für die unternehmerische Ausrichtung der Zielgesellschaft von großer Bedeutung und von einer gewissen Nachhaltigkeit geprägt ist[40]. Die Beteiligten müssen eine Änderung der unternehmerischen Ausrichtung der Zielgesellschaft beabsichtigen. Eine Aufrechterhaltung des Status Quo wird nicht von § 30 Abs. 2 WpÜG erfasst[41]. Da es sich um ein

33 Vgl OLG Frankfurt NJW 2004, 3716, 3718 (hierzu *Seibt*, ZIP 2004, 1829 ff); OLG München NZG 2005, 848, 849 (hierzu *Kuthe/Brockhausen*, DB 2005, 1264 ff); *Drinkuth*, ZIP 2008, 676 ff; *Ekkenga*, ZGR 2015, 485, 497 ff. Zum Analogieverbot *Oechsler*, ZIP 2011, 449, 452; siehe auch die sog. white list der ESMA vom 12. November 2013 als Orientierungshilfe.

34 Begr. RegE RBG, BT-Drucks. 16/7438, S. 11 und 15; so bereits Begr. RegE WpÜG, BT-Drucks. 14/7034, S. 53 und 70; Begr. RegE TUG, BT-Drucks. 16/2498, S. 29; aA *Drinkuth*, ZIP 2008, 676 ff; *Fleischer*, ZGR 2008, 185, 196 ff mwN; kritisch *Noack/Zetzsche*, in: Schwark/Zimmer, KMRK, § 30 WpÜG Rn 4.

35 Siehe Rn 599 ff.

36 *U.H. Schneider*, in: Assmann/Pötzsch/U.H. Schneider, § 30 WpÜG Rn 176; *Drinkuth*, ZIP 2008, 676 mwN.

37 *Steinmeyer*, in: Steinmeyer, WpÜG, § 30 Rn 58; *Pentz*, ZIP 2003, 1478, 1487; siehe auch BGHZ 169, 98, 104 Rn 14 f („WMF").

38 Zur Anwendung beim Aktienerwerb *Oechsler*, ZIP 2011, 449 ff.

39 Begr. RegE RBG, BT-Drucks. 16/7438, S. 11, 13; dagegen noch restriktiv BGHZ 169, 98, 106 (Abstimmung im Aufsichtsrat scheide aus); siehe auch *Lenenbach*, KMR, Rn 16.31 f.

40 *von Bülow/Stephanblome*, ZIP 2008, 1797, 1798 f; *Weber-Rey*, DStR 2008, 1967, 1968; kritisch *König*, BB 2008, 1910, 1912; *Korff*, AG 2008, 692, 693 f; *Lenenbach*, KMR, Rn 16.33.

41 *von Bülow/Stephanblome*, ZIP 2008, 1797, 1798 f; *Korff*, AG 2008, 692, 693.

subjektives Tatbestandsmerkmal handelt, ist die objektive Eignung der abgesprochenen Maßnahmen, die unternehmerische Ausrichtung der Zielgesellschaft dauerhaft und erheblich zu ändern, weder erforderlich noch ausreichend[42]. Das Vorliegen eines Einzelfalls iS des § 30 Abs. 2 Satz 1, 2. HS WpÜG ist nach hM formal, dh bezogen auf die Häufigkeit des Abstimmungsverhaltens, festzustellen[43]. Hierfür spricht sowohl der Wortlaut der Vorschrift als auch der Aspekt der Rechtssicherheit.

823 Sind dem Bieter Stimmrechte zuzurechnen, werden diese bei dem Aktionär, dessen Stimmrechte zugerechnet werden, **nicht weggerechnet**. Damit können etwa bei einem abgestimmten Verhalten iS des § 30 Abs. 2 WpÜG mehrere Personen zur Abgabe eines Pflichtangebots verpflichtet sein, weil ihnen die Stimmrechtsanteile wechselseitig zugerechnet werden.

824 Fraglich ist, ob eine Einzelzurechnung erfolgt, dh jeder Zurechnungstatbestand für sich abschließend zur Anwendung gelangt, oder ob eine Kettenzurechnung dergestalt erfolgt, dass dem Bieter auch die dem Dritten seinerseits zuzurechnenden Stimmrechte zuzurechnen sind. Die **Kettenzurechnung**[44] ist gesetzlich in zwei Fällen geregelt: Sie erfolgt nach § 30 Abs. 1 Satz 2 WpÜG, wenn einem Tochterunternehmen seinerseits Stimmrechte nach § 30 Abs. 1 Satz 1 Nr 2–6 WpÜG zugerechnet werden. Und sie erfolgt nach § 30 Abs. 2 Satz 2 WpÜG in den Fällen des sog. acting in concert, so dass dem Bieter neben den Stimmrechten des Dritten auch die Stimmrechte zugerechnet werden, die dem Dritten nach § 30 Abs. 1 Satz 1 Nr 2–6 WpÜG zuzurechnen sind. Aus dem Sinn und Zweck der Regelung werden im Schrifttum noch weitere, gesetzlich nicht geregelte Kettenzurechnungen gefolgert. Dies soll bei der Treuhand der Fall sein (§ 30 Abs. 1 Satz 1 Nr 2 WpÜG)[45]. Abgelehnt wird das in den Fällen des § 30 Abs. 1 Satz 1 Nr 3, 4, 5 und 6 WpÜG, da der Bieter insoweit keinen Einfluss auf die Stimmrechte, die dem Dritten zugerechnet werden, hat[46].

§ 14 Das Verfahren

Ausgewählte Literatur: *Assmann*, Prospektaktualisierungspflichten, in: FS Ulmer, 2003, S. 757; *ders.*, Die Haftung für die Richtigkeit und Vollständigkeit der Angebotsunterlagen nach § 12 WpÜG, AG 2002, 153; *Berrar*, Die Finanzierungsbestätigung nach § 13 WpÜG, ZBB 2002, 174; *Cascante/Tyrolt*, 10 Jahre WpÜG – Reformbedarf im Übernahmerecht?, AG 2012, 97; *Deilmann*, Aktienrechtlicher versus übernahmerechtlicher Squeeze-out, NZG 2007, 721; *Ekkenga*, Neuere Entwicklungen zur Preisverantwortung des Bieters im Übernahmerecht – das Postbank-Urteil des BGH, ZGR 2015, 485; *Friedl*, Die Haftung des Vorstands und Aufsichtsrats für eine fehlerhafte Stellungnahme gemäß § 27 I WpÜG, NZG 2004, 448; *Hentzen/Riek-*

42 *Korff*, AG 2008, 692, 694.

43 BGHZ 169, 98, 107 f („WMF“); *von Bülow/Stephanblome*, ZIP 2008, 1797, 1799.

44 *Steinmeyer*, in: Steinmeyer, § 30 WpÜG Rn 71 f; *U.H. Schneider*, in: Assmann/Pötzsch/U.H. Schneider, § 30 WpÜG Rn 16.

45 *U.H. Schneider*, in: Assmann/Pötzsch/U.H. Schneider, § 30 WpÜG Rn 21; KölnerKommWpÜG/*von Bülow*, § 30 WpÜG Rn 188; *Walz*, in: Frankfurter Kommentar, § 30 WpÜG Rn 36.

46 *U.H. Schneider*, in: Assmann/Pötzsch/U.H. Schneider, § 30 WpÜG Rn 21; KölnerKommWpÜG/*von Bülow*, § 30 WpÜG Rn 185.

kers, Übernahmerechtlicher Squeeze-out – ein Nachruf?, DB 2013, 1159; *Holzborn/Peschke*, Europäische Neutralitätspflicht und Übernahme Squeeze-Out, Die Implementierung der Übernahmerichtlinie im WpÜG, BKR 2007, 101; *Krause*, Zum richterrechtlichen Anspruch der Aktionäre auf angemessene Gegenleistung bei Übernahme- und Pflichtangeboten, AG 2014, 833; *Merkt/Binder*, Änderungen im Übernahmerecht nach Umsetzung der EG-Übernahmerichtlinie: Das deutsche Umsetzungsgesetz und verbleibende Problemfelder, BB 2006, 1285; *Möllers*, Verfahren, Pflichten und Haftung, insbesondere der Banken, bei Übernahmeangeboten, ZGR 2002, 664; *Mülbert/Kiem/Wittig* (Hrsg.), 10 Jahre WpÜG, ZHR-Beiheft, 2011; *Ott*, Der übernahmerechtliche Squeeze-out gemäß §§ 39a f WpÜG, WM 2008, 384; *Paefgen*, Zum Zwangsausschluss im neuen Übernahmerecht, WM 2007, 765; *Pfüller/Detweiler*, Die Haftung der Banken bei öffentlichen Übernahmen nach dem Wertpapiererwerbs- und Übernahmegesetz (WpÜG), BKR 2004, 383; *Pohlmann*, Rechtsschutz der Aktionäre der Zielgesellschaft im Wertpapiererwerbs- und Übernahmeverfahren, ZGR 2007, 1; *Seibt*, Reform der EU-Übernahmerichtlinie und des deutschen Übernahmerechts, ZIP 2012, 1; *Scholl/Siekmann*, Rechtsgeschäftliche Probleme im Übernahmerecht, BKR 2013, 316; *Theiselmann*, Aktuelle Rechtsfragen des übernahmerechtlichen Squeeze-out, Der Konzern 2009, 221; *Vaupel*, Die Haftung der Banken für die Richtigkeit der Angebotsunterlage bei Umtauschangeboten nach dem WpÜG, WM 2002, 1170; *Vogel*, Finanzierung von Übernahmeangeboten – Testat und Haftung des Wertpapierdienstleistungsunternehmens nach § 13 WpÜG, ZIP 2002, 1421.

Fall 16: Die Bank B berät den Bieter X bei der Durchführung eines Übernahmeangebots hinsichtlich der Zielgesellschaft Z, namentlich auch bei der Erstellung der Angebotsunterlagen. Aktionär A verkauft aufgrund des öffentlichen Übernahmeangebots der X seine Aktien, die er an der Z hält. Das Angebot hat A aufgrund der Angebotsunterlagen angenommen, die sich sodann als fehlerhaft erweisen. A verlangt von der B-Bank Schadensersatz. Zu Recht? **Rn 880** **825**

Fall 17: Bieter B hält bereits 25 % der Anteile an der Zielgesellschaft Z. B strebt jedoch die Kontrolle über Z an und erwirbt aus diesem Grund außerbörslich vom Großaktionär X dessen Anteile an der Z in Höhe von 10 % zu einem Kaufpreis von 500 Euro pro Aktie. B veröffentlicht daraufhin den Kontrollerwerb unter Angabe seines Stimmrechtsanteils in Höhe von 35 %, übermittelt der BaFin eine Angebotsunterlage und veröffentlicht diese. Als Gegenleistung gibt B in der Angebotsunterlage einen Kaufpreis in Höhe von 250 Euro pro Aktie an. Aktionär A der Z nimmt daraufhin das Angebot des B an, verlangt aber einen Kaufpreis in Höhe von 500 Euro pro Aktie. Zu Recht? **Rn 880a** **826**

I. Vorangebotsphase

Der Erwerb von Aktien an einer börsennotierten Gesellschaft durch ein öffentliches Erwerbsangebot geschieht in verschiedenen Phasen[1]. Regelmäßig definiert der Bieter zunächst bestimmte Unternehmensziele. Unter deren Berücksichtigung prüft ein Team aus Mitarbeitern des Bieters und externen Beratern (Investmentbank, Rechtsanwälte, Wirtschaftsprüfer etc), welche Gesellschaft als Zielgesellschaft (sog. Target) in Betracht kommt. Diese wird nebst dem Marktumfeld analysiert und bewertet, und es werden anstehende Fragen (Genehmigungen, Finanzierung etc) geklärt. Zumeist wird **827**

1 Ein Ablaufplan findet sich etwa bei KölnerKommWpÜG/*Hasselbach*, § 16 WpÜG Rn 39.

auch mit dem Vorstand der Zielgesellschaft und, so vorhanden, mit Großaktionären der Zielgesellschaft Kontakt aufgenommen.

828 Der Bieter kann bereits zu diesem Zeitpunkt börslich oder außerbörslich Aktien der Zielgesellschaft erwerben, um den Einfluss auf die Zielgesellschaft zu begründen oder auszuweiten (Vorerwerb, vgl § 31 Abs. 1 Satz 2, Abs. 3 WpÜG)[2]. Ein **„heimliches Anschleichen"** durch einen sukzessiven Aktienerwerb mit dem Ziel der Kontrolle des Unternehmens ist aufgrund der Mitteilungs- und Veröffentlichungspflichten nach § 21 WpHG nicht möglich, da sowohl die Zielgesellschaft als auch die BaFin ab Erreichen einer 3 %igen, einer 5 %igen Beteiligung und sodann bei Erreichen der Beteiligungsschwellen von 10 % und 25 % zu informieren sind (§ 21 Abs. 1 Satz 1 WpHG)[3]. Ist ein Stimmrechtsanteil von 30 % erreicht, muss ohnehin nach § 35 Abs. 2 WpÜG ein Pflichtangebot abgegeben werden.

829 Nach **§ 10 WpÜG**[4] hat der Bieter, um eine Manipulation des Markts und mögliche Insidergeschäfte zu verhindern, bereits die **Entscheidung** zur Abgabe eines Angebots unverzüglich der BaFin sowie den Geschäftsführungen der relevanten Börsen **mitzuteilen** (§ 10 Abs. 2 WpÜG)[5]. Unverzüglich nach der Mitteilung muss er die Entscheidung veröffentlichen (§ 10 Abs. 1 WpÜG). Schließlich muss der Bieter seine Entscheidung zur Abgabe eines Angebots dem Vorstand der Zielgesellschaft unverzüglich schriftlich mitteilen (§ 10 Abs. 5 WpÜG).

830 Unerheblich ist, ob der Bieter anschließend ein Angebot abgibt oder ob ein **Widerruf** der Entscheidung erfolgt. § 10 WpÜG begründet keine Pflicht zur Durchführung eines Angebotsverfahrens. Es entsteht kein Rechtsverhältnis iS des § 311 Abs. 2 BGB, da § 10 WpÜG lediglich Marktmanipulationen und -verzerrungen entgegenwirken soll. Die Entscheidung zur Abgabe eines Übernahmeangebots ist weder ein Angebot noch eine sonstige rechtsgeschäftliche Willenserklärung. Es wird keine rechtsgeschäftliche Bindungswirkung, sondern lediglich das Angebotsverfahren iS des WpÜG ausgelöst. Daher kann ein Widerruf der bereits veröffentlichten Entscheidung zur Angebotsabgabe auch keine Schadensersatzpflicht iS des § 280 Abs. 1 BGB nach sich ziehen[6]. Allerdings besteht die Gefahr eines Bußgelds[7] sowie einer Untersagungsverfügung der BaFin nach § 15 Abs. 1 WpÜG und einer Sperrfrist nach § 26 WpÜG[8].

---

2 *Süßmann*, NZG 2011, 1281 f.

3 Siehe aber das Vorgehen im Fall Continental AG/Schaeffler KG, wo nur 2,97 % Continental-Aktien erworben wurden, darüber hinaus jedoch eine Inhaberschaft von Aktienoptionen vorlag sowie Swap-Geschäfte abgeschlossen wurden, die allesamt nicht meldepflichtig waren, dazu *Schwenk/Glander*, juris PR-BKR 5/2008, Anm. 6; zu weiteren Fällen des Anschleichens *Anzinger*, in: VGR, Gesellschaftsrecht in der Diskussion 2010, 2011, S. 187, 192 ff.

4 Diese Regelung ist § 15 WpHG (Ad-hoc-Mitteilung) nachgebildet; vgl *Noack/Holzborn*, in: Schwark/Zimmer, KMRK, § 10 WpÜG Rn 5 („gesetzlich geregelter Spezialfall der Ad-hoc-Publizität").

5 Zum Verhältnis zur Mitteilungspflicht nach § 27a Abs. 1 Satz 3 Nr 2 WpHG siehe *Leyendecker-Langner/Huthmacher* AG, 2015, 560 ff.

6 KölnerKommWpÜG/*Hirte*, § 10 WpÜG Rn 2, 19 ff; *Noack/Holzborn*, in: Schwark/Zimmer, KMRK, § 10 WpÜG Rn 2; aA *Scholl/Siekmann*, BKR 2013, 316, 317.

7 *Noack/Holzborn*, in: Schwark/Zimmer, KMRK, § 14 WpÜG Rn 30; aA *Assmann*, in: Assmann/Pötzsch/U.H. Schneider, § 10 WpÜG Rn 52; *Scholl/Siekmann*, BKR 2013, 316.

8 Zur dadurch faktisch bestehenden Pflicht zur Durchführung des weiteren Angebotsverfahrens sowie zu Reformvorschlägen *Cascante/Tyrolt*, AG 2012, 97, 102 ff.

Fraglich ist, wann eine **„Entscheidung"** iS des § 10 WpÜG vorliegt. Regelmäßig wird die bloße Vorbereitungsphase mit Abschluss der Prüfung und Beratung zu Ende sein[9]. Wenn die Abgabe eines Angebots noch von der Zustimmung des Aufsichtsrats des Bieters abhängt, ist zu überlegen, ob bereits vor dem Aufsichtsratsbeschluss die Abgabe des Angebots hinreichend wahrscheinlich ist, so dass eine entsprechende Absicht und damit eine Veröffentlichungspflicht nach § 10 WpÜG zu bejahen ist. Insoweit besteht eine Parallele zur Bestimmung des Zeitpunkts der Ad-hoc-Publizitätspflicht iS des § 15 WpHG[10]. Danach kann der Beschluss des Aufsichtsrats abgewartet werden, wenn der Vorstand nur mit dessen Zustimmung handeln darf. Ansonsten reicht der Vorstandsbeschluss, um eine Veröffentlichungspflicht auszulösen[11]. 831

Ob aufgrund der Entscheidung des EuGH zur Bestimmung der hinreichenden Wahrscheinlichkeit bei Insiderinformationen[12] auch im Fall einer gesellschaftsrechtlich notwendigen Zustimmung des Aufsichtsrats zur Abgabe eines Übernahmeangebots bereits vor dem entsprechenden Beschluss eine Veröffentlichungspflicht nach § 10 WpÜG besteht, ist offen. Sofern gesellschaftsrechtlich eine Zustimmung der „Gesellschafterversammlung" erforderlich ist, darf diese jedenfalls nicht abgewartet werden (§ 10 Abs. 1 Satz 2 WpÜG). Die Gesellschaft kann aber in diesen Fällen einen Veröffentlichungsaufschub durch die BaFin erwirken (§ 10 Abs. 1 Satz 3 WpÜG)[13]. Voraussetzung hierfür ist, dass die Bietergesellschaft durch geeignete Vorkehrungen die Gefahr von Marktverzerrungen vermeidet. Das kann etwa dadurch erreicht werden, dass der Kreis der zu informierenden Gesellschafter überschaubar und damit Vertraulichkeit gewährleistet ist[14]. 832

Für Pflichtangebote iS des § 35 Abs. 2 WpÜG gelten die speziellen Regelungen der §§ 39, 35 Abs. 2 Satz 1 WpÜG. Nach § 39 WpÜG findet § 10 Abs. 1 Satz 1 WpÜG keine Anwendung auf Pflichtangebote. Das bedeutet, dass statt der Entscheidung zur Abgabe des Angebots das Erreichen der Kontrollschwelle zu veröffentlichen ist[15]. 833

II. Das Angebot

1. Anforderungen an die Angebotsunterlage

Im Interesse der kapitalmarktrechtlichen Publizität und Transparenz hat der Bieter eine Angebotsunterlagc (sog. **Prospckt**)[16] zu veröffentlichen (§ 11 Abs. 1 WpÜG). Zuvor hat der Bieter innerhalb von vier Wochen nach der Veröffentlichung der Entscheidung zur Abgabe eines Angebots die Angebotsunterlagen der BaFin zur Prüfung zu übermitteln (§ 14 Abs. 1 WpÜG). Gestattet die BaFin die Veröffentlichung der Angebotsunterlage, hat der Bieter eine solche unverzüglich vorzunehmen (§ 14 834

9 Näher KölnerKommWpÜG/*Hirte*, § 10 WpÜG Rn 26 ff.
10 Zur Übertragbarkeit der Grundsätze KölnerKommWpÜG/*Hirte*, § 10 WpÜG Rn 34; *Assmann*, in: Assmann/Pötzsch/U.H. Schneider, § 10 WpÜG Rn 15.
11 *Langenbucher*, § 18 Rn 43.
12 EuGH NJW 2012, 2787 („Geltl/Daimler"); siehe dazu oben Rn 294.
13 *Assmann*, in: Assmann/Pötzsch/U.H. Schneider, § 10 WpÜG Rn 33.
14 *Walz*, in: Frankfurter Kommentar, § 10 WpÜG Rn 27.
15 Begr. RegE WpÜG, BT-Drucks. 14/7034, S. 61; KölnerKommWpÜG/*von Bülow*, § 39 WpÜG Rn 42.
16 *Steinhardt/Nestler*, in: Steinmeyer, § 11 WpÜG Rn 9 f.

Abs. 2 WpÜG). Nach der Veröffentlichung hat er die Angebotsunterlage unverzüglich der Zielgesellschaft zu übermitteln (§ 14 Abs. 4 WpÜG). Eine solche Verpflichtung besteht auch gegenüber dem zuständigen Betriebsrat bzw den Arbeitnehmern des Bieters.

835 Die Angebotsunterlage muss bestimmte **Informationen** für die Aktionäre enthalten. Nach § 11 Abs. 2 WpÜG umfasst dies den Inhalt des Angebots und ergänzende Angaben. Weitere Bestimmungen für den Inhalt der Angebotsunterlagen enthalten § 11 Abs. 3 WpÜG sowie § 2 der WpÜG-AngebotsVO[17]. Wird die Angebotsunterlage von der zuständigen Aufsichtsstelle eines anderen EWR-Staates gebilligt, wird diese Billigung ohne zusätzliches Billigungsverfahren nach § 11a WpÜG anerkannt **(„Europäischer Pass")**[18].

836 Die angebotene **Gegenleistung** kann in Geld oder Wertpapieren bestehen. Bei Übernahmeangeboten sowie bei Pflichtangeboten (§ 39 WpÜG) richtet sich die Höhe der Gegenleistung nach § 31 WpÜG[19] sowie den §§ 3–7 WpÜG-AngebotsVO. Dabei hat die Gegenleistung angemessen zu sein. Zu berücksichtigen sind dabei einerseits der durchschnittliche Börsenkurs der Aktien der Zielgesellschaft und andererseits der Erwerb von Aktien der Zielgesellschaft durch den Bieter.

837 Das Angebot muss grundsätzlich **bindend** sein[20]. Der Bieter kann nicht zunächst den Markt testen, indem er die Aktionäre auffordert, ihrerseits Angebote zu machen. § 17 WpÜG verbietet die öffentliche Aufforderung zur Abgabe von Angeboten (sog. invitatio ad offerendum). Die Zielgesellschaft soll nicht durch Angebote belastet werden, an die der Bieter (noch) nicht gebunden ist. Jedenfalls können bei freiwilligen Angeboten grundsätzlich Bedingungen aufgenommen werden (§ 11 Abs. 2 Nr 5 WpÜG). Die Aufnahme von Bedingungen ist jedoch nach § 18 Abs. 1 WpÜG beschränkt, so dass der Bieter nicht auf diese Weise eine Art Rücktrittsvorbehalt aufnehmen kann. Auf die Bedingung kann der Bieter auch im Laufe des Angebotsverfahrens verzichten, um so sein Angebot attraktiver zu machen[21]. Bei nicht auf Kontrollerwerb gerichteten Angeboten kann der Bieter auch lediglich ein **Teilangebot** abgeben (§ 19 WpÜG), so dass der Erwerb nur auf einen bestimmten Anteil oder eine bestimmte Anzahl der Wertpapiere gerichtet ist[22].

838 Trotz der Bindung sieht § 21 WpÜG die Möglichkeit der **Änderung des Angebots** vor, wenn sie zugunsten der Aktionäre der Zielgesellschaft wirkt. Der Bieter soll die Attraktivität des Angebots erhöhen können, ohne dass er das gesamte Verfahren erneut durchlaufen muss[23]. Er kann daher die Gegenleistung erhöhen oder eine andere Gegenleistung anbieten (§ 21 Abs. 1 Satz 1 Nr 1 und 2 WpÜG). Er kann auch die

17 VO über den Inhalt der Angebotsunterlage, die Gegenleistung bei Übernahmeangeboten und Pflichtangeboten und die Befreiung von der Verpflichtung zur Veröffentlichung und zur Abgabe eines Angebots vom 27. Dezember 2001, BGBl. I, S. 4263, zuletzt geändert durch Art. 13 des Gesetzes vom 20. November 2015, BGBl. I, S. 2029.

18 Näher *Holzborn/Peschke*, BKR 2007, 101, 102 f.

19 § 31 WpÜG gilt nicht für einfache Erwerbsangebote.

20 Zu Bedingungen *Mielke*, DB 2012, 1969 ff.

21 *Scholl/Siekmann*, BKR 2013, 316, 318.

22 Zu den damit verbundenen Problemen *Scholl/Siekmann*, BKR 2013, 316, 323.

23 Begr. RegE WpÜG, BT-Drucks. 14/7034, S. 49.

Mindestannahmeschwelle herabsetzen (§ 21 Abs. 1 Satz 1 Nr 3 WpÜG)[24] oder auf wirksam festgesetzte Bedingungen verzichten (§ 21 Abs. 1 Satz 1 Nr 4 WpÜG). Da den Aktionären der Zielgesellschaft Änderungen nicht gegen ihren Willen aufgedrängt werden können sollen, sieht § 21 Abs. 4 WpÜG ein **Rücktrittsrecht** für die Aktionäre vor, die das Angebot vor Veröffentlichung der Änderung nach § 21 Abs. 2 WpÜG angenommen haben. Sie können das günstigere Angebot annehmen, sind hierzu aber nicht verpflichtet.

Liegt ein Verstoß gegen WpÜG-Regelungen vor und sind die **Angebotsunterlagen** **839** **fehlerhaft**, führt das weder zur Nichtigkeit noch zu einer Korrektur des Angebots kraft Gesetzes. Fraglich ist, ob die **§§ 305 ff BGB** (Allgemeine Geschäftsbedingungen) anwendbar sind. Schließlich bildet das Angebot des Bieters einen für eine Vielzahl von Verträgen einseitig vorformulierten Vertragsinhalt. Teilweise wird das im Schrifttum bejaht[25], teilweise zu Recht verneint[26]. Die bei der BaFin angesiedelte WpÜG-Inhaltskontrolle ist gegenüber der zivilrechtlichen Inhaltskontrolle von Verträgen spezieller, da die Missstandsaufsicht durch die BaFin strenger ist (vgl §§ 14, 4 Abs. 1 Satz 2 WpHG)[27]. Zudem ist bei einem Angebot nach dem WpÜG ein individuelles Aushandeln aufgrund des Gleichbehandlungsgebots des § 3 Abs. 1 WpÜG ausgeschlossen. Die Rechtsnachteile der §§ 305 ff BGB können aber nicht denjenigen treffen, der gesetzlich zwingend keinen Individualvertrag schließen darf[28].

Ein formal oder inhaltlich unzureichendes bzw fehlerhaftes Angebot kann die BaFin **840** nach § 15 Abs. 1 Nr 1 und 2 WpÜG **untersagen**[29]. Zwar ist an die fehlerhafte Erstellung des Angebots kein Bußgeld geknüpft, sondern lediglich an die Verbreitung der untersagten Unterlage (§§ 15 Abs. 3, 60 Abs. 1 Nr 6 WpÜG), die Untersagung durch die BaFin hat aber die Folge, dass ein neues Angebot nicht vor Ablauf eines Jahres möglich ist (§ 26 WpÜG). Außerdem kommt eine **Haftung** des Bieters nach § 12 WpÜG (für die Angebotsunterlage)[30] sowie der Bank nach § 13 Abs. 2 WpÜG (bei Scheitern der Finanzierung)[31] in Betracht.

2. Haftung für die Angebotsunterlage (§ 12 WpÜG)

Nach § 12 Abs. 1 WpÜG kann derjenige, der im Rahmen einer öffentlichen Übernah- **841** me ein Angebot angenommen hat, Ersatz des ihm aus der Annahme entstandenen Schadens verlangen, wenn in der Angebotsunterlage für die Beurteilung des Angebots wesentliche Angaben unrichtig oder unvollständig sind. § 12 WpÜG ist zentraler Haftungstatbestand für alle öffentlichen Angebote nach dem WpÜG (Verweisung in §§ 21 Abs. 3, 34 und 39 WpÜG).

24 Zur Frage des Reformbedarfs *Cascante/Tyrolt*, AG 2012, 97, 99 ff.
25 KölnerKommWpÜG/*Seydel*, § 11 WpÜG Rn 23; *Steinhardt/Nestler*, in: Steinmeyer, § 11 WpÜG Rn 6; *Scholl/Siekmann*, BKR 2013, 316, 322; *Lenenbach*, KMR, Rn 16.82.
26 *Noack/Holzborn*, in: Schwark/Zimmer, KMRK, § 11 WpÜG Rn 31; MünchKommWpÜG/*Wackerbarth*, § 11 WpÜG Rn 8; *Meyer*, in: Assmann/Pötzsch/U.H. Schneider, § 11 WpÜG Rn 27 ff.
27 *Noack/Holzborn*, in: Schwark/Zimmer, KMRK, § 11 WpÜG Rn 31.
28 *Meyer*, in: Assmann/Pötzsch/U.H. Schneider, § 11 WpÜG Rn 27 ff.
29 Gegen die Entscheidung der BaFin ist Widerspruch und Beschwerde möglich (§ 41 Abs. 1 WpÜG). Obwohl es sich um ein Verwaltungsverfahren handelt, sieht das WpÜG für Rechtsmittel die alleinige Zuständigkeit des OLG Frankfurt vor (§ 48 Abs. 4 WpÜG).
30 Siehe Rn 841 ff.
31 Siehe Rn 852 ff.

a) Haftungsadressat

842 Haftungsadressat und damit (gesamtschuldnerisch) schadensersatzpflichtig sind diejenigen, die für die Angebotsunterlage die Verantwortung übernommen haben[32] (§ 12 Abs. 1 Nr 1 WpÜG) sowie diejenigen, von denen der Erlass der Angebotsunterlage ausgeht (§ 12 Abs. 1 Nr 2 WpÜG). Durch Letzteres sollen die tatsächlichen Urheber der Angebotsunterlage erfasst werden[33]. Das können Anteilsinhaber der Bietergesellschaft, Hintermänner oder mit dem Bieter gemeinsam handelnde Personen (§ 2 Abs. 5 WpÜG) sein, dh alle, die ein eigenes wirtschaftliches Interesse am Angebot haben. Nach hM sind die Verfasser der Angebotsunterlage (Investmentbanker, Anwälte, Steuerberater etc) hiervon nicht erfasst[34].

b) Voraussetzungen

843 Voraussetzung für eine Haftung ist **erstens** eine nach § 14 Abs. 2 WpÜG von der BaFin gebilligte und tatsächlich veröffentlichte **Angebotsunterlage**. Liegt keine oder keine veröffentlichte Angebotsunterlage vor, scheidet eine Haftung nach § 12 WpÜG aus[35]. Hat die BaFin die Unterlage nicht gebilligt, soll eine Haftung aus § 12 WpÜG analog oder aus bürgerlichrechtlicher Prospekthaftung in Betracht kommen können[36].

844 Die Angebotsunterlage muss **zweitens** Angaben enthalten, die zur Beurteilung des Angebots **wesentlich** sowie **unrichtig** oder **unvollständig** sind. Wesentlich sind nur solche Umstände, die objektiv für die Beurteilung des Angebots erforderlich sind[37]. Für die Unrichtigkeit oder Unvollständigkeit ist auf die Perspektive eines durchschnittlichen Anlegers abzustellen[38]. Angaben iS des § 12 Abs. 1 WpÜG sind nicht nur Tatsachen, sondern auch Werturteile und Prognosen. Letztere müssen, um als richtig angesehen werden zu können, ausreichend durch Tatsachen gestützt und kaufmännisch vertretbar sein. Unvollständig ist eine Unterlage, wenn ihr wesentliche Angaben, die ein durchschnittlicher, verständiger Anleger bei seiner Entscheidung über die Annahme des Angebots berücksichtigen würde, fehlen. Abzustellen ist auf den Zeitpunkt der Veröffentlichung der Angebotsunterlage[39].

845 **Drittens** muss die fehlerhafte Angebotsunterlage **kausal** für die Angebotsannahme gewesen sein (haftungsbegründende Kausalität). Aus dem Wortlaut der §§ 12 Abs. 1

32 Vgl § 11 Abs. 3 WpÜG.

33 Begr. RegE WpÜG, BT-Drucks. 14/7034, S. 42.

34 *Noack/Holzborn*, in: Schwark/Zimmer, KMRK, § 12 WpÜG Rn 6; *Renner*, in: Frankfurter Kommentar, § 12 WpÜG Rn 17; zur Haftung der Bank *Pfüller/Detweiler*, BKR 2004, 383 ff.

35 *Assmann*, in: Assmann/Pötzsch/U.H. Schneider, § 12 WpÜG Rn 6; *Langenbucher*, § 18 Rn 58.

36 *Assmann*, in: Assmann/Pötzsch/U.H. Schneider, § 12 WpÜG Rn 7; ablehnend *Renner*, in: Frankfurter Kommentar, § 12 WpÜG Rn 12.

37 Vgl Begr. RegE WpÜG, BT-Drucks. 14/7034, S. 42, wo darauf abgestellt wird, ob sich „bei einer ordnungsgemäßen Angabe die für die Beurteilung der Wertpapiere maßgeblichen tatsächlichen und rechtlichen Verhältnisse verändern würden"; so auch KölnerKommWpÜG/*Möllers*, § 12 WpÜG Rn 77; *ders.*, ZGR 2002, 664, 671; aA *Assmann*, in: Assmann/Pötzsch/U.H. Schneider, § 12 WpÜG Rn 11 (sei zu eng auf die wertbildenden Faktoren abstellend).

38 Ausführlich hierzu *Assmann*, in: Assmann/Pötzsch/U.H. Schneider, § 12 WpÜG Rn 23 ff; *Renner*, in: Frankfurter Kommentar, § 12 WpÜG Rn 22.

39 KölnerKommWpÜG/*Möllers*, § 12 WpÜG Rn 72; *Renner*, in: Frankfurter Kommentar, § 12 WpÜG Rn 24; *Assmann*, in: Assmann/Pötzsch/U.H. Schneider, § 12 WpÜG Rn 23; aA wohl *Noack/Holzborn*, in: Schwark/Zimmer, KMRK, § 12 WpÜG Rn 14 (Zeitpunkt der Annahme des Angebots).

und Abs. 3 Nr 1 WpÜG lässt sich ableiten, dass das Vorliegen der haftungsbegründenden Kausalität **vermutet** wird[40]. Damit hat der Anspruchsgegner zu beweisen, dass keine Kausalität vorliegt[41]. An einer Ursächlichkeit zwischen fehlerhafter Angebotsunterlage und Annahme des Angebots mangelt es auch dann, wenn vor Annahme des Angebots in einer Ad-hoc-Veröffentlichung (§ 15 WpHG) oder einer vergleichbaren Bekanntmachung eine ausdrückliche und klar hervorgehobene Berichtigung der unrichtigen oder unvollständigen Angaben veröffentlicht wurde (§ 12 Abs. 3 Nr 3 WpÜG)[42].

Viertens ist **Verschulden** erforderlich. Die Haftung entfällt nach § 12 Abs. 2 WpÜG, **846** wenn der Anspruchsgegner nachweisen kann, dass er die Unrichtigkeit oder Unvollständigkeit der Angaben der Angebotsunterlage nicht gekannt hat und die Unkenntnis nicht auf grober Fahrlässigkeit beruht. Aus § 12 Abs. 2 iVm Abs. 1 WpÜG ergibt sich damit, dass nur bei Vorsatz oder grober Fahrlässigkeit gehaftet wird[43]. Die Beweislast für die fehlende Kenntnis und das Fehlen der groben Fahrlässigkeit liegt beim Anspruchsgegner[44].

§ 12 Abs. 3 WpÜG zählt weitere **Ausschlussgründe** für die Haftung auf. Eine Haf- **847** tung scheidet danach aus bei Annahme trotz Kenntnis der Fehlerhaftigkeit der Angebotsunterlage (Nr 2) und bei einer veröffentlichten Berichtigung der fehlerhaften Angaben (Nr 3), dh wenn vor Angebotsannahme eine Richtigstellung durch eine Adhoc-Mitteilung erfolgt. Hier hat der Anspruchsgegner die Beweislast für das Fehlen der Kausalität.

c) Rechtsfolgen

Der Geschädigte kann nicht die Herstellung des Zustands verlangen, der sich ergeben **848** würde, wenn die Wirklichkeit den unrichtigen Angaben in der Angebotsunterlage entsprochen hätte (positives Interesse)[45]. Rechtsfolge ist vielmehr der Ersatz des **Schadens**, der aus der Annahme des Angebots, bei dem wesentliche Angaben fehlerhaft waren, erwachsen ist. Das zu ersetzende negative Interesse richtet sich nach den §§ 249 ff BGB, dh es ist der Zustand herzustellen, der bestehen würde, wenn das schädigende Ereignis (fehlerhafte Angebotsunterlage) nicht eingetreten wäre. Es ist damit der nach der Annahme des Angebots bestehende Zustand mit dem Zustand zu vergleichen, der ohne die Transaktion bestünde.

40 *Assmann*, in: Assmann/Pötzsch/U.H. Schneider, § 12 WpÜG Rn 45. Kritisch bzgl Barangebot *Langenbucher*, § 18 Rn 65 ff; *dies.*, FS K. Schmidt, 2009, S. 1053, 1057 ff.

41 Siehe Begr. RegE WpÜG, BT-Drucks. 14/7034, S. 43; siehe auch *Assmann*, in: Assmann/Pötzsch/U.H. Schneider, § 12 WpÜG Rn 45.

42 *Noack/Holzborn*, in: Schwark/Zimmer, KMRK, § 12 WpÜG Rn 13; *Assmann*, FS Ulmer, 2003, S. 757, 776; aA *Hamann*, ZIP 2001, 2249, 2257.

43 *Steinhardt*, in: Steinmeyer, § 12 WpÜG Rn 31; *Renner*, in: Frankfurter Kommentar, § 12 WpÜG Rn 46.

44 Das Verschulden Dritter, derer sich der Anspruchsgegner bei der Angebotsunterlagenerstellung bedient, soll nach § 278 BGB zuzurechnen sein, siehe KölnerKommWpÜG/*Möllers*, § 12 WpÜG Rn 107; *Steinhardt*, in: Steinmeyer, § 12 WpÜG Rn 31; aA *Assmann*, in: Assmann/Pötzsch/U.H. Schneider, § 12 WpÜG Rn 52 f.

45 Vgl KölnerKommWpÜG/*Möllers*, § 12 WpÜG Rn 131.

849 Nach § 249 Abs. 1 BGB sind damit dem Geschädigten die dem Bieter übertragenen Wertpapiere zurück zu gewähren, und zwar Zug um Zug gegen Erstattung der von ihm erbrachten Gegenleistung[46]. Zu ersetzen sind darüber hinaus alle Aufwendungen des Geschädigten, die dieser im Vertrauen auf die Wirksamkeit des Vertrags erbracht hat. Nicht verlangen kann der Geschädigte dagegen, dass am Vertrag festgehalten und die Differenz zwischen dem hypothetischen und dem tatsächlich entrichteten Preis gezahlt wird („Vertragsanpassung nach oben")[47].

850 Für die **haftungsausfüllende Kausalität** gibt es keine Vermutung. Damit hat der Geschädigte nachzuweisen, dass der Mangel der Angebotsunterlage für den geltend gemachten Schaden ursächlich ist. Eine Verjährung des Anspruchs aus § 12 Abs. 1 WpÜG tritt ein Jahr nach dem Zeitpunkt ein, zu dem derjenige, der das Angebot angenommen hat, von der Unrichtigkeit oder Unvollständigkeit der Angaben der Angebotsunterlage positive Kenntnis erlangt hat. Die Verjährung tritt spätestens drei Jahre nach der Veröffentlichung der Angebotsunterlage ein (§ 12 Abs. 4 WpÜG). Eine im Voraus vereinbarte Haftungsbeschränkung im Hinblick auf einen Anspruch aus § 12 Abs. 1 WpÜG ist unwirksam (§ 12 Abs. 5 WpÜG).

851 Neben einem Anspruch aus § 12 Abs. 1 WpÜG können auch Ansprüche aufgrund eines Vertrags oder einer vorsätzlichen unerlaubten Handlung geltend gemacht werden (§ 12 Abs. 6 WpÜG)[48].

3. Haftung der Bank gegenüber den Anlegern (§ 13 Abs. 2 WpÜG)

852 Bei einem Angebot, das eine Geldleistung als Gegenleistung beinhaltet, muss der Bieter eine schriftliche **Finanzierungsbestätigung** eines Wertpapierdienstleistungsunternehmens (WpDU)[49] beibringen. Bei der Finanzierungsbestätigung handelt es sich nicht um eine Garantieerklärung[50], sondern um eine an die Aktionäre der Zielgesellschaft gerichtete öffentliche Erklärung[51]. In dieser Erklärung hat die Bank zu bestätigen, dass der Bieter die notwendigen Maßnahmen getroffen hat, um sicherzustellen, dass die zur vollständigen Erfüllung des Angebots notwendigen Mittel zum Zeitpunkt der Fälligkeit des Anspruchs auf die Geldleistung zur Verfügung stehen (§ 13 Abs. 1 Satz 2 WpÜG).

---

46 KölnerKommWpÜG/*Möllers*, § 12 WpÜG Rn 132; *Assmann*, in: Assmann/Pötzsch/U.H. Schneider, § 12 WpÜG Rn 58.

47 *Assmann*, in: Assmann/Pötzsch/U.H. Schneider, § 12 WpÜG Rn 62.

48 Zu den Konkurrenzen *Steinhardt*, in: Steinmeyer, § 12 WpÜG Rn 55 ff; *Assmann*, in: Assmann/Pötzsch/U.H. Schneider, § 12 WpÜG Rn 68.

49 Nach § 2 Abs. 4 WpHG (zur Anwendbarkeit siehe Begr. RegE, BT-Drucks. 14/7034, S. 44; *Krause*, in: Assmann/Pötzsch/U.H. Schneider, § 13 Rn 89) sind WpDU Kreditinstitute (nach § 1 Abs. 1 KWG), Finanzdienstleistungsinstitute (nach § 1 Abs. 1a KWG) und nach § 53 Abs. 1 Satz 1 KWG tätige Unternehmen, die Wertpapierdienstleistungen allein oder zusammen mit Wertpapiernebendienstleistungen gewerbsmäßig oder in einem Umfang erbringen, der einen in kaufmännischer Weise eingerichteten Geschäftsbetrieb erfordert.

50 *Geibel/Süßmann*, BKR 2002, 52, 55.

51 *Pfüller/Detweiler*, BKR 2004, 383, 387 f; KölnerKommWpÜG/*Möllers*, § 13 WpÜG Rn 64; *Vogel*, in: Frankfurter Kommentar, § 13 WpÜG Rn 69; *Vogel*, ZIP 2002, 1421, 1426; *Singhof/Weber*, WM 2002, 1158, 1163; *Berrar*, ZBB 2002, 174, 179 f.

Die Aktionäre der Zielgesellschaft, die das Angebot des Bieters angenommen haben, können gegen das bestätigende WpDU einen Schadensersatzanspruch aus § 13 Abs. 2 WpÜG haben. **Voraussetzung** für eine Haftung ist, dass der Bieter die nach § 13 Abs. 1 Satz 2 WpÜG notwendigen Maßnahmen nicht getroffen hat. Außerdem dürfen dem Bieter bei Fälligkeit des Anspruchs auf die Geldleistung die hierfür notwendigen Mittel nicht zur Verfügung stehen. Ob der Geschädigte die Finanzierungsbestätigung kannte, ist unerheblich, da § 13 Abs. 2 WpÜG nicht auf die Fehlerhaftigkeit der Bestätigung abhebt, sondern auf das Scheitern der Finanzierung[52]. Zwischen dem Nichtvornehmen der notwendigen Maßnahmen und dem Nichtzurverfügungstehen der erforderlichen Mittel (Erfüllungsunfähigkeit) muss eine kausale Verbindung bestehen („aus diesem Grunde"), weil § 13 Abs. 2 WpÜG keine Garantiehaftung des WpDU darstellt. Das Verschulden der Bank wird vermutet[53]. Die haftungsbegründende Kausalität hat der Geschädigte zu beweisen. Die Beweislastumkehr des § 12 Abs. 3 WpÜG findet keine Anwendung[54]. Im Übrigen verweist § 13 Abs. 3 WpÜG auf § 12 Abs. 2–6 WpÜG. **853**

Der **Haftungsumfang** ergibt sich ebenfalls aus § 13 Abs. 2 WpÜG. Danach kann der Geschädigte vom WpDU den Ersatz des ihm aus der Nichterfüllung oder der nicht vollständigen Erfüllung entstandenen Schadens verlangen. Der Anspruchsgegner haftet damit auf das positive Interesse, dh der Geschädigte ist so zu stellen, als hätte der Bieter ordnungsgemäß erfüllt[55]. Der zu ersetzende Schaden ist nach der Differenzhypothese zu ermitteln (§§ 249 ff BGB). **854**

III. Stellungnahme der Zielgesellschaft

1. Anforderungen

Durch das Angebot des Bieters ergeben sich auch für die Zielgesellschaft Pflichten. Vorstand und Aufsichtsrat der Zielgesellschaft müssen getrennt oder gemeinsam[56] unverzüglich[57] nach Eingang der Angebotsunterlage eine **begründete** Stellungnahme veröffentlichen (§ 27 Abs. 1 WpÜG). Hierbei hat sich der Vorstand allein am Interesse der Gesellschaft auszurichten (§ 3 Abs. 3 WpÜG). Die Stellungnahme nach § 27 Abs. 1 WpÜG soll den Angebotsadressaten eine ausgewogene Entscheidung ermöglichen. Sie soll quasi das Gegenstück zur Angebotsunterlage des Bieters sein[58]. **855**

Die Stellungnahme muss sich u. a. mit der Gegenleistung[59], den voraussichtlichen Folgen eines erfolgreichen Angebots und den Zielen des Bieters auseinandersetzen (§ 27 Abs. 1 Satz 2 WpÜG). Außerdem muss mitgeteilt werden, ob Mitglieder des **856**

52 KölnerKommWpÜG/*Möllers*, § 13 WpÜG Rn 88; *Krause*, in: Assmann/Pötzsch/U.H. Schneider, § 13 WpÜG Rn 111.
53 *Cascante/Tyrolt*, AG 2012, 97, 109 mit Beispielen.
54 *Assmann*, in: Assmann/Pötzsch/U.H. Schneider, § 13 WpÜG Rn 112.
55 Begr. RegE WpÜG, BT-Drucks. 14/7034, S. 44.
56 *Lenenbach*, KMR, Rn 16.72.
57 ZB OLG Frankfurt AG 2006, 207 f (zwei Wochen).
58 *Assmann*, in: Assmann/Pötzsch/U.H. Schneider, § 27 WpÜG Rn 4.
59 Zur finanziellen Bewertung eines Übernahmeangebots *Kossmann*, NZG 2011, 46 ff; zum Erfordernis der Einholung einer sog. **Fairness Opinion** *Fleischer*, ZIP 2011, 201 ff; siehe auch *Bachmann*, WM 2013, 2009 f mwN.

Vorstands und des Aufsichtsrats, die Wertpapiere der Zielgesellschaft halten, beabsichtigen das Angebot anzunehmen. In der Stellungnahme kann auch eine konkrete Empfehlung an die Wertpapierinhaber enthalten sein. Nicht selten wird der Vorstand der Zielgesellschaft die Übernahme nachteilig beurteilen, da der Bieter den Aufsichtsrat und den Vorstand der Zielgesellschaft in seinem eigenen Sinne besetzen wollen wird.

2. Folgen einer fehlenden/fehlerhaften Stellungnahme

857 **Verstoßen** der Vorstand oder der Aufsichtsrat gegen die Stellungnahmepflicht aus § 27 WpÜG, kann die BaFin **Anordnungen** zur Beseitigung oder Verhinderung von Missständen vornehmen (§ 4 Abs. 1 Satz 3 WpÜG). Im Übrigen begeht der Vorstand oder Aufsichtsrat eine **Ordnungswidrigkeit**, die mit einer Geldbuße geahndet werden kann (§§ 60 Abs. 1 Nr 1b, Abs. 3 WpÜG), wenn er vorsätzlich oder leichtfertig die Veröffentlichung der Stellungnahme nicht, nicht richtig, nicht vollständig, nicht in der vorgeschriebenen Weise oder nicht rechtzeitig vornimmt.

858 **Fraglich** ist, ob bei fehlerhafter Stellungnahme auch eine **zivilrechtliche** Haftung des Organmitglieds gegenüber den Aktionären gegeben sein kann[60]. Ein Schaden kann ihnen etwa daraus entstehen, dass sie ihre Wertpapiere unter Wert verkaufen oder ein angemessenes Angebot nicht annehmen[61]. Vertragliche Ansprüche bestehen nicht, da die Verletzung von Vorstandspflichten regelmäßig keine Schutzwirkung zugunsten der Aktionäre entfaltet[62]. Auch Ansprüche aus einem vorvertraglichen Schuldverhältnis kommen mangels Inanspruchnahme besonderen Vertrauens nicht in Betracht. Eine Haftung aus **§ 12 WpÜG analog** lehnt die hM mangels planwidriger Gesetzeslücke zutreffend ab. Der Gesetzgeber hat bewusst nur eine Haftung für die Fehlerhaftigkeit der Angebotsunterlage (§ 12 WpÜG) und nicht für die Fehlerhaftigkeit der Stellungnahme vorgesehen[63].

859 Auch Ansprüche aus **allgemeiner zivilrechtlicher Prospekthaftung** sind abzulehnen[64], da die Stellungnahme nicht von jemandem abgegeben wird, der sich in einer Verkaufs- bzw Werbesituation befindet. Außerdem ist sie – im Gegensatz zum Prospekt – auch nicht die wichtigste Informationsquelle des Anlegers zur Beurteilung der Anlage. Eine Haftung aus allgemeiner zivilrechtlicher Prospekthaftung scheidet auch deshalb aus, weil der Gesetzgeber bewusst von einer Haftung für die Fehlerhaftigkeit der Stellungnahme abgesehen hat. In Betracht kommt in speziellen Fällen eine Haftung des Organmitglieds nach § 117 Abs. 2, Abs. 1 AktG (Schadensersatzpflicht bei Benutzung des Einflusses auf die Gesellschaft)[65].

---

60 *Friedl*, NZG 2004, 448 ff; *Ebke*, FS Hommelhoff, 2012, S. 161, 183 ff; *Mohamed*, DStR 2015, 2290 ff.

61 *Ebke*, FS Hommelhoff, 2012, S. 161, 166 f.

62 Zur Ablehnung einer Haftung aus Auskunftsvertrag, aus Vertrag mit Schutzwirkung zugunsten Dritter sowie einer Eigenhaftung nach § 311 Abs. 3 Satz 2 BGB *Ebke*, FS Hommelhoff, 2012, S. 161, 168 ff.

63 *Röh*, in: Frankfurter Kommentar, § 27 WpÜG Rn 85; *Krause/Pötzsch*, in: Assmann/Pötzsch/U.H. Schneider, § 27 WpÜG Rn 143; aA KölnerKommWpÜG/*Hirte*, § 27 WpÜG Rn 27.

64 *Krause/Pötzsch*, in: Assmann/Pötzsch/U.H. Schneider, § 27 WpÜG Rn 144 f; *Steinmeyer*, in: Steinmeyer, § 27 WpÜG Rn 77 ff; aA *Röh*, in: Frankfurter Kommentar, § 27 WpÜG Rn 86 ff; *Noack/Holzborn*, in: Schwark/Zimmer, KMRK, § 27 WpÜG Rn 35.

65 Näher *Krause/Pötzsch*, in: Assmann/Pötzsch/U.H. Schneider, § 27 WpÜG Rn 146 ff; *Steinmeyer*, in: Steinmeyer, § 27 WpÜG Rn 70 ff.

Eine **deliktische** Haftung aus **§ 823 Abs. 2 BGB** setzt zunächst die Verletzung eines Schutzgesetzes voraus. Teilweise wird die Schutzgesetzeigenschaft des **§ 27 WpÜG** bejaht, da diese Regelung wesentlich der Information und Meinungsbildung der Wertpapierinhaber diene[66]. Andere verneinen überzeugend den Schutzgesetzcharakter dieser Norm[67]. Ob sich aus der Bedeutung der Stellungnahme für die Entscheidung des Anlegers eine Schutzgesetzqualität ableiten lässt, ist fraglich. Insbesondere spricht gegen eine solche Einordnung, dass der Gesetzgeber gerade keine Haftung für die Fehlerhaftigkeit der Stellungnahme vorgesehen hat. Diese gesetzgeberische Entscheidung würde durch die Anerkennung des § 27 WpÜG als Schutzgesetz konterkariert[68]. **860**

Als Schutzgesetz iS des § 823 Abs. 2 BGB kann hier etwa § 263 StGB (Betrug) oder § 266 StGB (Untreue) in Frage kommen. Darüber hinaus kann sich eine Haftung aus **§ 826 BGB** ergeben. Das Organmitglied muss dem Anleger durch die fehlerhafte Stellungnahme vorsätzlich und in einer gegen die guten Sitten verstoßenden Weise Schaden zugefügt haben. Das kommt etwa in Betracht, wenn der Anleger durch eine bewusst unrichtige Stellungnahme zu einer unzutreffenden Beurteilung des Angebots veranlasst wurde[69]. **861**

IV. Annahme des Angebots

Mit der Annahme des Angebots durch die Wertpapierinhaber kommt jeweils ein Kaufvertrag mit dem Bieter zustande (§§ 433, 453 Abs. 1 BGB). Da die Adressaten des Angebots während der Angebotsfrist über die Entwicklung der Beteiligungsverhältnisse und die Akzeptanz des Angebots auf dem Laufenden gehalten werden sollen, hat der Bieter wiederholt aktualisierte Angaben über den Wertpapier- und Stimmrechtsbestand zu veröffentlichen **(„Wasserstandsmeldungen", § 23 Abs. 1 WpÜG)**. Die Annahmefrist für ein Angebot beträgt grundsätzlich zwischen vier und zehn Wochen (§ 16 Abs. 1 WpÜG) und beginnt mit der nach § 14 Abs. 1 WpÜG erforderlichen Veröffentlichung der Angebotsunterlage. **862**

Die „Wasserstandsmeldungen" haben wöchentlich und in der letzten Woche vor Ablauf der Annahmefrist täglich zu erfolgen (§ 23 Abs. 1 WpÜG). Zudem muss unverzüglich nach Ablauf der Annahmefrist eine Veröffentlichung vorgenommen werden. Dabei sind nicht nur die Anzahl der dem Bieter (ggf durch Zurechnung) zustehenden Wertpapiere der Zielgesellschaft, sondern auch die sich aus den ihm zugegangenen Annahmeerklärungen ergebende Anzahl der Wertpapiere einschließlich der Höhe der Wertpapier- und Stimmrechtsanteile (§ 23 Abs. 1 Satz 1 WpÜG) anzugeben[70]. **863**

66 *Röh*, in: Frankfurter Kommentar, § 27 WpÜG Rn 92.
67 *Krause/Pötzsch*, in: Assmann/Pötzsch/U.H. Schneider, § 27 WpÜG Rn 150; *Steinmeyer*, in: Steinmeyer, § 27 WpÜG Rn 81; *Noack/Holzborn*, in: Schwark/Zimmer, KMRK, § 27 WpÜG Rn 34; *Ebke*, FS Hommelhoff, 2012, S. 161, 178 ff.
68 *Krause/Pötzsch*, in: Assmann/Pötzsch/U.H. Schneider, § 27 WpÜG Rn 151.
69 *Krause/Pötzsch*, in: Assmann/Pötzsch/U.H. Schneider, § 27 WpÜG Rn 153.
70 Zur daneben bestehenden Pflicht einer Stimmrechtsmitteilung nach § 21 Abs. 1 WpHG KölnerKommWpHG/*Hirte*, § 21 WpHG Rn 58.

V. Spezielle Regeln für Übernahme- und Pflichtangebote

1. Verpflichtung zur Veröffentlichung und zur Abgabe eines Angebots

864 Nach § 35 Abs. 1 WpÜG ist der Bieter verpflichtet, die unmittelbare oder mittelbare Erlangung der **Kontrolle** über eine Zielgesellschaft[71] zu **veröffentlichen**. Darüber hinaus hat der Bieter innerhalb von vier Wochen nach dieser Veröffentlichung der BaFin eine Angebotsunterlage zu übermitteln und ein **Angebot** an die Aktionäre zu veröffentlichen (§ 35 Abs. 2 Satz 1 WpÜG). Kommt der Bieter diesen Pflichten nicht nach, hat das drastische Folgen[72]. Aufgrund der Unsicherheiten, die insbesondere angesichts der Zurechnungstatbestände bestehen können, wird teilweise vorgeschlagen, dass der Bieter bei der BaFin ein Negativattest einholen können soll[73].

865 **Unterlässt** der Bieter die Veröffentlichung bzw gibt er kein Pflichtangebot ab, begründet § 59 WpÜG einen **Rechtsverlust** für die Zeit, in der die Pflichten nach § 35 Abs. 1 oder 2 WpÜG nicht erfüllt werden[74]. Von diesem Rechtsverlust sind nicht nur der Bieter selbst und seine Tochterunternehmen betroffen, sondern auch die mit ihm gemeinsam handelnden Personen (§ 30 Abs. 2 WpÜG) und deren Tochterunternehmen, sowie die Inhaber von Aktien, deren Stimmrechte sich der Bieter, seine Tochterunternehmen, die mit ihm gemeinsam handelnden Personen und deren Tochterunternehmen nach § 30 Abs. 1 und 2 WpÜG zurechnen lassen müssen. Ein Rechtsverlust greift dabei auch dann ein, wenn ein abgestimmtes Verhalten (§ 30 Abs. 2 WpÜG) auf einem Zusammenwirken „in sonstiger Weise" beruht, setzt also nicht wie bisher eine Verständigung zwischen dem Bieter oder seinem Tochterunternehmen und dem Dritten voraus[75].

866 Ausgenommen von diesem zeitweiligen Rechtsverlust sind nach § 59 Satz 2 WpÜG lediglich das Recht auf Dividende (§ 58 Abs. 4 AktG) und den Abwicklungsüberschuss (§ 271 AktG), sofern der Bieter die Veröffentlichung oder das Angebot nicht vorsätzlich unterlassen hat und diese nachgeholt wurden. Nach überwiegender Ansicht vermag auch ein Unterschreiten der 30 %-Schwelle den Rechtsverlust nicht zu beenden, sofern nicht das Versäumte nachgeholt wird[76]. Begründet wird das mit der ansonsten bestehenden Missbrauchsgefahr sowie der Möglichkeit einer Befreiung von der Angebotspflicht durch die BaFin bei unbeabsichtigtem vorübergehenden Kontrollerwerb (§ 37 WpÜG iVm § 9 Satz 1 Nr 6 WpÜG-AngebotsVO)[77].

867 Außerdem ist der Bieter nach § 38 WpÜG für die Dauer des Verstoßes zu **Zinszahlungen** an die Aktionäre der Zielgesellschaft verpflichtet[78]. Abgesehen davon kann die unterlassene oder nicht korrekte Veröffentlichung bzw Angebotserstellung von der BaFin nach § 60 Abs. 1 Nr 1 lit. a, Nr 2 lit. a und b, Nr 3, Nr 4, Nr 5 WpÜG mit

71 Zur Zurechnung von Stimmrechten Rn 820 ff.
72 Siehe Rn 865 ff.
73 *Cascante/Tyrolt*, AG 2012, 97, 111 f.
74 § 59 WpÜG entspricht § 28 WpHG; dazu Rn 629 ff (auch zum Vorsatzbegriff); siehe auch *Bunz*, Der Konzern 2014, 430 ff, zur Heilung des Rechtsverlusts durch Übertragung der Aktien.
75 Begr.RegE zur Umsetzung der Transparenzrichtlinie-Änderungsrichtlinie, BT-Drucks. 18/5010, S. 56.
76 OLG Frankfurt ZIP 2007, 864, 867 mwN; aA OLG Frankfurt ZIP 2003, 1977 („Pixelpark").
77 Siehe Rn 818.
78 *Schanz/Wedell*, AG 2011, 615 ff.

einer **Geldbuße** geahndet werden. Schließlich hat die BaFin das Angebot nach § 15 Abs. 1 iVm § 39 WpÜG zu **untersagen**, wenn die Angebotsunterlage des Bieters unvollständig ist (§ 15 Abs. 1 Nr 1 WpÜG) oder wenn die dort enthaltenen Angaben offensichtlich gegen Regelungen des WpÜG oder eine darauf basierende Rechtsverordnung verstoßen (§ 15 Abs. 1 Nr 2 WpÜG). Eine Untersagung hat auch zu erfolgen, wenn der Bieter keine Angebotsunterlage bei der BaFin einreicht, sondern das Angebot sofort veröffentlicht (vgl § 38 Nr 3 WpÜG).

Umstritten ist, ob die BaFin die Abgabe eines Pflichtangebots durch Verfügung iS des § 4 Abs. 1 Satz 3 WpÜG **erzwingen** kann. Teilweise wird das mit der Begründung abgelehnt, dass die besonderen Rechtsfolgen eines Verstoßes (Rechtsverlust, Zinsverpflichtung sowie Bußgeld) insoweit abschließend sind[79]. Das lässt sich nicht ausdrücklich aus dem Gesetz oder dem Willen des Gesetzgebers herleiten und ist daher fraglich. Deshalb spricht nichts dagegen, der BaFin die Befugnis zuzuerkennen, nach § 4 Abs. 1 Satz 3 WpÜG eine Pflichtangebotsabgabe anzuordnen[80]. **868**

Umstritten ist auch der **Rechtsschutz** der Aktionäre, wenn der Bieter kein Pflichtangebot abgibt. Ein Anspruch der Aktionäre auf **Einschreiten der BaFin** besteht jedenfalls nicht. Sofern abgelehnt wird, dass die BaFin überhaupt die Abgabe eines Pflichtangebots erzwingen kann, scheidet ein solcher Anspruch schon von vornherein aus. Selbst wenn man aber zutreffend von einer Anordnungsbefugnis der BaFin ausgeht, besteht kein Anspruch der Aktionäre gegen die BaFin, da diese nach § 4 Abs. 2 WpÜG ihre Aufgaben und Befugnisse nur im öffentlichen Interesse wahrnimmt, so dass ein Drittschutz ausscheidet[81]. **869**

Eine andere Frage ist, ob der einzelne Aktionär einen **zivilrechtlichen Anspruch** gegen den **Bieter** hat. Ein Aktionär, der vom Pflichtangebot begünstigt würde, kann den Bieter nicht auf Abgabe eines Angebots nach dem WpÜG im Wege der Leistungsklage anhalten[82]. Eine Klage auf Abkauf der eigenen Aktien wird ebenso abzulehnen sein[83]. Ein solcher Anspruch lässt sich auch nicht aus der gesellschaftsrechtlichen Treuepflicht herleiten[84]. Die Verpflichtung zur Angebotsabgabe besteht schließlich gegenüber der Gesamtheit der Aktionäre. Weder der Wortlaut noch der Sinn und Zweck des § 35 WpÜG sprechen für einen individuellen Anspruch auf Abnahme der Aktien[85]. Auch nach Ansicht des BGH[86] enthält § 35 Abs. 2 WpÜG lediglich eine **870**

---

79 *Cahn*, ZHR 167 (2003), 262, 265 ff; *Noack/Zetzsche*, in: Schwark/Zimmer, KMRK, § 35 WpÜG Rn 51.

80 So auch OLG Frankfurt ZIP 2012, 270 ff Rn 42; *Krause/Pötzsch*, in: Assmann/Pötzsch/U.H. Schneider, § 35 WpÜG Rn 258; *Pohlmann*, ZGR 2007, 1, 6 mwN; vgl auch *Assmann*, in: Assmann/Pötzsch/U.H. Schneider, § 4 WpÜG Rn 16, wonach lediglich speziellere Normen dem § 4 Abs. 1 Satz 3 WpÜG vorgehen sollen.

81 So auch OLG Frankfurt ZIP 2012, 270 ff Rn 36, 40 mwN zur hM; aA *Meilicke/Meilicke*, ZIP 2010, 558, 563 ff.

82 *Noack/Zetzsche*, in: Schwark/Zimmer, KMRK, § 35 WpÜG Rn 53.

83 Bejahend *Ihrig*, ZHR 167 (2003), 315, 348 f; verneinend *Noack/Zetzsche*, in: Schwark/Zimmer, KMRK, § 35 WpÜG Rn 53.

84 *Krause/Pötzsch*, in: Assmann/Pötzsch/U.H. Schneider, § 35 WpÜG Rn 255.

85 Ausführlich hierzu *Krause/Pötzsch*, in: Assmann/Pötzsch/U.H. Schneider, § 35 WpÜG Rn 251 f.

86 BGH WM 2013, 1511 Rn 8 ff; BGH WM 2014, 1627 Rn 18 („BKN"); bestätigt in BGHZ 202, 180 Rn 18 („Postbank"); siehe auch *Heusel*, AG 2014, 232 ff; *Paschos*, DB, 2276, 2277; *Krause*, AG 2014, 833, 834 f; *Löhdefink/Jaspers*, ZIP 2014, 2261, 2265 f.

Pflicht zur Veröffentlichung der Angebotsunterlage, kann aber keine zivilrechtlichen Ansprüche begründen. Auch die Annahme, dass mit der Kontrollerlangung ein gesetzliches Schuldverhältnis zwischen dem Bieter und den Aktionären entstehe, aus dem sich ein Abfindungsanspruch ergebe[87], ist nicht überzeugend. Ebenfalls abzulehnen ist ein Anspruch des einzelnen Aktionärs auf Abgabe eines Angebots an alle Aktionäre[88].

871 In diesem Zusammenhang ist auch **umstritten**, ob § 35 WpÜG ein Schutzgesetz iS des § 823 Abs. 2 BGB darstellt. Teilweise wird dies bejaht[89]. Der BGH und Teile des Schrifttums lehnen das zutreffend ab[90], da § 35 WpÜG das Funktionieren der Kapitalmärkte gewährleisten und dem gesellschaftsrechtlichen Konzerneingangsschutz dienen soll. Einen Individualschutz vermittelt diese Regelung jedoch nicht. Im Einzelfall ist ein Anspruch aus **§ 826 BGB** denkbar[91].

2. Zahlung einer angemessenen Gegenleistung

a) Voraussetzungen

872 Für Übernahme- bzw Pflichtangebote kommen zusätzlich spezielle Regelungen zur Anwendung. So ist beim Übernahmeangebot eine **angemessene** Gegenleistung anzubieten (§ 31 Abs. 1 WpÜG). Entsprechendes gilt für Pflichtangebote (§§ 39, 31 Abs. 1 WpÜG). Hierbei findet eine Überprüfung der Gegenleistung nach § 31 WpÜG und den §§ 3 ff WpÜG-AngebotsVO statt[92]. Diese Regelungen enthalten zwingende Bestimmungen für die Höhe und Art der anzubietenden Gegenleistung (**Mindestpreisregelung**).

873 Die Angemessenheit der Gegenleistung richtet sich gemäß § 31 Abs. 1 WpÜG nach dem gewichteten[93] durchschnittlichen Börsenkurs[94] der Aktien der Zielgesellschaft (§§ 5, 6 WpÜG-AngebotsVO) und dem Preis, den der Bieter, mit ihm handelnde Personen oder deren Tochterunternehmen – börslich oder außerbörslich – für die Aktien der Zielgesellschaft gezahlt haben (sog. Vorerwerbspreis, § 4 WpÜG-AngebotsVO). Dementsprechend ist die Gegenleistung zumindest dann angemessen, wenn der Angebotspreis mindestens dem höchsten Vorerwerbspreis innerhalb der letzten sechs Monate vor der Veröffentlichung der Angebotsunterlage und dem gewichteten durch-

---

87 *Mülbert/Schneider*, WM 2003, 2301, 2308 ff.

88 So aber *Noack*, in: Schwark/Zimmer, KMRK, § 4 WpÜG Rn 25 f.

89 KölnerKommWpÜG/*Hasselbach*, § 35 WpÜG Rn 278; *Ihrig*, ZHR 167 (2003), 315, 349.

90 BGH WM 2013, 1511 Rn 31 ff; siehe auch *Noack/Zetzsche*, in: Schwark/Zimmer, KMRK, § 35 WpÜG Rn 54; *Noack*, in: Schwark/Zimmer, KMRK, § 4 WpÜG Rn 28; *Hommelhoff/Witt*, in: Frankfurter Kommentar, § 35 WpÜG Rn 118; *Krause/Pötzsch*, in: Assmann/Pötzsch/U.H. Schneider, § 35 WpÜG Rn 253; *Steinmeyer*, in: Steinmeyer, § 35 WpÜG Rn 112 f; *Pohlmann*, ZGR 2007, 1, 12 f (auch zur Ablehnung eines Schadensersatzanspruchs aus §§ 311 Abs. 2, 280 Abs. 1 BGB).

91 *Krause/Pötzsch*, in: Assmann/Pötzsch/U.H. Schneider, § 35 WpÜG Rn 254.

92 Zur Angemessenheit der Gegenleistung *Bicker/Parameswaran*, ZIP 2007, 1787 ff.

93 Vgl § 5 Abs. 3 WpÜG-AngebotsVO. Die BaFin hat einen Mindestpreis zu berechnen, den der Bieter dort erfragen kann (www.bafin.de/SharedDocs/Standardartikel/DE/Datenbanken/db-Mindestpreise.html).

94 Zu Reformüberlegungen *von Bülow*, in: Mülbert/Kiem/Wittig, 10 Jahre WpÜG, ZHR-Beiheft, 2011, S. 1, 36 ff; *von Falkenhausen*, ZHR 174 (2010), 293, 308 ff; *Tyrolt/Cascante*, in: Mülbert/Kiem/Wittig, 10 Jahre WpÜG, ZHR-Beiheft, 2011, S. 110, 127 f; *Cascante/Tyrolt*, AG 2012, 97, 109 f.

schnittlichen Börsenkurs der letzten drei Monate entweder vor Veröffentlichung der Entscheidung zur Abgabe des Angebots oder bei Pflichtangeboten iS des § 35 WpÜG dient diese Regelung dem Schutz der Minderheitsaktionäre. Diese stehen nach einem Kontrollerwerb oder -wechsel dem Kontrollaktionär (Bieter) gegenüber und sollen eine Austrittsmöglichkeit zu einem durch die Übernahme nicht nachteilig beeinflussten Preis erhalten. Das geschieht durch Anteilsverkauf an den Kontrollaktionär (Bieter) oder einen Aktientausch. Bei erst auf einen Kontrollwechsel abzielenden Übernahmeangeboten (§ 29 WpÜG) soll § 31 WpÜG die Einhaltung dieses Schutzes deshalb gewährleisten, weil einem freiwilligen Übernahmeangebot befreiende Wirkung im Hinblick auf ein nachfolgendes Pflichtangebot zukommt (§ 35 Abs. 3 WpÜG).

b) Rechtsfolge

Rechtsfolge ist, dass die BaFin das Angebot **untersagen** muss, wenn die in der Angebotsunterlage vorgesehene Gegenleistung offensichtlich nicht angemessen oder der Art nach unzulässig ist (§ 15 Abs. 1 Nr 2 WpÜG). Eine Untersagung hat auch zu erfolgen, wenn die Angebotsunterlage nicht die nach § 11 Abs. 2 WpÜG und der AngebotsVO erforderlichen Angaben bzgl Höhe und Art der Gegenleistung enthält (§ 15 Abs. 1 Nr 1 WpÜG). Ein öffentlich-rechtlicher Anspruch der Aktionäre der Zielgesellschaft auf bestimmte Maßnahmen der BaFin (Gestattung, Unterlassen einer Angebotsuntersagung etc) besteht nicht[95]. **874**

Ob ein **zivilrechtlicher Anspruch** des Aktionärs gegen den Bieter auf Zahlung eines angemessenen Preises besteht, wenn die Gegenleistung nicht den gesetzlichen Anforderungen entspricht, war lange Zeit **umstritten**. § 31 Abs. 1 WpÜG soll nach einer Ansicht entweder mangels Kaufvertrags direkt[96] oder, falls ein solcher schon abgeschlossen wurde, iVm dem Kaufvertrag[97] Anspruchsgrundlage sein oder jedenfalls eine „vertragsinhaltsgestaltende Wirkung" haben[98]. Andere wiederum lehnen dies ab. Da im Wortlaut der Norm ein Anspruch nicht eindeutig ausgesprochen sei, könne diese Regelung nicht den Erfüllungsanspruch aus dem Kaufvertrag „überformen"[99]. Im Ergebnis bejaht nunmehr auch der BGH einen zivilrechtlichen Anspruch auf Zahlung des Differenzbetrags zwischen der angebotenen und der angemessenen Gegenleistung[100]. Dafür sollen schon die Systematik des § 31 WpÜG sowie die Systematik und der Zweck des WpÜG sprechen. **875**

Ob § 31 WpÜG ein Schutzgesetz iS des § 823 Abs. 2 BGB ist, ist umstritten. Mit der Begründung, dass ein Individualschutz nicht im Aufgabenbereich der Regelung liege, wird die Schutzgesetzeigenschaft überwiegend verneint[101]. Neben den genannten **876**

---

95 So auch *Noack*, in: Schwark/Zimmer, KMRK, § 31 WpÜG Rn 104 mwN.

96 So KölnerKommWpÜG/*Kremer/Oesterhaus*, § 31 WpÜG Rn 107; aA soll *Marsch-Barner*, in: Baums/Thoma, WpÜG § 31 WpÜG Rn 124 sein.

97 *Verse*, ZIP 2004, 199, 202 ff; *ders.*, in: Mülbert/Kiem/Wittig, 10 Jahre WpÜG, ZHR-Beiheft, 2011, S. 276, 284 ff; *Haarmann*, in: Frankfurter Kommentar, § 31 WpÜG Rn 157.

98 *Mülbert/Schneider*, WM 2003, 2301, 2302; *Ihrig*, ZHR 167 (2003), 315, 346; *Seibt*, ZIP 2003, 1865, 1873 f.

99 *Krause*, in: Assmann/Pötzsch/U.H. Schneider, § 31 WpÜG Rn 166a; siehe auch *Noack*, in: Schwark/Zimmer, KMRK, § 31 WpÜG Rn 101; *Tyrolt/Cascante*, in: Mülbert/Kiem/Wittig, 10 Jahre WpÜG, ZHR-Beiheft, 2011, S. 110, 139 f; *Cascante/Tyrolt*, AG 2012, 97, 110 f.

100 BGHZ 202, 180, 187 ff Rn 21 ff („Postbank"); dazu *Verse*, Der Konzern 2015, 1 ff.

101 *Krause*, in: Assmann/Pötzsch/U.H. Schneider, § 31 WpÜG Rn 166b.

möglichen Anspruchsgrundlagen kommt ein Schadensersatzanspruch nach § 12 Abs. 1 WpÜG in Betracht, der jedoch Vorsatz oder grobe Fahrlässigkeit voraussetzt[102].

3. Übernahmerechtlicher Squeeze-out

877 §§ 39a ff WpÜG enthalten eine übernahmerechtliche Regelung hinsichtlich des sog. Squeeze-out, dh des Ausschlusses der nach einem Übernahme- oder Pflichtangebot übriggebliebenen Aktionäre[103]. Danach kann der Bieter verbliebene Minderheitsaktionäre durch bloßen **Gerichtsbeschluss** aus der Gesellschaft ausschließen lassen[104]. Ein Hauptversammlungsbeschluss ist anders als beim aktienrechtlichen oder umwandlungsrechtlichen Squeeze-out nicht erforderlich. Wird ein solches Verfahren eingeleitet, ist nach § 39a Abs. 6 WpÜG die gleichzeitige Durchführung eines aktienrechtlichen Squeeze-out (§§ 327a ff AktG) ausgeschlossen. Die mit der Schaffung der §§ 39a ff WpÜG verbundenen Hoffnungen auf ein einfaches und zügiges Ausschlussverfahren haben sich nicht erfüllt[105]. Grund hierfür sind die strengen Anforderungen des § 39a WpÜG sowie zahlreiche noch offene Rechtsfragen[106].

878 **Voraussetzung** für einen übernahmerechtlichen Squeeze-out ist, dass (anders als beim aktienrechtlichen Zwangsausschluss) ein Übernahme- bzw Pflichtangebot iS der §§ 29, 35 WpÜG vorliegt. Erforderlich ist zudem ein Antrag des Bieters, der mindestens über 95 % des stimmberechtigten Grundkapitals der Zielgesellschaft verfügt (§ 39a Abs. 1 Satz 1 WpÜG). **Umstritten** war lange, zu welchem Zeitpunkt die 95 %-Schwelle erreicht sein muss. Teilweise wurde dabei auf die dreimonatige Antragsfrist (§ 39a Abs. 4 Satz 1 WpÜG) abgehoben.[107] Die Gesetzesbegründung sah dagegen einschränkend vor, dass ein enger zeitlicher Zusammenhang zwischen den Transaktionen, die zu einem 95 %igen Erwerb geführt haben, und dem Übernahme- oder Pflichtangebot vorliegen muss[108]. Der BGH hebt nunmehr mit einer Mindermeinung auf das Ende der „weiteren Annahmefrist“ des § 16 Abs. 2 WpHG ab.[109] Über den Antrag des Bieters entscheidet das Landgericht Frankfurt a.M. als sachlich und örtlich ausschließlich zuständiges Gericht (§ 39a Abs. 5 WpÜG).

879 Der Bieter hat den auszuschließenden Aktionären als **Gegenleistung** für den Verlust ihrer Mitgliedschaft eine angemessene Abfindung zu gewähren (§ 39a Abs. 3 WpÜG)[110]. Die Art der Abfindung hat der Gegenleistung des Übernahme- oder

102 *Haarmann*, in: Frankfurter Kommentar, § 31 WpÜG Rn 157; *Krause*, in: Assmann/Pötzsch/U.H. Schneider, § 31 WpÜG Rn 167.

103 Zum Vergleich mit dem aktienrechtlichen Squeeze-out, siehe Rn 58 ff.

104 Kritisch hierzu *Johannsen-Roth/Illert*, ZIP 2006, 2157 ff.

105 *Nagel*, AG 2009, 393 ff; *Seibt*, CFL 2011, 213, 238, wonach bislang nur vier Verfahren nach diesen Regeln abgeschlossen wurden; *Hentzen/Rieckers*, DB 2013, 1159; vgl auch *Haarmann*, BB 2012, H. 2, S. I; zu Reformvorschlägen *Cascante/Tyrolt*, AG 2012, 97, 113; siehe auch *Seibt*, ZIP 2012, 1, 10.

106 *Hentzen/Rieckers*, DB 2013, 1159, 1163 f.

107 *Theiselmann*, Der Konzern 2009, 221, 222.

108 Siehe auch *Deilmann*, NZG 2007, 721, 722 f; aA *Paefgen*, WM 2007, 765, 766 (keine zusätzliche Einschränkung).

109 BGH WM 2013, 303; LG Frankfurt ZIP 2013, 625, 627; dazu *Hentzen/Rieckers*, DB 2012, 1159, 1160 ff.

110 Zur Verfassungsmäßigkeit BVerfG WM 2012, 1374 ff mwN.

Pflichtangebots zu entsprechen[111]. Wahlweise ist stets eine Geldleistung anzubieten (§ 39a Abs. 3 Satz 2 WpÜG). Die Abfindung gilt als angemessen, wenn der Bieter aufgrund des Angebots Aktien iHv mindestens 90 % des Grundkapitals erworben hat, da eine hohe Akzeptanz auf einen marktgerechten Preis schließen lässt[112]. Nach hM ist die **Angemessenheitsvermutung** gemäß § 39a Abs. 3 Satz 2 WpÜG unwiderleglich[113]. Sie kann nicht in einem Spruchverfahren überprüft werden. § 5 Abs. 1 WpÜG-AngebotsVO stellt sicher, dass die auszuschließenden Aktionäre mindestens den Börsenwert der Aktie erhalten. Auf das Ausschlussverfahren findet das FamFG Anwendung (§ 39b Abs. 1 WpÜG)[114].

Lösung Fall 16 (Rn 825): A könnte gegen die B-Bank einen Anspruch auf Schadensersatz aus § 12 Abs. 1 WpÜG haben. Das setzt zunächst voraus, dass die B-Bank richtiger Anspruchsgegner ist. Nach § 12 Abs. 1 Nr 1 WpÜG ist nur derjenige zum Schadensersatz verpflichtet, der nach § 11 Abs. 3 WpÜG die Verantwortung für den Inhalt der Angebotsunterlage übernommen hat, indem er in der Angebotsunterlage namentlich als Verantwortlicher aufgeführt ist. Die B-Bank übernimmt hier nicht nach außen erkennbar die Verantwortung für die Angebotsunterlage und ist daher nicht Haftungsadressat nach § 12 Abs. 1 Nr 1 WpÜG. Nach § 12 Abs. 1 Nr 2 WpÜG haften aber auch die tatsächlichen Urheber der Angebotsunterlage. Gemeint sind damit Personen, die an dem Übernahmeangebot ein unmittelbares eigenes wirtschaftliches Interesse haben. Die B-Bank hat zwar die X bei der Erstellung der Unterlage beraten. Bloße Provisions- oder Honorarinteressen von Beratern reichen jedoch nicht aus. Vielmehr muss der Berater oder eine sonstige Hilfsperson ein eigenes wirtschaftliches Interesse an der Beteiligung an der Zielgesellschaft haben[115]. Dies fehlt der B-Bank, die deshalb nicht Haftungsadressat nach § 12 Abs. 1 Nr 2 WpÜG ist. Auch eine Haftung der B-Bank aus dem Gesichtspunkt, dass sie gegenüber den Aktionären der Zielgesellschaft den Schein erweckt hat, sie sei Miturheberin der Angebotsunterlage, muss ausscheiden, da sich hierfür im Sachverhalt keine Anhaltspunkte finden. **880**

Da die B-Bank keine Finanzierungsbestätigung abgegeben hat, kommt eine Haftung aus § 13 Abs. 2 WpÜG nicht in Betracht. Vertragliche oder vorvertragliche Ansprüche gegen die B-Bank aufgrund Vorliegens eines Beratungsvertrags bestehen ebenfalls nicht. Weder die Voraussetzungen des § 823 Abs. 2 BGB noch die des § 826 BGB liegen hier vor. Zum einen ist keine Schutzgesetzverletzung ersichtlich, zum anderen ist der B-Bank ein vorsätzliches sittenwidriges Verhalten nicht nachzuweisen.

Lösung Fall 17 (Rn 826): A könnte einen Anspruch auf Zahlung von 500 Euro pro Aktie aus Kaufvertrag (§ 433 Abs. 2 BGB) haben. Das setzt eine wirksame Einigung zwischen A und B über diesen Kaufpreis voraus. Nun hat aber B in seinem Angebot einen Kaufpreis von 250 Euro pro Aktie angegeben. Gemäß §§ 39, 31 Abs. 1 Satz 1 WpÜG hat der Bieter den Aktionären der Zielgesellschaft eine angemessene Gegenleistung anzubieten. Die An- **880a**

111 Kritisch dazu *Merkt/Binder*, BB 2006, 1285, 1290; vgl auch *Paefgen*, WM 2007, 765, 766.

112 BVerfG WM 2012, 1374 ff Rn 20.

113 So OLG Stuttgart WM 2009, 1416; OLG Frankfurt WM 2009, 703 (offengelassen); *Schlitt/Ries/Becker*, NZG 2008, 700; *Wilsing/Ogorek*, BB 2008, 2038; *Hörmann/Feldhaus*, BB 2008, 2134, 2139; *Falkner*, ZIP 2008, 1775, 1776; *Theiselmann*, Der Konzern 2009, 221, 224 ff; *Steinmeyer/Santelmann*, BB 2009, 674 ff; aA (Widerleglichkeit) *Heidel/Locher*, Der Konzern 2006, 653, 656; *Paefgen*, WM 2007, 765, 767. Zur Verfassungsmäßigkeit der Angemessenheitsvermutung BVerfG ZIP 2012, 1408, 1410.

114 Vgl OLG Frankfurt ZIP 2014, 617 Rn 48 f.

115 *Assmann*, in: Assmann/Pötzsch/U.H. Schneider, § 12 WpÜG Rn 39.

gemessenheit bestimmt sich auch danach, zu welchem Kaufpreis der Bieter zuvor Aktien der Zielgesellschaft erworben hat (§§ 39, 31 Abs. 1 Satz 2 WpÜG). B war demnach verpflichtet, eine Gegenleistung iHv 500 Euro pro Aktie anzubieten, da er von X zuvor dessen Aktien zu diesem Preis erworben hat. Sofern man § 31 WpÜG nicht als Anspruchsgrundlage ansieht, hat A keinen entsprechenden zivilrechtlichen Anspruch gegen B. Folgt man der Meinung, § 31 WpÜG sei eine Anspruchsgrundlage, oder der Ansicht, wonach § 31 WpÜG selbst zwar keine Anspruchsgrundlage ist, aber beim Kaufvertrag zwischen dem Bieter und dem einzelnen Aktionär der Zielgesellschaft die Kaufpreishöhe festlegt, ist ein Kaufvertrag zwischen B und A mit dem Kaufpreis iHv 500 Euro zustande gekommen. A hat nach dieser Ansicht einen Anspruch auf Zahlung von 500 Euro pro Aktie.

Ein Anspruch des A gegen B könnte sich (auch) aus § 823 Abs. 2 iVm § 31 WpÜG ergeben. Das setzt voraus, dass § 31 WpÜG ein Schutzgesetz ist, was die wohl hM mit Verweis auf den fehlenden Individualschutz ablehnt. Da § 31 WpÜG nach einer Ansicht (s.o.) bereits beim Kaufvertrag die Kaufpreishöhe beeinflusst, bedarf es eines solchen deliktischen Schutzes nicht, so dass jedenfalls auch aus diesem Grund eine Schutzgesetzeigenschaft des § 31 WpÜG zu verneinen ist.

Es könnte auch ein Anspruch des A gegen B aus § 12 Abs. 1 WpÜG bestehen. Die Angebotsunterlage ist aber nach hM nicht schon deshalb unrichtig oder unvollständig, weil der Bieter darin eine Gegenleistung anbietet, die hinter den Anforderungen des § 31 WpÜG an eine angemessene Gegenleistung zurückbleibt[116]. Vielmehr muss der Bieter zusätzlich einen relevanten Vorerwerb vorsätzlich oder grob fahrlässig verschwiegen haben (§ 2 Nr 7 WpÜG-AngebotsVO)[117]. Das ist hier nicht ersichtlich, so dass kein Anspruch des A gegen B aus § 12 Abs. 1 WpÜG besteht.

---

116 *Krause*, in: Assmann/Pötzsch/U.H. Schneider, § 31 WpÜG Rn 167; *Häger/Santelmann*, in: Steinmeyer, § 31 WpÜG Rn 112; aA KölnerKommWpÜG/*Kremer/Osterhaus*, § 31 WpÜG Rn 108.

117 *Krause*, in: Assmann/Pötzsch/U.H. Schneider, § 31 WpÜG Rn 167.

Gutachtenaufbau
§ 12 Abs. 1 WpÜG (Haftung für Angebotsunterlage) 1. Gebilligte und veröffentlichte Angebotsunterlage (§ 14 Abs. 2 WpÜG) 2. Unvollständigkeit oder Unrichtigkeit der Angebotsunterlage 3. Richtiger Haftungsadressat (§ 12 Abs. 1 WpÜG) – Verantwortlicher für Angebotsunterlage und – Personen, von denen der Erlass der Angebotsunterlage ausgeht 4. Anspruchsberechtigte (§ 12 Abs. 1 WpÜG) – das Angebot Annehmende – diejenigen, deren Aktien dem Bieter nach § 39a WpÜG übertragen wurden 5. Haftungsbegründende Kausalität – Kausalität zwischen fehlerhafter Angebotsunterlage und Angebotsannahme – wird widerleglich vermutet (§ 12 Abs. 3 Nr 1 WpÜG) 6. Verschulden – Kenntnis oder grob fahrlässige Unkenntnis des Anspruchsgegners von fehlerhafter Angabe in Angebotsunterlage – wird vermutet (§ 12 Abs. 2 WpÜG) 7. Kein Haftungsausschluss (§ 12 Abs. 3 WpÜG) 8. Verjährung (§ 12 Abs. 4 WpÜG) 9. Rechtsfolge: Schadensersatz (§ 249 ff BGB) – Rückübertragung der Wertpapiere – Zug um Zug gegen Rückgewähr der erbrachten Gegenleistung an den Bieter

881

Gutachtenaufbau
§ 13 Abs. 2 WpÜG (Haftung für Finanzierungsbestätigung) 1. Veröffentlichte Angebotsunterlage (§ 14 Abs. 2 WpÜG) 2. Annahme des Angebots einer Geldleistung durch Anspruchsteller 3. Schriftliche Finanzierungsbestätigung durch WpDU 4. Nichtvornahme der nach § 13 Abs. 1 Satz 2 WpÜG notwendigen Maßnahmen durch den Bieter 5. Erfüllungsunfähigkeit des Bieters 6. Haftungsbegründende Kausalität – Kausalität zwischen Nichtvornahme der Maßnahmen – Erfüllungsunfähigkeit des Bieters 7. Verschulden – Kenntnis oder grob fahrlässige Unkenntnis der fehlerhaften Angabe in Angebotsunterlage – wird vermutet (§§ 13 Abs. 3, 12 Abs. 2 WpÜG) 8. Kein Haftungsausschluss (§§ 13 Abs. 3, 12 Abs. 3 WpÜG) 9. Rechtsfolge: Schadensersatz (§§ 249 ff BGB) – Ersatz des positiven Interesses (Erfüllungsinteresses)

882

§ 15 Handlungen des Vorstands der Zielgesellschaft

Ausgewählte Literatur: *Diekmann*, Änderungen im Wertpapiererwerbs- und -übernahmegesetz anlässlich der Umsetzung der EU-Übernahmerichtlinie in das deutsche Recht, NJW 2007, 17; *Harbarth*, Europäische Durchbrechungsregel im deutschen Übernahmerecht, ZGR 2007, 37; *Merkt*, Verhaltenspflichten des Vorstands der Zielgesellschaft bei feindlichen Übernahmen, ZHR 165 (2001), 224; *Merkt/Binder*, Änderungen im Übernahmerecht nach Umsetzung der EG-Übernahmerichtlinie: Das deutsche Umsetzungsgesetz und verbleibende Problemfelder, BB 2006, 1285; *Schanz*, Verteidigungsmechanismen gegen feindliche Übernahmen nach Umsetzung der Übernahmerichtlinie im deutschen Recht, NZG 2007, 927; *Süßmann*, Unerwünschte Übernahmen, NZG 2011, 1281; *Winter/Harbarth*, Verhaltenspflichten von Vorstand und Aufsichtsrat der Zielgesellschaft bei feindlichen Übernahmeangeboten nach dem WpÜG, ZIP 2002, 1; *A. Wolf*, Der Mythos „Neutralitätspflicht" nach dem Übernahmerichtlinie-Umsetzungsgesetz, ZIP 2008, 300.

883 **Fall 18:** Obwohl der Bieter B seine Entscheidung zur Abgabe eines Übernahmeangebots bereits veröffentlicht hat, unternimmt der Vorstandsvorsitzende V der Zielgesellschaft Z Handlungen, die nach § 33 Abs. 1 WpÜG unzulässig sind. Der Bieter B hatte sein Angebot an die Aktionäre unter die zulässige Bedingung der Nichtvornahme dieser Handlungen gestellt. Aktionär A kann, nachdem sich B zurückgezogen hat, seine Aktien nicht, wie er dies vorhatte, zu dem gebotenen Preis veräußern. A möchte den ihm entstandenen Schaden von V ersetzt haben. Zu Recht? **Rn 905**

884 Eine der **umstrittensten Fragen** des Gesetzgebungsverfahrens zum WpÜG und bei der Diskussion der EU-Übernahmerichtlinie (13. gesellschaftsrechtliche Richtlinie) war, welche Anforderungen an das Verhalten des Vorstands der Zielgesellschaft bei einem feindlichen Übernahmeangebot gestellt werden sollen. **„Feindliche Übernahme"** meint, dass die Übernahme nicht zwischen Bieter und Zielgesellschaft abgestimmt ist[1]. Eine Übernahme kann auch aus Sicht der (verbleibenden) Aktionäre schädlich sein, etwa wenn die Bietergesellschaft die Zerschlagung des Unternehmens plant. Sie kann jedoch für die Aktionäre auch positiv sein, etwa aufgrund eines hohen Übernahmepreises, bei der Realisierung des im Unternehmen steckenden wirtschaftlichen Potenzials usw. Da die Aktionäre die Adressaten des Übernahmeangebots sind, können ihre Interessen von denen des Vorstands abweichen.

I. Verhinderungsverbot (§ 33 Abs. 1 Satz 1 WpÜG)

885 Der Vorstand darf gemäß § 33 Abs. 1 Satz 1 WpÜG schon nach der Veröffentlichung der Entscheidung zur Abgabe eines Übernahmeangebots, nicht erst ab Veröffentlichung der Angebotsunterlage, keine Handlungen mehr vornehmen, durch die der Erfolg des Angebots verhindert werden könnte **(Verhinderungsverbot)**[2]. Nur die Aktionäre sollen über das Angebot entscheiden können. Sobald also die Entscheidung zur

1 Vgl dazu BaFin, Jahresbericht 2010 vom 6. Juni 2011, S. 223.
2 *A. Wolf*, ZIP 2008, 300 ff.

Angebotsabgabe feststeht, sind die Handlungsspielräume der Unternehmensleitung der Zielgesellschaft erheblich **eingeschränkt**[3]. § 33 WpÜG gilt nur für Übernahmeangebote, dh für solche Angebote, die auf den Erwerb der Kontrolle gerichtet sind.

In § 33 Abs. 1 Satz 1 WpÜG wird auf Handlungen abgestellt, „durch die der Erfolg **886**
des Angebots verhindert werden könnte" (§ 33 Abs. 1 Satz 1 WpÜG). Es genügt die **Eignung** zur Verhinderung, so dass es unerheblich ist, ob die Handlung das Übernahmeangebot wirklich verhindert hat[4]. Die Eignung ist objektiv zu bestimmen[5]. Es bedarf keiner (subjektiven) Verhinderungsabsicht. Unzulässig iS des § 33 Abs. 1 Satz 1 WpÜG sind daher Maßnahmen, mit denen eine eigene Entscheidung der Aktionäre über das Angebot unmöglich gemacht wird. **Umstritten** ist, ob der Vorstand auch solche Handlungen unterlassen muss, die den Angebotserfolg relativieren, etwa weil sie dem Erreichen einer möglichst hohen Beteiligung des Bieters entgegenwirken. Würde man das bejahen, wären auch solche Handlungen vom Verbot umfasst, die grundsätzlich als zulässig angesehen werden. Das gilt etwa für Werbemaßnahmen der Zielgesellschaft, in denen eine Wertsteigerung der Aktien bei Ablehnung des Übernahmeangebots in Aussicht gestellt wird. Denn obwohl diese Maßnahme geeignet ist, den Erfolg des Übernahmeangebots zu vereiteln, bleibt den Aktionären immer noch die Möglichkeit, das Angebot des Bieters anzunehmen[6].

Maßnahmen, die vom Verhinderungsverbot des § 33 Abs. 1 Satz 1 WpÜG erfasst **887**
sein können, weil sie grundsätzlich geeignet sind, den Erfolg eines Übernahmeangebots zu verhindern, sind insbesondere die Ausgabe neuer Aktien, der Erwerb oder die Veräußerung eigener Aktien, die Ausgabe von Wandel- oder Optionsschuldverschreibungen, die Veräußerung wesentlicher Vermögensgegenstände (sog. crown jewel defense) sowie der Erwerb von Unternehmen (sog. antitrust defense)[7].

II. Ausnahmen vom Verhinderungsverbot (§ 33 Abs. 1 Satz 2 WpÜG)

Eine Durchbrechung erfährt das Verhinderungsverbot durch die Ausnahmetatbestän- **888**
de des § 33 Abs. 1 Satz 2 WpÜG. Diese beeinflussen nur den Umfang des Verhinderungsverbots, erweitern jedoch nicht die aktienrechtlichen Kompetenzen des Vorstands. Damit verbleiben der Hauptversammlung zustehende Kompetenzen auch bei dieser. Gleichzeitig sind die vom Vorstand getroffenen Abwehrmaßnahmen nicht nur an § 33 WpÜG, sondern auch an den aktienrechtlichen Vorschriften (insbesondere den §§ 76, 93 AktG) zu messen[8].

---

3 *Schanz*, NZG 2007, 927 ff; zu präventiven Maßnahmen *Süßmann*, NZG 2011, 1281, 1282 ff; zur Haftung von Vorständen bei der Abwehr von Übernahmeversuchen *Thümmel*, DB 2000, 461 ff.

4 *Krause/Pötzsch/Stephan*, in: Assmann/Pötzsch/U.H. Schneider, § 33 WpÜG Rn 83 f.

5 *Noack/Zetzsche*, in: Schwark/Zimmer, KMRK, § 33 WpÜG Rn 7; *Krause/Pötzsch/Stephan*, in: Assmann/Pötzsch/U.H. Schneider, § 33 WpÜG Rn 83.

6 So *Krause/Pötzsch/Stephan*, in: Assmann/Pötzsch/U.H. Schneider, § 33 WpÜG Rn 122 mwN.

7 Vgl *Röh*, in: Frankfurter Kommentar, § 33 WpÜG Rn 45 ff.

8 Vgl auch Ziff. 3.7. Abs. 2 des (grundsätzlich rechtlich unverbindlichen) Deutschen Corporate Governance-Kodex, wonach der Vorstand nach Bekanntgabe des Übernahmeangebots „keine Handlungen außerhalb des gewöhnlichen Geschäftsverkehrs vornehmen (darf), durch die der Erfolg des Angebots verhindert werden könnte, wenn er dazu nicht von der Hauptversammlung ermächtigt ist oder der Aufsichtsrat dem zugestimmt hat".

889 Der Vorstand darf danach erstens solche Handlungen vornehmen, die auch ein ordentlicher und gewissenhafter Geschäftsleiter einer Gesellschaft, welche nicht Zielgesellschaft ist, vorgenommen hätte (**§ 33 Abs. 1 Satz 2, 1. Alt. WpÜG**). Er darf damit v.a. das Tagesgeschäft weiterführen und bereits eingeschlagene Unternehmensstrategien weiterverfolgen. Er hat nachzuweisen (§ 93 Abs. 2 Satz 2 AktG), dass seine Handlungen zulässig waren, dh nicht durch das Übernahmeangebot veranlasst gewesen sind. Umstritten ist, ob sich die Ermessensgrenze des Vorstands nach den Grundsätzen des ARAG/Garmenbeck-Urteils bzw nach § 93 Abs. 1 Satz 2 AktG bemisst, so dass seine Entscheidungen im Allgemeinen rechtmäßig sind, solange sie nicht schlechthin unvertretbar sind und sich mit wirtschaftlichen Gründen rechtfertigen lassen. Das wird mit Einschränkungen auch in einem Übernahmekontext zu bejahen sein[9].

890 Zweitens darf der Vorstand nach einem konkurrierenden Angebot (sog. white knight) suchen (**§ 33 Abs. 1 Satz 2, 2. Alt. WpÜG**). Er kann sowohl Gespräche mit Investoren führen, als auch bei der Vorbereitung einer Angebotsunterlage unterstützen[10]. Drittens sind solche Handlungen des Vorstands zulässig, denen der Aufsichtsrat der Zielgesellschaft zugestimmt hat (**§ 33 Abs. 1 Satz 2, 3. Alt. WpÜG**). Der Vorstand darf damit Abwehrmaßnahmen durchführen, die von seiner Geschäftsführungsbefugnis (§ 77 AktG) gedeckt sind, die nicht der Zustimmung der Hauptversammlung bedürfen, und denen der Aufsichtsrat vorher im Hinblick auf konkrete Maßnahmen zugestimmt hat. Erlaubt sein kann in diesem Rahmen etwa die Abgabe eines Gegenangebots auf die Aktien des Bieters (sog. pac man)[11]. Eine Blankettermächtigung ist nicht zulässig, da hierdurch eine effektive Kontrolle des Vorstandshandelns nicht mehr möglich wäre[12].

III. Vorratsbeschlüsse der Hauptversammlung (§ 33 Abs. 2 WpÜG)

891 Zur Abwehr feindlicher Übernahmen können im Vorfeld einer Übernahme präventive Maßnahmen ergriffen werden[13]. Dazu zählt etwa, dass die Hauptversammlung den Vorstand der Zielgesellschaft nach § 33 Abs. 2 WpÜG auch im Voraus, dh ohne Vorliegen eines konkreten Übernahmeangebots, zur Durchführung von Abwehrmaßnahmen ermächtigen kann[14].

892 **Voraussetzung** ist, dass die Hauptversammlung nach den aktienrechtlichen Vorschriften für die Handlungen zuständig ist und diese auf den Vorstand delegierbar

9 Bejahend auch etwa KölnerKommWpÜG/*Hirte*, § 33 WpÜG Rn 69; *Röh*, in: Frankfurter Kommentar, § 33 WpÜG Rn 70 (aber besonders hohe Anforderungen an Entlastungsbeweis); *Krause/Pötzsch/Stephan*, in: Assmann/Pötzsch/U.H. Schneider, § 33 WpÜG Rn 161; *Fleischer*, FS Wiedemann, 2002, S. 827, 841 f.

10 *Röh*, in: Frankfurter Kommentar, § 33 WpÜG Rn 78; siehe auch *Süßmann*, NZG 2011, 1281, 1286 ff.

11 *Röh*, in: Frankfurter Kommentar, § 33 WpÜG Rn 81.

12 *Krause/Pötzsch/Stephan*, in: Assmann/Pötzsch/U.H. Schneider, § 33 WpÜG Rn 180.

13 *Lenenbach*, KMR, Rn 16.128 ff.

14 Zu den praktischen Problemen *Lenenbach*, KMR, Rn 16.136; *Süßmann*, NZG 2011, 1281, 1284.

sind[15]. Die Zuständigkeit der Hauptversammlung kann sich sowohl aus dem Aktiengesetz als auch aus ungeschriebenen Zuständigkeiten ergeben, die auf den Grundsätzen der „Holzmüller"- und der „Gelatine"-Rechtsprechung des BGH[16] beruhen. Gemäß § 33 Abs. 2 WpÜG sind neben den aktienrechtlichen Erfordernissen noch besondere Punkte zu beachten. Schließlich wird den Aktionären durch den Vorratsbeschluss die Entscheidungsfreiheit über die Annahme oder Ablehnung eines künftigen Übernahmeangebots entzogen, ohne dass bei der Beschlussfassung der Bieter oder der Inhalt des Angebots bekannt sind. So kann die Hauptversammlung den Vorstand für einen Zeitraum von höchstens 18 Monaten[17] zu Abwehrmaßnahmen ermächtigen. Außerdem bedarf der ermächtigende Hauptversammlungsbeschluss einer Dreiviertelmehrheit des bei der Beschlussfassung vertretenen Grundkapitals (§ 33 Abs. 2 Satz 3 WpÜG), wobei die Satzung eine größere Kapitalmehrheit und weitere Erfordernisse vorsehen kann. Will der Vorstand Maßnahmen aufgrund eines solchen Vorratsbeschlusses durchführen, bedarf er stets der Zustimmung des Aufsichtsrats (§ 33 Abs. 2 Satz 4 WpÜG).

Weitere Voraussetzung ist, dass die Handlungen, zu denen ermächtigt wird, der Art nach bestimmt werden (§ 33 Abs. 2 Satz 1 WpÜG). Sie müssen (und können mangels Kenntnis vom künftigen Übernahmeangebot) aber nicht im Einzelnen benannt werden.

Zulässig sind auch solche Abwehrmaßnahmen des Vorstands, die aufgrund einer **Ad-hoc-Zustimmung** der Hauptversammlung, dh einer während der Laufzeit des Angebots erteilten Ermächtigung, erfolgen. Der Vorstand kann zu allen Maßnahmen ermächtigt werden, allerdings sind diese konkret zu bezeichnen. Hinsichtlich der Einberufung und Abhaltung einer solchen Ad-hoc-Hauptversammlung sieht § 16 Abs. 4 WpÜG bestimmte **Erleichterungen** vor. So ist die Einberufungsfrist auf zwei Wochen verkürzt (§ 16 Abs. 4 Satz 1 WpÜG). Sofern der Vorstand von der in der Hauptversammlung erteilten Ermächtigung Gebrauch macht, unterliegt er nicht dem Verhinderungsverbot des § 33 Abs. 1 Satz 1 WpÜG. Außerdem kann er durch die freiwillige Vorlage an die Hauptversammlung seine Haftung gegenüber der Gesellschaft ausschließen (§ 93 Abs. 4 Satz 1 AktG). **893**

IV. Verbot „ungerechtfertigter" Vorteilsgewährung

Nach **§ 33d WpÜG** ist es dem Vorstand und dem Aufsichtsrat der Zielgesellschaft verboten, sich während des Übernahmeverfahrens vom Bieter Vorteile versprechen zu lassen, die ihn zu einem bestimmten Verhalten veranlassen sollen. Damit soll verhindert werden, dass Zweifel an der Unabhängigkeit der Vorstands- bzw Aufsichts- **894**

15 KölnerKommWpÜG/*Hirte*, § 33 WpÜG Rn 97; *Krause/Pötzsch/Stephan*, in: Assmann/Pötzsch/U.H. Schneider, § 33 WpÜG Rn 207.

16 BGHZ 83, 122 („Holzmüller"); BGHZ 159, 30 = NJW 2004, 1860 („Gelatine I") sowie BGH WM 2004, 1085 („Gelatine II").

17 Beschlussempfehlung und Bericht des Finanzausschusses des Deutschen Bundestags, BT-Drucks. 14/7477, S. 63 (ein größerer Zeitraum könne sich ungünstig auf den Börsenkurs der Zielgesellschaft auswirken).

ratsentscheidungen aufkommen[18]. Es ist jedoch nicht jede Leistung an die Mitglieder des Vorstands verboten, sondern lediglich eine **„ungerechtfertigte“** Vorteilsgewährung. Gerechtfertigt ist eine Vorteilsgewährung, wenn sie aus sachlich nachvollziehbaren Gründen erfolgt. Ungerechtfertigt ist sie dann, wenn sie das Organmitglied zu einem nicht am Interesse der Zielgesellschaft und ihrer Aktionäre ausgerichteten Verhalten bewegen soll[19]. Abzustellen ist darauf, ob auch die Zielgesellschaft den vom Bieter angebotenen Vorteil hätte gewähren dürfen. Eine gerechtfertigte Vorteilsgewährung kann etwa vorliegen, wenn dem Vorstand der Zielgesellschaft eine Weiterbeschäftigung in Aussicht gestellt wird[20]. Da die Qualität des Managements ein wesentlicher Faktor für die Unternehmensbewertung ist, kann eine Übernahme bei einer Weiterbeschäftigung bestimmter Personen der Zielgesellschaft vertretbar sein[21].

895 Das in § 33d WpÜG formulierte Verbot der Gewährung bzw Inaussichtstellung ungerechtfertigter Vorteile ist ein gesetzliches Verbot iS des **§ 134 BGB**[22], so dass die Zusage eines solchen Vorteils **nichtig** ist. Bereits vom Bieter erbrachte Leistungen können nach § 812 Abs. 1 Satz 1, 1. Alt. BGB zurückgefordert werden. Dem steht nicht § 817 Satz 2 BGB entgegen, da sich § 33d WpÜG nicht nur gegen das Verpflichtungs-, sondern auch gegen das Erfüllungsgeschäft richtet[23]. Insbesondere weil ein Verstoß gegen § 33d WpÜG nicht bußgeldbewehrt ist, wird dessen Sanktionierung als unzureichend angesehen[24].

V. Europäisches Verhinderungsverbot und europäische Durchbrechungsregel

896 Die Zielgesellschaft kann sich für das europäische Verhinderungsverbot (§ 33a WpÜG) und die europäische Durchbrechungsregel (§ 33b WpÜG) entscheiden[25]. Hierfür ist eine Satzungsänderung nach den Vorschriften des AktG erforderlich. Den Satzungsbeschluss muss der Vorstand der Zielgesellschaft der BaFin unverzüglich melden (§§ 33a Abs. 3, 33b Abs. 3 WpÜG). Die Hauptversammlung kann die Beschlüsse auch unter dem Vorbehalt der Gegenseitigkeit fassen (§ 33c WpÜG).

---

18 Begr. RegE WpÜG, BR-Drucks. 574/01, S. 154; vgl auch *Nießen/Stöwe*, DB 2010, 885 ff; *Selzner*, AG 2013, 818 ff.

19 *Krause/Pötzsch/Stephan*, in: Assmann/Pötzsch/U.H. Schneider, § 33d WpÜG Rn 15; näher *Selzner*, AG 2013, 818 ff.

20 Siehe Begr. RegE WpÜG, BT-Drucks. 14/7034, S. 59; KölnerKommWpÜG/*Hirte*, § 33d WpÜG Rn 15.

21 Begr. RegE WpÜG, BR-Drucks. 574/01, S. 145; *Röh*, in: Frankfurter Kommentar, § 33d WpÜG Rn 11.

22 Begr. RegE WpÜG, BT-Drucks. 14/7034, S. 59.

23 *Krause/Pötzsch/Stephan*, in: Assmann/Pötzsch/U.H. Schneider, § 33d WpÜG Rn 23; *Röh*, in: Frankfurter Kommentar, § 33d WpÜG Rn 14 mit dem Hinweis darauf, dass andernfalls der Bestechungserfolg perpetuiert würde.

24 *Noack/Zetzsche*, in: Schwark/Zimmer, KMRK, § 33d WpÜG Rn 8.

25 *Van Kann/Just*, DStR 2006, 328, 329 f; *Krause/Pötzsch/Stephan*, in: Assmann/Pötzsch/U.H. Schneider, § 33 WpÜG Rn 40 ff.

1. Europäisches Verhinderungsverbot

Die Zielgesellschaft kann in ihrer Satzung die Anwendung des § 33 WpÜG abbedingen und damit die danach zulässigen Verteidigungsmaßnahmen zugunsten einer stärker ausgeprägten Neutralitätspflicht des Leitungsorgans ausschließen. **Konsequenz** ist, dass es nicht nur dem Vorstand, sondern **auch dem Aufsichtsrat** verboten ist, Handlungen vorzunehmen, die den Erfolg des Angebots verhindern könnten (§§ 33a Abs. 2 Satz 1 WpÜG). Damit muss der Aufsichtsrat seine Zustimmung verweigern, wenn vom Vorstand nach § 111 Abs. 4 Satz 2 AktG vorgelegte Maßnahmen abwehrgeeignet sind[26]. **897**

Zudem sind die Ausnahmen des europäischen Verhinderungsverbots enger gefasst als die des § 33 WpÜG[27]. So sind **Vorratsbeschlüsse** der Hauptversammlung (vgl § 33 Abs. 2 WpÜG) nicht möglich, sondern der Vorstand kann erst nach Veröffentlichung der Entscheidung zur Abgabe eines Angebots von der Hauptversammlung zu Handlungen ermächtigt werden (§ 33a Abs. 2 Satz 2 Nr 1 WpÜG). Handlungen außerhalb des normalen Geschäftsbetriebs dürfen von Vorstand und Aufsichtsrat nur vorgenommen werden, sofern sie Entscheidungen umsetzen, die vor der Veröffentlichung der Entscheidung zur Abgabe eines Angebots gefasst und teilweise umgesetzt wurden (§ 33a Abs. 2 Satz 2 Nr 3 WpÜG). Wie bei § 33 WpÜG ist auch nach § 33a Abs. 2 Satz 2 Nr 4 WpÜG die Suche nach einem konkurrierenden Angebot erlaubt. **898**

2. Europäische Durchbrechungsregel

Nach § 33b WpÜG können – in Erweiterung der Satzungsautonomie gemäß § 23 Abs. 5 Satz 1 AktG – bestimmte strukturelle Übernahmehindernisse in einer Übernahmesituation „durchbrochen" werden. Dabei geht es v.a. um Stimmrechts- und Übertragungsbeschränkungen als präventive Abwehrmaßnahmen. Es kann lediglich die gesamte Durchbrechungsregel des § 33b Abs. 2 WpÜG beschlossen werden, nicht nur ein Teil derselben[28]. Dann gelten während der Annahmefrist eines Übernahmeangebots satzungsmäßig vereinbarte Übertragungsbeschränkungen nicht gegenüber dem Bieter. Außerdem haben Stimmbindungsverträge bei der Abstimmung über Abwehrmaßnahmen keine Wirkung. Mehrstimmrechtsaktien berechtigen zu nur einer Stimme (§ 33b Abs. 2 Nr 2 WpÜG). Die letzten beiden Punkte gelten auch in der ersten Hauptversammlung, die auf Verlangen des Bieters einberufen wird, um die Satzung zu ändern oder über die Leitungsorganbesetzung zu entscheiden, sofern der Bieter über einen Stimmrechtsanteil von mindestens 75 % verfügt (§ 33b Abs. 2 Nr 3 WpÜG)[29]. **899**

26 *Röh*, in: Frankfurter Kommentar, § 33a WpÜG Rn 39.
27 *A. Wolf*, ZIP 2008, 300, 302 f.
28 RegE Übernahmerichtlinie-Umsetzungsgesetz, BR-Drucks. 154/06, S. 37; dazu *Harbarth*, ZGR 2007, 37 ff.
29 Siehe auch *Diekmann*, NJW 2007, 17, 18.

VI. Rechtsfolgen bei Verstoß gegen § 33 Abs. 1 WpÜG

1. Ordnungswidrigkeit

900 Nimmt ein Vorstandsmitglied vorsätzlich oder leichtfertig eine nach § 33 Abs. 1 Satz 1 WpÜG verbotene Handlung vor, handelt es **ordnungswidrig** (§ 60 Abs. 1 Nr 8, Abs. 3 WpÜG). Zuständige Verwaltungsbehörde für das Bußgeld ist nach § 61 WpÜG die BaFin. Aufgrund des straf- und ordnungswidrigkeitenrechtlichen Analogieverbots (Art. 103 Abs. 2 GG) muss sich der zu ahndende Verstoß unter den Wortlaut des § 33 Abs. 1 WpÜG subsumieren lassen.

2. Unterlassungsanspruch

901 Sofern der Vorstand durch seine Abwehrmaßnahme in die Kompetenz der Hauptversammlung eingreift, haben die Aktionäre, wie auch sonst im Fall von wesentlichen, rechtlichen Strukturmaßnahmen, nach der „Holzmüller"-/„Gelatine"-Rechtsprechung des BGH nach § 122 Abs. 2 AktG grundsätzlich einen Unterlassungsanspruch nach §§ 1004, 823 Abs. 2 BGB analog gegen die Zielgesellschaft[30]. Dieser ist das Verhalten des Vorstands nach § 31 BGB zuzurechnen. **Umstritten** ist, ob ein Unterlassungsanspruch auch unterhalb dieser Schwelle gegeben ist, wenn die Maßnahme in die Geschäftsführungsbefugnis des Vorstands fallen würde, sofern kein Übernahmeangebot vorliegt. Beispiel ist die Veräußerung von Gegenständen unterhalb der „Holzmüller"-Schwelle ausschließlich zu Abwehrzwecken ohne Zustimmung des Aufsichtsrats (§ 33 Abs. 1 Satz 2, 3. Alt. WpÜG)[31]. Die hM lehnt in einem solchen Fall einen Unterlassungsanspruch zutreffend ab, wohingegen eine Mindermeinung jeden Verstoß gegen § 33 Abs. 1 Satz 1 WpÜG als Eingriff in die Kompetenzen der Hauptversammlung ansieht[32].

3. Schadensersatzansprüche

902 Fraglich ist, ob **Aktionäre** gegenüber dem Vorstandsmitglied, das gegen § 33 Abs. 1 Satz 1 WpÜG verstößt, **Schadensersatzansprüche** geltend machen können. Ein Anspruch aus § 93 Abs. 2 AktG besteht nicht. Nach dieser Vorschrift sind die ihre Pflicht verletzenden Vorstandsmitglieder lediglich der Gesellschaft zum Ersatz des daraus entstehenden Schadens verpflichtet[33]. Ein Schadensersatzanspruch aus § 823 Abs. 2 BGB setzt die Verletzung eines Schutzgesetzes voraus. § 33 WpÜG bzw § 60 Abs. 1 Nr 8 WpÜG kommt hierbei als Schutzgesetz nicht in Betracht, da diese Regelung lediglich einen Rechtsreflex zugunsten der Aktionäre darstellt, nicht aber Individualschutz bezwecken soll[34]. Im Einzelfall kann ein strafrechtliches Schutzgesetz erfüllt sein. Auch ein Anspruch aus § 826 BGB kommt grundsätzlich in Betracht.

---

30 BGHZ 83, 122, 134 („Holzmüller"); BGHZ 159, 30 = NJW 2004, 1860 („Gelatine I"); BGH WM 2004, 1085 ff („Gelatine II").

31 Vgl *Röh*, in: Frankfurter Kommentar, § 33 WpÜG Rn 129.

32 *Krause/Pötzsch/Stephan*, in: Assmann/Pötzsch/U.H. Schneider, § 33 WpÜG Rn 304; *Röh*, in: Frankfurter Kommentar, § 33 WpÜG Rn 130; aA KölnerKommWpÜG/*Hirte*, § 33 WpÜG Rn 147.

33 *Noack/Zetzsche*, in: Schwark/Zimmer, KMRK, § 33 WpÜG Rn 42; aA *Hirte*, ZGR 2002, 623, 653 f.

34 *Noack/Zetzsche*, in: Schwark/Zimmer, KMRK, § 33 WpÜG Rn 44; *Krause/Pötzsch/Stephan*, in: Assmann/Pötzsch/U.H. Schneider, § 33 WpÜG Rn 312; *Winter/Harbarth*, ZIP 2002, 1, 16; *Langenbucher*, § 18 Rn 119; aA *Röh*, in: Frankfurter Kommentar, § 33 WpÜG Rn 142.

Nach § 66 Abs. 1 Satz 1 WpÜG ist unabhängig vom Streitwert das Landgericht zuständig. Eine örtliche Zuständigkeit für das Landgericht, in dessen Bezirk die Zielgesellschaft ihren Sitz hat, ergibt sich aus § 66 Abs. 1 Satz 3 WpÜG. 903

Die **Zielgesellschaft** kann gegen das Vorstandsmitglied, das seine Pflichten verletzt, **Schadensersatzansprüche** aus § 93 Abs. 2 Satz 1 AktG haben. Eine Pflichtverletzung iS des § 93 Abs. 2 Satz 1 AktG kann darin liegen, dass die Abwehrmaßnahmen gegen das Verhinderungsverbot des § 33 Abs. 1 Satz 1 WpÜG verstoßen und der Vorstand sein Ermessen fehlerhaft ausgeübt hat. Der Vorstand hat dabei zu beweisen, dass sein Handeln pflichtgemäß war (§ 93 Abs. 2 Satz 2 AktG). Der Schaden der Gesellschaft bemisst sich nach §§ 249 ff BGB. Es erfolgt ein Vergleich des Ist-Zustands (aktuelles Gesellschaftsvermögen) mit dem Soll-Zustand (fiktives Gesellschaftsvermögen bei pflichtgemäßem Handeln)[35]. 904

Lösung Fall 18 (Rn 883): § 93 AktG stellt als Innenhaftungsnorm keine geeignete Anspruchsgrundlage für die Geltendmachung eines Individualschadens eines Anlegers gegen Vorstandsmitglieder dar. A kann seinen Schadensersatzanspruch auch nicht auf § 823 Abs. 1 BGB unter dem Aspekt eines Eingriffs in sein Aktionärs-Mitgliedschaftsrecht als „sonstiges Recht" iS des § 823 Abs. 1 BGB stützen. Ein solcher liegt bei Vereitelung einer Veräußerungschance nicht vor, da in diesem Fall nicht die rechtliche Stellung des Aktionärs als solche beeinträchtigt wird, sondern nur die Möglichkeit, den in der Aktie als Finanzinstrument verkörperten wirtschaftlichen Wert zu realisieren[36]. Ein Schadensersatzanspruch nach § 823 Abs. 2 BGB scheidet ebenfalls aus. § 33 WpÜG bzw § 60 Abs. 1 Nr 8 WpÜG sind keine Schutzgesetze zugunsten veräußerungswilliger Aktionäre, vielmehr dienen sie ausschließlich dem Schutz des Anlegerpublikums und damit dem Allgemeininteresse[37]. Für einen Anspruch aus § 826 BGB fehlen hier die Voraussetzungen. 905

35 *Röh*, in: Frankfurter Kommentar, § 33 WpÜG Rn 137; *Krause/Pötzsch/Stephan*, in: Assmann/Pötzsch/U.H. Schneider, § 33 WpÜG Rn 310.

36 *Röh*, in: Frankfurter Kommentar, § 33 WpÜG Rn 141; *Krause/Pötzsch/Stephan*, in: Assmann/Pötzsch/U.H. Schneider, § 33 WpÜG Rn 312; aA KölnerKommWpÜG/*Hirte*, § 33 WpÜG Rn 159 (wohl aber nur für den Fall eines Kompetenzverstoßes).

37 *Krause/Pötzsch/Stephan*, in: Assmann/Pötzsch/U.H. Schneider, § 33 WpÜG Rn 312.

Teil VI

Investmentrecht

§ 16 Das Kapitalanlagegesetzbuch (KAGB)

Ausgewählte Literatur: *Böhme*, Die Vertretung der extern verwalteten Investmentkommanditgesellschaft, BB 2014, 2380; *Boxberger*, Regulierung „light" unter dem KAGB-Regime, GWR 2013, 415; *Burgard/Heimann*, Das neue Kapitalanlagegesetzbuch, WM 2014, 821; *Casper*, Die Investmentkommanditgesellschaft: große Schwester der Publikums-KG oder Kuckuckskind?, ZHR 179 (2015), 44; *Demleitner*, Aufsichtsrechtliche Folgen eines verkannten AIF, BB 2014, 2058; *Emde/Dreibus*, Der Regierungsentwurf für ein Kapitalanlagegesetzbuch, BKR 2013, 89; *Fischer/Friedrich*, Investmentaktiengesellschaft und Investmentkommanditgesellschaft unter dem Kapitalanlagegesetzbuch, ZBB 2013, 153; *Freitag*, Die „Investmentkommanditgesellschaft" nach dem Regierungsentwurf für ein Kapitalanlagegesetzbuch, NZG 2013, 329; *Hartrott/Goller*, Immobilienfonds nach dem Kapitalanlagegesetzbuch, BB 2013, 1603; *Herring/Loff*, Die Verwaltung alternativer Investmentvermögen nach dem KAGB-E, DB 2012, 2029; *Hübner*, Immobilienanlagen unter dem KAGB, WM 2014, 106; *Kapteina/Davis*, Die ordnungsgemäße Verwahrung durch Verwahrstellen und Unterverwahrer nach dem neuen Kapitalanlagegesetzbuch, WM 2013, 1977; *Klebeck/Kolbe*, Aufsichts- und Arbeitsrecht im KAGB, BB 2014, 707; *Kort*, Die Regelung von Risikomanagement und Compliance im neuen KAGB, AG 2013, 582; *Loritz/Uffmann*, Der Geltungsbereich des Kapitalanlagegesetzbuches (KAGB) und Investmentformen außerhalb desselben, WM 2013, 2193; *Müchler*, Die neuen Kurzinformationsblätter – Haftungsrisiken im Rahmen der Anlageberatung, WM 2012, 974; *Nelle/Klebeck*, Der „kleine" AIFM – Chancen und Risiken der neuen Regulierung für deutsche Fondsmanager, BB 2013, 2499; *Niewerth/Rybarz*, Änderung der Rahmenbedingungen für Immobilienfonds – das AIFM-Umsetzungsgesetz und seine Folgen, WM 2013, 1154; *Schnauder*, Das neue Prospekthaftungsregime bei geschlossenen Publikums-AIF (Alternative Investmentfonds), jurisPR-BKR 10/2013, Anm. 1; *ders.*, Regimewechsel im Prospekthaftungsrecht bei geschlossenen Publikumsfonds, NJW 2013, 3207; *Servatius*, Verbesserter Anlegerschutz bei geschlossenen Fonds nach dem KAGB, ZfIR 2014, 134; *van Kann/Redeker/Keiluweit*, Überblick über das Kapitalanlagengesetzbuch (KAGB), DStR 2013, 1483; *Zetzsche*, Das Gesellschaftsrecht des Kapitalanlagegesetzbuches, AG 2013, 613; *Wallach*, Die Regulierung von Personengesellschaften im Kapitalanlagegesetzbuch, ZGR 2014, 289; *Zetzsche/Preiner*, Was ist ein AIF?, WM 2013, 2101.

I. Vom Investmentgesetz zum Kapitalanlagegesetzbuch

906 Im Jahr 2004 löste das Investmentgesetz (InvG) das Gesetz über Kapitalanlagegesellschaften (KAGG) sowie das Auslandsinvestmentgesetz (AuslInvG) ab[1]. Das InvG stellte im Wesentlichen eine Umsetzung der sog. OGAW[2]-Richtlinie der EU[3] dar.

1 Investmentgesetz vom 15. Dezember 2003, BGBl. I, S. 2676.

2 Organismen für gemeinsame Anlagen in Wertpapieren; auch UCITS (Undertakings for Collective Investment in Transferable Securities) genannt.

3 Richtlinie 2001/107/EG vom 21. Januar 2002, ABl. EG Nr L 41, S. 20, sowie Richtlinie 2001/108/EG, ABl. EG Nr L 41, S. 35).

Das InvG wiederum wurde im Juli 2013 vom Kapitalanlagegesetzbuch (KAGB) abgelöst[4]. Dies führte zu einer Neuordnung des deutschen Investmentrechts. Das KAGB stellt ein Regelwerk für alle zulässigen Investmentfonds und deren Verwalter (Manager) dar. Vom **Regelungsinhalt** her umfasst sind auch solche Fonds, die bislang kaum reguliert waren. Hintergrund für deren Einbeziehung war v.a. die Notwendigkeit der Umsetzung der AIFM-Richtlinie der EU (Alternative Investment Funds Manager)[5]. Alternative Investmentfonds (AIF) sind zB geschlossene Immobilienfonds, Hedgefonds und Private Equity-Fonds[6]. Zwar regelt die AIFM-Richtlinie nur den Vertrieb von AIF an professionelle Anleger, Deutschland hat aber von der Möglichkeit zusätzlicher Schutzmaßnahmen für Privatanleger Gebrauch gemacht. Gleichzeitig ist das KAGB die Umsetzung der bislang im InvG enthaltenen Regelungen der OGAW-Richtlinie (Organismen für gemeinsame Anlagen in Wertpapieren).

Flankiert wird das KAGB von nationalen Rechtsverordnungen[7]. Allerdings besteht in **907**
vielen Bereichen angesichts der Regelungsdichte des KAGB sowie der Delegierten VO der EU-Kommission keine Notwendigkeit zum Erlass nationaler Rechtsverordnungen[8]. Da die AIFM-Richtlinie eine sog. Rahmenrichtlinie ist, hat die EU-Kommission am 19. Dezember 2013 Durchführungsbestimmungen in Form einer delegierten Verordnung zur Ergänzung der AIFM-Richtlinie erlassen **(Level 2-VO**[9]). Das KAGB verweist an verschiedenen Stellen nicht nur auf die Level 2-VO[10], sondern auch auf weitere Durchführungsmaßnahmen bzw Leitlinien der ESMA[11]. Die bislang unter dem InvG geltenden Merkblätter und Schreiben der BaFin sollen grundsätzlich auch für das KAGB anwendbar sein.

---

4 BGBl 2013, 1981; zur Entwicklung *Hartrott/Goller*, BB 2013, 1603; *Emde/Dreibus*, BKR 2013, 89 f; *van Kann/Redeker/Keiluweit*, DStR 2013, 1483. Zum Steuerrecht siehe das Gesetz zur Anpassung des Investmentsteuergesetzes und anderer Gesetze an das AIFM-Umsetzungsgesetz (AIFM-Steueranpassungsgesetz) vom 18. Dezember 2013, BGBl. I Nr 76, S. 4318; siehe auch *Haisch/Helios*, BB 2013, 23 ff; *dies.*, BB 2013, 1687 ff; *Hartrott/Goller*, BB 2013, 1603, 1610 ff; *Neumann/Lübbehüsen*, DB 2013, 2053 ff; zur Diskussion eines Investmentsteuerreformgesetzes siehe *Rehm/Nagler*, BB 2015, 2006 ff.

5 Richtlinie 2011/61/EU vom 8. Juni 2011 über die Verwalter alternativer Investmentfonds und zur Änderung der RL 2003/41/EG und 2009/65/EG und der VO (EG) Nr 1060/2009 und (EU) Nr 1095/2010, ABl. EU Nr L 174 vom 1. Juli 2011, S. 1 ff.

6 Dazu *Viciano-Gofferje*, BB 2013, 2506 ff.

7 Siehe etwa die DerivateVO, BGBl. I 2013, S. 2463; Kapitalanlage-Rechnungslegungs- und BewertungsVO (KARBV), BGBl. I 2013, S. 2483; Kapitalanlage-Verhaltens- und -OrganisationsVO (KAVerOV), BGBl. I 2013, S. 2460 sowie die Kapitalanlage-Prüfungsberichte-Verordnung (KAPrüfBV), BGBl. I 2013, S. 2777.

8 *Kort/Lehmann*, in: Möllers/Kloyer, Das neue Kapitalanlagegesetzbuch, 2014, S. 197, 217.

9 Delegierte VO (EU) Nr 231/2013 vom 19. Dezember 2013 zur Ergänzung der Richtlinie 2011/61/EU im Hinblick auf Ausnahmen, die Bedingungen für die Ausübung der Tätigkeit, Verwahrstellen, Hebelfinanzierung, Transparenz und Beaufsichtigung, ABl. EU 2013, Nr L 83, S. 1.

10 Vgl *Kort/Lehmann*, in: Möllers/Kloyer, Das neue Kapitalanlagegesetzbuch, 2014, S. 197, 209 ff; *Burgard/Heimann*, WM 2014, 821 Fn 12.

11 Siehe Leitlinien zu Schlüsselbegriffen der Richtlinie über die Verwalter alternativer Investmentfonds, ESMA/2013/611 vom 13. August 2013; Leitlinien für solide Vergütungspolitiken unter Berücksichtigung der AIFM-Richtlinie, ESMA/2013/232 vom 3. Juli 2013.

908 Das **Hauptziel** des KAGB ist eine Verbesserung des Anlegerschutzes[12]. Den Anlegern sollen nur noch regulierte Investmentprodukte angeboten werden können[13]. Damit erfolgte nicht nur eine (noch) intensivere Regulierung des sog. grauen Kapitalmarkts, sondern auch eine Kodifizierung aller Investmentvermögen in einem Gesetz[14]. Der **Vertrieb** ist künftig nicht mehr in öffentlichen Vertrieb und Privatplatzierung aufgeteilt. Letztere kommt künftig nicht mehr in Betracht. Das ergibt sich aus der Definition des Vertriebs als direktes oder indirektes Anbieten oder Platzieren von Anteilen oder Aktien eines Investmentvermögens (§ 293 Abs. 1 KAGB). Ein Vertrieb soll nur ausscheiden, wenn die Initiative allein vom Anleger ausgeht (vgl § 293 Abs. 1 Satz 3 KAGB). Da eine Privatplatzierung nicht mehr möglich ist, werden insbesondere geschlossene Fonds ein neues Vertriebssystem erarbeiten müssen[15].

909 Für die Aufsicht über (Kapital-)Verwaltungsgesellschaften und deren Investmentvermögen gelten nunmehr weit höhere Schutzstandards für die Anleger als nach dem VermAnlG. Das KAGB enthält auch bestimmte Anforderungen zur Erstellung von **Anlagebedingungen**, die das Verhältnis zwischen der Investmentgesellschaft und den Anlegern regeln (§§ 162, 266, 273 KAGB). Sofern es sich um Anlagebedingungen von Publikumsinvestmentvermögen handelt, sind diese von der BaFin zu genehmigen (§§ 163, 267 KAGB), bei Spezial-AIF dagegen genügt eine Vorlage bei der BaFin (§ 273 KAGB). Im KAGB ist zudem für Publikumsinvestmentvermögen auch eine Prospektpflicht sowie eine Pflicht zur Erstellung wesentlicher Anlegerinformationen (Key Investor Information, KID) vorgesehen (§ 164 KAGB)[16]. Für Spezial-AIF müssen weder Verkaufsprospekte noch wesentliche Anlegerinformationen erstellt werden. Allerdings ähneln die Informationspflichten im Rahmen von deren Vertrieb (§ 307 KAGB) dem Inhalt eines Verkaufsprospekts.

910 Dass im KAGB neben einer Richtlinienumsetzung auch rein nationale Produzenten-, Produkt- und Vertriebsrestriktionen enthalten sind, wird im Schrifttum teilweise heftig kritisiert[17]. Schließlich dürfen ausländische Anbieter durch den Europäischen Pass im Inland Anlageprodukte anbieten, die ohne die produktbezogenen Beschränkungen des KAGB gestaltet werden können. Beschränkt wird diese Möglichkeit allerdings dadurch, dass hier ein Angebot lediglich an professionelle und semiprofessionelle Anleger möglich ist.

911 Für den Rechtsanwender ist das KAGB insofern eine Herausforderung, als dort in vielfältiger Weise von der in der EU-Richtlinie enthaltenen Befugnis zum Erlass strengerer nationaler Regelungen Gebrauch gemacht wurde. Das insgesamt 355 Paragrafen umfassende KAGB enthält nicht nur schon in § 1 KAGB insgesamt 66 Definitionen, sondern umfasst auch teilweise eine verwirrende Mehrfachregelung in unterschiedlichen Kapiteln mit weiteren Definitionen[18]. Insgesamt ist das KAGB in **sieben**

12 *Servatius*, ZfIR 2014, 134 ff.
13 *Hartrott/Goller*, BB 2013, 1603; *Niewerth/Rybarz*, WM 2013, 1154, 1156; *Fischer/Friedrich*, ZBB 2013, 153, 156; zu den Zielen auch *Nelle/Klebeck*, BB 2013, 2499.
14 *Hübner*, WM 2014, 106.
15 Vgl *Geurts/Schubert*, KAGB kompakt, 2014, Rn 5.1.
16 Siehe oben Rn 209 ff.
17 *Emde/Dreibus*, BKR 2013, 89, 102.
18 Sehr anschaulich *Burgard/Heimann*, WM 2014, 821.

Kapitel aufgeteilt: Allgemeine Bestimmungen für Investmentvermögen und Verwaltungsgesellschaften (§§ 1–161 KAGB), Publikumsinvestmentvermögen (§§ 162–272 KAGB), Inländische Spezial-AIF (§§ 273–292 KAGB), Vorschriften für den Vertrieb und den Erwerb von Investmentvermögen (§§ 293–336 KAGB), Europäische Risikokapitalfonds (§ 337 KAGB), Europäische Fonds für soziales Unternehmertum (§ 338 KAGB), Straf-, Bußgeld- und Übergangsvorschriften (§§ 339–355 KAGB).

II. Anwendbarkeit, Begriffsbestimmungen des KAGB

1. Begriff des Investmentvermögens

Im KAGB dient der Begriff **„Investmentvermögen"** als Oberbegriff für sämtliche Investmentfonds unabhängig von deren Rechtsform. Investmentvermögen ist danach jeder Organismus für gemeinsame Anlagen, der von einer Anzahl von Anlegern Kapital einsammelt, um es nach einer festgelegten Anlagestrategie zum Nutzen der Anleger zu investieren, und der kein operativ tätiges Unternehmen außerhalb des Finanzsektors ist (§ 1 Abs. 1 Satz 1 KAGB). **912**

Während noch im InvG der Investmentfondsbegriff nach formellen Kriterien bestimmt wurde (formeller Investmentfondsbegriff), wonach dem InvG nicht entsprechende Fonds dennoch zulässig waren und teilweise anderen Gesetzen als dem InvG unterlagen (zB dem VermAnlG), erfolgte mit dem KAGB ein Paradigmenwechsel. Der Investmentvermögensbegriff wird nunmehr materiell bestimmt **(materieller Investmentfondsbegriff)**[19]. Damit erfasst das erlaubnispflichtige Investmentgeschäft jedes Anbieten von kollektiver Vermögensverwaltung (§ 1 Abs. 19 Nr 24 KAGB) im Zusammenhang mit einem Investmentvermögen. Es gibt keine ungeregelten Fondsvehikel mehr[20], sondern nur noch erlaubte und unerlaubte Investmentvermögen. **913**

Da die Qualifizierung von Fonds als Investmentvermögen mit Rechtsunsicherheit verbunden ist, hat die BaFin in einem Konsultationspapier den Begriff „Investmentvermögen" und damit den Anwendungsbereich des KAGB näher erläutert[21]. Die BaFin geht von einem weiten Anwendungsbereich des Gesetzes aus. Allerdings fallen bzgl Immobilien v.a. die Projektentwicklung und der Betrieb einer Immobilie nicht in den Anwendungsbereich des KAGB, da eine operative Tätigkeit außerhalb des Finanzsektors und damit kein Investmentvermögen iS des § 1 Abs. 1 KAGB vorliegt. Der Erwerb, die Vermietung, Verpachtung und Verwaltung sowie der Verkauf von **914**

19 *Zetzsche/Preiner*, WM 2013, 2101 f; *Burgard/Heimann*, WM 2014, 821, 822; *Klebeck/Kolbe*, BB 2014, 707 f; kritisch *Assmann*, in: Assmann/Schütze, § 5 Rn 345; *Wallach*, ZGR 2014, 289, 294; *Casper*, ZHR 179 (2015), 44, 48.

20 *Hartrott/Goller*, BB 2013, 1603. Zu einzelnen Tatbestandsmerkmalen *Wollenhaupt/Beck*, DB 2013, 1950 ff; kritisch auch *Merkt*, DB 2015, 2988 ff; vgl auch BaFin, Auslegungsschreiben zum Anwendungsbereich des KAGB und zum Begriff des „Investmentvermögens" vom 14. Juni 2013, Ziff. I.1 (WA 41-Wp 2137-2013/0001) sowie ESMA, Leitlinien zu Schlüsselbegriffen der Richtlinie über die Verwalter alternativer Investmentfonds (AIFMD), ESMA/2013/611 vom 13. August 2013.

21 BaFin, Auslegungsschreiben zum Anwendungsbereich des KAGB und zum Begriff des Investmentvermögens vom 14. Juni 2013 (WA 41-Wp 2137-2013/0001); zu den aufsichtsrechtlichen Folgen der unzutreffenden Beurteilung des Vorliegens eines Investmentvermögens *Demleitner*, BB 2014, 2058 ff; zu den Problemen siehe auch *Merkt*, DB 2015, 2988 ff.

Immobilien sollen dagegen keine operativen Tätigkeiten sein und damit in den Anwendungsbereich des KAGB fallen[22]. Grundsätzlich können laut BaFin auch REIT-Aktiengesellschaften[23], Schuldverschreibungen und Genussrechte Investmentvermögen iS des KAGB darstellen.

915 Eine **„Anzahl von Anlegern“** iS der Definition des Investmentvermögens liegt vor, wenn weder die Anlagebedingungen noch die Satzung bzw der Gesellschaftsvertrag die Anzahl möglicher Anleger begrenzen (§ 1 Abs. 1 Satz 2 KAGB)[24]. Die tatsächliche Zahl der Anleger spielt keine Rolle[25]. **„Organismus“** meint alle denkbaren Rechtsformen (Kapitalgesellschaft, Personengesellschaft, Sondervermögen)[26]. Erfasst ist jede Beteiligungsform (Eigenkapitalinstrumente, Genussrechte, Schuldverschreibungen), allerdings keine individuellen Investitionen ohne organisatorische Verbindung (zB Joint Ventures)[27].

916 Das Merkmal **„für gemeinsame Anlagen“** ist gegeben, wenn die Anleger an den Chancen und Risiken des Produkts beteiligt werden, dh wenn sowohl eine Gewinnals auch eine Verlustbeteiligung besteht[28]. Nicht erfüllt ist dieses Merkmal, wenn der Anleger einen unbedingten Kapitalrückzahlungsanspruch hat[29].

2. Unerlaubtes Investmentgeschäft

917 Ist ein Kapitalanlageprodukt nach dem materiellen Investmentfondsbegriff als Investmentfonds einzuordnen, muss dieser entweder als OGAW (Organismus für gemeinsame Anlagen in Wertpapieren) oder als AIF (Alternativer Investmentfonds) organisiert sein. Für dessen **Verwaltung** bedarf es einer Erlaubnis als Kapitalverwaltungsgesellschaft (KVG)[30]. Ohne Erlaubnis handelt es sich um eine unerlaubte Investmentgesellschaft[31].

918 Da nunmehr bei Vorliegen eines Investmentvermögens eine **Erlaubnis** der BaFin erforderlich ist und das Investmentvermögen einer permanenten Aufsicht durch die BaFin unterliegt, kommt der Feststellung, ob ein solches gegeben ist, zentrale Bedeutung zu. Entspricht ein Investmentvermögen nicht den Anforderungen des § 1 Abs. 1 KAGB, handelt es sich um ein unerlaubtes Investmentgeschäft.

919 Wird ein unerlaubtes Investmentgeschäft betrieben, kann die BaFin dagegen einschreiten und etwa den Geschäftsbetrieb mit sofortiger Wirkung einstellen (§ 15

---

22 BaFin, Auslegungsschreiben zum Anwendungsbereich des KAGB und zum Begriff des Investmentvermögens vom 14. Juni 2013 (WA 41-Wp 2137-2013/0001).
23 Siehe BaFin, Auslegungsschreiben zum Anwendungsbereich des KAGB und zum Begriff des Investmentvermögens vom 14. Juni 2013, WA 41-Wp 2137-2013/0001, unter II. 2. Ablehnend *Merkt*, BB 2013, 1986 ff; *Conradi/Jander-McAlister*, WM 2014, 733 ff.
24 *Loritz/Uffmann*, WM 2013, 2193, 2198 ff; *Zetzsche/Preiner*, WM 2013, 2101, 2104.
25 *Wallach*, ZGR 2014, 289, 293.
26 Siehe BaFin, Auslegungsschreiben zum Anwendungsbereich des KAGB und zum Begriff des Investmentvermögens vom 14. Juni 2013 (WA 41-Wp 2137-2013/0001).
27 *Hartrott/Goller*, BB 2013, 1603.
28 *Loritz/Uffmann*, WM 2013, 2193, 2197 f; *Wallach*, ZGR 2014, 289, 292 f.
29 BT-Drucks. 17/1466 vom 30. August 2013.
30 Näher dazu Rn 943.
31 *Hartrott/Goller*, BB 2013, 1603; *Fischer/Friedrich*, ZBB 2013, 153, 157.

Abs. 2 Satz 1 Nr 1 KAGB). Zudem ist das Betreiben einer Kapitalverwaltungsgesellschaft ohne Erlaubnis iS des § 20 Abs. 1 Satz 1 KAGB strafbar (§ 339 Abs. 1 Nr 1 KAGB). Auch eine mangelnde Registrierung ist strafbar (§ 20 Abs. 1 Satz 1 Nr 3 KAGB). Bei Verstößen gegen das KAGB besteht ein weiterer Abschreckungseffekt in der drohenden zivilrechtlichen Haftung der Verantwortlichen gegenüber den Anlegern[32]. Jedenfalls aber kann zivilrechtlich keine Nichtigkeit iS des § 134 BGB angenommen werden, da dies dem Anlegerschutz entgegenstünde[33].

3. Ausnahmen von der Erlaubnispflicht

§ 2 KAGB enthält Ausnahmeregelungen für bestimmte Unternehmen und Einrichtungen, die nicht oder nur teilweise in den Anwendungsbereich des KAGB fallen, obwohl sie die Voraussetzungen eines Investmentvermögens oder eines Verwalters von Investmentvermögen erfüllen[34]. So sind nach **§ 2 Abs. 1 KAGB** u. a. Holdinggesellschaften, Einrichtungen der betrieblichen Altersvorsorge (Pensionsfonds), die Europäische Zentralbank, die nationalen Zentralbanken, Arbeitnehmerbeteiligungssysteme oder Arbeitnehmersparpläne, Einrichtungen zur Verwaltung von Geldern zur Unterstützung von Sozialversicherungs- und Pensionssystemen (zB berufsständische Versorgungswerke[35]) und Verbriefungszweckgesellschaften vom Anwendungsbereich des KAGB ausgenommen. Hierunter fallen insbesondere Family Offices. **920**

Auch für **kleine AIF-KVG** gibt es Ausnahmen. Nach § 2 Abs. 4 KAGB fallen v.a. kleine, ausschließlich Spezial-AIF verwaltende Kapitalverwaltungsgesellschaften aus dem Anwendungsbereich des KAGB[36]. Zwar benötigen sie damit keine Erlaubnis, unterliegen jedoch einer **Registrierungspflicht** (§ 44 Abs. 1 KAGB)[37]. Sie genießen damit weitgehende Regulierungsfreiheit. Voraussetzung hierfür ist, dass die Vermögensgegenstände nicht den Wert von 100 Mio. Euro bzw 500 Mio. Euro überschreiten. Die Berechnung erfolgt nach den Vorgaben der Level 2-VO. § 2 Abs. 4a und b KAGB enthält eine Ausnahmeregelung für sog. **interne AIF-KVG**, dh Fonds, die keine externe Verwaltungsgesellschaft bestellt haben (§ 1 Abs. 12 KAGB)[38]. **921**

Kleine AIF-KVG, die ausschließlich inländische geschlossene AIF mit einem Gesamtvolumen von maximal 100 Mio. Euro unter Verzicht auf Leverage[39] verwalten, können sich nach **§ 2 Abs. 5 KAGB** für eine eingeschränkte Anwendung des KAGB entscheiden[40]. Da diese Regelung insbesondere auf Verwaltungsgesellschaften kleiner geschlossener Publikums-AIF zielt, sind v.a. die anlegerschützenden KAGB-Vor- **922**

---

32 *Niewerth/Rybarz*, WM 2013, 1154, 1156.
33 So zutreffend auch *Casper*, ZHR 179 (2015), 44, 52 f (mit dem Hinweis auf eine Umwandlung).
34 *Wollenhaupt/Beck*, DB 2013, 1950, 1952; *Boxberger*, GWR 2013, 415 f.
35 Siehe BT-Drucks. 17/12294, S. 205.
36 Näher *Nelle/Klebeck*, BB 2013, 2499 f; siehe auch Begr. RegE AIFM-Umsetzungsgesetz, BT-Drucks. 17/12294, S. 205.
37 *Boxberger*, GWR 2013, 415, 416 f.
38 *Nelle/Klebeck*, BB 2013, 2499, 2501 f.
39 **Leverage** meint jede Methode, mit der eine Verwaltungsgesellschaft den Investitionsgrad eines von ihr verwalteten Investmentvermögens erhöht, sei es durch Kreditaufnahme, Wertpapierdarlehen, in Derivate eingebettete Hebelfinanzierungen oder auf andere Weise (§ 1 Abs. 19 Nr 25 Satz 1 KAGB); siehe auch *van Kann/Redeker/Keiluweit*, DStR 2013, 1483, 1486 f.
40 *Nelle/Klebeck*, BB 2013, 2499, 2501.

schriften bzgl der Registrierungs- und Berichtspflichten, der Verwahrstellen sowie der Produkt- und Vertriebsvorschriften für geschlossene Publikums-AIF zu beachten. Ferner gelten spezielle, dem VermAnlG entlehnte Rechnungslegungsvorschriften (§§ 45–48 KAGB).

4. Anlegerkategorisierung

923 Das KAGB unterscheidet, wie schon das InvG, nach dem Grad der Schutzwürdigkeit der Anleger zwischen verschiedenen Anlegergruppen: die privaten Anleger (§ 1 Abs. 19 Nr 31 KAGB), die semiprofessionellen Anleger (§ 1 Abs. 19 Nr 33 KAGB) und die professionellen Anleger (§ 1 Abs. 19 Nr 32 KAGB). Der Begriff des **professionellen Anlegers** entspricht dem des professionellen Kunden in Anhang II der MiFID I (§ 1 Abs. 19 Nr 32 KAGB). Erforderlich ist daher, dass der Kunde über ausreichende Erfahrungen, Kenntnisse und Sachverstand verfügt, um seine Anlageentscheidungen selbst zu treffen und die damit verbundenen Risiken angemessen beurteilen zu können (vgl § 31a Abs. 2 Satz 1 WpHG)[41]. Wie nach dem WpHG ist auch hier eine Hochstufung zum fakultativen (oder gekorenen) professionellen Anleger möglich, wobei hierfür strenge Voraussetzungen gelten[42].

924 Über die AIFM-Richtlinie hinausgehend enthält das KAGB zusätzlich die Kategorie **„semiprofessioneller Anleger“**. Das sind Anleger, die zwar nicht professionelle Anleger sind, die aber bestimmte Voraussetzungen erfüllen, welche sie zu für Spezial-Investmentvermögen geeigneten Anlegern machen. Solche Anleger müssen mindestens 200 000 Euro investieren und entsprechende Marktkenntnisse haben, aufgrund derer sie im Vergleich zum Privatanleger als verständig und erfahren eingestuft werden können und somit weniger schutzbedürftig sind (§ 1 Abs. 19 Nr 33 KAGB). Privatanleger ist dagegen jeder, der nicht professioneller oder semiprofessioneller Anleger ist[43].

925 Ausgehend von einem typisierten Schutzbedürfnis wird, je geringer dieses ist, ein umso größeres Risiko bei der Investmentanlage erlaubt. Da bestimmte Anlagen für private Anleger ein hohes Risiko mit sich bringen, lässt das Gesetz nicht zu, dass sie ihr Vermögen in bestimmte Investmentvermögen einbringen. Diese ausschließlich professionellen und semiprofessionellen Anlegern vorbehaltenen Organismen werden Spezial-AIF oder Spezial-Investmentvermögen genannt (§ 1 Abs. 6 Satz 2 KAGB). In alle anderen Investmentvermögen kann auch der private Anleger investieren (sog. Publikumsinvestmentvermögen, § 1 Abs. 6 Satz 2 KAGB).

5. Regelungsbereiche

926 Zu unterscheiden sind offene und geschlossene Investmentvermögen, Publikums- und Spezial-Investmentvermögen sowie inländische und ausländische Investmentvermögen. Innerhalb letzterer ist zwischen EU-OGAW, EU-AIF und ausländischen AIF zu differenzieren.

41 Siehe oben Rn 711.
42 Vgl oben Rn 712.
43 Zur Abweichung gegenüber der Richtlinie siehe Begr. RegE AIFM-Umsetzungsgesetz, BT-Drucks. 17/12294, S. 204.

a) Offene und geschlossene Investmentvermögen

Das KAGB erfasst die bislang im InvG geregelten offenen sowie die geschlossenen Investmentvermögen[44]. Beide werden vom Investmentvermögen iS des KAGB erfasst. **Offene Investmentvermögen** (§ 1 Abs. 4 KAGB, §§ 91–138 KAGB) sind OGAW und AIF, deren Anleger oder Aktionäre mindestens einmal pro Jahr das Recht zur Rückgabe haben[45]. Mindesthaltefristen und die Möglichkeit der Aussetzung oder Beschränkung der Rücknahme der Anteile oder Aktien werden hierbei nicht berücksichtigt. **927**

Offene Investmentvermögen dürfen nur als sog. Sondervermögen oder als Investmentaktiengesellschaft mit veränderlichem Kapital (InvAG mvK) aufgelegt werden (§ 91 Abs. 1 KAGB). Als offene Investmentkommanditgesellschaft können sie nur dann aufgelegt werden, wenn sie sich lediglich an professionelle und semiprofessionelle Anleger richten (§ 91 Abs. 2 KAGB). Nur den Investmentaktiengesellschaften mit veränderlichem Kapital sowie offenen Investmentkommanditgesellschaften ist es als offenen Investmentgesellschaften gestattet, ein sog. **Teilgesellschaftsvermögen** (TGV) zu bilden (§§ 117, 132 KAGB). Die Begebung und Auflösung von Teilgesellschaftsvermögen ist grundsätzlich eine Angelegenheit der Geschäftsführung[46]. **928**

Alle übrigen Investmentvermögen sind **geschlossene Investmentvermögen** (§ 1 Abs. 5 iVm §§ 139–161 KAGB)[47]. Dort besteht kein Recht zur Anteilsrückgabe an den Emittenten. Geschlossene Fonds waren ursprünglich kaum geregelt (sog. grauer Kapitalmarkt). Sie erfuhren zunächst durch das VerkProspG und ab 1. Juni 2012 durch das VermAnlG eine zunehmende Regulierung. Viele geschlossene Fonds, die bislang dem VermAnlG unterlagen, sind nun als AIF einzuordnen und fallen in den Anwendungsbereich des KAGB. Sie dürfen nunmehr nur als Investmentaktiengesellschaft mit fixem Kapital (InvAG mfK) oder geschlossene Investmentkommanditgesellschaften betrieben werden (§ 139 KAGB), nicht mehr wie früher als Publikums-GbR oder -KG[48]. **929**

b) Publikums- und Spezialvermögen

Die offenen und die geschlossenen Fonds lassen sich jeweils in Publikumsinvestmentvermögen und Spezialinvestmentvermögen unterteilen[49]. Anteile an Publikumsfonds können grundsätzlich von jedem Anleger, dh auch von Privat- oder Kleinanlegern, erworben werden[50]. Der BaFin müssen für Publikumsinvestmentvermögen Anlagebedingungen zur Genehmigung vorgelegt und ein Prospekt sowie die wesentlichen Anlegerinformationen erstellt werden. Für Spezial-AIF brauchen weder ein Pro- **930**

44 *Wallach*, ZGR 2014, 289, 294 f.

45 Zur möglichen Unvereinbarkeit mit EU-Recht *Hübner*, WM 2014, 106, 107.

46 *Zetzsche*, AG 2013, 613, 617.

47 Zur geänderten Definition von geschlossenen AIF siehe die DelegierteVO (EU) Nr 694/2014 vom 17. Dezember 2013, ABl. EU Nr L 183 vom 24. Juni 2014, S. 18; siehe dazu Art. 1 des Gesetzes zur Anpassung von Gesetzen auf dem Gebiet des Finanzmarktes vom 15. Juli 2014, BGBl. I, S. 934 vom 18. Juli 2014.

48 Vgl *Servatius*, ZfIR 2014, 134 ff; *Böhme*, BB 2014, 2380.

49 *Wallach*, ZGR 2014, 289, 295 f.

50 Kritisch *Emde/Dreibus*, BKR 2013, 89, 95.

spekt noch wesentliche Anlegerinformationen erstellt werden. Allerdings ähneln die Informationspflichten im Rahmen des Vertriebs von Spezial-AIF dem Inhalt eines Prospekts (vgl § 307 Abs. 3 KAGB zur Haftung).

931 Der Erwerb von Spezialfondsanteilen **(Spezial-AIF)** ist dagegen professionellen und semiprofessionellen Anlegern vorbehalten (§ 1 Abs. 6 KAGB). Diese sind nicht nur flexibler, sondern auch in geringerem Maße von der BaFin beaufsichtigt. Die Eignung des Kunden für die Einordnung als sog. semiprofessioneller Kunde ist von der Kapitalverwaltungsgesellschaft (KVG) des AIF festzustellen und schriftlich zu bestätigen. Ohne diese Einstufung ist ein Anleger semiprofessionell, wenn er mindestens 10 Mio. Euro investiert[51]. Die Anbieter müssen damit prüfen, ob beim an der Einstufung interessierten Investor die strengen Voraussetzungen des Gesetzes vorliegen, und ihre Informationspolitik auf die Bedürfnisse dieser neuen Anlegerkategorie abstellen.

932 Hedgefonds iS des § 283 KAGB sind offene inländische Spezial-AIF, deren Anlagebedingungen zusätzlich noch den Einsatz von Leverage in beträchtlichem Umfang oder die Möglichkeit eines Leerverkaufs[52] vorsehen. Der BaFin sind die Anlagebedingungen lediglich vorzulegen, sie bedürfen aber keiner Genehmigung (§ 273 Satz 2 KAGB).

6. OGAW und AIF

933 Das KAGB differenziert zwischen OGAW-Fonds verwaltenden und AIF verwaltenden Unternehmen. Organismen für gemeinsame Anlagen in Wertpapieren (OGAW) werden als Investmentvermögen definiert, welche die Anforderungen der OGAW-Richtlinie erfüllen (§ 1 Abs. 2 KAGB). AIF (Alternative Investmentfonds) sind alle Investmentvermögen, die keine OGAW sind (§ 1 Abs. 3 KAGB). Damit handelt es sich hierbei um einen Auffangtatbestand.

934 **(Inländische) OGAW** sind in den §§ 192 ff KAGB geregelt, die im Wesentlichen den Vorschriften über richtlinienkonforme Sondervermögen in den §§ 45–65 InvG entsprechen. Verschärfungen sind in Bezug auf die Auslagerung, Wertpapierdarlehen und Pensionsgeschäfte (§§ 200 ff KAGB) enthalten. Für offene Immobilienfonds übernehmen die §§ 230 KAGB in weiten Teilen die §§ 66–82 InvG. Hier ist die Anteilsrückgabe nur noch alle zwölf Monate (§ 255 Abs. 2, 4 KAGB) nach Ablauf einer Mindesthaltefrist von 24 Monaten (§ 255 Abs. 3 KAGB) zugelassen.

935 Komplizierter sind die Regelungen in Bezug auf die **AIF**[53]. Zu unterscheiden ist zwischen Publikums- und Spezial-AIF sowie offenen und geschlossenen AIF. Die **offenen Publikums-AIF** (§§ 214 ff KAGB) umfassen einige der sog. nicht-richtlinienkonformen Investmentvermögen des InvG (Gemischte Investmentvermögen, Sonstige Investmentvermögen, Dach-Hedgefonds und Immobilien-Sondervermögen).

51 *Fischer/Friedrich*, ZBB 2013, 153, 154; *Hartrott/Goller*, BB 2013, 1603, 1605.

52 Definiert ist dies als Verkauf von Vermögensgegenständen für gemeinschaftliche Rechnung der Anleger, die im Zeitpunkt des Geschäftsabschlusses nicht zum AIF gehören (§ 283 Abs. 1 Satz 1 Nr 2 KAGB).

53 *Zetzsche/Preiner*, WM 2013, 2101, 2104 ff.

Fondstypen wie etwa Altersvorsorge-, Infrastruktur- und Mitarbeiterbeteiligungs-Sondervermögen, die im Rahmen des InvG nur wenig Bedeutung erlangt haben, sind im KAGB nicht mehr vorgesehen[54].

Geschlossene Publikums-AIF können nunmehr in alle Sachwerte investieren (§ 261 Abs. 2 KAGB). Allerdings gilt auch für diese das Prinzip der (quantitativen oder qualitativen) Risikomischung (§ 262 Abs. 1 Satz 2 Nr 1 und 2 KAGB)[55]. **936**

Die **offenen Spezial-AIF** können allgemeine offene (inländische) Spezial-AIF, Hedgefonds oder offene (inländische) Spezial-AIF mit festen Anlagebedingungen sein. Bei den allgemeinen offenen Spezial-AIF muss der Grundsatz der Risikomischung eingehalten werden (§ 282 Abs. 1 KAGB). Für offene (inländische) Spezial-AIF mit festen Anlagebedingungen bestehen besondere Regelungen (§ 284 KAGB). Sofern die Anlagebedingungen zusätzlich den beträchtlichen Einsatz von Leverage oder Leerverkäufe vorsehen, liegt ein Hedgefonds vor (§ 283 KAGB). Wann Leverage in beträchtlichem Umfang eingesetzt wird und wie die Berechnung erfolgt, wird in Art. 111 Abs. 1 der Level 2-VO geregelt. **937**

Geschlossene Spezial-AIF dürfen, da sie nur wenigen Anlagebeschränkungen unterliegen, nur von professionellen und semiprofessionellen Anlegern gehandelt werden. Erworben werden dürfen alle Vermögensgegenstände, deren Verkehrswert ermittelt werden kann (§ 285 KAGB). Der Grundsatz der Risikomischung gilt hier nicht. Nach § 289 Abs. 1 KAGB bestehen **Mitteilungspflichten**, wenn bei einem Erwerb, Verkauf oder Halten von Anteilen an einem börsennotierten Unternehmen die Schwellenwerte von 10, 20, 30, 50 und 75 % erreicht, überschritten oder unterschritten werden[56]. Umstritten ist, ob hier die Zurechnungsregelung des § 288 KAGB zur Kontrollerlangung gilt[57]. **938**

Besondere Vorschriften gelten für geschlossene Spezial-AIF, welche die **Kontrolle** über nicht börsennotierte Unternehmen und Emittenten erlangen (§§ 287 ff KAGB). Kontrolle iS des KAGB bedeutet die Erlangung von mehr als 50 % der Stimmrechte an einem Unternehmen[58]. Eine Zurechnung von Stimmrechten erfolgt dabei gemäß § 288 KAGB[59]. Bei einem Kontrollerwerb bestehen Stimmrechtsmitteilungspflichten, weitere Informationspflichten sowie andere Pflichten, die eine Zerschlagung des Unternehmens bzw dessen Ausschlachtung (asset stripping) verhindern sollen. **939**

7. Fondsplattformen

Im KAGB ist festgelegt, welche Rechtsformen für die Auflage offener und geschlossener Investmentvermögen möglich sind. Investmentvermögen können grundsätzlich in der Vertragsform (als **Sondervermögen**) oder in der Satzungsform (als InvAG mit veränderlichem oder mit fixem Kapital bzw als offene oder geschlossene InvKG) auf- **940**

54 *Emde/Dreibus*, BKR 2013, 89, 94.
55 Zum investmentrechtlichen Grundsatz der Risikomischung *Hübner*, WM 2014, 106, 109 f.
56 Vgl die Schwellenwerte bei der Stimmrechtsmitteilung im WpHG, oben Rn 574.
57 Dazu *Viciano-Gofferje*, BB 2013, 2506, 2507 f.
58 Vgl den abweichenden Kontrollbegriff (30 %) im WpÜG, siehe Rn 812.
59 Zur Zurechnung im Rahmen des WpHG Rn 585 ff, im Rahmen des WpÜG Rn 819 ff.

gelegt werden. Vertragsform bedeutet, dass zwischen Anleger und Kapitalverwaltungsgesellschaft ein Investmentvertrag geschlossen wird. Sondervermögen sind selbst nicht rechtsfähig, während die InvAG rechtlich selbstständige Investmentvermögen sind.

941 **Offene inländische Publikums-Investmentvermögen** können nach § 91 Abs. 1 KAGB nur als Sondervermögen oder InvAG mit veränderlichem Kapital aufgelegt werden. Noch weiter eingeschränkt ist die Wahl der Rechtsform für offene Immobilien-Investmentvermögen. Diese dürfen, wie schon nach dem InvG, nur als Sondervermögen aufgelegt werden (§ 91 Abs. 3 KAGB). Offene inländische Investmentvermögen, die nicht OGAW sind und die laut Gesellschaftsvertrag nur von (semi)professionellen Anlegern erworben werden dürfen, können auch als offene InvKG organisiert sein (§ 91 Abs. 2 KAGB).

942 Geschlossene inländische Investmentvermögen, die bislang mangels Regulierung keinen Rechtsformvorgaben unterlagen, können nunmehr gemäß § 139 KAGB nur als InvAG mit fixem Kapital[60] oder als geschlossene InvKG[61] aufgelegt werden. Diese entsprechen den bislang von geschlossenen Fonds gewählten Rechtsformen der KG bzw der GmbH & Co. KG. Andere Rechtsformen als die im Gesetz genannten sind hierfür unzulässig.

III. Die Kapitalverwaltungsgesellschaft (KVG)

1. Begriff und Unterscheidung

a) Allgemeines

943 § 1 Abs. 14 KAGB sieht den Begriff der Verwaltungsgesellschaft als Oberbegriff für sämtliche Verwaltungsgesellschaften von Investmentvermögen. Diese unterteilen sich in AIF-Verwaltungsgesellschaften (dh AIF-Kapitalverwaltungsgesellschaften sowie EU-AIF- und ausländische AIF-Verwaltungsgesellschaften) und OGAW-Verwaltungsgesellschaften (dh OGAW-Kapitalverwaltungsgesellschaften und EU-OGAW-Verwaltungsgesellschaften).

944 Die Kapitalanlagegesellschaft (KAG) des InvG[62] wurde abgeschafft und durch die Kapitalverwaltungsgesellschaft (KVG) ersetzt[63]. Eine KVG („Manager“[64]) ist nach der Definition in § 17 Abs. 1 Satz 1 KAGB ein Unternehmen mit satzungsmäßigem Sitz und Hauptverwaltung im Inland, dessen Geschäftsbetrieb darauf gerichtet ist, inländische Investmentvermögen (§ 1 Abs. 7 KAGB), EU-Investmentvermögen (§ 1 Abs. 8 KAGB) oder ausländische AIF (§ 1 Abs. 9 KAGB) zu verwalten[65]. Die KVG bedarf zum Geschäftsbetrieb der Erlaubnis der BaFin (§ 20 Abs. 1 KAGB). Eine **Ver-**

60 Näher unten Rn 965 ff.
61 *Fischer/Friedrich*, ZBB 2013, 153, 157; näher unten Rn 974 ff.
62 Siehe *Buck-Heeb*, Kapitalmarktrecht, 6. Aufl., 2013, Rn 716 ff.
63 Siehe BaFin, Merkblatt Erlaubnisvorbehalt für eine AIF-KVG vom 22. März 2013; zu Übergangsregelungen *Buck-Heeb*, Kapitalmarktrecht, 7. Aufl., 2014, Rn 817.
64 *Van Kann/Redeker/Keiluweit*, DStR 2013, 1483.
65 Zu den Verhaltens- und Organisationspflichten *van Kann/Redeker/Keiluweit*, DStR 2013, 1483.

waltung eines Investmentvermögens ist dann gegeben, wenn mindestens die Portfolioverwaltung oder das Risikomanagement für ein oder mehrere Investmentvermögen durch die KVG erbracht wird (§ 17 Abs. 1 Satz 2 KAGB)[66]. Die Verwaltung umfasst jedoch auch administrative Tätigkeiten, wie Fondsbuchhaltung, Rechnungslegung, Vertriebstätigkeiten usw (§ 1 Abs. 19 Nr 24 KAGB)[67]. Damit entscheidet die KVG primär darüber, wie das Fondsvermögen anzulegen ist. Die Auslagerung einzelner Verwaltungstätigkeiten ist grundsätzlich zulässig (§ 36 KAGB). Es darf jedoch keine bloße Briefkastenfirma bestehen[68].

b) OGAW- und AIF-Kapitalverwaltungsgesellschaft

Unterschieden wird zwischen OGAW-KVG und AIF-KVG, für welche zusätzliche **945**
Zulassungsvoraussetzungen gelten (§ 22 KAGB). **OGAW-KVG** sind solche KVG, welche mindestens einen OGAW-Fonds verwalten oder zu verwalten beabsichtigen (§ 1 Abs. 15 iVm § 17 KAGB). **AIF-KVG** sind Kapitalverwaltungsgesellschaften, welche mindestens einen Alternativen Investmentfonds verwalten bzw dies beabsichtigen (§ 1 Abs. 16 iVm § 17 KAGB). Eine Kapitalverwaltungsgesellschaft darf auch gleichzeitig als OGAW- und als AIF-KVG zugelassen werden, so dass sie beide Arten von Investmentvermögen nebeneinander verwalten kann. Für die Verwaltung von OGAW- und AIF-KVG gelten unterschiedliche Zulassungsbedingungen und Berichtspflichten[69].

c) Interne und externe Kapitalverwaltungsgesellschaft

Das Investmentvermögen kann nur von Kapitalverwaltungsgesellschaften verwaltet **946**
werden. Unterschieden wird zwischen interner und externer KVG (§ 17 Abs. 2 KAGB). Bei einer internen Verwaltung **(interne KVG)** ist grundsätzlich[70] der Fonds, dh das Investmentvermögen selbst KVG und handelt durch seine Organe (§ 17 Abs. 2 Nr 2 KAGB). Das Investmentvermögen und dessen Verwalter sind identisch[71]. Der Fonds wird damit als KVG zugelassen. Interne KVG können ausschließlich die InvAG sowie die InvKG[72] sein. Da dem Sondervermögen eine eigene Rechtspersönlichkeit fehlt, bedarf es stets der Verwaltung durch eine (externe) KVG (vgl § 17 Abs. 2 Nr 2, § 1 Abs. 12 KAGB)[73]. Eine interne KVG bedarf eines Anfangskapitals von mindestens 300 000 Euro (§ 25 Abs. 1 Nr 1 lit. a KAGB).

---

66 Näher *Klebeck/Kolbe*, BB 2014, 707, 710.

67 Zur Compliance *Kort*, AG 2013, 582 ff; *Klebeck/Zollinger*, BB 2013, 459 ff.

68 Zur Begrenzung *Niewerth/Rybarz*, WM 2013, 1154, 1159; siehe auch *Emde/Dreibus*, BKR 2013, 89, 92; *Weiser/Hüwel*, BB 2013, 1091, 1096 f; *Herring/Loff*, DB 2012, 2029, 2031 f.

69 *Kort/Lehmann*, in: Möllers, Das neue Kapitalanlagegesetzbuch, 2014, S. 197, 198; siehe auch das Merkblatt der BaFin „zum Erlaubnisverfahren für eine AIF-Kapitalverwaltungsgesellschaft nach § 22 KAGB-E" vom 22. März 2013.

70 Ausnahme soll die Bildung von **Teilgesellschaftsvermögen** (TGV) sein, wo jedes TGV ein Investmentvermögen bildet und die Investmentgesellschaft als Verwalter fungiert; siehe *Zetzsche*, AG 2013, 614; *Fischer/Friedrich*, ZBB 2013, 153, 155.

71 Kritisch *Fischer/Friedrich*, ZBB 2013, 153, 155.

72 Kritisch zur intern verwalteten InvKG *Niewerth/Rybarz*, WM 2013, 1154, 1158.

73 *Weiser/Hüwel*, BB 2013, 1091, 1092.

947 Eine **externe KVG** ist eine Kapitalverwaltungsgesellschaft, die vom Investmentvermögen oder im Namen des Investmentvermögens bestellt wird. Sie ist aufgrund der Bestellung für die Verwaltung des Investmentvermögens verantwortlich (§ 17 Abs. 2 Nr 1 KAGB). Eine externe KVG darf neben der kollektiven Vermögensverwaltung, bestehend insbesondere aus der Portfolioverwaltung, dem Risikomanagement und dem Anteilsvertrieb (vgl § 1 Abs. 19 Nr 24 KAGB), auch sonstige Dienstleistungen erbringen. Die externe KVG weist eine „merkwürdige Doppelbesetzung“[74] auf: So leitet der Vorstand der InvAG die Gesellschaft unter eigener Verantwortung. Die Verwaltung obliegt jedoch der externen KVG. Damit bleiben keine[75] bzw kaum[76] Funktionen für die Organe der Gesellschaft.

948 Eine externe KVG darf nur als AG, GmbH oder KG (mit einer GmbH als persönlich haftender Gesellschafterin) betrieben werden (§ 18 Abs. 1 KAGB). Sofern die KVG eine AG oder GmbH ist, ist ein Aufsichtsrat zwingend, im Fall der KG ein Beirat (§ 18 Abs. 2 Satz 1 und 2 KAGB). Im Wesentlichen sind die aktienrechtlichen Bestimmungen anwendbar. Die externe KVG soll den Anlegern für die schuldhafte Verletzung der Anlagebedingungen haften. Zwischen den Parteien soll ein gesetzliches Schuldverhältnis bestehen[77].

949 Eine externe KVG bedarf eines Anfangskapitals von mindestens 125 000 Euro (§ 25 Abs. 1 Nr 1 lit. b KAGB). Sie hat darüber hinaus Eigenmittel mindestens in Höhe von einem Viertel der jährlichen Verwaltungskosten aufzuweisen (§ 25 Abs. 4 KAGB). Eine AIF-KVG hat zudem zusätzliche Eigenmittel zur Abfederung der operationellen Haftungsrisiken bzgl der verwalteten AIF aufzuweisen oder eine entsprechende Berufshaftpflichtversicherung abzuschließen.

2. Erlaubnis

950 Der Geschäftsbetrieb einer KVG bedarf der schriftlichen Erlaubnis der BaFin (§ 20 Abs. 1 Satz 1 KAGB)[78]. Das **Zulassungsverfahren** enthält für eine OGAW-Verwaltung (§ 21 KAGB) und eine AIF-Verwaltung (§ 22 KAGB) nahezu die gleichen Voraussetzungen, wobei diejenigen für eine AIF-Verwaltung umfangreicher sind[79]. Der Erlaubnisantrag muss jeweils insbesondere den Nachweis der Mindestkapitalausstattung, die Angabe der Geschäftsleiter und Angaben zu deren Zuverlässigkeit und persönlicher sowie fachlicher Eignung, die Nennung bedeutender Beteiligungen an und enger Verbindungen mit der OGAW-KVG, einen Geschäftsplan und die Satzung bzw den Gesellschaftsvertrag der KVG enthalten. Für die Erlaubnis einer AIF-KVG sind daneben noch Angaben etwa über die Vergütungspolitik, die Verwahrstelle, Auslagerungsvereinbarungen und Anlagestrategien der verwalteten AIF zu machen. § 39 KAGB regelt die Gründe für das **Erlöschen** und die Aufhebung der Geschäftserlaubnis.

74 So *Zetzsche*, AG 2013, 613, 621.
75 *Zetzsche*, AG 2013, 613, 621.
76 *Fischer/Friedrich*, ZBB 2013, 153, 155.
77 So *Wallach*, ZGR 2014, 289, 301; *Fischer/Friedrich*, ZBB 2013, 153, 155 f.
78 Näher *Wollenhaupt/Beck*, DB 2013, 1950, 1955.
79 Siehe das Merkblatt der BaFin zum Erlaubnisverfahren für eine AIF-KVG nach § 22 KAGB vom 22. März 2013.

Die BaFin **versagt** einer KVG die **Erlaubnis** nicht nur dann, wenn sie die o.g. Anforderungen nicht erfüllt, sondern auch, wenn sie nur Portfolioverwaltung oder Risikomanagement erbringt und nicht beides. Schließlich liegt eine Verwaltung von Investmentvermögen nur dann vor, wenn mindestens diese beiden für ein oder mehrere Investmentvermögen erbracht werden (vgl §§ 23 Nr 10, 17 Abs. 1 Satz 2 KAGB)[80]. 951

Eine **Ausnahme** von der Erlaubnispflicht besteht für die Verwalter bestimmter (Spezial-)AIF (§ 2 Abs. 3 KAGB), die sich jedoch bei der BaFin nach §§ 44 ff KAGB **registrieren** lassen müssen[81]. Auch für sog. „kleine" KVG bestehen lediglich Registrierungs- und Berichtspflichten. Bereits im Rahmen des InvG genehmigte KAG und InvAG brauchen keine neue Erlaubnis, um als OGAW-KVG tätig werden zu können (§ 355 KAGB). AIF-KVG mussten dagegen bis zum 21. Juli 2014 nach § 22 KAGB einen Erlaubnisantrag gestellt haben. 952

Ein vorsätzlicher oder fahrlässiger **Verstoß** gegen die Erlaubnispflicht gilt als Straftat (§ 339 Abs. 1 Nr 1 KAGB). Außerdem hat die BaFin erhebliche Eingriffskompetenzen gegen ein Investmentgeschäft, das ohne Genehmigung betrieben wird (§§ 15 f KAGB). 953

3. Organisation

Unabhängig von der Rechtsform muss die externe KVG einen **Aufsichtsrat** bilden, auf den die Bestimmungen des AktG anwendbar sind. Bei einer GmbH & Co. KG ist ein Beirat erforderlich, für den ebenfalls das AktG gilt. Der Aufsichtsrat muss mindestens ein unabhängiges Mitglied haben[82]. Die **Geschäftsleiter** einer KVG müssen gegenüber der BaFin den Nachweis der Zuverlässigkeit und fachlichen Eignung erbringen (§ 22 Abs. 1 Nr 2–4 KAGB)[83]. Bei AIF-KVG ist die Einführung eines Vergütungssystems für Geschäftsleiter erforderlich (§ 37 KAGB)[84]. 954

Die **Geschäftstätigkeit** einer KVG kann sich nicht nur auf die kollektive Vermögensverwaltung, sondern auch auf die in § 20 Abs. 2 und 3 KAGB enthaltenen Dienst- oder Nebendienstleistungen beziehen. Dabei sind die in den §§ 26 ff KAGB enthaltenen **Verhaltens- und Organisationspflichten** für OGAW-KVG und AIF-KVG gleichermaßen zu beachten. Für die AIF-KVG werden diese durch Verweis auf die Regelungen der sog. Level 2-VO ergänzt[85]. Weitere konkretisierende Pflichtenangaben finden sich in der Kapitalanlage-Verhaltens- und Organisationsverordnung vom 16. Juli 2013[86]. Diese entsprechen weitgehend den zuvor in den §§ 9 und 9a InvG enthaltenen Regelungen[87]. 955

80 Zu Handhabungsproblemen *Emde/Dreibus*, BKR 2013, 89, 92.
81 Vgl *Boxberger*, GWR 2013, 415, 416 f.
82 Zur Unabhängigkeit *Hartrott/Goller*, BB 2013, 1603, 1606.
83 Siehe das Merkblatt der BaFin für die Prüfung der fachlichen Eignung und Zuverlässigkeit von Geschäftsleitern vom 20. Februar 2013.
84 Ergänzend siehe die ESMA Guidelines on sound remuneration policies under the AIFMD vom 3. Juli 2013 (ESMA/2013/232).
85 Delegierte VO (EU) Nr 231/2013; vgl §§ 26 Abs. 7, 27 Abs. 5, 28 Abs. 3, 29 Abs. 5, 30 Abs. 4 KAGB.
86 BGBl. I 2013, S. 2460; siehe die Ermächtigung zur Konkretisierung in §§ 26 Abs. 8, 27 Abs. 6, 28 Abs. 4, 29 Abs. 6, 30 Abs. 5 KAGB.
87 Siehe *Buck-Heeb*, Kapitalmarktrecht, 6. Aufl., 2013, Rn 721 ff.

4. Der Vertrieb

956 **Vertrieb** bedeutet das direkte oder indirekte Anbieten oder Platzieren von Anteilen oder Aktien eines Investmentvermögens (§ 293 Abs. 1 Satz 1 KAGB). Damit sind gegenüber Privatanlegern sämtliche Platzierungsaktivitäten, auch Privatplatzierungen[88], als erlaubnispflichtiger Vertrieb anzusehen[89]. In Bezug auf professionelle und semiprofessionelle Anleger sind diese Aktivitäten nur dann Vertrieb, wenn sie auf Initiative der Verwaltungsgesellschaft oder in deren Auftrag erfolgt (§ 293 Abs. 1 Satz 2 KAGB).

957 In Bezug auf Privatanleger ist der Vertrieb und Erwerb von AIF und OGAW in den §§ 297–306 KAGB geregelt. Bzgl semiprofessioneller und professioneller Anleger gelten lediglich die Informationspflichten der §§ 307 f KAGB. Wird die Informationspflicht des § 307 Abs. 3 KAGB verletzt, kommt eine Prospekthaftung nach § 306 KAGB in Betracht.

958 Für den Vertrieb bedarf es künftig unter bestimmten Voraussetzungen der Erlaubnis der BaFin[90]. Das **Anzeigeverfahren** für den Vertrieb von Publikums-AIF findet sich in § 316 KAGB bzgl Privatanlegern und in § 321 KAGB bzgl professionellen Anlegern. Antragsteller ist die KVG. Für inländische OGAW besteht, anders als noch im InvG, eine Anzeigepflicht vor Aufnahme des Vertriebs nur, wenn sie in anderen Mitgliedstaaten der EU oder in EWR-Staaten vertrieben werden sollen (§§ 312 ff KAGB).

IV. Verwahrstellen

959 Die KVG müssen für jedes von ihnen verwaltete Investmentvermögen eine Verwahrstelle beauftragen. Der im InvG verwendete Begriff „Depotbank“ ist im KAGB durch den Begriff „Verwahrstelle“ ersetzt worden[91]. Die Verwahrstelle hat die Aufgabe der technischen Abwicklung, sie hat das Investmentvermögen zu verwahren und nimmt verschiedene Kontrollfunktionen wahr[92]. Nunmehr ist also auch für geschlossene Fonds eine Verwahrstelle verpflichtend[93], so dass das Fondsvermögen bei Insolvenz der Gesellschaft geschützt ist. Die Wahl der Verwahrstelle ist genehmigungspflichtig.

960 Unterschieden wird zwischen OGAW-Verwahrstellen (§§ 68 ff KAGB) und AIF-Verwahrstellen (§§ 80 ff KAGB), für die strengere und detailliertere Regelungen existieren[94]. Den Verwahrstellen obliegt die Verwahrung von Vermögensgegenstän-

---

88 *Wollenhaupt/Beck*, DB 2013, 1950, 1957.

89 Siehe BaFin, Häufige Fragen zum Vertrieb und Erwerb von Investmentvermögen nach dem KAGB (Stand: 22. Januar 2014).

90 *Burgard/Heimann*, WM 2014, 821, 829.

91 Siehe *Kobbach/Anders*, NZG 2012, 1170 ff; *Burgard/Heimann*, WM 2014, 821, 826 f; *Janzen*, ZBB 2015, 230 ff.

92 BaFin, Rundschreiben 08/2015 (WA) zu den Aufgaben und Pflichten der Verwahrstelle nach Kapitel 1 Abschnitt 3 des KAGB vom 7. Oktober 2015, abrufbar unter: www.bafin.de.

93 Näher *Niewerth/Rybarz*, WM 2013, 1154, 1160; eine Ausnahmeregelung findet sich in § 80 Abs. 3 KAGB.

94 Siehe die OGAW V-Richtlinie, ABl. L Nr 257 vom 28. August 2014, S. 186 sowie den Entwurf eines Gesetzes zur Umsetzung der Richtlinie 2014/91/EU, abrufbar unter: www.bundesfinanzminsterium.de.

den und die Überwachung der Geschäftsführung[95]. Eine Zahlstellenfunktion erfüllen nur die OGAW-Verwahrstellen. Näheres regelt die entsprechende Level 2-VO.

Die Verwahrstelle kann bei Verletzung der Anlagebedingungen oder gesetzlicher Be- **961**
stimmungen im eigenen Namen **Ansprüche** der Anleger gegen die KVG geltend machen (§§ 78 Abs. 1 und 2 und Abs. 2 Satz 2 KAGB)[96]. Die OGAW-Verwahrstellen **haften** nach § 77 KAGB und die AIF-Verwahrstellen nach § 88 KAGB (Art. 100 Level 2-VO)[97]. Danach besteht eine verschuldensunabhängige Haftung für das Abhandenkommen verwahrter Finanzinstrumente. Eine Ausnahme gilt für äußere, unabwendbare Ereignisse (Naturkatastrophen, Krieg usw). Die Beweislast hierfür trägt die Verwahrstelle (§§ 77 Abs. 1 Satz 3, 88 Abs. 1 Satz 3 KAGB). Die Haftung besteht gegenüber dem (inländischen) OGAW bzw AIF oder dessen Anlegern. Gemäß der sog. OGAW V-Richtlinie soll es noch strengere Regelungen geben, als sie das KAGB derzeit vorsieht[98].

V. Die Investmentaktiengesellschaft

1. Allgemeines

Die InvAG wurde bereits 1998 in das damalige KAGG aufgenommen und im InvG **962**
beibehalten. Ursprünglich existierte sie lediglich als InvAG mit fixem Kapital. 2004 wurde zusätzlich die InvAG mit veränderlichem Kapital als Vehikel für offene Fonds eingeführt. Im Jahr 2007 wurde die InvAG mit fixem Kapital mangels Resonanz gestrichen. Nunmehr ist diese im KAGB für die geschlossenen Investmentvermögen wieder eingeführt worden. Als InvAG können damit grundsätzlich sämtliche „Fondstypen" des KAGB aufgelegt werden, sofern es sich nicht um offene Immobilienvermögen handelt.

2. Investmentaktiengesellschaft mit veränderlichem Kapital

Die InvAG mit veränderlichem Kapital (InvAG mvK, §§ 108 ff KAGB) ist weitge- **963**
hend aus dem InvG erhalten geblieben. Damit wird keine neue Gesellschaftsform geschaffen, sondern es findet das AktG Anwendung, sofern im KAGB keine Sonderregelungen enthalten sind[99]. Die InvAG mvK kann Unternehmens- und Anlageaktien ausgeben (§§ 109 Abs. 1 Satz 1, Abs. 2 und 3 KAGB, § 115 KAGB). Die Gründer müssen die Unternehmensaktien übernehmen. Sie sind als Unternehmensaktionäre zwingend an der Hauptversammlung teilnahmeberechtigt. Sollen Anlageaktionäre

95 *Kapteina/Davis*, WM 2013, 1977 ff; siehe auch BaFin, Rundschreiben 08/2015 (WA) zu den Aufgaben und Pflichten der Verwahrstelle nach Kapitel 1 Abschnitt 3 des KAGB vom 7. Oktober 2015, abrufbar unter: www.bafin.de.

96 Zur Haftungsverfassung *Zetzsche*, AG 2013, 613, 622 f.

97 *Emde/Dreibus*, BKR 2013, 89, 97; *Schultheiß*, WM 2015, 603 ff.

98 Siehe den Vorschlag zur Änderung der Richtlinie 2009/65/EWG zur Koordinierung der Rechts- und Verwaltungsvorschriften betreffend bestimmte Organismen für gemeinsame Anlagen in Wertpapieren (OGAW) im Hinblick auf die Aufgaben der Verwahrstelle, die Vergütungspolitik und Sanktionen, COM (2012) 350 final.

99 Siehe Begr. RegE AIFM-Umsetzungsgesetz, BT-Drucks. 17/12294, S. 247.

teilnehmen dürfen, muss dies in der Satzung ausdrücklich bestimmt werden. Bei Spezial-InvAG kann, da sie lediglich professionellen und semiprofessionellen Anlegern offenstehen, auf die Unterscheidung zwischen Unternehmens- und Anlageaktien verzichtet werden (§ 109 Abs. 1 Satz 1, Abs. 2 und 3 KAGB). Wie bei der KVG ist auch bei der InvAG zwischen intern und extern verwalteten Gesellschaften zu unterscheiden. Die InvAG mvK kann auch Teilgesellschaftsvermögen bilden, die haftungs- und vermögensrechtlich getrennt sind[100].

964 Das Geschäftsleitungsorgan der InvAG mvK muss sich aus mindestens zwei fachlich geeigneten und zuverlässigen Personen zusammensetzen. Die Geschäftsleiter müssen von der Verwahrstelle unabhängig sein, im Anlegerinteresse handeln, im besten Interesse von verwaltetem Vermögen und Marktintegrität sachkundig tätig sein und Interessenkonflikte vermeiden bzw bei deren Bestehen auflösen (§ 26 Abs. 2, §§ 119 Abs. 1 Satz 2, 128 Abs. 1 Satz 3, 147 Abs. 1 Satz 2, 153 Abs. 1 Satz 3 KAGB). Die InvAG mvK hat einen Aufsichtsrat. Für diesen kann in der Satzung vom Aktienrecht abgewichen werden, da § 23 Abs. 5 AktG abbedungen ist (§§ 108 Abs. 2 Satz 1, 140 Abs. 2 KAGB).

3. Investmentaktiengesellschaft mit fixem Kapital

965 Die Investmentaktiengesellschaft mit fixem Kapital (InvAG mfK, §§ 140 ff KAGB) steht geschlossenen Investmentvermögen neben der Investmentkommanditgesellschaft als Gesellschaftsform zur Verfügung. Auch diese Gesellschaft kann nur in der Rechtsform der Aktiengesellschaft gegründet werden, so dass das AktG Anwendung findet, sofern nicht spezielle KAGB-Regelungen vorliegen. Die Aktionäre haben, anders als bei der InvAG mvK, kein Rückgaberecht. Die Aktien werden hier nicht in Unternehmens- und Anlageaktien aufgeteilt, so dass sich die Aktionärsrechte allein aus dem AktG ergeben. Die unternehmerische Beteiligung der Anleger, insbesondere das Teilnahmerecht an der Hauptversammlung sowie das Stimmrecht, stellen einen Ausgleich dafür dar, dass hier ein jederzeitiges Recht auf Anteilsrückgabe fehlt.

966 Für die InvAG mfK gelten, anders als für die InvAG mvK, die aktienrechtlichen Regelungen zur Kapitalbeschaffung und -herabsetzung. Damit sind gesteigerte Formerfordernisse und eine geringere Flexibilität der Gesellschaft verbunden. Die Aktionäre können daher grundsätzlich die Erhöhung des Kapitals und die Aufnahme weiterer Aktionäre verhindern.

967 Es kann kein Teilgesellschaftsvermögen gebildet werden[101]. Daher muss für jedes geschlossene Investmentvermögen ein gesondertes Vehikel aufgelegt werden.

100 *Zetzsche*, AG 2013, 613, 617 ff.
101 Kritisch *Emde/Dreibus*, BKR 2013, 89, 93, Fn 26.

VI. Die Investmentkommanditgesellschaft

1. Einführung

Ein Investmentvermögen kann auch in der Form der Investmentkommanditgesellschaft (InvKG) errichtet werden[102]. Hintergrund für die Schaffung der InvKG ist, dass geschlossene Fonds in Deutschland bislang in der Rechtsform der KG bzw GmbH & Co. KG[103] aufgelegt wurden und nunmehr eine vergleichbare Form zur Verfügung stehen soll. Allerdings ist eine InvKG nicht nur für geschlossene, sondern auch für offene Investmentvermögen möglich[104]. Auf die InvKG sind die Vorschriften des HGB anwendbar, sofern nicht die §§ 161 ff KAGB bzw die §§ 124 ff, 149 ff KAGB etwas anderes vorsehen. **968**

Von der **Organisation** her ist die InvKG an die Organisation der InvAG angelehnt. Allerdings dürfen sie nur Spezialfonds sein (§ 91 Abs. 2 KAGB). Auch die InvKG kann intern oder extern verwaltet werden[105]. Bei einer intern verwalteten InvKG ist diese „der Fonds" und gleichzeitig die AIF-KVG, welche nach § 20 KAGB der Zulassung bedarf. Aufgrund des damit verbundenen Aufwands wird eine intern verwaltete InvKG als häufig kaum praktikabel angesehen[106]. **969**

Die InvKG muss wie die InvAG mindestens zwei zuverlässige und fachlich geeignete Geschäftsführer haben. Unsicherheiten bestehen derzeit noch darin, welche Kompetenzen bei der extern verwalteten InvKG einerseits der KVG, die „insbesondere die Anlage und die Verwaltung des Kommanditanlagevermögens" vornimmt (§ 129 Abs. 1 Satz 2, § 154 Abs. 1 Satz 2 KAGB), und andererseits der Organe der InvKG zukommen[107]. Die Rechtsprechung geht jedoch gegenwärtig davon aus, dass jedenfalls die geschlossene InvKG durch ihre Organe und nicht die Kapitalverwaltungsgesellschaft vertreten wird[108]. Die Anteilsrückgabe durch die Anleger erfolgt durch (Teil-)Kündigung (§ 133 Abs. 1 Satz 1 KAGB). **970**

2. Offene Investmentkommanditgesellschaft

Der Anlegerkreis der offenen InvKG ist auf **professionelle** und semiprofessionelle Anleger beschränkt (§ 127 Abs. 1 Satz 1 KAGB)[109]. Die offene InvKG ist damit immer ein inländischer Spezial-AIF, dh es können nicht Publikums-AIF als InvKG aufgelegt werden. Die offene InvKG soll v.a. der Zusammenfassung betrieblicher Alters- **971**

---

102 Dazu *Freitag*, NZG 2013, 329 ff; *Fischer/Friedrich*, ZBB 2013, 153, 160 ff; *Weiser/Hüwel*, BB 2013, 1091 ff; *Wiedemann*, NZG 2013, 1041 ff (zum Vergleich mit der „Normal-KG"); *Wallach*, ZGR 2014, 289, 296 ff.

103 *Emde/Dreibus*, BKR 2013, 89, 93.

104 Eine synoptische Darstellung findet sich bei *Casper*, in: Staub, Großkomm zum HGB, 5. Aufl., 2015, § 161 HGB Rn 265.

105 *Casper*, ZHR 179 (2015), 44, 51 f.

106 *Böhme*, BB 2014, 2380; *Rübner/Reiff*, BB 2014, 1634, 1635; vgl auch *Casper*, ZHR 179 (2015), 44, 58.

107 Dazu ausführlich *Böhme*, BB 2014, 2380 ff.

108 OLG München, ZIP 2015, 2224 Rn 15 ff; OLG München, 29. Oktober 2015 – 23 U 2093/15, juris, Rn 36.

109 *Wallach*, ZGR 2014, 289, 304 ff.

vorsorgevermögen dienen[110]. Anders als die geschlossene InvKG kann die offene InvKG Teilgesellschaftsvermögen bilden (§ 132 KAGB)[111].

972 Die Anleger sind als Kommanditisten der Gesellschaft beteiligt (§ 127 Abs. 1 Satz 2 KAGB). Es besteht keine Nachschusspflicht (§ 127 Abs. 3 Satz 2 KAGB). Da die offene InvG ein offener Fonds ist, muss sie den Kommanditisten mindestens einmal jährlich die Möglichkeit zur (vollständigen oder teilweisen) **Kündigung** der Beteiligung geben (§ 133 Abs. 1 Satz 1 KAGB). Diese führt zum Ausscheiden des Gesellschafters. Durch die Kündigung erwirbt der Anleger einen Abfindungsanspruch gegenüber der InvKG in Höhe des gekündigten Anteils abzüglich angefallener Aufwendungen (§ 133 Abs. 1 Satz 2 KAGB)[112]. Eine Erfüllung dieses Abfindungsanspruchs gilt, abweichend von § 172 Abs. 4 HGB, nicht als Rückzahlung der Einlage des Kommanditisten. Auch eine Nachhaftung des Kommanditisten ist, aus Gründen der Gleichstellung mit den anderen Fondsvehikeln des KAGB, ausgeschlossen (§ 133 Abs. 2 KAGB).

973 Die Geschäftsführung der InvKG (§ 128 KAGB) muss durch mindestens zwei Personen erfolgen. Die offene InvKG kann haftungs- und vermögensrechtlich separierte Teilgesellschaftsvermögen bilden. Es ist eine interne oder eine externe Verwaltung möglich.

3. Geschlossene Investmentkommanditgesellschaft

974 Die geschlossene Investmentkommanditgesellschaft (§§ 149–161 KAGB) steht sowohl für Spezial-AIF als auch für **Publikums-AIF** zur Verfügung. Letztere gilt als wichtigstes Vehikel für „geschlossene Fonds“[113]. Neben dem Gesellschaftsvertrag sind Anlagebedingungen zu erstellen. Die Anleger einer geschlossenen InvKG können sich unmittelbar als Kommanditisten oder mittelbar als Treuhandkommanditisten beteiligen (§ 152 Abs. 1 KAGB). Der mittelbar beteiligte Anleger verfügt im Innenverhältnis über die gleiche Rechtsstellung wie ein Kommanditist (§ 152 Abs. 1 Satz 2 KAGB).

975 Die Haftungsregelungen der geschlossenen InvKG entsprechen denen der offenen InvKG. Auch die Geschäftsführung ist wie bei der offenen InvKG geregelt. Zusätzlich ist aber ein **Beirat** zum Zweck des Anlegerschutzes zu bilden, der die Geschäftsführung bei der Umsetzung der Anlagebedingungen überwacht (Kontrollorgan). Für den Beirat gelten einige aktienrechtliche Regelungen (§ 153 Abs. 3 iVm § 18 Abs. 2 Satz 4, Abs. 3 KAGB). Wie die InvAG mfK kann auch die geschlossene InvKG kein Teilgesellschaftsvermögen bilden.

110 *Fischer/Friedrich*, ZBB 2013, 153, 161.
111 *Wallach*, ZGR 2014, 289, 311 f.
112 Begr. RegE, AIFM-Umsetzungsgesetz, BT-Drucks. 17/12294, S. 245.
113 *Hübner*, WM 2014, 106, 109.

Teil VII

Kapitalmarktaufsicht

In Deutschland existiert ein dreistufiges System der Kapitalmarktaufsicht. Oberste **976**
und bundesweite Aufsichtsbehörde über den börslichen und außerbörslichen Handel mit Kapitalmarktprodukten ist die Bundesanstalt für Finanzdienstleistungsaufsicht (BaFin). Die zuständigen obersten Landesbehörden agieren als spezielle Börsenaufsichtsbehörden und überwachen die Einhaltung der börsenrechtlichen Vorschriften sowie die ordnungsgemäße Durchführung und Abwicklung des börslichen Handels. Auf der dritten Stufe erfolgt die Marktaufsicht durch die Börsen selbst mittels Handelsüberwachungsstellen. Zwischen den einzelnen Stufen findet eine enge Zusammenarbeit statt.

§ 17 Die Bundesanstalt für Finanzdienstleistungsaufsicht (BaFin)

Ausgewählte Literatur: *Cahn*, Verwaltungsbefugnisse der Bundesanstalt für Finanzdienstleistungsaufsicht im Übernahmerecht und Rechtsschutz Betroffener, ZHR 167 (2003), 262; *Canzler/Hammermaier*, Die Verfolgung und Ahndung wertpapierrechtlicher Delinquenz durch die Wertpapieraufsicht der BaFin: Das kapitalmarktrechtliche Bußgeldverfahren, AG 2014, 57; *Hagemeister*, Die neue Bundesanstalt für Finanzdienstleistungsaufsicht, WM 2002, 1773; *Zietsch/Weigand*, Auskunftsanspruch der BaFin und Akteneinsichtsrecht gegenüber der BaFin – ein rechtsfreier Raum?, WM 2013, 1785.

I. Einführung

Seit dem 1. Mai 2002 ist die auf drei Bundesaufsichtsämter verteilte staatliche Einzel- **977**
aufsicht über Banken, Versicherungen und den Wertpapiermarkt zugunsten einer Allfinanzaufsicht aufgegeben worden[1]. Die zu diesem Zweck neu errichtete **Bundesanstalt für Finanzdienstleistungsaufsicht** (BaFin)[2] vereint die Geschäftsbereiche der früheren Bundesaufsichtsämter für das Kreditwesen (BAKred), den Wertpapierhandel (BAWe) und das Versicherungswesen (BAV) in einer Bundesbehörde (§ 1 Abs. 1 Satz 1 FinDAG). Die BaFin ist eine rechtsfähige bundesunmittelbare **Anstalt des öffentlichen Rechts** iS des Art. 87 Abs. 3 Satz 1 GG. Sie ist dem Geschäftsbereich des Bundesministeriums der Finanzen zugeordnet und unterliegt dessen Rechts- und Fachaufsicht (§§ 1 Abs. 1 Satz 1, 2 FinDAG)[3]. Sie hat ihren Sitz in Frankfurt a.M.

1 Gesetz über die integrierte Finanzdienstleistungsaufsicht vom 22. April 2002 (FinDAG), BGBl. I, S. 1310; siehe auch die Änderungen vom 25. Oktober 2012, BT-Drucks. 17/10040.

2 Die Homepage der BaFin findet sich unter www.bafin.de; siehe auch die Satzung der BaFin, zuletzt geändert am 5. März 2013.

3 Vgl dazu *Hagemeister*, WM 2002, 1773 f.

und Bonn (§ 1 Abs. 2 FinDAG), wobei für Klagen gegen die Bundesanstalt als Sitz der Behörde Frankfurt a.M. gilt (§ 1 Abs. 3 FinDAG). Die BaFin finanziert sich überwiegend aus Umlagen, im Übrigen aus Gebühren, Zinsen usw.

978 Mit der Allfinanzaufsicht verbunden ist die Hoffnung auf eine gesteigerte Effizienz der Aufsicht und damit eine Sicherung der Stabilität des Finanzplatzes Deutschland[4]. Grund für die Errichtung einer Allfinanzaufsicht waren insbesondere die tiefgreifenden Veränderungen der Marktverhältnisse. Die Märkte von Banken und Versicherungen sind allmählich miteinander verschmolzen, was sich etwa im Angebot neuartiger Allfinanzstrategien und -produkte durch herkömmliche Anbieter zeigte. Eine Fortsetzung fand diese Tendenz durch die Bildung sektorübergreifend tätiger Allfinanzkonzerne (zB HypoVereinsbank/Münchener Rückversicherung, Dresdner Bank/Allianz). Nicht verfolgt wird dieser Ansatz aber auf europäischer Ebene[5].

II. Aufgaben der BaFin

979 Von den der BaFin obliegenden Aufgaben sollen nachfolgend nur die wichtigsten aufgeführt werden. Die BaFin hat als zentrale Aufsichtsbehörde[6] den börslichen und außerbörslichen Handel mit den in § 2 Abs. 1, 1a und 2 WpHG aufgeführten Kapitalmarktprodukten zu überwachen. Dabei kontrolliert sie alle im WpHG aufgeführten Verhaltensweisen. Seit Juni 2013 wird sie von einem Verbraucherbeirat unterstützt (vgl § 8a der BaFin-Satzung). Als wichtigste sich aus dem **WpHG** ergebende Aufgaben der BaFin sind zu nennen:

- die Überwachung der Geschäfte mit Insiderpapieren zur Verhinderung von nach § 14 WpHG verbotenen Insidergeschäften,
- die Überwachung der Ad-hoc-Mitteilungspflicht nach § 15 WpHG,
- die Überwachung der Einhaltung des Verbots der Marktmanipulation iS des § 20a WpHG,
- die Überwachung der Mitteilungspflichten bei Veränderungen des Stimmrechtsanteils an börsennotierten Gesellschaften nach § 21 WpHG sowie der Veröffentlichungspflicht des Inlandsemittenten nach § 26 WpHG,
- die Überwachung der Einhaltung der Verhaltensregeln der §§ 31 ff WpHG (vgl § 35 WpHG)[7],
- die Überwachung der ausländischen Handelssysteme iS der §§ 37i ff WpHG.

980 Die BaFin überwacht die **Börse** und die Börsengeschäfte im Hinblick auf die Einhaltung der WpHG-Verhaltensregeln, die Aufdeckung von Insiderdelikten sowie das Verbot der Marktmanipulation. Die Börsenaufsicht bezieht sich dagegen auf die

4 Zum dualistischen System der Finanzmarktaufsicht (Bundesbank/BaFin) und den Reformbestrebungen *Hopt*, NZG 2009, 1401 ff; *Weber*, NJW 2010, 274 f.

5 Siehe unten Rn 1030 ff.

6 Siehe das Gesetz zur Stärkung der deutschen Finanzaufsicht vom 25. Oktober 2012, BT-Drucks. 17/10040, wonach zur Stärkung der Unabhängigkeit die Zusammensetzung des Verwaltungsrats geändert wurde. Zur Funktion der sog. **Finanzmarktwächter** der Verbraucherzentralen, welche ihre Erkenntnisse der BaFin zur Verfügung stellen, BaFinJournal April 2015, S. 22.

7 Darunter fällt auch die Aufsicht bzgl der Anlageberatung in Finanzinstrumenten, wohingegen diejenige in Vermögensanlagen nach § 34f GewO durch die zuständigen allgemeinen Gewerbeaufsichtsämter erfolgt; kritisch dazu *Hanten/Reinholz*, ZBB 2012, 36, 48.

Überwachung der Ordnungsmäßigkeit des Börsenhandels[8]. Die BaFin nimmt zudem die Aufsicht über multilaterale Handelssysteme iS des § 31f WpHG wahr. Ausgenommen ist hiervon die Aufsicht über den Freiverkehr, der nach wie vor durch die zuständige Börsenaufsichtsbehörde erfolgt (§ 48 Abs. 2, 3 iVm § 3 Abs. 1 BörsG).

Daneben hat die BaFin zahlreiche weitere Aufgaben aus **anderen Gesetzen**. Die Ba- **981**
Fin hat die Verkaufsprospekte bzw Angebotsunterlagen zu billigen (§ 8 VermAnlG bzw § 13 Abs. 1 WpÜG). Zudem ist sie Hinterlegungsstelle für Vermögensanlagen-Verkaufsprospekte (§ 14 Abs. 1 VermAnlG) und übt die Aufsicht nach dem **KAGB** aus. Abgesehen davon ist sie etwa auch zur Aufsicht über öffentliche Erwerbsangebote zuständig **(§ 4 WpÜG)**. Dazu zählen etwa

- die Prüfung und Gestattung/Untersagung der Veröffentlichung der Angebotsunterlage (§ 14 Abs. 2 Satz 1 WpÜG),
- die Entscheidung über Befreiungsanträge (§§ 20, 24, 36, 37 WpÜG),
- die Überprüfung von Werbung im Zusammenhang mit Angeboten (§ 28 WpÜG),
- die Verfolgung von Ordnungswidrigkeiten iS des § 36 Abs. 1 Nr 1 OWiG (§ 62 WpÜG).

Die BaFin ist **Beschwerdestelle** für Kunden von beaufsichtigten Instituten und Unter- **982**
nehmen, sofern in den jeweiligen Bestimmungen kein spezielles Beschwerdeverfahren vorgesehen ist. Eine Beschwerdemöglichkeit besteht auch für sog. qualifizierte Einrichtungen nach § 3 Abs. 1 Nr 1 UKlaG (Verbraucherverbände).

III. Befugnisse der BaFin nach dem WpHG

Die Zuständigkeiten und Rechte der BaFin sind in den §§ 40 und 4 WpHG geregelt[9]. **983**
Ordnungswidrigkeitenrechtlich ist § 40 WpHG maßgeblich. Verwaltungsrechtlich gibt es zum einen eine Generalbefugnisnorm (§ 4 Abs. 1 WpHG), zum anderen werden der BaFin spezielle Rechte (zB Auskunftsrecht) gegenüber den Marktteilnehmern, das Recht zur Aussetzung des Handels von Finanzinstrumenten und Betretungsrechte zugesprochen (§ 4 Abs. 3 ff WpHG).

1. Verfolgung und Ahndung von Ordnungswidrigkeiten

Nach § 40 WpHG ist die BaFin sachlich für die Verfolgung und Ahndung von Ord- **984**
nungswidrigkeiten[10] zuständig[11]. Das gilt sowohl in Bezug auf Verfahren gegen

8 Zur Möglichkeit von Verbraucherbeschwerden siehe BaFin, Jahresbericht 2014 vom 12. Mai 2015, S. 55 ff.

9 Siehe auch die Regelungen zu den zuständigen Behörden in Art. 22 f MAR; siehe auch die Verschärfung des verwaltungsrechtlichen Instrumentariums in der MiFID II vom 15. April 2014; zur MiFID II *Veil/Lerch*, WM 2012, 1605, 1612 f.

10 Siehe auch die WpHG-Bußgeldleitlinien der BaFin für die Bußgeldbemessung in WpHG-Ordnungswidrigkeitenverfahren vom 29. November 2013, abrufbar unter: www.bafin.de/DE/Aufsicht/BoersenMaerkte/borsenmaerkte-node.html; dazu *Canzler/Hammermaier*, AG 2014, 57, 68 f; *Brocker*, BB 2014, 655 ff; *Nartowska/Walla*, NZG 2015, 977 ff; *Goertz/Fischer*, Der Konzern 2014, 485 ff; *Heinrich/Krämer/Mückenberger*, ZIP 2014, 1557 ff; *Eggers*, BB 2015, 651 ff.

11 Zur Ausweitung der Sanktionen siehe Art. 30 MAR. Danach sollen die Aufsichtsbehörden Geldbußen bis zu 5 Mio Euro verhängen dürfen, gegen juristische Personen sogar bis zu 15 % des jährlichen Ge-

Emittenten bzw Inlandsemittenten (§ 2 Abs. 6, 7 WpHG) und Wertpapierdienstleistungsunternehmen als auch gegen „Jedermann“. Dabei besteht die Möglichkeit, Verbandsgeldbußen gegenüber Unternehmen zu verhängen[12]. Das Vorverfahren richtet sich nach den §§ 46 ff OWiG. Da die BaFin daneben auch zur Überwachung der Einhaltung der Vorschriften des WpHG zuständig ist, stellt sich die Frage nach dem Verhältnis von Überwachungs- und Bußgeldverfahren. Grundsätzlich ist hier ein Nebeneinander möglich[13].

2. Aufsicht aufgrund Generalbefugnis

985 Nach § 4 Abs. 1 WpHG übt die BaFin die Aufsicht aus und hat **Missständen** entgegenzuwirken, die die ordnungsgemäße Durchführung des Handels mit Finanzinstrumenten oder von Wertpapierdienstleistungen oder Wertpapiernebendienstleistungen beeinträchtigen oder erhebliche Nachteile für den Finanzmarkt bewirken können. Diese Regelung ist relevant, wenn keine besondere Eingriffsbefugnis vorliegt[14]. Unter den Begriff des Missstands werden nach überwiegender Ansicht solche Sachverhalte gefasst, die nicht gesetzlich als Gebote bzw Verbote geregelt worden sind[15]. Zur Erfüllung ihrer Aufgaben kann die BaFin auch Wirtschaftsprüfer oder Sachverständige einsetzen (§ 4 Abs. 11 WpHG). **§ 4 Abs. 1 Satz 3 WpHG** ist **Rechtsgrundlage** für Anordnungen zur Beseitigung oder Verhinderung der Missstände[16]. Die Anordnungen müssen geeignet und erforderlich, dh verhältnismäßig, sein, da sie Ermessensentscheidungen der Eingriffsverwaltung darstellen.

986 Die BaFin überwacht gemäß § 4 Abs. 2 Satz 1 WpHG die Einhaltung der Ver- und Gebote des WpHG und ist befugt, Anordnungen zu treffen, die zu deren Durchsetzung erforderlich und geeignet sind[17]. Sie kann zur Durchsetzung der Verbote und Gebote des WpHG auch den Handel mit einzelnen oder mehreren Finanzinstrumenten vorübergehend untersagen oder den Handel in diesen Werten aussetzen[18]. Der in § 4 Abs. 2 WpHG genannte Katalog der Abhilfemaßnahmen ist **nicht abschließend**[19]. Durch die Umsetzung der Marktmissbrauchsrichtlinie war die Möglichkeit der unbeschränkten Aussetzung bzw Untersagung des Handels gegeben, jedoch dürfte aus Verhältnismäßigkeitsgründen eine gänzliche Untersagung des Handels mit einem Finanzinstrument lediglich ausnahmsweise gerechtfertigt sein.

987 Außerdem werden iS einer richtlinienkonformen Auslegung als mögliche Maßnahmen auch vorübergehende Berufsverbote, Arreste bzw Beschlagnahme von Vermö-

---

samtumsatzes des Unternehmens (Art. 30 Abs. 2 lit. i und j MAR). Außerdem soll ein sog. **naming and shaming** stattfinden, dh die BaFin muss alle Maßnahmen und Sanktionen öffentlich bekannt machen (Art. 34 MAR).

12 *Canzler/Hammermaier*, AG 2014, 57 ff.

13 Ausführlich dazu *Vogel*, in: Assmann/U.H. Schneider, § 40 WpHG Rn 8 ff.

14 Siehe *Döhmel*, in: Assmann/U.H. Schneider, § 4 WpHG Rn 16.

15 Vgl *Döhmel*, in: Assmann/U.H. Schneider, § 4 WpHG Rn 16; *Schlette/Bouchon*, in: Fuchs, § 4 WpHG Rn 30; etwas anders *Schröder*, Kapitalmarktstrafrecht, Rn 720 f; siehe auch KölnerKommWpHG/*Giesberts*, § 4 WpHG Rn 20 ff.

16 So zB die Allgemeinverfügungen der BaFin; siehe *Schlette/Bouchon*, in: Fuchs, § 4 WpHG Rn 25.

17 Zu den Änderungen durch die EU-MarktmissbrauchsVO, siehe Art. 22 ff MAR.

18 Begr. RegE AnSVG, BT-Drucks. 15/3174, S. 29 f.

19 KölnerKommWpHG/*Giesberts*, § 4 WpHG Rn 103.

gen und die „Einsicht" aufgezeichneter Telefongespräche angesehen. Dies dürfte aufgrund der verfassungsrechtlichen Schranken nur in engen Grenzen zulässig sein. Dass die BaFin nicht nur die Einhaltung von Verboten überwachen, sondern auch Anordnungen zur Einhaltung sämtlicher Ver- und Gebote des WpHG treffen kann, ist vielfach als rechtsstaatlich bedenklich kritisiert worden[20].

Die BaFin kann auch Anordnungen treffen, um Missstände zu verhindern oder zu be- **988**
seitigen, welche Nachteile für die Stabilität der **Finanzmärkte** mit sich bringen oder das Vertrauen in die Funktionsfähigkeit der Finanzmärkte erschüttern können (§ 4a WpHG)[21]. Insbesondere können bestimmte Finanztransaktionen vorübergehend untersagt oder der Handel mit Finanzinstrumenten vorübergehend ausgesetzt werden. Als milderes Mittel kann eine Veröffentlichungs- bzw Mitteilungspflicht an die BaFin vorgesehen werden (§ 4a Abs. 2 WpHG)[22].

Mit dem Kleinanlegerschutzgesetz von 2015 wurde auch der **kollektive Verbrau- 989**
cherschutz verbessert. Nach § 4 Abs. 1a Satz 2 FinDAG kann die BaFin nun alle Anordnungen gegenüber Finanzdienstleistungsinstituten und anderen Unternehmen treffen, die zur Verhinderung oder Beseitigung verbraucherschutzrelevanter Missstände geeignet und erforderlich sind, wenn eine generelle Klärung im Interesse des Verbraucherschutzes geboten erscheint. Ein Missstand liegt vor, wenn ein erheblicher, dauerhafter oder wiederholter Verstoß gegen ein Verbraucherschutzgesetz vorliegt, welcher nach Art und Umfang nicht nur Interessen einzelner Verbraucher gefährden kann oder beeinträchtigt[23].

3. Produktintervention

Ab dem 3. Januar 2018[24] kann die BaFin aufgrund der Änderungen durch das Klein- **990**
anlegerschutzgesetz von 2015 die Vermarktung, den Vertrieb oder den Verkauf eines Finanzinstruments verbieten, wenn bestimmte Voraussetzungen vorliegen. Die Aufsichtsbehörde kann die Maßnahmen bereits präventiv verhängen, dh schon vor dem Vertrieb oder Verkauf (§ 4b Abs. 3 Satz 1 WpHG). Möglich sind eine Allgemeinverfügung oder ein (individueller) Verwaltungsakt[25]. Allerdings müssen „erhebliche Bedenken für den Anlegerschutz" vorliegen (§ 4b Abs. 2 Nr 1 lit. a WpHG). Ausreichend ist zudem „eine Gefahr für das ordnungsgemäße Funktionieren und die Integrität der Finanz- oder Warenmärkte oder für die Stabilität des gesamten Finanzsystems" oder, dass „ein Derivat negative Auswirkungen auf den Preisbildungsmechanismus" hat (§ 4b Abs. 2 Nr 1 lit. b WpHG). Die Produktinterventionsmaßnahme der BaFin muss verhältnismäßig sein. Den festgestellten Risiken muss durch ein Verbot oder eine Beschränkung begegnet werden können (§ 4b Abs. 2 Nr 2 und 3 WpHG).

---

20 Vgl FAZ vom 15. Juni 2004, S. 16.

21 Eingefügt durch das Gesetz zur Vorbeugung gegen missbräuchliche Wertpapier- und Derivategeschäfte vom 21. Juli 2010, BGBl. I, S. 945.

22 Begr. RegE, BT-Drucks. 17/1952 vom 8. Juni 2010, S. 8.

23 *Buck-Heeb*, NJW 2015, 2535, 2540 f.

24 Zur Verschiebung der Umsetzungsfrist bzgl der MiFID II von 2017 auf 2018 siehe Europäische Kommission, Pressemitteilung vom 10. Februar 2016.

25 *Kollrus*, MDR 2015, 1396, 1398.

§ 4b WpHG stellt kein Verbotsgesetz iS des § 134 BGB dar[26]. Diese Regelungen sollten nach dem Referentenentwurf eines Finanzmarktnovellierungsgesetzes von 2015 auf Vermögensanlagen beschränkt sein (§ 8 FimanoG-E). Im Regierungsentwurf des 1. FimanoG vom Januar 2016 fehlt aber eine vergleichbare Regelung.

4. Mögliche Einzelmaßnahmen

991 Die BaFin hat nach **§ 4 Abs. 3 WpHG** ein **Auskunftsrecht**[27] (siehe auch § 40 Abs. 1 Satz 1 WpÜG, § 26 WpPG, § 19 VermAnlG). Sie kann von jedermann Auskünfte, die Vorlage von Unterlagen und die Überlassung von Kopien verlangen sowie Personen laden und vernehmen, soweit dies für die Überwachung und Einhaltung eines Ver- oder Gebots nach den Vorschriften des WpHG erforderlich ist. Voraussetzung für die Ausübung des Auskunftsrechts ist das Vorliegen von Anhaltspunkten bzgl Gesetzesverstößen. Da jedoch eine Pflicht zur Wahrung des allgemeinen Persönlichkeitsrechts besteht, ist eine restriktive Auslegung des Begriffs „Anhaltspunkte" geboten. „Anhaltspunkt" bedeutet, dass ein konkreter Tatsachenkern (erste Indizien für einen Verstoß) vorliegen muss[28]. Generelle Vermutungen oder das Bestehen einer hohen Wahrscheinlichkeit können für ein Auskunftsrecht nicht ausreichen. Gesetzliche Aussagerechte (zB § 55 OWiG) und Auskunftsverweigerungsrechte (zB § 43 BRAO) bleiben nach § 4 Abs. 3 Satz 3 WpHG ausdrücklich unberührt[29]. Nach § 4 Abs. 3a WpHG hat die BaFin ein spezielles Auskunftsrecht bzgl Unternehmen, die algorithmischen Handel betreiben.

992 Die BaFin hat nach **§ 4 Abs. 4 WpHG** ein **Betretungsrecht**. Während der üblichen Arbeitszeit ist den Bediensteten der BaFin und den von ihnen Beauftragten (zB Amtshilfe durch Zollbeamte) das Betreten von Geschäftsräumen und Grundstücken von auskunftspflichtigen Personen iS des § 4 Abs. 3 WpHG gestattet[30]. Stark eingeschränkt sind die Betretungsrechte vor dem Hintergrund des Art. 13 Abs. 7 GG (Unverletzlichkeit der Wohnung), soweit sich die Geschäftsräume in einer Wohnung befinden oder ein Betreten außerhalb der regulären Arbeitszeit erforderlich ist. Das Betreten dieser Räume ist nach § 4 Abs. 4 Satz 2 WpHG ohne Einverständnis der betroffenen auskunftspflichtigen Person lediglich zur Verhütung von dringenden Gefahren für die öffentliche Sicherheit und Ordnung zulässig. Außerdem müssen bei der auskunftspflichtigen Person Anhaltspunkte für einen Verstoß gegen ein Verbot oder Gebot des WpHG vorliegen.

993 Die BaFin kann, um Missstände bei der Werbung für Wertpapier(neben)dienstleistungen zu vermeiden, bestimmte Arten von Werbung untersagen **(§ 36b WpHG)**. Unzulässig ist insbesondere Werbung in Form des „cold calling", dh einer telefoni-

26 Siehe BT-Drucks. 18/3994, 71, 81

27 Vgl VG Frankfurt WM 2009, 948 ff (Anforderung von E-Mails); *Zietsch/Weigand*, WM 2013, 1785 ff; *Szesny*, BB 2010, 1995 ff.

28 *Döhmel*, in: Assmann/U.H. Schneider, § 4 WpHG Rn 30.

29 Begr. RegE AnSVG, BT-Drucks. 15/3174, S. 30; zur Schaffung eines Vorlageverweigerungsrechts de lege ferenda *Szesny*, BB 2010, 1995, 1997 ff.

30 Zu den Änderungen durch die EU-MarktmissbrauchsVO, siehe Art. 23 Abs. 2 lit. e MAR, wonach Privaträume zum Zweck der Beschlagnahme von Unterlagen durchsucht werden können.

schen Kontaktaufnahme mit Privatpersonen ohne deren vorherige Zustimmung[31]. Die Befugnisse der BaFin hinsichtlich der Überwachung von Unternehmensabschlüssen sind in den §§ 37n ff WpHG geregelt.

4. Pflichten

Die Befugnisse der BaFin gehen mit bestimmten **Pflichten** einher. So enthält § 4 **994**
Abs. 5 WpHG eine **Anzeigepflicht** der BaFin, die mit der Hinweispflicht der Staatsanwaltschaft nach § 40a WpHG hinsichtlich der Einleitung eines Ermittlungsverfahrens korreliert. Nach § 4 Abs. 5 Satz 1 WpHG hat die BaFin Tatsachen, die den Verdacht einer Straftat nach § 38 WpHG begründen, unverzüglich der zuständigen Staatsanwaltschaft anzuzeigen. Über die Vornahme der erforderlichen Ermittlungsmaßnahmen entscheidet die Staatsanwaltschaft (§ 4 Abs. 5 Satz 3 WpHG), die Herrin des Ermittlungsverfahrens ist. Die BaFin kann personenbezogene Daten von solchen Personen, gegen die sich ein Verdacht richtet oder die als Zeugen in Betracht kommen, an die Staatsanwaltschaft weitergeben (§ 4 Abs. 5 Satz 2 WpHG), soweit dies für die Strafverfolgung erforderlich ist.

§ 4 Abs. 10 WpHG behandelt die **Speicherung** von Daten. Danach darf die BaFin die **995**
ihr mitgeteilten personenbezogenen Daten im Wesentlichen nur zur Erfüllung ihrer aufsichtsrechtlichen Aufgaben speichern, verändern und nutzen. Nicht gespeichert werden dürfen bzw zu löschen sind personenbezogene Daten, die den Voraussetzungen des § 4 Abs. 3 WpHG mangels Erforderlichkeit nicht mehr genügen[32]. Dem Beschwerdeführer kann ein Anspruch auf **Akteneinsicht** nach §§ 29, 13 Abs. 1 VwVfG zustehen[33].

5. Marktaufsicht beim Effektengeschäft

Die staatliche Marktaufsicht über die Einhaltung der Verhaltensregeln beim Effekten- **996**
geschäft findet zum einen durch die BaFin selbst[34] und zum anderen mittels jährlicher Prüfung durch einen sog. geeigneten Prüfer (§ 36 Abs. 1 Satz 1 WpHG) statt. Diese Prüfung kann im Rahmen der Jahresabschlussprüfung erfolgen[35]. Im sog. **Enforcement-Verfahren** sollen Unternehmensabschlüsse und -berichte neben der Überwachung durch Abschlussprüfer und Aufsichtsrat einer weiteren Überprüfung unterzogen werden. Es ist zweistufig angelegt[36].

---

31 Siehe die Allgemeinverfügung des Bundesaufsichtsamts für den Wertpapierhandel vom 27. Juli 1999, BAnz. Nr 149 vom 12. August 1999, S. 13 518 ff; vgl § 7 Abs. 2 Nr 2 UWG; siehe auch den „Entwurf eines Gesetzes zur Fortentwicklung des Verbraucherschutzes bei unerlaubter Telefonwerbung" vom 6. Juli 2011, BT-Drucks. 17/6482, der im August 2013 abgelehnt wurde, BR-Drucks. 646/13.

32 Begr. RegE AnSVG, BT-Drucks. 15/3174, S. 30.

33 BGH WM 2014, 115, Rn 14 ff; siehe auch VG Frankfurt ZIP 2013, 2377 ff; *Brocker/Andrzejewski*, GWR 2011, 378 ff; siehe auch die Vorabentscheidungsvorlage an den EuGH bzgl Fragen zum Zugang von Informationen der BaFin bei VG Frankfurt, ZIP 2014, 50 ff.

34 § 4 Abs. 1 FinDAG iVm §§ 4, 35 WpHG.

35 Siehe dazu die RechtsVO der BaFin „über die Prüfung der Wertpapierdienstleistungsunternehmen nach § 36 des Wertpapierhandelsgesetzes" (Wertpapierdienstleistungs-PrüfungsVO, WpDPV), zuletzt geändert am 4. Juli 2013, BGBl. I, S. 1981.

36 *Gelhausen/Hönsch*, AG 2005, 511 ff; *Hennrichs*, ZHR 168 (2004), 383, 399 ff; *Baetge*, ZHR 168 (2004), 428 ff; siehe auch Emittentenleitfaden der BaFin, Stand: 28. April 2009, Ziff. X.3; dazu *Krämer/Heinrich*, ZIP 2009, 1737, 1745 f.

997 Auf der ersten Stufe erfolgt die Prüfung privatrechtlich durch einen mittels Vertrag mit dem BMJ anerkannten Verein, die **Deutsche Prüfstelle für Rechnungslegung** (DPR, vgl § 342b HGB)[37], auf der zweiten Stufe hoheitlich durch die BaFin. Eine Prüfung des zuletzt festgestellten Jahres-/Konzernabschlusses wird entweder bei einem konkreten Anhaltspunkt für einen Verstoß, auf Verlangen der BaFin oder stichprobenartig ohne besonderen Anlass vorgenommen. Die BaFin schaltet sich erst ein, wenn die privatrechtliche Prüfung nicht funktioniert, weil das zu prüfende Unternehmen nicht kooperiert oder mit dem Prüfergebnis nicht einverstanden ist (§ 37p WpHG). Sie kann die Prüfung verbindlich anordnen und mit hoheitlichen Kompetenzen durchsetzen. Die BaFin kann zudem eingreifen, wenn erhebliche Zweifel an der Richtigkeit des Prüfergebnisses oder an der ordnungsgemäßen Durchführung der Prüfung durch die Prüfstelle bestehen.

IV. Befugnisse außerhalb des WpHG

998 Die BaFin hat bspw auch in Bezug auf Wertpapiererwerbs- und Übernahmeangebote die **Missstandsaufsicht** inne. Bei der Überwachung der bei öffentlichen Angeboten und Unternehmensübernahmen (**§ 4 Abs. 1 Satz 2 WpÜG**)[38] hat die BaFin dafür zu sorgen, dass unerwünschte oder verbotene Sachverhalte verhindert oder beseitigt werden. Unter Missstand wird hierbei verstanden, dass bestimmte, vom Gesetz nicht unmittelbar gebotene oder verbotene Handlungsweisen die ordnungsgemäße Durchführung des Verfahrens beeinträchtigen oder erhebliche Nachteile für den Wertpapiermarkt bewirken[39]. Des Weiteren hat die BaFin die Aufgabe der **Missstandsbekämpfung** (§ 4 Abs. 1 Satz 3 WpÜG[40]), dh sie kann auch präventiv gegen drohende Missstände vorgehen. Die hiergegen zu treffenden Anordnungen erfolgen regelmäßig als Verwaltungsakte iS des § 35 Satz 1 VwVfG, können aber auch Allgemeinverfügung iS des § 35 Satz 2 VwVfG sein.

999 Ebenso hat die BaFin die Aufsicht über das Angebot von Vermögensanlagen (**§ 3 VermAnlG**). Hier ist für eine Anordnungsbefugnis nicht Voraussetzung, dass die Schwelle eines Missstands erreicht ist. Auch bei der Aufsicht nach dem **KAGB** hat die BaFin zahlreiche Anordnungsbefugnisse (§ 5 KAGB). Die Auskunfts- und Betretungsrechte bei Verfolgung unerlaubter Investmentgeschäfte sind in § 16 KAGB geregelt.

1000 Die BaFin ist nach §§ 13 f WpPG zentrale Aufsichtsbehörde für die Prüfung und Billigung von **Prospekten** für Wertpapiere, die öffentlich angeboten werden sollen oder für die eine Zulassung zu einem organisierten Markt beantragt werden soll. Sie kann etwa verlangen, dass zusätzliche Angaben in den Prospekt aufgenommen werden (§ 26 Abs. 1 WpPG). Sie kann vom Emittenten, Anbieter oder Zulassungsantragsteller Auskünfte einholen und die Vorlage von Unterlagen sowie die Überlassung von

---

37 Siehe *Zülch/Höltken/Ebner*, WPg 2015, 656 ff zur Effektivität des zweistufigen Systems.

38 Siehe *Linke*, in: Frankfurter Kommentar, § 4 WpÜG Rn 26.

39 *Noack*, in: Schwark/Zimmer, KMRK, § 4 WpÜG Rn 5; *Linke*, in: Frankfurter Kommentar, § 4 WpÜG Rn 28.

40 Vgl die parallele Regelung in § 4 Abs. 1 Satz 3 WpHG.

Kopien verlangen (§ 26 Abs. 2 WpPG). Sie kann auch ein öffentliches Angebot untersagen (§ 26 Abs. 4 und Abs. 8 WpPG), Daten an die Geschäftsführung der Börse und an die Zulassungsstelle übermitteln (§ 21 Abs. 5 WpPG) sowie personenbezogene Daten verwenden (§ 26 Abs. 7 WpPG). Eine parallele Regelung für Vermögensanlagen findet sich in § 19 VermAnlG. Zudem kann die BaFin auf der Basis des Kleinanlegerschutzgesetzes von 2015 eine **Prüfung der Rechnungslegung** anordnen, sofern Anhaltspunkte für Verstöße gegen Rechnungslegungsbestimmungen von Emittenten von Vermögensanlagen bestehen (vgl § 24 Abs. 5 ff VermAnlG)[41].

Durch das am 4. Juli 2013 in Kraft getretene **Finanzkonglomerate-Aufsichtsgesetz** **1001** **(FKAG)**[42] kann die BaFin zusätzlich Gruppen beaufsichtigen, die aus Unternehmen aus verschiedenen Finanzmarktsektoren bestehen (sog. Finanzkonglomerate, § 1 Abs. 2 FKAG). Mit dem Finanzkonglomerate-Aufsichtsgesetz wurde 2013 die erste Änderung der Finanzkonglomerate-Richtlinie[43] in nationales Recht umgesetzt. Im FKAG, welches nunmehr auch die bislang im KWG und VAG enthaltenen Vorschriften zu Finanzkonglomeraten aufnimmt, wurde der Kreis der beaufsichtigten Unternehmen u. a. auch auf Verwalter alternativer Investmentfonds (AIFM) erweitert[44]. Eingeführt wurden auch neue Informations- und Veröffentlichungspflichten zur Rechts-, Governance- und Organisationsstruktur des Finanzkonglomerats.

V. Naming and Shaming

In zahlreichen kapitalmarktrechtlichen Gesetzen ist inzwischen ein sog. naming and **1002** shaming eingeführt worden. Die einzelnen Regelungen unterscheiden sich darin, dass die BaFin teilweise ein Ermessen bzgl der Veröffentlichung von Namen auf ihrer Internetseite hat, zum Teil jedoch ein solches Vorgehen zwingend vorgeschrieben ist. Nach **§ 40b WpHG** sowie **§ 25 WpPG** kann die BaFin schon seit längerem unanfechtbare Maßnahmen, die sie aufgrund von Verstößen gegen Ver- oder Gebote des WpHG getroffen hat, auf ihrer Internetseite veröffentlichen, soweit eine solche Veröffentlichung zur Beseitigung oder Verhinderung von Missständen geboten und erforderlich ist. Anordnungen nach § 4 Abs. 2 WpHG muss die BaFin unverzüglich auf ihrer Internetseite veröffentlichen. Bislang hatte die BaFin davon keinen Gebrauch gemacht[45]. In Umsetzung der Transparenzrichtlinie von 2013 ist nunmehr ein **zwingendes** naming and shaming vorgesehen. Nach **§ 40c WpHG** muss die BaFin bei Verstößen gegen die §§ 21 ff WpHG von ihr getroffene Maßnahmen und Sanktionen unter Nennung des Betroffenen unverzüglich auf ihrer Internetseite veröffentlichen[46]. Das gilt sogar schon dann, wenn die Entscheidung der BaFin noch nicht bestands- oder rechtskräftig ist, wobei auf diesen Umstand dann hinzuweisen ist.

41 *Bußalb/Vogel*, WM 2015, 1733, 1740 f.
42 Gesetz vom 27. Juni 2013, BGBl I. S. 1262.
43 Richtlinie 2011/89/EU vom 16. November 2011, ABl. Nr L 326 vom 8. Dezember 2011, S. 113.
44 Siehe das Merkblatt der BaFin und der Deutschen Bundesbank zur Abgrenzung von Finanzkonglomeraten vom 23. Mai 2014.
45 *Burgard/Heimann*, WM 2015, 1445, 1452 f.
46 *Bosse*, BB 2015, 746,749; *Nartowska/Walla*, AG 2014, 891, 898.

1003 In **Ausnahmefällen** kann die Bekanntmachung aufgeschoben werden bzw anonymisiert erfolgen (§ 40c Abs. 3 WpHG). Das ist dann möglich, wenn die Nennung einer natürlichen Person unverhältnismäßig wäre oder wenn die Veröffentlichung die Stabilität des Finanzsystems oder laufende Ermittlungen ernsthaft gefährden würde. Außerdem ist ein Aufschub denkbar, wenn den Beteiligten andernfalls ein unverhältnismäßiger und ernsthafter Schaden droht[47]. Nach überwiegender Ansicht handelt es sich beim Aufschub bzw der Anonymisierung um eine gebundene Entscheidung[48]. Eine Benennung („naming") kann einen rechtswidrigen Eingriff in die Grundrechte (Persönlichkeitsrecht, Berufsfreiheit) darstellen.

1004 Sofern dem Verlangen nach Auskunft oder der Vorlage von Unterlagen (§ 26 Abs. 2 WpPG) nicht genügt wird, kann die BaFin – eingefügt durch das Kleinanlegerschutzgesetz von 2015 – auch diesen Umstand auf ihrer Internetseite öffentlich bekannt machen. Darauf ist im Auskunfts- oder Vorlegungsersuchen hinzuweisen (§ 26 Abs. 2a Satz 2 WpPG). Eingeschränkt wird die Veröffentlichung auf diejenigen Daten, welche „zur Identifizierung des Anbieters oder Emittenten erforderlich sind" (§ 26 Abs. 2a Satz 3 WpPG). In Ausnahmefällen ist von einer solchen Bekanntmachung abzusehen (§ 26 Abs. 2b WpPG).

1005 Auch in der ab Juli 2016 geltende Markmissbrauchsverordnung (Market Abuse Regulation, MAR) sind Veröffentlichungsvorgaben vorgesehen. Jede Entscheidung über die Verhängung einer verwaltungsrechtlichen Maßnahme oder Sanktion sind auf der offiziellen Internetseite der BaFin unverzüglich für fünf Jahre zu veröffentlichen **(Art. 34 Abs. 1, 3 MAR)**[49]. Die Veröffentlichung hat mindestens Art und Charakter des Verstoßes (dh hier als Marktmanipulation) sowie die Identität der verantwortlichen Person zu beinhalten. Die veröffentlichte Entscheidung muss dabei noch nicht rechts- oder bestandskräftig sein. Denn auch Informationen über eingelegte Rechtsbehelfe gegen die veröffentlichte Entscheidung sind auf der Webseite bekannt zu machen (Art. 34 Abs. 2 MAR). Ist es angesichts der (fehlenden) Schwere der konkreten Marktmanipulation unverhältnismäßig, die Identität der dafür verantwortlichen Person bekannt zu machen („Persönlichkeitsrecht") oder würden laufende Ermittlungen oder die Stabilität der Finanzmärkte durch eine Veröffentlichung gefährdet, kann die zuständige Behörde die Veröffentlichung aufschieben, in anonymisierter Weise vornehmen oder ganz darauf verzichten (Art. 34 Abs. 1 Unterabs. 2 MAR)[50].

1006 Auch in den **§§ 26b und c VermAnlG** ist ein naming and shaming enthalten. Sofort vollziehbare Maßnahmen (§§ 15a ff VermAnlG) kann die BaFin danach auf ihrer Internetseite bekannt machen, wenn dies nach einer Interessenabwägung der Beseitigung oder Verhinderung von Missständen dient (§ 26 Abs. 1 VermAnlG)[51]. Es genügen dabei schon Anhaltspunkte für bestimmte Verstöße. Auch Bußgeldbescheide (§ 29 VermAnlG) können öffentlich bekanntgemacht werden (§ 26 Abs. 1 VermAnlG). Das originär deutsches Recht darstellende VermAnlG enthält daher, anders

47 Vgl *Schilha*, DB 2015 1821, 1826.

48 *Burgard/Heimann*, WM 2015, 1445, 1453.

49 *Seibt/Wollenschläger*, AG 2014, 593, 605, wonach der Betroffene über die Veröffentlichung vorab zu informieren sein soll.

50 *Seibt/Wollenschläger*, AG 2014, 593, 605.

51 *Roth*, GWR 2015, 243; *Buck-Heeb*, NJW 2015, 2535, 2541; *Möllers/Kastl*, NZG 2015, 849, 853.

als die auf europäischen Vorgaben basierenden Regelungen, einen Ermessensspielraum der BaFin[52].

Die bis zum 3. Januar 2018[53] umzusetzende MiFID II enthält in Art. 71 ebenfalls eine Regelung bzgl der öffentlichen Bekanntmachung von Entscheidungen. So haben die Mitgliedstaaten zu regeln, dass die jeweiligen Aufsichtsbehörden jede Entscheidung unverzüglich auf der offiziellen Website öffentlich für mindestens fünf Jahre (Art. 71 Abs. 3 MiFID II) bekannt machen. Ausgenommen sind jedoch Entscheidungen, mit denen Maßnahmen mit Ermittlungscharakter verfügt werden, so dass hier lediglich Anhaltspunkte noch keine Veröffentlichungspflicht begründen. Auch hier handelt es sich um eine Regelung, die kein Ermessen der Behörde vorsieht. Lediglich eine Verhältnismäßigkeitsprüfung ist vorzunehmen (Art. 71 Abs. 1 Unterabs. 2 MiFID II). Auch die PRIIP-Verordnung zu Basisinformationsblättern für verpackte Anlageprodukte für Kleinanleger und Versicherungsanlageprodukte von 2014[54] enthält in Art. 29 PRIIP-VO eine entsprechende Regelung. **1007**

VI. Verordnungs- und Richtlinienbefugnis

Das WpHG und andere kapitalmarktrechtliche Gesetze stellen den Rahmen für die Arbeit der BaFin dar. Nähere Bestimmungen können durch Rechtsverordnung oder Richtlinien getroffen werden. So sehen zahlreiche Bestimmungen den Erlass von Rechtsverordnungen durch das Bundesministerium der Finanzen vor, das diese Ermächtigung auf die BaFin übertragen kann. Das ist im WpHG etwa der Fall hinsichtlich **1008**

- der Zusammenarbeit der BaFin mit zuständigen Stellen im Ausland (§ 7 Abs. 8 WpHG),
- der Meldepflicht des § 9 WpHG für Kreditinstitute, Finanzdienstleistungsinstitute usw (§ 9 Abs. 4 und 5 WpHG),
- der Anzeige von Verdachtsfällen (§ 10 Abs. 4 WpHG),
- der Veröffentlichung und Mitteilung von Insiderinformationen (§ 15 Abs. 7 WpHG),
- der Veröffentlichung und Mitteilung von Geschäften von Personen, die beim Emittenten Führungsaufgaben wahrnehmen (§ 15a Abs. 5 WpHG),
- der Führung von Insiderverzeichnissen (§ 15b Abs. 2 WpHG),
- des Verbots der Marktmanipulation (§ 20a Abs. 5 WpHG),
- der Aufzeichnungs- und Aufbewahrungspflichten (§ 34 Abs. 4 WpHG),
- der getrennten Vermögensverwahrung (§ 34a Abs. 5 WpHG),
- der Analyse von Finanzinstrumenten (§ 34b Abs. 8 WpHG),
- der Prüfung der Meldepflichten und Verhaltensregeln (§ 36 Abs. 5 WpHG),
- verbotener Finanztermingeschäfte (§ 37g Abs. 1 WpHG).

---

52 Dies begrüßend *Möllers/Kastl*, NZG 2015, 849, 853.

53 Zur Verschiebung der Umsetzungsfrist von 2017 auf 2018 siehe Europäische Kommission, Pressemitteilung vom 10. Februar 2016.

54 VO (EU) Nr 1286/2014 vom 26. November 2014, ABl. Nr L 352 vom 9. Dezember 2014, S. 1 ff.

1009 Außerdem hat die BaFin teilweise das ausdrückliche Recht, Richtlinien aufzustellen. Dies ist etwa der Fall hinsichtlich

- der Beurteilung, ob die Voraussetzungen für einen mitteilungspflichtigen Vorgang oder eine Befreiung von den Mitteilungspflichten nach § 21 Abs. 1 WpHG gegeben sind (§ 29 WpHG) und
- der Überwachung der Meldepflichten und Verhaltensregeln (§ 35 Abs. 4 WpHG).

VII. Zusammenarbeit mit anderen Behörden

1010 In **§ 6 WpHG** ist die Zusammenarbeit mit **inländischen Aufsichtsbehörden** geregelt. Nach § 6 Abs. 1 WpHG erfolgt die Ausübung der Börsenaufsicht der Länder im Wege der Organleihe für die BaFin bei der Durchführung von eilbedürftigen Maßnahmen bei der Überwachung des Verbots von Insidergeschäften (§ 14 WpHG) und des Verbots der Marktmanipulation (§ 20a WpHG). Allerdings hat diese Regelung mangels Bedarfs bislang keine praktische Bedeutung erlangt[55]. Nach § 6 Abs. 3 WpHG kann die BaFin zur Erfüllung ihrer Überwachungsfunktion die bei der Deutschen Bundesbank gespeicherten Daten im automatisierten Verfahren abrufen und nutzen. Ein gesondertes Auskunftsrecht der BaFin gegenüber der Deutschen Bundesbank soll aufgrund ihrer Stellung als Allfinanzaufsicht nicht erforderlich sein[56]. Der Informationsaustausch zwischen BaFin und Deutscher Bundesbank bzgl Investmentfonds ist in § 13 KAGB geregelt.

1011 **§ 7 WpHG** regelt die Zusammenarbeit der BaFin mit **ausländischen Stellen**. International erfolgt eine Zusammenarbeit insbesondere mit der Internationalen Vereinigung der Wertpapier- und Börsenaufsichtsbehörden (IOSCO)[57]. Auf europäischer Ebene erfolgte eine Zusammenarbeit zunächst über das „Forum of European Securities Commissions" (FESC), sodann über das (dem nachfolgenden) CESR als Ausschuss der Wertpapierregulierungsbehörden und nunmehr über die (diesem nachfolgende) Europäische Wertpapier- und Marktaufsichtsbehörde ESMA (vgl § 7a WpHG)[58]. Auch in anderen kapitalmarktrechtlichen Gesetzen finden sich Regelungen zur Zusammenarbeit der BaFin v.a. mit der ESMA (vgl § 9 KAGB).

1012 Außerdem ist in **§ 5 WpHG** eine enge Zusammenarbeit mit den **(Bundes-)Ländern** vorgesehen. Über einen bei der BaFin gebildeten **Wertpapierrat** werden die Länder an allen wichtigen Angelegenheiten der zentralen Wertpapieraufsicht beteiligt, da sie international von der BaFin auch in für die Länder erheblichen Fragen vertreten werden. Der Wertpapierrat berät die BaFin insbesondere beim Erlass von Rechtsverordnungen und der Aufstellung von Richtlinien für die Aufsichtstätigkeit (§ 5 Abs. 2 Satz 2 Nr 1 WpHG). Eine Nichtbeachtung des Beratungsgebots soll jedoch allenfalls politische Bedeutung haben[59]. Der Wertpapierrat kann der BaFin Vorschläge zur all-

55 *Döhmel*, in: Assmann/U.H. Schneider, § 6 WpHG Rn 2.
56 Begr. RegE AnSVG, BT-Drucks. 15/3174, S. 31.
57 *Döhmel*, in: Assmann/U.H. Schneider, § 7 WpHG Rn 9.
58 Unten Rn 1030 ff. Siehe auch Art. 24 MAR (Verbesserung der Zusammenarbeit zwischen den nationalen Behörden und der ESMA).
59 *Döhmel*, in: Assmann/U.H. Schneider, § 5 WpHG Rn 4.

gemeinen Weiterentwicklung der Aufsichtspraxis unterbreiten (§ 5 Abs. 2 Satz 3 WpHG). Die BaFin berichtet dem Wertpapierrat mindestens einmal jährlich über die Aufsichtstätigkeit und die Weiterentwicklung der Aufsichtspraxis (§ 5 Abs. 2 Satz 4 WpHG).

VIII. Drittschutz

Gegen die Anordnungen bzw Maßnahmen der BaFin ist grundsätzlich der Verwaltungsrechtsweg nach § 40 Abs. 1 Satz 1 VwGO zu beschreiten[60]. **Widerspruch** und Anfechtungsklage haben nach § 4 Abs. 7 WpHG keine aufschiebende Wirkung[61]. In Bezug auf Verfügungen der BaFin im sog. Enforcement-Verfahren nach §§ 37n ff WpHG enthalten § 37t WpHG (Widerspruch) und § 37u WpHG (Beschwerde) besondere Vorschriften über den Rechtsschutz. **1013**

An die BaFin kann ein Antrag nach dem Informationsfreiheitsgesetz[62] gestellt werden. Liegen die Voraussetzungen vor, kann grundsätzlich **Einsicht** in die Akten der BaFin zum betreffenden Vorgang verlangt werden[63]. Allerdings ist dieses v.a. im Bereich der Finanzdienstleistungen und Bankenaufsicht regelmäßig durch das Gebot der Wahrung des Berufsgeheimnisses ausgeschlossen[64]. **1014**

Die BaFin nimmt die ihr zugewiesenen Aufgaben und Befugnisse nur **im öffentlichen Interesse** wahr (§ 4 Abs. 4 FinDAG), so dass ein zivilrechtlicher Anspruch, insbesondere aus Amtshaftung nach § 839 BGB iVm Art. 34 GG, gegen die BaFin regelmäßig ausscheidet. Die Aufsichtstätigkeit erfolgt nur zum Schutz der Funktionsfähigkeit des Kapitalmarkts. **1015**

Da inzwischen die Befugnisse der BaFin erheblich ausgeweitet worden sind (siehe § 4 WpHG), ist wieder die Frage aufgeworfen worden, ob die Behörde nicht jedenfalls jetzt auch im Interesse der Anleger tätig wird[65]. Verwiesen wird darauf, es finde sich nur in § 4 Abs. 2 WpÜG und in § 3 Abs. 3 BörsG eine explizite Regelung, dass die BaFin lediglich im öffentlichen Interesse handelt. Die Ausdehnung ihrer Befugnisse kann aber an der Ausrichtung ihrer Tätigkeit nichts ändern (siehe auch § 4 Abs. 4 FinDAG). Da ein möglicher (mittelbarer) Schutz des einzelnen Anlegers ein bloßer Rechtsreflex ist, besteht auch kein subjektiv-öffentliches Recht eines Dritten gegenüber der BaFin zur Vornahme bestimmter Handlungen oder auf Beteiligung am Verfahren[66]. **1016**

---

60 *Vogel*, in: Assmann/U.H. Schneider, § 4 WpHG Rn 72; speziell für Maßnahmen nach dem WpÜG *Pohlmann*, ZGR 2007, 1 ff.

61 Zur Verpflichtungsklage nach § 9 Abs. 1 Satz 1 IFG, VG Frankfurt ZIP 2008, 2138 ff; der Widerspruch nach § 42 WpÜG hat keine aufschiebende Wirkung, die Beschwerde nach § 48 Abs. 1 WpÜG jedoch teilweise schon (§ 49 WpÜG).

62 Gesetz vom 5. September 2005 (BGBl. I, S. 2722).

63 Ein Einsichtsrecht grds ablehnend EuGH WM 2015, 1101 ff; dazu *Huber*, NVwZ 2015, 48 f.

64 VGH, WM 2015, 1750 ff Rn 33 ff (Journalist); VGH, 11. März 2015 – 6 A 1598/13, juris, Rn 24 ff (Bund der Steuerzahler); VGH, 11. März 2015 – 6 A 329/14, juris, Rn 19 ff und 6 A 330/14 (jeweils Vorstandsmitglied).

65 *Holzborn/Israel*, WM 2004, 1948, 1950.

66 Vgl *Vogel*, in: Assmann/U.H. Schneider, § 4 WpHG Rn 65 ff; für das WpÜG OLG Frankfurt DB 2003, 1371, 1372 („Pro Sieben"); OLG Frankfurt DB 2003, 1373, 1374 („Wella I"); OLG Frankfurt ZIP 2003, 1392, 1393 („Wella II").

§ 18 Börsenaufsichtsbehörden der Länder

Ausgewählte Literatur: *Beck*, Die Reform des Börsenrechts im Vierten Finanzmarktförderungsgesetz, BKR 2002, 662; *Kümpel*, Die Organleihe im Rahmen der neuen Kapitalmarktaufsicht, WM-Festgabe für Hellner, 1994, S. 35.

I. Rechts- und Marktaufsicht

1017 Im Rahmen der Börsenaufsicht existiert keine zentrale staatliche Rechts- und Marktaufsicht, sondern sie ist den zuständigen obersten Landesbehörden zugewiesen (§ 3 Abs. 1 BörsG) und damit föderal strukturiert. Die Börsenaufsichtsbehörden der Länder sind regelmäßig beim jeweiligen Wirtschaftsministerium oder Wirtschaftssenator angesiedelt. Das Börsenaufsichtsrecht stellt öffentliches Recht dar, so dass gegen Entscheidungen der Aufsichtsbehörde der Verwaltungsrechtsweg eröffnet ist.

1018 Die Börsenaufsicht (§ 3 Abs. 1 BörsG) erstreckt sich auf die Rechts- und die Marktaufsicht[1]. Nach § 3 Abs. 1 Satz 3 BörsG bezieht sich die Aufsicht auf die Einhaltung der börsenrechtlichen Vorschriften und Anordnungen, die ordnungsmäßige Durchführung des Handels an der Börse sowie die ordnungsmäßige Erfüllung der Börsengeschäfte. Beaufsichtigt werden nach dem Wortlaut des § 3 Abs. 1 Satz 2 BörsG neben der Börse auch die Börsenorgane (Börsenrat, Börsengeschäftsführung, Sanktionsausschuss, Handelsüberwachungsstelle) sowie der Börsenträger. Die Erwähnung der Börsenorgane hat aber nur deklaratorische Bedeutung[2]. Auch die durch den Börsenträger ausgelagerten und für den Börsenbetrieb wesentlichen Bereiche (§ 5 Abs. 3 BörsG) sowie der Freiverkehr[3] sind von der Aufsicht erfasst.

1019 Die Rechtsaufsicht findet insbesondere im Hinblick auf die Genehmigungsvorbehalte zugunsten der Börsenaufsicht bei der Rechtsetzung der Börse ihren Niederschlag. Überwacht wird insbesondere, ob die jeweilige Börsenordnung bzw die Geschäftsbedingungen und Usancen eingehalten werden[4]. Der Begriff der „Anordnung iS des § 3 Abs. 1 Satz 3 BörsG“ bezieht sich insbesondere auf Verwaltungsakte.

1020 § 3 Abs. 1 Satz 3 BörsG enthält eine Definition der **Börsengeschäftsabwicklung**. Darunter fallen auch die börslichen Systeme zur Erfüllung der Börsengeschäfte, v.a. die Clearingstellen. Systeme, die der Abwicklung der abgeschlossenen Börsengeschäfte nach Erstellung der Schlussnote dienen, sind davon nicht erfasst[5].

---

1 Ausführlich *Bredt*, WM 2013, 1839, 1845 f.

2 *Beck*, in: Schwark/Zimmer, KMRK, § 3 BörsG Rn 6; *Uhl*, in: Heidel, § 3 BörsG Rn 3.

3 Das gilt jedenfalls, sofern der Börsenträger der Betreiber ist, vgl *Beck*, in: Schwark/Zimmer, KMRK, § 3 BörsG Rn 8; *Uhl*, in: Heidel, § 3 BörsG Rn 3.

4 Beschlussempfehlung und Bericht des Finanzausschusses des Deutschen Bundestages, BT-Drucks. 12/7918, S. 215 (zum BörsG aF).

5 Begr. RegE FRUG, BT-Drucks. 16/4028, S. 80; *Groß*, KMR, § 3 BörsG Rn 10.

II. Befugnisse der Börsenaufsichtsbehörde

Die Börsenaufsichtsbehörde kann, soweit zur Erfüllung ihrer Aufgaben erforderlich, auch ohne besonderen Anlass von der Börse sowie den zum Börsenhandel zugelassenen Unternehmen und Börsenhändlern **Auskünfte** und die **Vorlage von Unterlagen** verlangen sowie Prüfungen vornehmen (§ 3 Abs. 4 BörsG)[6]. Die Übermittlung der Auskünfte und Unterlagen kann auf automatisiert verarbeitbaren Datenträgern verlangt werden (§ 3 Abs. 4 Satz 2 BörsG). Die Bediensteten der Börsenaufsichtsbehörde dürfen während der üblichen Geschäftszeiten die Geschäftsräume der Börse und der Handelsteilnehmer betreten (§ 3 Abs. 4 Satz 6 BörsG). Nach § 3 Abs. 4 Satz 4 Nr 5 BörsG besteht ein spezielles Auskunftsrecht bzgl Unternehmen, die algorithmischen Handel betreiben. Die Börsenaufsichtsbehörde verfügt daher über Auskunfts- und Untersuchungsbefugnisse, die mit denen der BaFin vergleichbar sind (§ 4 Abs. 3 und 4 WpHG, § 44 Abs. 1 KWG). **1021**

Die Börsenaufsichtsbehörde kann zudem gegenüber der Börse und den Handelsteilnehmern **Anordnungen** treffen, die geeignet und erforderlich sind, Verstöße gegen börsenrechtliche Vorschriften und Anordnungen zu unterbinden oder sonstige Missstände zu beseitigen oder zu verhindern, welche die ordnungsmäßige Durchführung des Handels an der Börse und der Geschäftsabwicklung sowie deren Überwachung beeinträchtigen können (§ 3 Abs. 5 BörsG). Insbesondere kann die Nutzung einer algorithmischen Handelsstrategie untersagt werden (§ 3 Abs. 5 Satz 3 Nr 4 BörsG). Seit 2012 besteht auch eine ausdrückliche Anordnungsbefugnis gegenüber dem Börsenträger und seit 2013 ist die Börsenaufsicht zur Nachpräzisierung der Trägerpflichten in der Börsenerlaubnis befugt[7]. **1022**

Widerspruch und Anfechtungsklage gegen die nach § 4 Abs. 1 BörsG getroffenen Maßnahmen haben keine aufschiebende Wirkung (§ 3 Abs. 9 BörsG). Der Grund hierfür liegt in der durch die Schnelligkeit des Börsengeschehens bedingten Eilbedürftigkeit dieser Maßnahmen[8]. Das soll auch für Verwaltungsakte im Rahmen der Missstands- und Missbrauchsaufsicht nach § 3 Abs. 5 BörsG gelten[9]. Nach § 3 Abs. 3 BörsG nimmt die Börsenaufsichtsbehörde ihre Aufgaben und Befugnisse nur im öffentlichen Interesse wahr, so dass Schadensersatzansprüche von Anlegern aus Amtspflichtverletzung wegen Verletzung der Aufsichtspflicht in der Regel ausscheiden[10]. **1023**

6 Zum Leerlaufen der Ergänzung um mittelbare Börsenteilnehmer durch das Hochfrequenzhandelsgesetz vom 14. Mai 2013 *Jaskulla*, BKR 2013, 221, 232.
7 *Bredt*, WM 2013, 1839, 1841.
8 *Beck*, in: Schwark/Zimmer, KMRK, § 3 BörsG Rn 68.
9 *Groß*, KMR, § 3 BörsG Rn 21 (auch zur aA des früheren Gesetzgebers).
10 *Beck*, in: Schwark/Zimmer, KMRK, § 3 BörsG Rn 22; *Groß*, KMR, § 3 BörsG Rn 24.

§ 19 Marktaufsicht durch Börsenselbstverwaltung

Ausgewählte Literatur: *Brockhausen*, Kapitalmarktaufsicht in Selbstverwaltung, WM 1997, 1924.

I. Einführung

1024 Die Börse trägt im Rahmen ihrer börslichen Selbstverwaltung die Verantwortung für die Marktaufsicht über den Börsenhandel[1]. Dadurch wird die Selbstverantwortung der Börsen für transparente und aufgrund fairer Handelsbedingungen attraktive Marktplätze betont[2]. Die Börse ist damit nicht allein im Hinblick auf den Erlass der Börsenordnung, der Geschäftsordnung usw sowie hinsichtlich der inhaltlichen Ausgestaltung des Börsenhandels zur Selbstverwaltung befugt, sondern auch zur eigenen Überwachung und Beaufsichtigung ihrer Märkte. Dabei ist die börseneigene, unter Beachtung von Maßgaben der Börsenaufsichtsbehörde einzurichtende und zu betreibende **Handelsüberwachungsstelle** von herausragender Bedeutung[3].

II. Handelsüberwachungsstelle

1025 Die Handelsüberwachungsstelle ist ein eigenständiges Börsenorgan (§ 7 Abs. 1 Satz 1 BörsG)[4]. Ihre Aufgaben und Befugnisse nimmt die Handelsüberwachungsstelle nach § 7 Abs. 6 BörsG lediglich im öffentlichen Interesse wahr, so dass Individualansprüche von Anlegern ausscheiden. Aufgrund ihrer eigenständigen Position ist sie nicht der Börsengeschäftsführung unterstellt. Der Leiter der Handelsüberwachungsstelle kann nur im Einvernehmen mit der Börsenaufsichtsbehörde abberufen werden (§ 7 Abs. 2 Satz 2 BörsG). Nur in zwei Fällen ist die Börsengeschäftsführung gesetzlich ermächtigt, der Handelsüberwachungsstelle Aufträge zu erteilen.

1026 Sie kann sie im Rahmen der Aufgaben der Handelsüberwachungsstelle mit der Durchführung von Untersuchungen beauftragen (§ 7 Abs. 1 Satz 4 BörsG). Erfasst werden soll hiervon der Fall, dass die Geschäftsführung Anhaltspunkte für ein Fehlverhalten hat, die der Handelsüberwachungsstelle nicht bekannt sind[5]. Nach § 7 Abs. 2 Satz 3 und 4 BörsG kann die Geschäftsführung zur Vermeidung unnötigen Personalaufwands Mitarbeiter der Handelsüberwachungsstelle mit Aufgaben betrauen, die unabhängig von der Überwachung des Handels und der Abwicklung sind[6]. Allerdings hat hierfür die Börsenaufsicht zuzustimmen.

1 Begr. RegE 2. FMFG, BT-Drucks. 12/6679, S. 59, 60; siehe auch *Bröcker*, in: Claussen, Bank- und Börsenrecht, § 6 Rn 33 f.
2 Begr. RegE 2. FMFG, BT-Drucks. 12/6679, S. 60.
3 Dazu *Bröcker*, in: Claussen, Bank- und Börsenrecht, § 6 Rn 32.
4 Begr. RegE 2. FMFG, BT-Drucks. 12/6679, S. 60; vgl auch *Brockhausen*, WM 1997, 1924 ff.
5 *Beck*, in: Schwark/Zimmer, KMRK, § 7 BörsG Rn 15.
6 *Beck*, in: Schwark/Zimmer, KMRK, § 7 BörsG Rn 12 mwN.

Die **Aufgabe** der Handelsüberwachungsstelle ist in § 7 Abs. 1 Satz 1 und 2 BörsG umschrieben. Sie hat im Rahmen der Marktaufsicht den Handel an der Börse und die Börsengeschäftsabwicklung zu überwachen (§ 7 Abs. 1 Satz 1 BörsG). Dazu hat sie entsprechende Daten systematisch und lückenlos zu erfassen und auszuwerten. Außerdem muss sie notwendige Ermittlungen durchführen (§ 7 Abs. 1 Satz 2 BörsG) und Sachverhalte ermitteln, die Anlass zu begründeten Zweifeln an einem ordnungsgemäßen Handel an der Börse geben[7]. Die Handelsüberwachungsstelle hat weitgehend die gleichen Befugnisse wie die Börsenaufsichtsbehörde (§ 3 Abs. 3 BörsG). Insbesondere kann sie Auskünfte und die Vorlage von Unterlagen verlangen sowie Prüfungen vornehmen. Ein Betretungsrecht für die Geschäftsräume der Börse und der Handelsteilnehmer hat sie nicht (§ 7 Abs. 3 BörsG verweist nicht auf § 3 Abs. 4 Satz 6 BörsG)[8]. Widerspruch und Anfechtungsklage gegen Maßnahmen der Handelsüberwachungsstelle haben keine aufschiebende Wirkung (§§ 7 Abs. 3, 3 Abs. 9 BörsG). 1027

Stellt die Handelsüberwachungsstelle Tatsachen fest, die Anlass zur Annahme geben, dass börsenrechtliche Vorschriften oder Anordnungen verletzt werden oder sonstige Missstände vorliegen, die die ordnungsmäßige Durchführung des Handels an der Börse oder die Börsengeschäftsführung beeinträchtigen können, hat sie unverzüglich die **Börsenaufsichtsbehörde** und die **Börsengeschäftsführung** zu **informieren** (§ 7 Abs. 5 BörsG). Die Börsengeschäftsführung kann Eilmaßnahmen ergreifen, hat dies jedoch der Börsenaufsichtsbehörde unverzüglich mitzuteilen (§ 7 Abs. 5 Satz 2, 3 BörsG). Stellt die Handelsüberwachungsstelle Tatsachen fest, die für die Aufgabenerfüllung durch die **BaFin** erforderlich sind, hat sie diese unverzüglich zu unterrichten (§ 7 Abs. 5 Satz 4 und 5 BörsG). 1028

Der Leiter der Handelsüberwachungsstelle hat der Börsenaufsichtsbehörde regelmäßig zu berichten (§ 7 Abs. 2 Satz 1 BörsG). Damit sind für die Marktaufsicht an den Wertpapierbörsen sowohl (primär) die Handelsüberwachungsstellen als auch die Länderbörsenaufsicht zuständig. Die Länderbörsenaufsicht fungiert gegenüber der Handelsüberwachungsstelle als übergeordnete Behörde[9]. Sie hat daher ein Weisungsrecht gegenüber der Handelsüberwachungsstelle und das Recht zur Übernahme der Ermittlungen (§ 7 Abs. 1 Satz 4 BörsG). 1029

§ 20 Europäische Kapitalmarktaufsicht

Ausgewählte Literatur: *Baur/Boegl*, Die neue europäische Finanzmarktaufsicht – Der Grundstein ist gelegt, BKR 2011, 177; *Hitzer/Hauser*, ESMA – Ein Statusbericht, BKR 2015, 52; *Hoffmann/Detzen*, ESMA – Praktische Implikationen und kritische Würdigung der neuen Europäischen Wertpapier- und Marktaufsichtsbehörde, DB 2011, 1261; *Hopt*, Auf dem Weg zu einer neuen europäischen und internationalen Finanzmarktarchitektur, NZG 2009, 1401; *Lehmann/Manger-Nestler*, Die Vorschläge zur neuen Architektur der europäischen Finanzaufsicht,

7 Begr. RegE 2. FMFG, BT-Drucks. 12/6679, S. 59.
8 *Beck*, in: Schwark/Zimmer, KMRK, § 7 BörsG Rn 18 (bewusste gesetzgeberische Entscheidung).
9 *Beck*, in: Schwark/Zimmer, KMRK, § 7 BörsG Rn 8 f; *Groß*, KMR, § 7 BörsG Rn 7 ff.

EuZW 2010, 87; *dies.*, Das neue Europäische Finanzaufsichtssystem, ZBB 2011, 2; *Möllers*, Auf dem Weg zu einer neuen europäischen Finanzmarktaufsichtsstruktur, NZG 2010, 285; *Sonder*, Rechtsschutz gegen Maßnahmen der neuen europäischen Finanzaufsichtsagenturen, BKR 2012, 8; *Walla*, Die Europäische Wertpapier- und Marktaufsichtsbehörde (ESMA) als Akteur bei der Regulierung der Kapitalmärkte Europas – Grundlagen, erste Erfahrungen und Ausblick, BKR 2012, 265; *Zülch/Hoffmann/Detzen*, ESMA – Die neue europäische Wertpapier- und Kapitalmarktaufsicht, EWS 2011, 167.

I. Einführung

1030 Das Europäische Bankaufsichtssystem (ESFS, European System of Financial Supervision) setzt sich aus den nationalen Finanzaufsichtsbehörden und den Europäischen Aufsichtsbehörden (ESA, European Supervisory Authorities) zusammen. Zum 1. Januar 2011 haben die drei zentralen EU-Finanzaufsichtsbehörden ihre Arbeit aufgenommen. Das sind die Behörden für Bankenaufsicht (EBA, European Banking Authority) mit Sitz in London[1], Versicherungsaufsicht (EIOPA, European Insurance and Occupational Pensions Authority) mit Sitz in Frankfurt[2] und Wertpapier- und Marktaufsicht (**ESMA**, European Securities and Markets Authority) mit Sitz in Paris[3]. Neben den EU-Aufsichtsbehörden wurde auch ein „Rat für Systemrisiken“ geschaffen (ESRB, European Systemic Risk Board)[4], der in Zusammenarbeit mit den neuen Aufsichtsbehörden als Frühwarnsystem für die Finanzmärkte dienen, vor Risiken warnen sowie empfehlen soll, wie die EU mit diesen umgehen kann. Mitglieder des Gremiums sind u. a. die Präsidenten der 27 nationalen Zentralbanken und der Präsident der Europäischen Zentralbank (EZB).

Hintergrund ist, dass die mangelnde Koordinierung der Finanzmarktaufsicht als eine Ursache für die internationale Finanzmarktkrise gilt[5]. Grundlage für die Aufsichtsbehörden sind die Ausschüsse, in denen die nationalen Aufsichtsbehörden bislang zusammengearbeitet haben (CEBS in London für die Banken, CEIOPS in Frankfurt für die Versicherungen, CESR in Paris für die Wertpapierfirmen).

II. Aufgaben und Befugnisse

1031 **Aufgabe** der ESMA ist v.a., die Integrität, Transparenz, Effizienz und Funktionsfähigkeit des Finanzsystems zu stärken[6]. Die nationalen Aufsichtsbehörden sollen grundsätzlich weiterhin die Aufsicht über Banken, Versicherungen und Wertpapier-

1 VO Nr 1093/2010 vom 24. November 2010, ABl. EU Nr L 331, S. 12 ff vom 15. Dezember 2010; dazu *Michel*, DÖV 2011, 728 ff.

2 VO Nr 1094/2010 vom 24. November 2010, ABl. EU Nr L 331, S. 48 ff vom 15. Dezember 2010.

3 VO Nr 1095/2010 vom 24. November 2010, ABl. EU Nr L 331, S. 84 ff vom 15. Dezember 2010; zur Entstehungsgeschichte *Möllers*, NZG 2010, 285, 288 f; *Hopt*, NZG 2009, 1401 ff.

4 VO Nr 1092/2010 vom 24. November 2010, ABl. EU Nr L 331, S. 1 ff vom 15. Dezember 2010; zu dessen Struktur *Baur/Boegl*, BKR 2011, 177, 179 f.

5 *Baur/Boegl*, BKR 2011, 177.

6 Art. 1 Abs. 5 der EU-VO Nr 1095/2010; siehe auch *Hitzer/Hauser*, BKR 2015, 52, 53; *Hoffmann/Detzen*, DB 2011, 1261; ausführlich *Walla*, in: Veil, § 11 Rn 40 ff.

firmen/Börsen ausüben[7]. Allerdings hat die ESMA seit dem 1. Juni 2011 die alleinige Aufsicht über Ratingagenturen[8], so dass die nationalen Aufsichtsbehörden nur noch im Wege einer Aufgabendelegation mitwirken können[9]. Zudem enthalten neuere Richtlinien zunehmend Regelungen zur Stärkung der ESMA gegenüber den nationalen Aufsichtsbehörden[10].

Die **Befugnisse** der ESMA erstrecken sich auf den Erlass von Leitlinien und Empfeh- **1032**
lungen als sog. soft law[11]. So wurden zB bereits Leitlinien bzgl der Prospektrichtlinie[12] und die Leitlinien „Vergütungsgrundsätze und Verfahren (MiFID)“[13] ausgearbeitet. Diesen Leitlinien kommt für das Kapitalmarktrecht zunehmend Bedeutung zu, da immer häufiger Rechtsvereinheitlichung nicht mehr „nur“ über Richtlinien, sondern über EU-Verordnungen vorgenommen wird. Ihnen wird „sekundärrechtlich legitimierte Konkretisierungsfunktion“ zugesprochen[14]. Zudem kann die ESMA der Kommission auch Verordnungen und Beschlüsse zu technischen Regulierungs- oder Durchführungsstandards zur Billigung vorlegen, welche nur mit entsprechender Begründung abgelehnt werden können. Die Kommission kann nur in Abstimmung mit der ESMA technische Standards erlassen[15].

Darüber hinaus hat die ESMA inzwischen einen Vorschlag bzgl der Regelung der In- **1033**
formationen durch die nationalen Aufsichtsbehörden in Bezug auf die OGAW-Richtlinie 2009 erarbeitet. Nach Inkrafttreten dieser Richtlinie müssen die nationalen Behörden der ESMA eine jährliche Zusammenfassung von Informationen über alle verhängten Sanktionen und Maßnahmen übermitteln[16].

In **Krisenzeiten** kann die ESMA den beaufsichtigten Instituten und den Märkten di- **1034**
rekte Vorgaben machen und bindende Entscheidungen fällen[17]. Das soll nicht nur bei einer Krise des gesamten Finanzmarkts der Fall sein, sondern auch, wenn nur ein großes Institut in Schwierigkeiten gerät. Soweit aus den Maßnahmen gravierende Folgen für die nationalen Haushalte resultieren, können die betreffenden Staaten intervenieren. Die ESMA kann daher etwa riskante Finanzprodukte verbieten[18]. Sofern sich die nationalen Aufsichtsbehörden bei grenzüberschreitend tätigen Instituten nicht über ein Vorgehen einigen, hat sie ein Durchgriffsrecht. Außerdem kann die ESMA auf-

---

7 *Walla*, BKR 2012, 265, 269.

8 Vgl *Baur/Boegl*, BKR 2011, 177, 185; zu erweiterten Befugnissen aufgrund der Rating-Änderungs-VO *Bauer*, BB 2013, 363 ff.

9 Siehe etwa *Vogel*, in: Assmann/U.H. Schneider, § 40 WpHG Rn 3a.

10 Vgl in Bezug auf die EU-Transparenzrichtlinie 2013 *Seibt/Wollenschläger*, ZIP 2014, 545.

11 *Hitzer/Hauser*, BKR 2015, 52, 53 ff; *Walla*, BKR 2012, 265, 267.

12 CESR-Leitlinien zur Konkretisierung der Prospektrichtlinie durch die ESMA; zur Rolle der ESMA im Hinblick auf die Prospektrichtlinie auch *von Kopp-Colomb/Seitz*, WM 2012, 1220, 1221.

13 „Guidelines on remuneration policies and practices (MiFID)“; dazu *Becker*, BKR 2014, 151 ff. Diese führten zur Überarbeitung der MaComp der BaFin zum 7. Januar 2014.

14 *Veil*, ZBB 2014, 85, 88.

15 *Franck*, BKR 2012, 1 f.; zu den Befugnissen der ESMA sowie den in der MiFIR vorgesehenen Interventionsmöglichkeiten *Cahn/Müchler*, BKR 2013, 45, 47 ff.

16 Siehe ESMA, Final Report, Draft Implementing Technical Standards on penalties and measures under Directive 2008/65/EC (UCITS Directive) vom 18. September 2015, ESMA/2015/409.

17 *Lehmann/Manger-Nestler*, EuZW 2010, 87 ff; *Hoffmann/Detzen*, DB 2011, 1261, 1262; siehe auch *Zülch/Hoffmann/Detzen*, EWS 2011, 167, 170 ff.

18 Vgl Art. 9 Abs. 5 der EU-VO Nr 1095/2010.

grund der Verordnung zur Harmonisierung von Leerverkäufen von 2012 in dringlichen Fällen auf den Finanzmärkten der Mitgliedstaaten eingreifen, um Leerverkäufe zu regeln oder zu verbieten. Der EuGH erkannte diesbezüglich zwar, dass die ESMA damit „quasilegislative Rechtsakte" setzen könne, sah darin jedoch keinen Verstoß gegen EU-Recht[19].

1035 **Entscheidungsorgan** ist der Rat der Aufseher, der sich aus den Präsidenten der 27 nationalen Aufsichtsbehörden zusammensetzt[20]. Zur Durchführung der administrativen Aufgaben gibt es jeweils einen Verwaltungsrat. Rechtsschutz gegen Maßnahmen der ESMA besteht nach Art. 60 der Verordnung durch Beschwerde gegenüber dem Beschwerdeausschuss[21]. Diese hat keine aufschiebende Wirkung. Nach Art. 61 Abs. 1 der Verordnung kann Klage vor dem Gerichtshof der Europäischen Union erhoben werden[22].

19 Zur Vereinbarkeit mit Unionsrecht EuGH NJW 2014, 349 ff.
20 *Zülch/Hoffmann/Detzen*, EWS 2011, 167, 168 f.
21 *Zülch/Hoffmann/Detzen*, EWS 2011, 167, 169 f; *Hitzer/Hauser*, BKR 2015, 52, 58 f.
22 *Baur/Boegl*, BKR 2011, 177, 186; *Sonder*, BKR 2012, 8, 9 ff (auch zu Rechtsschutzlücken).

Teil VIII

Das Kapitalanleger-Musterverfahrensgesetz

Ausgewählte Literatur: *Halfmeier*, Zur Neufassung des KapMuG und zur Verjährungshemmung bei Prospekthaftungsansprüchen, DB 2012, 2145; *Jahn*, Der Telekom-Prozess: Stresstest für das Kapitalanleger-Musterverfahrensgesetz, ZIP 2008, 1314; *Meller-Hannich*, Das Kapitalanleger-Musterverfahrensgesetz (KapMuG) – Eine Zwischenbilanz, ZBB 2011, 180; *B. Schneider/Heppner*, Reform des Kapitalanleger-Musterverfahrensgesetzes, BB 2011, 2947; *dies.*, KapMuG Reloaded – das neue Kapitalanleger-Musterverfahrensgesetz, BB 2012, 2703; *Smid/Mohr*, Die Novelle des KapMuG, DZWiR 2013, 343; *Söhner*, Das neue Kapitalanleger-Musterverfahrensgesetz, ZIP 2013, 7; *Sustmann/Schmidt-Bendun*, Der Referentenentwurf zur Reform des Kapitalanleger-Musterverfahrensgesetzes (KapMuG), NZG 2011, 1207; *Tamm*, Das Kapitalanleger-Musterverfahrensgesetz, ZHR 174 (2010), 525; *Vorwerk*, KapMuG – Erfahrungen, Fazit, Ausblick, WM 2011, 817; *Wigand*, Kollektiver Rechtsschutz auf dem Gebiet des Kapitalmarktrechts – Regierungsentwurf zur Reform des Kapitalanleger-Musterverfahrensgesetzes (KapMuG), ZBB 2012, 194; *Wolf/Lange*, Wie neu ist das neue Kapitalanleger-Musterverfahrensgesetz?, NJW 2012, 3751.

Fall 19[1]**:** Anleger A erwirbt im Jahre 1999 für 100 000 DM Kommanditanteile an einem geschlossenen Immobilienfonds. Grundlage der Anlageentscheidung ist ein Prospekt, für den B und C verantwortlich sind. Im Jahr 2007 gerät der Immobilienfonds in eine finanzielle Schieflage. Daraufhin tritt A – ebenso wie zahlreiche andere Anleger des Immobilienfonds – im Rahmen einer Sanierungsvereinbarung sämtliche im Zusammenhang mit dem Beitritt zum Immobilienfonds und der Finanzierung der Beteiligung stehenden Rechte und Ansprüche an die C ab. 1036

Im Jahr 2013 erhebt A vor dem zuständigen Landgericht Klage gegen die Prospektverantwortlichen B und C (Beklagte zu 1 und 2). A behauptet, der Prospekt sei unrichtig gewesen. Er habe nicht offengelegt, dass Grundwasser in die Immobilie X eindringt. Ein Anspruch sei auch nicht durch die Sanierungsvereinbarung ausgeschlossen, da er diese rechtzeitig wegen arglistiger Täuschung angefochten habe. Im Verfahren stellt A einen Musterfeststellungsantrag mit folgenden Feststellungszielen:

1. Das Verschweigen der Grundwasserproblematik in der Immobilie X führt zu einem Schadensersatzanspruch gemäß § 823 Abs. 2 BGB iVm § 264a StGB.
2. Die Beklagten zu 1) und 2) haften für den in Ziffer 1) dargestellten Schadensersatz gemäß § 823 Abs. 2 BGB iVm § 264a StGB.
3. Die Ansprüche des Klägers sind gemäß § 199 Abs. 1 BGB noch nicht verjährt.
4. Die von der Beklagten zu 2) verwandte „Sanierungsvereinbarung" ist unwirksam.
5. Im Falle der Wirksamkeit der „Sanierungsvereinbarung" ist diese wirksam angefochten.

Hat der Musterfeststellungsantrag des A Aussicht auf Erfolg? **Rn 1063**

Am 1. November 2005 trat das Kapitalanleger-Musterverfahrensgesetz[2] (KapMuG) 1037
als Reaktion auf die Missstände am Neuen Markt[3] und das Verfahren gegen die Deut-

1 Nach BGH WM 2008, 1353 ff.

2 Gesetz über Musterverfahren in kapitalmarktrechtlichen Streitigkeiten vom 16. August 2005, BGBl. I, S. 2437 ff.

3 Siehe oben Rn 129.

sche Telekom AG[4] in Kraft. Damit handelt es sich hier nicht wie in den meisten anderen Bereichen des Kapitalmarktrechts um eine Umsetzung europäischer Vorgaben. Mit diesem Gesetz werden Musterverfahren zur Beilegung von Streitigkeiten über „Massenschäden" im Zivilprozess gesetzlich verankert. Hintergrund ist, dass bei Anlegerschäden der einzelne Schaden oft geringfügig und dessen Einklagen mit einem hohen wirtschaftlichen Risiko verbunden ist, so dass die Schäden häufig nicht gerichtlich geltend gemacht werden[5]. Mittlerweile sind mehr als 250 Musterfeststellungsanträge im elektronischen Klageregister gestellt worden[6].

1038 In einem Musterverfahren sollen Tatsachen- und Rechtsfragen, die sich in mindestens zehn individuellen Schadensersatzprozessen gleichlautend stellen, gebündelt und einheitlich durch das OLG mit Bindungswirkung für alle Kläger entschieden werden. Damit soll die Durchsetzung von Ansprüchen wegen fehlerhafter Informationen am Kapitalmarkt erleichtert und die Effizienz des gerichtlichen Verfahrens gesteigert werden. Das Gesetz war zunächst auf fünf Jahre befristet[7]. Inzwischen wurde das KapMuG reformiert und gilt bis zum 31. Oktober 2020 (§ 28 KapMuG)[8].

§ 21 Anwendungsbereich

1039 Das KapMuG findet Anwendung auf Klagen, die Schadensersatzansprüche wegen falscher, irreführender oder unterlassener öffentlicher Kapitalmarktinformation betreffen (§ 1 Abs. 1 Nr 1 KapMuG). Auch Schadensersatzansprüche wegen falscher oder unzureichender Beratung im Rahmen eines Anlageberatungsvertrags fallen in den Anwendungsbereich des KapMuG[1]. Gegenstand eines Musterverfahrens kann auch eine Haftung wegen fehlerhafter Anlagevermittlung oder -beratung sein, wenn eine öffentliche Kapitalmarktinformation (zB Prospekt) verwendet wurde (§ 1 Abs. 1 Nr 2 KapMuG)[2]. Das liegt nicht vor, wenn der Kläger geltend macht, vom Berater sei das im Prospekt beschriebene Risiko verschwiegen und der Prospekt erst nach Abgabe der Beitrittserklärung übergeben worden[3]. Auch die mögliche Haftung aus der Verletzung einer darlehensvertraglichen Nebenpflicht (zB wegen Wissensvorsprungs der Bank), die Bezug zu einer öffentlichen Kapitalmarktinformation hat, soll erfasst sein[4].

4 *Jahn*, ZIP 2008, 1314 ff; siehe BGHZ 203, 1 ff; dazu *Möllers/Steinberger*, NZG 2015, 329 ff; *Zoller*, GWR 2015, 67 ff; *Amort*, NJW 2015, 1276 ff.

5 Zu den Vor- und Nachteilen einer Prozesskumulierung *Keller/Kolling*, BKR 2005, 399, 400.

6 Siehe www.bundesanzeiger.de/ebanzwww/wexservlet (zuletzt abgefragt am 15. Dezember 2015: 255 Musterfeststellungsanträge).

7 Zur Verlängerung *Tamm*, ZHR 174 (2010), 525, 555; siehe auch die vom Bundesjustizministerium in Auftrag gegebene Evaluierungsstudie *Halfmeier/Rott/Feess*, Kollektiver Rechtsschutz im Kapitalmarktrecht, Evaluation des Kapitalanleger-Musterverfahrensgesetzes, 2010.

8 Siehe BT-Drucks. 17/8799; dazu *Halfmeier*, DB 2012, 2145 ff; *Wigand*, ZBB 2012, 194 ff.

1 So noch (damals zutreffend) BGH WM 2011, 110 ff mwN; BGH NJW 2007, 1364.

2 *Smid/Mohr*, DZWiR 2013, 343, 346 f; *Wiewel*, VuR 2013, 173 ff; *Sustmann/Schmidt-Bendun*, NZG 2011, 1207 ff; *Keller/Wigand*, ZBB 2011, 373, 378 ff; *B. Schneider/Heppner*, BB 2012, 2703, 2704.

3 BGH WM 2013, 1643 Rn 28 f.

4 OLG München WM 2013, 2131 ff, Rn 17 ff, insbes. Rn 21.

Der Begriff **„öffentliche Kapitalmarktinformationen"** wird in § 1 Abs. 2 KapMuG **definiert** als „Informationen über Tatsachen, Umstände, Kennzahlen und sonstige Unternehmensdaten, die für eine Vielzahl von Kapitalanlegern bestimmt sind und einen Emittenten von Wertpapieren oder Anbieter von sonstigen Vermögensanlagen betreffen". Darunter fallen insbesondere Börsenprospekte, Jahresabschlüsse, Ad-hoc-Mitteilungen, im Rahmen der Hauptversammlung erteilte Mitteilungen sowie Angebotsunterlagen iS des § 11 Abs. 1 Satz 1 WpÜG (§ 1 Abs. 2 Satz 2 KapMuG). Aufgrund des Hinweises auf „sonstige(n) Vermögensanlagen"[5] sind auch Verkaufsprospekte nach dem Vermögensanlagengesetz sowie dem Kapitalanlagegesetz erfasst (§ 1 Abs. 2 Satz 2 Nr 2 KapMuG). **1040**

Anwendbar ist dieses Gesetz auch auf Klagen, in denen es um einen Erfüllungsanspruch aus einem Vertrag geht, der auf einem Angebot nach dem WpÜG beruht (§ 1 Abs. 1 Nr 3 KapMuG). Das gilt nunmehr auch in Bezug auf Angebote aufgrund eines Delisting, bei dem in Anlehnung an das WpÜG ein Pflichtangebot abzugeben ist[6]. **1041**

Der **sachliche Anwendungsbereich** des KapMuG erstreckt sich damit auf Ansprüche aus Prospekthaftung. Festgestellt werden kann hier die Fehlerhaftigkeit des Prospekts[7]. Außerdem bietet sich die Feststellung der haftungsausfüllenden Kausalität zwischen der Fehlerhaftigkeit des Prospekts und der Minderung des Börsenpreises an, die zwar gesetzlich vermutet wird (vgl § 23 Abs. 1, Abs. 2 Nr 2 WpPG), vom Emittenten allerdings widerlegt werden kann[8]. Zudem können generelle Feststellungen zur Art und Weise der Schadensberechnung in einem Musterverfahren geklärt werden[9]. Auch bei **fehlerhaften Ad-hoc-Mitteilungen** bzw den §§ 37b, 37c WpHG (Emittentenhaftung) ist ein Musterverfahren möglich[10]. Hier kann sowohl die Fehlerhaftigkeit der Kapitalmarktinformation festgestellt werden als auch der sog. Kursdifferenzschaden[11] und die Kausalität zwischen Falschinformation und Kursentwicklung. Nicht in Betracht kommt ein Musterverfahren dagegen bei individuellen Feststellungen wie etwa der Frage, ob der Anleger das Wertpapier aufgrund der fehlerhaften Ad-hoc-Mitteilung erworben hat, ob er einen individuellen Schaden erlitten hat oder ob ein Mitverschulden des Anlegers vorliegt[12]. **1042**

Auch Ansprüche aus § 823 Abs. 2 BGB iVm § 331 HGB, § 400 Abs. 1 Nr 1 AktG oder § 264a StGB können Gegenstand des Musterverfahrens sein[13]. Vertragliche Ansprüche, deren Grundlage Angebote iS des § 2 Abs. 1 WpÜG sind, können Nacher- **1043**

---

5 ZB geschlossene Immobilien-, Windkraft- und Solarenergiefonds, siehe BT-Drucks. 15/5695, S. 23; kritisch zu diesem Begriff *B. Schneider*, BB 2005, 2249, 2250.

6 Siehe Art. 3 des Gesetzes zur Umsetzung der Transparenzrichtlinie-Änderungsrichtlinie.

7 Abgelehnt für eine Sanierungsvereinbarung in BGH WM 2008, 1353, 1355.

8 *Möllers/Weichert*, NJW 2005, 2737, 2738; anders *Reuschle*, NZG 2004, 590, 592.

9 BGH WM 2014, 2040 ff, Rn 91.

10 Vgl OLG Stuttgart AG 2007, 250 ff („DaimlerChrysler"); OLG München NZG 2007, 911, 912 (Feststellungsziel kann auch die Unrichtigkeit der Ad-hoc-Mitteilung insgesamt sein); siehe auch OLG Stuttgart WM 2009, 1233 ff („DaimlerChrysler") Rn 61 f (im Musterverfahren kann mehr als nur ein einziges Feststellungsziel geklärt werden) und BGH WM 2011, 14 ff (Vorlage an EuGH).

11 Der Kursdifferenzschaden bezieht sich auf die Differenz zwischen tatsächlichem und hypothetisch angemessenem Wert des Wertpapiers am Tag der fehlerhaften Meldung; vgl BGH NJW 2005, 2450, 2451 („EM.TV").

12 BGH WM 2008, 1353, 1355.

13 Begr. RegE KapMuG, BT-Drucks. 15/5091, S. 20.

füllungsansprüche aus § 31 Abs. 4, 5 Satz 1 WpÜG (nachvertraglicher gesetzlicher Zahlungsanspruch des Aktionärs) und § 31 Abs. 1 Satz 1 WpÜG (Ansprüche des Aktionärs gegen den Bieter auf eine angemessene Gegenleistung) sein[14]. Erfasst sind auch Ansprüche aus §§ 12 Abs. 1, 13 Abs. 2 WpÜG (Haftung für die Angebotsunterlage) und § 826 BGB[15] (Haftung von Vorstandsmitgliedern für falsche Ad-hoc-Mitteilungen[16] sowie der Gesellschaft für falsche Veröffentlichungen nach §§ 826, 31 BGB[17]).

1044 Umstritten war lange, ob das KapMuG ausschließlich für Leistungsklagen gilt[18] oder ob es auch für positive Feststellungsklagen Anwendung findet[19]. Der BGH hat sich inzwischen der letzteren Ansicht angeschlossen. Begründet wird das damit, dass das KapMuG in bürgerlichen Rechtsstreitigkeiten, in denen bestimmte Schadensersatz- oder Erfüllungsansprüche „geltend gemacht" werden, anwendbar sei. Dies sei durch beide Klagearten oder durch deren Kombination erreichbar.

1045 Hinsichtlich des **persönlichen** Anwendungsbereichs gilt das KapMuG in Bezug auf § 1 Abs. 1 Nr 1 KapMuG (fehlerhafte Kapitalmarktinformation) zum einen gegen den Emittenten und zum anderen gegen andere Verantwortliche, zB die emissionsbegleitende Bank, die für den Prospekt die Verantwortung übernommen hat. Das KapMuG soll aber auch auf Ansprüche gegen Organmitglieder, sofern sie persönlich haften, anwendbar sein[20].

§ 22 Zuständigkeit

1046 In § 32b Abs. 1 Satz 1 ZPO findet sich ein ausschließlicher Gerichtsstand für alle Klagen im Anwendungsbereich des KapMuG[1]. Erfasst sind alle öffentlichen Kapitalmarktinformationen[2]. Da die Klage nur „auf Grund" falscher, irrtümlicher oder unterlassener öffentlicher Kapitalmarktinformationen erhoben worden sein muss, kommt es auf die Übergabe oder den Besitz eines Prospekts nicht an[3].

1047 **Ausschließlich örtlich zuständig** ist das Gericht am Sitz des verklagten inländischen Emittenten oder des Anbieters von sonstigen Vermögensanlagen (bei § 1 Abs. 1 Satz 1 Nr 1 KapMuG) oder der verklagten Zielgesellschaft (bei § 1 Abs. 1 Satz 1 Nr 2

14 Vgl *Plaßmeier*, NZG 2005, 609, 610; siehe auch *Reuschle*, WM 2004, 2334, 2336.
15 *Möllers/Weichert*, NJW 2005, 2737, 2738 Fn 16.
16 BGH NJW 2004, 2668 („Infomatec III"); BGHZ 160, 134 = NJW 2004, 2664 („Infomatec II").
17 OLG Frankfurt NZG 2005, 516; siehe auch LG Frankfurt ZIP 2003, 1092 ff („ComROAD").
18 *Müller*, GWR 2015, 221 ff.
19 *Vorwerk*, in: Vorwerk/Wolf, KapMuG, 2007, § 1 KapMuG Rn 15 f; KölnerKommKapMuG/*Kruis*, § 1 KapMuG Rn 8 ff.
20 *Maier-Reimer/Wilsing*, ZGR 2006, 79, 86.

1 Zur Zuständigkeit für Kapitalanlegerklagen *Thole*, AG 2013, 913 ff; zum Vorschlag der Aufhebung der Anknüpfung an einen besonderen Gerichtsstand *Vorwerk*, WM 2011, 817, 823 f.
2 Siehe BGH NJW 2007, 1364; BGH NJW 2007, 1365; dazu auch *Assmann*, in: Festgabe f. M. Vollkommer, 2003, S. 119, 123; KölnerKommKapMuG/*Hess*, § 32b ZPO Rn 2.
3 Vgl OLG Nürnberg NZG 2008, 759; siehe auch BGH, 8. Dezember 2015 – x ARZ 573/15, juris.

KapMuG im Rahmen von übernahmerechtlichen Sachverhalten)[4]. Ausgenommen von dieser Regelung sind Fälle, in denen der Emittent bzw die Zielgesellschaft den Sitz im Ausland hat. Bei Klagen gegen ausländische Emittenten geht der Tatortgerichtsstand des Art. 5 Nr 3 EuGVVO[5] vor (§ 32b Abs. 1 Satz 2 ZPO)[6]. Aber nicht nur der Emittent kann dort verklagt werden, sondern es können – aus Gründen der Verfahrenskonzentration – auch Organe des Emittenten, Emissionsbegleiter, Anbieter sonstiger Vermögensanlagen sowie deren Organe, Bieter iS des § 2 Abs. 4 WpÜG und ggf andere Dritte (zB Prospektverantwortliche) verklagt werden[7]. Ausreichend ist, wenn mit der Klage lediglich der Anlageberater, Anlagevermittler usw in Anspruch genommen wird, nicht aber der Emittent[8].

§ 32b Abs. 2 ZPO ermöglicht es den Landesregierungen, für das Ausgangsverfahren **1048** durch Rechtsverordnung einem LG mehrere LG-Bezirke zuzuordnen, so dass eine Spezialisierung möglich ist[9]. Dem entspricht § 4 Abs. 5 KapMuG, wonach die Landesregierungen durch Rechtsverordnung für das Musterverfahren einem OLG die Zuständigkeit zuweisen können. Außerdem kann nach § 4 Abs. 5 Satz 3 KapMuG durch Staatsvertrag zwischen den Ländern die Zuständigkeit eines OLG länderübergreifend begründet werden. Zudem gibt es eine **ausschließliche sachliche Zuständigkeit** beim LG (§ 71 Abs. 2 Nr 3 GVG).

§ 23 Verfahrensabschnitte

Das durch das KapMuG geregelte Musterverfahren lässt sich untergliedern in ein **1049** Vorlageverfahren, das vor dem LG als Prozessgericht stattfindet, und das eigentliche Musterverfahren vor dem OLG. Damit erfolgt eine Verfahrensbündelung lediglich in Bezug auf das Musterverfahren als solches. Unverändert hat damit jeder Anleger seine Ansprüche gesondert gerichtlich geltend zu machen.

I. Vorlageverfahren

Jeder geschädigte Anleger hat grundsätzlich einen eigenen Prozess gegen den Be- **1050** klagten anzustrengen. Das in den §§ 1–8 KapMuG geregelte Vorlageverfahren soll lediglich eine Entscheidung über die Zulassung des Musterverfahrens herbeiführen. Der **Musterfeststellungsantrag** kann sowohl vom Kläger als auch vom Beklagten beim zuständigen LG als Prozessgericht eingereicht werden (§ 2 Abs. 1 Satz 2 Kap-

4 Siehe LG Hildesheim BB 2006, 2212 f; zu damit verbundenen Problemen *Stackmann*, NJW 2010, 3185, 3188 f; zum sachlichen Anwendungsbereich *B. Schneider/Heppner*, BB 2012, 2703, 2706.

5 VO (EG) Nr 44/2001 vom 22. Dezember 2000 über die gerichtliche Zuständigkeit und die Anerkennung und Vollstreckung von Entscheidungen in Zivil- und Handelssachen, ABl. EG Nr L 12 vom 18. Januar 2000, S. 1.

6 Art. 5 Nr 3 EuGVVO regelt die internationale und die örtliche Zuständigkeit abschließend, siehe nur etwa *von Hein*, RIW 2004, 602, 604 ff mwN.

7 *B. Schneider*, BB 2005, 2249, 2250.

8 BGH WM 2013, 1643, Rn 24 ff.

9 KölnerKommKapMuG/*Hess*, § 32b ZPO Rn 2.

MuG). Das Prozessgericht kann damit nur auf Antrag, nicht von Amts wegen das Musterverfahren einleiten. Im Antrag angegeben werden müssen das **Feststellungsziel** sowie alle zu dessen Begründung dienenden tatsächlichen und rechtlichen Umstände (zB die öffentliche Kapitalmarktinformation, deren Richtigkeit oder Unrichtigkeit festgestellt werden soll)[1]. Überdies sind die Beweismittel zu bezeichnen. Als Feststellungsziel kommen sowohl die Feststellung des Vorliegens oder Nichtvorliegens von anspruchsbegründenden oder -ausschließenden Voraussetzungen (Tatsachen) als auch die Klärung von reinen Rechtsfragen in Betracht (§ 2 Abs. 1 Satz 1 KapMuG). Die Klärung des Feststellungsziels muss für den betreffenden Fall, aber auch darüber hinaus relevant sein (§ 2 Abs. 3 KapMuG)[2].

1051 Das Prozessgericht hat über die **Zulässigkeit** des Musterfeststellungsantrags zu entscheiden (§ 3 Abs. 1 KapMuG). Eine mündliche Verhandlung ist nicht vorgeschrieben, allerdings ist dem Antragsgegner Gelegenheit zur Stellungnahme zu geben (§ 2 Abs. 4 KapMuG)[3]. Der Musterfeststellungsantrag ist unzulässig (§ 3 Abs. 1 KapMuG), wenn die Entscheidung des Rechtsstreits nicht von den geltend gemachten Feststellungszielen abhängt (Nr 1)[4], wenn das bezeichnete Beweismittel ungeeignet ist (Nr 2), die Darlegungen hinsichtlich einer Bedeutung für andere Rechtsstreitigkeiten fehlt (Nr 3) oder er nur zur Prozessverschleppung gestellt wurde (Nr 4). Das Prozessgericht entscheidet durch Beschluss. Dieser ist unanfechtbar[5].

1052 Wird der Musterfeststellungsantrag vom Prozessgericht als zulässig angesehen, hat es diesen binnen sechs Monaten nach Eingang des Antrags im **Klageregister** des elektronischen Bundesanzeigers[6] öffentlich bekannt zu machen (§ 3 Abs. 2 KapMuG)[7]. Die Anleger werden damit über die Rechtshängigkeit des Verfahrens in Kenntnis gesetzt, so dass sie eine Beteiligung am Musterverfahren erwägen können[8]. Jedermann kann unentgeltlich Einsicht in das Klageregister nehmen (§ 4 Abs. 3 KapMuG). Mit der Bekanntmachung wird der Prozess vor dem Prozessgericht, bei dem der (erste) Antrag gestellt wurde, mit der Wirkung des § 249 ZPO unterbrochen (§ 5 KapMuG).

1053 Werden innerhalb von sechs Monaten nach der Bekanntmachung des Musterfeststellungsantrags **neun weitere gleichgerichtete** Musterfeststellungsanträge veröffentlicht (Quorum)[9], erfolgt eine Vorlage an das im Rechtszug übergeordnete OLG durch Beschluss desjenigen Prozessgerichts, bei dem der erste bekannt gemachte Musterverfahrensantrag gestellt wurde[10]. **Gleichgerichtetheit** der Musterfeststellungsanträge liegt nach § 4 Abs. 1 KapMuG vor, wenn ihr Feststellungsziel den gleichen zu-

---

1 Zur diesbezüglichen Rechtsprechung *Schmitz/Rudolf*, NZG 2011, 1201 ff.

2 Näher *B. Schneider/Heppner*, BB 2012, 2703, 2708.

3 *Erttmann/Keul*, WM 2007, 482, 483.

4 Zur neuen Formulierung *B. Schneider/Heppner*, BB 2012, 2703, 2707.

5 Zur alten Rechtslage *Buck-Heeb*, Kapitalmarktrecht, 5. Aufl., 2011, Rn 717.

6 Die nähere Ausgestaltung des Klageregisters erfolgt durch die VO über das Klageregister nach dem Kapitalanleger-Musterverfahrensgesetz (**KlagRegV**) vom 26. Oktober 2005, BGBl. I, S. 3092 ff, zuletzt geändert durch Art. 27 des Gesetzes vom 4. Juli 2013, BGBl. I, S. 1981.

7 *B. Schneider/Heppner*, BB 2012, 2703, 2706 f.

8 Begr. RegE KapMuG, BT-Drucks. 15/5091, S. 18. Auf die damit verbundene negative Publizitätswirkung für den betreffenden Emittenten weist *B. Schneider*, BB 2005, 2249, 2251, hin.

9 Siehe *B. Schneider/Heppner*, BB 2011, 2947, 2949; *dies.*, BB 2012, 2703, 2707 f.

10 Zur Bestimmung des „ersten" Antrags *Söhner*, ZIP 2013, 7, 9.

grunde liegenden Lebenssachverhalt betrifft[11]. Fehlt es an der erforderlichen Anzahl an gleichgerichteten Musterfeststellungsanträgen, weist das Prozessgericht den Antrag zurück und setzt das Verfahren fort (§ 6 Abs. 5 KapMuG).

Der Beschluss des Prozessgerichts ist unanfechtbar und für das OLG bindend (§ 6 Abs. 1 Satz 2 KapMuG). Mit dem Erlass des Vorlagebeschlusses tritt eine **Sperrwirkung** ein, so dass die Einleitung eines weiteren Musterverfahrens hierfür grundsätzlich unzulässig ist (§ 7 Satz 1 KapMuG). Auch wenn der Vorlagebeschluss unstatthaft ist, bindet der spätere Musterentscheid des OLG alle involvierten Prozessgerichte (§ 22 Abs. 1 KapMuG). Vertreten wird jedoch, dass das OLG die allgemeinen Sachurteilsvoraussetzungen zu prüfen hat[12]. **1054**

Die Bindungswirkung entfällt, wenn der geltend gemachte Anspruch schon nicht Gegenstand eines Musterverfahrens sein kann[13]. Sie besteht nach einer Ansicht auch nicht bei Willkürentscheidungen (§ 281 Abs. 2 Satz 4 ZPO analog)[14]. Jedenfalls entfällt sie nicht, wenn der Vorlagebeschluss trotz Fehlern und Auslassungen eine geeignete Grundlage für die Durchführung des Musterverfahrens ist[15]. Hinsichtlich des Erfordernisses von neun gleichgerichteten Anträgen genügt es, wenn insgesamt zehn einfache Streitgenossen jeweils einen auf die Durchführung des Musterverfahrens gerichteten Antrag gestellt haben[16]. Die im Beschluss enthaltenen Tatsachenmitteilungen und Beweismittel bilden jedoch nicht den abschließenden Verfahrensstoff des Musterverfahrens. Dieser ergibt sich aus dem Vortrag der Beteiligten[17]. **1055**

Sobald der Vorlagebeschluss im Klageregister bekannt gemacht worden ist, setzt das Prozessgericht von Amts wegen alle anhängigen oder anhängig werdenden Verfahren aus, wenn die Entscheidung des Rechtsstreits von den geltend gemachten Feststellungszielen abhängt (§ 8 Abs. 1 KapMuG)[18]. Gegen die **Aussetzungsentscheidung** ist die sofortige Beschwerde nach §§ 252, 567 ff ZPO möglich[19]. Aufgrund der Unanfechtbarkeit des Vorlagebeschlusses ist im Aussetzungsverfahren nicht zu prüfen, ob im Musterverfahren die Vorlagevoraussetzungen des § 1 KapMuG vorliegen[20]. **1056**

11 Kritisch zum Begriff der Gleichgerichtetheit *Plaßmeier*, NZG 2005, 609, 611; zum Begriff des Lebenssachverhalts *Smid/Mohr*, DZWiR 2013, 343, 350 f.

12 *Fullenkamp*, in: Vorwerk/Wolf, § 4 KapMuG Rn 31, § 9 KapMuG Rn 7 ff; siehe auch *Varadinek/Asmus*, ZIP 2008, 1309, 1312; zur Rechtsprechung *Schmitz/Rudolf*, NZG 2011, 1201, 1204 f.

13 BGHZ 190, 383 ff Rn 7.

14 Offengelassen in BGHZ 190, 383 ff Rn 9 mwN.

15 BGHZ 190, 383 ff Rn 11.

16 BGH AG 2008, 546 ff („Infomatec"); dazu *Möllers/Puhle*, NZG 2008, 579 ff; anders noch OLG München ZIP 2007, 649, 651 mwN zum Streitstand (Anträge in mindestens 10 Verfahren); siehe auch *G. Vollkommer*, NJW 2007, 3094, 3097.

17 BGHZ 190, 383 ff Rn 12; OLG Frankfurt ZIP 2012, 1236 ff, Rn 717 nach juris („TELEKOM").

18 Näher *Söhner*, ZIP 2013, 7, 10 f; *Wolf/Lange*, NJW 2012, 3751, 3753; siehe BGH NJW-RR 2015, 299 (Aussetzung unzulässig, wenn eine Klage wegen anderweitiger Rechtshängigkeit abweisungsreif).

19 Begr. RegE KapMuG, BT-Drucks. 17/8799, S. 21.

20 OLG München WM 2013, 2131 Rn 8.

II. Musterverfahren

1057 Beteiligte des Musterverfahrens (§§ 9–21 KapMuG) sind der Musterkläger, der Musterbeklagte sowie die Beigeladenen. Das OLG bestimmt einen **Musterkläger**, der unter den Klägern des LG, welches den Musterentscheid einholt respektive den Vorlagebeschluss erlässt, auszuwählen ist. Das OLG entscheidet nach billigem Ermessen durch Beschluss, wobei die Höhe des Anspruchs[21] sowie eine Verständigung mehrerer Kläger auf einen Musterkläger zu berücksichtigen sind (§ 9 Abs. 2 Satz 2 KapMuG)[22]. Mehrere **Musterbeklagte** (vgl § 9 Abs. 5 KapMuG) stehen im Verhältnis einfacher Streitgenossen zueinander[23].

1058 Ist der Musterkläger ausgewählt, macht das OLG das Musterverfahren im **Klageregister** des elektronischen Bundesanzeigers bekannt (§ 10 Abs. 1 KapMuG)[24]. Kapitalanleger können so sehen, ob bereits gleichgerichtete Verfahren anhängig sind, in denen ein Musterverfahren beantragt oder bereits eingeleitet worden ist. Erkennbar ist auch, in welchem Stadium sich das Verfahren befindet. Innerhalb von sechs Monaten ab der Bekanntmachung nach § 10 Abs. 1 KapMuG kann ein Anspruch schriftlich gegenüber dem OLG zum Musterverfahren angemeldet werden (§ 10 Abs. 2 Satz 1 KapMuG). Dadurch kann die Verjährung des Anspruchs gehemmt werden (§ 204 Abs. 1 Nr 6a BGB)[25]. Geschädigte können ihre Ansprüche beim zuständigen OLG zum Musterverfahren anmelden, ohne selbst Klage erheben zu müssen[26].

1059 Auf das Musterverfahren sind, soweit nichts anderes bestimmt ist, die im ersten Rechtszug für das Verfahren vor dem LG geltenden Regelungen der ZPO entsprechend anzuwenden (§ 11 Abs. 1 Satz 1 KapMuG)[27]. Keine Anwendung finden nach § 11 Abs. 1 Satz 2 KapMuG der § 278 ZPO (Haupttermin), die §§ 348–350 ZPO (Verfahren vor dem Einzelrichter) sowie § 379 ZPO (Auslagenvorschuss). Nach § 15 Abs. 1 KapMuG entscheidet das OLG, inwiefern Erweiterungsanträge in Form von zusätzlichen Feststellungszielen in das Musterverfahren aufgenommen werden[28]. Das ist nur bis zum Schluss der mündlichen Verhandlung möglich[29].

1060 Das OLG entscheidet durch Beschluss (§ 16 KapMuG). Gegen den **Musterentscheid** können die Beteiligten des Musterverfahrens mit der Rechtsbeschwerde iS der §§ 574 ff ZPO vorgehen. Diese ist immer statthaft, ohne dass geprüft werden muss, ob die Rechtssache grundsätzliche Bedeutung iS des § 574 Abs. 2 Nr 1 ZPO hat. Nach § 20 Abs. 1 Satz 2 KapMuG ist das stets der Fall. Genau anzugeben sind die angegriffenen Teile des Musterentscheids, welche aufgehoben oder abgeändert werden

---

21 Im Prozess gegen die Deutsche Telekom hat das OLG den Musterkläger wegen der besonders hohen Klagesumme ausgesucht; siehe FAZ vom 1. August 2006, S. 19.

22 Kritisch dazu *Plaßmeier*, NZG 2005, 609, 611.

23 Siehe auch Begr. RegE KapMuG, BT-Drucks. 17/8799 S. 21; *B. Schneider/Heppner*, BB 2011, 2947, 2950.

24 www.ebundesanzeiger.de („Gerichtlicher Teil“).

25 Näher *Söhner*, ZIP 2013, 7, 11 f.

26 *B. Schneider/Heppner*, BB 2012, 2703, 2705; *Smid/Mohr*, DZWiR 2013, 343, 348.

27 Näher dazu *Meier*, DStR 2005, 1860, 1861.

28 *B. Schneider/Heppner*, BB 2012, 2703, 2705 f; *Smid/Mohr*, DZWiR 2013, 343, 349 f.

29 BGH NJW 2015, 2188 ff.

sollen[30]. Die Beigeladenen des Musterverfahrens sind jedoch nicht automatisch Beteiligte des Rechtsbeschwerdeverfahrens, sondern nur dann, wenn sie dem Verfahren auf Seiten des Beschwerdeführers beitreten oder sich diesem auf Seiten des Beschwerdegegners anschließen (vgl § 20 Abs. 4, 21 KapMuG)[31].

Hinsichtlich der **Kosten** des Musterverfahrens trifft das OLG keine eigenständige **1061**
Entscheidung. Sie bleibt den Prozessgerichten vorbehalten (§ 16 Abs. 2 KapMuG). Die Kosten gelten damit als Teil der Kosten des ersten Rechtszugs des jeweiligen Verfahrens vor dem Prozessgericht (§ 24 KapMuG). Damit entstehen den Prozessbevollmächtigten aller Beteiligten grundsätzlich keine gesonderten Ansprüche auf Vergütung im Hinblick auf die Durchführung des Musterverfahrens, was die Übernahme von Musterprozessen finanziell reizlos macht[32]. Gemäß § 41a RVG (Rechtsanwaltsvergütungsgesetz) kann das OLG dem Anwalt des Musterklägers auf Antrag eine besondere, allerdings niedrig angesetzte Gebühr gewähren.

Musterkläger und Musterbeklagter können einen Musterverfahrens-**Vergleich** für alle **1062**
Verfahrensbeteiligten schließen (§ 17 KapMuG)[33]. Dieser ist nach § 18 Abs. 1 KapMuG vom Gericht zu genehmigen. Wirksam wird er jedoch erst, wenn weniger als 30 % der Beigeladenen ihren Austritt erklären (§ 17 Abs. 1 Satz 4 KapMuG). Das OLG stellt sodann in einem unanfechtbaren Beschluss fest, ob der genehmigte Vergleich wirksam geworden ist (§ 23 Abs. 1 KapMuG).

III. Fortsetzung des Ausgangsverfahrens

Nach erlassenem Musterentscheid werden die Verfahren vor dem Prozessgericht fort- **1063**
gesetzt. Der Musterentscheid des OLG ist im Umfang der Feststellungsziele des Musterverfahrens der Rechtskraft fähig (§ 22 Abs. 2 KapMuG)[34]. Die Prozessgerichte sind durch den Musterentscheid insofern gebunden, als ihre Entscheidung von der im Musterverfahren getroffenen Feststellung oder der im Musterverfahren zu klärenden Rechtsfrage abhängt (§ 22 Abs. 1 Satz 1 KapMuG)[35]. Die **Bindungswirkung** kann mit der des § 68 ZPO verglichen werden, wobei jedoch anders als dort die Bindung nicht nur zu Lasten der einen Partei geht, sondern für sämtliche Beteiligten des Musterverfahrens gilt. Außerdem erwächst nicht allein der Tenor des Beschlusses in Rechtskraft, sondern auch die im Musterverfahren festgestellten Tatsachen[36]. **Durchbrochen** wird die Bindungswirkung, soweit der Beigeladene zum Zeitpunkt seiner Beiladung bestimmte Angriffs- und Verteidigungsmittel nicht mehr geltend machen konnte, oder wenn dem beigeladenen Kläger die Angriffs- und Verteidigungsmittel unbekannt waren und der Musterkläger diese absichtlich oder durch grobes Verschulden nicht geltend gemacht hat.

---

30 BGHZ 203, 1 ff Rn 54.
31 *Möllers/Weichert*, NJW 2005, 2737, 2740; siehe auch BGH WM 2012, 2092 ff („TELEKOM").
32 Vgl KölnerKommKapMuG/*Kruis*, § 24 KapMuG Rn 3; kritisch *Hess*, WM 2004, 2329, 2332 f.
33 Vgl *Keller/Wigand*, ZBB 2011, 373, 381 ff; *Sustmann/Schmidt-Bendun*, NZG 2011, 1207, 1211 f; *Halfmeier*, ZIP 2011, 1900, 1903 ff; *B. Schneider/Heppner*, BB 2011, 2947, 2951 f; *dies.*, BB 2012, 2703, 2704 f; *Smid/Mohr*, DZWiR 2013, 343, 348 f; *Wolf/Lange*, NJW 2012, 3751, 3754.
34 *Wolf/Lange*, NJW 2012, 3751, 3755.
35 BGHZ 190, 383 ff = BGH WM 2011, 1798 f (trotz Fehlern und Auslassungen).
36 Vgl KölnerKommKapMuG/*Hess*, § 22 KapMuG Rn 11.

1064 **Lösung Fall 19 (Rn 1036):** Die von A begehrten Feststellungsziele müssten zulässige Gegenstände eines Musterfeststellungsverfahrens sein[37]. Das setzt nach § 1 Abs. 1 Satz 1 Nr 1 KapMuG zunächst voraus, dass A in dem Verfahren vor dem Landgericht einen Schadensersatzanspruch wegen falscher, irreführender oder unterlassener öffentlicher Kapitalmarktinformation geltend macht. A begehrt Schadensersatz wegen Kapitalanlagebetrugs gemäß § 823 Abs. 2 BGB iVm § 264a StGB und stützt diesen Anspruch auf die Behauptung, dass der Prospekt des Immobilienfonds unrichtig war. Bei dem Prospekt muss es sich also um eine öffentliche Kapitalmarktinformation handeln. Nach der gesetzlichen Definition in § 1 Abs. 2 Satz 1 KapMuG sind öffentliche Kapitalmarktinformationen für eine Vielzahl von Kapitalanlegern bestimmte Informationen über Tatsachen, Umstände, Kennzahlen und sonstige Unternehmensdaten, die einen Emittenten von Wertpapieren oder Anbieter von sonstigen Vermögensanlagen betreffen. Nach dem Willen des Gesetzgebers sollen hierunter auch geschlossene Investmentvermögen in Form von Unternehmensbeteiligungen (zB Immobilien-, Solar-, Windenergie-Fonds) fallen[38]. Das macht auch das Regelbeispiel in § 1 Abs. 2 Nr 2 KapMuG deutlich, das den Prospekt nach dem VermAnlG und dem KAGB (InvG aF) ausdrücklich erwähnt. Dementsprechend ist der Anwendungsbereich des KapMuG auch für diese Kapitalanlagen eröffnet[39]. A macht somit vor dem Landgericht einen Schadensersatzanspruch wegen falscher öffentlicher Kapitalmarktinformation geltend.

Mit den Musterfeststellungsanträgen zu 1) und 2) will A einen Schadensersatzanspruch gemäß § 823 Abs. 2 BGB iVm § 264a StGB feststellen lassen. Nach § 2 Abs. 1 Satz 1 KapMuG kann ein Feststellungsziel nur in der Feststellung des Vorliegens oder Nichtvorliegens anspruchsbegründender oder anspruchsausschließender Voraussetzungen sowie der Klärung von Rechtsfragen bestehen. Daher können nur einzelne Voraussetzungen einer Anspruchsnorm, nicht aber der Anspruch insgesamt Gegenstand eines Musterfeststellungsantrags sein. Folglich sind die Anträge zu 1) und 2) unzulässig.

Auch die von A begehrte Feststellung in Antrag 3), dass seine Ansprüche noch nicht verjährt sind, kann nicht Gegenstand eines Musterfeststellungsverfahrens sein. Der Beginn der Verjährungsfrist gemäß § 199 Abs. 1 Nr 2 BGB hängt von der Kenntnis oder der grob fahrlässigen Unkenntnis des Gläubigers von der Person des Schuldners und den Umständen ab, die den Anspruch begründen. Dementsprechend richtet sich der Verjährungsbeginn nach einem in der Person des Gläubigers liegenden Umstand. Solche nicht verallgemeinerungsfähigen Tatsachen oder Rechtsfragen wie etwa auch der individuelle Schaden eines Anlegers, individuelle Fragen der Kausalität oder das Mitverschulden eines Anlegers können nicht Gegenstand eines Musterfeststellungsverfahrens sein[40].

In den Feststellungsanträgen zu 4) und 5) geht es um die Unwirksamkeit der Sanierungsvereinbarung. Bei der Sanierungsvereinbarung als solcher handelt es sich nicht um eine öffentliche Kapitalmarktinformation, so dass dieses Feststellungsziel kein zulässiger Gegenstand eines Musterfeststellungsverfahrens ist. Demnach müsste es sich bei der Unwirksamkeit der Sanierungsvereinbarung um eine anspruchsbegründende oder anspruchsausschließende Voraussetzung des begehrten Schadensersatzanspruchs gemäß § 823 Abs. 2 BGB iVm § 264a StGB handeln (§ 2 Abs. 1 Satz 1 KapMuG). Die Sanierungsvereinbarung enthält einen Ver-

37 Nach § 27 KapMuG findet das Gesetz in seiner seit 1. November 2012 geltenden Fassung auf sämtliche Verfahren Anwendung, bei denen bis zu diesem Zeitpunkt noch nicht mündlich verhandelt worden ist.

38 Beschlussempfehlung und Bericht des Rechtsausschusses des Deutschen Bundestages, KapMuG BT-Drucks. 15/5695, S. 23.

39 BGH WM 2008, 1353 Rn 11; BGH WM 2007, 587, 588 Rn 9; BGH NJW 2007, 1365 Rn 10.

40 Vgl Begr. RegE KapMuG, BT-Drucks. 15/5091, S. 20; BGH WM 2008, 124, Rn 6; *G. Vollkommer*, NJW 2007, 3094, 3096; differenzierend KölnerKommKapMuG/*Kruis*, § 2 KapMuG Rn 32 f.

zicht des A auf Ansprüche wegen Prospektfehler. Wenn diese Vereinbarung wirksam ist, fehlt es A an der individuellen Aktivlegitimation, so dass ein Anspruch des A aus § 823 Abs. 2 BGB iVm § 264a StGB ausscheiden würde. Demnach könnte es sich bei der Wirksamkeit der Sanierungsvereinbarung um eine anspruchsausschließende Voraussetzung handeln. Streitigkeiten, die lediglich mittelbar Bezug zu einer öffentlichen Kapitalmarktinformation haben, werden jedoch nicht vom KapMuG erfasst. Daher können nur solche Tatsachen und Rechtsfragen Gegenstand eines Musterfeststellungsverfahrens sein, die die Anwendung der Anspruchsnorm selbst begründen oder ausschließen oder zumindest der Konkretisierung einer anspruchsbegründenden oder anspruchsausschließenden Voraussetzung der Norm dienen. Der Verzicht des A in der Sanierungsvereinbarung schließt zwar den begehrten Schadensersatzanspruch aus, doch fehlt es hierbei an einem unmittelbaren Bezug zu den Tatbestandsvoraussetzungen des § 823 Abs. 2 BGB iVm § 264a StGB. Hinsichtlich der Rechtzeitigkeit der Anfechtung wegen arglistiger Täuschung handelt es sich zudem um eine den A individuell betreffende Frage, die als nicht verallgemeinerungsfähige Tatsache nicht Gegenstand eines Musterfeststellungsantrags sein kann. Die Feststellungsziele in den Anträgen zu 4) und 5) sind unzulässig.

Der Musterfeststellungsantrag des A hat keine Aussicht auf Erfolg.

Sachverzeichnis

Die Angaben beziehen sich auf die Randnummern.